中华人民共和国地方志

福建省志

交通志（1990—2005）

福建省地方志编纂委员会 编

社会科学文献出版社

图书在版编目（CIP）数据

福建省志. 交通志：1990～2005/福建省地方志编纂委员会编.
—北京：社会科学文献出版社，2012.7
ISBN 978 - 7 - 5097 - 3130 - 7

Ⅰ. ①福…　Ⅱ. ①福…　Ⅲ. ①福建省 - 地方志②交通
运输业 - 概况 - 福建省 - 1990～2005　Ⅳ. ①K295. 7

中国版本图书馆 CIP 数据核字（2012）第 017579 号

福建省志·交通志（1990—2005）

编　　者 / 福建省地方志编纂委员会

出 版 人 / 谢寿光
出 版 者 / 社会科学文献出版社
地　　址 / 北京市西城区北三环中路甲 29 号院 3 号楼华龙大厦
邮政编码 / 100029

责任部门 / 皮书出版中心（010）59367127　　责任编辑 / 姚冬梅
电子信箱 / pishubu@ ssap. cn　　　　　　　责任校对 / 高忠磊　卫　晓
项目统筹 / 王　菲　陈　颖　　　　　　　　责任印制 / 岳　阳
总 经 销 / 社会科学文献出版社发行部　　（010）59367081　59367089
读者服务 / 读者服务中心（010）59367028

印　　装 / 北京盛通印刷股份有限公司
开　　本 / 787mm×1092mm　1/16　　　　印　　张 / 32.75
版　　次 / 2012 年 7 月第 1 版　　　　　　彩插印张 / 1
印　　次 / 2012 年 7 月第 1 次印刷　　　　字　　数 / 678 千字
书　　号 / ISBN 978 - 7 - 5097 - 3130 - 7
定　　价 / 296.00 元

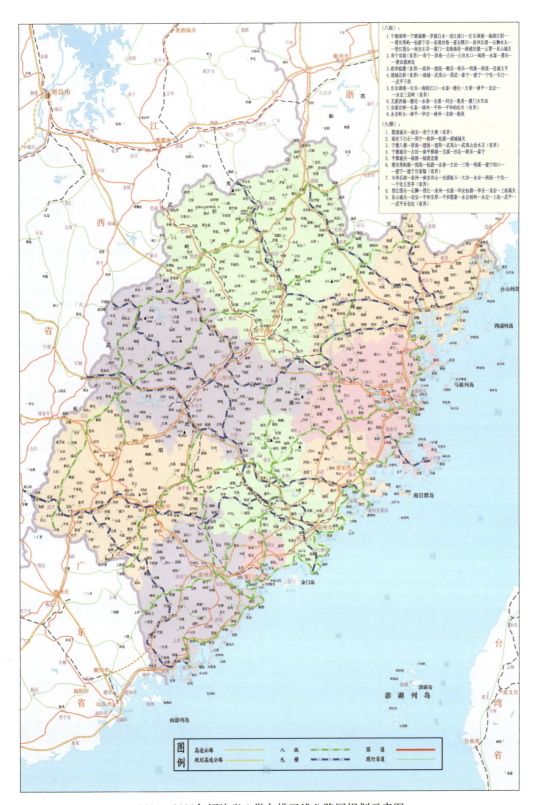

（八纵）：
1. 宁德漳湾—宁德城澳—罗源白水—连江浦口—长乐潭塘—福清江阴—晋田秀屿—仙游下房—泉港沙格—惠安崎川—泉州后渚—石狮水头—晋江围头—南安石井—厦门—龙海港尾—漳浦旧镇—云霄—东山城关
2. 寿宁双港（省界）—寿宁—屏南—古田—古田水口—闽清—永泰—莆田—莆田湄洲岛
3. 政和临黛（省界）—政和—建瓯—顺昌—将乐—明溪—清流—连城文亨
4. 浦城花桥（省界）—浦城—武夷山—邵武—泰宁—建宁—宁化—长汀—武平下坝
5. 长乐潭港—长乐—闽侯江口—永春—德化—大荃—漳平—龙岩—永定三层岭（省界）
6. 尤溪西城—德化—永春—安溪—同安—集美—厦门火车站
7. 安溪官桥—长泰—漳州—平和—平和柏松关（省界）
8. 永安岭头—漳平—华安—漳州—龙海—港尾

（九横）：
1. 霞浦城关—福安—寿宁大熟（省界）
2. 福安下白石—周宁—政和—松溪—浦城城关
3. 宁德城关—屏南—建瓯—建瓯—武夷山—武夷山岑水关（省界）
4. 宁德城关—古田—南平樟湖—尤溪—沙县—将乐—泰宁
5. 平潭城头—福清—福清宏路
6. 莆田秀屿南港—郊尾—仙游—永春—大田—三明—明溪—建宁均口—建宁—建宁甘家寨（省界）
7. 丰泽后渚—泉州—安溪诗山—安溪魁斗—大田—永安—清流—宁化—宁化五里亭（省界）
8. 晋江围头—石狮—晋江—泉州—安溪—华安仙都—华安—龙岩—上杭城关
9. 东山城头—诏安—诏安平和—平和—诏安霞葛—永定岐岭—永定—上杭—武平—武平禾仓坑（省界）

图例
高速公路
规划高速公路
八纵
九横
国道
现行省道

2001—2020年福建省八纵九横干线公路网规划示意图

2003年福建省港口航道分布示意图

2004年海峡西岸经济区高速公路网布局方案示意图

闽粤收费站

沈海线泉州至厦门高速公路

2004年全省交通工作会议

205国道龙岩路段

厦门大桥高崎引道

泉南线泉州至三明高速公路

福银线福州至三明高速公路猫坑溪特大桥

厦成线漳州至龙岩高速公路

厦门BRT公交专用通道

美菰林隧道

福州国际机场高速公路

沈海线漳州至诏安高速公路天福服务区

沈海高速公路罗长段-青州大桥　　　　　安溪-厦门高速公路建设工地

沈海线福鼎至
宁德高速公路宁德
互通立交桥

厦门港东渡港
区海天集装箱码头

泉州港石湖作业区集装箱码头

福州港内港区青州万吨级集装箱码头

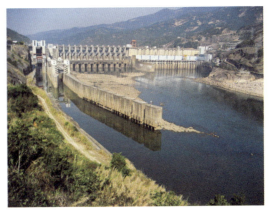

水口水电站坝下过坝船闸、升船机和引航道

漳州港招银开发区码头

闽江口航道维护疏浚工程船舶

班车客运车辆

农村客运车辆

出租汽车客运车辆

货运物流车辆

汽车维修车间

机动车检测站

2001年马尾－马祖直航

两岸贸易直航轮船——"中洲"轮

建宁-泰宁县道保畅通

航标抛设现场

马尾-基隆客轮首航仪式

2001年澎湖
"超级星"轮首航
泉州

福建省高速公路监控中心

武夷山地方海事人员水上
旅游安全检查

福建交通职业技术学院

1996年12月在福州召开
全省公路"先行工程"建设
表彰大会

福建省交通出版物

《福建省志·交通志（1990—2005）》
编 辑 室

主　编：张　明

副主编：祁光熙

编　辑：陈昌和　袁文洪　朱海光　林伟雯　朱国钦　朱叶吉

撰稿人员：（按章节顺序排名）

　　　　　刘爱钦　陈　银　林伟雯　徐　骏　张善金　缪立建
　　　　　马忠乾　赵现平　黄金平　王炳南　褚　琳　黄岭青
　　　　　陈贞希　林鸿怡　杨　武　李静月　陈　江　林慰敏
　　　　　陈　宏　胡树清　连训萍　陈　思　林建新　于　恬
　　　　　郑强平　朱　洁　庄孝昆　张路平　林　昭　钟福增
　　　　　王心金　柳燕妮　唐碧琴　邹红波　李新民　龚书群
　　　　　郑升旗　徐婷婷　江　河　游琨琛　魏卓慧　王月平

《福建省志·交通志（1990—2005）》
审 稿 人 员

方　清　马继列　吕秋心　林春花　王炳南

《福建省志·交通志（1990—2005）》
验 收 小 组

罗　健　江荣全　方　清

《福建省志》凡例

本志按国务院颁布的《地方志工作条例》和中国地方志指导小组制定的《地方志书质量规定》要求进行编纂。

一、以马克思列宁主义、毛泽东思想、邓小平理论和"三个代表"重要思想为指导，贯彻科学发展观，坚持辩证唯物主义和历史唯物主义的立场、观点和方法。

二、以福建省现行行政区划为记述的区域范围（未含金门、马祖）。

三、使用规范的现代语体文记述，行文除引文外，用第三人称记述。

四、1949 年 10 月 1 日以前的纪年，标示朝代、年号、年份，括注公元纪年；1949 年 10 月 1 日起，用公元纪年。

五、各个时期的政权机构、职务、党派、地名，均以当时名称或通用之简称记述。古地名均括注今地名，乡（镇）、村地名前冠以市、县（市、区）名。

六、除引文外的人名，直书姓名，不在姓名后加身份词；必须说明身份的，在其姓名前说明。

七、各种机构、会议、文件等专有名称使用全称，如多次出现需用简称的，在第一次出现时括注简称。

八、凡外国的国名、地名、人名、党派、政府机构、报刊等译名，均以新华社译名为准。新华社没有译名的，首次使用译名时括注外文全称，全书保持中文译名一致。

九、数字、量和单位、标点符号的使用，执行国家有关部门颁布的标准规定。书中同一名称、事实、数据、时间、度量衡、术语的表述，前后一致。

十、图、照、表突出存史价值，样式统一。

十一、采用国家统计部门公布的统计数据和业务主管部门的统计数据；如使用其他数据，则说明其来源。

十二、采用资料一般不注明出处；引文、辅文和需要注释的专用名词、特定事物加页末注释，注释形式全书统一。

编 辑 说 明

一、本志记述范围为公路与水路交通，不包括铁路与航空。

二、本志记述1990—2005年福建交通行业的发展、变化状况。个别内容为保持工程项目的完整性，适当下延。

三、本志采用的数据由省交通厅下属单位核实后载入。凡单位所报数据与统计年鉴相矛盾时，以统计年鉴数据为准。如与之后交通部组织的普查统计数据相矛盾时，以当年度普查数据为准。

序

　　编纂《福建省志·交通志（1990—2005）》，记载交通运输事业发展轨迹，资鉴当代，启迪未来，对今后交通运输事业科学发展、持续发展，意义重大。《福建省志·交通志（1990—2005）》是首轮（古代至1989年）的延续。

　　交通是国民经济和社会发展基础性、先导性产业，历来为各级政府和社会各界所广泛关注。"八山一水一分田"的特殊山川地貌，更决定了交通对于八闽大地发展的特殊意义。福建，地处祖国东南一隅，山海相连，丘陵起伏，山岭耸峙，风景秀丽，但千山万壑形成的天然屏障，曾长期严重阻碍八闽对外交流和经济社会发展。筑路修桥，跋山涉水，一部福建交通发展史，就是不断突破自然条件束缚、不断突破寻求对外沟通联系的奋斗史。

　　1990—2005年这16年，正逢福建改革开放深化、经济发展跃升、闽台"三通"破冰关键时期。这个时期，交通滞后于快速发展的经济社会。交通先行，已成为当时福建加快突破发展的时代最强音。"要致富、先修路"，加快打破交通"瓶颈"，构建畅通交通网络，成为各界共识。在福建省委省政府科学谋划、正确领导，交通运输部帮助指导、大力支持，各级地方政府和社会各界合力参与、协同推进下，历届厅党组精心组织，持续奋斗，历代交通人发扬不畏艰难、顽强拼搏、不怕牺牲、甘于奉献精神，走出了一条不平凡的艰苦创业、创新发展之路，见证了福建交通对经济社会发展"瓶颈"制约明显缓解的历程。

　　改革港口管理体制，全面推行政企分开，激发各地建设港口积极性，港口吞吐能力和吞吐量迅速增长。2004年福州港、厦门港列入全国主要港口名录，厦门港集装箱吞吐量进入全球20强、全国前七位。2005年11月，省政府决定将厦门港原有5个港区与漳州港招银、后石、石码港区整合成新厦门港，大港口整合拉开序幕。

　　"八闽第一路"——泉厦高速公路1997年12月建成通车，实现福建省高速公路零的突破。随后，厦漳、福泉、罗宁、罗长、漳诏、三福、漳龙等高速公路相继建成，通车总里程突破1000公里，形成了各设区市到省会城市的"四小时交通经济圈"，与广东、浙江、江西等相邻省份全面对接。

相继实施"先行工程"、"县通地市工程"、"入闽通道工程"、"年万里农村路网工程"，彻底改变了福建公路较为落后的面貌，到2005年底全省公路网总里程达58286公里，有力促进了山海协作、城乡交通、地区交流，不断推进经济社会加快发展。

闽台海上直航破冰。1994年4月19日，厦门轮船总公司"盛达"轮与福建外货中心船务公司"华荣"轮分别从厦门港和福州港运载集装箱驶往台湾高雄港，实现了封闭半个世纪后海峡两岸首次海上直航。随后，两岸三地弯靠、福建沿海与台湾金马海上直航、两岸国际集装箱试点直航等海峡直航模式不断探索，闽台海上客货运航线、航班不断加密，往来日益频繁，福建成为全国唯一兼具这三种直航模式的省份。

改革创新深入推进，政府部门职能初步转换。改变国、省道由省级"统一管理、统一筹资、统一建设、统一养护"的体制，建立了有利于调动各级政府积极性的"统一规划、定额补助、逐级分段、承包建设"的建设管理体制和"统一收费、比例分成、分段养护"的养护管理体制；高速公路初步形成"统一规划、统一设计、统一质量、统一运营"与"分段筹资、分段建设、分段收益"的建设运营管理体制；发挥地方政府主体责任，将港口、航道具体管理事务下放设区市；适应运输行业发展需要，组建省、市、县运输管理队伍；全面推行政企分开，建立健全现代企业制度，促进交通企业持续健康发展……

16年时间在历史长河中只是一瞬间，但对福建交通而言却是历史性飞跃的阶段。全省综合交通运输网络初步构建，体制机制逐步理顺，可以说，在这个时期交通对经济社会发展由"瓶颈"制约向明显缓解阶段过渡，是福建交通发展史上一段重要发展时期。

《福建省志·交通志（1990—2005）》记载了这个时期福建交通发展的主要脉络、重要事件和发展成果。本轮修志自2004年2月启动以来，在省方志委的指导和厅党组的重视下，各级交通部门共同努力，经过广泛收集资料、鉴别归类、起草编纂、修改提炼、征求意见，经省方志委审稿组专家审定，最终付梓成书。其间，各位离退休老厅长、老干部热心提供重要资料、提出宝贵建议，让本志内容更翔实、记录更真实。

在随后的"十一五"期间（2006—2010年），全省交通运输系统围绕省委省政府科学发展、跨越发展战略，按照"大港口、大通道、大物流"思路，加大投入、加快发展，深化改革、完善体制，完成投资2200亿元，促使此时期成为福建交通运输历史上发展速度最快、社会效果最明显、管理服务水平提升最显著的时期，交通基础设施网络全面改善、"瓶颈"制约基本消除，对经济社会适应度全面提高，人民群众对交通满意度整体提升。

福建综合交通体系基本构建，但综合交通、区域交通、城乡交通一体化总体水平还不够高。"十二五"全省交通运输科学发展、跨越发展规划蓝图已经绘就，计划完成投资4000亿元，全力建设全国交通运输强省。历史相承，事业相因，福建交通人将弘扬交通精神，承继前人成果，以史为鉴、总结经验，解放思想、奋力拼搏，站在海峡西岸经济区新的历史起点上，立足福建、面向全国，以全球视野谋划福建交通运输事业发展，以百倍干劲加快建设全国交通运输强省，为福建科学发展、跨越发展提供强有力的交通运输保障。

福建省交通运输厅党组书记、厅长　李德金

2011年4月

目 录

Contents

概　述

　　1990—2005 年，福建交通建设经历三个五年计划。每隔五年，上一个新台阶，交通"瓶颈"制约状况得到缓解，交通在整个社会发展中的先行作用凸显。

一

　　1990 年，全省公路通车里程 41011 公里，其中等级公路 30247 公里，路面铺装率达 89.3%。平均每百平方公里国土拥有公路 33.78 公里。至 1990 年底，全省沿海港口拥有生产性泊位 230 个，其中万吨级以上泊位 11 个。内河通航里程 3888 公里。全省民用汽车拥有量达 11.02 万辆，民用机动船实有数 5990 艘、56.4 万吨位、3.98 万客位。全省公路水路完成货运量 1.84 亿吨、周转量 168.62 亿吨公里，完成客运量 3.82 亿人、周转量 132.29 亿人公里，沿海港口吞吐量完成 1496.5 万吨。此前一个时期乘车难、运货难的状况得到缓解。对外运输业务开辟了日本和东南亚等 11 个国家的 70 多个港口航线，运输外贸物资 415.5 万吨，净创汇 4032 万美元。厦门—香港的客运航线五年承运旅客 48.8 万人次，骨干汽车运输企业开展了通行香港的货物运输。

　　"八五"期间，全省交通系统以改革开放为主导，以交通建设为中心，交通基础设施建设加大投入，特别是 1993 年实施公路"先行工程"后，集中力量重点抓"两纵三横"的沿海纵线（国道主干线同三线）、内陆纵线（国道 205 线）和北部横线（国道 316 线）、南部横线（国道 319 线）、中部横线（省道三明至仙游郊尾线新改建一般二级公路），拓宽改造公路和福厦漳高速公路建设。五年累计完成公路建设投资 111.4 亿元，港航建设投资 16.87 亿元，运输站场建设投资 1.32 亿元。新增公路里程 5562 公里，比"七五"期末增长 1.1 倍。其中，二级以上高等级公路新增里程 2148 公里，比"七五"期末增长 9.3 倍。至 1995 年底，全省公路里程达 46672 公里。其中，一级公路 272 公里，二级公路 2210 公里，三级公路 2679 公里，四级公路 31249 公里，等外公路 10162 公里。泉厦高速公路于 1994 年 6 月拉开建设序幕，至 1995 年底完成投资 8.8 亿元。厦漳高速公路的一个标段及福泉高速公路连接的先期工程也相继动工建设。实现了省委、省政府 1995 年初提出的"两个基本"的目标，即"两纵三横"公路改造基本完成，泉厦高速公路路基基本形成。同时，国道 104 线样板路建设通过了交通部组织的验收，为高等级公路的建设和规范化管理提供了经验。全省沿海港口拥有生产性泊位 303 个，其中万吨级以上泊位 24 个，港口的集疏运能力较大提高，海岛交通得到改善。

运输结构。至 1995 年末，全省营运汽车达 9.17 万辆。营业性机动船舶 4644 艘，其中，营业性海运船舶 2313 艘、128.05 万载重吨，载重吨位比"七五"期末增长 109.2%。车、船运输结构逐步向着多档次、多规格的方向发展。沿海和经济发达地区的运力向快捷、舒适和配套的方向转变。营运班次、班线和航线不断增加和拓展。全省日发客班车 3.4 万班，比"七五"期末增长 58.3%。全省基本实现乡乡通班车。

运输生产。全省 5 年累计完成公路客运量 17.47 亿人、周转量 731.76 亿人公里，平均年递增分别为 0.5% 和 3.7%。完成公路货运量 9.26 亿吨、周转量 459.61 亿吨公里，平均年递增分别为 7.0% 和 9.8%。完成水路货物运输量 1.15 亿吨、1113.35 亿吨公里，平均年递增分别为 12.1% 和 32.5%。全省港口货物吞吐量累计达 1.27 亿吨，其中集装箱吞吐量 136.67 万标箱，平均年递增分别为 18.3% 和 44.7%。福州、厦门两港跻身全国大港行列。

交通改革。在交通管理体制、计划投资体制和交通企业的改革上都进行新的尝试。1992 年，省管的公路体制和汽车运输体制都下放地方，改革国道、省道由省"统一管理、统一筹资、统一建设、统一养护"的体制，建立"统一规划、定额补助、逐级分段、承包建设"的新建设体制和"统一收费、比例分成、分段养护"的新管理体制，调动各地（市）、县和乡镇修建公路的积极性，使全省公路一年一个样、三年大变样。交通企业以转换机制为重点，推行"三项制度"改革和单车、单船租赁承包，交通企业的经营自主权进一步得到落实，许多企业以一业为主，发展多种经营，有的企业开展现代企业制度的改革试点。全省九大汽车运输公司走出低谷，国有企业的整体优势有所增强。厦门港连续两年年利润突破亿元大关，还先后成立中外合营运输企业 77 家，海上运输开通港澳及东南亚、西欧等 13 个国家和地区的国际航线。全省交通基础设施建设利用外资 2.8 亿美元。此外，交通部门还组织劳务出口和境外工程承包，签订的工程和劳务合同共 3212 万美元，实际劳务出口人数 2497 人次，营业额 1781 万美元，创汇 1013 万美元。

二

"九五"期间，全省加快以高速公路为重点的交通基础设施建设，总投资 366.5 亿元。至 2000 年底，全省公路通车总里程达 51073 公里，五年新增 4500 公里。公路密度每百平方公里达 42.08 公里，高出全国 15 公里/百平方公里的平均水平，居全国第七位。其中二级以上公路 5333 公里，在公路总里程中所占比例由"八五"期末的 5% 提高到 10.4%。高速公路建设实现零的突破，完成总投资 149.5 亿元，通车里程 345 公里。普通公路网进一步完善，行政村通路率为 74.5%，并实现九个设区市之间都有一条二级以上公路连接，沿海的福州、莆田、泉州、厦门和漳州五个市都有高速公路连接，市通县基本有一条二级以上公路连接，县通乡都有一条三级或四级公路连接的目标。公路建设向高等级发展。汽车场站建设完成投资 1.32 亿元。港口基本建设完成投资 53.09 亿元，新建成 36 个泊位，全省生产性泊位 435 个，其中，沿海港口生产性泊位 341 个，内万吨级以上泊位 40 个。

运输行业管理。道路运输管理强化调控力度，整顿客运和货运市场，严把运输企业和车辆资质关。调整运输结构，优化运力，严格市场准入制度，扶持和培育"快运体系"，使快速客运在高速公路主干线上形成规模，抓紧启动快速货运的建设，培育货运信息交易市场。深化水运行业管理，理顺水运市场秩序，对班轮运输和境外航运企业驻福建办事处进行整顿，营造公平有序的航运市场环境。

运输生产。至 2000 年底，全省共有营运客车 3.08 万辆，营运货车 10.21 万辆，出租汽车 1.47 万辆，其中 90% 以上更新为中级以上轿车。完成公路客运量 4.17 亿人次、旅客周转量 223.44 亿人公里；货运量 2.29 亿吨、货物周转量 175.83 亿吨公里。共有营业性机动船舶 2947 艘、净载重 178.95 万吨位。水运航线进一步延伸，开辟国内沿海和长江中下游各港口航线及港澳、东南亚、日本、韩国等近（远）洋航线。完成水路旅客运输量 726 万人、1.44 亿人公里，货物运输量 4078 万吨、358.63 亿吨公里。港口货物吞吐量 6944.17 万吨，港口集装箱吞吐量 166.7 万标箱。厦门、福州两港集装箱吞吐量居全国十大港口行列。1997 年 4 月 19 日，台湾海峡两岸试点直航成功，打破近 50 年来海峡两岸无商船往来的历史。至 2000 年，大陆有 6 家船公司投入福州、厦门至台湾高雄港口两岸试点直航，共营运 5421 个航次。

公路、水运建设市场。执行国家和交通部有关规定，对公路、水运建设从业单位实行资产登记管理，对省外施工企业实行准入管理。推行项目法人责任制、招标投标制、工程监理制和合同管理制。严格基本建设秩序管理，加强建设项目交工、竣工验收工作。统一规范高速公路招投标程序和施工、监理评标工作，建立省交通建设工程招标投标专家库。开展公路建设质量年活动，强化工程质量检查和监督。加强公路工程检测试验室的计量认证、试验检测仪器的检定和校准工作。

交通法制工作。全省各级交通主管部门提请人大或政府审议和颁布有关公路规费、路政管理、港口、运输和基础设施市场管理等地方性法规、规章、规范性文件共计 17 件，完成全省交通行政执法人员的执法资格认证审定工作。建立执法人员公示等六项制度。

三

"十五"期间，全省交通累计完成建设投资 750 亿元，其中高速公路 385 亿元，普通公路 301 亿元，水运工程 64 亿元。"十五"期末，主要运输工具营运客车 32610 辆，470152 客位。营运货车 128287 辆，438350 吨位。机动船舶 2890 艘，其中，货船 2201 艘，净载重量 366.11 万吨位，客船 677 艘，载客量 2.51 万客位。完成营业性公路客运量 5.25 亿人、周转量 309.99 亿人公里，货运量 2.76 亿吨、周转量 238.25 亿吨公里。完成营业性水路客运量 985 万人、周转量 1.39 亿人公里，货运量 0.92 亿吨、周转量 1134.64 亿吨公里。累计完成沿海港口货物吞吐量 6.64 亿吨、集装箱吞吐量 1713 万标箱。公路、水路运输在综合运输体系中地位突出，承担全省公、水、铁、空总客运量的 96.1%，总货运量的 91.1%，总旅客周转量的 65.2%，总货物周转量的 87.1%。

高速公路。三福、漳龙、福宁、罗长和漳诏等高速公路建成通车，新增里程 651 公里，至 2005 年底，通车总里程 1208 公里。各设区市都通上高速公路，形成各设区市到省会城市的"四小时交通经济圈"。

农村公路。完成投资 110 亿元，新增农村等级水泥路 2.1 万公里。2004 年，省委、省政府将实施"年万里农村路网工程"列入为民办实事等项目，实施阳光政策，农村公路建设全面提速。两年新增农村公路 1.4 万公里，厦门、泉州两市率先实现建制村通硬化公路的目标。全省所有乡镇都有硬化公路通向干线。建制村通路率达 96.5%。

港口生产。新增生产性泊位 62 个，其中万吨级以上 26 个。新增货物吞吐能力 3509 万吨、集装箱吞吐能力 217 万标箱。2005 年全省生产性泊位 509 个，其中，沿海港口生产性泊位 399 个，内万吨级以上泊位 66 个。沿海港口货物吞吐量完成 1.96 亿吨，其中集装箱完成 492.48 万标箱。整合港口资源，实现厦门湾一体化管理。港口在海峡两岸经济区建设中的地位和作用逐渐凸显。

公路路网。完成 10 条入闽通道建设和一批国、省道干线公路及重要县际公路改建，新增、改造干线公路共 2116 公里。实施国、省道干线公路"改善工程"，开展全省干线公路检查和专项整治。打通老、少、边、远地区通往沿海地区的通道，提升干线公路技术等级和路况，优化路网结构和布局。全省公路通车总里程 58285.68 公里，按技术等级分，高速公路 1208.48 公里，一级公路 358.30 公里，二级公路 6262.24 公里，三级公路 4518.38 公里，四级公路 35639.86 公里，等外公路 10298.42 公里。按公路路面等级分，有铺装路面 26390 公里，简易铺装路面 9190 公里，未铺装路面 22706 公里。

运输服务和行业管理。全省开通农村客运班线的乡镇 990 个、建制村 10296 个。开展多项专项整治活动，全省交通运输和建设市场健康发展。路政管理成效明显，交通规费征收和治理车辆外挂工作取得新成绩。开展社会治安综合治理和平安建设，出台了《福建省路政管理条例》、《福建省高速公路通行费管理办法》等规范性文件。建立交通信息平台和网站群。加快推进两岸"三通"工作，实现与金门、马祖、澎湖的客、货运直航。

第一章　交通规划

1991—2005 年编制的交通规划主要有《全省沿海主要港口总体布局规划》、《公路"先行工程"干线建设规划》、《公路主枢纽规划》、《陆岛交通规划》、《沿海港口建设规划》、《福建省省级干线公路网规划》、《福建省高速公路网建设规划》、《福建省农村公路发展规划》、《福建省高速公路支线、连接线建设规划》、《国家高速公路福建省境内路线规划》、《福建省公路运输站场规划》、《福建省沿海港口布局规划》、《福建省陆岛交通发展规划》和《海峡西岸经济区公路水路交通发展规划（2006—2020 年）》，以及《福建省"十一五"海峡西岸综合交通体系建设专项规划》、《福建省"十一五"农村交通基础设施建设专项规划》等。其中，省级干线公路网、高速公路网、农村公路等三大公路发展规划先后获得省政府批准；《海峡西岸经济区公路水路交通发展规划》于 2005 年 11 月通过专家咨询和论证，随后根据专家的意见进行了修改、完善，2006 年 12 月得到省政府批复。

第一节　公路规划

一、普通公路干线网

（一）"先行工程"干线网规划

1992 年 8 月，省委召开加快福建发展研讨会（即马江会议），确定实施"先行工程"，加快福建省干线公路建设的战略决策。按照交通部提出的建设公路主骨架、水运主通道、港站主枢纽和交通支持系统（简称"三主一支持"）的长远规划设想，福建省交通规划编制部门结合福建省地处东南沿海、与台湾隔海相望的地理位置，以及社会经济和自然条件等特点，编制"先行工程"干线规划。以"两纵三横"为主要建设目标，沿海纵线（国家主干线同三线）规划里程 680 公里（其中新建福鼎分水关至闽侯兰圃一级汽车专用公路 261 公里，闽侯兰圃至龙海碑头高速公路 269 公里，龙海碑头至诏安分水关高速公路 150 公里）；内陆纵线（国道 205 线）规划里程 605 公里，规划通过老路改造和部分新建成二级公路，过城镇路段适当加宽；北部东西横线（国道 316 线）规划里程 419 公里，通过老路改造和新建两段断头路 61 公里成二级公路；南部横线（国道 319 线）规划里程 309 公里（其中厦门至漳州段高速公路利用国道主干线同三线 38.2 公里，漳州至龙岩新建二级汽车专用公路 102 公里，龙岩至长汀隘岭改建成一般二级公路 169 公里）；中部横线（省道三郊线）规划起自三明，终至仙游郊尾，新改建一般二级公路 288 公里。

到 1996 年底，"先行工程"建设项目基本建成，规划目标基本实现，全省形成以"二纵三横"为主轴的经济开发带，九地市都有一条高等级公路连接，全省的高等级公路里程从全国倒数第四上升到全国前列，水泥路面里程跃居全国第三位。

（二）省级干线公路网规划

省级干线公路网规划制定经历两个阶段，一是进行"先行工程"建设规划和福建省干线公路网规划；二是对原有《福建省省级干线公路网规划》进行重新调整与规划修编。

1. 1991—2020 年规划

为发挥国道网主骨架的作用，1991 年 10 月，交通部要求各省、直辖市、自治区从调整国家干线公路网（试行方案）入手，1994 年底前完成省市区的公路网 30 年规划。

《福建省省级干线公路网规划》制订工作由省交通厅委托省公路管理局主办，省公路学会和交通运输协会科技咨询中心协办。该规划于 1995 年 3 月 5 日通过初审，1996 年 1 月 29—31 日通过省政府委托省计委组织评审。规划以"二纵三横"为骨架的干线公路网，把九个地市及福建省与浙江、广东和江西省用高速公路或汽车专用公路连接起来，各地市形成二级公路网络，同时通达海岸突出部、机场等交通节点，与航运、航空等其他运输方式衔接。

1997 年，交通部颁布新的《公路工程技术标准》（JTJ001-97），取消汽车专用公路的等级，调整为高速公路标准。到 2000 年，全省的干线公路建设基本按照规划实施。

2. 2000—2020 年规划

随着国家《五纵七横国道主干线规划》的制定和高速公路的快速发展，原先制定的省级干线网规划需要适时调整，以适应新一轮经济发展战略和高速公路建设布局的需要。省交通厅根据交通部《关于加强公路规划工作若干意见》精神和《福建省国民经济和社会发展"十五"计划和 2015 年发展规划》基本思路，围绕交通部"三主一支持"长远规划，结合福建省省情编制省级干线公路网（2001—2020 年）规划，调整福建省的省级干线网。规划于 2001 年 8 月 14 日得到省政府批复。

（1）规划目标

省级干线公路网的规划目标为建设 6000 公里左右，技术等级为二级以上干线公路，形成上承国家公路网规划和福建省高速公路网规划，下启全省农村公路网规划，使全省县级行政中心 1 小时内可达高速公路省级干线公路网。满足经济发展和未来公路交通现代化的需求，形成通畅连接全省各县（市）的快速公路网络，提供优质运输服务。其具体布局目标是：

①补充、完善"二纵三横"主骨架网，共同形成全省干线公路网，并与其他层次公路网相衔接。

②形成贯穿南北、连通东西的快速通道。

③连接全省主要的大港口，重点考虑福州港、厦门湾和湄洲湾，兼顾考虑有较大发展潜力、有良好岸线资源和经济腹地的港口。

④连接重要的铁路枢纽和航空港。

⑤连接重要风景旅游区和旅游城市。

⑥具有一定的路网密度，规划线路之间应尽量保持一定的间距，使路网效率保持较高水平。

（2）规划布局

规划提出"八纵九横"的省级干线路网布局，17条新规划省级干线公路总里程达7040公里，扣除相互重复330公里和利用国道429公里，实际里程6281公里。技术等级构成中：二级及二级以上（混凝土或沥青混凝土路面）公路里程2019公里，二级公路（沥青路面）和二级以下公路里程3542公里，尚需新建720公里。规划到2020年全部达到二级公路（混凝土或沥青混凝土路面）标准。2001—2020年，尚需改建3542公里，新建720公里，总建设里程4262公里。规划路线各市分布情况如下。

福州市。通过福州市域的路线"一纵、二纵、五纵、五横"路段，扣除相互重复里程和与国道重复里程后，规划实际里程约643公里，占全省规划里程的9.13%，其中新改建里程约391公里，工程造价估算约224220万元。

莆田市。通过莆田市域的路线"一纵、二纵、六横"路段，扣除相互重复里程和与国道重复里程后，规划实际里程约246公里，占全省规划里程的3.49%，其中新改建里程约71公里，工程造价估算约50550万元。

泉州市。通过泉州市域的路线"一纵、五纵、六纵、七纵、六横、七横、八横"路段，扣除相互重复里程和与国道重复里程后，规划实际里程约1154公里，占全省规划里程的16.39%，其中新改建里程约573公里，工程造价估算约208310万元。

厦门市。通过厦门市域的路线"一纵、六纵"路段，扣除相互重复里程和与国道重复里程后，规划实际里程约118公里，占全省规划里程的1.68%，其中新改建里程约51公里，工程造价估算约163200万元。

漳州市。通过漳州市域的路线"一纵、七纵、八纵、八横、九横"路段，扣除相互重复里程和与国道重复里程后，规划里程约726公里，占全省规划里程的10.31%，其中新改建里程约479公里，工程造价估算约148780万元。

龙岩市。通过龙岩市域的路线"三纵、四纵、五纵、八纵、八横、九横"路段，扣除相互重复里程和与国道重复里程后，规划实际里程约874公里，占全省规划里程的 12.41%，其中新改建里程约 571 公里，工程造价估算约 229390 万元。

三明市。通过三明市域的路线"三纵、四纵、六纵、八纵、四横、六横、七横"路段，扣除相互重复里程和与国道重复里程后，规划实际里程约 1429 公里，占全省规划里程的 20.30%，其中新改建里程约 797 公里，工程造价估算约 279280 万元。

南平市。通过南平市域的路线"二纵、三纵、四纵、二横、三横、四横"路段，扣除相互重复里程和与国道重复里程后，规划实际里程约 961 公里，占全省规划里程的 13.65%，其中新改建里程约 659 公里，工程造价估算约 212680 万元。

宁德市。通过宁德市域的路线"一纵、二纵、一横、二横、三横、四横"路段，扣除相互重复里程和与国道重复里程后，规划实际里程约 889 公里，占全省规划里程的 12.63%，其中新改建里程约 670 公里，工程造价估算约 207860 万元。

（3）规划期限及预期实施效果

为配合国家交通建设的步伐，并考虑福建省交通建设的经济实力，省级干线公路网规划的期限与国家规划 2020 年在东部地区率先实现现代化目标的期限相适应。确定规划期限为 2001—2020 年，用三个"五年计划"的时间基本建成"八纵九横"省级干线公路网。

近期。2001—2005 年第一个"五年计划"。投资规模约 50 亿元，规划建设约 1500 公里，重点实施入闽公路通道、县通市公路及通往重要旅游区和经济开发区的干线公路建设。到 2005 年，改善福建与周边省份的公路通道交通条件，增强福建省经济的向外辐射能力。

中期。2006—2010 年第二个"五年计划"。投资规模约 50 亿元，规划建设约 1200 公里，基本建成除特困地段（含有大型构造物地段）外的线路，使"八纵九横"省级干线总里程中，二级以上的公路里程比重达到 80% 以上。到 2010 年，省级干线公路网布局得到初步完善，干线公路网中二级以上公路里程比重达到 80% 以上。

远期。2011—2020 年第三个"五年计划"。投资规模约 72.4 亿元，规划建设约 1562 公里，重点建设工程困难路段，主要对局部未达二级公路标准（含特大型构造物）的剩余路段工程进行扫尾建设。使"八纵九横"省级干线总里程中，二级以上公路里程的比重达到 98% 以上。到 2015 年，基本建成"八纵九横"省级干线公路网，干线公路网中的二级以上公路里程达到 98% 以上，初步达到 2020 年的规划总目标（见表1-1）。

规划实施后，将使国省干线覆盖全省所有县级行政中心，解决对外交通问题，使全省县级行政中心 1 小时内可达高速公路；全省大部分乡村在 2 小时内到达骨架公路网；路网道路平均等级由三级升为二级以上，路网平均车速由 40 公里/小时提升到 60 公里/小时，路网连通度由 1.89（介于树状与方格状之间）上升到 2.52（介于方格状与正三角形状之间），为经济发展提供优良的道路交通网络。

表1—1

福建省省级干线公路网"八纵九横"路线布局方案表

路线名称	规划路线总长(公里)	与其他纵横线重复里程(公里)	与国道重复里程(公里)	规划实际里程(公里)	利用现行省道(公里) 小计	内:需改建里程	新规划路(公里) 小计	需建设里程	内:改建里程	内:新建里程	需建设里程合计(公里) 小计	内:改建里程	内:新建里程	规划主要控制点
"八纵"														
第一纵:宁德漳湾—东山城关	905	0	77	828	189	96	639	464	298	166	560	394	166	宁德城澳、罗源、连江、长乐、福清、莆田、仙游、泉州、石狮、晋江、南安、厦门、龙海港尾、漳浦旧镇、云霄城关
第二纵:寿宁双港—莆田城厢	514	10	29	475	254	204	221	190	169	21	394	373	21	寿宁、政和、屏南、古田、闽清、永泰、莆田
第三纵:政和临腰—连城文亨	445	0	16	429	345	189	84	84	57	27	273	246	27	政和、建瓯、顺昌、明溪历、顺昌、将乐、清流、连城
第四纵:浦城花桥—武平下坝	687	13	47	627	414	388	213	213	155	58	601	543	58	浦城、武夷山上梅、部、武泰宁、建宁、宁化、长汀、永平、武平城关
第五纵:长乐漳港—永定三层岭	556	3	24	529	377	210	152	90	78	12	300	288	12	长汀、闽侯、永泰、德化、永春、漳平、龙岩、永定坎市
第六纵:尤溪西城—厦门火车站	284	23	2	259	157	52	102	102	56	46	154	108	46	尤溪坂面、德化上涌、德化、永春、安溪、同安集美
第七纵:安溪官桥—平和柏松关	202	0	0	202	202	154	0	0	0	0	154	154	0	长泰、漳州、平和
第八纵:永安岭头—龙海港尾	247	11	8	228	45	0	183	116	57	59	116	57	59	漳平双洋、漳平、华安、漳州、龙海

续表1-1

路线名称	规划路线总长 公里	与其他纵横线重复里程 公里	与国道重复里程 公里	规划实际里程 公里	利用现行省道（公里）		新规划路（公里）				需建设里程合计（公里）			规划主要控制点
					小计	内：需改建里程	小计	需建设里程	内：改建里程	内：新建里程	小计	内：改建里程	内：新建里程	
"八纵"合计	3840	60	203	3577	1983	1293	1594	1259	870	389	2552	2163	389	—
第一横：霞浦城关—寿宁大熟	162	16	31	115	77	75	38	15	0	15	90	75	15	福安、寿宁
第二横：福安下白石—浦城城关	259	10	8	241	220	169	21	19	19	0	188	188	0	甘棠、周宁、政和、松溪
第三横：宁德八都—武夷山汾水关	384	21	34	329	109	40	220	220	120	100	260	160	100	屏南、建瓯、建阳、武夷山
第四横：宁德城关—泰宁城关	480	64	57	359	203	192	156	96	4	92	288	196	92	宁德石后、古田、南平樟湖、尤溪、三明洋口仔、沙县、将乐
第五横：平潭城关—福清宏路	72	0	0	72	49	0	23	9	6	3	9	6	3	福清高山、福清
第六横：莆田秀屿港—建宁甘家隘	559	48	11	500	401	38	99	13	0	13	51	38	13	仙游、永春、大田、三明、明溪、建宁
第七横：泉州后渚—宁化五里亭	468	71	0	397	210	128	187	138	93	45	266	221	45	泉州、南安、安溪、永春、大田、永安、清流、宁化
第八横：晋江围头—上杭城关	430	29	45	356	161	86	195	162	99	63	248	185	63	石狮、晋江、泉州、南安、晋安、华安、龙岩
第九横：东山城关—武平禾仓坑	386	11	40	335	56	31	279	279	279	0	310	310	0	诏安、平和霞寨、永定、上杭、武平
"九横"合计	3200	270	226	2704	1486	759	1218	951	620	331	1710	1379	331	—
"八纵九横"总计	7040	330	429	6281	3469	2052	2812	2210	1490	720	4262	3542	720	—

二、高速公路网

（一）高速公路网建设规划

2000 年初，根据交通部提出的到 2020 年国道主干线和国家重点干线组成的全国骨架公路网将全面建成的要求，省交通厅开展《福建省高速公路网建设规划》编制工作。编制人员在收集资料并进行分析研究的基础上，提出路网布局初步方案。在征求各设区市意见，听取交通部及交通部规划研究院领导、专家意见，征求周边省份对布局方案的相互衔接意见后，完成报告征求意见稿。

根据 2001 年 8 月省政府专题会议精神和 9 月省交通厅《福建省高速公路网建设规划》专家评审会专家组意见及省直有关部门意见、建议，对报告征求意见稿再次修改、补充，形成规划报告送审稿，并呈请省政府审批。11 月 13 日，省政府省长办公会议通过规划报告送审稿。12 月 27 日，省政府批复《福建省高速公路网建设规划》。同意该《规划》提出的"三纵四横"高速公路网布局方案（含福泉厦漳诏复线），明确该规划是指导福建省今后 30 年高速公路建设的重要依据。

"三纵四横"高速公路主骨架网布局如下：

"一纵"。国家沿海主干线同江至三亚（GZ10）福建省境内段，该段路线起点位于福鼎市与浙江省交界处的分水关，终于诏安县与广东省交界处的分水关，途经宁德市、福州市、莆田市、泉州市、厦门市和漳州市。

"二纵"。国家重点干线公路天津至汕头纵线（4 纵）福建省境内段，该段路线起点位于浦城县与浙江省交界处的沙排，终于武平县与广东省交界处的上社，途经南平市、三明市和龙岩市。

"三纵"。福泉厦漳诏高速公路复线。

"一横"。国家主干线北京至福州（GZ20）福建省境内段，该段路线起点位于福厦高速公路的青口互通，终于邵武市与江西省交界处的沙塘隘，途经福州市、南平市和三明市。

"二横"。国家重点干线公路厦门至昆明横线（13 横）福建省境内段，该段路线起点位于"同三线"漳州市长州互通，终于长汀县古城与江西省交界处，途经漳州市和龙岩市。

"三横"。国家重点干线公路泉州至贵州毕节横线（12 横）福建省境内段，该段路线起点位于泉州西福，与福厦高速公路相连，终于宁化县五里亭与江西省交界处，途经泉州市和三明市。

"四横"。福建省闽东宁德沿海辐射闽北南平山区的干线公路，该段路线起点位于"一纵"的福鼎至宁德高速公路宁德市云淡门，途经政和，至浦城县临江，与"二纵"的浦城至南平高速公路相接，而后利用浦南高速公路至武夷山兴田，再经邵武市到终点肖家坊，与京福高速公路相连。

根据省委、省政府发展战略和交通部公路水路交通发展战略部署，"三纵四横"高速公路主骨架网实施计划：到2010年全面建成"一纵二横"高速公路主骨架，完成浦城至南平、泉州至三明高速公路部分重要路段的建设，其中2005年建成省会福州市至各设区市"4小时交通经济圈"，使福建省高速公路运输环境得到全面改善；到2020年要完成贯穿福建省东西南北"二纵三横"高速公路主骨架网建设，并完成大型空港、重要海港、铁路枢纽、国家级旅游区、20万人以上城市及重要城市出入口的快速公路连接，使福建省高速公路交通运输基本适应国民经济和社会发展的需要；到2030年完成"三纵四横"高速公路主骨架网的建设，继续调整、完善高速公路网以及支线的建设，使70%的县、市通上高速公路，路网服务水平达到国际先进水平，基本实现高速公路建设和运营现代化、智能化，实现安全与环境最优化。

2004年2月，为充分发挥高速公路主骨架功能，省交通厅委托省交通规划办开展福建省高速公路支线、连接线建设规划编制工作。6月22日，省政府召开专题会议，听取关于高速公路支线、连接线建设规划编制工作汇报。会议对省交通规划办编制的福建省高速公路支线、连接线规划方案给予肯定，明确了县县通高速公路的总体发展目标，实现90%县市行政中心、重要港区、机场、铁路枢纽、重要旅游区半小时内便捷上高速公路网，其余县市行政中心1小时内便捷上高速公路网。8月6日，省交通厅发函省直有关单位和各设区市交通局（委）征求意见，11月2日完成规划送审稿。11月8日，省交通厅召开厅长办公会议，进行专题研究。11月完成规划送审稿修改。12月17日，国务院常务会议审议通过交通部组织制定的《国家高速公路网规划》。为了保障《国家高速公路网规划》的实施，利用和控制通道线位资源，根据交通部《关于开展国家高速公路网路线规划的通知》精神，省交通规划办受省高速公路建设总指挥部的委托，于2005年3月初开展《国家高速公路网福建境内路线规划》编制工作，6月24日完成送审稿。6月27日，省政府召开专题会议，听取汇报。按照专题会议精神，对该规划进行修改。6月30日，省长黄小晶召开省政府专题会议审议该规划，进一步完善后，规划定稿。

（二）海峡西岸经济区高速公路网规划

2004年初，省委、省政府提出建设海峡西岸经济区的战略构想。根据海峡西岸经济区定位及其对公路水路交通发展的要求，福建省交通规划办公室在《福建省高速公路网建设规划》和《福建省高速公路支线、连接线建设规划》、《国家高速公路网福建境内路线规划》的基础上，与交通部规划研究院合作开展《海峡西岸经济区高速公路网规划》编制工作，2005年10月完成规划专项初稿。

1. 功能定位

海峡西岸经济区高速公路网是海峡西岸经济区公路网的主骨架，是综合运输体系的重要组成部分，主要连接重要城市、交通枢纽、重要旅游景点和军事战略要地，是经济区对外联系、区域内重要节点间、城市密集区城际间的快速通道，是重要沿海港口和机场的集疏运通道，为全社会生产和生活提供快速、高效、安全、舒适的运输服务，并为应对战争、自然灾害等突发性事件提供快速交通保障。

2. 层次划分

海峡西岸经济区高速公路包括国家高速公路和福建省高速公路。

（1）国家高速公路

海峡西岸经济区内的国家高速公路除了纳入网络的1条射线、2条纵线（含一条联络线）和3条横线外，还有部分城市绕城环线、港口和机场连接线。国家高速公路路线包括：国家高速公路主线、城市绕城环线、港口连接线和机场连接线，总里程约3200公里。

（2）福建省高速公路

福建省高速公路具有承担省际及大中城市间中长距离运输的功能。包括省际高速公路，连接中小城市的线路，海西经济中心城市环线及对周边城镇的辐射线，路网联络线和疏港路线。

3. 规划目标

海峡西岸经济区高速公路网规划目标：构筑"东出西进、通南达北、加密沿海、覆盖全区"的高速公路网络。

（1）构筑对外快速通道，加强与周边经济区的联系

与周边区域之间形成4条以上的高速公路通道，与长江三角洲和珠江三角洲对接，进一步加强与江西等中部地区的交通联系。

（2）构筑连接经济区内重要城市节点的高速公路网络，强化经济中心与周边城市的便捷连接

省会与地市、沿海地市与山区地市实现高速公路顺畅连接，相邻地市间实现高速公路连接，山区地市实现3小时内到达沿海主要港口，基本实现县城半小时内上高速公路。

（3）形成沿海地区城市密集区高速公路网络，促进沿海地区经济繁荣

加密以福州、泉州、厦门为核心的沿海地区高速公路网络，形成2条沿海高速公路，重要城市形成高速环线，实现高速公路网络化，提高适应能力，保障交通畅通。

（4）加强与交通枢纽的衔接，形成沿海港口快速集疏运通道

连接主要公路枢纽和铁路枢纽所在城市，直接连接重要港区和机场。进一步提高港口辐射能力，以福州和厦门2个主要港口为中心的半日辐射圈涵盖整个海峡西岸经济区，1日辐射圈涵盖江西、浙江西南部、广东东北部、湖南南部等地。

（5）连接著名旅游城市，形成旅游快速通道

加强中心城市、旅游城市之间快速通道，形成连接多个旅游景区的快速通道。

（6）构建完善高速公路网络，保障国家安全

形成满足国家政治、经济和国防安全以及抢险救灾等应急事件处理需要的高速公路网络。

4. 布局方案

海峡西岸经济区高速公路网总里程为4820公里（不含重复里程），海峡西岸经济区高速公路网布局可归纳为"三纵、八横、三环、二十联"。"三纵八横"是海峡西岸经济区的骨架公路，包括所有国家高速公路的主线及部分省高速公路；"三环"为3条绕城环线；"二十联"包括8条一般联络线、6条港口连接线、3条机场连接线及3条城市连接线。

表1-2　　海峡西岸经济区高速公路网布局方案（三纵、八横、三环）

单位：公里

项目	序号	路线名称	起终点	主要控制点	规划里程
三纵	纵一	沈海高速	福鼎—诏安	福鼎、宁德、长乐、福清、莆田、惠安、泉州、晋江、同安、厦门、漳浦、云霄、诏安	650
	纵二	沈海复线	福州—诏安	福州、永泰、仙游、安溪、长泰、南靖、平和、诏安	402
	纵三	长深高速	松溪—武平	松溪、建瓯、沙县、三明、永安、连城、上杭、武平	482
八横	横一	京台高速	福州—浦城	浦城、建瓯、南平、闽清、闽侯、福州、牛头尾港区	544
	横二	沈海联络线	宁德—武夷山	福安湾坞、福安、杨源、政和、兴田、武夷山	307
	横三	福银高速	福州—邵武	闽侯、闽清、南平、沙县、将乐、泰宁、邵武	347
	横四	泉南高速	泉州—宁化	晋江、南安、永春、大田、永安、清流、宁化	347
	横五	厦成高速	厦门—长汀	厦门、漳州、龙岩、长汀	276
	横六	厦门—三明高速	厦门—沙县	厦门、安溪、大田、沙县	210
	横七	漳州—永安高速	漳州—永安	长泰、华安、漳平、永安	165
	横八	云霄—武平高速	云霄—武平	云霄、永定、上杭、武平、禾仓坑（闽赣界）	203

续表1-2

项目	序号	路线名称	起终点	主要控制点	规划里程
三环	1	福州环线	—	闽侯中洲、西岭、洋门、连江、琅岐、长乐、闽侯中洲	155
	2	厦门环线	—	同安云浦、仑头、厦门市区、海沧、长泰溪园、同安云浦	158
	3	泉州环线	—	南安张坑、泉州草埔园、石狮、晋江、南安张坑	117

表1-3　　　　海峡西岸经济区高速公路网布局方案（二十联）

单位：公里

项目	序号	路线名称	主要控制点	里程
一般联络线	1	杨源—古田	杨源、屏南、古田	85
	2	泰顺—福安	泰顺、寿宁南阳、福安上白石	62
	3	厦门—金门	厦门、金门	22
	4	高山—大坵	高山、大坵	13
	5	汤城—德化	汤城、德化	15
	6	莆田—永定	莆田、仙游、永春、漳平、龙岩龙门、永定闽粤界	292
	7	浦城—龙泉	浦城、龙泉	35
	8	下坝—甘家隘	武夷山下坝、邵武、泰宁、建宁、建宁甘家隘	210
港口连接线	9	溪南疏港	霞浦盐田、姚澳、浒屿澳、傅竹、霞塘、溪南作业区	19
	10	可门疏港	连江洋门、浦口、松坞、官坂、坑园、可门港区	27
	11	江阴疏港	福清庄前、下垄、高岭、北郭、江阴港区	15
	12	招银疏港	龙海海澄、浮宫、招银港区	10
	13	斗尾疏港	惠安洛阳、净峰、斗尾港区	23
	14	湄洲湾疏港	莆田、西浦、秀屿港区	25
机场连接线	15	福州长乐机场	长乐国际机场、漳港、长乐市、马尾、西岭	50
	16	泉州晋江机场	晋江机场、陈埭镇、池店	6
	17	厦门高崎机场	高崎机场、集美、田厝、云浦	38
城市连接线	18	福州连接线		11
	19	南平连接线	葫芦丘、塔前	40
	20	漳州连接线		9

说明：其中路线重复里程约550公里。

三、农村公路网

（一）农村公路发展规划

1. 规划编制

根据国家计委和交通部联合下发的《关于加快农村公路发展的若干意见》，2000年9月，省交通厅部署全省农村公路规划编制工作。

2001年，9个设区市交通局（委）全面开展农村公路规划汇编工作，并分别通过当地政府的批准。在此基础上，省交通厅规划办结合全省农村经济发展情况和省政府批准的全省高速公路网、省级干线公路网规划衔接等因素，进行《福建省农村公路发展规划》的编制和汇总工作。2001年12月完成《福建省农村公路发展规划》总报告及简本，2002年12月23日由省政府批复实施。

2. 规划区域、目标和布局

（1）规划范围

农村公路网规划范围以9个设区市为基本单位进行编制，路线范围包括县道和乡村通达公路两个层次。

县道包括连接县城、乡镇、主要商品生产基地、工矿企业、旅游区、主要客源集散区、乡镇与乡镇之间的公路，以及不属于国、省干线公路的县际运输量较大，具有较高经济效益的公路。

乡村通达公路包括连接乡镇、行政村、集贸市场、学校、生产基地、较大的居民聚居点，以及不属于县道的乡镇与乡镇之间、乡镇与外界联系的公路，主要为解决乡村人口出行问题，属于通达性工程。

（2）规划年限及目标

农村公路规划的基年为2000年，规划年限为2001—2020年，规划特征年为2005年、2010年和2020年。按照"统一规划、分步实施、逐步完善"的原则，规划近期、中期和远期目标。

近期。到2005年，全省农村公路基本适应农村社会经济发展要求。初步建立起为乡镇经济服务的县道网，带动旅游业发展。提高乡道技术标准，修建陆岛码头接线公路，解决沿海大部分岛民的对外交通问题。40%以上的县道达到三级以上公路标准（路面达到高级、次高级标准），沿海地区可适度超前。70%乡道达到四级以上公路标准，实现所有可通公路的乡镇通等级公路，所有适宜通公路的行政村通公路。

中期。到2010年，建立起为乡镇经济发展营造良好交通环境的县道网，福、厦、泉、莆、漳沿海发达地区的县道基本达到三级以上公路标准，其他地区75%以上县道达到三级以上公路标准（路面达到高级、次高级标准）。90%以上乡道达到四级以上公路标准，公路服务水平明显提高，农村公路网络化取得较大进展。

远期。到 2020 年，全省农村公路能够促进农村社会经济的发展，并适当超前，建立起为乡镇经济服务的便捷、快速县道网，形成行政村之间便捷联系的乡道网，所有县道达到三级以上公路标准和所有乡道达到四级以上公路标准，并实现所有路面达到高级、次高级标准，形成等级结构配置合理、桥涵和交通附属设施完善的农村公路网，农村公路总里程有较大发展。

按照规划，全省农村公路网总里程到 2005 年、2010 年分别为 2000 年的 1.06 倍、1.14 倍。三级公路里程也从 2000 年的 2465 公里，上升到 2005 年的 5093 公里、2010 年的 10269 公里。等外公路总里程由 2000 年的 18422 公里，下降为 2005 年的 15473 公里、2010 年的 9829 公里。四级和等外公路的比重由 2000 年的 91.46% 下降为 2005 年的 85.59%、2010 年的 81.47%。四级以上公路比重不断提高，由 2000 年的 62.7% 上升为 2005 年的 78.95%、2010 年的 95.73%。全省农村公路网密度将从 2000 年的 40.7 公里/百平方公里，上升到 2010 年的 41.5 公里/百平方公里。农村公路网连通度将从 2000 年的 0.79（含等外路），上升到 2005 年的 0.84、2010 年的 0.90。全省乡镇通等级公路率由 2000 年的 93.8%，上升为 2005 年的 100%。

（二）"十一五"农村交通基础设施建设规划

2005 年 2 月，根据《福建省人民政府办公厅转发省发展和改革委员会关于组织开展我省"十一五"专项规划编制工作意见的通知》精神，省交通厅规划办就《福建省"十一五"农村基础设施建设专项规划》编制工作着手启动资料收集与调研工作。12 月通过专家论证，并与《福建省国民经济和社会发展第十一个五年规划纲要》进行衔接。

"十一五"期间全省农村交通基础设施建设的总体目标是：逐步实施渡口、渡船更新改造和撤渡建桥，逐步改善海岛居民出行条件；加快推进农村公路路面硬化，大力推进农村客运发展及其配套设施建设；使渡口交通"瓶颈"及出行安全问题得到明显改善，陆岛交通体系更趋完善；基本实现所有乡镇通建制村公路路面硬化及"村村通客车"目标。

农村路网建设。继续实施"年万里农村路网工程"，在新改建县、乡道的基础上，重点加快村道建设，全面推进乡镇通建制村公路路面硬化项目。规划新增农村公路里程 2954 公里，其中县道 186 公里，乡道 421 公里，村道 2347 公里。规划新增路面硬化里程 20000 公里，基本实现所有乡镇通建制村公路路面硬化目标。到 2010 年，全省农村公路总里程将达到 72000 公里，其中县道 13000 公里，乡道 31000 公里，村道 28000 公里。

渡口交通建设。继续加大渡口、渡船更新改造和撤渡建桥投资力度。规划更新改造内河渡口 450 个次、渡船 475 艘次，省交通厅将根据内河渡口群众出行难度及对交通的需求程度，按每年渡口 90 个次、渡船 95 艘次的进度依次安排资金补助。在继续完成

"十五"跨"十一五"期间 41 个撤渡建桥在建项目的基础上，再实施撤渡建桥 170 座/30600 延米。到 2010 年，实现 90% 以上的内河渡口水泥化或石砌阶梯化、斜坡化，95% 以上渡船得到更新、改造和 25% 以上的内河渡口实现撤渡建桥目标。

农村客运站点建设。加快农村乡镇客运站点建设，在续建"十五"跨"十一五"期项目的基础上，规划建设乡镇客运站 835 个，建制村候车亭 14117 个，到 2010 年，全省基本实现"每乡一站，每村一亭"，基本实现所有建制村通客车目标。

陆岛交通建设。新建陆岛交通码头 60 个，到 2010 年，实现 5000 人以上大岛及重点沿海突出部陆岛交通滚装化率达 50% 以上。基本解决全省沿海 500 人以上岛屿岛民及沿海突出部居民的对外交通难问题。

四、公路主枢纽

根据交通部 1991 年颁发的《公路主枢纽总体布局规划编制工作大纲》和 1996 年颁发的《公路主枢纽总体布局规划编制办法》，福建省的福州、厦门两个城市列入全国公路主枢纽，开展公路主枢纽总体布局规划编制工作。

1998 年 4 月 6 日交通部和省政府批复省交通厅和福州市政府联合上报的《福州公路主枢纽总体布局规划》，同意根据福州市城市总体规划、福州干线公路网、水运港口、铁路站场发展规划，以及预测的客、货适站量发展水平及其流量、流向的分布所确定的福州公路主枢纽站场总体规划方案。规划方案确定福州公路主枢纽由组织管理中心、六个客运站场［包括福州汽车客运中心站、客运北站、马尾客运站（东）、洪山客运站（西）、长乐客运站（东南）和客运东站］、七个货运站场（包括福州汽车货运中心站、杜坞货运站、货运东站、马尾货运站、林朱货运站、枕峰货运站和福兴集装箱中转总站）组成。

《厦门公路主枢纽总体布局规划》的总体目标是以厦门市国民经济发展战略及城市建设规划为依据，"建立一个中心、二个系统，若干个网络服务站"（即公路主枢纽指挥管理中心，货运枢纽系统和客运枢纽系统，下设若干个卫星服务站），使之形成与厦门"一环数片、众星拱月"环状辐射结构的城市群体相匹配的公路主枢纽体系。

（1）主枢纽指挥管理中心包括客运中心和货运中心。

（2）客运枢纽系统，由一个客运枢纽中心站和六个客运枢纽站组成。客运枢纽中心站位于厦门梧村火车站附近，即原外来客车服务中心站址，其他六个客运枢纽站分别为：湖滨南路汽车客运站（兼容站），和平码头疏港汽车客运站，集美、杏林、海沧汽车客运站及同安西滨客运站。

（3）货运枢纽系统由一个货运枢纽中心站和七个货运枢纽站组成。枢纽中心站设在高崎，位于厦门铁路北站与疏港公路交会处，其他七个枢纽站分别为：东渡集装箱中转站，西郭集装箱中转站（兼容站），杏林、大芸、海沧汽车货运站和枋湖国际集装箱中转站及同安西滨货运站。

受省交通厅委托，省交通厅规划办于 2002 年 3 月负责开展《福建省公路运输站场规划》编制工作。2003 年 8 月完成规划征求意见稿。9 月，省交通厅发函各设区市交通主管部门，征求地方意见。12 月，对规划报告进行进一步修编，形成规划送审稿。

2004 年 7 月 8 日，省交通厅召开专题会议，听取汇报并研究相关问题。会议要求在《福建省公路运输站场规划》的基础上，进行《海峡西岸经济区公路运输枢纽布局规划》编制工作。2005 年 10 月，完成规划文本，提出海峡西岸经济区公路运输枢纽由 20 个城市组成，其中福州、厦门、泉州、南平、龙岩 5 个城市作为海峡西岸区域重要的综合交通枢纽。

第二节　港航规划

一、沿海港口布局规划

福建省沿海港口规划工作起步于 20 世纪 80 年代，至 90 年代初，福州、厦门、莆田、泉州、漳州、宁德 6 地市均开展港口的总体规划编制工作。1994 年 6 月，省政府办公厅下达《关于编制福建省沿海主要港口总体布局规划的通知》，省计委、交通厅据此编制《福建省沿海主要港口总体布局规划》。

1997 年 8 月 7 日省政府召开专题会议，就加快港口建设进行部署。8 月 14 日，省交通厅主持召开全省沿海港口建设规划座谈会，同时成立福建省交通厅港口建设规划领导小组，下设办公室。从 8 月 15 日至 10 月 17 日，领导小组办公室召开 9 次全体成员会议，并组织有关人员分赴 6 地市，督促、指导地市开展港口建设规划编制工作。按照省政府的要求，结合地市港口建设规划，编制《福建省沿海港口建设规划（草案）》。9 月 29 日，省交通厅主持召开福建省沿海港口建设规划论证会。11 月 4 日，省长贺国强主持召开省长办公会议，听取省交通厅关于《福建省沿海港口建设规划（草案）》编制情况的汇报，研究召开港口发展研讨会有关事宜。11 月 11 日，省政府召开福建省沿海港口发展研讨会，听取省交通厅汇报，原则同意《福建省沿海港口建设规划（草案）》中提出的加快福建省沿海发展目标和任务。规划将福州、厦门、湄洲湾作为福建省今后一段时期重点建设的港口，并对这三大港口的功能区分作出明确定位：福州港建成以能源、原材料、矿建材料和国际集装箱运输为主，客货兼营的多功能、综合性港口；厦门湾（包括厦门东渡、海沧、漳州港区）建成以外贸、临海工业和中转贸易为主的综合性、多功能大型港口，成为全国重点枢纽组合港；湄洲湾建成为临海工业服务的工业港和煤炭、粮食等重点货物的中转港。在港口建设和经营方面，按照"统一布局规划、统一航政管理、建设开放、经营放开"的原则，实行多主体投资、多渠道筹资、多元化建港、多模式经营。

2002 年，省政府要求编制《福建省沿海港口布局规划》，形成指导今后一段时期全省港口发展、建设的文件。受省发改委和省交通厅的委托，交通部规划研究院和省交通规划办联合开展规划编制。2004 年 7 月 13 日，经省政府同意，省发改委和省交通厅联合召开福建省加快港口开发、促进经济发展论证会。省委副书记、常务副省长黄小晶，副省长李川出席会议，国家发改委、交通部、海关总署、口岸办、国家宏观经济研究院、交通部规划研究院、中国交通运输协会等单位负责人和省内外（特邀）专家参加会议。规划经与会代表、专家审查通过。

根据海峡西岸经济区定位，在《福建省沿海港口布局规划》的基础上，开展《海峡西岸经济区沿海港口布局规划》编制工作，2005 年 10 月完成该规划初稿。两项规划提出沿海港口战略目标、发展思路、阶段性目标及近期发展的重点。

（一）发展战略目标和思路

根据交通部制定的全国沿海港口发展战略，福建省把沿海港口建设作为建设海峡西岸经济区和综合运输结构调整的一个重要方面，提出沿海港口发展战略总目标。顺应经济全球化发展趋势，适应海峡西岸经济区发展和率先实现现代化建设的需要，以加深参与国际、国内航运市场为导向，以技术进步促进港口发展，以发展促进布局和结构优化，形成结构合理、层次分明、功能完善、信息畅通、优质安全、便捷高效、适度超前、可持续发展的现代化海峡西岸港口群。

沿海港口近期发展战略思路。以优化港口布局和调整泊位结构为主线，通过加快新建与改造，重点完善沿海港口集装箱运输系统、大宗散货运输系统，形成专业化、规模化港区；利用深水港湾的优越条件，以港口带动临港工业区的大规模开发；利用靠近东南亚、紧邻台湾省的有利环境，发挥中小港口方便、灵活的运输条件，促进沿海地区外向型经济的发展；完善集疏运、口岸等综合服务配套体系，坚持市场导向和科技先导，促进管理创新和良性竞争，加快港口信息化和发展现代综合物流，提高港口运输服务质量和水平，实现港口发展由滞后型向适应型转化，加快推进港口现代化建设。

（二）发展阶段目标

为实现港口发展战略总目标，各阶段沿海港口发展的具体目标如下。

——2010 年沿海港口对国民经济的制约彻底解除，港口总体能力适应国民经济发展要求，港口通过能力与货物吞吐量的适应度要达到 1.0，其中集装箱通过能力的适应度要达到 1.1 以上；建立规范的港口运输市场；厦门港率先基本实现现代化。

——2020 年港口总体能力要适度超前于国民经济发展要求，适应度要达到 1.1 以上，其中集装箱通过能力的适应度要达到 1.15 以上，满足主要货类运输对大型深水专业化码头和航道的需求，形成高效率的管理和经营运作机制，提高港口国际竞争力；

现代物流、临港工业和商贸活动成为沿海港口的重要功能，港口与城市协调发展；沿海港口基本实现现代化。

（三）近期发展的重点

为实现确定的沿海港口发展战略目标及分阶段目标，"十一五"期间是港口发展承前启后的关键时期。各港口抓住时机、突出重点，使港口建设取得突破性进展。2010年以前发展建设重点主要有以下四个方面。

——继续加强和加快主要港口公共运输服务码头设施，以及集装箱、油气、煤炭等大型专业化码头的建设，提高港口的通过能力，以缓解港口通过能力严重不足的矛盾和适应港口吞吐量持续、快速增长的需要。

——加快厦门、福州等与城市发展矛盾日益突出的老港区的功能调整与改造，结合新港区的开发建设，实现港口生产力结构的优化调整和老港区的功能转换，以发展带调整、以调整促发展。

——各级政府和不同交通行业部门大力协调解决主要港口集疏运系统存在的问题，集中力量在短期内重点建设一批高标准的港口集疏运通道项目。

——通过规划和政策引导，围绕综合物流和专项物流服务，拓展主要港口的各种现代化服务功能；以港口为基础，创造条件进一步吸引临港产业的聚集和促进临海产业基地的逐步形成。

以2010年的规划目标作为发展目标，确定各港口近期发展重点如下。

厦门港。货物吞吐量和集装箱吞吐量要有较大幅度增长，厦门港在整合港口功能和资源的基础上，重点发展海沧、嵩屿和招银港区的集装箱码头和大型专业化泊位，调整、改造东渡港区，为发展集装箱干线运输和临港工业运输服务。

集中建设海沧港区一期、二期、三期和嵩屿港区一期、二期集装箱码头工程，建成停靠第五代以上集装箱船舶的大型集装箱作业区，提高港口对国际知名船舶公司干线班轮的吸引力。加快港口物流园区建设，促进港口功能的拓展。

进一步开发和整合东渡港区的码头资源，形成规模化、现代化集装箱港区，抓紧"区港联动"项目实施，确保厦门湾港口集装箱运输持续、快速发展的需要。启动大型国际邮轮码头建设，从而适应旅游业的发展。

建设招银港区三期和四期工程集装箱、多用途码头和一定数量的通用泊位。

根据到港船舶大型化趋势和后石港区大型散货码头的建设，进一步拓宽和增深主航道，以满足15万～20万吨级船舶通航要求。加快海沧、招银和东渡航道建设，适应临港工业发展的需要，确保大型集装箱船舶和大宗散货船安全、通畅进出港口。

福州港。成为货物吞吐量超亿吨大港，集装箱吞吐量大幅度增长。福州港重点开发外海深水港区，以新建大型专业化泊位为主、改造老港区为辅，优化港区的布局，提高港口吞吐能力，调整码头结构。

罗源湾港区结合腹地经济发展，从多用途泊位和临港工业项目建设入手，为深水港区的起步和地区经济发展创造条件。重点建设碧里作业区一期工程多用途码头、可门作业区一期工程通用码头和可门电厂煤炭专用码头，配合其他临港工业项目开发建设相应深水码头。

江阴港区利用已建成的集装箱泊位发展外贸集装箱运输，重点建设靠泊第四代以上集装箱船舶和大型散货船的泊位。开发港口物流园区，推动福州市物流中心建设和港口功能的拓展。重点建设江阴港区一期、二期、三期集装箱码头工程，建成停靠第四代以上集装箱船舶的大型集装箱作业区，结合临港工业开发建设液体化工和电厂煤炭等大型散货码头。

闽江口内港区根据城市发展规划逐步调整台江作业区功能。建设长安和洋屿作业区的多用途泊位。按3万吨级船舶乘潮通航的标准完成闽江通海航道增深工程。

松下港区结合元洪投资区和两港工业区发展需要，建设松下多用途、通用泊位和牛头湾作业区粮食泊位。

湄洲湾港口（包括莆田港）。结合湄洲湾沿岸能源基地和"炼油化工一体化"工程等临海产业开发，加快建设莆田港秀屿港区10万吨级LNG接收站码头工程和泉州港湄洲湾南岸港区斗尾作业区30万吨原油码头及相应配套工程。配套建设泉港工业区的成品油、液体化工等专用泊位和公用泊位，视东吴工业园区内临港工业项目需要，配套建设大型专业化散货泊位及通用散杂泊位，形成工业港初期规模。进一步扩建秀屿港区和泉港港区的集装箱泊位和通用泊位，提高通过能力。根据地方经济特点，适当建设莆田港三江口、文甲等小型码头，为地方经济服务。为使湄洲湾南北两岸港口适应临港工业基地大宗原材料和产品运输的需要，扩建湄洲湾深水航道。

泉州港。在加快湄洲湾南岸港区专业化泊位建设的同时，相对集中建设泉州湾、深沪湾和围头湾港区，解决以往港点布局分散、难以形成规模化经营的弊端。港口基础设施建设以集装箱泊位和通用杂货泊位为重点，向泉州湾港区相对集中，并发挥深沪湾、围头湾港区的深水优势。

泉州湾港区集中建设石湖集装箱作业区，发展内贸集装箱运输和外贸集装箱内支线及部分近洋运输。建设围头港区和深沪港区多用途和通用杂货泊位，提高其通过能力。

漳州港。结合漳州市临海工业、出口型农业发展的需要推进漳州港开发，以通用泊位建设为重点，以杂货运输为主兼顾集装箱运输。根据当地的临海工业开发进展情况和引进项目的特点，相应配备港口工程，带动地方经济发展。近期重点建设古雷港区的液体化工和通用泊位及东山港区城垵作业区液体化工泊位，建设古雷港区深水航道工程。

宁德港。开发三沙湾的优良建港资源，以三都澳港区为重点加快通用泊位建设，实现重点港区从赛岐港区向城澳、漳湾和溪南作业区转移，建设城澳作业区多用途泊位和漳湾作业区通用泊位。结合拟建的临海工业项目做好大型配套码头建设的前期工作，并适时开工建设，以工业开发带动地方经济发展。根据地方经济开发的需要，适度建设沙埕、三沙港区的中小泊位。

二、港口总体规划

1990 年后，省交通厅、港航局及沿海各港都加强港口规划，解决港口合理布局、调整结构、拓展功能、集疏运协调及优化环境等问题。

福州港。1991 年开始编制《福州港总体规划》，1996 年 5 月交通部和省政府联合组织审查，同年 12 月完成报批稿。由于经济和海上船舶大型化发展迅猛，闽江口内航道和岸线资源无法满足港口发展的需要，1998 年，省计委和省交通厅组织开展并完成福州港深水港区的论证工作。2001 年《福州港总体规划》再次进行修编。2004 年 10 月 5 日交通部和省政府联合批复《福州港总体规划》。规划确定：福州港北起罗源湾，南至兴化湾北岸，东到平潭岛，确立一个河口港区——闽江口内港区，三个外海深水港区——松下港区、江阴港区和罗源湾港区，形成"一港四区"的港口布局。在总体规划形成过程中，松下、江阴和罗源湾三个港区的总体布局规划分别于 1992 年、1995 年和 2001 年编制完成。

厦门港。1993 年《厦门港总体规划》着手编制，1998 年 7 月交通部和省政府联合批复《厦门港总体布局规划》。确定厦门港发挥服务地方经济和服务海峡两岸直接通航的主要作用，首次将厦门港划分为东渡、高崎、杏林、排头、大屿、海沧、嵩屿、五通、刘五店和客运十个港区。2000 年组织开展《厦门港总体规划》第二轮修编，2005 年根据省长第二次办公会议精神，将厦门湾作为统一整体，着手编制《厦门港总体规划》。

泉州港。港口总体布局规划编制工作始于 1997 年，2001 年 9 月省政府批复《泉州港口总体布局规划》。2004 年，泉州市港口管理局按照"深水深用、可持续发展"的原则修编《泉州港口总体布局规划》，将老码头改造、扩建纳入平面布置，与新泊位区统一规划，结合未来各段岸线发展前景，将港口区划为肖厝、斗尾、泉州湾、深沪湾及围头湾五大港区，其中肖厝港区和泉州湾港区为泉州港的中心港区。各港区细分为定位分工明确、运输功能协调的 16 个作业区和 5 个作业点。《泉州港口总体布局规划》修编完成后，由于湄洲湾港口资源整合需要，暂未能组织审查。

莆田港。1991 年编制完成《湄洲湾港口总体布局规划》，1997 年开展《莆田市港口总体布局规划》编制工作，2000 年 5 月，省政府批复《莆田市港口总体布局规划》。2004 年 10 月，莆田市开始《莆田市港口总体布局规划》新一轮修编工作。总体规划确定：莆田港形成秀屿、东吴和兴化湾南岸三大港区的总体发展格局。秀屿港区为莆田市发展综合运输的主要支撑；东吴港区为推进莆田市临港装备制造业及重工业发展的重要依托，逐步发展成为莆田市又一重要的综合性港区；兴化湾南岸港区为以发展临港工业和集装箱干线运输为主的预留发展港区。2005年4月完成修编送审稿。由于湄洲湾港口资源整合需要，暂未能组织审查。

漳州港。漳州港的港口规划工作始于1989年。漳州市委、市政府制定《九龙江三角洲经济发展战略》，提出建设打石坑—屿仔尾万吨级码头泊位，打通漳州出海口的战略。1990年4月，编制《龙海港尾开发区港口岸线规划》，并上报《龙海打石坑万吨级杂货码头项目建议书》。1997年开始编制《漳州港口总体规划》，2003年和2005年进行修编，规划形成石码、招银、后石、古雷、东山、云霄和诏安港区。2005年底，省政府决定厦门湾港口一体化整合，漳州港后石港区、石码港区、招银港区将与厦门港合并，又重新修编《漳州港口总体规划》。

宁德港。《宁德港总体规划》编制工作始于2002年，2003年7月完成规划送审稿，2004年5月20日省发改委和交通厅联合组织审查《宁德港总体规划》，并印发《会议纪要》。按照《宁德港总体规划》（送审稿）的规划设想，宁德港将形成三都澳、赛江、三沙港和沙埕港区。在规划送审期间，省政府提出"环三都澳港区的开发建设"思路：三都澳港区作为海峡西岸经济区的重点发展区域列入总体规划，以三都岛为中心，环三都澳建设滨海港口城市。由交通部水运科学研究院对《宁德港总体规划》（送审稿）进行审议。

第三节　公路水路综合规划

一、海峡西岸经济区公路水路交通规划

2005年8月1日，省交通厅厅长办公会议提出《海峡西岸经济区公路水路交通规划》编制要求，9月28日，规划课题组向省交通厅汇报规划初稿完成情况，并就规划纲要、高速公路网规划和港口布局规划作专题汇报。10月23日，省长黄小晶主持召开专题会，听取省交通厅编制组关于该规划编制汇报，并就有关问题讨论研究。会议要求争取该规划取得交通部的认可和支持，同时将该规划成果吸收到正在编制的《中共福建省委关于制定福建省国民经济和社会发展第十一个五年规划建议》和省十届人大四次会议讨论、通过的《福建省国民经济和社会发展第十一个五年规划纲要》中。11月1—10日，组织专家对该规划初稿进行论证。随后根据专家意见进行修改、充实完善。《海峡西岸经济区公路水路交通规划》由两个专题（海峡西岸经济区及其对交通发展的要求、海峡西岸经济区交通现状与需求分析）、六个专项（海峡西岸经济区沿海港口布局规划、海峡西岸经济区高速公路网规划、海峡西岸经济区公路运输枢纽规划、海峡西岸经济区普通公路网布局规划、海峡西岸经济区内河航运发展规划、海峡西岸经济区陆岛交通发展规划）构成。

（一）发展目标

至 2020 年，海峡西岸经济区基本形成现代化的综合运输体系，建成能力充分、组织协调、运行高效、服务优质、技术先进、安全环保的客货运输系统，为用户提供安全、便捷、经济、可靠、和谐的客运服务和高效率、低成本的现代物流服务。

为促进海峡西岸经济区现代综合运输体系的形成和完善，形成对应海峡东岸、连接周边地区、拓展内陆腹地、内外开放互动、功能定位清晰的区域布局结构，公路水路交通未来应按照"东出西进、南伸北延，强化沿海、连接山海，突出港口、优化枢纽，完善网络、提升服务"的发展思路加快发展。

1. 公路交通发展目标

形成通道能力充分、网络结构合理、枢纽功能完善、客货运输便捷、管理运营高效、支持保障可靠、环境友好和谐，与其他运输方式高效衔接的公路交通运输体系。

——海峡西岸经济区高速公路网基本建成。与长江三角洲、珠江三角洲及中部地区等周边区域间各形成 3 条以上的高速公路通道，与海峡东岸实现陆水联运的综合运输通道衔接。省会与地市、沿海地市与山区地市实现高速公路顺畅连接，相邻地市间实现高速公路连接，山区地市实现 3 小时内到达沿海主要港口，基本实现县城半小时内上高速公路。以福州和厦门 2 个主要港口为中心的半日辐射圈涵盖整个海峡西岸经济区，1 日辐射圈涵盖江西、浙江西南部、广东东北部及湖南南部等内陆腹地。

——国、省干线公路达到二级及以上标准。地级市到县城以及县县间实现二级及以上公路连接，所有县城、港口、重要旅游区实现二级及以上公路与高速公路连接。县到乡实现三级及以上公路连接，乡到村实现四级及以上公路连接，所有乡镇和建制村通水泥（沥青）路。公路养护技术和养护水平明显提升，公路设施保持较高的服务水平。

——海峡西岸经济区形成层次分明、分工明确的公路客货运输枢纽体系。国家公路运输枢纽城市建成多个综合枢纽客运站，在福州、厦门建成以港口为依托的大型物流园区，基本实现客运"零距离换乘"、货运"无缝衔接"。区域公路运输枢纽城市至少建成 2 个二级以上公路客运站和 1 个大型物流中心。县城至少建成 1 个三级以上客运站，枢纽站场基本建成。有条件的乡镇建成 1 个五级以上客运站，建制村至少全部建成简易站，农村运输站场与客货运输网络相适应。

——省际及城际形成公路快速客货运输网络。以福州、厦门、泉州三大沿海城市为中心，分别与腹地城市形成半日城际运输服务圈。形成以港口城市和区域中心城市集装箱中转基地为节点的国际集装箱向内陆延伸的运输系统，围绕主要景区及旅游路线形成快速客运网络，城乡运输实现客运一体化，区域内规范有序、开放竞争、充满活力的统一运输大市场基本形成。

——高效智能的管理运营系统基本建成，行业政务与管理实现数字化、信息化，企业运营与管理实现自动化、智能化。高速公路实现跨省跨区域联网收费，不停车收费系统基本普及。

——面向全社会的客货运输信息服务网络建成，区域内及区域与周边区域实现运输系统信息共享，实现联网售票，实现路况实时发布，所有交通出行者和货运客户可方便地享受到可靠的交通信息资讯服务。交通安全救援系统完善，具备快速反应能力的支持保障系统基本建成，高速公路紧急事件管理系统完善。

2. 水路交通发展目标

沿海港口。顺应经济全球化发展趋势，适应海峡西岸经济区发展和率先实现现代化建设的需要，以加深参与国际、国内航运市场为导向，以技术进步促进港口发展，以整合岸线资源促进布局和结构优化，形成结构合理、层次分明、功能完善、信息畅通、优质安全、便捷高效、适度超前、可持续发展的现代化海峡西岸港口群。

——总吞吐能力达到6.6亿吨，适度超前于国民经济发展要求。

——形成层次分明、布局合理、能力充足的集装箱、原油、煤炭、铁矿石等运输体系。

——主要港口航道满足大型船舶到港的要求，与公路、铁路、管道等多种运输方式实现有效衔接。

——沿海港口基本实现现代化，港口的现代物流、临港工业、商贸等服务功能作用强大。

内河航运。结合水资源综合开发发展内河航运事业，航道建设以闽江干流及其主要支流航道为建设重点，形成闽江流域通江达海的内河航道；根据经济发展需要适度建设九龙江、汀江干流航道，保持内河航运可持续发展；形成以福州内河港、南平港和三明港为重要港口，其他港口为一般港口的层次分明、布局合理、大中小相结合的全省内河港口体系；同步建设现代化、信息化、科学合理的内河航运支持保障系统，促进内河航运事业良性发展。

陆岛交通。在全省沿海形成等级配置合理、配套设施完善、工程质量优良、使用安全便捷的陆岛交通基础设施，实现陆海基础设施共享，使海峡西岸沿海地区整体社会效益、经济效益和生态效益得到全面协调发展。

（二）重点基础设施布局

沿海港口、高速公路、公路运输枢纽及内河航道等公路水路交通重点基础设施，将对海峡西岸经济区南北沿海通道、南北山区通道、福建北部通道和台湾北部—福州—西北地区通道、台湾中部—闽中沿海—湘赣通道、台湾南部—厦门—西南地区通道等"两纵四横"综合运输通道的形成与完善发挥作用。

1. 沿海港口布局

福建省沿海形成以厦门港和福州港为主要港口，泉州港、莆田港和漳州港为地区性重要港口，宁德等港口为一般港口的分层次港口布局，发挥厦门港为东南沿海区域性枢纽港的作用，通过区域内铁路干线、高速公路、内河航运通道等构成的综合运输网，为福建省参与国际经济技术合作与竞争、建设海峡西岸经济区和开展对台"三通"提供保障。形成以厦门港为干线港、福州港和泉州港为支线港、其他港口为喂给港的集装箱运输系统的港口布局。形成以电厂等企业专用码头为主、公用码头为辅的海运煤炭接卸体系。根据石油化工企业的布局，湄洲湾港口重点建设大型石化码头。

——闽东地区。以宁德港三都澳、沙埕港区为主，结合地区经济发展需要，相应开发三沙、赛江等港区，其规模和功能应与地方经济发展相适应，初期将以综合性港区为主建设通用性的多用途泊位，以地方重点物资运输为主要服务对象。随着地方经济发展，逐步开辟集装箱喂给运输，发挥中小港口的群体作用。三都澳港区将结合临海工业开发，发挥深水优势，相应发挥工业港功能。

——闽中地区。该区域是福建省深水海湾最集中的海域，有罗源湾、兴化湾、湄洲湾等深水海湾，包括中国沿海的主要港口福州港和地区性重要港口莆田港及泉州港泉港港区。该区域港口的腹地以全省政治、经济、文化中心福州市和莆田市、泉州市部分地区为主，并沿着外福、漳泉肖、鹰厦、横南铁路和日益完善的干线公路网向后方延伸。福州港将作为内外贸并重，以能源和原材料、矿建材料为主的港口及中国的集装箱运输支线港和对台直航试点口岸，为东南沿海经济社会发展提供运输保障；湄洲湾港口将凭借水深海阔的优势，成为闽中、闽西的能源和内外贸物资运输的出海口及泉港、东吴临港工业开发的重要依托。该区域将形成以福州港为综合性港口、湄洲湾港口为工业港的港口布局。

——闽南地区。该区域有厦门湾、东山湾等深水海湾，已形成以厦门港为主要港口，以漳州港、泉州港为地区性重要港口，其他港区和一批陆岛交通码头为补充的港口布局。初步形成以厦门港为干线港、泉州港为喂给港的集装箱运输体系，在福建省经济发展、参与国内国际分工、加速与国际经济接轨和对台交流中发挥重要作用。在建设海峡西岸经济区的进程中，将更加突出厦门港的主要港口和集装箱干线港的地位，发挥港口的现代物流基础平台作用。强化海沧、招银和后石港区的工业港功能。结合地方经济发展集中建设泉州港泉州湾港区，加快漳州港其他中小港口、港区的发展。发挥闽南地区港口群在福建省经济社会和闽南地区外向型经济发展及对台经贸合作中的作用，为厦门经济特区和漳州开发区、海沧台商开发区及临港工业发展服务，带动闽南、闽西南区域经济快速发展。

2. 高速公路网布局

海峡西岸经济区高速公路网主要包括沿海快速通道、对外辐射与联系通道、港口快速集疏运通道和快速旅游通道等，覆盖连接主要大中城市、经济中心、主要港口、交通枢纽、重要旅游城市等主要节点，是区域公路网主骨架。

海峡西岸经济区高速公路网布局形态为"三纵八横、三环二十联"，规划总里程为4820公里。

3. 公路运输枢纽布局

海峡西岸经济区公路运输枢纽包括国家公路运输枢纽和区域公路运输枢纽，共由20个城市组成。其中，国家公路运输枢纽包括福州、厦门、泉州、漳州、南平、龙岩、三明、莆田和宁德9个城市；区域公路运输枢纽包括晋江（含石狮）、武夷山、永安、南安、福清、诏安、邵武、漳平、长汀、福安和福鼎11个城市。

4. 内河航道及港口布局

内河航道。以闽江干流及其主要支流沙溪、富屯溪、建溪、尤溪5条重要航道为骨干，一般航道为补充，形成干支相连、通江达海，沟通东部沿海与西部山区的内河航道体系。

规划海峡西岸经济区重要航道5条，里程约555公里，其中，四级及以上航道313公里，五级航道242公里。

——闽江干流。南平延福门至福州三桥，长174公里，四级航道。福州三桥至马尾，长14公里，二级航道，可乘潮通航3000吨级海轮。福州南港淮安至马尾，长40公里，四级航道。

——沙溪。从永安西门桥至南平延福门，长143公里，五级航道。

——富屯溪。从顺昌至沙溪口，长60公里，五级航道。

——建溪。从宸前水电站至建瓯水西大桥，长39公里，五级航道。建瓯水西大桥至南平延福门，长67公里，四级航道。

——尤溪。从刘板至尤溪口，长18公里，四级航道。

内河港口。以福州内河港、南平港、三明港3个重要港口为核心，一般港口为补充，形成布局合理、层次分明、功能明确的内河港口体系。

（三）近期建设重点

1. 水路建设

"十一五"期间水路交通建设以沿海港口为重点，强化大型专业化码头建设，提高闽江干流通航等级，加快陆岛交通基础设施建设。

（1）沿海港口

2010年以前，沿海港口建设以适应国民经济和社会发展需求为目标，以"扩大能力、调整结构、拓展功能、改善集疏运体系、提高专业化运输水平"为重点，集中解决当前存在的突出问题和矛盾，发挥港口对配置资源和发展现代经济的引导作用。建设重点包括以下方面。

——继续加强和加快主要港口公共运输服务码头设施，以及集装箱、油气、煤炭等大型专业化码头的建设，大力提高港口的通过能力，以缓解港口通过能力严重不足的矛盾和适应港口吞吐量持续、快速增长的需要。

——加快厦门、福州等与城市发展矛盾日益突出的老港区的功能调整与改造，结合新港区的开发建设，实现港口生产力结构的优化调整和老港区的功能转换，以发展带调整、以调整促发展。

——各级政府和不同交通行业部门大力协调解决港口集疏运系统的"瓶颈"问题，集中力量在短期内重点建设一批高标准的港口集疏运通道项目。

——通过规划和政策引导，围绕综合物流和专项物流服务，拓展主要港口的各种现代化服务功能。以港口为基础，创造条件进一步吸引临港产业的聚集和促进临海产业基地的逐步形成。

各港口近期发展重点如下。

厦门港。在整合港口功能和资源的基础上，重点发展海沧、嵩屿和招银港区的集装箱码头和大型散货专业化泊位，调整、改造东渡港区，建设物流园区和保税区，拓展港口功能，发展集装箱干线运输，并为临港工业的运输提供服务。进一步拓宽和增深主航道，以满足大型船舶通航要求。

福州港。福州港重点开发外海深水港区，以新建大型专业化泊位为主、改造老港区为辅，优化港区的布局，提高港口吞吐能力，调整码头结构。重点建设江阴港区集装箱码头、罗源湾和松下港区多用途码头，建设港口物流园区，结合临港工业项目相应建设液体化工和电厂煤炭等大型散货码头，进一步拓宽和增深各港区主航道，以满足大型船舶通航要求。

泉州港。集中力量开发建港条件较好的湄洲湾南岸和泉州湾港区，加快大型化、集约化发展步伐。以福建石化基地建设带动湄洲湾南岸大型石油化工泊位和液体散货物流中转基地建设，扩建湄洲湾大型深水航道，相对集中建设泉州湾、深沪湾和围头湾港区集装箱和通用码头，提高其通过能力。

莆田港。重点开发秀屿港区，依托石化、LNG、电力、木材和粮食等产业链、物流供应链项目带动港口开发；视东吴工业园区内临港工业项目需要，配套建设大型专业化散货泊位及通用散杂泊位。

漳州港。以通用泊位建设为重点，以杂货运输为主兼顾集装箱喂给运输。根据当地的临海工业开发进展情况和引进项目的特点，相应配备港口工程，带动地方经济发展。

宁德港。以三都澳港区为重点加快通用泊位建设，实现重点港区从赛岐作业区向城澳、漳湾和溪南作业区转移。结合拟建的临海工业项目做好大型配套码头建设的前期工作，并适时开工建设。

（2）内河航运

2010年以前，以航道建设为主，兼顾港口、船舶以及支持保障系统建设，发挥航运效益。建设重点如下。

——实施建溪航电综合开发工程，建成建瓯水西大桥至南雅Ⅳ级航道。

——建设水口水电站下游反调节航电枢纽工程。

——建设闽江干流福州南港淮安至马尾Ⅳ级航道工程。

——改善沙溪干流三明至南平、尤溪干流刘板至尤溪口等航道的通航条件。

——建设福州内河港、南平、三明等重要港口。

——配套建设航道助航设施和海事、船检设施及航运信息化等支持保障系统。

（3）陆岛交通

2010年以前，以滚装码头建设为主，同时兼顾300～500吨级客货码头、旅游码头和对台港口设施的建设。建设重点为：

①建设琅岐（东岐）、三都（礁头）、西洋（外浒）、沙埕（南镇）、南日山初（北码）、海坛苏澳（松下、大练）、草屿、东庠（流水）等9对陆岛滚装对渡码头；

②建设福屿（楼坪）等300～500吨级客货码头；

③建设大佰岛等重点滨海旅游景点的旅游码头；

④建设连江黄岐半岛、石狮祥芝、晋江围头、南安奎霞等地面对马祖、金门岛的港口设施；

⑤配套码头项目建设相应接线公路。

预计，"十一五"期间水路建设投资总规模约370亿元。其中，沿海港口投资规模约332亿元，内河航运投资规模约27亿元，陆岛交通投资规模约9亿元。

2. 公路建设

"十一五"期间，公路交通建设以高速公路为重点，优先建设国家高速公路，完善国、省干线公路网络，强化港口集疏运体系，加快农村公路建设，加强客货枢纽建设。

（1）高速公路

2010年前，按照"强化辐射、沟通周边、优化结构、突出重点"的思路，以海峡西岸经济区对中部腹地的辐射、衔接长三角和珠三角、加强沿海与山区沟通、港口集散通道为重点，集中建设"三纵五横、二环五联"。到2010年底，高速公路建成里程超过2000公里。建设重点如下。

三纵：沈海高速泉州—漳州长洲段（扩建），福州—诏安高速，长深高速永安—武平段。

五横：京台高速浦城—南平段，沈海联络线，福银高速三明际口—邵武沙塘隘段，泉南高速，厦成高速龙岩—长汀段。

二环：福州环线，泉州环线。

五联：江阴疏港高速，斗尾疏港高速，湄洲湾疏港高速，长乐机场高速，杨源—闽清高速。

（2）国、省干线公路

"十一五"期间，一般干线公路网布局功能得到初步改善，加强国、省干线养护，重点建设对推动海峡西岸经济发展具有重要意义的路线，发挥已建高速公路的通道集疏功能，提高社会综合效益。建设重点如下。

——建设贯穿沿海开发区、连接临港工业区的滨海通道省道201线。

——建设县市行政中心、重要港口、机场、铁路、重要旅游区等通往高速公路的连接线，包括顺昌至夏茂公路、省道204线连城文亨至隔川段、国道104线福鼎互通口至柘荣改建工程等。

——建设沿海辐射山区的横向一般干线公路，包括省道303线宁德八都至建瓯玉山段、省道308线安溪至华安段、省道304线宁德苗圃至古田段等。

——补充入闽通道，包括省道307县宁化五里亭（闽赣界）至永安大湖段、省道205线武平城关至下坝（闽粤界）段等。

——新建国、省干线公路城市过境线，包括国道319线龙岩过境段、国道324线莆田过境段等。

——结合国防战备需要，建设具有交通战备功能的一般干线公路，包括省道309线永定至平和段等。

（3）农村公路

"十一五"期间，继续实施"年万里农村路网工程"，提高整个农村路网的技术等级和路面等级，以"通畅"工程为重点，建设里程2.65万公里，实现所有乡镇通水泥（沥青）路，基本实现所有建制村通水泥（沥青）路。

（4）客货运输枢纽

"十一五"期间，以与主要港口紧密结合的专业化货运枢纽、中心城市市内交通和对外交通一体化的综合客运枢纽为重点，推进一批具有综合枢纽功能的公路客运和货运站场建设。建设重点如下。

——重点建设国家公路运输枢纽综合客运站。福州、厦门、泉州等国家公路运输枢纽城市建成以福州客运南站、厦门海沧客运站等为代表的，集铁路、机场和城市公共交通等多种交通方式于一体的综合客运枢纽。

——结合主要港口、重要铁路枢纽建设综合货运枢纽。福州、厦门、泉州、宁德、莆田、漳州等城市结合港口建设，建成以物流园区为主要形式的综合货运枢纽。南平、龙岩、三明等城市结合铁路货运站建设，建成集公路、铁路两种运输方式于一体的公铁联运型综合货运枢纽。

——集中建设在国际集装箱干线港口城市及主要集疏运通道上中心城市中的突出集装箱中转运输站场。厦门、福州、龙岩、南平等城市结合港口、铁路集装箱节点站建设，建成集公路、水路、铁路多种运输方式于一体的集装箱中转站。

——完善主要旅游路线上的重要旅游城市客运站服务功能。厦门、福州、泉州、武夷山四大旅游中心城市建成具有散客旅游集散功能的综合型客运站，可提供跨区域旅游专线客运服务，以及旅游景点线路推介、旅游客运信息、汽车租赁、航空铁路售票等相关服务。

——重要高速公路沿线统筹建设高速公路接驳站。重要高速公路沿线的服务区及城市出入口附近，统筹建设以配客业务为主的高速公路客运接驳站，满足高速公路沿线居民方便搭乘快速客运班车的需要。

"十一五"期间，公路建设投资总规模约1115亿元。其中，高速公路投资规模约713亿元，国、省干线公路投资规模约270亿元，农村公路投资规模约120亿元，客货运输枢纽投资规模约12亿元。

二、福建省"十一五"综合交通运输体系专项规划

2005年2—4月，根据《福建省人民政府办公厅转发省发展和改革委员会关于组织开展我省"十一五"专项规划编制工作意见的通知》的精神，省交通厅规划办就《福建省"十一五"综合交通运输体系专项建设规划》编制展开调研。6月底完成规划初稿，经过规划协调论证，11月提交评审稿。12月30日，省交通厅主持召开规划评审会，专家组对规划进行审阅，并原则通过规划评审，同时提出修改和完善的意见和建议。

（一）发展目标

根据海峡西岸经济区的实际状况和未来发展要求，综合交通体系发展按照形成"大通道、大网络、大枢纽"的基本思路，加快实现海峡西岸经济区综合交通设施系统的建设目标。到2010年，基本形成以港口发展为龙头，以高速公路、快速铁路为骨架，以福州、厦门两大国家级综合交通枢纽为核心，区域内重要城市为中心，沟通沿海和内地，连接周边省区的铁路、公路、水运、民航、管道等各种运输方式，合理分工、协调发展、衔接配套的综合交通基础设施网络系统。

港口。重点建设厦门、福州和湄洲湾（南、北岸）主枢纽港，建设宁德、漳州古雷等港，到"十一五"期末，基本形成福州、厦门两个亿吨级大港，全省港口年设计吞吐能力达3.1亿吨，其中集装箱吞吐能力达1300万标箱。

通道。加快干线通道建设，基本形成通往内陆省份的四条横向综合运输通道和对接两洲（长江三角洲、珠江三角洲）的两条纵向综合运输通道。

网络。按照各种交通运输方式的功能和特点，构建省、市、县等不同层次的综合交通网络，以带动和服务于全省经济建设、人民生活水平提高。

枢纽。重点建设福州、厦门两个国家级综合交通枢纽，推进泉州、龙岩、三明、南平、莆田、漳州、宁德等区域性综合交通枢纽建设。

（二）建设任务

按照以人为本和"一通百通海西八方纵横"的要求，坚持统筹规划、科学布局、合理安排，以港口建设为龙头，推进通道建设和网络建设，推进连接高速公路、快速铁路、国省干线公路和民航机场的客货运综合交通枢纽建设，构建适度超前、功能配套、高效便捷的现代综合交通网络。

1. 加快构建海峡西岸港口群

加大重要港湾的协调和整合力度，优化配置港口资源，完善港口功能。加快建设厦门国际航运枢纽港和福州、湄洲湾（南、北岸）主枢纽港，发展宁德港、漳州古雷港，逐步形成面向世界、连接两岸三地、促进对外开放、服务临港产业、促进经济发展的规模化、大型化、信息化程度较高的现代化海峡西岸港口群。统筹规划，加快建设海上运输大通道，重点建设大型集装箱、油气化工、煤炭矿石、工业港区四大港口运输系统，推进港口管理体制改革与口岸、物流配套体系建设，提高为发展大型临港产业聚集区服务的能力。推进闽江航道综合整治，加强闽江沿岸城市内河码头和陆岛交通建设。

（1）港　口

发挥港口资源、区位优势，把握各大港口的功能定位，把港口建设作为"十一五"基础设施建设的重要内容，加快发展。

厦门国际航运枢纽港。通过厦门湾港口一体化整合，扩大规模，提升水平。重点建设东渡、海沧、嵩屿、石码、招银港区规模化、大型化、专业化集装箱作业区，后石港区大型能源、化工深水泊位。利用厦（门）成（都）、厦（门）沙（县）两条高速公路及赣龙厦和鹰厦两条铁路开拓厦门港经济腹地向纵深扩展，落实港区联动政策，以综合优势促进国际集装箱中转业务的发展，把厦门港建成以国际集装箱干线运输为特色的国际航运枢纽港。

福州主枢纽港。重点开发外海深水港区。江阴港区以建设西部作业区大型集装箱码头、东部作业区冶金深水泊位为主。罗源湾港区以可门作业区、将军帽作业区大型能源、矿石深水泊位为主。闽江口内和松下港区分别以建设长安作业区内贸集装箱运输和洋屿作业区滨海工业区临港工业泊位为主，增强主枢纽港作用。参与全国大型干散货物流的港口中转储备布局，以福银和京台两条高速公路及向莆和鹰厦两条铁路带动福州港开拓纵深腹地，把福州港建成以大型干散货运输中转为特色的国家主要港口。

湄洲湾（南、北岸）主枢纽港。打破行政区划，整合资源，按照合理分工，统筹协调南、北岸港区建设。湄洲湾北岸依托LNG项目、进口木材检疫除害处理区和加工区等项目，带动秀屿港区开发和东吴港区的起步，并配套扩建湄洲湾大型深水航道。湄洲湾南岸依托福建石化基地、泰山石化物流，建设大型石油化工泊位和液体散货物流中转储备基地。以泉州区域经济为依托，重点发展石湖作业区国内集装箱中转运输和秀涂作业区临港工业泊位。以泉（州）南（宁）、湄（洲岛）永（春）两条高速公路、向莆和漳泉肖两条铁路带动湄洲湾港开拓纵深腹地，把湄洲湾（南、北岸）港建成以大型液体散货中转和重型石化以及内贸集装箱运输为特色的主枢纽港。

宁德港。以吸引大型临港工业布局的建设带动港口的开发，重点依托三都澳大型深水港资源，近期起步开发建设三都澳城澳和溪南港区，配套建设港区的疏港路网和口岸联检等公共设施。推动宁（德）上（饶）高速公路和宁（德）衢（州）铁路的建设，为加快港口发展创造条件，加快把宁德港建成区域性重要港口，并向综合性、跨区域服务的港口发展。

漳州古雷港。配合古雷半岛临港工业发展，加快开发建设古雷港大型深水泊位，建设疏港公路、铁路和口岸联检等公共设施，规划建设古雷港区至武平高速公路，促进港口腹地开发，合理开发东山、诏安、云霄等其他港区，加快建设成为区域性重要港口。

根据以上港口发展思路和各港区的功能定位，"十一五"期间，福建省沿海港口规划建设万吨级以上泊位156个。从建设时序看，"十五"跨"十一五"续建26个，"十一五"开工并完工64个，"十一五"跨"十二五"34个，储备项目32个。从建设规模看，5万吨级以上泊位共108个，其中10万吨级30个，20万吨级2个，30万吨级2个。"十一五"规划新增万吨级以上泊位90个，新增港口通过能力1.9亿吨，其中集装箱通过能力790万标箱。到2010年全省沿海港口总通过能力达到3.1亿吨，其中集装箱通过能力1300万标箱；港口通过能力与预测货物吞吐量的适应度为1.0，其中集装箱通过能力的适应度达1.0以上。

（2）沿海航道

沿海公用航道基础设施建设以厦门港、福州港和湄洲湾（南、北岸）港的深水航道建设为重点。厦门港配套建设全天候接纳第六代以上集装箱船的出海航道。福州港配套建设罗源湾30万吨级、江阴20万吨级深水航道，整治闽江口通海航道。湄洲湾港浚深泉州湾5万吨级航道。同时兼顾地区性重要港口深水航道和为临海经济发展配套的航道整治和建设。

建设沿海港口公用航道项目17项，其中"十五"跨"十一五"项目2项（厦门港和福州港各1项），"十一五"新开工并完工项目10项〔厦门港4项、福州港3项、湄洲湾（南、北岸）3项〕，"十一五"跨"十二五"项目5项〔厦门港2项、湄洲湾（南、北岸）港、漳州古雷港、宁德港各1项〕。拟建航道总里程398.28公里。在规划建设的18项公用航道中，5万吨级以上的有13项，其中10万吨级7项，20万吨级1项，30万吨级2项。

（3）内河航道

"十一五"期间福建省内河航道重点推进闽江航道综合整治，提升航道等级。

2. 推进综合运输通道建设

根据海峡西岸经济区自然地理特征和经济空间布局的特点，以及既有综合交通网的状况，结合未来经济社会发展和经济空间布局的变化趋势，加快铁路、高速公路、港口、机场和管道中长期发展规划，构建担负客货运输量大、沟通区域联系作用显著，多种运输线路并行的"两纵四横"综合运输通道。

一纵（南北沿海综合运输通道），是国家综合交通网中长期发展规划南北沿海运输大通道的重要组成部分，也是海峡西岸经济区对接两洲（长江三角洲、珠江三角洲）的最重要通道，同时也是福建省沿海产业带大发展的重要基础。该通道由现有的国家高速公路沈海线福建段、324国道、104国道，规划中的沈海复线、沿海快速铁路、沿海LNG管道和成品油管道，以及沿海港口和空港组成。

"十一五"期间重点建设沿海快速铁路、既有高速公路连接线、大型深水专业性泊位和改造提高厦门机场及配套设施能力，全面增强综合运输能力。

——快速铁路。建成温福铁路福建段、福厦铁路和厦深铁路福建段。

——高速公路。重点建设福州机场路、福州绕城高速、沈海复线南安金淘—厦门同安和福州湾边特大桥及接线、泉州绕城高速、沈海公路泉厦漳拓宽工程等。

——航空港。重点抓好福州长乐、厦门高崎机场改扩建和配套设施的完善工作，推进宁德民航支线机场前期工作。

——管道。重点建设福建天然液化气（LNG）管道和成品油管道，优化管道选线方案，提前预留通道，实现与其他交通方式在用地和通道资源等方面的合理布局，避免低水平重复建设。

2010年前，基本形成一条纵贯南北的高标准、大能力的综合运输大通道，全面融入国家综合交通网中沿海大通道。

二纵（南北中部山区综合运输通道）。海峡西岸经济区对接两洲（长江三角洲、珠江三角洲）中部地区的最重要通道，横跨福建省中部山区，连接东中西四条出省综合运输大通道，加强福建省的南平、三明、龙岩市与广东省梅州市、浙江省衢州市的经济联系，起着带动中部沿线地区经济发展的重要作用。该通道主要由既有横南铁路线建瓯至南平段、鹰厦线中段、漳（平）龙（川）线及规划的宁衢铁路北段、建瓯至浦城段和国家高速公路长深线福建段、205国道，以及武夷山机场和规划中的三明机场组成。

"十一五"期间，铁路主要抓紧长汀至永安段前期工作；公路主要是基本贯通国家高速长深线松溪至武平段，并加强高速公路连接线建设；空港重点续建三明沙县机场，改造提高武夷山机场及配套设施能力，逐步增强综合运输能力。其中，高速公路建设包括建成永安—武平段、浦南线建瓯—南平段、泉三线三明—永安段、邵武肖家坊—武夷山段联络线，推进松溪—建瓯段前期工作。

2010 年前，形成一条纵贯南北，沟通广东和浙江的综合运输大通道。

一横（北部横线综合运输通道）。规划中京台综合运输通道的主要组成部分，是海峡西岸经济区开发北部地区的重要通道，也是加强福建北部地区与浙江、江西联系的重要通道，起着支撑宁德港口发展和拓展港口腹地的重要作用。该通道主要经过宁德、政和、浦城到浙江衢州市和江西上饶市，并通过国家路网与中部地区联系。该通道作为宁德港后方集疏运通道，为宁德港的发展提供重要的支撑。同时，该通道可与规划修建的九景衢铁路相接，形成一条自宁德至九江的新通路。

"十一五"期间，公路重点加快建设国家高速公路沈海线宁（德）上（饶）联络线福安—武夷山段，争取"十一五"期间路基贯通；铁路积极推进宁（德）衢（州）铁路、宁德城澳港口支线前期工作。

2015 年前，初步形成海峡西岸经济区又一条横贯东西的综合运输主通道，加强福建与江西、浙江的联系，全面融入国家综合交通网。

二横（中部一横线综合运输通道）。规划中京台综合运输通道的主要组成部分，是国家综合交通网"五纵五横"综合运输大通道中满洲里至港澳台通道的支线。目前，该通道主要由鹰厦、横南、外福铁路，国家高速福银线福建段、316 国道，闽江，以及福州港和机场组成。

"十一五"期间，重点加强既有铁路的扩能改造、沿线公路的扩能和内河航道综合整治。结合福州市区交通发展，利用规划的向莆铁路从永泰向福州的分支，形成以福州为轴心的放射状城市轨道交通系统。同时推进可门港区、江阴港区疏港铁路前期工作。

——高速公路。完成国家高速公路福银线邵武沙塘隘—三明际口段扫尾工作，重点建设国家高速京台线福建境内浦南线浦城—建瓯段、古田—闽侯鸿尾段、渔溪—江阴及疏港路。

——内河航道。重点推进闽江航道综合整治，提升航道通航能力。

2010 年前，全面形成海峡西岸经济区一条横贯东西的大能力综合运输主通道，全面改善大陆与台湾联系的内陆交通状况。

三横（中部二横线综合运输通道）。规划中京台综合运输通道的组成部分，是海峡西岸经济区重化工业发展的重要通道，也是国家综合交通网"五纵五横"综合运输大通道中满洲里至港澳台通道的重要组成部分。该通道西接中西部地区，东接莆田、泉州港，贯通海峡西岸经济区的南、北、中部地区，是加强中西部地区与海峡西岸沿海地区运输联系的主要纽带，也是莆田、泉州沿海与内地重化工业的联系纽带，在海峡西岸经济区综合交通网中占有极为重要的地位。

"十一五"期间，铁路重点建设向塘—莆田快速铁路，同时加快湄洲湾北岸港口铁路支线前期工作。高速公路重点建设国家高速公路泉南线福建段（包括泉州—三明段和永安—宁化段高速公路)、莆田—秀屿疏港路和南安张坑—斗尾疏港路。

2010 年前，初步形成又一条横贯东西的综合运输大通道，加强福建与江西的联系，融入国家综合交通网。

四横（南部横线综合运输通道)。海峡西岸经济区拓展集装箱腹地的重要通道，也是国家综合交通网"五纵五横"综合运输大通道中沪瑞通道的重要组成部分（即长沙—厦门通道支线)，是未来海峡西岸经济区对台的第二条便捷通道。该通道由赣龙厦铁路、国家高速公路厦成线福建段（厦门—漳州—龙岩—长汀高速公路)、319 国道，以及厦门港和机场组成。

"十一五"期间，重点加快国家高速公路厦成线福建段（包括龙岩—长汀段和厦门海沧港区—漳州长泰后山段）的建设和龙厦铁路建设，加快漳州开发区和漳州古雷疏港铁路支线前期工作。

2010 年前，初步形成一条大能力的集装箱港口集疏运主通道，拓展厦门港与江西及其他中西部地区的联系，融入国家综合交通网。

3. 推进综合交通网络建设

福建省综合交通网络发展应重点加强跨省综合运输通道建设，特别要加强以港口为龙头的横向通道建设，以满足客货快速运输、拓展市场和经济腹地的需求。同时，强化既有设施扩能改造和支线、连接线、农村路网的建设，优化综合交通网络布局，提升功能，提高综合交通运输网络的整体水平。

"十一五"期间，重点扩充"二纵四横"综合运输通道能力，提高区域运网密度，密切综合交通网络与全国综合运输大通道的联系，通过优化布局，合理配置通道资源，有效联系主要经济中心、城市密集带和资源富集地，提高交通网的通达度。构建由海峡西岸经济区国家级综合交通骨干网、省级综合交通网和县市级综合交通网组成的功能明确、层次清晰的海峡西岸经济区综合交通运输网络。

2010 年前，基本建成"两纵四横"综合交通骨干网，形成北与北京、西北与银川、西与成都、中与武汉、西南与昆明、南与香港、东南与高雄、东与台北、东北与上海及海上辐射全球的畅通的交通骨干网络。

从综合交通网络的不同功能和层次看，国家级综合交通网由快速铁路和国家高速公路主干线等组成；省级综合交通网由既有铁路（除龙赣铁路福建段外)、铁路支线、地方高速公路、"二纵二横"国道和"八纵九横"省道等组成；县市级综合交通网主要由农村公路，即县道、乡（镇）道和村道组成。此外，铁路和公路在发挥综合运输功能和效益的同时，将分别形成具有自身特色的网络体系和功能。要把握发展方向和建设重点，加快推进综合交通运输网络建设进程。

铁路。按照构筑快速通道、完善区域路网、改造既有线路、配套港口支线的总体思路，大力推进全省铁路网建设，加快建设高标准、大容量的铁路大通道，融入国家铁路网，强化与国家干线铁路的联系，使福建从国家铁路网络的末梢变为重要通道和交通枢纽。

加快建设由温福、福厦和厦深铁路构成，连接长三角、珠三角的沿海快速铁路通道。加快建设连接中西部地区的龙厦快速铁路通道和连接中北部地区的向莆快速铁路通道。加快改造提升横南、鹰厦、外福、漳龙和漳泉肖等既有铁路等级。开展永（安）长（汀）、宁（德）衢（州）铁路等项目前期工作，逐步实现全省主要港区、重要工业基地通铁路，形成连接各大经济区、开拓纵深腹地、加强区域协作的铁路网络。

到 2010 年，基本建成"两纵三横"快速铁路网的"一纵两横"，全省铁路进出省通道增至 6 条以上，铁路正线里程达到 2500 公里以上。

公路。加快推进以厦门、福州、湄洲湾（南、北岸）、宁德等港口为龙头，向内陆省份纵深推进的四条通道建设，拓宽海峡西岸港口群经济腹地。同时，与四条通道建设协调同步，推进以县城连接高速公路、十大品牌旅游区和红色旅游景区干线公路、国省道路面改造，以及大型跨海通道等项目为重要网络的普通公路建设，适时加快推进地方积极性较高的其余高速公路和普通公路建设。改善新农村交通基础设施条件。到 2010 年，基本实现全省所有县城和重点旅游景区 1 小时内上高速公路，二级以上公路进出省通道增至 20 条以上（其中高速公路 6 条以上），基本形成高速公路、国道、省道、农村公路、枢纽站场配套完善的公路网络体系。

高速公路。重点建设龙岩至长汀、浦城至南平、泉州至三明、永安至武平、宁德至武夷山（闽赣界）、永安至宁化、古田至闽侯鸿尾高速公路，福州机场高速公路，莆田至秀屿、武夷山至邵武、厦门海沧至漳州、南安金淘至厦门同安云浦高速公路，以及中心城市绕城高速公路等。推进福厦漳高速公路复线、松溪至建瓯、莆田至永春、漳平至永定、漳州至永安等高速公路和疏港高速公路的前期工作，适时建设。至 2010 年，新增里程 1250 公里，通车总里程达 2450 公里，基本形成"两纵五横"高速公路骨架网。

普通公路。加快"两纵两横"国道、"八纵九横"省道的建设改造，逐步完善干线公路布局。新增二级公路 1000 公里，基本实现全省所有县城（除古田、屏南、寿宁、建宁、漳平和华安外）通达 1 小时内高速公路。十大品牌旅游区和红色旅游景区实现快捷舒适通达。国、省道路面改造 1700 公里，所有国道以及县城连接高速公路通重要旅游景区等重要网络路面状况明显改善，设施保持完好，实现"畅、洁、绿、美"的道路通行环境。重点建设厦门东部跨海通道、泉州晋江大桥、厦门公铁大桥、平潭海峡大桥、厦漳跨海大桥，以及疏港公路、市县行政中心通往高速公路、机场、沿海港口和重要旅游景区等重要交通枢纽的主要公路，积极推进湄洲岛、泉州湾跨海通道等大型桥隧工程的前期工作。

农村交通。继续实施"年万里农村路网工程"。规划建设通建制村硬化公路 2 万公里，新增 4800 个建制村通达硬化公路，基本实现所有建制村都有一条硬化路通往干线公路的目标。同时开展通自然村公路调研及有关政策的研究，适时做好规划编制工作。

建设农村客运站点。规划建设乡镇客运站 835 个、建制村候车亭 14117 个，到 2010 年，全省基本实现"每乡一站、每村（建制村）一亭"，村村通客运班车。

实施农村撤渡建桥工作。加大建设力度，加快解决沿河群众出行难和出行安全问题。规划建设 170 座桥梁，同时更新改造内河渡口 450 个次和渡船 475 艘次，使 90% 以上的内河渡口和 95% 以上渡船得到更新改造，超过 25% 的渡口实现撤渡建桥。

建设陆岛交通码头。进一步完善 500 居民以上海岛的交通，改善 500 居民以下海岛居民的生产生活交通条件，建成 60 个陆岛交通码头，基本解决 500 居民以上海岛的对外交通问题。

4. 推进综合交通枢纽建设

以福州、厦门两个国家级综合交通枢纽建设为重点，同时推进泉州、莆田、三明、宁德、漳州、南平和龙岩等区域性综合交通枢纽建设，整合资源，完善管理，实现"客运零换乘"和"货运无缝衔接"，从而提高整个综合运输网络的运行效率和总体服务水平。

强化国家级综合交通枢纽建设。"十一五"期间，重点建设福州南客站、厦门西客站综合交通枢纽，协调好各种运输方式接入枢纽的形式，留足枢纽规划用地，优化枢纽内铁路、公路、港口等各种基础设施布局，注重区域综合交通与城市干道、城区和城际轨道交通等城市交通系统的紧密衔接，提高枢纽的运行效率。同时，优化既有铁路福州站、厦门站的服务功能，为开展对台直航、服务内地、建设海峡西岸港口群等发挥作用。

突出区域性综合交通枢纽建设。海峡西岸经济区区域性综合交通枢纽，包括泉州、莆田、三明、宁德、漳州、南平和龙岩等 7 个城市，"十一五"期间，重点配合中心城市建设，协调运输枢纽设施的布局，并与城市交通系统紧密衔接，加快区域性综合交通枢纽的建设。

表 1-4　　　福建省"十一五"综合交通运输体系建设投资估算表

项目类型		建设规模	规划投资 （亿元）	备注
公路	主通道	2094 公里	750	高速公路主通道
	重要网络	新增二级路 1000 公里 路面改造 1700 公里	178	包括县城连接高速公路、红色旅游线路、国省干线改造等
	农村公路	硬化 20000 公里 乡镇客运站 835 个 建制村候车亭 14117 个 渡改桥 170 座 更新改造渡口 450 个次 更新改造渡船 475 艘次 陆岛码头 60 个	103	—

续表1-4

项目类型		建设规模	规划投资 （亿元）	备注
水路		码头泊位156个 公用航道18项	297	包括沿海港口、航道等
铁路		1344公里	766	投资不含支线铁路30.6亿元
民航		沙县机场	4	—
管道	液化天然气 （LNG）	356公里	58	项目总投资62亿元（不含LNG专用码头投资4亿元）
	成品油	520公里	14	—
综合运输枢纽		—	20	—
合　计		—	2190	—

注：此表为初步估算数据，将随着工程实施具体情况作相应调整。

第二章　普通公路

1990年，福建全省普通公路高等级公路334公里，占总里程的0.81%，低于全国4.52%的平均水平，居全国第28位。公路有路面里程36630公里，路面铺装率14.53%，居全国第24位。公路桥梁7762座，214780延米。公路渡口7处。

1992年，省政府作出实施"先行工程"加快公路干线建设的决定，确立以打通国道断头路、提高公路技术等级和路面等级为重点，带动县乡公路的等级改造，全面提高公路通行能力的战略决策。同时，公路建设、养护管理体制也发生重大变革，将国、省道由省里"统一管理、统一筹资、统一建设、统一养护"改为"统一规划、定额补助、逐级分段、承包建设"和"统一收费、比例分成、分段养护"的新体制，

图2-1　先行工程建设工地

公路建设进入高速发展阶段。经过四年公路"先行工程"建设，福建公路构筑了"两纵三横"高等级公路干线网络，到1996年全省二级以上公路4000多公里，是1992年的8.6倍。国道、省道路网全面贯通，初步形成以国省干线为主骨架，城乡沟通、四通八达的公路网。

1998年，重点加强入闽通道建设。2000年，借助全国第二次公路普查时机，全省对除国道网外的路网进行大规模调整，调整后的省道为"八纵九横"17条，县道399条，乡道4776条，专用公路869条。

2000年后，加快改变山区农村公路技术等级低、路面硬化率低、抗灾能力弱"两低一弱"的状况，发展农村运输，改善农村公路基础设施。

2003年起，福建省开始实施"年万里农村路网工程"，扶持通乡镇、建制村公路水泥路面铺设。

至 2005 年，普通公路技术等级和路面铺装类型都有较大的变化，二级以上公路增加 1708 公里，比 2000 年提高 2 个百分点。等外公路降低 6.4 个百分点。有铺装路面增加 13995 公里，比 2000 年增长 1.13 倍，简易铺装和未铺装路面减少 9216 公里，比 2000 年减少 22.4%。路网结构得到较大改善，路面也逐步向高等级发展，水泥混凝土路面修筑技术在全省得到推广应用，路面质量有很大的提高。

第一节　勘察设计

一、干线公路

1990—2005 年，省交通规划设计院承担普通公路勘察设计 152 条/1314.45 公里。主要路段如下。

福银高速公路福州连接线一级公路。起于福州仓山区金山大道，向西经建新互通与规划中的三环路立交后，通过橘园洲特大桥跨越闽江南港，经上街镇接上福银高速公路福州西互通，全长 5.09 公里，核定工程设计概算 4.27 亿元。设计车速 80 公里/小时，路基宽度 32 米。其中，橘园洲特大桥全长 2269 米，双向 6 车道，主桥跨径 100 米，桥面宽 32.5 米，是跨越乌龙江的第四座大桥。该连接线是省重点工程项目，建成后将增强福州市西大门向外辐射的能力，缓解福州市通往闽北、闽西的交通压力。2001 年 7 月完成施工图设计。

厦门市同集公路延伸线西湖至马巷段一级公路。是厦门"多核中心组团式城市结构主要路网的第三交通环链"。全长 9.73 公里，设计车速 80 公里/小时，路基宽度 46 米，设计工程概算 4.04 亿元。其中，有大桥长 546 延米/2 座，中桥长 291 延米/6 座，分离式立交 1 处。2004 年 1 月完成施工图设计。

安溪龙门至同安云埔公路。全长 16.91 公里（其中同安区内 10.11 公里，安溪县内 6.8 公里），采用一级公路技术标准，设计车速 80 公里/小时，路基宽度 24.5 米，有特大桥长 2056 延米/2 座，大桥长 1135 延米/4 座，中桥长 326.5 延米/4 座，隧道长 5526.5 延米/7 座（其中有长隧道 1 座 2594 米），设计工程概算 9.97 亿元。2003 年 11 月完成施工图设计。

205 国道建阳水吉至建瓯黄城公路。起点建阳的水吉镇，终点建瓯的黄城，采用二级公路技术标准，设计车速 40 公里/小时，路基宽度分别为 12 米和 10.5 米，全长 38.774 公里。设计工程预算 0.99 亿元。1995 年 10 月完成施工图设计。

205 国道浦城七里头至樟元山隧道公路工程。起点浦城的七里头，终点樟元山隧道出口，采用二级公路技术标准，设计车速 40 公里/小时，路基宽度 12 米，全长 17.221 公里，其中樟元山隧道长 1060 米。设计工程预算为 0.748 亿元。1995 年 12 月完成施工图设计。

104 国道福州亭江至马尾君竹改建工程。起点福州的亭江，终点马尾君竹，采用二级公路技术标准，设计车速 40 公里/小时，路基宽度分别为 16 米和 12 米，全长 11.710 公里。设计工程预算 0.28 亿元。1994 年 9 月完成施工图设计。

316 国道闽清溪口至雄江公路工程段。起点闽清的溪口，终点闽清的雄江，采用二级公路技术标准，设计车速分别为 40 公里/小时和 80 公里/小时，路基宽度分别为 12 米和 10.5 米，全长 24.140 公里。设计工程预算 0.518 亿元。1995 年 8 月完成施工图设计。

武夷山石雄至公馆大桥公路。起点武夷山的石雄，终点武夷山公馆大桥，采用二级公路技术标准，设计车速为 40 公里/小时，路基宽度 12 米，全长 17.260 公里。设计工程预算 1.04 亿元。2002 年 11 月完成施工图设计。

福清新厝至江阴二级公路。起点福清的新厝镇，终点福清的江阴，采用二级公路技术标准，设计车速 80 公里/小时，路基宽度 12 米，全长 12.480 公里。设计工程预算 0.414 亿元。1997 年 5 月完成施工图设计。

厦门翁厝至漳州角美公路。起点厦门的翁厝，终点漳州的角美镇，采用一级公路技术标准，设计车速 100 公里/小时，路基宽度 24.5 米，全长 10.560 公里。设计工程预算 0.589 亿元。1991 年 6 月完成施工图设计。

漳州开发区南疏港公路 A 合同段拓宽工程。起点漳州的南炮台观海路，终点漳州的港尾镇大径村，采用一级公路技术标准，设计车速 60 公里/小时，路基宽度 24 米，全长 6.3 公里。设计工程预算 0.818 亿元。2001 年 3 月完成施工图设计。

此外，还有国道 104 线、205 线和 316 线低标准改建，罗源淡头战备码头疏港公路、福州长乐国际机场进场公路、同安新店镇至大澄、省道三郊线永春外碧至内格公路、龙海江东大桥及接线、泉州刺桐大桥及南岸接线、入闽通道建宁城关至省界公路和水槽至汾水关战备公路等。

表 2 - 1　1990—2005 年省交通规划设计院勘测设计普通公路主要项目表

序号	路线名称	起讫地点	公路等级	设计车速（公里/小时）	路基宽度（米）	公路里程（公里）	造价（亿元）
1	205 国道三明莘口岭改建工程	莘口镇至 205 国道 K2274＋697.2	二级公路	40	8.5/12	4.050	0.1708
2	205 国道浦城七里头至樟元山隧道段公路工程	浦城七里头至樟云山隧道出口	二级公路	40	12/12	17.221	0.7482
3	205 国道建阳水吉至建瓯黄城段	建阳水吉至建瓯黄城	二级公路	40	12/10.5	38.774	0.9884
4	福州亭江至连江改建工程	亭江至琯头段	二级公路	40～80	12	5.780	0.0892
5	福州亭江至连江	亭江至连江县交界	二级公路	40	12/10	14.080	0.3602
6	104 国道福州亭江至马尾君竹段改建工程	亭江国道至马尾君竹环岛	二级公路	40	16/12	11.710	0.2807

续表 2-1

序号	路线名称	起讫地点	公路等级	设计车速（公里/小时）	路基宽度（米）	公路里程（公里）	造价（亿元）
7	104国道连江城关段改建工程	连江城关新大桥北岸至北岸城关	一级公路	60	23	1.629	0.0581
8	104国道罗源连接线	AK1+204.07至AK3+350	城市道路I级主干道	60	33.5/18	2.146	0.3272
9	316国道闽清溪口至雄江段公路	闽清溪口至雄江	二级公路	平微区：80 山岭区：40	12/10.5	24.140	0.5178
10	316国道闽清石潭溪至古田水口段公路改造工程	闽清县境五小段	二级公路	40	12	2.346	0.2778
11	316国道闽清石潭溪至古田水口段公路改造工程	古田县境三小段	二级公路	40	12	1.185	0.1242
12	国道319线松毛岭隧道工程	连城县八钱亭村至长汀县蔡层村接上老公路	二级山岭	40	8.5	0.998	0.4041
13	316国道、324国道连接线洪塘至祥谦公路	江口至祥谦段	一般二级	40	12	16.350	0.8190
14	泉州后渚大桥及接线工程	后渚至惠安白沙	一级	60	24.5	4.340	2.8963
15	龙海西溪大桥及接线工程	许林头至大桥头	一级	60	25.5	2.540	0.9136
16	连江东湖至北茭公路	东湖至浦口	二级	40	12	8.840	0.3071
17	厦门公路局汽车教练场道路	厦门同安	二级	30	12	2.623	0.0847
18	国道319改线厦门海沧段	厦门海沧	一级	60	60	8.232	1.3970
19	邵三高速公路连接线	沙县至顺昌	二级	40	12	31.060	1.9713
20	漳龙高速公路南靖连接线	漳州南靖	二级	80	12	6.236	0.3083
21	连江浦口至官岭公路	浦口至官岭	二级	80	17	10.490	0.9354
22	招商局漳州开发区南疏港公路	开发区至南炮台	一级	60	24	11.500	1.7059
23	武夷山石雄至公馆大桥公路	石雄至公馆大桥	二级	40	12	17.260	1.0403
24	闽侯铁岭至大湖战备公路	铁岭至大湖	三级	30	7.5	36.443	0.7432

续表 2－1

序号	路线名称	起讫地点	公路等级	设计车速（公里/小时）	路基宽度（米）	公路里程（公里）	造价（亿元）
25	罗源狮岐港区疏港战备公路	—	二级	40	12	9.64	0.7142
26	319 线长汀城区路段改造工程	—	二级	40	12	5.38	0.0748
27	龙岩地区交警支队机动车考场道路工程	—	四级路	20	7.5	11.333	0.2100
28	福清海口大桥及接线	—	三级路	60	8.5	4.117	0.1373
29	龙海江东大桥及接线	—	二级路	80	12.0	3.376	0.2826
30	东山县第二通道	大铲至林头糖厂	二级	80	12.0	3.520	0.3948
31	龙海市九龙江西溪大桥及接线	—	一级	60	25.5	2.536	0.9135
32	泉州刺桐大桥及接线	—	二级	60	27.0	3.751	2.3344
33	宁德象溪交通战备公路	—	二级	40	12	5.860	0.2368
34	福鼎县流美大桥及接线	—	二级	40	12	3.768	0.1037
35	福州港琯头对台贸易码头港外公路接线	连江县琯头镇东边村至老路	三级公路	30	7.5	3.220	0.0255
36	连江县琯头对台贸易码头进港公路	104 国道 2299K＋860 至小长门村前小桥	二级公路	40	8.5	1.469	0.1138
37	液化石油气工程疏运公路工程	长乐县营前镇峡梅线至海洋海业公司油库码头	三级山岭重丘区	30	8.5	1.536	0.1007
38	罗源湾狮岐港区疏港公路	罗源境内可湖至狮岐码头货场	山岭重丘二级公路	40	17/8.5	1.754	0.1550
39	招商局漳州开发区南疏港公路 A 合同段	南炮台观海路至港尾镇大径村	一级公路	60	2.4	6.300	0.8184
40	霞浦县三沙码头疏港公路	霞浦县三沙码头疏港公路至三沙互通	二级公路	60	12	15.400	0.1056

续表 2-1

序号	路线名称	起讫地点	公路等级	设计车速（公里/小时）	路基宽度（米）	公路里程（公里）	造价（亿元）
41	罗源县淡头战备码头疏港公路	—	二级公路	40	8.5	7.010	0.0861
42	省道103线福州至永泰公路（重点改建工程）	—	二级	40	12	5.085	0.0266
43	福州长乐国际机场货运道路	—	二级平丘	80	12	2.710	0.0254
44	鼓岭至鳝溪公路	鼓岭至鳝溪	四级路山岭重丘区	20	7.5	9.708	0.1362
45	福州长乐国际机场南进场公路	—	平原微丘	100	24.5	5.682	0.7387
46	连江县琯头至晓沃公路	寨洋至定安段	二级山岭重丘	40	8.5	3.924	0.0651
47	福州市城南机动车教练中心道路	—	二级路 三级路 四级路	40 30 20	8.5 7.5 6.5	15.161	0.1498
48	连江县琯头至晓沃公路	长门至寨洋段	二级山岭重丘	40	8.5	5.999	0.1527
49	福清新厝至江阴二级公路	新厝至江阴	二级平丘区	80	12	12.480	0.4143
50	福泉高速公路官秀互通福清连接线	官秀互通F匝道至清荣大桥	二级平原微丘	40	12	1.389	0.0615
51	连江县琯头至浦口	定安至浦口段浦东大桥接线	山岭重丘	40	8.5	1.270	0.0169
52	厦门翁厝至漳州角美公路	厦门境段	一级平原微丘	100	24.5	10.560	0.5894
53	同安县新店镇至大澄（田乾）公路	—	四级	40	7.0	11.982	0.0183
54	厦门公安局车管所教练场道路	—	四级至二级	20-40	4.5—12.0	11.402	0.0847
55	厦门孙厝至坂头公路	—	二级公路结合城市一级主干道	60	36	9.376	0.9224
56	厦门同安马巷至刘五店公路	—	三级平原微丘	60	18	4.594	0.1172
57	厦门新圩至大帽山公路改建工程	—	四级山岭重丘区	20	8.5	7.815	0.1553
58	厦门同安区新民镇环镇公路	—	三级平原微丘	40	9.0	9.088	0.1665
59	同安东视线	西柯至阳翟	二级平丘区	80	18/23	6.291	0.4704
60	厦门同安马巷桐梓至李厝、崎头公路	—	三级平原微丘区	60	12	3.888	0.0857

续表 2－1

序号	路线名称	起讫地点	公路等级	设计车速（公里/小时）	路基宽度（米）	公路里程（公里）	造价（亿元）
61	厦门市同安至下潭尾公路	五显至新圩段	二级平原微丘区	80	12	9.101	0.2171
62	国道 319 改线工程	海沧路段	城市主干线一级路标准	60	60	8.232	1.5325
63	厦门同安马巷至刘五店公路	—	二级平原微丘区	80	18	6.115	0.2019
64	漳云公路	西溪桥闸南岸至浮宫桥头阳光	二级平原微丘	80	30	20.750	0.8951
65	漳州至华安公路	A 标段 K0＋000至 K12＋200	二级	40	10.5	12.200	0.4918
		B 标段 K12＋200至 K25＋200	二级	40	10.5	13.000	0.6173
		C 标段 K25＋200至 K34＋200	二级	40	10.5	8.997	0.5334
		D 标段 K34＋200至 K36＋726	二级	40	10.5	2.526	0.6783
		E 标段 K36＋726至 K40＋909.657	二级	40	10.5	4.186	0.5769
66	漳州市诏安县诏平线	三角点至龙过岗	二级山岭重丘	40	12	24.718	0.3457
67	天福观光茶园接线工程	—	三级山岭重丘	30	7.5/10.5	1.201	0.0646
68	泉州市马甲（安仔）至洪濑（郭坑）公路	—	三级山岭重丘	30	12	7.470	0.2033
69	泉州市马甲（双溪口）至岭北（关海阁）公路	—	三级山岭重丘	30	12	9.522	0.2041
70	省道"三郊线"	永春境内大洋坂至下洋段	二级山岭重丘	40	12	9.031	0.7769
71	省道"三郊线"	永春境内外碧至内格段	二级山岭重丘	40	12	18.86	1.6731
72	惠安至黄塘高速公路立交口连接线	—	二级平原微丘	80	23	9.754	0.4673
73	泉州刺桐大桥南岸接线	—	二级平丘	80	27	6.310	0.3707
74	惠屿岛陆岛交通工程接线公路	柯厝至肖厝渡口	二级山岭重丘	40	12	3.611	0.1377
75	惠安县八二三东街	—	城市道路	60	30	0.944	0.0793
76	泉州朋山岭隧道工程	—	二级平原微丘	80	18	5.795	0.8167

续表 2-1

序号	路线名称	起讫地点	公路等级	设计车速（公里/小时）	路基宽度（米）	公路里程（公里）	造价（亿元）
77	泉州市南环路至泉厦高速公路牛山互通连接线	—	一级	60	24/27	7.190	1.2379
78	省道305线	泉州土地后旱闸至新门旱闸段改建工程	城市道路一级主干	60	40	2.103	0.4639
79	晋江市紫帽至晋南公路	余店至金马坪段	一级平原微丘	100	50	9.33	1.7340
80	泉州沿海大通道	赤湖至张坂	二级平原微丘	80	24	10.966	0.7483
81	省三郊线	石马岬隧道及接线工程	二级山岭重丘	40	10.5	7.612	1.0346
82	省道102线	三明渡头坪至车头坑段	二级山岭重丘	40	12	21.109	0.4702
83	建宁城关至甘家隘公路改建工程	建宁城关万安桥头至江西省界	二级山岭重丘	40	8.5	32.332	0.6695
84	大田梅林至岭头公路改建工程	梅林至肖溪	二级山岭重丘	40	8.5	15.057	0.4625
85	将乐城关至铁岭公路	城关至南口段	二级山岭重丘	40	8.5	14.661	0.6716
86	建阳市书坊至新溪交通战备公路	书坊至新溪	三级山岭重丘	30	7.5	8.828	0.1166
87	入闽通道光泽花山界至城关段战备公路	闽赣交界至光泽西关	二级山岭重丘	40	7.5/12.0	34.529	—
88	入闽通道武夷山分水关至水槽段战备公路	分水关至水槽段	二级山岭重丘	40	8.5	19.023	—
89	古田县水谷公路	柳程至谷口大桥	二级山岭重丘	40	8.5	6.597	0.2947
90	福建双港至湖塘坂交通战备公路寿宁段	F1标段（友谊桥至库坑）	二级山岭重丘	40	8.5	8.259	0.2675
91	福建双港至湖塘坂交通战备公路寿宁段	F2标段（库坑至翁坑）	二级山岭重丘	40	8.5	7.739	0.3584
92	福建双港至湖塘坂交通战备公路寿宁段	F3标段（翁坑至洋边）	二级山岭重丘	40	8.5	10.858	0.3197
93	福建双港至湖塘坂交通战备公路寿宁段	F4标段（斜滩至武曲）	二级山岭重丘	40	8.5	11.037	0.4347

续表 2-1

序号	路线名称	起讫地点	公路等级	设计车速（公里/小时）	路基宽度（米）	公路里程（公里）	造价（亿元）
94	福建双港至湖塘坂交通战备公路寿宁段	F5 标段（洋边至寿宁城关）	二级山岭重丘	40	12	11.919	0.5195
95	福建双港至湖塘坂（接 104 国道）交通战备公路	福安竹工坂至湖塘坂	二级山岭重丘	40	10.5	11.137	0.2423
96	福建省宁德市象溪至城澳交通战备公路	宁德三都溪象溪村至宁德市城澳	二级山岭重丘	40	12	5.713	0.2475
97	国道 104 线柘荣城关至福安湖塘坂段改造工程	柘荣城关至彭家山段 A1 标段	二级山岭重丘	40	12	2.777	0.0890
98	国道 104 线柘荣城关至福安湖塘坂段改造工程	A2 标段	二级山岭重丘	40	12	2.105	0.0835
99	国道 104 线柘荣城关至福安湖塘坂段改造工程	B1 标段	二级山岭重丘	40	12	4.940	0.0313
100	国道 104 线柘荣城关至福安湖塘坂段改造工程	B2 标段	二级山岭重丘	40	12	2.446	0.0345
101	同集路延伸段	同安西湖至马巷	城市快速路	80	46	9.733	4.0371
102	省道 201 莲河至刘五店改建工程	同安莲河至刘五店	城市一级主干道	60	44	13.008	3.8092（概算）
103	闽清县池园镇池城公路	池园镇丽星村至墩盾村	二级	40	12	0.997	0.0293
104	京福高速公路闽清金沙互通口至省道 202 线连接线	闽清金沙至白中	二级（山岭区）	40	12	6.622	0.04050（概算）
105	漳州市漳浦县赤湖镇将军小桥	漳浦赤湖镇	四级	20	12	0.776	0.0071
106	漳州市漳浦县盘陀镇赤过中桥	漳浦县盘陀镇	四级	20	4.5	0.250	0.0093
107	安溪龙门至同安云埔公路	安溪境段	一级	80	24.5	6.82	4.0277（概算）
108	安溪龙门至同安云埔公路	同安境段	一级	80	24.5	10.112	5.9440（概算）
109	省道 306 线泉州大桥南侧至新店城标段拓改工程	—	城市一级主干道	60	60	3.72	0.6098（概算）

续表 2-1

序号	路线名称	起讫地点	公路等级	设计车速（公里/小时）	路基宽度（米）	公路里程（公里）	造价（亿元）
110	省道 204 线宁化谢坊至田坪公路	宁化谢坊至清流田坪县界	二级（山岭区）	40	12/10.5	11.859	0.4080（概算）
111	武夷山市石雄至公馆大桥改线工程	武夷山石雄至马槽	二级	40	12/18	17.258	1.0403
112	京福高速公路南平城区接线路段改建工程	南平新大桥西桥头至南平互通与316国道平交口处	城市二级主干道	40	29	3.759	1.8944（概算）
113	省道 S201 线蕉城漳湾至东山公路	漳湾上塘至陡门头接漳湾互通	二级（山岭区）	40	12	3.167	0.1072（概算）
114	省道 S202 线屏南至古田二级公路	古田高坑至极乐寺	二级（山岭区）	40	8.5	9.417	0.4148
115	闽东工业园区道路	—	城市二级主、次干道	40	40/24/20	5.572	0.4958
116	漳州开发区南疏港路 A 合同段拓宽工程	开发区观海路至港尾镇	一级	60	46/44	6.126	0.9497
117	长乐市松下港区牛头湾疏港公路	长乐市松下镇	二级	80	12.0	2.711	0.1646
118	国电福建南埔电厂进厂道路	泉州市肖厝港区	二级	40	12.0	0.904	0.0222
119	福银高速公路福州连接线一级公路	仓山区金山大道至福州西互通	一级	80	32	5.09	4.27

二、桥　梁

1990—2005 年，桥梁设计理念发生较大变化，随着高强钢筋和混凝土的广泛运用，在跨大江大河、海湾和峡谷等地区建设一批大跨径混凝土桥梁，主要代表桥型有钢筋混凝土拱桥、刚构桥、连续箱梁桥、斜拉桥和悬索桥等，中、小等跨径桥梁仍以钢筋混凝土空心板、T 梁和圬工拱桥为主，双曲拱桥由于耐久性不足而被弃用，石拱桥由于工艺要求高、施工问题多，也越来越少被使用。

后渚大桥。位于泉州湾东北部的港湾与洛阳江交汇处，连接泉州湾东西岸，大桥全长 2096.5 米。该桥针对桥位处于海湾的现实作了防腐蚀耐久性设计，对预应力束管道采用 PVC 波纹管成孔和真空辅助压浆工艺，下部结构的水下钢筋涂环氧保护层，还针对下游存在 3000 吨海轮撞碰大桥的可能，在主桥墩下游 35 米处设置人工防撞岛。该桥由省交通规划设计院设计，福建省第一公路工程公司和广东省长大公路一公司施工。

2001 年 6 月 28 日开工建设，2003 年 6 月 27 日建成通车。

泉州刺桐大桥（箱型连续刚构）。位于泉州市，1993 年开工，1995 年 12 月完工，是泉州市区刺桐路跨越晋江的重要桥梁，通航 500 吨胖体海轮，大桥全长 1535 米，宽 27 米，接线公路 2285 米，匝道 2400 米，其中北引桥 620 米，南引桥 600 米，主桥为（90＋130＋90）米连续钢架预应力结构，全桥双向 6 车道，设中央绿化分隔带，设计日通行量为 2.5 万辆次，桥下可通航。主桥上部结构为三孔预应力混凝土连续刚构，跨径组合为（90＋130＋90）米。设计荷载为汽超－20、挂－120，地震按百年超越概率 10% 设防。其大桥的跨径 130 米，预应力束张拉力 500 吨，悬浇梁段重 130 吨，三项均为当时全省之最。该桥由省交通规划设计院设计，交通部第二航务工程局施工。

南平玉屏山桥。位于南平市区，跨建溪通往玉屏山风景区，全长 343.5 米。该桥注重美学，采用主跨 100 米中承式拱，边跨 55 米高低拱，利用驳岸错落形成 40 米半圆拱。造型似一飞鸟，富有力度，又有动感，拱桥极富想象力。该桥数次遭特大洪水、漂流物猛击，仍巍然屹立。该桥设计获全国第八届优秀工程设计铜奖。该桥由省交通规划设计院设计，福建省第一公路工程公司施工。1992 年开工建设，1996 年建成通车。

湾边特大桥。位于福州西南，跨越闽江南港，连接福州市郊湾边和闽侯县南屿镇。全桥长 1874 米，宽 34 米。北引桥 94 米，为一联 2×40 米预应力混凝土连续箱梁。主桥 376 米，为一联 45＋90＋106＋90＋45 米新型结构体系——单肋拱加劲 V 形撑刚构——连续梁桥。南引桥 1404 米，为七联 5×40 米预应力混凝土连续箱梁。主桥墩采用薄壁墩，基础为钻孔灌注桩群桩；引桥墩采用薄壁花瓶墩，基础为双排钻孔灌注桩。该桥由省交通规划设计院设计，中铁一局一公司及南昌铁路局福州分公司施工，2005 年 7 月开工建设。

宁德行对岔特大桥。位于省道 S303 线宁德八都桥头至屏南城关公路蕉城段。桥宽－9.0 米＋2×0.5 米防撞栏，长 405.9 米，布置为 1×16.3 米预应力空心板＋2×35 米预应力 T 梁＋1×205 米悬链线钢筋砼箱形拱＋2×35 米预应力 T 梁。该桥交界墩为空心薄壁墩，拱座为扩大基础。引桥墩为主柱式墩，桩基础。桥台为 U 形台，扩大基础。该桥跨越山区深谷霍童溪，两岸岸坡陡峻，高度 142.0 米，主桥净跨径 205 米，是国内采用有平衡重转动体系转体施工最大跨径的钢筋砼箱形拱桥。该桥由省交通规划设计院设计，中铁大桥局施工，2005 年 7 月开工建设。

水口闽江大桥（下承式三角桁架连续刚构）。位于省道 202 线古田县境内，1993 年开工，1996 年 7 月完工，离水口电站坝址 14 公里，水深 60 米，横跨闽江。全长 690.58 米，其中主桥长 329 米，引桥长 361.58 米，桥面净宽（9＋2×1.0）米，主桥跨径组合为（84.5＋160＋84.5）米。上部结构主孔为三跨预应力混凝土下承式三角桁架连续刚构。该桥节点采用钢纤维混凝土，改善局部受力。设计荷载为汽－20、挂－100。该桥由省交通规划设计院设计，省第二公路工程公司施工。

图 2-2 水口闽江大桥

表 2-2 **1990—2005 年省交通规划设计院普通公路桥梁勘察设计主要项目表**

单位：米

序号	大桥名称	公路等级	结构形式	最大跨径	桥长
1	浮宫大桥	一级公路	预应力混凝土准连续 T 梁	35	547
2	龙海西溪大桥	一级公路	预应力混凝土箱形截面连续梁	72	637.10
3	后渚大桥	一级公路	预应力混凝土箱形截面连续刚构，预应力混凝土 T 形截面连续梁	120	2096.50
4	连江敖江三桥	一级公路	预应力混凝土 T 梁	30	331.55
5	苏塘大桥	一级公路	预应力混凝土 T 形截面连续梁	50	520
6	屿崆大桥	一级公路	预应力混凝土空心板	16	117.40
7	洋柄水库大桥	一级公路	预应力混凝土空心板	20	283.54
8	浦间大桥	一级公路	预应力混凝土空心板	20	106
9	金山特大桥	一级公路	预应力混凝土箱形截面连续刚构预应力混凝土 T 形截面连续梁	100	1433
10	闽侯闽江大桥	一级公路	预应力混凝土箱形截面连续刚构，预应力混凝土 T 形截面连续梁	120	1376
11	潮顶大桥	一级公路	预应力混凝土 T 形截面连续梁	25	268
12	溪瑶溪大桥	一级公路	预应力混凝土 T 形截面连续梁	25	286
13	后溪大桥	一级公路	预应力混凝土 T 形截面连续梁	25	671
14	双溪口大桥	一级公路	预应力混凝土 T 形截面连续梁	25	255.5

续表 2－2

序号	大桥名称	公路等级	结构形式	最大跨径	桥长
15	龙门岭大桥	一级公路	预应力混凝土T形截面连续刚构—连续梁	30	1385
16	东溪大桥	一级公路	预应力混凝土T形截面连续刚构—连续梁	35	325.5
17	江口特大桥	二级公路	预应力混凝土简支T梁	40	946.6
18	泉州洛阳江大桥	二级公路	预应力混凝土简支T梁	30	216.3
19	建宁万安大桥	二级公路	预应力混凝土连续T梁	20	99.9
20	泉州英溪大桥	二级公路	预应力混凝土连续T梁	30	112
21	南安丰州大桥	二级公路	预应力混凝土简支T梁	30	464.62
22	漳州江东大桥	二级公路	预应力混凝土简支T梁	35	1015
23	福鼎流关大桥	二级公路	钢筋混凝土T梁	20	356
24	金溪大桥	二级公路	钢筋混凝土刚架拱桥	50	268.80
25	泉州刺桐大桥	二级公路	预应力混凝土连续刚构,预应力混凝土简支T梁、板梁	130	1535
26	闽安大桥	二级公路	预应力混凝土简支T梁	20	108
27	玉瑶大桥	二级公路	预应力混凝土简支T梁	30	188.89
28	大湖大桥	二级公路	预应力混凝土简支T梁	30	227
29	黄城大桥	二级公路	钢筋混凝土刚架拱石拱桥	60	268
30	尤溪大桥	二级公路	石拱桥	30	152.75
31	顺昌院尾大桥	二级公路	预应力混凝土连续T梁	30	127
32	顺昌登波大桥	二级公路	预应力混凝土连续T梁	25	135
33	顺昌湖山大桥	二级公路	预应力混凝土连续T梁	25	132
34	武夷山马场洲大桥	二级公路	预应力混凝土简支T梁	20	385
35	林头大桥	二级公路	预应力混凝土简支T梁	35	705.70
36	南平大桥	二级公路	预应力混凝土箱形截面连续刚构	95	411.02
37	溪口大桥	二级公路	预应力混凝土简支T梁	30	159.11
38	长沙大桥	二级公路	钢筋混凝土箱拱	100	130
39	青兰头大桥	二级公路	钢筋混凝土箱拱	100	130
40	文山大桥	二级公路	预应力混凝土简支T梁	25	132.55
41	淘江大桥	二级公路	预应力混凝土简支T梁	25	133
42	汀江大桥	二级公路	预应力混凝土准连续T梁	25	157
43	后溪大桥	二级公路	预应力混凝土空心板	20	106
44	黄枣大桥	二级公路	预应力混凝土准连续T梁	30	276.44
45	横洋大桥	二级公路	石拱桥	40	81.80

续表 2-2

序号	大桥名称	公路等级	结构形式	最大跨径（米）	桥长（米）
46	内格特大桥	二级公路	钢筋混凝土箱拱	120	228
47	富岭大桥	二级公路	预应力混凝土简支 T 梁	25	113.51
48	南浦大桥	二级公路	预应力混凝土简支 T 梁	30	288.10
49	亭子上大桥	二级公路	预应力混凝土简支 T 梁	30	193
50	梁伞桥高架桥	二级公路	预应力混凝土简支 T 梁	30	163.74
51	马厂洲大桥	二级公路	预应力混凝土简支 T 梁	20	385
52	上杜坝大桥	二级公路	预应力混凝土简支 T 梁	16	117
53	柳埕大桥	二级公路	钢筋混凝土箱拱	115	260
54	西浦大桥	二级公路	钢筋混凝土简支 T 梁	20	105.50
55	湖塘坂大桥	二级公路	预应力混凝土简支 T 梁	30	275.73
56	翠屏大桥	二级公路	预应力混凝土简支 T 梁	35	222.08
57	港里大桥	二级公路	预应力混凝土箱形截面连续梁	70	153.90
58	顺民大桥	二级公路	预应力混凝土空心板	25	925.74
59	浮桥新大桥	二级公路	预应力混凝土空心板	20	247.89
60	公馆大桥	二级公路	钢筋混凝土箱拱	100	301
61	曹屿大桥	二级公路	钢筋混凝土简支 T 梁	20	108
62	水口闽江大桥	二级公路	预应力混凝土三角桁架连续刚构	160	692.44
63	溪口大桥	二级公路	钢筋混凝土箱拱	115	170.90
64	浦沟大桥	二级公路	预应力混凝土简支空心板	20	106
65	马场洲大桥	二级公路	预应力混凝土简支空心板	20	325
66	上杜坝大桥	二级公路	预应力混凝土简支空心板	16	117
67	福清海口大桥	二级公路	预应力混凝土简支 T 梁	35	465
68	东门大桥	三级公路	钢管拱桥	57.5	92.95
69	南蛇渡大桥	三级公路	钢筋混凝土刚架桥	50	229
70	阳溪大桥	三级公路	预应力混凝土简支 T 梁	40	243
71	浦南大桥	三级公路	预应力混凝土简支 T 梁	20	311.50
72	诏安县马溪大桥	三级公路	钢筋混凝土简支空心板	13	185.90
73	闽清新光大桥	四级公路	钢筋混凝土箱形拱	115	170.90
74	尤溪口闽江大桥	四级公路	钢筋混凝土 T 梁	20	192.75
75	南平樟湖镇溪口人行桥	四级公路	钢筋混凝土 T 梁	20	244.65
76	南平炉下斜溪大桥	四级公路	钢筋混凝土 T 梁	20	124.0

续表 2 - 2

序号	大桥名称	公路等级	结构形式	最大跨径	桥长
77	芹山电站公路桥	四级公路	钢筋混凝土箱拱	70	91.5
78	南平玉屏山大桥	其他道路	飞鸟式钢筋混凝土箱拱	100	343.5
79	闽江大桥引桥	其他道路	预应力混凝土箱梁,空心板 T 梁	35	1101
80	兰溪大桥	其他道路	预应力混凝土准连续 T 梁	30	137
81	绿城大桥	其他道路	预应力混凝土空心板	16	100
82	永泰洪山大桥	其他道路	石拱桥	33	189.50
83	高架葛岭大桥	其他道路	石拱桥	40	210.10
84	永泰塘前大桥	其他道路	石拱桥	40	324.05
85	瑶头大桥	其他道路	变截面预应力混凝土连续空心板＋预应力混凝土简支空心板	45	320
86	石浔大桥	其他道路	预应力混凝土简支空心板	20	226
87	湾边特大桥	一级公路	单肋拱加劲 V 形撑刚构	106	1874
88	宁德行对岔特大桥	二级公路	钢筋砼箱形拱桥	205	405.9

表 2 - 3　　**1990—2005 年获得全国优秀工程勘察设计成果一览表**

序号	获奖项目名称	颁奖部门	颁奖等级	获奖时间(年)	主要参加人员
1	福州至马尾一级公路鼓山隧道	国家质量奖审定委员会	国家质量奖银奖	1990	陈晓钜 杨家德 林成德
2	南平玉屏山大桥	全国第八届优秀工程设计评委会	全国第八届优秀工程设计铜奖	1999	杨建宋 王文洪 欧锦伦

表 2 - 4　　**1990—2005 年获得交通部优秀工程勘察设计成果一览表**

序号	获奖项目名称	颁奖部门	颁奖等级	获奖时间(年)	主要参加人员
1	福建省交通科研所实验大楼	交通部	公路工程优秀设计三等奖	1991	李毓苑 周舒 黄星龙
2	福州洪塘大桥	交通部	公路工程优秀设计二等奖	1992	林增官 漆光荣 于坚

表2-5　　　　1990—2005年获得福建省优秀工程勘察设计成果一览表

序号	获奖项目名称	颁奖等级	获奖时间(年)	主要参加人员		
1	福马一级公路鼓山隧道	福建省优秀工程设计三等奖	1990	陈晓钜	杨家德	林成德
2	福州洋头口立交桥	福建省优秀工程设计三等奖	1990	林增官	黄文机	于坚
3	丘墩大桥	福建省优秀工程设计一等奖	1993	吕建鸣	郭爱民	杨昀
4	水口水电站闽江施工大桥	福建省优秀工程设计三等奖	1993	漆光荣	林希鹤	王全祥
5	龙海浮宫大桥	福建省优秀工程设计三等奖	1993	陈晓钜	郭爱民	钟荣元
6	316国道洪塘南岸至闽清溪口段	福建省优秀工程设计二等奖	1995	吕尚钦	陈国藩	吴金木
7	319国道闽境内龙岩坂寮岭隧道及接线	福建省优秀工程设计三等奖	1995	连文前	吴金木	陈开良
8	南平玉屏山大桥	福建省优秀工程设计二等奖	1997	杨建宋	王文洪	区锦伦
9	泉州后渚大桥跨海地形测量	福建省优秀工程勘察二等奖	2004	王炳南	方元洪	许永秋

第二节　建　设

一、国　道

(一) 国道104线福鼎分水关至福州段

国道104线起自北京,终点福州,从浙江省入福建省境内,经过福鼎、柘荣、福安、蕉城、罗源、连江、马尾和晋安8个县(市、区),到福州南门兜,全长329.88公里。其中,一级公路12.51公里,二级公路195.42公里,三级公路60.58公里,四级公路61.37公里。全线水泥混凝土路面317.14公里,简易铺装路面(沥青贯入式)12.74公里。桥梁4013.6延米/78座,隧道5995.4延米/5处。该路线除福州至鼓山段外,其他均处山岭重丘区,沿线跨越赛江、霍童溪和敖江等水系。

宁德路段。闽东地区南下北上的主要交通干线,弯多坡陡路窄,交通事故多发。"先行工程"期间,福鼎分水关至宁德城关路段全长191公里开始测设,同年11月拓宽改建开始,路基宽度12米,路面宽度9米,纵坡、坡长及平曲线半径原则上不动,桥涵加宽至9米,路面结构采取22厘米水泥混凝土面层+15厘米5%水泥碎石稳定基层,路肩为土路肩。1994年底,全线路基拓宽改造基本完工。1995年7月,全线水泥混凝土路面完工。工程投资46874万元。

福州路段。1992—1994年,利用世界银行贷款,琯头东边至塘头段进行改线,新建二级公路2.303公里,路基宽36米,铺设宽23米沥青混凝土路面,造价1120万元。

1993 年 5 月至 1994 年 9 月，东湖至连江城关全长 2.8 公里按平原微丘二级公路标准进行改建，路基宽 28 米，路面宽 23 米，桥梁宽 36 米，工程总造价 1103 万元，其中，路基与桥梁工程造价 563 万元，路面工程造价 540 万元。

1994 年 10 月至 1995 年 10 月，罗源羽绒厂至城关公路站段 1 公里拓宽为 32.5 米的二级公路，路基宽 23 米，路面宽 14 米，两侧慢车道宽各 4 米，设计交通流量为 1 万辆/日，工程总投资 553 万元。城关公路站至水古段 3.14 公里也同期按二级公路设计标准改建，拓宽后的路基宽为 16 米，路面宽 14 米，工程造价 1806 万元。

从 1995 年 2 月起对 104 国道连江路段进行全线拓宽，并对 1994 年 10 月开始施工的亭江交界至南塘段 60.17 公里新建平原微丘二级公路进行拓宽，路基宽度 18～23 米，水泥路面宽 15 米，同时对琯头东边至塘头段铺设水泥路面，路面宽 15 米，工程造价 4300 万元，其中开辟琯头岭隧道 882 米，工程造价 1800 万元。

东湖至罗源交界处上楼全线拓宽改建工程，设计标准为山岭重丘区二级路，除罗源交界路基宽 18 米外，其余路基宽 23 米，路面铺设水泥及沥青混凝土，路面宽度 15 米，工程造价 12734 万元，全线工程于 1995 年 11 月竣工通车。

1996 年 7 月，罗源交界至连江山岗段铺设沥青混凝土路面。全线沥青混凝土路面 20 公里，水泥混凝土路面 20.54 公里，桥梁 600.4 延米/15 座，涵洞 3654 延米/189 道。

1998 年 4—7 月，油车岭至罗源松山镇五里段 18.78 公里路面改建为水泥混凝土路面，路面宽 6～8.5 米，工程总投资 1127 万元，1998 年 11 月通过福州市公路局交工验收，2002 年 1 月通过省公路局竣工验收。

为解决东湖岭事故多发路段问题，2001 年 10 月至 2002 年 3 月完成 104 国道连江东湖岭回头弯改建工程 1.41 公里，路基宽 18 米，水泥路面宽 15 米，造价 756.20 万元。

（二）国道 205 线浦城深坑至武平山子段

国道 205 线起自山海关，终点深圳。福建省境内纵穿南平、三明和龙岩 3 市。从浙江省入福建省境内，经过浦城、建阳、建瓯、延平、沙县、梅列、三元、永安、连城、上杭、武平 11 个县（市、区），进入广东省。全长 634.96 公里，全部为水泥混凝土路面，属山岭重丘区二级公路。全线桥梁 7167.21 延米/179 座，隧道 3050 延米/5 座。该路线纵穿闽北和闽西南地区，沿闽江水系的建溪、沙溪布设，沿线跨闽江、汀江水系。

1992—1994 年，浦城五显岭路段及渔梁岭路段进行改造，新建五显岭隧道一座，长 1318 米，缩短路线 1529.91 米。

1994—1996 年，"先行工程"改造后，全线除九牧至渔梁岭段长 9.37 公里，路基宽 8.5 米，路面宽 7 米，渔梁岭至花墙头 3.4 公里路基宽 10.5 米，路面宽 7 米外，其他路段路基宽 12 米，路面宽 9 米。全路幅为水泥混凝土路面。

1996 年 7 月至 1999 年 12 月，实施浦城樟元山隧道及接线工程，路线全长 21.47 公里，为新建山岭重丘区二级公路，路基宽 12 米，路面宽 9 米，其中隧道长 1060 米，工程总投资 9170 万元。

三明路段。1993—1997 年，三明市完成国道 205 线水泥路面新铺 153.46 公里，路基宽 12~34 米，路面宽 9~24 米，新建莘口岭隧道和莲花山隧道 572 延米/2 座，桥梁 1590.5 延米/33 座，总投资 56912 万元。

龙岩路段。龙岩市境内路段计 155.5 公里列入"先行工程"，实现山岭重丘区二级路扩建改造。路基宽 12~42 米，路面宽 7~28 米，全线完成总投资 5.08 亿元。

公路"先行工程"建设完成后，由于超载、设计不足、水毁等原因，水泥路面破损较为严重，1999—2004 年对破损路面进行修复改建，投资 2276.16 万元。

（三）国道 316 线福州至光泽花山界段

国道 316 线起自福州，终于兰州，在福建省境内横穿福州、宁德、南平和三明 4 市。从福州起始，经过鼓楼、仓山、闽侯、闽清、古田、尤溪、延平、顺昌、邵武、光泽 10 个县区，进入江西省，全长 402.9 公里，其中重复国道 205 线 22.26 公里，为水泥混凝土路面二级公路。全线桥梁 9713.03 延米/95 座，隧道 2636 延米/10 座，除福州至闽侯上街段外，其他均处山岭重丘区，沿闽江、沙溪和富屯溪布线。

福州路段。洪山大桥至洪塘大桥（K6+225~K10+354）路段，1991 年省公路局投入 5134 万元，省公路二公司承建洪塘大桥，其接线与 1985 年 12 月建成的洪山桥接线相连。

1990—1992 年共投资 8118.13 万元，打通洪塘至闽清公路 37.39 公里路段。其中苏湾至潘头段按平原微丘区标准设计，路基宽 12 米，路面宽 9 米。潘头至闽清段按二级山岭重丘标准设计，路基宽 8.5 米，路面宽 7 米。

1995—1997 年，洪塘大桥上街桥头至闽侯闽清交界路段 37 公里拓宽改建，上街街道段改建为城市一级主干道，其余改建为二级公路，共投入资金约 6200 万元。

闽侯闽清交界至闽清雄江与古田交界长 32.4 公里，1986—1997 年期间进行多次修建和改造，达到二级公路标准。

南平境内。宁德水口至南平延平段全长 88 公里，总投资 48493 万元。按山岭重丘二级标准设计，路基宽 8.5 米，路面

图 2-3　国道 316 线福州路段

宽7米，"先行工程"期间，将沥青贯入式路面改建为水泥混凝土路面。1993年开工建设，1995年10月完工。

南平延平至花山界路段。南平延平至光泽册下段全长177.87公里，总投资47076万元。按山岭重丘二级标准设计，除邵武拿口至晒口路段27公里路基宽8.5米、路面宽7米外，其余路段路基宽12米，路面宽9米，全线水泥混凝土路面。1993年开工建设，1998年全线完工。

光泽县境内册下至花山界段37.5公里，1998—1999年进行路面改造，总投资4500万元。2002年4月至2003年11月对路基宽7.5～12米、路面宽7～9米进行改造，属入闽通道改建项目，总投资11776万元。其中路基宽12米，路面宽9米为新建环城公路，在K387+699～K388+105处新建龚家边隧道406米/1座，其余在原路线基础上对部分路段改弯降坡，按山岭重丘二级公路标准建设。

图2-4　国道319线龙岩段文明样板路

（四）国道319线厦门至长汀隘岭段

国道319线起自厦门，终于成都，福建省境内途经厦门、漳州和龙岩3市。起于厦门市区东渡路滨北立交，经过湖里、集美、海沧、龙海、龙文、芗城、南靖、新罗、上杭、连城、长汀11个县（市、区），通往江西省，全长380.30公里，其中重复国道205线22.84公里。全线一级公路46.99公里，二级公路309.69公里，水泥混凝土路面341.38公里，沥青混凝土路面15.3公里。桥梁8621.8延米/148座，隧道3538延米/5座。全程平原微丘区105公里，山岭重丘区299.17公里。线路跨越厦门海峡、九龙江、汀江等水系。

1988年1月至1992年9月，国道319线避开漳州市区道路，改从北部六石至上坂修建漳州北环城路通过，全段长10.7公里，按一级公路标准修建，路基宽23米，中间设2米宽分隔带，铺筑2×9米宽沥青混凝土路面，总投资4642.75万元。

1991年11月至1993年12月，龙岩段坂寮岭隧道及接线工程（2座隧道长1105延米，接线长12.09公里），总投资6545万元。

1993 年春至 1998 年底，龙岩段全线列入二级公路改造。工程总投资 8.9 亿元。

1994 年 2 月 3 日至 1995 年 7 月 25 日，国道 319 线上坂 K75 + 380 至南靖永溪 K153 + 870 全线拓宽改建完成，全长 78.49 公里。总投资 23684 万元。

国道 319 线港桥至六石路段（K61 + 240 ~ K62 + 096）1.72 公里于 1997 年列入漳州城市道路——东环城路（九龙大道）的组成部分，按城市一级主干道重新进行改建。总投资 3000 万元。

1998 年 6 月 18 日至 1998 年 10 月 12 日，对漳州北环城路（国道 319 线 65.88 公里至 75.38 公里全段长 9.5 公里）按一级公路标准进行路面改造。总投资 3521 万元。

（五）国道 324 线福州至诏安分水关段

国道 324 线起自福州，终于昆明。福建省境内纵穿福州、莆田、泉州、厦门及漳州 5 市。福州南门兜起始，经过台江、仓山、闽侯、福清、涵江、城厢、荔城、仙游、泉港、惠安、洛江、丰泽、鲤城、晋江、南安、翔安、同安、集美、海沧、龙海、龙文、芗城、漳浦、云霄、诏安 25 个县（市、区），通往广东省，全长 469.62 公里，其中重复国道 319 线 37.89 公里。全线一级公路 15.769 公里，二级公路 415.97 公里，水泥混凝土路面 424.59 公里，沥青混凝土路面 14.38 公里。桥梁 11078.1 延米/200 座，隧道 1772.3 延米/2 座。全线均处福建省的平原微丘区，线路跨越闽江、晋江及九龙江等水系。

1994 年 4 月，省委、省政府决定全线拓宽 324 国道福建段，6 月 1 日，福厦漳段改造全线动工。采用平原微丘区二级公路技术标准，特别困难地段采用山岭重丘区二级公路标准，全线路基拓宽为 23 米，水泥混凝土路面宽 15 米，桥涵设计荷载为汽 - 20、挂 - 100，宽度与路基同宽，设计时速 80 公里/小时。改造尽量

图 2 - 5　国道 324 线诏安段

利用老路，以降低工程造价。全线仅用 7 个多月时间，投资 12 亿元。

莆田段改造工程于 1994 年 5 月 1 日开工，1995 年春节前建成通车，总里程为 52.387 公里，其中水泥混凝土路面 43.483 公里，沥青混凝土路面 8.904 公里，总投资 3.07 亿元。改造按平原微丘二级公路实施，设计时速 80 公里/小时，路面宽度 15 ~ 30 米，路基宽度 17 ~ 30.8 米，双向 2 ~ 4 车道，共征用土地 564876.84 平方米。

泉港界山至溪西段（139K + 920 ~ 155K + 990）16.07 公里，1994 年 1 月动工改建，

1994 年 12 月完工。按二级公路标准建设，投资约 3497 万元，由原先 9 米宽的沥青路面改建成 14 米宽的水泥砼路面，两侧各设 3.5 米宽沥青慢车道，并拓宽相应桥梁 9 座。

晋江紫帽至南安官桥路段（202.K＋070～212K＋800）10.73 公里改建，1994 年 5 月开工，1995 年 1 月完工。由泉州市交通局、泉州市公路局、晋江市交通局和沿线乡镇采取多渠道集资的方式筹集，按平原微丘区二级公路标准进行设计及拓宽改造，改造后的路基宽 23 米，铺设水泥混凝土路面双向 4 车道宽 15 米，两侧设置 3.50 米宽沥青慢车道，总投资 5100 多万元。

1995 年，省委、省政府提出"创建沿海 800 公里文明样板路"的要求，对国道 324 线进行改造，创建、巩固和完善国道 324 线 GBM 工程（公路标准化、美化）、文明样板路建设，全线可绿化路段全部绿化，并设置不少精品路段，基本达到"畅、洁、绿、美"的文明样板路建设要求。1997 年 12 月 1 日，国道 324 线福建段通过交通部文明建设样板路检查验收，成为部级文明样板路。

1998—2005 年陆续对 G324 线多次进行维修改造，使全线达到 23 米全路幅水泥混凝土路面，双向 6 车道标准的二级公路。

二、省　道

1984 年，省计委、经委确定全省省道为"四射十五纵十横"，共 29 条，全长 5971.6 公里。1998 年，省交通厅根据交通部《关于加强公路规划工作若干意见》的精神和《福建省国民经济和社会发展"十五"计划和 2015 年发展规划》基本思路，开展省级干线网调整。调整后的省级干线规划为"八纵九横"，共 17 条，全长 7040 公里，扣除相互重复 330 公里和利用国道 429 公里，实际里程 6281 公里。

（一）省道 201 宁德漳湾至东山线

省道 201 线起于宁德漳湾（下塘码头），终点东山西埔三角点，线路基本沿海边布设，途经宁德、福州、莆田、泉州、厦门和漳州 6 个设区市，25 个县（市、区），规划路线总长 905 公里，投资 37.33 亿元。从 1992 年起，沿线各设区市、县（区）政府先后投资改造，提高道路标准和车辆通行能力。路基宽 4.5～60 米，路面宽 3.5～27 米。至 2005 年，全线通车里程为 599.63 公里，二级及以上公路 326.21 公里，全线路面有铺装里程 438.97 公里，简易铺装里程 130.68 公里，桥梁 10651.2 延米/158 座，隧道 1772.3 延米/2 座。全线重复国道 104 线 35.2 公里，国道 324 线 34.67 公里。在全省"八纵九横"17 条省道中，该路段路线最长，途经市、县（市、区）最多，由北向南途经宁德港、福州港、湄洲湾港、泉州港、厦门港和漳州港，是福建各港口之间的联系纽带。

（二）省道 202 寿宁犀溪至莆田湄洲岛线

省道 202 线起于寿宁双港省界，终至莆田湄洲岛。路线起点与浙江省道对接，途经寿宁、政和、屏南、古田、闽清、永泰、涵江、城厢和秀屿9个县（市、区）。规划路线总长514公里，投资13.69亿元。其中，寿宁村尾桥头至际口仔段为原省道214线，政和镇前至牛迹洋为原省道310线，政和牛迹洋至古田大安为原省道203线，闽清五峰桥至莆田秀屿为原省道201线。路基宽4.5～56米，路面宽3.5～27米。至2005年，全线通车里程为454.29公里，二级及以上公路157.5公里，全线路面有铺装里程112.44公里，简易铺装里程313.22公里，桥梁4911.19延米/139座。全线重复国道316线29.56公里、国道324线16.32公里。

（三）省道203长乐漳港至永定下洋线

省道203线起于长乐漳港，终至永定下洋三层岭（省界）。路线途经长乐、闽侯、永泰、德化、永春、漳平、新罗和永定，终点与广东省的省道相接。规划路线总长556公里，投资9.1亿元，其中，长乐渡桥至峡南为原省道307线，闽侯峡南至兰圃重复国道324线，闽侯江口至漳平钟秀、新罗雁石至莲花山叉口、新罗红坊至永定三层岭路段为原省道103线。路基宽6～40米，路面宽5～26米。至2005年，全线通车里程为507.06公里，二级及以上公路263.05公里，全线路面有铺装里程276.77公里，简易铺装里程222.35公里，桥梁5442.24延米/125座，隧道180延米/1座。其中，龙岩适中经抚市至永定三层岭路段66.5公里，为入闽通道改造项目，总投资21294万元，基本按老路改造，路基宽8.5～12米，水泥混凝土路面，项目于2001年12月开工，2003年12月完工。全线重复国道316线29.56公里、国道324线16.32公里。

（四）省道204政和岭腰至连城文亨线

省道204线起于政和岭腰乡后山桥省界，终至连城文亨。起点与浙江省道对接，途经政和、建瓯、顺昌、将乐、明溪、清流和连城，至终点连城文亨，与205国道相连。规划路线总长445公里，投资9.27亿元。其中，政和后山桥到稻香段为原省道203线，政和稻香至暗桥段为原省道310线，政和暗桥至建瓯为原省道303线，建瓯城西桥头至北坪段重复国道205线，顺昌洋山至顺昌段重复国道316线，顺昌至将乐洋布段为原省道309线，将乐洋布至宁化双石段为原省道206线，宁化草坪至连城文亨段为原省道207线。路线全长431.89公里，其中达到二级以上标准150.51公里。全线桥梁3287.41延米/101座。路基宽5.5～32米，路面宽4～16.5米。至2005年，全线通车里程为431.89公里，二级及以上公路150.51公里，全线路面有铺装里程241.11公里，简易铺装里程180.08公里，桥梁3287.41延米/101座。其中，政和县后山桥至西津路段40.6公里，为入闽通道改造项目，总投资14185万元，路基宽8.5米，水泥混凝土路面，项目2001年12月开工，2004年1月完工。全线重复国道205线3.82公里、国道316线12.657公里。

（五）省道205浦城富岭至武平下坝线

省道205线起于浦城富岭镇花桥省界，终点为武平下坝（省界）。起点与浙江省道对接，途经浦城、武夷山、邵武、泰宁、建宁、宁化、长汀和武平，终点与广东省省道连接。规划路线总长687公里，投资20.3亿元。其中，浦城花桥至万安段为原省道302线，浦城千里马至石陂段重复国道205线，武夷山赤石至南源岭段为原省道101线，建阳江坊至邵武段为原省道310线，邵武至泰宁段为原省道204线，泰宁至建宁段为原省道309线，建宁至宁化谢坊段为原省道207线，谢坊至双石路段重复省道204线，宁化又石至武平万安段为原省道206线，武平万安至十方段为原省道306线。路基宽4.5~26米，路面宽3.5~18米。至2005年，全线通车里程为584.89公里，二级及以上公路163.94公里，全线路面有铺装里程143.863公里，简易铺装里程375.13公里，桥梁5650.31延米/154座。其中，浦城花桥至城关路段41公里，为入闽通道改造项目，总投资14000万元，路基宽8.5米，水泥混凝土路面，项目2001年12月开工，2003年12月完工。全线重复国道205线33.94公里、国道316线0.27公里、国道319线7.5公里、省道204线13.26公里。

（六）省道206尤溪西城至厦门线

省道206线起于尤溪西城，终至厦门岛曾厝垵。起点接省道304线，途经尤溪、德化、永春、安溪、同安和集美，至终点厦门岛。规划路线总长284公里，投资6.2亿元。其中，德化赤水至永春诗山段为原省道305线，诗山至安溪魁斗段为原省道212线，安溪魁斗至高集海堤为原省道205线。路基宽6~42米，路面宽4.5~30米。至2005年，全线通车里程为265.387公里，二级及以上公路151.42公里，全线路面有铺装里程170.16公里，简易铺装里程54.77公里，桥梁3572.2延米/94座，隧道1006延米/1座。全线重复国道319线2公里、省道203线18.18公里。

（七）省道207安溪官桥至平和九峰线

省道207线起于安溪官桥车站，终至平和松柏关。路线经长泰、漳州、平和，至终点平和柏松关，接广东省道。规划路线总长202公里，投资4.3亿元。该线为原省道212线的安溪官桥至平和松柏关路段。路基宽8.5~60米，路面宽5.5~36米。至2005年，全线通车里程为199.56公里，二级及以上公路132.51公里，全线路面有铺装里程170.16公里，简易铺装里程54.77公里，桥梁3405.31延米/56座，隧道1315延米/2座。其中，平和城关至柏松关路段34公里，为入闽通道改造项目，总投资16989万元，路基宽12米，水泥混凝土路面，新建隧道1315延米/2座，项目2003年12月完工。全线重复国道319线2.57公里、国道324线4.94公里。

（八）省道208永安西洋至龙海港尾线

省道208线起于永安岭头，终至龙海港尾。路线经漳平、华安、漳州和龙海，至终点港尾。规划路线总长247公里，投资4.95亿元。该线仅有漳平卓宅至桂林段为原省道208线，漳州步文至蓝田段分别重复国道319线和324线，漳州蓝田至龙海港尾为原省道210线。路基宽8.5~60米，路面宽7.5~36米。至2005年，全线通车里程为

233.88公里，全部为铺设水泥路面的二级公路，桥梁3904.18延米/54座，隧道3214延米/2座。全线重复国道319线8.46公里、国道324线4.09公里、省道203线3.76公里。

（九）省道301霞浦至寿宁大安线

省道301线起于霞浦城关，终至寿宁大熟（省界）。路线经福安及寿宁，终于省界，与浙江省道对接。规划路线总长162公里，投资3亿元。其中，霞浦至福安溪柄段为原省道310线，福安溪柄至湖塘坂重复国道104线，福安湖塘坂至寿宁大安段为原省道214线（寿宁洋边至际头仔路段重复省道202线）。路基宽6.5~30米，路面宽6~18米。至2005年，全线通车里程为115.68公里，二级公路42.93公里，有铺装里程为41.23公里，简易铺装路面为63.32公里，桥梁1074.84延米/27座，隧道1368延米/1座。其中，福安湖塘坂至寿宁友谊桥段72.5公里，为入闽通道改造项目，总投资35185万元，路基宽12米，水泥混凝土路面，新建隧道1368延米/1座，项目1999年10月开工，2003年10月完工。全线重复国道104线31.13公里、省道202线16.9公里。

（十）省道302福安下白石至浦城线

省道302线起于福安下白石，终至浦城城关七里头。路线经福安、周宁、政和和松溪，至终点浦城城关，接省道205线。规划路线总长259公里，投资4.99亿元。其中福安甘棠至罗江段重复国道104线，福安罗江至浦城段为原省道310线。路基宽7~30米，路面宽6~16.5米。至2005年，全线通车里程为238.25公里，二级公路69.29公里，有铺装里程为63.96公里，简易铺装路面174.29公里，桥梁1575.47延米/47座。全线重复国道104线7.39公里、省道202线3.05公里、省道204线7.03公里、省道205线1.63公里。

（十一）省道303蕉城八都至武夷山洋庄线

省道303线起于宁德八都大桥，终至武夷山汾水关（省界）。路线经蕉城、屏南、建瓯、建阳和武夷山，至终点武夷山汾水头，与江西省道对接。规划路线总长384公里，投资8.9亿元。其中，建瓯玉山至小桥、建阳黄城至武夷山汾水关段为原省道101线，建瓯柳坑至黄城段重复国道205线。路基宽4.5~25米，路面宽3.5~19米。至2005年，全线通车里程为326.62公里，二级公路105.28公里，有铺装里程为112.84公里，简易铺装路面为89.5公里，桥梁2165.22延米/71座，隧道238延米/1座。其中，武夷山汾水关至石雄段31.5公里，为入闽通道改造项目，总投资11000万元，路基宽8.5~9米，水泥混凝土路面，新建隧道238延米/1座，项目2000年11月开工，2004年12月基本完工。全线重复国道205线26.54公里、省道202线2公里、省道205线14.51公里。

（十二） 省道304蕉城金涵至泰宁线

省道304线起于蕉城金涵，终至泰宁城关，路线起点接国道104线，经蕉城、古田、延平、尤溪、沙县和将乐，至终点泰宁城关，和省道205线相接。规划路线总长480公里，投资11.5亿元。其中，蕉城金涵至古田高头岭和将乐新路口至泰宁路段为原省道309线，古田高头岭至水口大桥路段重复省道202线，古田水口大桥南至尤溪口段重复国道316线，尤溪城关至沙县大洛段为原省道102线，沙县洋口仔至沙县城关段重复国道205线，沙县城关到将乐霞村段为原省道205线，将乐霞村至水南重复省道204线。路基宽7~32米，路面宽6~15米。至2005年，全线通车里程为404.97公里，二级公路71.67公里，有铺装里程为75.2公里，简易铺装路面为329.77公里，桥梁3428.22延米/78座。全线重复国道205线2.44公里、国道316线42.83公里、省道202线42.83公里、省道204线2.88公里。

（十三） 省道305平潭城关至福清宏路

省道305线起于平潭城关，终至福清宏路。路线经福清高山和福清，至终点接国道324线。规划路线总长72公里，投资7.2亿元。其中福清东翰至宏路段为原省道202线。路基宽8.5~45米，路面宽6~29米。至2005年，全线通车里程为72.77公里，二级及以上公路60.1公里，有铺装里程为64.76公里，简易铺装路面为3.8公里，桥梁681.3延米/33座，渡口3418米/1处。

（十四） 省道306莆田秀屿至建宁里心线

省道306线起于莆田秀屿区秀屿港，终至建宁甘家隘（省界）。路线经秀屿、仙游、永春、大田、三元、明溪和建宁，至终点建宁里心甘家隘省界。规划路线总长559公里，投资1.7亿元。其中，秀屿港至东庄段为原省道201线，秀屿柯朱至国道324线交叉口段为原省道213线，并重复国道到仙游郊尾，仙游郊尾至仙游城关段为原省道212线，永春城关至达埔段为原省道305线。路基宽7.5~56米，路面宽6~30米。至2005年，全线通车里程为451.77公里，二级公路359.72公里，有铺装里程为449.67公里，桥梁6771.2延米/158座，隧道5259.5延米/8座。其中，明溪至建宁段144.2公里，为入闽通道改造项目，路基宽7.5~8.5米，水泥混凝土路面，项目1999年9月开工，2004年12月全线贯通。全线重复国道324线4.56公里、国道205线12.44公里、省道203线0.38公里、省道204线3.23公里、省道205线26.5公里、省道206线16.12公里。

（十五） 省道307泉州后诸至宁化五里亭线

省道307线起于泉州后渚，路线经丰泽、洛江、鲤城、南安、安溪、永春、大田、永安、清流和宁化等县区，终点宁化石壁五里亭（省界）。规划路线总长291.1公里，投资6.937亿元。其中，南安丰州至诗山段为原省道305线，南安诗山至安溪魁斗重复省道206线，安溪魁斗至大田梅林为原省道205线（内大田吴山至梅林段重复省道306

线），大田梅林至永安城关段为原省道305线，宁化城关至石壁五里亭为原省道102线。路基宽6.5～34米，路面宽3.5～24米。至2005年，全线通车里程为385.47公里，二级公路187.81公里，有铺装里程为219.44公里，简易铺装路面里程89.89公里，桥梁3114.59延米/84座，隧道1320延米/1座。全线重复国道205线1.53公里、省道203线1.2公里、省道204线8.84公里、省道206线19.98公里、省道306线40.74公里。

（十六）省道308晋江金井至上杭线

省道308线起于晋江围头，终至上杭城关水西桥。路线经石狮、晋江、鲤城、南安、安溪、华安和新罗上杭等县区，与国道205相连。规划路线总长430公里，投资10.1亿元。其中，晋江围头至石狮钞坑段、鲤城江南至安溪段、华安仙都至龙岩段、上杭蛟洋至水西桥为原省道306线，安溪城关至魁斗至元口段分别重复省道206线和省道307线，新罗至上杭蛟洋段重复国道319线。路基宽4.5～50米，路面宽3.5～30.7米。至2005年，全线通车里程为367.26公里，二级公路159.14公里，有铺装里程为171.74公里，简易铺装路面里程96.9公里，桥梁3687.9延米/93座。全线重复国道319线45.98公里、省道206线8.46公里、省道208线0.34公里、省道307线10.53公里。

（十七）省道309东山至武平东留线

省道309线起于东山西埔三角点，终至武平禾仓坑（省界）。路线经诏安、平和霞寨、永定、上杭和武平，与江西省境内国道206线相接。规划路线总长386公里，投资11.2亿元。其中，东山城关英坑段重复省道201线（为原省道211线），诏安四都至深桥段重复国道324线，上杭城关至武平十方重复国道205线，武平十方至东留禾仓坑为原省道206线。路基宽4.5～40米，路面宽3.5～26米。至2005年，全线通车里程为338.66公里，二级公路179.60公里，有铺装里程为193.4公里，简易铺装路面里程89.67公里，桥梁4104.29延米/103座，隧道184延米/1座。其中，武平万安至禾仓坑段31公里，为入闽通道改造项目，总投资9219万元，路基宽10.5米，水泥混凝土路面，2000年12月开工，2003年12月完工。全线重复国道205线24.45公里、国道324线17.4公里、省道201线6.45公里、省道207线2.95公里。

三、农村及专用公路

农村公路长期以来以修简易路、求"通"为主，全省尤其是山区农村公路"两低一弱"（技术等级低、路面硬化率低、抗灾能力弱）状况突出。省委、省政府根据国家加快农村公路建设的战略部署，2003年12月在龙岩召开全省农村公路建设工作会议，将农村公路建设列为省委、省政府为民办实事项目之一和省重点工程项目，决定从2004年启动实施"年万里农村路网工程"，计划用7年时间完成约4万多公里的农村公路路面硬化工程，实现全省行政村至少有一条硬化公路的建设目标。

　　至 2005 年底，全省农村公路共硬化 5187 条 43392.42 公里，全省乡镇公路通达率 100%，通畅率 97.77%，建制村公路通达率 96.49%，通畅率 68.11%，厦门、泉州两市率先实现建制村通达硬化公路目标。

　　县道。全省共有县道 411 条，全长 12813.90 公里，三级及以上里程 4009.2 公里，有铺装里程 4765.3 公里，简易铺装里程 5092.93 公里。其中，福州 52 条，1618.64 公里；莆田 25 条，646.5 公里；泉州 56 条，1739.88 公里；厦门 27 条，463.34 公里；漳州 57 条，1606.33 公里；龙岩 57 条，1701.74 公里；三明 52 条，1742.30 公里；南平 34 条，1509.68 公里；宁德 39 条，1559.68 公里；

图 2-6　农村盘山公路

暂列为县道的高速公路及连接线 12 条 225.81 公里。

　　乡道。全省共有乡道 4776 条，全长 30578.52 公里。等级公路里程 23947.54 公里，有铺装里程 14737.15 公里，简易铺装里程 14096.16 公里。其中，福州 447 条，2474.1 公里；莆田 112 条，752.81 公里；泉州 1396 条，7003.0 公里；厦门 238 条，825.287 公里；漳州 401 条，3085.45 公里；龙岩 1166 条，6658.56 公里；三明 147 条，2051.86 公里；南平 755 条，5975.98 公里；宁德 114 条，1751.48 公里。此外，全省未列入年报的村道里程还有 25652.86 公里，其中二级路 117.78 公里，三级路 359.14 公里，四级路 11438.20 公里，等外路 13737.74 公里。有铺装路面 9250.23 公里，简易铺装路面 528.30 公里，未铺装路面 15874.33 公里。

　　专用公路。福建省的专用公路分布在泉州、漳州、龙岩、三明、南平和宁德 6 个设区市，2000 年全国第二次公路普查时，路基宽度达到 4.5 米的专用公路共 867 条 5983.70 公里。随着农村经济的发展，部分林业公路已经转为主要为乡村群众出行的路线。截至 2005 年底，全省专用公路共 869 条 6001.51 公里，其中有 2178.70 公里同为建制村通达路线。全省专用公路按技术等级分，二级公路 1.48 公里，三级公路 15.05 公里，四级公路 3876.48 公里，等外公路 2108.5 公里。各设区市的专用公路分布如下：三明 2407.99 公里，泉州 1.48 公里，漳州 148.29 公里，南平 2490.90 公里，龙岩 589.99 公里，宁德 362.87 公里。

四、桥　梁

1990 年初，全省共有桥梁 210034.64 延米/7630 座，其中，永久性桥梁 206919.05 延米/7409 座，半永久性桥梁 2419.59 延米/185 座，临时性桥梁 696 延米/36 座。至 2005 年，全省共有桥梁 560862.7 延米/11601 座，增加特大桥 81928.35 延米/47 座，大桥 205554.3 延米/847 座。

（一）梁　桥

洪塘大桥（三角桁架 T 形钢构）。1987 年 3 月开工，1990 年底竣工验收，总投资 5000 万元。该桥位于福州西郊，金山寺上游 200 米处，横跨闽江南港，与 1985 年建成的洪山大桥通过妙峰山明洞由 1.9 公里的二级路相连。

该桥共 48 孔，总长 1849.47 米，最大跨径 120 米。桥面净宽 9 米，两边各设 1.5 米人行道。设计荷载汽 - 20、挂 - 100。下部结构：两个 T 形钢构下为预应力混凝土 V 字空心墩，两个拉压墩为钢筋混凝土实心墩，其余墩台均为双柱式墩，基础全部采用钻孔灌注柱。上部构造有三种类型：主孔跨径为 60＋120＋60 米的 3 个通航孔，由两个下承式预应力混凝土三角桁架 T 形钢构组成。综合斜拉、桁架和 T 形钢构桥的优点：结构新颖、自重轻，跨越能力大，造型美观。衔接其后的滩孔 31 孔跨径 40 米、双箱式、无黏结预应力混凝土连续梁，是中国桥梁史上首次采用的新型预应力构造体系。岸孔为预应力混凝土简支梁，闽侯岸 8 孔跨径 25 米，福州岸（16＋27.6＋4×30）米，桥面均采用连续结构。

大桥南岸接线长 7.48 公里，含一座长 115.6 米的沙堤大桥，北岸接线长 1.94 公里，含一座长 115 米、宽 14 米的明洞。接线均为沥青路面的二级标准公路。

大桥由省交通规划设计院设计，福州市公路局组织建设，省第二公路工程公司施工。

琅岐大桥（简支 T 梁）。1995 年 12 月 6 日开工，1997 年 8 月 17 日竣工。该工程是福州市为利用和开发琅岐岛绿色蔬菜基地和海滩、旅游资源而兴建的通往大陆的通道，位于闽江入海段的南港支流，南起长乐浮岐村，北至浮岐洲。大桥全长 973.02 米，桥面宽 11 米，行车道宽 10 米。主跨径 960 米，跨径组合为（40×9＋30×20）米，通航等级五级。

大桥横断面由五榀装配式后张预应力简支 T 梁组成，梁肋中距 2.2 米，其中，40 米跨梁高 2.5 米，30 米跨梁高 2 米。桥面分七组连续布置，从南向北约（3×40＋3×40＋3×40＋5×30＋5×40＋5×30＋5×30）米，分三孔一联和五孔一联两种，普通板式橡胶墩台支座，在每组连续的端部梁上设置 SG - 800 型板式橡胶伸缩缝。桥两边设钢筋砼防护栏。

下部构造除南岸 0 号桥台采用扩大基础外，其余均采用钢筋砼钻孔灌注桩基础，共 66 根。40 米跨径的桥墩除 2 号、5 号、8 号墩采用双排四根直径 1.5 米的钻孔灌注桩外，其余均为单排两根直径 1.8 米的钻孔灌注桩，30 米跨径均采用单排两根直径 1.5 米的钻孔灌注桩基础。北岸桥台采用双排四根直径 1.2 米的钻孔灌注桩基础，大桥桥墩均采用双柱式盖梁桥墩，墩柱直径分别为 1.6 米和 1.3 米。

大桥由省公路学会和省公路管理局设计院设计，马尾区琅岐镇政府组织建设，黑龙江路桥工程公司和交通部第二航务工程公司施工。

赛岐大桥（单箱室变截面箱形连续梁）。1988 年 6 月开工，1991 年 8 月完工。该桥为国道 104 线与省道 301 线跨越赛江的重要桥梁，全长 487.86 米。桥面净宽（9 + 2 × 1.5）米，两侧人行道各 1.5 米，设计荷载为汽 – 20、挂 – 100，设计洪水频率 1/100，通航标准六级河道，以两年一遇的洪水位与平均高潮位相顶托作为通航水位。

上部结构（30 + 45 + 3 × 70 + 45 + 5 × 30）米，主桥上部结构为 5 孔预应力混凝土单箱室变截面箱形连续梁，引桥上部结构采用 30 米跨径的预应力混凝土简支组合箱梁。

下部结构为主跨为圆端形刚性墩，基础为沉井。其中，6 号墩为圆形厚壁沉井，7、8 号墩为圆形薄壁浮运沉井，9、10 号墩为矩形厚壁沉井。两端跨采用直径 1.2 米的钢筋混凝土双柱式墩身，配以双排 2 根直径 1.0 米的钢筋混凝土桩基础，设 2 米厚的刚性承台。桥台为钢筋混凝土肋形台，东台采用明挖基础，西台配设桩基础。该桥由铁道部第一勘察设计院设计，省第二公路工程公司施工。

尤溪丘墩大桥（顶推不转换连续钢构）。由交通部公路科学研究所与省交通规划设计院共同负责设计，南平市 316 国道建设工程指挥部组织建设，1992 年 3 月建成。主孔为预应力混凝土连续箱梁，两端孔为钢筋混凝土空心板，全长 608.66 米，采用顶推法修建跨径大于 70 米梁桥新技术，总投资 520 万元。

漳州西溪大桥（预应力混凝土箱形连续梁桥）。国道 324 线漳州城关改线的特大型桥梁，在漳州城东跨越芗江（即九龙江西溪）。该大桥由铁道部第一勘测设计院设计，交通部第一公路工程公司承建，采用顶推法施工，1992 年 9 月完工，总投资 2180

图 2 – 7　漳州西溪大桥

万元。该桥桥长608.66米，桥面净宽12米，两侧人行道各1.5米。上部为15孔跨径40米的预应力混凝土箱形连续梁。桥面自中心向北以0.9%、向南0.6%的纵坡向两岸降坡。下部结构：1~3号及12~14号墩为直径1.5米钢筋混凝土双柱式墩，接2.0米厚的承台，下为双排两根直径为1.5米的钻孔桩基础。4~11号墩为直径1.5米的钢筋混凝土双柱式墩，桥台为混凝土肋形埋置式，设2.0米厚的承台，下接四根直径1.5米的钻孔桩基础。

南港大桥（T形梁桥）。位于福州南港，国道324线和316线连接线上，横跨大樟溪下游，1992年12月动工，1995年10月竣工。该桥桥长945.5米，行车道宽10.5米，人行道宽3米，跨径宽40米，总投资2856.5万元。该桥为钢筋混凝土T形梁桥。该桥由省交通规划设计院设计，省第一公路工程公司施工。

厦门大桥（等截面分离连续箱梁）。1988年元月开工，1991年5月建成，原名厦门高集海峡大桥，总投资13554.62万元，位于厦门岛北端高崎与集美的海峡上，与高集海堤平行。主桥长2070米（双线桥），高崎端引道长836.48米，集美端立交桥的引桥和6道匝道桥长1622.14米。主桥设计荷载汽超-20、挂-120，桥面宽23.5米，其中行车道宽2×9.5米，中间分隔带宽1.0米，两侧人行道各1.5米。桥面纵坡3‰。设计潮水频率三百年一遇。上部构造为46孔、跨径45米的等截面预应力混凝土连续箱梁，横桥向为分离的双箱梁，支座为PZ系列盆式橡胶支座，桥墩为矩形实心方墩，基础以钻孔灌注桩为主，部分采用打入桩和扩大基础。

集美立交桥。与主桥相接的引桥宽21米，其中，行车道2×9.5米，中间分隔带宽1.0米，两侧护轮带各0.5米。匝道桥宽7米，其中，行车道宽6.0米，两侧护轮带各宽0.5米。最小弯道半径匝道桥为55米，辅助车道18米，最大纵坡4.5%。上部构造采用梁高1.3米的等截面空心板梁。桥墩分别采用直径1.8米、直径1.6米、直径1.4米的三种圆柱墩，根据不同跨径、墩高和水平力分别采用单柱式或双柱式，墩顶有墩帽或无墩帽。基础采用明挖或钻孔。桥台采用石砌重力式台。

高崎引道按一级路标准，路基宽23.5米，与盐运码头的专用线平面交叉。大桥由交通部公路规划设计院设计，交通部第一公路工程总公司四公司和交通部三航局公司承建。1991年"五一"节试通车，12月19日由中共中央总书记江泽民剪彩正式通车。

南平大桥（变截面箱型连续钢构）。正桥483.12米，匝道桥323.67米，正桥上部结构为预应力混凝土变截面箱型连续刚构，跨径组合为（60+95+60）米，桥面净宽（9+2×1.5）米，设计荷载汽-20、挂-100。1993年3月开工，1995年4月建成，总投资2522万元。该桥由交通部科研所和省交通规划设计院设计，省第二公路工程公司施工。

新江东大桥（T形梁桥）。位于319国道漳州段上，跨九龙江北溪，为T形梁桥。全长1259米，51孔，跨径35米，行车道宽10.5米，人行道宽1.5米。设计荷

载汽 – 20、挂 – 100。1992 年开工建设，1993 年 9 月建成通车。该桥由省交通规划设计院设计，交通部第一工程局施工。

莆田岳公大桥（连续箱梁桥）。位于犀湄线上，横跨木兰溪，为连续箱梁桥，钢筋砼桩柱式墩台，全长 622 米，15 孔，跨径 60 米，行车道宽 23 米，人行道宽 7 米。设计荷载汽超 – 20、挂 – 120。2003 年开工建设，2004 年 7 月建成通车。该桥由北京市政设计总院厦门分院设计，省第二公路工程公司施工。

（二）拱　桥

福州雄江大桥（钢筋砼箱型拱）。位于国道 316 线上。1994 年开工，1995 年 4 月竣工通车。桥梁上部结构为主跨径 100 米的空腹式等截面悬链线钢筋砼箱型拱，全桥长 188.656 米。该桥由省交通规划设计院设计，省第二公路工程公司施工。

石潭溪大桥（中承式钢管拱）。位于闽清水口电站大坝上游约 250 米的闽江支流的石潭溪出口处，1997 年开工，1998 年 7 月通车。为连接 316 国道闽清溪叶至雄江段公路的中承式钢管拱桥，大桥全长 166.84 米，桥面净宽（9.0 + 2 × 1.75）米，上部结构为单孔跨径 136 米的钢管混凝土中承式桁架助拱，拱座为分离式钢筋混凝土结构，矢跨比 1/6，拱轴系数 1.495，设计荷载汽 – 20、挂 – 100。该桥由福州大学土木工程设计院设计，省第二公路工程公司施工。

永春内格大桥（箱形拱桥）。1996 年开工，1998 年 7 月建成通车。跨越内格 V 形深谷，谷深 90 余米。大桥全长 228 米，桥面净宽（9.0 + 2 × 0.5）米，上部结构为单孔跨径 120 米的钢筋混凝土等截面悬链线箱型拱，矢跨比 1/6，设计荷载汽 – 20、挂 – 100。该桥由福州大学土木工程设计院和省林业勘察设计院设计，省第一公路工程公司施工。

牛崎头大桥（钢筋混凝土板拱）。跨九龙江支流，1994 年开工，1996 年 12 月通车。大桥全长 222.5 米，板拱结构，U 形桥台，10 孔，跨径 28 米，行车道宽 17.6 米，设计荷载汽 – 20、挂 – 100。该桥由铁道部第一勘测设计院厦门分院设计，漳州先行公路工程公司施工。

太平大桥（钢架拱）。位于国道 316 线延平路段，1994 年 7 月开工，1995 年 12 月建成。大桥长 133.8 米，3 孔，单孔最大跨径 37.4 米，跨径总长 112.2 米，桥宽 9 米，行车道宽 7.5 米。设计荷载汽 – 20、挂 – 100。该桥由同济大学建筑设计院设计，南平公路工程公司施工。

金山桥（石板拱）。位于省道 306 秀里线，1995 年开工，1997 年 10 月通车。大桥长 103.7 米，上部结构为石板拱，下部为浆砌块石 U 形桥台，一孔，跨径 60 米，行车道宽 9 米。设计荷载汽 – 20、挂 – 100。该桥由铁道部第一勘测设计厦门分院设计，漳州先行公路工程公司施工。

莆田阔口大桥。位于省道202犀湄线，2002年10月开工，2004年6月完工。全长613米，其中桥长113.72米，引道长约500米。新建大桥分左、右两座独立桥紧靠在旧桥两侧，桥面宽2×16.35米。设计荷载为汽超-20，挂-120。桥梁上部结构为单孔99.0米钢管混凝土下承式系杆拱，

图2-8　莆田阔口大桥

下部结构为承台及钻孔灌注桩群。该桥由福州大学土木工程学院设计，莆田市路桥建设总公司施工。

（三）悬索桥

厦门海沧大桥。大桥是连接厦门岛与陆地的第三条进出岛通道，包括东航道桥（主桥）、西航道桥、引桥、引道及互通立交等特大桥梁集群工程，是国家和交通部"九五"期间的重点工程。1996年12月18日动工，1999年12月30日建成通车。设计通行能力每日5万辆，总投资28.7亿元。

大桥全长3692.3米，桥面宽32米，为双向6车道加紧急停车带的高等级公路特大桥。东航道主桥长1108米，主跨648米，上部结构为3跨连续式钢型加劲梁、平行钢丝主缆。西航道桥长380米，主跨140米，为大跨径预应力混凝土连续弯刚构桥。桥下通航净空55米。设计荷载汽超-20、挂-120。东渡立交桥直线长780米，为三层全互通定向匝道立交桥。

图2-9　厦门海沧大桥

海沧大桥是世界第二座、亚洲第一座特大型三跨吊钢箱梁悬索桥，是在国内首次采用不设竖向塔支座的全漂浮连续悬吊结构，是世界上第二座采用此种结构的大型悬索桥。该桥由交通部公路规划设计院设计，交通部公路二局、广东长大公路工程公司等单位施工。

（四）斜拉桥

福州青州闽江大桥。位于闽江与乌龙江汇合处下游 2 公里处，是沈海高速公路 G15 线上跨越闽江，通往福州长乐国际机场的一座特大型桥梁。该桥由铁道部大桥工程局勘测设计院设计，香港建设（控股）有限公司施工，1998 年 8 月正式开工，2002 年 12 月完工。大桥全长 1185 米，投资约 6.5 亿元。大桥共 5 跨，其中主跨径 605 米，为跨径世界第一的迭合梁大桥。大桥结构为双塔双索面迭合斜拉桥，主塔与主梁之间采用半漂浮的结构形式。

五、隧　道

1990 年至 2005 年底，全省普通公路建设隧道 41278.8 延米/68 座，长度为 1990 年的 6.7 倍，其中长隧道 21870.4 延米/15 座。主要隧道如下。

石马岬隧道。位于国道 306 线三明市三元区境内，1995 年开工，1997 年建成通车，全长 2539 米，净宽 10.5 米，净高 7.26 米。该隧道由省交通规划设计院设计，铁道部第十二工程局施工。

图 2-10　南安深格隧道

红旗山隧道。位于省道 208 线漳州市华安县境内，隧道长 2150 延米，净宽 10.5 米，净高 5 米，2003 年 5 月开工，2004 年 12 月建成通车。该隧道由省交通规划设计院设计，铁道部隧道局施工。

深格隧道。位于省道 305 线南安市境内，2002 年 5 月开工，2003 年 12 月建成通车，全长 1713 延米，净宽 10.5 米，净高 5 米，该隧道由省林业设计院设计，省公路一公司施工。

云顶隧道。位于县道 417 线厦门市思明区境内，2000 年开工，2003 年建成通车，全长 1500 米，净宽 10.5 米，净高 6.96 米。该隧道由铁道部第四勘测设计院设计，中国铁道建筑总公司、大成工程股份有限公司及上海隧道公司等施工。

布罗宁隧道。位于省道 301 线寿宁县境内，2000 年 5 月 20 日开工，2002 年 10 月通车，全长 1368 米，净宽 10.72 米，净高 6 米。该隧道由省交通规划设计院设计，省第一公路工程公司和中铁十六局施工。

松毛岭隧道。位于国道 319 线长汀县内，1994 年 12 月开工，1996 年 12 月通车，隧道长 1364 米，全宽 10.5 米。路线缩短 3.4 公里。该隧道由辽宁省勘测设计院设计，省第一公路工程公司施工。

朋山岭隧道。位于省道307线泉州市洛江区境内，1999年开工，2000年建成通车，全长1320米，净宽9米，净高5米。该隧道由省交通规划设计院设计，省第一公路工程公司施工。

五显岭隧道。位于国道205线五里岭路段，埔城县境内，1991年开工，1994年10月通车。隧道长1285米，宽8.8米，采用光面爆破施工。路线缩短1.43公里。该隧道由中铁第一勘测设计院设计，省第一公路工程公司施工。

坂寮岭隧道。位于龙岩坂寮岭，新罗区境内，1991年11月兴建，1993年12月通车。隧道总长1105米，净宽10.5米。路线缩短2.9公里。该隧道由省交通规划设计院设计，省第一公路工程公司施工。

盘陀岭隧道。位于国道324线上，漳埔县境内，是闽粤两省交通要隘，右洞1991年8月开工，1993年建成通车，左洞于1997年8月开工，2003年建成通车。左洞长950米，右洞长822米，净高7米，净宽9米，解决了漳浦盘陀岭64弯、爬高坡120米的车险路段，并缩短路程1.86公里。该隧道由铁道部第一勘测设计院设计，铁道部第十九、十六局分别施工左、右洞。

龙门隧道。位于省道206线泉州市安溪县境内，1993年开工，1995年建成通车。隧道长1006米，净宽9米，净高7米，路线缩短13公里。该隧道由福州大学设计，省第一公路工程公司施工。

海沧隧道。位于县道425线厦门市海沧区境内，2001年开工，2003年建成通车，全长1260米，净宽10.5米，净高5米。该隧道由重庆市交通公路勘察设计院设计，中国航空港建设总公司、中铁二局集团有限公司及中铁十七局厦门工程处施工。

大协关隧道。位于省道207线漳州市平和县境内，2002年10月开工，2004年12月建成通车。隧道长1070公里，净宽8.5米，净高5.66米，缩短路程2.2公

图2-11　漳州大协关隧道

里。该隧道由中铁第一勘测设计院设计，中铁一局集团有限公司施工。

五尖岭隧道。位于省道208线龙岩市漳平市境内，2002年开工，2004年建成通车。

隧道全长 1064 米，净宽 9 米，净高 5 米。该隧道由铁四院厦门分院设计，中铁一局集团有限公司施工。

第三节　养　护

福建省公路养护由各地市交通局（委）、公路局负责管理，各县交通局、公路分局和所属道班（公路站）负责日常的公路养护工作，按照交通部颁发的《公路养护技术规范》，抓好日常的各项养护，养护班站每个月进行一次路况检查，县局每季度进行一次路况检查，市局每半年进行一次路况评比，省局每年进行一次养护管理检查，未达到好路率要求的酌情给予经济处罚。

一、公路养护

1993 年，改革公路管理体制，以高等级公路养护运行机制为重点，把改革的目标转移到全力实施"先行工程"建设上来，形成了"经费包干、明确任务、下放权力、风险承包"的三明模式，"分路到人、责任到人、承包养护、联路取酬"的龙岩模式，"两个层次、三级设站、中心维护、事企分开"的福州模式和"专业化分工、机械化养护"的厦门模式。

1995 年，福建省公路养护管理体制采用"统一规划、定额补助、逐级分段、承包建设、统一收费、比例分成、分段养护"的模式。

1999—2004 年间，全省加快公路站规划和调整步伐，推进大道班建设，共改、扩建公路站 116 座。将 1999 年时的 779 个公路站，调整建设为 563 个公路站，其中，国省干线公路站从 342 个调整到 286 个。实现"十五"公路发展纲要的目标，即铺设水泥路面的干线公路每 30～50 公里设置一个公路站，铺设沥青路面的省道、县乡道每 15～30 公里设置一个公路站。

2001 年，各市公路局都实行大、中修工程内部招投标制，公路养护形成多种改革模式并存的局面。完成公路普查工作后，省、地两级公路数据库和管理系统均进行年度更新。以里程库为基础二次开发的年报数据库主要应用于路面大中修、危桥改造计划编制和养护专案工程进度管理，路况数据库应用于福建省公路地理信息系统建设和路线的局部改造及安保工程，桥梁管理系统主要应用于桥梁专项管理。

2003 年，省公路管理局重新修订公路分局、道班（站）内业管理制度，同时，全省公路分局和国省干线上的班站均采用计算机管理数据和图表。

表 2-6　**2005 年福建省各种形式养护公路里程、道班数、养护企业数一览表**

地区	养护里程（公里）	其中			群众养护	用路部门自养
		专养公路			里程（公里）	里程（公里）
		里程（公里）	道班数（包括公路站）	养护企业（个）		
福建省	58285.97	14352.77	551	72	37396.03	6537.17
福州市	5156.23	1902.17	56	8	3205.12	48.94
厦门市	1516.99	399.63	15	4	1117.36	—
宁德市	4790.99	1640.10	85	10	3149.75	1.14
莆田市	1680.12	485.76	18	3	1194.36	—
泉州市	9779.53	1987.73	63	8	7787.21	4.59
漳州市	6038.26	1806.74	68	10	4231.52	—
龙岩市	10121.90	1782.88	63	7	7692.80	646.22
三明市	7780.38	2321.89	89	12	2696.90	2761.59
南平市	11421.57	2025.88	94	10	6321.00	3074.69

2004 年，全省各级公路部门按照"循序渐进，分段实施，稳步推进"的原则，推进福建省公路养护体制改革，省公路局出台《福建省专养公路养护体制改革指导意见》。改革分三步走，即 2004 年底前，现有公路机构中养护作业单位改制组建养护公司，按照承包责任制参与养护生产。2005 年底前，完成养护公司与公路机构的全面脱钩，养护公司按照独立企业实体运作，在规定的范围内通过投标参与养护生产。同时，建章立制，做好深化改革的基础工作。出台《福建省贯彻交通部〈公路养护工程市场准入暂行规定〉实施意见》、《福建省公路养护工程招投标暂行规定实施细则》、《福建省专养公路养护体制改革省级改革预备金暂行管理办法》、《福建省公路养护小修保养预算定额（试行）》和《设区市公路局、公路分局机构、人员编制指导意见》，统一改革成本测算口径，指导和规范全省公路养护工程从业资质申报工作。全省共有 90 家公路养护工程从业单位获得相应类级的从业资格，其中从公路养护管理部门分流的有 77 家。各市公路部门结合各自实际，推进"事企分开、管养分离"，组建养护公司，并在资金、设备、人才上予以扶持；打破县域界限，推行本地区范围内的养护招投标；推进人事、用工、分配制度改革。此外，省、市公路局所属企业从计划拨款的事业单位逐步向企业化、市场化管理方向改革、改制，市场化程度逐步提高。

二、桥梁、隧道养护

2003 年，结合福建省实际，省公路局制定《福建省公路管理局公路桥梁养护管理工作制度实施意见》和《福建省公路管理局公路隧道养护管理工作制度》，各级公路管理机构均设置专（兼）职桥梁工程师和隧道工程师，负责桥梁、隧道日常养护管理工作。全省拥有专（兼）职桥梁养护技术人员163人。

（一）桥　梁

实施道班（公路站）月桥梁经常性检查，公路分局执行季度桥梁经常性检查制度；省公路管理局组织，设区市公路管理部门为主实行三年一次的桥梁定期检查；对存在不确定隐患或使用年限超过20年的大桥、特大桥，逐步安排特殊检查（检测）。2000—2005年委托桥梁检测机构检测桥梁9793.52延米/27座。建立桥梁安全监管制度，将全省的大桥、特大桥、特殊中桥以及三、四、五类桥列入监管范围，指定专人到桥，负责跟踪检查和监测，2005年列入监管的桥梁共50813.21延米/489座。

桥梁管理系统的应用范围从国省干线公路扩大到县乡公路，提高桥梁管理的整体水平。加大桥梁养护管理技术的研究力度，获得体外预应力加固梁桥和预应力锚索钢筋混凝土框架加固桥台等一批科研成果。在桥梁病害治理中应用拱桥套拱技术、预应力锚固钢筋混凝土框架技术和SFP"三防"桥梁伸缩缝等"四新技术"，大面积推广钢纤维混凝土技术、体外无黏结预应力加固技术、碳纤维加固技术、芳伦纤维加固技术及大型桥梁支座更换技术。2001年11月28日召开全省公路旧桥维修与加固技术研讨会，总结"九五"期间全省桥梁维修和加固工作经验。针对桥梁养护管理技术人员流动、更新快的实际情况，先后举办三期桥梁检查与检测技术及桥梁管理系统升版培训班，"十五"期间共培训基层桥梁养护工程师214人次。

（二）隧　道

各公路分局专职隧道养护工程师主持隧道的经常性检查，协助上一级专职隧道养护工程师开展定期检查。设区市公路管理部门专职隧道养护工程师制定、组织安排年度定期检查计划，负责辖区内隧道技术档案的补充、完善和保密工作，并对隧道技术状况做出综合评价和分析。省公路管理局总工程师及其授权的专职隧道养护主管工程师负责和组织全省辖区内隧道的养护技术工作和养护工作计划，审核隧道特殊检查工作计划并组织实施。联合开展交通部行业联合攻关课题"公路隧道围岩的渗漏机理与整治技术研究"和省交通厅科技发展项目"粉煤灰高性能砼在公路隧道二次衬砌防渗技术应用研究"及"隧道爆破震动监测与降震技术研究"。

三、全面养护

根据交通部《公路养护技术规范》，在对现有公路路面养护的同时，加强对路基边沟、桥涵构造物、安全设施、标志、标线和公路绿化等的全面养护工作。预防性养护技术，如裂缝封填、表面封层和改性超薄磨耗层等，在养护维修中得到广泛应用，多数公路好路率保持在"优良"以上。

"十五"期间，福建省制定公路养护管理规划，在执行交通部和以往自行制定的相关管理规定和办法的基础上，制定了一系列相关管理办法和规定，如《福建省"十五"普通公路养护与管理发展纲要》、《福建省国、省干线公路"改善工程"实施方案》、《福建省国、省干线公路"改善工程"项目管理办法》、《福建省公路管理局公路桥梁养护管理工作制度实施意见》、《福建省专养公路旧桥加固与改造工程项目管理办法》、《福建省国省干线"公路安全保障"实施方案》和《福建省公路数据库管理暂行办法》等。推进交通量自动观测，做好"黄金周"交通量调查工作，到2005年底，全省8个连续观测站全部实现自动观测。开发交通调查数据处理系统，提高交通调查数据分析效率。全省国、省干线中专业养护里程达7060公里，其中二级以上公路占总里程的62.6%。水泥、沥青路面占总里程的99.83%。实施"完善工程"和"改善工程"，改善国、省道公路路况，提高干线路网综合服务水平。"改善工程"实施的主要内容包括：国、省道危桥加固改造；"两纵三横"干线公路水泥砼路面修复；国道事故多发路段整治；"两纵三横"隧道渗漏水及公路滑坡病害治理；国道和部分重要省道GBM（公路标准化、美化）工程、文明样板路的创建或巩固。全省修复水泥混凝土路面1145公里/1074万平方米，大修沥青路面420公里/266万平方米。

（一）桥梁加固与改造

在交通部大力补助路网改造工程建设政策的引导下，按"轻重缓急，分级管理"的原则，以国省干线为重点，兼顾县乡公路，不断推进全省公路危桥的加固与改造。"十五"期间共投入资金3.22亿元（其中交通部路网改造补助6751万元/178座），加固与改造国省干线上危桥20501.44延米/317座。

（二）建设文明样板路、GBM工程

巩固已建成GBM工程和文明样板路路段，即国道104线、324线福建段的成果，保持畅、洁、绿、美的交通环境。加快未实施路段的创建步伐。在其他条件具备的路段，即国道319线福建路段、国道316线福州至南平路段、国道205线沙县全永安路段上实施GBM工程和文明样板路建设。"十五"期间新建GBM工程2437公里，新建国道319线文明样板路379.59公里，总投资约3.2亿元，其中，交通部下达路网改造GBM工程计划1924公里、文明样板路建设357公里，合计补助投资3690万元。

（三）公路安全保障工程

根据交通部部署，2004年开始在国省干线公路实施以"消除隐患、珍爱生命"为主题的"公路安全保障工程"。福建省在实施安保工程过程中，突出功能性、服务性，坚持"统一规划、分级负责、分年实施、因地制宜"的总体思路和"安全、经济、环保、有效"的原则，全省完成"安保工程"总投资1.68亿元，主要用于整治事故多发路段40处，设置钢筋混凝土防撞墙71公里、波型梁护栏40公里、警示柱7144根、警示标志27250面和标线44.3万平方米，并在国、省道沿线24处风景名胜区设置旅游标志68面，以及一批减速标志、视距台、避险车道和标线等，进一步完善了国省干线公路的安全行车条件和服务功能。2004年，全省公路事故发生率比2003年下降40.5%，经济损失减少20.4%。

（四）专项工程

2000年起，全省国省干线公路上主要实施了如下养护专项工程。

路面改善工程。采用冲击破碎压实技术对破损路面进行处理后加铺或重铺水泥砼路面。路面厚度22~24cm，设计抗弯拉强度5.0mPa，大部分路段为全路幅铺设。通过路面改造，提高干线公路通行能力。"十五"期间全省共实施路面大、中修和改建3144公里，总投资20.96亿元，其中，国省干线公路路面大、中修和改建2295公里，国省干线公路年平均大、中修里程比例达8.2%。

表2-7　福建省2000—2005年普通公路水泥混凝土路面修复情况一览表

年　份	2000	2001	2002	2003	2004	2005	合　计
修复里程（公里）	82.064	172.853	40.108	187.34	366.624	296.465	1145.45
修复面积（平方米）	319700	1331039	464270	1834918	4061513	2729242	10740682

灾害防治工程。采取预应力锚索抗滑桩、预应力锚索框架和大型支挡结构等多种方式、方法，2000—2005年共治理公路滑坡81处，总投资1.44亿元。开展公路滑坡治理技术的研究，提出公路滑坡灾害监测及稳定性评价的技术和方法，总结出公路滑坡的防治对策和养护措施。

隧道病害整治工程。共投入隧道病害治理资金2561万元，加固与治理隧道8056延米/11座，占专养公路隧道总数的20%。改善福建省公路隧道的运营情况，排除隧道的安全隐患。

公路绿化工程。全省公路部门响应"一委三部"关于"开展绿色通道工程建设"的号召，结合文明样板路和GBM工程建设，科学规划，因地制宜，以干线带支线，促进绿化建设。国道319线厦门路段是全国园林城市的形象窗口，为使其更好地展现魅力，厦门市公路局投入330多万元用于该路段的绿化改造和养护，花木一年四季次第开放，成为"绿色走廊"、"花的走廊"。

水毁防抗工程。福建省是多雨省份，2000—2005年全省专养公路累计水毁损失超过10.4亿元。为此，全省公路交通部门加强领导，制定抢毁预案，加强雨季巡路，科学修复，确保公路的安全畅通。

四、专养公路养护

（一）沥青路面养护

主要是及时处理病害（破损、坑洞等），并注意对沥青路面基层和底基层的处治。日常养护工作主要是保持沥青路面平整、横坡适度、线条顺直、路容整洁和排水良好。发现路面病害及早处治。

对在长期使用中出现的不同类型的破损和面层的磨耗，使平整度、摩擦系数等指标低于规定值，进行封面或罩面处理，改善路面使用质量，延长路面使用年限。

对路面破损严重，经判断（评价）采用其他修理方法已不能维持良好状况时；或当路面产生严重车辙或全面龟裂，即使采用罩面措施，也可能重复出现同样的破损时，实施翻修。

（二）水泥路面养护

水泥路面如破损严重，采用养护施工方法难以解决时，安排水泥混凝土路面翻修。采用混凝土路面或沥青路面进行翻修的，加强基层压实，使用压路机等碾压各个部位，对碾压不易充分的边角部分，使用小型机械压实，使基层弯沉值不大于 120 （0.01 毫米）。

（三）专养公路桥梁养护

20 世纪 90 年代以来，每年安排专项旧桥维修、加固和改造补助资金，采取维修、加固、改造和检测并举的措施，推广应用"四新"技术，加大危桥维修、加固和改造力度，共完成省补维修、加固和改造危桥 19659.91 延米/407 座。

2005 年，全省专养公路定期检查桥梁 145183.17 延米/3719 座，其中，一类桥占桥梁总数的 35.3%，二类桥占 56.4%，三类桥占 4.9%，四类桥占 3.4%。另外，老桥和设计荷载小的桥梁数量人。1972 年以来修建的桥梁有 1261 座，占 34.4%；设计荷载小于汽－15 的有 741 座，占 20.2%。一、二类桥梁占 91.72%，比 2002 年检查结果提高了 3.12%；三类桥梁的绝对数比 2002 年减少 88 座。省补桥梁加固与改造 10810.771 延米/248 座。

（四）隧道养护

截至 2005 年，全省共有专养公路隧道 50 座 35980.6 米，其中，国道 27 座 16951.7 米，省道 18 座 14408.5 米，县道 5 座 4620.4 米。专养公路隧道的养护管理按照《福建省公路管理局公路隧道养护管理工作制度》的要求，建立隧道养护工程师制度、隧道检查制度，明确隧道保养维修管理、隧道常见病害处治、养护作业安全管理及技术档案管理。

表 2 - 8　1990—2005 年重要年份福建省公路养护变化情况表

年份	公路里程、桥梁、隧道								公路桥梁			公路隧道		公路养护				专业公路好路率（%）			
	公路里程（公里）					高级、次高级路里程（公里）	高级、次高级路面铺装率（%）	公路绿化里程（公里）						公路养护里程（公里）	专养公路里程（公里）	群养公路里程（公里）	用路部门自养里程（公里）			专养公路总投资（万元）	小修保养综合成本（元/公里）
	总计	干线公路	县道	乡道	专用公路				座	延米	桥梁永久化程度（%）	处	延米					综合	干线		
1990	41011.60	8092.50	5071.40	25693.00	2154.90	5957.52	14.5	13301.00	7762	214780.0	99.1	10	6184.0	40098.00	14026.00	23894.00	2177.00	76.6	81.4	18305	4595
1995	46573.87	8090.90	9290.70	25833.00	3359.70	9641.32	20.7	16678.00	8634	254759.0	98.0	22	13190.0	45677.00	14290.00	27322.00	4065.00	80.0	84.3	37701	8681
2000	53506.37	7895.00	12526.47	27101.20	5983.70	22830.71	42.7	19286.00	9624	328717.0	99.3	60	41908.0	49515.00	14529.00	31063.00	3923.00	77.0	81.0	76533	12178
2005	58285.68	8891.70	12813.90	30579.00	6001.50	26389.69	61.0	31010.00	11601	560863.0	99.9	309	268516.0	57430.00	14353.00	33725.00	6537.00	77.7	81.2	115157	14248

注：2000 年按第二次全国公路普查口径。

第三章　高速公路

1994—2005 年，省委、省政府决定启动沈海线（沈阳至海口）、厦成线（厦门至成都）、福银线（福州至银川）、京台线（北京至台北）和泉南线（泉州至南宁）等福建境内段高速公路的建设，还启动福州长乐国际机场等项目建设，加快构建福建省高速公路"三纵八横"主骨架，有机地融入全国公路交通网。

1994 年 6 月，泉厦（泉州—厦门）高速公路动工兴建，拉开了福建省高速公路建设的序幕。1997 年 12 月，泉厦高速公路建成通车，实现了福建省高速公路"零"的突破。随后，福泉（福州—泉州）、厦漳（厦门—漳州）、漳龙（漳州—龙岩）龙岩段、宁罗（宁德—罗源）、漳诏（漳州—诏安）、罗长（罗源—长乐）和福宁（福鼎—宁德）等高速公路相继建成通车。全省高速公路建设"九五"期间累计完成 350 公里，"十五"期间新增 850 公里。2004 年 12 月 28 日，漳龙高速漳州段建成通车，福建省高速公路通车里程达到标志性的 1000 公里，提前建成各设区市到省会福州的"四小时交通经济圈"，并与周边相邻省份广东、浙江及江西全面对接。至 2005 年，建成 15 条高速公路，其中 14 条属于国家高速公路网在福建境内的路段。

第一节　设计与施工

一、沈海线

国家高速公路网沈海线福建境内的路段，北起闽浙交界的福鼎分水关，经过沿海的宁德、福州、莆田、泉州、厦门、漳州，终于闽粤交界的诏安分水关。该线由福宁、宁罗、罗长、福泉、泉厦、厦漳和漳诏高速公路组成，全长约 649 公里，高速公路连接线约 48 公里，总投资约 259 亿元，按全封闭、全立交双向 4 车道设置（福州连接线按双向 6 车道设置）。根据地形条件，全线设计车速分别选用 80 公里/小时、100 公里/小时和 120 公里/小时。

（一）福鼎至宁德高速公路

福宁高速公路起于福鼎市分水关，途经福鼎市的山前镇，桐城镇的江边村，沙埕镇海湾八尺门，店下镇的洋中村，秦屿镇的太阳头村、下尾村、秦屿镇、柏洋村，硖门乡下水磨，霞浦县牙城镇的丘里村、洋坪村、赤岭村，洲洋乡的后岐村、后港村、杨梅岭，盐田乡的二铺村，福安市的溪尾镇、湾坞镇，下白石镇的南埔村，进入宁德市八都镇、邦门村、漳湾镇的下仓村、溪口村，止于宁德市城南镇的塔山，然后接上宁罗高速公路。全长141.16公里。

图3－1　沈海线福鼎至宁德高速公路下白石互通立交桥

福宁高速公路主线按山岭重丘区标准设计，双向4车道，全封闭、全立交，设计行车速度为80公里/小时。路基宽度24.50米，桥涵设计荷载汽超－20、挂－120，设计洪水频率特大桥为1/300，路基和大中小桥为1/100，地震基本烈度为6度。

该项目2000年3月由中交第二公路勘察设计研究院有限公司完成设计，6月开工。主要施工单位：交通部第二公路工程局、天津第一市政公路工程有限公司、中铁十二局集团有限公司、中国华北冶金建设公司、铁道部隧道工程局、铁道部第四工程局、中国地质工程集团公司、中铁二局集团有限公司、福建省闽西交通工程公司、福建建工集团总公司、铁道部第一工程局、中国航空港第三工程总队、中铁第十八工程局、铁道部十七局远通集团公司、上海市第二市政工程有限公司、福建省第一公路工程公司、中铁第十六工程局、交通部第一公路工程总公司第二工程公司、中国人民武装警察部队交通第一总队、铁道部隧道工程局第一工程处、湖南省公路桥梁建设总公司、中铁第十七工程局、中铁第十三工程局第一工程处、中港三航六公司、省第二公路工程公司、路桥集团第一工程局厦门工程处、省路桥建设有限公司、北京市公路桥梁建设公司、中铁三局集团第二工程有限公司、中国建筑第五工程局、福建地矿建设集团公司和中建七局三公司。2003年6月竣工通车，核定工程建设投资73.99亿元。全线特大桥、大桥22365.7延米/39座，中小桥1559.7延米/60座，涵洞通道379座，隧道

19642 延米/14 座。互通立交 10 处，全段设收费站 10 处，服务区 2 处。

另建福安连接线，连接线起于福宁高速公路主线湾坞互通，经赛岐（互通）止于福安市江家渡，全长 32.70 公里。全线采用山岭重丘双向 4 车道一级公路建设标准，投资 7.14 亿元。

典型大桥和隧道如下：

下白石特大桥。位于福安下白石镇，横跨白马河，全长 999.6 米，主桥 810 米，双孔 260 米连续刚构桥梁。该桥水文地质条件复杂，施工难度大，科技含量高。在开工建设中先后研究解决 5 号、6 号桥墩巨型承台施工、主桥箱梁悬浇施工等重大技术问题。特别是主桥纵向预应力采用塑料波纹管和真空辅助压浆等新材料、新技术和先进工艺，确保工程建设质量。

八尺门跨海大桥。主桥为预应力混凝土连续刚构，桥跨布置为 90 + 2 × 170 + 90 米，桥面净宽 2 × 12 米，大桥跨越海面 1300 米，跨越海域最大水深 20 米，且海水潮位从最高 +4.5 米至最低 −4 米半日交替起落，为大桥的基础施工带来了超乎寻常的难度，是全线头号重点控制工程。

赤岭特长隧道。位于宁德市霞浦县境内，是福宁高速公路的重点、难点工程。隧道右洞长 3320 米，左洞长 3425 米，设计行车速度 80 公里/小时，建筑限界净宽 9.75 米。该隧道工程地质条件复杂，节理裂隙及断层构造带发育（均具导水功能），地下水丰富。隧道设计、施工难点是洞身约 250 米在水库下穿越，设计采用深孔超前帷幕预注浆等新技术，保证该隧道顺利建成。赤岭隧道获 2005 年度国家优质工程银质奖。

洋坪隧道。单向双洞 4 车道，双洞总长 3630 米，其左右线均有约 200 米位于水库水体范围内，隧道洞顶以上地层厚度约 42 米，水库枯水期水深 7.0 米，蓄水量为 33 万立方米，洪水期水深 16.5 米，蓄水量为 21.5 万立方米，其中有数条富水断层通过。该隧道施工时采取的措施是，在隧道开挖轮廓线包括隧底，沿轴向辐射布孔，还沿开挖面中心布孔注浆，使浆液渗透扩散到破碎孔隙中并快速凝固，使其周围固结成为结石体。在隧道周边及其开挖面形成一道堵水帷幕加固区，以切断地下水流通路，达到固结止水、保持围岩稳定、增强施工安全的目的。同时，要求库区在施工期要降低水库蓄水水位，对地表坝基进行加固外，还综合运用深孔超前预注双浆液全封闭固结止水、超前大管棚、超前小导管、环向 WTD 注浆锚杆、环向排水管及提高二次衬砌混凝土抗渗等级等一系列措施，使隧道顺利地通过水库地区。

（二）宁德至罗源高速公路

宁罗高速公路起于宁德市城关，途经桥头厝、飞鸾岭隧道、蒋店、起步镇和罗源凤山镇，止于福州市罗源县白塔，接上罗长高速公路。1996 年 12 月全线开工，2000 年 2 月竣工通车，工程建设总概算 12 亿元。该项目由中交第二公路勘察设计研究院有限公司完成设计。主要施工单位：交通部第一公路工程总公司五公司、省第一公路工程公司、铁道部第十二工程局三处、交通部第三航务工程局第六公司、宁德地区路达交通工程有限公司、福建省第二公路工程公司、铁道部第二工程局、广州市政工程公司、山西路桥公司和厦门路桥工程公司。原设计为山岭重丘区一级汽车专用线技术标准，1997 年底在一级汽车专用线的基础上对部分工程进行增补，变更提高为高速公路标准。全线设计行车速度 80 公里/小时，采用交通部颁发的 JTJ001－97《公路工程技术标准》进行勘察设计，双向 4 车道、全封闭、全立交、控制出入。路基宽度 21.5 米，桥涵设计荷载汽超－20、挂－120，设计洪水频率特大桥为 1/300，一般构造物为 1/100，地震基本烈度为 7 度。全长 33.114 公里。

全线特大桥、大桥 13471 延米/17 座，中、小桥 961 延米/28 座，涵洞通道 1029 延米/34 个，隧道 6585 延米/3 座。设置互通立交 4 处，分离式立交 86 米/2 座，全段设收费站 4 处。

典型隧道飞鸾岭隧道位于宁德、罗源两市（县）交界处。隧道平均长度 3167.5 米，洞身为分离式双洞 4 车道。隧道采用新奥法原理设计施工。主洞为曲墙式单心圆拱复合式衬砌断面，行人及行车横洞为直墙圆拱式。进出口采用端墙式洞门。隧道通风采用全射流风机纵向通风，隧道右洞长 3155 米，左洞长 3180 米，1998 年 4 月建成通车。

（三）罗源至长乐高速公路

罗长高速公路起于罗源县上楼村，接宁德至罗源高速公路，经连江县的丹阳、洋门、东塘、南塘、山兜、琯头镇的潘厝里、红山、马尾、青州、马宅顶，止于长乐营前，与福州至泉州高速公路相连，全长 59.29 公里（扣除青州大桥，实际建设里程为 58.09 公里），核定工程设计总概算 32.47 亿元（不含青州大桥）。

全段采用交通部颁发的 JTJ001－97《公路工程技术标准》进行勘察设计，双向 4 车道、全封闭、全立交、控制出入。设计行车速度 80 公里/小时，路基宽度 24.5 米，桥涵设计荷载汽超－20、挂－120，设计洪水频率特大桥为 1/300，一般构造物为 1/100。地震基本烈度，起点至琯头岭为 6 度，琯头岭至终点为 7 度。

全段软土地基共计长 19.7 公里，软土最厚地段达 45 米，一般厚度都大于 15 米。在软基厚度较深的斗门、洪塘、青芝、山兜、高岐和长柄等地段采用高架桥的设计方案，以桥代路，解决填土高、占地大、隐患多、出行不便、不利环保等弊端。

全段共设置特大桥 15419.45 延米/10 座（其中有 7 座特大高架桥系以桥代路解决软土地基工后沉降问题而设置的），大桥 1386046 延米/5 座，中、小桥 227 延米/4 座，涵洞 5201 延米/108 座，隧道 7841.53 延米/9 座。其中，红山 I 号隧道最长，左右洞平均长度为 2618.5 米。红山Ⅳ号隧道受地形地质条件制约，采用左右洞不平衡的小净距隧道，为福建首创。马宅岭隧道距马宅顶枢纽互通立交较近，变速车道进入隧道内，形成一洞是双车道，另一洞是 3 车道的大跨度不对称连拱隧道，技术难度大。互通式立交 6 处，设置分离式立交桥 676 米/14 座，通道小桥 81 延米/3 座，人行天桥 293 延米/5座，通道1180延米/35座。

全段设置监控分中心1处，管理所1处，养护工区1处，服务区1处，隧道管理队2处，收费站5处。

该项目由省交通规划设计院于2000年3月完成设计，主要施工单位：中国航空港建设总公司第七总队、铁道部第四工程局四处、铁道部第一工程局二处、中铁第十五工程局、第三航务工程局六公司、省第二公路工程公司、省第一公路工程公司、中铁第十八工程局、铁道部隧道局、中铁第十七工程局、中铁十二集团有限公司、吉林省交通建设集团有限公司、天津第五市政公路工程有限公司、省工业设备安装有限公司、福建省永泰建筑工程公司、省第一建筑工程公司和福建二建建设集团公司。控制性工程3.6公里于1998年12月先行动工，其余路段于2000年4月全面开工建设，2002年12月建成通车。

典型大桥、隧道和互通立交如下：

洪塘高架桥。位于罗长高速公路，由于水位控制和排洪需要，布设跨径30米，107孔，全长3229米，上部结构为预应力混凝土准连续T梁，下部结构为柱式墩，钻孔桩基础，是当年福建省高速公路采用准连续T梁的最长桥梁。

青州高架桥。位于罗长高速公路马尾开发区，北连马尾互通立交，南接青州闽江大桥，三座各具特色的桥梁共同构成马尾城区标志性建筑群。该桥全长993米，上部采用箱形变截面预应力砼连续刚构和箱形等截面预应力砼连续刚构，下部结构采用花瓶式桥墩配钻孔桩基础。该桥墩高41米，是当年福建省在软土地基上的最高支架现浇桥梁。

马宅顶隧道。位于罗长高速公路长乐市内，长度291.62米，为全国首座非对称性的连拱公路隧道，左洞2车道净空限界宽9.75米，右洞3车道净空限界宽13.25米，隧道进口洞均采用仰斜式。全隧道均采用复合式衬砌，按新奥法原理设计施工。

马宅顶互通立交。处于罗长高速公路和机场高速公路的交叉点，是三路交叉的枢纽互通。由于机场高速公路提高了设计标准，却又受到预留接口和外部地物地形的限制，设计中将机场路在互通范围内视为变车速和变车道数的过渡区，泉州与机场路往返车道按加宽单匝道标准设计。

（四）福州至泉州高速公路

福泉高速公路起于福州市长乐的营前，接罗源至长乐高速公路，途经福州市的长乐、闽侯、福清，莆田市的涵江、荔城、城厢、仙游，泉州市的惠安，止于泉州市鲤城区城东镇西福村，再接上泉州至厦门高速公路起点，全长154.42公里。另建福州连接线6车道高速公路11.49公里。1995年10月控制性工程陆续开工建设，1999年10月全线建成通车，并与泉厦漳高速公路贯通，工程决算49.38亿元，其中利用泉厦高速公路世行贷款余额4752万美元。

福泉高速公路双向4车道、福州连接线高速公路双向6车道，全封闭、全立交，全线依据不同地形设计不同的行车速度。主线营前至掌溪段26.75公里，采用重丘区标准，设计行车速度 100 公里/小时，路基宽度 24.5 米。掌溪至西福段 127.67 公里，采用平原微丘区标准，设计行车速度 120 公里/小时，路基宽度 26.0 米。福州连接线高速公路采用重丘区标准，设计行车速度 100 公里/小时，路基宽度 32.0 米，乌龙江特大桥宽 33.5 米。隧道段设计行车速度为 80 公里/小时。桥涵设计荷载汽超－20、挂－120。设计洪水频率特大桥为 1/300，一般构造物为 1/100，地震基本烈度为 7 度。

该项目由省交通规划设计院于 1996 年 8 月完成设计。全段共有特大桥 4596.5 延米/5座，大桥 2225.3 延米/11 座，中、小桥 3778 延米/85 座，涵洞 19156 延米/514 座，隧道1399 延米/3 座。设置 10 处互通立交，设分离式立交 3838 延米/79 座，通道 8139 延米/209 座。全段设管理控制中心 1 处，服务区 3 处，停车区 3 处，管理所 3 处，收费站 10处，隧道管理队 1 处。主要施工单位：铁道部第十七工程局、黑龙江省路桥建设总公司、铁道部大桥工程局、省第二公路工程公司、交通部第一公路工程总公司、铁道部第十二工程局、省中福公路承包公司、铁道部第十一工程局、铁道部第二工程局、山西省路桥建设总公司、交通部第一公路工程总公司厦门工程处、黑龙江通亚路桥公司、上海铁路局福州工程总公司、中建七局三公司、天津第五市政公路工程有限公司、省第一公路工程公司、惠州市公路建设公司、交通部第二航务工程局和交通部第四航务工程局等。

典型大桥、隧道和互通立交如下：

乌龙江二桥。位于福泉高速公路福州连接线上，跨越乌龙江，全长 2131 延米。该桥主要特点是：主桥外似连续刚构，实为双支座连续梁，为福建省首次采用。桩径 2.5米，为当时全省之最，桩基直对支墩、支座，传力顺捷，盖梁采用无正弯矩设计，下缘呈圆弧形，造型美观。该桥设计获国家优秀工程设计铜奖。

雷打石隧道。位于福泉高速公路福州市境内，左右洞平均长度 823 米，采用新奥法设计施工。洞身为分离式双向 4 车道，衬砌断面为曲墙式单心圆拱。福州端洞门为端墙式，泉州端洞门为仰斜式，福州端采用高低洞口形式，两端洞门与边坡一起进行整体造型设计，为福建省第一座分离式高低隧道。

黄石互通立交。连接福泉段和福州连接线两条高速公路三路交叉的枢纽互通，也是福建省首座的枢纽互通，利用雷打石隧道双洞分离又高低布设的地形，采用定向和半定向匝道。主线和匝道桥总长仅 420 米。

（五）泉州至厦门高速公路

泉厦高速公路是福建省第一次利用世界银行贷款建设的高速公路项目。起于泉州西福，途经泉州市的沉洲，晋江市的池店、五陵、内坑，南安县的朴里、苏厝、小盈岭，同安县的莲塘、仑头、后垵，厦门的田垱、湖内，止于厦门官林头。全长 81.90 公里。另建牛山至佘店二级公路连接线 5.9 公里，田垱至集美一级公路连接线 6.17 公里。工程1994 年 6 月全线开工，1997 年 12 月竣工通车投入营运，工程决算 28.76 亿元。

泉厦高速公路主线按高速公路平原微丘区标准设计，双向 4 车道，全封闭、全立交，设计行车速度为120公里/小时，隧道段为80公里/小时。路基宽度26米，桥涵设计荷载汽超–20、挂–120，设计洪水频率特大桥为1/300，一般构造物为1/100，地震基本烈度为7度。

该项目由省交通规划设计院于1993年12月完成设计。全段软基10.32公里。特大桥4784.56延米/2座，大桥2550.16延米/9座，中桥1559.7延米/28座，小桥747.5延米/29座，涵洞9617延米/268座，隧道2363延米/4座。设置互通立交6处，分离式立交2186延米/38座，人行天桥6座，通道78座。全段设收费站6处，管理所2处，服务区、停车区各1处。主要施工单位：省公路工程一公司、省武夷实业总公司、铁道部第十七工程局、铁道部第十六工程局、交通部第一公路工程公司、省筑路机械厂和交通部凯通工程有限公司。

典型大桥和互通立交如下：

沉洲晋江特大桥。处于泉厦高速公路的泉州沉洲，跨越晋江，全长3087.46米。该桥主要特点是引桥首次采用预应力混凝土准连续T梁，主桥是福建省高速公路首次采用预应力混凝土箱形变截面连续梁。

庄任至浔美高架桥。泉厦高速公路施工中的重大变更项目。为适应大泉州新规划，要求在庄任至浔美路段高速公路分离立交跨越多条规划城市干道，避免高路堤碍于城市景观，并防止软基上高路堤的工后沉降，改路堤为桥梁。该桥全长1697.06米，是福建省高速公路首条超千米高架桥。

泉州互通立交。通往泉州连接324国道，大型互通立交，互通区内桥梁进行空间预应力砼技术应用研究，开发先进计算软件，设计带翼板的空心板、异形空心板等复杂结构。

（六）厦门至漳州高速公路

厦漳高速公路是福建省首例由地方自筹资金、交通部适当补助，地方自当业主，省高速公路总指挥部进行指导而建设的重点工程。

厦漳高速公路起于泉厦高速公路终点的杏林官林头，途经厦门的凤山、洪塘、东孚、林后，漳州的福井、吴宅、后山、长洲、翠林、坂头、岳岭，止于漳州市龙海碑头。1996年7月1日开工建设，1997年12月厦门至长洲段建成通车，1998年9月长洲至坂头段建成通车，2001年1月坂头至碑头开通。全长39.45公里（其中，厦门段11.85公里，漳州段27.60公里）。核定工程设计决算13.93亿元。

厦漳高速公路主线按高速公路平原微丘标准设计，双向4车道，全封闭、全立交，设计行车速度120公里/小时，隧道段行车速度80公里/小时，路基宽度26米，桥涵设计荷载汽超–20、挂–120，设计洪水频率特大桥为1/300，一般构造物为1/100，地震基本烈度为7度。连接线按二级公路平原微丘区标准设计。

该项目由省交通规划设计院于1995年9月完成设计。全段特大桥2083.48延米/2座，大桥427.82延米/2座，中、小桥1261.15延米/25座，涵洞4977.84延米/139座，隧道 205 延米/1 座。设置互通立交 4 处，分离式立交 424 延米/8 座，通道 1342.62 延米/42 座。全段设收费站 4 处，服务区 1 处，监控中心 2 处。主要施工单位：铁二局厦门工程局、武装警察部队交通第一总队厦门指挥所、杭州市公路工程处、铁十七局厦门工程处、湖南有色工程总公司、龙海市角美建筑工程公司、漳州路通工程公司、铁道部第十二工程局第一工程处、铁道部第十三工程局第一工程处、漳州路通工程公司、交通部第三航务工程局第六工程部、铁道部第十三工程局第一工程处、交通部第一公路工程局厦门工程处、铁道部第十三工程局第四工程处、陕西省路桥工程公司、交通部第二公路工程局和铁道部第十七工程局第一工程处。

　　典型互通立交有漳州互通立交，其位于厦漳高速公路漳州段，由长洲半定向 T 形、江东不完全单喇叭和辅道构成，为福建省公路首次尝试的复合型互通立交。

（七）漳州至诏安高速公路

　　漳诏高速公路是福建省利用世界银行贷款建设的第二条高速公路。起于龙海碑头，接厦漳高速公路的终点，途经龙海市的东园、新圩、白水、西凤岭，漳浦的杨美水库、和坑、梧岭、湖西、鼓志山、旧镇、南山、杜浔、沙西，云霄的浯田、观音亭、船场、大步山、常山农场，诏安的林头、港口、西山、外凤楼、溪南、雨亭，至终点诏安县的后岭村闽粤两省交界处，与广东省汾水关至汕头高速公路相连，主线全长 140.55 公里。另建东园至浮宫连接线一级公路 4.8 公里，湖西至佛昙连接线二级公路 7.24 公里。核定工程设计总概算 51.72 亿元。

图 3-2　沈海线漳州至诏安高速公路

全线按交通部颁布的JTJ001-97《公路工程技术标准》进行设计。采用双向4车道、全封闭、全立交。设计行车速度100公里/小时，隧道段为80公里/小时。路基宽度26米，桥涵设计荷载汽超-20、挂-120。设计洪水频率特大桥为1/300，一般构造物为1/100，地震基本烈度为7度。

该项目由省交通规划设计院于2000年5月完成设计。1998年11月控制性工程先行开工建设，2000年6月全线开工，2002年12月全线通车试运营。全段共设置特大桥7683.5延米/7座，大桥2178延米/10座，中、小桥3627延米/79座，涵洞15934延米/469座。全段设置两座隧道，分别为位于漳浦县的鼓志山隧道和云霄县的大步山隧道，总长4542.5延米/2座。设置互通立交9个，分离式立交4081延米/82座，通道5144延米/161座。管理分中心1处，隧道管理队2处，管理所2处，养护工区3处，收费站10处，服务区2处，停车区3处。主要施工单位：中铁十七工程局、上海路桥工程公司、中港三航六公司、中港四航二公司、中铁五局、山西省路桥总公司、路桥集团一局厦门工程处、中铁十六局、路桥集团一局二公司、中铁四局、上海路桥工程公司、上海隧道股份有限公司、天津第五市政工程公司、中建七局三公司、中国水利水电闽江工程局、中铁隧道一处有限公司和中铁电气化局一公司。

典型大桥和隧道如下：

旧镇特大桥。处于漳诏高速公路旧镇，全桥总长1466米，主桥为70+120+70米预应力混凝土箱形变截面连续梁。该桥当时为福建省高速公路跨径最大连续梁。

东园高架桥。处于漳诏高速公路上，为跨越深厚软基区段而设，全长1703.5米。该桥下部结构为左右幅合一，横向双柱接双桩，桩长70米。

鼓志山隧道。位于漳浦县境内。该隧道左右两洞长度分别为2545米和2600米，采用新奥法设计施工。洞身为分离式双洞4车道，主洞为曲墙式单心圆拱，复合式衬砌断面，进出口均为仰斜式洞门。隧道通风采用全射流风机纵向通风。

表3-1　　　　　　沈海线高速公路福建境内大桥一览表

单位：米

序号	大桥名称	结构形式	最大跨径	桥长
一、福宁高速公路				
1	战平洋高架桥	预应力砼T形组合梁连续刚构	30	405
2	马洋溪高架桥	预应力砼T形组合梁连续刚构	30	300
3	普后Ⅰ号高架桥	预应力砼T形组合梁连续刚构	30	270
4	普后Ⅱ号高架桥	预应力砼T形组合梁连续刚构	30	120
5	流美特大桥	预应力混凝土T形组合梁连续刚构	30	762
6	厝基仔高架桥	预应力砼空心板	30	181
7	八尺门高架桥	预应力砼连续刚构	170	1290

续表 3-1

序号	大桥名称	结构形式	最大跨径	桥长
8	太阳头高架桥	预应力砼连续刚构与连续梁混合结构	30	347
9	凤山亭大桥	预应力砼组合 T 梁	30	108
10	秦屿高架桥	预应力砼组合 T 梁	30	851
11	巨口特大桥	预应力砼组合 T 梁连续刚构	30	680
12	硖门高架桥	预应力砼组合 T 梁	30	549
13	柏洋大桥	预应力砼组合 T 梁连续刚构	20	226
14	下水磨高架桥	组合 T 梁连续刚构	20	118
15	牙城高架桥	预应力混凝土简支组合 T 梁连续刚构	20	445
16	杨家溪 1 号特大桥	预应力混凝土组合 T 梁连续刚构	30	521
17	杨家溪 2 号特大桥	预应力混凝土组合 T 梁连续刚构	40	830
18	竹蓝头高架桥	预应力混凝土组合 T 梁连续刚构	20	194
19	庞头高架桥	T 梁刚构	30	133
20	后岐高架桥	预应力混凝土组合 T 梁连续刚构	25	506
21	后港特大桥	预应力混凝土简支组合 T 梁连续刚构	25	4320
22	二铺塘 1 号大桥	预应力混凝土简支组合 T 梁	20	114
23	二铺塘 2 号大桥	预应力混凝土简支组合 T 梁	20	263
24	二铺塘 3 号大桥	预应力混凝土简支组合 T 梁	30	332
25	二铺塘 4 号大桥	预应力混凝土简支组合 T 梁	20	152
26	对面洋大桥	预应力混凝土简支组合 T 梁	30	175
27	盐田大桥	预应力混凝土简支组合 T 梁	30	250
28	溪尾特大桥	预应力混凝土 T 梁连续刚构	40	1004
29	马头大桥	预应力混凝土 T 梁连续刚构	40	168
30	下白石特大桥	预应力混凝土 T 梁连续刚构	260	1000
31	穆里大桥	预应力混凝土先简支后连续刚构	30	208
32	大梨Ⅱ号桥	预应力混凝土先简支后连续刚构	40	268
33	云淡Ⅰ号大桥	预应力混凝土连续梁桥	30	577
34	云淡Ⅱ号大桥	预应力混凝土连续梁桥	30	559
35	云淡Ⅲ号大桥	预应力混凝土连续梁桥	30	307
36	田螺大桥	预应力连续箱梁	95	1293
37	溪口Ⅰ号大桥	预应力混凝土连续 T 梁	25	170
38	溪口Ⅱ号大桥	预应力混凝土连续 T 梁	25	289
39	宁德大桥	现浇预应力钢筋混凝土连续箱梁	25	2081

二、宁罗高速公路

1	飞鸾大桥	预应力混凝土 T 形结合梁	30	132
2	桥头厝大桥	预应力混凝土 T 形结合梁	30	134
3	龙潭溪大桥	预应力混凝土 T 形结合梁	30	219

续表 3 - 1

序号	大桥名称	结构形式	最大跨径	桥长
4	曹屿大桥	预应力混凝土空心板梁	20	169
5	白塔大桥	预应力混凝土空心板梁	30	486
6	车里湾大桥	预应力混凝土空心板梁	30	1598
三、罗长高速公路				
1	龙潭溪大桥	预应力混凝土 T 形截面连续刚构—连续梁	30	219
2	白塔大桥	预应力混凝土 T 形截面连续刚构—连续梁	30	486
3	黄土岗大桥	预应力混凝土 T 形截面准连续刚构—连续梁	30	281
4	双头坝大桥	预应力混凝土 T 形截面准连续刚构—连续梁	25	282
5	敖江特大桥	预应力混凝土 T 形截面准连续刚构—连续梁	30	1267
6	斗门高架桥	预应力混凝土 T 形截面准连续刚构—连续梁	30	2767
7	青芝寺高架桥	预应力混凝土准连续 T 梁简支 T 梁	40	1519
8	山兜高架桥	预应力混凝土准连续 T 梁	30	1234
9	东岐高架桥	预应力混凝土连续矮箱梁	25	882
10	长柄高架桥	预应力混凝土连续矮箱梁	25	904
11	洪塘高架桥	预应力混凝土准连续 T 梁	30	3229
12	闽安特大桥	预应力混凝土准连续 T 梁	30	830
13	红山左线大桥	预应力混凝土准连续 T 梁	35	119
14	青州高架桥	预应力混凝土箱形截面连续刚构—连续梁	90	993
15	湖里特大桥	预应力混凝土 T 形截面准连续刚构	30	965
四、福泉高速公路				
1	乌龙江二桥	预应力混凝土箱形截面连续 T 梁预应力混凝土准连续 T 梁	110	2131
2	营前大桥	预应力混凝土准连续 T 梁，预应力混凝土简支 T 梁	50	1156
3	西禅寺大桥	预应力混凝土简支空心板	20	168
4	青口大桥	预应力混凝土简支空心板	13	147
5	龙树大桥	预应力混凝土 T 形截面准连续刚构	30	658
6	太城岭大桥	预应力混凝土 I 形截面组合梁	40	140
7	宏路大桥	预应力混凝土简支空心板	20	137
8	江口大桥	预应力混凝土准连续 T 梁	35	313
9	三清宫大桥	预应力混凝土准连续 T 梁	30	156
10	三江口大桥	预应力混凝土准连续 T 梁	40	568
11	仕方大桥	预应力混凝土简支空心板	20	232
12	枫亭大桥	预应力混凝土准连续 T 梁	30	276
13	河内大桥	预应力混凝土简支空心板	16	165
14	黄塘大桥	预应力混凝土简支空心板	16	150
15	洛阳江特大桥	预应力混凝土准连续 T 梁	30	793
16	过坑高架桥	预应力混凝土准连续 T 梁	30	1107

续表 3-1

序号	大桥名称	结构形式	最大跨径	桥长
五、泉厦高速公路				
1	玉兰大桥	预应力混凝土简支 T 梁	25	108
2	沉洲晋江特大桥	预应力混凝土箱形截面连续梁,预应力混凝土准连续 T 梁	80	3087
3	庄任—浔美高架桥	预应力混凝土准连续 T 梁	30	1697
4	上五龙大桥	预应力混凝土 I 形截面组合梁	30	126
5	锦美大桥	预应力混凝土箱形等截面连续梁	25	304
6	后山大桥	预应力混凝土简支 T 梁	25	155
7	溪尾大桥	预应力混凝土简支空心板	16	198
8	小盈岭 1 号桥	预应力混凝土简支 T 梁	30	341
9	小盈岭 2 号桥	预应力混凝土简支 T 梁	30	400
10	石浔大桥	预应力混凝土准连续 T 梁,预应力混凝土简支空心板	30	489
11	浦头大桥	预应力混凝土简支 T 梁	35	429
六、厦漳高速公路				
1	洪塘大桥	预应力混凝土简支 T 梁	35	184
2	北溪大桥	预应力混凝土准连续 T 梁	30	613
3	西溪大桥	预应力混凝土箱形等截面连续梁	50	1470
4	翠林大桥	预应力混凝土箱形等截面连续梁	50	244
七、漳诏高速公路				
1	碑头高架桥	预应力混凝土准连续 T 梁	30	397
2	东园高架桥	预应力混凝土准连续 T 梁	25	1704
3	新圩特大桥	预应力混凝土准连续 T 梁	30	1377
4	油坑大桥	预应力混凝土准连续 T 梁	30	337
5	梧岭大桥	预应力混凝土准连续 T 梁	30	139
6	小示大桥	预应力混凝土准连续 T 梁	25	157
7	湖西大桥	预应力混凝土连续矮箱梁	25	132
8	溪东大桥	预应力混凝土准连续 T 梁	30	186
9	西林乾大桥	预应力混凝土准连续 T 梁	30	186
10	旧镇特大桥	预应力混凝土变截面连续箱梁	120	1466
11	浯田大桥	预应力混凝土连续矮箱梁	25	157
12	船场特大桥	预应力混凝土连续矮箱梁	30	976
13	港口特大桥	预应力混凝土准连续 T 梁	30	667
14	外凤楼特大桥	预应力混凝土连续 T 梁	35	772
15	仕江大桥	预应力混凝土准连续 T 梁	25	331
16	沃仔头特大桥	预应力混凝土连续 T 梁	35	722
17	溪南大桥	预应力混凝土准连续 T 梁	25	156

表 3-2   **沈海线高速公路福建境内隧道一览表**

单位：米

序号	隧道名称	布置形式	净宽	长度	备注
一、福宁高速公路					
1	白岩里隧道	分离式双洞	2-9.75	683	—
2	坑门里隧道	分离式双洞	2-9.75	2270	—
3	吉坑隧道	分离式双洞	2-9.75	2390	—
4	秦屿隧道	分离式双洞	2-9.75	495	—
5	硖门隧道	分离式双洞	2-9.75	908	—
6	马头岗隧道	分离式双洞	2-9.75	947	—
7	蔡家山隧道	分离式双洞	2-9.75	1631	—
8	洋坪隧道	分离式双洞	2-9.75	1815	—
9	赤岭隧道	分离式双洞	2-9.75	3373	—
10	杨梅岭隧道	分离式双洞	2-9.75	1352	—
11	二埔塘隧道	连拱	2-9.75	493	—
12	盐田隧道	分离式双洞	2-9.75	580	—
13	湾坞隧道	分离式双洞	2-9.75	908	—
14	下邳隧道	分离式双洞	2-9.75	693	—
15	吴楼隧道	分离式双洞	2-9.75	1105	—
二、宁罗高速公路					
1	飞鸾岭隧道	分离式双洞	2-10.25	3180/3155	—
三、罗长高速公路					
1	洋门岭隧道	分离式双洞	2-9.75	1510	—
2	琯头岭隧道	分离式双洞	2-9.75	1734	—
3	长安隧道	连拱	2-9.75	440	—
4	棋盘山隧道	连拱	2-9.75	498	—
5	红山Ⅰ隧道	分离式双洞	2-9.75	2619	—
6	红山Ⅱ隧道	单洞	1-9.75	左为路基,右359	—
7	红山Ⅲ隧道	分离式双洞	2-9.75	208	—
8	红山Ⅳ隧道	分离式双洞	2-9.75	183	—
9	马宅顶隧道	连拱	1-9.75 1-13.25	292	—

续表 3-2

序号	隧道名称	布置形式	净宽	长度	备注
四、福泉高速公路					
1	雷打石隧道	分离式双洞	2-10.5	823	—
2	相思岭隧道	连拱	2-10.75	406	—
3	石牌山隧道	连拱	2-10.75	170	明洞
五、泉厦高速公路					
1	大坪山隧道	分离式双洞	2-10.75	1080	—
2	苏厝隧道	分离式双洞	2-10.75	340	—
3	山头隧道	分离式双洞	2-10.75	376	—
4	大帽山隧道	分离式双洞	2-10.75	582	—
六、厦漳高速公路					
1	岳岭隧道	连拱	2-10.75	205	明洞
七、漳诏高速公路					
1	鼓志山隧道	分离式双洞	2-10.25	2573	—
2	大步山隧道	分离式双洞	2-10.25	1925	—

表 3-3　　**沈海线高速公路福建境内互通立交一览表**

序号	互通立交名称	被交道路	形式
一、福宁高速公路			
1	福鼎互通立交	国道104	单喇叭A型
2	八尺门互通立交	县道	单喇叭A型
3	太姥山(秦屿)互通立交	联络线	单喇叭A型
4	牙城互通立交	龙洋大道	单喇叭A型
5	三沙互通立交	国道104	单喇叭A型
6	霞埔互通立交	国道104	单喇叭A型
7	盐田互通立交	国道104	单喇叭A型
8	福安互通立交	国道104	单喇叭B型
9	下白石互通立交	国道104	单喇叭A型
10	漳湾互通立交	国道104	单喇叭A型
二、宁罗高速公路			
1	宁德互通立交	国道104	双喇叭
2	飞鸾互通立交	三都澳至飞鸾一级公路	单喇叭
3	罗源互通立交	国道104	单喇叭

续表 3－3

序号	互通立交名称	被交道路	形式
4	水古互通立交	国道 104	喇叭形半互通
三、罗长高速公路			
1	丹阳互通立交	国道 104	单喇叭
2	连江互通立交	国道 104	半定向 T 形
3	琯头互通立交	国道 104	单喇叭
4	马尾互通立交	国道 104	双梨形组合
5	马宅顶互通立交	机场高速公路	半定向 T 形
6	营前互通立交	峡漳线一级公路	单喇叭
四、福泉高速公路			
1	黄石互通立交	福州连接线高速公路	半定向 Y 形
2	兰圃互通立交	国道 324	单喇叭
3	福清互通立交	国道 324	单喇叭
4	渔溪互通立交	国道 324	单喇叭
5	涵江互通立交	国道 324	单喇叭
6	莆田互通立交	莆田城关至秀屿笏石二级公路	单喇叭
7	仙游互通立交	枫亭笏石二级公路	单喇叭
8	泉港互通立交	肖厝疏港二级公路	半定向 T 形
9	驿坂互通立交	国道 324	单喇叭
10	惠安互通立交	惠安连接线二级公路	单喇叭
五、泉厦高速公路			
1	泉州互通立交	国道 324，泉州市区道路	T 形与单喇叭组合
2	晋江互通立交	双沟至内坑一级公路	单喇叭
3	水头互通立交	国道 324	单喇叭
4	马巷互通立交	国道 324	单喇叭
5	同安互通立交	同安至集美一级公路	单喇叭
6	厦门互通立交	厦门连接线一级公路	单喇叭
六、厦漳高速公路			
1	杏林互通立交	集美至灌口公路	单喇叭
2	海沧互通立交	国道 324	单喇叭
3	漳州互通立交	漳龙高速公路	半定向 T 形
4	龙海互通立交	县道	单喇叭
七、漳诏高速公路			
1	漳州港互通立交	东园至港尾专用一级公路	单喇叭
2	赵家堡互通立交	省道漳州至云霄二级公路	单喇叭

续表3-3

序号	互通立交名称	被交道路	形式
3	云霄互通立交	省道漳州至云霄二级公路	单喇叭
4	常山互通立交	国道324	双喇叭
5	漳浦互通立交	漳州至云霄二级公路	单喇叭
6	杜浔互通立交	漳州至云霄二级公路	单喇叭
7	东山互通立交	漳州至云霄二级公路	单喇叭
8	诏安东互通立交	国道324	双喇叭
9	诏安南互通立交	国道324	双喇叭

二、厦成线

厦成线福建境内的路段，东起福建省厦门市的杏林官林头，途经漳州、龙岩和长汀，终于闽赣交界的长汀县古城隘岭，与江西省拟建的石下垄至瑞金的高速公路连接，由厦漳、漳龙和龙长高速公路组成。全长252.84公里（不含沈海线的厦漳段），连接线约19.7公里，总投资约111.5亿元，按全封闭、全立交双向4车道设置。全线设计行车速度分别为100公里/小时和80公里/小时。

（一）漳州市境长洲至石崆山段高速公路

长石段高速起于漳州市长洲互通，与厦漳高速公路成T形连接，途经万松关、下尾张（龙文互通）、秋坑（芗城互通）、石碑、鸿明、柳畲水电站及和溪互通，止于石崆山，与龙岩市境段高速公路相接。全长79.04公里，另建龙文、芗城及南靖三条连接线二级公路13.5公里。1999年1月控制性工程先行开工建设，2002年7月全线开工，2004年12月全线建成通车。核定工程设计总概算32.61亿元。

全段采用双向4车道，全封闭、全立交、控制出入。长洲至风霜岭38公里，路基宽度26米，设计行车速度为100公里/小时。风霜岭至石崆山41公里，路基宽23.0～24.5米，设计行车速度80公里/小时。

该项目由省交通规划设计院于2002年2月完成设计。全段有特大桥527延米/1座，高架桥3889延米/3座，大桥2323.4延米/11座，中桥523延米/8座，涵洞9419延米/159座，隧道7853.5延米/9.5座（其中石崆山隧道有半座落在龙岩市境内），互通立交6处，分离式立交1005延米/31座，通道3527延米/129座，人行天桥307延米/5座。全段设监控中心1处，养护工区2处，隧道管理站2处，收费站5处，服务区1处，停车区2处。

主要施工单位：省第二公路工程有限公司、中铁十二局集团有限公司、中铁大桥工程局、中铁第十九工程局、路桥集团第一公路工程局厦门工程处、中铁一局集团有限公司、江西省公路桥梁工程局、中铁十八局集团有限公司、中铁十七局第一工程处、漳州公路交通工程有限公司、漳州市路通公路工程有限公司、福建省第一公路工程公司、中铁大桥工程局。

典型大桥有龙岩七里长群桥。处于漳龙高速公路上，包括石崆山Ⅰ号桥、Ⅱ号桥，建安关高架桥和九沙溪高架桥，4座桥首尾相连，左线全长3146.1米，右线全长3300.5米。最大跨径155米，采用箱梁连续刚构，最小跨径为7米，采用板梁，中等跨径采用T梁。该桥集大跨径、高墩、长桥、大纵坡及曲线于一体。

（二）龙岩市境石崆山至龙门镇高速公路

石龙段高速起于漳州、龙岩两市的交界处石崆山，途经建安关、新祠、东家畲、如山头、溪柄、乌石山、上郑、合溪、马坑、崎獭、坑头及洋潭，至终点龙门镇，全长38.64公里，是福建沿海向山区延伸的首条高速公路，该项目桥梁、隧道的总长度占路线总长度的57.18%。

该段高速公路为双向4车道，全封闭、全立交、控制出入。设计行车速度80公里/小时，路基宽度23米，桥梁设计荷载汽超－20、挂－120。设计洪水频率特大桥为1/300，一般构造物为1/100，地震基本烈度为6度。

该段桥梁设计颇具特色。在极其困难的地形条件下，解决了高墩大跨径、长桥大纵坡、曲线小半径等桥梁设计中的许多关键性问题。全段共有特大桥、大桥6398.08延米/17座，中桥434.1延米/6座，隧道6776.5延米/7.5座（半座在漳州市境）。全段设互通立交2处。该项目石崆山至新祠段由省交通规划设计院于1999年2月完成设计，新祠至龙门段由辽宁省交通规划设计院完成设计。1999年2月，控制性工程先行开工建设，1999年6月全线开工，2002年1月建成通车，工程决算17.5亿元。

主要施工单位：闽西交通工程公司、龙岩市公路工程处、福州铁路工程总公司第二工程公司、铁道部第十一工程局第四工程处、铁道部第十七工程局厦门工程处、厦门市路桥工程公司、交通部三航六公司、铁道部第二十工程局第三工程处、龙岩市林业工程公司、省第二公路工程公司、省第一公路工程公司、铁道部第十七工程局第一工程处、铁道部隧道局第一工程处、铁道部第十八工程局和中铁十二集团有限公司、龙岩市新宇公路工程公司、中铁隧道集团一处有限公司。

（三）龙岩至长汀高速公路

龙长高速起自龙岩市新罗区龙门镇，接已建成的漳龙高速公路龙岩段终点，是福建省高速公路干线网"三纵八横"中的第七横。经小池、蛟洋、新泉、河田和长汀，止于闽赣交界的长汀县古城隘岭，与江西省拟建的石下垄至瑞金的高速公路连接，全长135.2公里，另建长汀连接线长6.17公里，核定工程设计总概算61.379亿元。

该段高速公路采用双向4车道，全封闭、全立交、控制出入。路线经过地段为山岭重丘区地形，主线设计行车速度80公里/小时。路基宽度24.5米，桥涵设计荷载为汽超-20、挂-120。设计洪水频率特大桥为1/300，一般构造物为1/100，地震基本烈度为6度。连接线采用二级公路标准建设。

全段共有特大桥、大桥17197.65延米/57座，中、小桥1809.75延米/34座，涵洞通道17983延米/363座，隧道20196延米/22.5座（其中半座在江西境内），互通立交9处。设置监控通信分中心1处，监控通信所2处，7处收费站及1处主线收费站，养护工区4处，隧道管理站4处，服务区2处，停车区1处。该项目由省交通规划设计院于2004年3月完成设计。2003年12月控制性工程先行开工建设，2004年5月全线开工，2007年10月建成通车。

主要施工单位：贵州省公路桥梁工程总公司、中铁十二局集团第四工程有限公司、上海警通路桥建设有限公司、中铁十六局集团第四工程有限公司、中铁三局集团第二工程有限公司、唐山公路建设总公司、中铁十一局集团第二工程有限公司、中铁二十三局集团第一工程有限公司、中铁四局集团有限公司、成都市路桥工程股份有限公司、四川路桥集团有限公司、中铁十五局集团二公司、中铁四局第一工程有限公司、中铁十六局集团第五工程有限公司、江西交通工程集团公司、中铁二十一局三公司、中铁十五局集团第二工程有限公司、大成工程股份有限公司、湖南路桥建设集团公司、中铁十七局集团一公司、湖南怀化路桥总公司、四川路航建设工程有限公司、湖南湘潭公路桥梁建设有限责任公司、胜利油田胜建集团和洛阳路桥建设总公司。

典型隧道和互通立交如下：

京源口隧道。位于厦成线龙长高速公路龙岩新罗区境内。隧道为分离式双洞4车道。右洞长2272米，左洞长2186米。隧道进出口均为削竹式洞门，采用全射流风机纵向通风。该隧道岩性以二叠系文笔山组炭质泥岩、炭质粉砂岩，夹粉砂岩为主，本身岩石强度低、抗风化能力差，加上受多条断层影响，地质错乱产状不定，局部还出现灰岩及溶洞。

北村枢纽互通立交。连接龙长和永武两条高速公路，为四路交叉的枢纽互通。该互通利用了周边山包和山垄的地形，立体感强，层次分明，与周边地形融成一体。采用定向和半定向匝道，其中主线桥长534米，匝道桥长844.5米。

表3-4 厦成线高速公路福建境内大桥一览表

单位：米

序号	大桥名称	结构形式	最大跨径	桥长
一、漳龙高速公路				
1	翁建特大桥	预应力混凝土连续空心板，预应力混凝土准连续T梁	39	1324
2	书厅高架桥	预应力混凝土连续空心板，预应力混凝土准连续T梁	39	1519
3	西洋高架桥	预应力混凝土准连续T梁	40	1047

续表 3 - 4

序号	大桥名称	结构形式	最大跨径	桥长
4	仙都大桥	预应力混凝土连续矮箱梁	30	151
5	永丰溪 1 号大桥	预应力混凝土准连续 T 梁	25	307
6	永丰溪 2 号大桥	预应力混凝土准连续 T 梁	30	247
7	永丰溪 3 号大桥	预应力混凝土连续 T 梁	25	156
8	丰来溪大桥	预应力混凝土准连续 T 梁	30	164
9	店仔头大桥	预应力混凝土连续 T 梁	25	131
10	金山大桥	预应力混凝土连续 T 梁	25	115
11	都美特大桥	预应力混凝土连续 T 梁,预应力混凝土连续空心板	40	527
12	寨顶大桥	预应力混凝土连续 T 梁	25	106
13	后眷Ⅰ号大桥	预应力混凝土连续 T 梁	30	246
14	后眷Ⅱ号大桥	预应力混凝土准连续 T 梁	30	305
15	南靖大桥	预应力混凝土连续 T 梁	30	396
16	石崆山Ⅰ号大桥	预应力混凝土准连续 T 梁	30	166
17	石崆山Ⅱ号大桥	预应力混凝土箱形截面连续刚构,预应力混凝土 T 形截面连续刚构,预应力混凝土连续空心板	155	731
18	建安关高架桥	预应力混凝土 T 形截面连续刚构,预应力混凝土连续空心板	30	1221
19	九沙溪高架桥	预应力混凝土箱形截面连续刚构 预应力混凝土 T 形截面连续刚构 预应力混凝土准连续 T 梁 预应力混凝土连续空心板	93	1089
20	如山头高架桥	预应力混凝土 T 形截面准连续刚构 预应力混凝土连续空心板	30	618
21	溪柄特大桥	钢筋混凝土箱拱	110	164
22	新祠大桥	预应力混凝土准连续 T 梁	30	188
23	塔板大桥	预应力混凝土准连续 T 梁	30	150
24	合溪大桥	预应力混凝土准连续 T 梁	30	150
25	龙门大桥	预应力混凝土连续矮箱梁	25	357

二、龙长高速公路

序号	大桥名称	结构形式	最大跨径	桥长
1	考塘大桥	预应力混凝土连续矮箱梁	25	107
2	京源口大桥	预应力混凝土 T 形截面连续刚构—连续梁	30	372
3	何家坡 1 号大桥	预应力混凝土箱形截面连续刚构	85	190
4	何家坡 2 号大桥	预应力混凝土 T 形截面连续刚构—连续梁	30	160
5	何家坡 3 号大桥	预应力混凝土 T 形截面连续刚构—连续梁	30	160
6	紫云宫 1 号大桥	预应力混凝土箱形截面连续刚构	80	264
7	紫云宫 2 号大桥	预应力混凝土 T 形截面连续刚构	30	130

续表 3 - 4

序号	大桥名称	结构形式	最大跨径	桥长
8	大坑里 1 号大桥	预应力混凝土 T 形截面连续刚构—连续梁	30	190
9	大坑里 2 号大桥	预应力混凝土 T 形截面连续刚构—连续梁	30	190
10	田心大桥	预应力混凝土 T 形截面连续刚构—连续梁	25	335
11	上郭车大桥	预应力混凝土 T 形截面连续刚构—连续梁	35	427
12	下郭车大桥	预应力混凝土 T 形截面连续刚构—连续梁	25	232
13	苦竹山大桥	预应力混凝土 T 形截面连续梁	30	306
14	东乾大桥	预应力混凝土 T 形截面连续梁	25	256
15	杨梅坑大桥	预应力混凝土 T 形截面连续梁	30	594
16	马坑大桥	预应力混凝土 T 形截面连续梁	35	461
17	达里 1 号大桥	预应力混凝土 T 形截面连续梁	30	156
18	达里 2 号大桥	预应力混凝土 T 形截面连续梁	25	119
19	林岭 1 号大桥	预应力混凝土简支空心板	16	144
20	林岭 2 号大桥	预应力混凝土 T 形截面连续梁	30	171
21	林岭 3 号大桥	预应力混凝土 T 形截面连续梁	25	131
22	山窝岗 1 号大桥	预应力混凝土 T 形截面连续梁	30	366
23	山窝岗 2 号大桥	预应力混凝土 T 形截面连续梁	25	181
24	牛角岗大桥	预应力混凝土 T 形截面连续梁	30	239
25	牛角岗特大桥	预应力混凝土箱形截面连续刚构	120	411
26	竹坑 1 号大桥	预应力混凝土 T 形截面连续梁	30	160
27	竹坑 2 号大桥	预应力混凝土 T 形截面连续梁	30	160
28	滚冷井大桥	预应力混凝土 T 形截面连续梁	30	166
29	官庄大桥	预应力混凝土 T 形截面连续刚构—连续梁	30	256
30	新泉大桥	预应力混凝土 T 形截面连续刚构—连续梁	30	466
31	北村大桥	预应力混凝土 T 形截面连续梁	30	400
32	犁头嘴大桥	预应力混凝土 T 形截面连续刚构	30	400
33	新罗大桥	预应力混凝土 T 形截面连续刚构	30	250
34	七星岗大桥	预应力混凝土 T 形截面连续刚构—连续梁	35	436
35	上曹屋大桥	预应力混凝土 T 形截面连续刚构—连续梁	30	217
36	李屋乾大桥	预应力混凝土 T 形截面连续刚构—连续梁	30	194
37	白石岭大桥	预应力混凝土箱形截面连续刚构	80	181
38	船岭崇特大桥	预应力混凝土箱形截面连续刚构	155	350
39	天井坪大桥	预应力混凝土 T 形截面连续刚构—连续梁	35	290
40	荒田排大桥	预应力混凝土 T 形截面连续刚构	35	226
41	洋坑大桥	预应力混凝土 T 形截面连续梁	30	140
42	元坑 1 号大桥	预应力混凝土 T 形截面连续梁	25	120
43	元坑 2 号大桥	预应力混凝土 T 形截面连续梁	30	200

续表 3 - 4

序号	大桥名称	结构形式	最大跨径	桥长
44	上村大桥	预应力混凝土 T 形截面连续梁	30	290
45	驴子岭 1 号大桥	预应力混凝土 T 形截面连续梁	30	140
46	驴子岭 2 号大桥	预应力混凝土 T 形截面连续梁	30	170
47	观园山大桥	预应力混凝土 T 形截面连续梁	30	260
48	龙井背大桥	预应力混凝土 T 形截面连续梁	25	157
49	南塘特大桥	预应力混凝土 T 形截面连续梁	25	832
50	福海寺特大桥	预应力混凝土 T 形截面连续梁	30	817
51	台湾府大桥	预应力混凝土 T 形截面连续梁	25	172
52	严头 I 号大桥	预应力混凝土 T 形截面连续梁	35	147
53	岭背大桥	预应力混凝土 T 形截面连续梁	30	190
54	三坑大桥	预应力混凝土 T 形截面连续刚构	30	280
55	东坑 1 号大桥	预应力混凝土 T 形截面连续梁	30	310
56	东坑 2 号大桥	预应力混凝土 T 形截面连续刚构	30	190
57	溜下 1 号大桥	预应力混凝土 T 形截面连续刚构	30	280
58	溜下 2 号大桥	预应力混凝土 T 形截面连续梁	30	250
59	下凹大桥	预应力混凝土 T 形截面连续刚构	25	185
60	罗窝大桥	预应力混凝土 T 形截面连续刚构	30	190
61	长较大桥	预应力混凝土 T 形截面连续刚构	30	370
62	王屋前大桥	预应力混凝土 T 形截面连续梁	30	190
63	黄泥潭大桥	预应力混凝土 T 形截面连续梁	30	220

表 3 - 5　　　　　　　　　　**厦成线高速公路福建境内隧道一览表**

单位：米

序号	隧道名称	布置形式	净宽	长度
一、漳龙高速公路				
1	万松关隧道	分离式双洞	2 - 10.25	651
2	凤霜岭隧道	分离式双洞	2 - 10.25	863
3	大龙头山隧道	分离式双洞	2 - 9.75	2476
4	后眷隧道	分离式双洞	2 - 9.75	1290
5	斗米 I 隧道	连拱	2 - 9.75	162
6	斗米 II 隧道	连拱	2 - 9.75	230
7	斗米 III 隧道	连拱	2 - 9.75	280
8	斗米 IV 隧道	连拱	2 - 9.75	540
9	南靖隧道	分离式双洞	2 - 9.75	875

续表 3 – 5

序号	隧道名称	布置形式	净宽	长度
10	石峃山隧道	分离式双洞	2 – 9.75	806
11	东家畲隧道	连拱	2 – 9.75	205
12	如头山隧道	连拱	2 – 9.75	350
13	乌石山隧道	分离式双洞	2 – 9.75	2619
14	后祠隧道	分离式双洞	2 – 9.75	1065
15	合溪隧道	分离式双洞	2 – 9.75	535
16	部岭隧道	分离式双洞	2 – 9.75	940
17	龙门隧道	分离式双洞	2 – 9.75	743
二、龙长高速公路				
1	京源口隧道	分离式双洞	2 – 9.75	2229
2	何家坡隧道	连拱	2 – 9.75	433
3	田心隧道	分离式双洞	2 – 9.75	378
4	移炉隧道	分离式双洞	2 – 9.75	2310
5	模坑隧道	连拱	2 – 9.75	462
6	豪猪岭隧道	分离式双洞	2 – 9.75	2118
7	园畲隧道	连拱	2 – 9.75	597
8	官庄隧道	连拱	2 – 9.75	160
9	新泉隧道	连拱	2 – 9.75	305
10	七星岗隧道	分离式双洞	2 – 9.75	664
11	白石岭隧道	单洞	9.75	200
12	十二排隧道	分离式双洞	2 – 9.75	631
13	老婆田隧道	小净距	2 – 9.75	352
14	船岭崇 1 号隧道	分离式双洞	2 – 9.75	2344
15	船岭崇 2 号隧道	分离式双洞	2 – 9.75	274
16	船岭崇 3 号隧道	分离式双洞	2 – 9.75	890
17	背头坑 1 号隧道	连拱	2 – 9.75	313
18	背头坑 2 号隧道	分离式双洞	2 – 9.75	1043
19	驴子岭隧道	分离式双洞	2 – 9.75	1152
20	萝卜顶隧道	分离式双洞	2 – 9.75	1469
21	井背隧道	分离式双洞	2 – 9.75	881
22	隘岭隧道（福建境）	分离式双洞	2 – 9.75	883

表3-6　　　　　　　　厦成线高速公路福建境内互通立交一览表

序号	互通立交名称	被交道路	形式
一、漳龙高速公路			
1	江东互通立交	国道324	不完全单喇叭
2	龙文互通立交	省道漳州至华安二级公路	半定向T形
3	芗城互通立交	国道319，漳华二级公路	单喇叭
4	南靖互通立交	国道319	单喇叭
5	金山互通立交	国道319	单喇叭
6	和溪互通立交	国道319	单喇叭
7	新祠互通立交	国道319	单喇叭
8	龙岩互通立交	国道319	单喇叭
二、龙长高速公路			
1	龙门互通立交	国道319	单喇叭
2	古田互通立交	旧国道319	单喇叭
3	蛟洋互通立交	省道308二级公路	单喇叭
4	新泉互通立交	国道319	半定向T形
5	涂坊互通立交	县道650三级公路	单喇叭
6	河田互通立交	国道319	单喇叭
7	长汀互通立交	长汀连接线二级公路	单喇叭
8	古城互通立交	国道319	单喇叭

三、福银线

福银线福建境内路段起于福州市闽侯县兰圃（青口），途经福州、三明、南平三个市的闽侯、闽清、尤溪、延平、沙县、将乐、泰宁和邵武8个县（市、区），终于闽赣交界的邵武沙塘隘。全长346.94公里，连接线约49公里，总投资约173亿元，按全封闭、全立交双向4车道设置。全线设计行车速度80公里/小时。

（一）福州兰圃至三明际口段高速公路

福三高速起于福州市闽侯的兰圃（青口），途经福州市闽侯县的祥谦、五虎山、南通、南屿、上街、竹岐、金水湖、源格、鸿尾，闽清县的青洋隔、后垄、白樟、金沙、美菰林隧道，进入尤溪县境的城门溪、王宅、罗盘基隧道、炉下、洋中、雍口、梅花落地（建尤溪互通与尤溪县城连接）、吉木、惠政、塔兜，进入金鸡山隧道再经塔前、跃村（建跃村枢纽互通与南平连接线相连）、吉洋，再进入三明市叶坑隧道、青州、澄江楼、龙慈，止于三明市沙县际口，并设际口枢纽互通立交与三明连接线相接。全长216.14公里。另建三明连接线高速公路24.89公里，南平连接线高速公路18.51公里，尤溪连接线二级公路21.20公里，闽清连接线二级公路8.3公里，闽侯连接线二级公路

2.86 公里，核定工程总概算 115.56 亿元。

该段高速公路为双向 4 车道，全封闭、全立交，控制出入。设计行车速度 80 公里/小时，路基宽度为 24.5 米，桥涵设计荷载汽超 – 20、挂 – 120。设计洪水频率特大桥为 1/300，一般构造物为 1/100。地震基本烈度：竹岐以东为 7 度，竹岐以西为 6 度。

全段共有特大桥、大桥 39730.89 延米/122 座，中、小桥 2609 延米/32 座（桥梁数量均含三明及南平两条连接线在内），涵洞 29188 延米/580 座。共有隧道 36304 延米/36 座，其中，美菰林隧道长达 5572 米，为当时全国已通车最长的高速公路隧道，且首次采用斜井单吸式与射流风机相结合的纵向通风方式。全段共设置互通立交 17 处，设置分离式立交 1838 延米/70 座，通道 9239 延米/235 座，人行天桥 2187 延米/58 座。设置通信监控分中心 1 处，通信监控所 2 处，收费站 10 处，终点临时主线收费站 2 处，服务区 3 处，隧道管理站 7 处，养护工区 6 处，停车区 5 处。

该项目由省交通规划设计院于 2001 年 7 月完成设计，2001 年 12 月正式动工，2004 年 11 月建成通车。主要施工单位：中铁十八局、中铁十九局一处、闽西交通、交一局厦工处、中铁十一局、浙江交通、广西路桥、江苏交通、中铁十四局、中铁十七局远通、湖南路桥、杭州交通、省一公司、浙江交通、福建路桥、中铁十一局二公司、中港四航局一公司、中铁五局三公司、中铁十九局、省公路二公司、广西路桥总公司、中铁二局、路桥集团厦门工程处、中铁一局、中铁四局、中铁十七局六公司、中港二航局、中铁十五局、中铁十三局和吉林交建。

典型大桥、隧道和互通立交如下：

青州沙溪特大桥。处于福三高速公路，跨越沙溪的水电站库区，水深 14 米，Ⅳ 级航道，大桥全长 622.5 米，主桥为 81 + 148 + 81 米预应力混凝土箱形截面连续刚构，双肢墩，群桩基础，纵、竖双向预应力，施工采用挂兰悬臂浇注混凝土，是当时福建省设计跨径最大的越河连续刚构大桥。

猫坑溪特大桥。位于福三高速公路，处于半径 620 米曲线上，跨越猫坑溪，深沟呈 V 形，地势陡峭，主桥为 85 + 150 + 85 米预应力混凝土箱形截面连续刚构，最大墩高 75 米，桥梁全长 484.32 米，大跨径、高桥墩和小半径，是福三高速公路上设计难度最大的桥。

橘园洲特大桥。处于福三高速公路福州连接线一级公路上，跨越闽江南港，Ⅳ 级航道，主桥跨度为 55 + 3 × 100 + 55 米，全长 1433 米，主桥结构为当时省内跨径最大、联长最长的预应力混凝土连续—刚构组合箱梁，次边跨在双肢墩上设置了支座，成为连续刚构—连续梁组合体系。

福州长群桥。位于福三高速公路福州段，全长 6348.41 米，由大蒲高架桥、南屿互通立交主线桥和江口特大桥三座特大桥首尾相接组成。跨越大樟溪、内涝河网区、深厚软土区、南屿互通区及国道 316 线、县道公路。

村坪隧道。位于福三高速公路福州市境内，左右洞平均长度 317.04 米，采用新奥法设计，复合衬砌施工。洞身为分离式双向4车道。该隧道为福建省第一座小净距高低隧道。

美菰林隧道。位于福三高速公路闽清县金沙镇与尤溪县交界的美菰林场林区。隧道最大埋深580米，长度5573.8米，是当时国内已通车最长的高速公路隧道。采用新奥法原理，利用围岩自稳能力，结合锚杆、喷射混凝土或喷射混凝土挂钢筋网、钢拱架等对围岩进行初期支护，采用复合防水层结合盲沟和纵向排水管进行防排水，二次衬砌采用模筑防水混凝土或钢筋混凝土。洞身为分离式双向4车道。隧道进出口均采用城墙式洞门。隧道采用斜井排出加射流风机调压的组合通风方式，并在国内公路隧道中首次采用地下风机房。

文山下隧道。位于福三高速公路闽侯县境内，隧道长256米，处于半径510米的圆曲线上，采用复合式衬砌，按新奥法原理组织施工。该隧道为整体式单线双洞连拱隧道，双向4车道，进出口均采用端墙式洞门。该隧道是福建省首次采用整体防水板、整体二衬的连拱弯隧道（即夹心式连拱隧道）。

青口互通立交。位于闽侯青口村，福三高速公路起点，与已建的福泉高速公路成T型交叉节点，采用半定向T形方案，枢纽型互通立交。

南屿互通立交。位于南屿镇柳浪村南侧，是福三高速公路连接规划中的福厦高速公路复线的重要节点，同时沟通福州湾边大桥，是福州西南门户。该互通立交由位于湾边大桥桥头的半苜蓿叶形互通式立交和位于两条高速公路交叉位置上的涡轮形立交式工程主体组成。

福州西互通立交。位于福三高速公路，被交道路为国道316连接线，是福州西通道，也是闽侯上下高速公路的出入口。设计采用A型单喇叭，主线上跨，福州往南平为半径150米外环单向双匝道，保证主交流的畅通。

跃村互通式立交。连接福三高速公路与南平连接线高速公路的枢纽互通，主线长1700米，5个匝道共长4160米，占地218644.8平方米，工程造价1.241亿元。根据交通量预测及当地的远景发展需要，采用半定向T形枢纽立交。

际口枢纽互通式立交。连接福三高速公路与三明连接线高速公路，主线长1550米，4个匝道共长3235米，占地213312平方米，工程造价0.624亿元。根据交通量预测及当地的远景发展需要，采用半定向T形。

（二）三明际口至邵武沙塘隘段高速公路

三邵高速起于三明市沙县际口，途经潦砑、官庄、高桥、夏茂和梨树，进入三明市将乐县的雪峰山、漠源、梅花井、三涧渡、福匡、万安和大源，再进入泰宁的朱口、龙湖，南平市邵武的将石、肖家坊、桂林和朱洋，止于南平市邵武闽赣交界处的沙塘隘，接江西省温家圳至沙塘隘高速公路，全长130.80公里。另建邵武连接线3.85公里，泰宁连接线23公里，顺昌连接线30.82公里。核定工程设计总概算57.93亿元。

该段高速公路为双向4车道，全封闭、全立交、控制出入。设计行车速度80公里/小时，路基宽度24.5米，桥涵设计荷载汽超－20、挂－120。设计洪水频率特大桥为1/300，一般构造物为1/100，地震基本烈度为6度。

该段共有特大桥、大桥16423.3延米/58座，中桥356延米/4座，涵洞16160延米/275座。全段共设置隧道21769.11延米/27座，其中雪峰山Ⅰ号隧道长4309米。设置互通式立交5处，分离式立体交叉473延米/17座，通道5012延米/163座，人行天桥490延米/10座。设置通信监控所1处，收费站6处（其中闽赣收费站1处），服务区2处，停车区2处，养护工区3处，隧道管理站6处。

该段勘察设计由省交通规划设计院于2002年12月完成，2003年7月开工建设，2006年元月建成通车。

主要施工单位：中铁十七局集团远通工程有限公司、中铁十七局、中铁十六局集团第一工程有限公司、路桥集团第一工程局厦门工程处、中国铁总、天津五市政和中铁十八局。

典型大桥、隧道和互通立交如下：

上村大桥。位于三邵高速公路，大桥全长431米，该桥的特点是在T形截面连续梁基础上取消支座，墩梁固结成为连续刚构。

雪峰山Ⅰ号隧道。位于三邵高速公路将乐县境内。该隧道左右两洞长度分别为4317米和4301米。洞身为分离式双洞4车道。采用新奥法原理设计，采用复合衬砌。隧道进口洞门采用削竹式，出口洞门采用城墙式。隧道共设射流风机31台纵向通风。

龙峰溪隧道。位于三邵高速公路沙县境内，长250米，连拱隧道。进出口均采用城墙式洞门，按新奥法原理设计，采用复合衬砌，出口地形陡峭，且隧道轴线与等高线斜交，为减少边仰开挖，采用顺地形斜交成洞，设置梯形套拱后正交开挖支护的成功，开创福建省隧道洞口环保设计施工的先河。

肖家坊互通立交。位于南平肖家坊，是福银线和武夷山至邵武两条高速公路的交点，为三路相交枢纽互通立交。选用半定向T形，充分利用地形展线，以较大半径驶出主线入匝道，以较大半径左转入被交道，保证营运安全。

表3－7　　　　　　　福银线高速公路福建境内勘察设计大桥一览表

单位：米

序号	名称	结构形式	最大跨径	桥长
一、福三高速公路				
1	青口Ⅱ号高架桥	预应力混凝土箱形截面连续梁 预应力混凝土T形截面连续梁	35	1134
2	青口Ⅰ号高架桥	预应力混凝土箱形截面连续梁 预应力混凝土T形截面连续梁	35	2423

续表 3-7

序号		结构形式	最大跨径	桥长
3	文山特大桥	预应力混凝土箱形截面连续梁 预应力混凝土T形截面连续梁	35	839
4	江口特大桥	预应力混凝土箱形截面连续梁 预应力混凝土T形截面连续梁	90	2507
5	大蒲高架桥	预应力混凝土箱形截面连续梁 预应力混凝土T形截面连续梁	35	2015
6	马保高架桥	预应力混凝土箱形截面连续梁 预应力混凝土准连续T梁	65	703
7	包禄特大桥	预应力混凝土准连续T梁	25	581
8	沙堤大桥	预应力混凝土准连续T梁	25	356
9	苏洋大桥	预应力混凝土准连续T梁	25	356
10	湖后大桥	预应力混凝土准连续T梁	25	219
11	鸿尾大桥	预应力混凝土准连续T梁	30	246
12	下湖大桥	预应力混凝土准连续T梁	30	277
13	下岐大桥	预应力混凝土准连续T梁	30	231
14	旁后大桥	预应力混凝土准连续T梁	30	163
15	洋门格右线大桥	预应力混凝土准连续T梁	30	165
16	建兴大桥	预应力混凝土T形截面连续刚构	30	334
17	西洋大桥	预应力混凝土准连续T梁	30	279
18	三际板大桥	预应力混凝土准连续T梁	30	253
19	过垄尾大桥	预应力混凝土准连续T梁	25	158
20	白樟大桥	预应力混凝土准连续T梁	35	284
21	云渡大桥	预应力混凝土准连续T梁	25	131
22	小园大桥	预应力混凝土准连续T梁	30	247
23	澳柄大桥	预应力混凝土准连续T梁	30	187
24	沃头Ⅱ号大桥	预应力混凝土箱形截面连续梁 预应力混凝土准连续T梁	60	257
25	沃头Ⅰ号大桥	预应力混凝土准连续T梁	30	157
26	金沙大桥	预应力混凝土T形截面连续梁	30	306
27	坑面兰大桥	预应力混凝土准连续T梁	30	187
28	少埔山大桥	预应力混凝土准连续T梁	30	187
29	丘垅大桥	预应力混凝土T形截面连续梁	30	217
30	马腰隔大桥	预应力混凝土箱形截面连续刚构	75	322
31	猫坑溪特大桥	预应力混凝土箱形截面连续刚构	150	484
32	官洋溪大桥	预应力混凝土T形截面连续梁	30	187
33	官洋溪特大桥	预应力混凝土箱形截面连续刚构	100	395

续表 3-7

序号		结构形式	最大跨径	桥长
34	王宅特大桥	预应力混凝土箱形截面连续刚构	100	281
35	岭兜大桥	预应力混凝土T形截面连续梁	30	278
36	老虎坑大桥	预应力混凝土T形截面连续梁	30	216
37	上洋特大桥	预应力混凝土箱形截面连续刚构	100	220
38	炉下Ⅱ号大桥	预应力混凝土T形截面连续梁	30	160
39	炉下Ⅰ号大桥	预应力混凝土T形截面连续梁	40	322
40	荒旗垄大桥	预应力混凝土T形截面连续刚构	30	112
41	王坑Ⅳ号大桥	预应力混凝土T形截面连续梁	30	212
42	王坑Ⅲ号大桥	预应力混凝土T形截面连续梁	30	193
43	王坑Ⅱ号大桥	预应力混凝土T形截面连续刚构	25	110
44	王坑Ⅰ号大桥	预应力混凝土T形截面连续梁	25	115
45	洋中大桥	预应力混凝土T形截面连续梁	30	186
46	宝亭口大桥	预应力混凝土T形截面连续梁	30	187
47	朱垄坂大桥	预应力混凝土T形截面连续梁	25	284
48	古楼尾大桥	预应力混凝土T形截面连续梁	25	235
49	大仓尾大桥	预应力混凝土T形截面连续梁	25	138
50	鸭坑溪Ⅲ号大桥	预应力混凝土T形截面连续梁	25	187
51	鸭坑溪Ⅱ号大桥	预应力混凝土T形截面连续梁	25	114
52	鸭坑溪Ⅰ号大桥	预应力混凝土T形截面连续梁	25	119
53	雍口村电站大桥	预应力混凝土T形截面连续刚构	30	130
54	华兰溪大桥	预应力混凝土T形截面连续刚构	30	161
55	下过溪Ⅱ号大桥	预应力混凝土T形截面连续梁	30	1040
56	下过溪Ⅰ号大桥	预应力混凝土T形截面连续刚构	25	354
57	董坪Ⅲ号大桥	预应力混凝土T形截面连续梁	25	231
58	董坪Ⅱ号大桥	预应力混凝土T形截面连续梁	30	133
59	董坪Ⅰ号大桥	预应力混凝土T形截面连续梁	25	237
60	石狮炉Ⅱ号大桥	预应力混凝土T形截面连续梁	30	339
61	石狮炉Ⅰ号大桥	预应力混凝土T形截面连续梁	30	168
62	坪寨大桥	预应力混凝土T形截面连续梁	25	155
63	长坑大桥	预应力混凝土T形截面连续梁	30	173
64	上樟田Ⅱ号大桥	预应力混凝土T形截面连续梁	25	460
65	上樟田Ⅰ号大桥	预应力混凝土T形截面连续梁	25	113
66	蔗田大桥	预应力混凝土T形截面连续梁	25	310

续表 3 − 7

序号		结构形式	最大跨径	桥长
67	后垄溪右线Ⅱ号大桥	预应力混凝土 T 形截面连续梁	30	426
68	后垄溪右线Ⅰ号大桥	预应力混凝土 T 形截面连续梁	25	265
69	后垄溪左线特大桥	预应力混凝土 T 形截面连续梁	30	642
70	桥头大桥	预应力混凝土 T 形截面连续刚构	40	137
71	转洋大桥	预应力混凝土 T 形截面连续刚构	25	191
72	当头大桥	预应力混凝土 T 形截面连续刚构	30	130
73	都坑Ⅱ号大桥	预应力混凝土 T 形截面连续刚构	40	324
74	都坑Ⅰ号大桥	预应力混凝土 T 形截面连续刚构	30	184
75	联南大桥	预应力混凝土 T 形截面连续刚构	25	196
76	大坪湾大桥	预应力混凝土箱形截面连续刚构	87	280
77	莒上大桥	预应力混凝土 T 形截面连续刚构—连续梁	30	273
78	十里亭Ⅲ号大桥	预应力混凝土 T 形截面连续刚构	30	155
79	十里亭Ⅱ号大桥	预应力混凝土 T 形截面连续刚构	30	625
80	十里亭Ⅰ号大桥	预应力混凝土 T 形截面连续刚构	30	398
81	塔前Ⅱ号大桥	预应力混凝土 T 形截面连续刚构	30	243
82	塔前Ⅰ号大桥	预应力混凝土 T 形截面连续刚构	30	392
83	塔前立交主线桥	预应力混凝土 T 形截面连续刚构	30.45	525
84	龙泉大桥	预应力混凝土 T 形截面连续刚构	30	400
85	土地洋大桥	预应力混凝土 T 形截面连续刚构	30	390
86	白莲塘Ⅳ号大桥	预应力混凝土 T 形截面连续梁	30	154
87	白莲塘Ⅲ号大桥	预应力混凝土 T 形截面连续梁	25	179
88	白莲塘Ⅱ号大桥	预应力混凝土 T 形截面连续刚构	30	132
89	白莲塘Ⅰ号大桥	预应力混凝土 T 形截面连续梁	25	178
90	南洲Ⅱ号大桥	预应力混凝土 T 形截面连续梁	30	158
91	南洲Ⅰ号大桥	预应力混凝土 T 形截面连续梁	25	131
92	西芹茶果厂大桥	预应力混凝土 T 形截面连续梁	25	143
93	跃村西大桥	预应力混凝土 T 形截面连续梁	25	231
94	大深坑Ⅱ号大桥	预应力混凝土 T 形截面连续刚构	40	357
95	大深坑Ⅰ号大桥	预应力混凝土 T 形截面连续刚构	30	252
96	坂头大桥左幅大桥	预应力混凝土准连续 T 梁	30	402
97	东楼大桥	预应力混凝土准连续 T 梁	35	186
98	胜地大桥	预应力混凝土准连续 T 梁	30	342
99	大湾特大桥	预应力混凝土准连续 T 梁	25	524

续表 3 - 7

序号		结构形式	最大跨径	桥长
100	澄江楼大桥	预应力混凝土准连续 T 梁	25	170
101	青州沙溪特大桥	预应力混凝土箱形截面连续刚构 预应力混凝土 T 形截面连续梁	148	623
102	涌溪大桥	预应力混凝土 T 形截面连续梁	25	186
103	茶凤店大桥	预应力混凝土 T 形截面连续刚构	30	193
104	下坑大桥	预应力混凝土 T 形截面连续梁	25	202
105	玉溪大桥	预应力混凝土 T 形截面连续刚构	30	134
106	东坑洋大桥	预应力混凝土 T 形截面连续刚构	30	310
107	大际大桥	预应力混凝土 T 形截面连续刚构	30	152
108	底峡大桥	预应力混凝土 T 形截面连续刚构	25	483
109	际口大桥	预应力混凝土 T 形截面连续刚构	30	305
二、三邵高速公路				
1	际口Ⅱ号大桥	预应力混凝土 T 形截面连续梁	25	214
2	溪尾大桥	预应力混凝土 T 形截面连续梁	30	227
3	张坑湾特大桥	预应力混凝土 T 形截面连续刚构	35	533
4	际硿大桥	预应力混凝土 T 形截面连续梁	30	404
5	大溪头大桥	预应力混凝土 T 形截面连续梁	40	266
6	马山大桥	预应力混凝土 T 形截面连续梁	25	219
7	桂口大桥	预应力混凝土 T 形截面连续梁	25	160
8	高桥大桥	预应力混凝土 T 形截面连续梁	30	144
9	梨树大桥	预应力混凝土 T 形截面连续梁	25	108
10	中尾庵Ⅱ号大桥	预应力混凝土 T 形截面连续梁	30	277
11	中尾庵Ⅰ号大桥	预应力混凝土 T 形截面连续刚构	30	430
12	龙峰溪Ⅵ号大桥	预应力混凝土 T 形截面连续刚构	30	373
13	龙峰溪Ⅴ号右线大桥	预应力混凝土 T 形截面连续梁	25	114
14	龙峰溪Ⅳ号大桥	预应力混凝土 T 形截面连续刚构	25	141
15	龙峰溪Ⅲ号大桥	预应力混凝土 T 形截面连续刚构	30	134
16	龙峰溪Ⅱ号大桥	预应力混凝土 T 形截面连续刚构	30	218
17	坡坑Ⅱ号左线大桥	预应力混凝土 T 形截面连续梁	25	167
18	坡坑Ⅰ号大桥	预应力混凝土 T 形截面连续梁	25	140
19	洋坊大桥	预应力混凝土 T 形截面连续梁	25	207
20	坑口大桥	预应力混凝土 T 形截面连续梁	25	286
21	漠源大桥	预应力混凝土 T 形截面连续梁	30	133
22	路口大桥	预应力混凝土 T 形截面连续梁	30	162

续表 3－7

序号		结构形式	最大跨径	桥长
23	曹溪大桥	预应力混凝土 T 形截面连续梁	30	222
24	玉华洞大桥	预应力混凝土 T 形截面连续梁	35	307
25	下村特大桥	预应力混凝土 T 形截面连续梁	35	604
26	老虎坑大桥	预应力混凝土 T 形截面连续梁	25	157
27	积善特大桥	预应力混凝土 T 形截面连续梁	40	1014
28	张坑大桥	预应力混凝土 T 形截面连续梁	25	132
29	新路大桥	预应力混凝土 T 形截面连续梁	25	207
30	店前大桥	预应力混凝土 T 形截面连续梁	25	207
31	芦前Ⅱ号大桥	预应力混凝土 T 形截面连续梁	25	357
32	芦前Ⅰ号大桥	预应力混凝土 T 形截面连续梁	25	210
33	福匡大桥	预应力混凝土 T 形截面连续梁	30	307
34	良坊大桥	预应力混凝土 T 形截面连续梁	25	184
35	龙渡大桥	预应力混凝土 T 形截面连续梁	30	426
36	西田特大桥	预应力混凝土 T 形截面连续刚构	35	776
37	双溪口Ⅲ号大桥	预应力混凝土 T 形截面连续刚构	35	218
38	双溪口Ⅱ号大桥	预应力混凝土 T 形截面连续刚构	35	395
39	双溪口Ⅰ号特大桥	预应力混凝土 T 形截面连续梁	30	637
40	梅林大桥	预应力混凝土 T 形截面连续梁	30	427
41	上塘大桥	预应力混凝土 T 形截面连续梁	30	127
42	交胜大桥	预应力混凝土 T 形截面连续梁	25	134
43	龙湖大桥	预应力混凝土 T 形截面连续梁	30	426
44	将石Ⅱ号大桥	预应力混凝土 T 形截面连续梁	30	519
45	将石Ⅰ号大桥	预应力混凝土 T 形截面连续梁	30	135
46	排上大桥	预应力混凝土 T 形截面连续梁	25	132
47	层溪Ⅳ号大桥	预应力混凝土 T 形截面连续梁	30	223
48	层溪Ⅲ号大桥	预应力混凝土箱形截面连续刚构	130	282
49	层溪Ⅱ号大桥	预应力混凝土 T 形截面连续梁	30	127
50	层溪Ⅰ号大桥	预应力混凝土 T 形截面连续梁	30	156
51	成下大桥	预应力混凝土 T 形截面连续梁	30	361

续表 3-7

序号		结构形式	最大跨径	桥长
52	上村大桥	预应力混凝土 T 形截面连续刚构	35	431
53	杨家斜Ⅱ号大桥	预应力混凝土准连续 T 梁	30	157
54	杨家斜Ⅰ号大桥	预应力混凝土准连续 T 梁	30	134
55	溪口Ⅱ号大桥	预应力混凝土连续 T 梁	30	165
56	溪口Ⅰ号大桥	预应力混凝土连续 T 梁	30	666
57	三白大桥	预应力混凝土连续 T 梁	30	246
58	刘家大桥	预应力混凝土连续矮箱梁	20	166
三、三明连接线（长深线一部分）				
1	珠坑大桥	预应力混凝土 T 形截面连续梁	30	245
2	瑞云Ⅰ号特大桥	预应力混凝土箱形截面连续刚构	100	228
3	瑞云Ⅱ号大桥	预应力混凝土 T 形截面连续刚构	30	225
4	碧溪大桥	预应力混凝土 T 形截面连续刚构	30	228
5	三明大桥	预应力混凝土箱形截面连续梁	85	407
四、南平连接线（长深线一部分）				
1	上洋大桥	预应力混凝土 T 形截面连续梁	25	234
2	龙德寺大桥	预应力混凝土 T 形截面连续梁	30	157
3	无线电六厂大桥	预应力混凝土准连续 T 梁	30	251
4	西芹大桥	预应力混凝土箱形截面连续刚构 预应力混凝土准连续 T 梁	93	570
5	林机厂大桥	预应力混凝土 T 形截面连续刚构—连续梁	30	277
6	上马石大桥	预应力混凝土 T 形截面连续刚构—连续梁	30	307
7	洪溪大桥	预应力混凝土 T 形截面连续梁	30	157
8	村头大桥	预应力混凝土 T 形截面连续刚构	30	128

表 3-8　　　　　**福银线高速公路福建境内隧道一览表**

单位：米

序号	隧道名称	布置形式	净宽	长度	备 注
一、福三高速公路					
1	竹岐隧道	分离式双洞	2-9.75	2254	—
2	文山下隧道	连拱	2-9.75	256	—

续表 3－8

序号	隧道名称	布置形式	净宽	长度	备 注
3	鸿尾Ⅱ号隧道	小净距	2－9.75	325	—
4	鸿尾Ⅰ号隧道	小净距	2－9.75	380	—
5	洋门格隧道	分离式双洞	2－9.75	1534	—
6	里洋隧道	小净距	2－9.75	331	—
7	青洋隔隧道	分离式双洞	2－9.75	2067	—
8	过垄尾隧道	连拱	2－9.75	290	—
9	坑面兰隧道	连拱	2－9.75	410	—
10	坪籁隧道	连拱	2－9.75	200	—
11	美菰林隧道	分离式双洞	2－9.75	5574	—
12	村坪隧道	小净距	2－9.75	317	—
13	后坑隧道	分离式双洞	2－9.75	663	—
14	罗盘基隧道	分离式双洞	2－9.75	3408	—
15	大排Ⅱ号隧道	分离式双洞	2－9.75	748	—
16	大排Ⅰ号隧道	分离式双洞	2－9.75	488	—
17	向阳隧道	连拱	2－9.75	240	—
18	联南隧道	小净距	2－9.75	575	—
19	金鸡山隧道	分离式双洞	2－9.75	2994	—
20	塔前隧道	小净距	2－9.75	455	—
21	南洲Ⅱ号隧道	小净距	2－9.75	285	—
22	南洲Ⅰ号隧道	小净距	2－9.75	325	—
23	跃村隧道	小净距	2－9.75	595	—
24	叶坑隧道	分离式双洞	2－9.75	2564	—
25	东楼隧道	小净距	2－9.75	154	—
26	中胜隧道	小净距	2－9.75	359	—
27	大年岭隧道	连拱	2－9.75	210	—
28	金旗山隧道	小净距	2－9.75	205	—
29	龙慈隧道	连拱	2－9.75	580	—
二、三邵高速公路					
1	钟石隧道	小净距	2－9.75	368	—

续表 3 - 8

序号	隧道名称	布置形式	净宽	长度	备 注
2	际硋隧道	连拱	2 - 9.75	186	—
3	木丝垄隧道	连拱	2 - 9.75	167	—
4	高桥隧道	连拱	2 - 9.75	235	—
5	梨树隧道	分离式双洞	2 - 9.75	860	—
6	龙峰溪隧道	连拱	2 - 9.75	250	—
7	雪峰山Ⅲ号隧道	分离式双洞	2 - 9.75	261	—
8	雪峰山Ⅱ号隧道	分离式双洞	2 - 9.75	315	—
9	雪峰山Ⅰ号隧道	分离式双洞	2 - 9.75	4309	—
10	洋坊隧道	连拱	2 - 9.75	208	—
11	路口隧道	分离式双洞	2 - 9.75	566	—
12	曹溪隧道	分离式双洞	2 - 9.75	447	—
13	玉华隧道	分离式双洞	2 - 9.75	1333	—
14	芦前隧道	分离式双洞	2 - 9.75	296	—
15	福匡隧道	分离式双洞	2 - 9.75	2115	—
16	红牙山隧道	分离式双洞	2 - 9.75	1207	—
17	八里桥隧道	分离式双洞	2 - 9.75	438	—
18	宅上隧道	分离式双洞	2 - 9.75	1031	—
19	麻岭隧道	分离式双洞	2 - 9.75	708	—
20	马仔岭隧道	分离式双洞	2 - 9.75	1141	—
21	双溪口隧道	连拱	2 - 9.75	248	—
22	层溪Ⅱ号隧道	连拱	2 - 9.75	197	—
23	层溪Ⅰ号隧道	连拱	2 - 9.75	210	—
24	上村隧道	分离式双洞	2 - 9.75	2565	—
25	杨家斜隧道	连拱	2 - 9.75	225	—
26	朱洋隧道	分离式双洞	2 - 9.75	1451	—
27	肖家坊隧道	分离式双洞	2 - 9.75	469	—
28	沙塘隘隧道	连拱	2 - 9.75	420	—

三、三明连接线(长深线一部分)

1	淘金山隧道	分离式双洞	2 - 9.75	929	—
2	垄东隧道	连拱	2 - 9.75	490	—
3	余厝隧道	分离式双洞	2 - 9.75	2251	—

续表 3-8

序号	隧道名称	布置形式	净宽	长度	备注
四、南平连接线（长深线一部分）					
1	堵兜隧道	连拱	2-9.75	243	—
2	龙德寺隧道	分离式双洞	2-9.75	693	—
3	上洋隧道	分离式双洞	2-9.75	2661	—
4	际头洋隧道	连拱	2-9.75	236	—

表 3-9　　　**福银线高速公路福建境内互通立交一览表**

序号	互通立交名称	被交道路	形式
一、福三高速公路			
1	青口互通立交	福泉高速公路	半定向T形
2	南屿互通立交	国道324、316连接线——福厦路规划复线	涡轮形
3	福州西互通立交	国道316连接线	单喇叭
4	建新互通立交	福州三环路	变异苜蓿叶形
5	竹岐互通立交	国道316线	单喇叭
6	闽清互通立交	省道102线	单喇叭
7	金沙互通立交	省道102线	单喇叭
8	洋中互通立交	县道	单喇叭
9	尤溪互通立交	尤口线	单喇叭
10	塔前互通立交	县道	单喇叭
11	跃村互通立交	南平连接线高速公路	半定向T形
12	青州互通立交	国道205线	单喇叭
13	际口互通立交	三明连接线高速公路	半定向T形
14	沙县互通立交	城关道路	单喇叭
15	三明北互通立交	瑞云路	单喇叭
16	梅列互通立交	城关道路	单喇叭
17	南平互通立交	迎宾路	双喇叭
二、三邵高速公路			
1	夏茂互通立交	省道304线	单喇叭
2	将乐互通立交	省道205线	单喇叭
3	万安互通立交	省道下甘线	单喇叭
4	泰宁互通立交	邵泰公路	单喇叭
5	肖家坊互通立交	武邵高速公路	半定向T形

四、京台线与长深线

京台线浦城至南平高速公路是国家高速公路网中北京至台北放射线（浦城至建瓯）及长春至深圳纵线（建瓯至南平）福建省境内段的组成部分，也是福建省"三纵八横"高速公路主骨架"二横"的组成路段，北接拟建的安徽黄山至浙江衢州到福建浦城的高速公路，南接国高网福银高速公路，是沟通长江三角洲与珠江三角洲地区的重要公路通道和通往东南沿海地区的交通干线。

浦南高速公路起于闽浙界的浦城县官路乡上巾竹，与浙江省黄衢南高速公路相接，经仙阳、浦城、临江、石陂、五夫、兴田（武夷山市）、将口、建阳、徐墩、建瓯、南雅、大横、葫芦丘、常坑和小作，接福银高速公路南平连接线（亦为长深线组成部分）。全长244.43公里（含武夷山连接线高速公路3.856公里），核定工程设计总概算98.04亿元。

该段高速公路所经地段为丘陵地形。采用双向4车道、全封闭、全立交、控制出入。根据不同的地形条件，设计行车速度80公里/小时，路基宽度24.5米及设计行车速度100公里/小时，路基宽度26.0米。桥涵设计荷载为汽超−20、挂−120。设计洪水频率特大桥为1/300，一般构造物为1/100，地震基本烈度6度。

图3−3 京台线浦城至南平高速公路

全段共有特大桥、大桥17044.0延米/66座，中桥2570.94延米/32座，通道涵洞27993.92延米/691座，隧道25510延米/25座。全线共设置互通立交12处，分离式立交2639.2延米/34处，交叉工程接线30.47公里。人行天桥7处，通信监控分中心1处，监控通信所1处，互通收费站12处，主线收费站1处，养护工区5处，隧道管理站5处，服务区6处，停车区6处。

该项目由福建省交通规划设计院和浙江省交通规划设计院于2005年8月共同完成

设计。2005 年 12 月开工建设。由中铁十一局、十五局和十八局施工总承包。2008 年 11 月建成通车。

表 3－10　　京台线、长深线浦城至南平高速公路勘察设计大桥一览表

单位：米

序号	大桥名称	结构形式	最大跨径	桥长	备注
1	上巾竹大桥	预应力砼刚构连续 T 梁	35	590	
2	沙排大桥	预应力砼连续 T 梁	25	258	
3	碧沅 1 号大桥	预应力砼连续 T 梁	25	182	
4	下坊大桥	预应力砼连续 T 梁	25	160	
5	王文排 1 号大桥	预应力砼连续 T 梁	25	150	
6	王文排 2 号大桥	预应力砼连续 T 梁	25	142	
7	马莲河大桥	预应力砼后张简支空心板	20	126	
8	临江大桥	预应力砼连续 T 梁	25	162	
9	大湖排大桥	预应力砼刚构连续 T 梁	25	232	
10	祝源大桥	预应力砼连续 T 梁	25	374	
11	店下 1 号桥	预应力砼连续 T 梁	25	432	
12	店下 2 号桥	预应力砼连续小箱梁	25	140	
13	店下 3 号桥	预应力砼连续 T 梁	25	220	
14	店下 4 号桥	预应力砼连续 T 梁	25	107	
15	后塘高架桥	预应力砼刚构—连续 T 梁	30	227	
16	罗汉溪大桥	预应力砼刚构—连续 T 梁	25	132	京台线
17	古亭水库高架桥	预应力砼连续 T 梁	30	577	
18	田尾水库大桥	预应力砼连续 T 梁	25	104	
19	兰玢村大桥	预应力砼连续 T 梁	25	66	
20	潭溪 1 号桥	预应力砼 T 梁	25	185	
21	潭溪 2 号桥	预应力砼小箱梁	25	157	
22	潭溪 3 号桥	预应力砼小箱梁	25	132	
23	潭溪 4 号桥	预应力砼 T 梁	25	165	
24	兴田枢纽 A 匝道桥	预应力砼现浇箱梁	36	127	
25	兴田枢纽 C 匝道桥	预应力砼现浇箱梁	25	187	
26	武夷山主线铁路桥	预应力砼连续 T 梁	50	210	
27	武夷山支线铁路桥	预应力砼连续 T 梁	40	169	
28	毛厂高架桥	预应力砼连续 T 梁	35	289	
29	九峰水库大桥	预应力砼 T 梁	25	170	
30	K133＋735 大井垄分离式立交桥	预应力砼刚构—连续 T 梁	25	187	
31	麻阳溪大桥	预应力砼连续 T 梁	30	517	
32	宸前 I 号桥	预应力砼连续 T 梁	25	360	

续表 3 – 10

序号	大桥名称	结构形式	最大跨径	桥长	备　注
33	宸前Ⅱ号桥	预应力砼连续 T 梁	25	107	京 台 线
34	宸前分离式立交桥	预应力砼连续 T 梁	25	257	
35	建溪大桥	预应力砼连续 T 梁	50	607	
36	横南铁路桥	预应力砼连续 T 梁	30	157	
37	叶坊大桥	预应力砼连续 T 梁	20	105	
38	吉阳溪大桥	第一联为预应力砼现浇连续箱梁,第二联采用预应力砼(右幅现浇箱梁+)连续 T 梁	35	279	
39	下祭大桥	预应力砼连续 T 梁	25	195	
40	岭下大桥	预应力砼连续 T 梁	25	561	
41	东源大桥	预应力砼连续 T 梁	30	187	
42	建瓯大桥	预应力砼连续 T 梁	35	898	长 深 线
43	大水坑 1 号大桥	预应力砼连续 T 梁	30	192	
44	大水坑 2 号桥	预应力砼连续 T 梁	25	237	
45	甘源大桥	预应力砼连续 T 梁	25	264	
46	普通大桥	预应力砼连续 T 梁	25	212	
47	溪漕大桥	预应力砼连续 T 梁	25	112	
48	洋沙大桥	预应力砼连续 T 梁	25	262	
49	南雅大桥	预应力砼连续 T 梁	25	482	
50	小雅大桥	预应力砼连续 T 梁	25	309	
51	马踏岭Ⅰ号大桥	预应力砼连续 T 梁	30	249	
52	马踏岭中桥	预应力砼连续 T 梁	30	102	
53	南雅互通 A 匝道桥	预应力砼简支 T 梁 + 预应力砼连续 T 梁	50	222	
54	大汾洋Ⅰ号分离式立交大桥	预应力砼简支 T 梁 + 预应力砼连续 T 梁	40	108	
55	延安大桥	预应力砼变截面连续刚构箱梁 + 预应力砼连续 T 梁	120	577	
56	新村大桥	预应力砼刚构—连续 T 梁	35	428	
57	岩角大桥	预应力砼刚构—连续 T 梁	35	401	
58	大横 1 号桥	预应力砼刚构—连续 T 梁	30	162	
59	大横 2 号桥	预应力砼刚构—连续 T 梁	30	149	
60	大横 3 号桥	预应力砼刚构—连续 T 梁	30	187	
61	埂埕大桥	预应力砼刚构—连续 T 梁	35	255	
62	高桐铺大桥	预应力砼刚构—连续 T 梁	25	207	
63	常坑大桥	预应力砼变截面连续刚构箱梁 + 预应力砼连续 T 梁	100	644	

续表 3 - 10

序号	大桥名称	结构形式	最大跨径	桥长	备注
64	五里亭 I 号大桥	预应力砼变截面连续刚构箱梁＋连续 T 梁＋简支 T 梁	120	493	长深线
65	五里亭 II 号大桥	预应力砼连续 T 梁	30	217	
66	五里亭 III 号大桥	预应力砼刚构—连续 T 梁	35	220	

表 3 - 11　京台线和长深线浦城至南平高速公路隧道工程项目一览

单位：米

序号	隧道名称	布置形式	净宽	长度	备注
1	半岭头隧道	分离式双洞	2 - 10.25	2020	京台线
2	毕岭头隧道	分离式双洞	2 - 10.25	1304	
3	樟元山隧道	分离式双洞	2 - 10.25	1627	
4	大湖岭隧道	分离式双洞	2 - 10.25	823	
5	祝源隧道	分离式双洞	2 - 10.25	2942	
6	古亭隧道	分离式双洞	2 - 10.25	532	
7	香烛墩隧道	分离式双洞	2 - 10.25	584	
8	西岸隧道	分离式双洞	2 - 10.25	510	
9	新兴隧道	分离式双洞	1 - 10.25	584	
10	江坑隧道	分离式双洞	2 - 10.25	508	
11	摇前隧道	分离式双洞	2 - 10.25	350	
12	岭下隧道	分离式双洞	2 - 10.25	1162	
13	东源隧道	分离式双洞	2 - 10.25	778	
14	九曲隧道	分离式双洞	2 - 10.25	238	长深线
15	新厂隧道	分离式双洞	2 - 10.25	1533	
16	下洋隧道	分离式双洞	2 - 10.25	814	
17	莲花山隧道	分离式双洞	2 - 10.25	1118	
18	伊村隧道	连拱双洞	2 - 10.25	349	
19	金斗山隧道	分离式双洞	2 - 10.25	632	
20	岩角隧道	连拱双洞	2 - 10.25	230	
21	埂埕隧道	分离式双洞	2 - 10.25	480	
22	葫芦丘隧道	分离式双洞	2 - 10.25	3083	
23	湖尾 I 号隧道	分离式双洞	2 - 10.25	197	
24	湖尾 II 号隧道	分离式双洞	2 - 10.25	1122	

表 3-12 　　　京台线和长深线浦城至南平高速公路互通立交一览表

序号	互通立交名称	被交道路	形式	备注
1	仙阳互通立交	国道 205 线	单喇叭 A 型	京台线
2	浦城互通立交	国道 205 线	单喇叭 A 型	
3	临江互通立交	国道 205 线	单喇叭 A 型	
4	石陂互通立交	国道 205 线	单喇叭 A 型	
5	建阳互通立交	国道 205 线	单喇叭 A 型	
6	徐墩互通立交	国道 205 线	单喇叭 A 型	
7	兴田枢纽互通	国道 205 线	枢纽互通	
8	五夫互通立交	国道 205 线	单喇叭 A 型	
9	建瓯互通立交	国道 205 线	单喇叭 A 型	长深线
10	南雅互通立交	国道 205 线	单喇叭 A 型	
11	大横互通立交	国道 205 线	单喇叭 A 型	
12	南平北互通立交	国道 205 线	单喇叭 A 型	

五、泉南线与长深线

泉州至三明高速公路是国家高速公路网泉州至南宁横线（泉州至永安）和长春至深圳纵线（三明至永安）的组成部分，也是福建省高速公路干线网"三纵八横"第五横的组成部分。起于泉州晋江磁灶，接已建成的沈海线福州至厦门高速公路，经南安、永春、大田和永安，止于三明大源，接已建成的福银线福三高速公路三明连接线。全长 284.5 公里。另建德化连接线 12.9 公里，三明南连接线 4.90 公里。核定工程设计总概算 162.77 亿元。大部分为山岭重丘地形。泉州晋江磁灶至永春互通段 63.044 公里，采用双向 6 车道，全封闭、全立交、控制出入，设计行车速度 100 公里/小时，路基宽度 33.5 米。永春互通至终点采用双向 4 车道，全封闭、全立交、控制出入，设计行车速度 80 公里/小时，路基宽度 24.5 米。德化连接线路基宽度 21.5 米，三明连接线路基宽度 24.5 米，均采用双向 4 车道高速公路标准。

全线共有特大桥、大桥 37805.49 延米/165 座，中、小桥 871.55 延米/13 座，涵洞通道 30869.6 延米/629 座，隧道 45254 延米/46 座。桥涵设计荷载为公路—Ⅰ级，设计洪水频率特大桥 1/300，一般构造物 1/100。地震基本烈度起点至永春互通段为 7 度，永春互通至终点为 6 度。全线除收费站及隧道内路面采用水泥砼路面外，主车道均采用沥青砼路面。

全线共设置互通立交 20 处，设分离式立交 4520.5 延米/45 座，人行天桥 1393.5 延米/17 座。设置监控分中心 1 处，监控通信所 1 处，收费站 16 处（其中德化连接线 1

处），养护工区 4 处，服务区 6 处，隧道管理站 5 处。

该项目泉州市境段由省交通规划设计院和中交第一公路勘察设计研究院有限公司于 2005 年 11 月共同完成设计。三明市境段由省交通规划设计院于 2005 年 11 月完成设计。2005 年 12 月开工建设，2008 年 12 月建成通车。

主要施工单位：中铁十三局四公司、中天路桥有限公司、福建省第一公路工程公司、江西通威公路建设集团、中铁十三局一公司、中铁十八局五公司、中铁二十四局、中铁十九局三公司南昌公司、中铁五局集团、山西路桥二公司、湖南省建工集团、中铁十八局一公司、中铁十六局、中铁十八局二公司、中铁一局四公司、中铁十一局一公司、中铁十七局六公司、中铁四局第一工程公司、中交第三公路工程局、中铁十六局第一工程公司、路桥华东工程有限公司、中铁十七局、中铁二局股份公司、中铁十四局第五工程公司、中铁十三局集团第一工程公司、中铁十九局集团、湖南路桥建设集团公司、中铁十六局第三工程公司、中铁五局第一工程公司、中铁二局第五工程公司和中铁十四局第二工程公司。

典型互通立交如下：

金淘枢纽互通立交。连接泉南和沈海复线两条高速公路，为十字交叉的涡轮型枢纽互通。互通场区水网及地方路网较为发达，互通区主线与匝道基本以桥梁结构为主，为考虑减少造价，互通区主线与匝道在线位布设上充分考虑桥梁布孔，最大限度地使用预制模块。

吉山（永安）枢纽互通式立交。是泉州至南宁与长春至深圳两条高速公路在福建境内的交叉点，也是福建省构建海峡西岸经济区高速公路网"三纵八横"布局中第三纵与第五横的交叉点，一级立体交叉工程，是福建省在建的最大互通式立交工程，造价近 3 亿元。立交总体设计根据交通功能需要，因地制宜选用标准，按需高则高、能低则低的设计原则，立交布置成十字混合式交叉形式，匝道设计为直连式高速匝道、半直连式匝道和环形匝道三种类型，使实用性、适用性和经济性得到较好的统一。匝道线位与立交桥跨互动设计，相互协调。

表 3 - 13　　**泉南线和长深线泉三高速公路勘察设计大桥一览表**

单位：米

序号	大桥名称	结构形式	最大跨径	桥长	备注
1	屿岵大桥	预应力砼连续箱梁	25	181	泉南线
2	车厝分离式	预应力砼连续箱梁	35	114	
3	屿岵分式	预应力砼矮箱梁	35	113	
4	曾林大桥	预应力砼连续 T 梁	25	268	
5 ·	四黄大桥	预应力砼连续空心板	20	105	
6	西溪大桥	预应力砼连续 T 梁	30	367	

续表 3 - 13

序号	大桥名称	结构形式	最大跨径	桥长	备注
7	上村 1 号分离式	预应力等截面砼连续箱梁	32.6	96	
8	上村 2 号分离式	预应力砼箱梁	18.5	101	
9	玉叶 1 号分离式	预应力砼连续 T 梁	30	501	
10	玉叶 2 号分离式	预应力矮箱梁	25	107	
11	细坑大桥	预应力连续 T 梁	25	307	
12	国专分离式（主线下穿）	预应力砼连续箱梁	30	101	
13	洋道坑大桥	预应力连续 T 梁	25	307	
14	九际洋大桥	预应力连续—刚构 T 梁	30	367	
15	下二房 1 号大桥	预应力砼连续 T 梁	25	332	
16	洋道坑分离式	斜腿刚构	25	62	
17	下二房 II 号大桥	预应力砼刚构—连续 T 梁	30	307	
18	坑内大桥	预应力砼刚构—连续 T 梁	30	340	
19	姑林山大桥	预应力砼连续 T 梁	30	281	
20	惠书 I 号大桥	预应力砼连续 T 梁	35	498	
21	惠书 II 号大桥	预应力砼连续 T 梁	25	182	
22	内厝分离式立交	预应力砼连续箱梁	30	127	泉南线
23	南石 I 号大桥	预应力砼刚构—连续 T 梁	31	547	
24	南石 II 号大桥	预应力砼刚构—连续 T 梁	30	157	
25	岵山大桥	预应力砼连续 T 梁	30	549	
26	右线柳头大桥	预应力砼连续 T 梁	30	144	
27	高坂大桥	预应力砼连续 T 梁	40	529	
28	达埔大桥	预应力砼连续 T 梁	25	108	
29	大龙坑大桥	预应力砼连续 T 梁	30	174	
30	狮峰大桥	预应力砼连续 T 梁	35	184	
31	达德大桥	预应力砼连续 T 梁	30	189	
32	新琼大桥	预应力砼连续 T 梁	30	309	
33	军兜大桥	预应力砼组合 T 梁	30	189	
34	石佛仔 1 号大桥	预应力砼组合 T 梁	25	133	
35	左线石佛仔 2 号大桥	预应力砼组合 T 梁	30	249	
36	左线马跳 1 号大桥	预应力砼组合 T 梁	25	208	
37	马跳 2 号大桥	预应力砼组合 T 梁	35	275	
38	主线柴桥头大桥	预应力砼组合 T 梁	25	544	
39	南山 1 号大桥	预应力砼组合 T 梁	35	534	
40	南山 2 号大桥	预应力砼组合 T 梁	35	307	

续表 3-13

序号	大桥名称	结构形式	最大跨径	桥长	备注
41	大阪大桥	预应力砼组合 T 梁	30	204	
42	下岸大桥	预应力砼组合 T 梁	40	550	
43	黄沙 1 号大桥	预应力砼连续刚构	90	363	
44	黄沙 Ⅱ 号大桥	预应力砼连续 T 梁	35	306	
45	茂林 1 号大桥	预应力砼连续 T 梁	35	201	
46	茂林 Ⅱ 号大桥	预应力砼连续 T 梁	30	279	
47	牛心山 1 号大桥	预应力砼连续 T 梁	—	202	
48	左线牛心山 2 号大桥	预应力砼连续 T 梁	35	129	
49	横洋大桥	预应力砼连续 T 梁	30	489	
50	树尾乾大桥	预应力组合 T 梁	35	289	
51	打水洋水库大桥	预应力组合 T 梁	35	447	
52	草田大桥	预应力组合 T 梁	35	289	
53	涂山大桥	预应力组合 T 梁	25	108	
54	上对洋大桥	预应力组合 T 梁	30	249	
55	魁园 Ⅰ 号大桥	预应力砼组合 T 梁	30	399	
56	魁园 Ⅱ 号大桥	预应力砼组合 T 梁	25	249	
57	东坑 Ⅰ 号大桥	预应力砼组合 T 梁	25	108	泉
58	东坑 Ⅱ 号大桥	预应力砼组合 T 梁	25	233	南
59	坑内大桥	预应力砼组合 T 梁	25	183	线
60	溪下纵向大桥	预应力砼组合 T 梁	25	233	
61	上山村大桥	预应力砼组合 T 梁	30	293	
62	苏坑大桥	预应力砼连续 T 梁	25	133	
63	湖坑大桥	预应力砼组合 T 梁	30	339	
64	英山大桥	预应力砼组合 T 梁	25	107	
65	德化大桥	预应力砼组合 T 梁	25	108	
66	嵩山中桥	预应力砼组合 T 梁	25	83	
67	吴山大桥	预应力砼连续 T 梁	30	475	
68	吉州大桥	预应力砼连续 T 梁	30	147	
69	科山后大桥	预应力砼连续 T 梁	25	150	
70	际头大桥	预应力砼连续 T 梁	35	394	
71	下坂 Ⅰ 号大桥	预应力砼连续 T 梁	30	338	
72	下坂 Ⅱ 号大桥	预应力砼连续 T 梁	25	222	
73	林畔坑大桥	预应力砼连续 T 梁	30	326	
74	虎尾大桥	预应力砼连续 T 梁	90	560	

续表 3－13

序号	大桥名称	结构形式	最大跨径	桥长	备注
75	虎头大桥	预应力砼连续 T 梁	40	253	
76	大桥坪大桥	预应力砼连续 T 梁	30	642	
77	寨格大桥	预应力砼连续 T 梁	35	203	
78	瘦板大桥	预应力砼连续 T 梁	30	314	
79	上坂大桥	预应力砼连续 T 梁	30	270	
80	溪柄大桥	预应力砼连续 T 梁	30	132	
81	长溪 I 号大桥	预应力砼连续 T 梁	25	292	
82	长溪 II 号大桥	预应力砼连续 T 梁	25	461	
83	初坑 I 号大桥	预应力砼连续 T 梁	35	409	
84	初坑 II 号大桥	预应力砼刚构—连续 T 梁 + 预应力砼连续 T 梁	35	224	
85	初坑 III 号大桥	预应力砼刚构—连续 T 梁	30	175	
86	初坑 IV 号大桥	预应力砼刚构—连续 T 梁	30	549	
87	小湖大桥	预应力砼刚构—连续 T 梁	40	248	
88	上井洋大桥	预应力砼刚构—连续 T 梁	30	127	
89	李仔仑大桥	预应力砼刚构—连续 T 梁	30	277	
90	上溪口大桥	预应力砼连续 T 梁	30	277	泉南线
91	上京大桥	预应力砼连续 T 梁	30	464	
92	后洋大桥	预应力砼连续 T 梁	30	251	
93	城口大桥	预应力砼刚构—连续 T 梁	35	256	
94	新宅大桥	预应力砼刚构—连续 T 梁	30	190	
95	安坑头 1 号桥	预应力砼刚构—连续 T 梁	35	184	
96	安坑头 2 号桥	预应力砼刚构—连续 T 梁	25	187	
97	上举林大桥	预应力砼刚构—连续 T 梁	30	220	
98	茶湾坑 1 号桥	预应力砼刚构—连续 T 梁	30	187	
99	茶湾坑 2 号桥	预应力砼刚构—连续 T 梁	25	158	
100	下土堡大桥	预应力砼刚构—连续 T 梁	30	208	
101	桃源互通 1 号桥	预应力砼刚构—连续 T 梁	30	490	
102	桃源互通 A 匝道 1 号桥	预应力砼连续空心板	20	114	
103	桃源互通 A 匝道 2 号桥	预应力砼刚构—连续 T 梁	25	210	
104	后溪坂 1 号大桥（半边桥）	连续 T 梁 + 变截面箱梁连续刚构 + 连续 T 梁	100	369	
105	后溪坂 2 号大桥	左幅简支空心板 + 连续 T 梁，右幅连续 T 梁	35	364	
106	后溪坂 3 号大桥	预应力砼连续 T 梁	25	121	
107	下洋 1 号大桥（半边桥）	预应力砼连续 T 梁	35	322	

续表 3 - 13

序号	大桥名称	结构形式	最大跨径	桥长	备注
108	下洋 2 号大桥（半边桥）	预应力砼刚构—连续 T 梁	25	183	
109	下洋 3 号大桥	预应力砼刚构—连续 T 梁	25	258	
110	黄坂洋分离式大桥	预应力砼连续箱梁	35	183	
111	黄坂洋分离式中桥	预应力砼连续箱梁	30	102	
112	下格寨 1 号大桥	桥面宽度 11 + 12.5 米，防撞栏宽度 4×0.5 米	30	247	
113	下格寨 2 号大桥	桥面宽度 11 + 12.5 米，防撞栏宽度 4×0.5 米	30	277	
114	下格寨 3 号大桥	桥面宽度 11 + 12.5 米，防撞栏宽度 4×0.5 米	30	127	
115	西洋 1 号大桥	预应力砼刚构—连续 T 梁	30	247	泉南线
116	西洋 2 号大桥	预应力砼变截面箱梁连续刚构 + 连续 T 梁	100	458	
117	西洋 3 号大桥	预应力砼刚构—连续 T 梁	30	160	
118	西洋 4 号大桥（半边桥）	预应力砼刚构—连续 T 梁	30	580	
119	西洋 5 号大桥（半边桥）	预应力砼刚构—连续 T 梁	30	577	
120	下坂洋大桥（半边桥）	预应力砼连续 T 梁	30	135	
121	葛州 1 号大桥（半边桥）	预应力砼刚构	30	282	
122	葛州 2 号大桥（半边桥）	预应力砼刚构	40	470	
123	葛州电站大桥（半边桥）	预应力砼连续 T 梁	25	118	
124	葛州 3 号大桥	预应力砼刚构—连续 T 梁	40	678	
125	吓福水库大桥（半边桥）	预应力砼连续 T 梁	25	132	
126	永安南互通 F 匝道 1 号桥	预应力砼连续 T 梁	25	257	
127	洛溪大桥	预应力砼连续 T 梁、刚构 T 梁	30	518	
128	吉山互通 A 匝道桥	预应力砼连续箱梁	25	282	
129	吉山互通 B 匝道桥	预应力砼连续箱梁	25	297	
130	霞鹤 1 号大桥	预应力砼连续 T 梁	25	211	长深线
131	霞鹤 2 号大桥	预应力砼连续 T 梁	25	130	
132	沙溪大桥	变截面箱梁连续刚构 + T 梁连续刚构	90	545	
133	下渡分离式大桥	预应力砼连续 T 梁	30	157	
134	马坑分离式大桥	预应力砼连续 T 梁	30	131	
135	角石大桥	预应力砼连续 T 梁	40	297	
136	长道洲大桥	预应力砼连续 T 梁	25	107	
137	贡川分离式大桥	预应力砼 T 梁 + 空心板梁	40	154	
138	贡川大桥	预应力砼连续 T 梁	25	484	

续表 3 - 13

序号	大桥名称	结构形式	最大跨径	桥长	备注
139	楼源大桥	预应力砼连续 T 梁	25	157	
140	渔塘溪大桥	预应力砼刚构连续矮箱梁	35	288	
141	畔溪分离式大桥	预应力砼连续 T 梁	30	157	
142	叶坑分离式大桥	预应力砼连续 T 梁	25	120	
143	莘口主线 1 号桥	预应力砼连续 T 梁	30	310	
144	三明连接线台溪坂大桥	预应力砼矮箱梁	30	222	
145	三明连接线大坂大桥	预应力砼 T 梁,空心板	30	122	
146	互通 D 匝道桥	预应力砼现浇箱梁	25	229	
147	互通 A 匝道 3 号桥	预应力砼 T 梁	25	182	
148	前邓地大桥	预应力砼 T 梁	35	306	
149	互通 A 匝道 1 号桥	预应力砼 T 梁	30	157	
150	双江口大桥	预应力砼 T 梁	35	308	
151	焦溪 1 号大桥	预应力砼 T 梁	30	252	
152	焦溪 2 号大桥	预应力砼 T 梁	30	234	长
153	三明南互通主线 1 号桥	预应力砼 T 梁	30	221	深
154	互通 A 匝道 2 号桥	预应力砼 T 梁	30	219	线
155	互通 C 匝道桥	预应力砼现浇箱梁	20	150	
156	互通 E 匝道桥	预应力砼现浇箱梁	25	522	
157	岭头大桥	预应力砼刚构	30	189	
158	西坂坑 1 号大桥	预应力砼刚构	30	188	
159	西坂坑 2 号大桥	预应力砼刚构	30	221	
160	陈大 1 号大桥	预应力砼刚构	30	127	
161	陈大 2 号大桥	预应力砼刚构 - 连续 T 梁 预应力砼连续 T 梁	30	429	
162	大源大桥	预应力砼连续 T 梁	30	247	
163	台江大桥	连续 T 梁 + 简支 T 梁 + 连续箱梁 + 简支 T 梁	30	534	
164	东牙溪大桥	预应力砼连续 T 梁	25	314	
165	台江分离试大桥	等截面连续箱梁 + 连续 T 梁	30	389	

表 3 - 14　　　**泉南线和长深线泉三高速公路隧道一览表**

单位: 米

序号	隧道名称	布置形式	净宽	长度	备注
1	龙首岭隧道	三车道分离式双洞	2 - 14.5	779	泉
2	观音山隧道	三车道分离式双洞	2 - 14.5	1714	南
3	保福岭隧道	三车道分离式双洞	2 - 14.5	2672	线

续表 3－14

序号	隧道名称	布置形式	净宽	长度	备注
4	顶冬坑隧道	三车道分离式双洞	2－14.5	642	
5	高岭隧道	三车道分离式双洞	2－14.5	965	
6	龙阁岭隧道	分离式双洞	2－10.25	1180	
7	东园隧道	连拱双洞	2－10.25	135	
8	新琼隧道	连拱双洞	2－10.25	140	
9	马跳隧道	分离式双洞	2－10.25	740	
10	柴桥头隧道	连拱双洞	2－10.25	140	
11	格口Ⅰ号隧道	分离式双洞	2－10.25	240	
12	格口Ⅱ号隧道	分离式双洞	2－10.25	398	
13	格口Ⅲ号隧道	分离式双洞	2－10.25	285	
14	新岭格隧道	分离式双洞	2－10.25	3288	
15	桂洋隧道	分离式双洞	2－10.25	1020	
16	黄砂隧道	连拱双洞	2－10.25	124	
17	下洋Ⅰ号隧道	分离式双洞	2－10.25	1603	
18	下洋Ⅱ号隧道	分离式双洞	2－10.25	720	
19	大坪尾隧道	分离式双洞	2－10.25	313	泉南线
20	上对洋隧道	分离式双洞	2－10.25	253	
21	石门格隧道	分离式双洞	2－10.25	494	
22	形钟山隧道	分离式双洞	2－10.25	904	
23	大骨山隧道	分离式双洞	2－10.25	3063	
24	林畔坑隧道	分离式双洞	2－10.25	215	
25	红布崎隧道	分离式双洞	2－10.25	453	
26	大桥坪隧道	改爬坡车道的分离式隧道	2－10.25	446	
27	宽田隧道	分离式双洞	2－10.25	380	
28	上坂隧道	分离式双洞	2－10.25	347	
29	小湖隧道	分离式双洞	2－10.25	445	
30	桃山隧道	分离式双洞	2－10.25	1124	
31	三阳隧道	分离式双洞	2－10.25	4582	
32	上溪口隧道	连拱双洞	2－10.25	217	
33	延京隧道	连拱双洞	2－10.25	350	
34	前洋田隧道	分离式双洞	2－10.25	242	
35	将军架隧道	分离式双洞	2－10.25	1037	
36	竹坑山隧道	分离式双洞	2－10.25	1214	

续表 3 – 14

序号	隧道名称	布置形式	净宽	长度	备注
37	西洋隧道	分离式双洞	2 – 10.25	1553	泉南线
38	后洋隧道	分离式双洞	2 – 10.25	818	
39	下渡隧道	分离式双洞	2 – 10.25	1757	
40	曹源隧道	分离式双洞	2 – 10.25	928	长深线
41	坂头隧道	连拱双洞	2 – 10.25	702	
42	叶坑隧道	分离式双洞	2 – 10.25	242	
43	双江口隧道	分离式双洞	2 – 10.25	935	
44	前邓地隧道	连拱双洞	2 – 10.25	203	
45	岭头 1 号隧道	分离式双洞	2 – 10.25	3353	
46	岭头 2 号隧道	分离式双洞	2 – 10.25	3203	

表 3 – 15　　**泉南线和长深线泉三高速公路互通立交一览表**

序号	互通立交名称	被交道路	形式	备注
1	晋江互通立交	泉厦高速公路	复合互通（直连式 T 形 + B 型单喇叭）	泉南线
2	玉盘互通立交	国道 324 线	T 形 + 单喇叭	
3	泉州西互通立交	县道 301 线、高速公路	双喇叭	
4	张坑互通立交	泉南高速泉州支线	直连式	
5	南安互通立交	县道 329 线	单喇叭 A 型	
6	金淘枢纽互通立交	沈海高速公路复线	十字涡轮	
7	码头互通立交	县道 330 线	变异单喇叭	
8	永春互通立交	省道 206 线	直连式 T 型	
9	蓬壶互通立交	省道 306 线	单喇叭 A 型	
10	汤城互通立交	省道 206 线	单喇叭 A 型	
11	下洋互通立交	省道 306 线	单喇叭 A 型	
12	吴山互通立交	省道 306 线	单喇叭 A 型	
13	大田互通立交	省道 306 线	单喇叭 A 型	
14	桃源互通立交	省道 307 线	单喇叭 A 型	
15	西洋互通立交	省道 307 线	单喇叭 A 型	
16	永安南互通立交	省道 307 线	单喇叭 B 型	
17	吉山（永安）枢纽互通立交	泉南线、长深线	十字交叉混合型	
18	永安北互通立交	省道 307 线	单喇叭 A 型	长深线
19	莘口（明溪）互通立交	省道 306 线	半直连 T 形	
20	三明南互通立交	省道 306 线	半直连 T 形	
21	三明北互通立交	瑞云路（高速）	单喇叭 A 型	

六、福州国际机场高速公路

福州国际机场高速公路是福州长乐国际机场的重要配套一期工程，该公路建成后，直接与沈海线及福银线两条国道主干线相接。起于罗长高速公路马宅顶互通预留口，

途经长乐霞洲、里仁、长乐一中北侧，鹤上、大腹岭、旗山变电站、云路、演屿、漳港，终于机场。全长 20.89 公里，另建机场辅道二级公路 5.18 公里，核定工程设计总概算 13.69 亿元。该项目由省交通规划设计院于 2003 年 12 月设计，2006 年 11 月建成通车。

该段高速公路采用双向 6 车道、全封闭、全立交、控制出入。设计行车速度 100 公里/

图 3-4　福州国际机场高速公路鹤上隧道

小时，路基宽度 41.5 米，桥涵设计荷载汽超-20、挂-120。设计洪水频率特大桥为 1/300，一般构造物为 1/100。地震基本烈度 7°度。

全段共有特大桥 3884 延米/2 座，大桥 540 延米/3 座，中小桥 261.5 延米/6 座，涵洞 2965.69 延米/28 座，隧道 450 延米/1 座，互通式立交 2 处，分离式立交 1988 延米/5 处，设收费站 1 处。

主要施工单位：省第二公路工程公司、中港第三航务工程局、龙建路桥股份有限公司、中铁五局集团有限公司、中铁三局集团有限公司、中港第四航务工程局、中铁四局集团有限公司、中铁十六局集团第三工程有限公司和中铁十二局集团有限公司。

典型隧道有鹤上隧道。位于福州长乐国际机场高速公路一期工程长乐境内。隧道位于平曲线内，长度 450 米，双向 6 车道，为省内首座小净距隧道。隧道进口端为削竹式洞门，出口端为城墙式洞门。隧道按新奥法原理设计，采用复合衬砌，洞内断面采用三心圆拱。

表 3-16　　福州长乐国际机场高速公路一期工程勘察设计大桥一览表

单位：米

序号	大桥名称	结构形式	最大跨径	桥长
1	里仁特大桥	预应力混凝土连续矮箱梁	30	2381
2	汾阳大桥	预应力混凝土连续矮箱梁	30	197
3	鹤上大桥	预应力混凝土连续矮箱梁	30	156
4	江朱大桥	预应力混凝土连续矮箱梁	30	186
5	演屿特大桥	预应力混凝土连续矮箱梁	30	1503

表 3-17　　　福州长乐国际机场高速公路一期工程隧道一览表

单位：米

序号	隧道名称	布置形式	净宽	长度
1	鹤上隧道	小净距	2-12.5	450

表 3-18　　福州长乐国际机场高速公路一期工程互通立交一览表

序号	互通立交名称	被交道路	形式
1	马宅顶互通立交	沈海高速公路	半直连式枢纽互通
2	演屿互通立交	省道201线	单喇叭

表 3-19　**1990—2005 年福建省高速公路国家级优秀工程勘察设计成果一览表**

序号	获奖项目名称	颁奖部门	颁奖等级	获奖时间(年)	主要参加人员
1	泉厦高速公路工程	国家优秀工程评委会	优秀工程设计银奖	2000	黄文机 漆光荣 杨尚海
2	福泉高速公路工程	国家优秀工程评委会	优秀工程设计银奖	2002	陈　阵 陈晓钜 杨尚海
3	福泉高速公路福州连接线乌龙江特大桥工程设计	国家优秀工程评委会	优秀工程设计铜奖	2002	李述良 林志良 杨友梅
4	罗长高速公路马尾互通式立交桥	国家工程质量评奖委员会	国家优质工程银质奖	2005	石宜乐 林宝珠 陈　阵

表 3-20　**1990—2005 年福建省高速公路省级优秀工程勘察设计成果表**

序号	获奖项目名称	颁奖等级	获奖时间(年)	主要参加人员
1	泉厦高速公路工程	福建省优秀工程设计一等奖	2000	黄文机 漆光荣 杨尚海
2	泉厦高速公路西福互通立交工程	福建省优秀工程设计二等奖	2000	石宜乐 林宝珠 陈晓矩
3	泉厦高速公路软土地基工程勘察	福建省优秀工程勘察二等奖	2000	薛金鹏 黄福生 张大群
4	福泉高速公路工程地质勘察	福建省优秀工程勘察三等奖	2002	李炳连 黄福生 林　琛

续表 3 - 20

序号	获奖项目名称	颁奖等级	获奖时间（年）	主要参加人员
5	福泉高速公路福州连接线乌龙江特大桥工程地质勘察	福建省优秀工程勘察三等奖	2002	黄福生 林 琛 郑也平
6	福泉高速公路福州连接线乌龙江特大桥工程设计	福建省优秀工程设计一等奖	2002	李述良 林志良 杨友梅
7	福泉高速公路工程设计	福建省优秀工程设计二等奖	2002	陈 阵 陈晓钜 杨尚海
8	福泉高速公路相思岭隧道工程	福建省优秀工程勘察三等奖	2002	林志良 李述良 喻珍福

第二节　监控与养护

一、监　控

1997 年 10 月，经省政府批准，设立福建省高速公路监控中心，事业单位，定编 30 人，内设综合科、工程技术科、运行维修科和信息化建设办公室，为筹备福建省第一条高速公路（泉厦漳）通车，同期设立的还有泉州、厦门和漳州三个分中心，隶属省中心管理。1999 年，为保证福厦漳高速公路顺利通车，又相应成立福州、莆田分中心。至 2005 年 5 月，全省各路段共设立 16 个分中心。

监控管理按机电系统功能划分，主要有收费、监控、通信、供配电及信息五大系统。

1997 年 12 月 15 日，福建省开通第一条高速公路——泉厦高速公路临时过渡收费系统，利用邮电公网传输收费数据，在收费系统管理上采用"省监控中心—路段监控分中心—收费站—车道"的"二级四层"管理模式，采用纸性通行券，人工判别车型收费的半自动收费方式。2000 年，泉厦高速公路监控系统建成并投入使用。

2002 年 12 月 31 日实现全省"一卡通"联网收费，实行"入口取卡，出口交卡缴费"的全封闭联网收费制模式，在全国率先使用全省高速公路统一收费软件，实现专网传输收费数据、收费信息共享、IC 卡查询和车牌识别、通行费的实时统一拆分与清算等功能。

2003 年 6 月完成同三线各路段收费、通信和监控系统的联网建设，同时，完成省公司—路段公司分中心—收费所"三级联网"的图像联网模式，实现高速公路监控系统全省联网。监控系统通过网络安全设备实现与高速公路办公自动化系统联网，在有权限的办公计算机上可调看所需高速公路视频图像、数据和信息，供管理部门指挥、调度、分析和决策之用，紧急事件可通过手机短信发送到有关领导手机。

2004 年 10 月，研制便携式应急收费设备并投入使用，为解决收费系统各类突发性事件提供技术保障，提高收费系统应变能力。推广应用全省联网的高速公路车辆牌照自动识别系统。完善可变情报板建设，为社会提供道路信息服务。

2005 年，推广收费站入口设置情报板和隧道口情报标志，增设超速提醒功能，试行全省称重超限检测系统。

高速公路通信网遵循统一性、完整性和先进性组网原则建设。1997 年 12 月 15 日，建立泉厦高速公路泉州—厦门综合通信系统。2002 年 12 月，全省数字程控交换机系统和 SDH（Synchronous Digital Hierarchy，同步数字体系）数字光纤传输系统联网开通，实现省内高速公路系统内部免费通话，为高速公路机电系统提供数据、语音和图像传输平台。

供配电系统是高速公路沿线专供高速公路使用的电力设施和各站（所）、服务区、停车区、互通立交、道路沿线的照明设施及隧道通风设施。2004 年底，针对山区高速公路隧道密集的特点，首次引进中压供电传输系统，将中压系统延伸至隧道内供配电点，减少外供电点数量，提高供配电质量，节约建设和运营管理费用。进一步完善电力监控设施，实现隧道照明通风设施的远程监控，减少隧道配电房建设和值班人员，实现无人值守。

二、养　护

福建高速公路养护实行"分级负责、管养分离、专业化养护"的管理体制。省高速公路有限责任公司作为全省高速公路的行业主管和控股参股股东，负责统一制定全省高速公路养护工作标准、制度规范，负责全省养护工作计划统计及安排和技术设备引进等行业管理工作。各运营路段公司作为养护工作主体，负责对其所辖范围内高速公路养护工作的管理，履行业主的职能。省公司和路段公司不直接组织养护生产和养护工程施工，通过招投标、竞争性谈判等方式，将高速公路养护工作承包给高速公路养护专业队伍，或委托福建省高速公路养护有限责任公司承担高速公路日常养护及部分养护专项工程的实施。

1999 年 1 月，省高速公路养护工程有限公司（以下简称省养护公司）注册成立，注册资金 2812.8 万元，2004 年扩资为 3180 万元。其中，省高速公路有限责任公司投资 2676 万元，占总资本的 85.78%；福建发展高速公路股份公司投资 444 万元，占总资本的 14.22%。

1997 年，成立泉厦高速公路养护工区，养护里程为 81.89 公里。

2000 年，省高速公路公司研究开发计算机养护管理系统，利用高速公路内部网络系统，对全省高速公路日常养护管理、生产的具体事务实行信息化管理，规范养护行为和养护流程。

2001年，建立全省高速公路数据库，主要包括高速公路路线概况、路基、路面、主要构造物、沿线设施、沿线环境和交通量等各项数据。包含中国国家公路数据库、公路信息资源管理平台、福建省高速公路19项表和高速公路电子地图四方面要求内容。高速公路上所有的构造物都有"户口"，所有的竣工图纸都被扫描存入计算机，可以通过电子地图查询相关信息。

2002年应用交通部公路科学研究所开发的高速公路桥梁管理系统（CEBMS），并在此基础上进行补充完善。高速公路桥梁管理系统设有桥梁静态库、动态库、文档库和加固方法库等5个数据库、15个库文件和180多个字段，实现对高速公路桥梁基础数据、检测数据等的管理功能，以及高速公路桥梁养护状况评估、预测功能等。每3年进行一次全面的定期检查，每年进行巡检。对检查中发现的问题立即予以处理，实现高速公路无危桥的管理目标。引进加拿大路面综合检测车，对路面进行检测。该检测系统由高分辨率路面病害摄像系统、车辙探测、平整度检测和路况摄像系统组成，可实现时速80~100公里的高速自动检测。

2003年，在路面养护采用沥青路面热补、刻槽灌缝和粘贴胶封闭路面裂缝等技术工艺解决路面病害的基础上，引进稀浆封层和微表处理技术，开展预防性养护，延长道路大中修年限和使用寿命。

2004年，投入近2000万元开展"美绿同三"创建活动，在原有绿化基础上增栽花、多种树，采用成规模、大色块、粗线条的绿化形式，建设绿化色彩简洁明快、层次丰富的绿色长廊。福建高速公路可绿化里程绿化率达到100%，总投资54887万元，绿化面积2509万平方米，种植各种乔木、灌木、花卉及攀爬植物近580万株。

截至2005年，省养护公司下设福泉、厦门、莆田和检测中心4个直属分公司，川达、宁德、路南和漳龙4个控股合作公司，福州京福、南平和三明3个分公司筹备组，负责全省高速公路的预防性维护、保养和应急抢险任务，是福建省唯一一家以高速公路养护为主要任务，兼营公路施工、机械租赁、机械维修、筑路材料、城市园林绿化、公路建设技术咨询服务和交通工程等项目的国有企业，取得了建设部核发的交通工程安全设施工程资质，省建委颁发的园林绿化二级施工资质、公路路面工程施工二级资质，省交通厅颁发的公路养护施工资质等。利用交通部公路科学研究所开发的高速公路管理系统（CPMS2001Exp）对高速公路的养护工作进行管理。高速公路管理系统主要由高速公路数据库、养护质量评定系统、桥涵评价系统、公路模型数据库、路面管理系统、养护报告制作系统和日常养护管理系统七个子系统组成。通过上述七个模块化设计的子系统，高速公路管理系统实现了对高速公路网基础数据、检测数据等的管理功能，高速公路网养护状况评价、预测功能，高速公路网的养护需求分析功能等。全省高速公路养护里程达到1513.75公里，并经受住了"龙王"特大台风侵袭，道路安全畅通。

第三节　经营开发

1998 年 7 月 15 日，福建省高速公路经营开发有限公司经省委编办批准并经省工商局审批注册成立，注册资本为 1680 万元，隶属于省高速公路有限责任公司，设综合部、计财部、管理部、开发部、经营部和广告管理部 6 个部门，主要从事福建省高速公路非主营资产的经营开发，并受省高速公路有限责任公司的委托，行使高速公路经营开发的行业管理职能，包括道路运输、广告开发、石油产品销售、超市、餐饮、住宿、汽修等业务，及高速公路服务区拟开展的各项经营项目。非主营资产经营管

图 3 - 5　朴里服务区

理体制实行"属地管理"原则，即由沿线所在各运营路段公司所属经营开发公司或经营开发部负责具体经营和管理。省高速公路有限责任公司路段公司合作管理处负责对全省经营开发工作实行行业管理，其具体管理职责委托福建省高速公路有限责任公司经营开发管理办公室行使。1997 年 10 月 1 日，全省高速公路第一对服务区——泉厦路段朴里服务区投入运营。

1999 年 6 月 29 日，泉州金泉厦实业有限公司成立，主要负责泉厦高速公路沿线的经济开发和两个服务区的运营管理（即朴里服务区和龙掘东服务区）。朴里服务区占地面积为 66660 余平方米，龙掘东服务区占地面积为 39996 余平方米，配套有加油站、餐厅、商场、汽车抢修队、加水站和公共电话亭等综合型服务设施。同时免费提供停车场和公厕设施。

2002 年 4 月 25 日，漳诏高速公路服务公司成立。9 月 30 日，福宁高速公路服务公司成立。两家服务公司同为省高速公路有限责任公司与省中石化公司合资成立，负责对沈海高速公路漳诏路段、福宁路段所属服务（停车）区进行经营管理。12 月 29 日，转让经营权的服务区漳诏路段天福服务区投入运营，由台资投资建设和运营管理。天福服务区占地 1333200 平方米，员工 460 多人，投资超过 1.5 亿元，包含高速公路配套服务区、石雕园、台湾美食城和观光茶园（含油茶厂）四大部分。

2003 年 11 月 8 日和 2004 年 12 月 28 日，泉厦路段龙掘东停车区和龙岩漳龙路段新祠服务区分别投入运营，完全转让经营权，20 年内由省中石化公司负责投资建设、维

护和运营管理。

2004 年起，省高速公路有限责任公司对所属各运营路段公司服务（停车）区开展"达标创星"活动。漳诏路段天福服务区和福泉路段驿坂服务区成为第一批二星级服务区，漳诏路段常山服务区、罗长路段连江服务区、福宁路段福安服务区、福宁路段虎屿岛服务区、福泉路段洛阳江停车区成为第一批一星级服务（停车）区。3 月 5 日，福建省高速公路华陆管理有限公司成立，打破地域限制，并实现福州、南平、三明和漳州四地市的统一经营管理。年底，全省高速公路服务（停车）区的数量达 30 对，形成资产规模 8 亿元左右。2003—2004 年，各路段所属服务（停车）区的经营收入达 10 亿元，上缴税收约 1800 万元，吸纳各类从业人员 2600 多人。沿线广告开发实现广告费收入约 1200 万元。

截至 2005 年，通过服务（停车）区投资社会化，全省高速公路经营开发系统已实现筹融资近 6 亿元。经营开发主要有自营管理模式，社会投资、经营权整体转让的 BOT 模式，合作经营模式和社会投资、共同经营的管理模式四种模式。

第四章 港口 航道

第一节 勘察设计

1990—2005 年，港航工程勘察设计共完成项目约 445 项，主要由省交通规划设计院（以下简称省交规院）和省港航勘察设计院（以下简称省港航院）承担。

一、港口码头

典型港口码头工程共 17 项，其中，10 项由省交规院完成，7 项由省港航院完成。

（一）福州港松下港区 3 万吨元洪码头

元洪码头是国内第一座由外商独资建设的深水码头。1992 年 9 月完成施工图设计。码头全长 230 米，为高桩梁板式结构。建设规模：一期码头年散粮通过量 20 万吨，件杂货 30 万吨（包括集装箱），建 3 万吨级多用途泊位 1 个及配套设施。二期码头扩建后年散粮通过量 20 万吨，集装箱年通过量 9.6 万标箱。在设计方案竞标中，因提出采用国内推广应用直径 1.2 米大管桩新技术而中标。

（二）福州港江阴港区 5 万吨级大型集装箱码头

该码头是福州外港的起步工程，也是福州港已建成的最大的专业集装箱深水泊位，码头总长 375 米，为重力墩式结构，年吞吐能力 35 万标箱，工程总投资约 4.28 亿元。可靠泊第四代、第五代大型集装箱船舶。设计中堆场采用集装箱堆场无沟排水系统，引堤采用抛石爆破挤淤、塑料排水板加固软基，码头基床爆夯加固、堆场超载预压等新技术。该码头 2002 年底建成投产。

（三）福州港筹东河砂码头

该项目与交通部二航院联合设计。装船泊位长 210 米，码头平台长 120 米，嵌岩灌注桩码头结构，设计年吞吐量达 300 万吨，可靠泊 2 万吨级船舶，是福州港当时最大的专业化散货专用泊位。设计中采用 1.8 米大直径嵌岩灌注桩。1994 年 6 月完成施工图设计，1998 年底建成投产，2002 年河砂吞吐量达 350 万吨，超过设计水平。

（四）危险品专业化码头

危险品专业化码头设计，涉及码头消防、周边环保等问题。1992 年 3 月，福州红山 2 万吨级油码头工程完成施工图设计，码头靠船长度为 90 米，泊位总长 225 米，设计年通过量为 85.85 万吨，可靠泊万吨级油轮。1994 年 9 月完成长乐机场万吨级油码头工程施工图设计，码头靠船平台长 110 米，泊位总长 253 米，为重力堤式结构，油码头年进口航空煤油 30 万吨，年设计通过量为 131 万吨。1995 年 1 月完成 BP 液化气万吨级码头工程施工图设计。

（五）外海工程

典型的无掩护外海工程主要有晋江围头万吨级码头工程、泉州深沪港区万吨级码头工程和崇武对台码头技改扩建工程等。此外，沿海陆岛交通码头亦多为外海工程。1995 年 2 月完成晋江围头万吨级码头工程施工图设计。1998 年 6 月完成泉州深沪港区万吨级码头工程施工图设计。为确保码头安全，对构造物的消浪防护工程精心设计，设计波高达 7.2 米以上。

（六）福州台泥水泥有限公司 2 万吨级散货码头工程

该码头为高桩梁板结构，2003 年 6 月完成施工图设计。码头平台 220 米，栈桥 264.7 米，年货物吞吐量 95 万吨。设计中根据不同的地质，码头基础结构分别采用 60 厘米×60 厘米预应力钢筋混凝土桩、带 H 型桩尖的预应力砼方桩和直径 1.8 米的嵌岩灌注桩三种桩型。装卸工艺采用两台轨距 16 米、时效 1200 吨/小时桥式抓斗卸船机。通过能力 150 万吨/年，工程总造价 0.78 亿元。

（七）福州可门火电厂一期工程码头

该码头建设五万吨级（结构受力按 10 万吨级散货船）卸煤码头和万吨级重件码头泊位各 1 个，总长为 440 米。2003 年 6 月完成施工图设计。设计通过能力为 600 万吨/年，工程总造价 3.0 亿元。码头采用高桩梁板结构，桩基采用直径 100～120 厘米钢管桩。桩长 50～86 米，为省内首座超长桩基础的码头，最长钢管桩达 86 米，并设 1 座宽 16 米、长 379.86 米的栈桥。装卸工艺采用两条作业线，配置两台轨距 26 米、外伸距 30 米、额定效率为 1600 吨/小时的桥台抓斗卸船机。

（八）国电福建南埔电厂 5 万吨级煤码头工程

该码头位于湄洲湾南岸的肖厝港区，该项目在省内首次采用挖入式港池平面布置形式，增加深水岸线资源。2004 年 12 月完成施工图设计，码头为突堤式重力沉箱结构，全长 320 米，码头前沿水深 13.5 米，总装机容量 180 万千瓦，年通过煤炭 560 万吨，工程总造价 2.39 亿元。为降低码头及周边环境的粉尘污染，采用覆盖式皮带机。

（九）福州港江阴港区 4 号、5 号泊位工程

该工程 2005 年 12 月完成施工图设计。建设五万吨级集装箱码头泊位两个（可兼靠第六代集装箱船舶），码头前沿设计水深达 18 米，年吞吐量 70 万标箱，总投资 13.55 亿元。泊位总长 661 米，为重力式沉箱结构，前方陆域面积 99.15 万平方米。码头装卸配备集装箱装卸桥，最大设备能力外伸距 70 米，吊重能力 80 吨。

（十）泉州港围头港区十万吨级集装箱泊位

该泊位设计吞吐量25万标箱/年（远期吞吐量50万标箱/年），工程总投资约2.53亿元，码头总长度441米。外侧为斜坡式防波堤，采用17～21吨扭王块护面，可抵御9米高的波浪，是目前福建省最大的外海深水泊位；内侧为重力式沉箱码头结构。2005年10月完成施工图设计。码头前沿装卸设备配置2台起重量50吨、外伸距50米、轨距30米的集装箱装卸桥。

（十一）马銮湾核心区护岸、清淤回填造地工程

厦门马銮湾核心区护岸、清淤回填工程是马銮湾综合整治工程的重要组成部分。马銮湾环湾护岸总长13.97公里，清淤面积8.25平方公里，陆域形成面积8.74平方公里。至2005年，已完成初步可行性研究、一期工程工可及施工图设计和二期工程工可及初步设计。

（十二）宁德港福安白马港区下白石3000吨级杂货码头

该工程依托现有3000吨级杂货码头，建设滚装设施，滚装设施由趸船、滚装平台、撑杆、撑墩、活动引桥、栈桥和锚泊系统组成。趸船为钢结构，与滚装平台和活动引桥组成滚装码头，通过锚泊系统定位。滚装平台平时与趸船的下游端对接，组成总长64米的浮码头，允许靠泊1000吨以下的各型运输船舶。当作为滚装码头使用时，滚装平台与趸船海舷相连，与3000吨级杂货码头组合使用，可以单向靠泊3000吨级滚装船和3000吨级以下各型登陆舰艇，满足交通战备需要。

（十三）福建吴航不锈钢制品有限公司1、2号泊位工程

该工程设计年吞吐量80万吨，建设5000吨级和3000吨级货运泊位各1个。码头结构采用嵌岩灌注桩高桩梁板式结构，码头装卸机械配备16吨门座式起重机，水平运输机具采用20吨汽车。该码头2008年9月建成投入使用。

（十四）长门油库3000吨级石化码头

该工程设计年吞吐量50万吨，其中，进口30万吨，出口20万吨。泊位等级3000吨级石油、化工品泊位1个。码头水工主体采用墩式嵌岩灌注桩框架结构，码头由两个靠船墩、中间工作平台、联系桥、栈桥及系缆墩组成。该码头2007年2月建成投入使用。

（十五）沿海陆岛交通码头

沿海27个陆岛交通码头包括：莆田市湄洲湾陆岛交通码头工程、平潭钱便澳500吨级陆岛交通码头工程、漳浦县林进屿陆岛交通码头工程、漳浦县红屿陆岛交通码头工程、漳浦县沙洲陆岛交通码头工程、仓山螺洲吴凤陆岛交通码头工程、闽侯县龙祥岛陆岛交通码头工程、宁德横屿陆岛交通码头工程、霞浦县长腰岛陆岛交通码头工程、宁德白匏岛陆岛交通码头工程、漳浦县虎头岛陆岛交通码头工程、仙游海安陆岛交通码头工程、罗源松山陆岛交通码头工程、莆田鹅头岛陆岛交通码头工程、泉州市丰泽

区浔埔陆岛交通码头工程、连江县前屿陆岛交通码头工程、漳浦县横屿陆岛交通码头工程、平潭县钟门陆岛交通码头工程、平潭县乐屿陆岛交通码头工程、连江县大涂东岱陆岛交通码头工程、连江县琯头镇琯头陆岛交通码头工程、莆田蒋山陆岛交通码头工程、宁德市橄榄屿陆岛交通码头工程、莆田市东浦镇乐屿陆岛交通码头工程、宁德市鸡公山陆岛交通码头工程、霞浦外浒陆岛交通码头工程和霞浦西洋陆岛交通码头工程。

（十六）福建沿海海事局工作船码头

福建海事局宁德海事城澳工作船码头、福州海事罗源工作船码头、福州海事台江工作船码头、福州海事平潭工作船码头、莆田海事工作船码头、泉州海事石狮工作船码头、泉州海事晋江工作船码头和漳州海事东山工作船码头等工程，以靠泊60米、40米海上巡逻艇为主，兼顾最大靠泊3000吨级巡逻艇。根据海事工作船使用的特点，并考虑到本省沿海潮差较大，固定式码头人员上下不方便等情况，巡逻艇码头主要采用浮码头形式。浮码头主体以钢质趸船、活动引桥、撑杆及锚泊系统组成。

（十七）华能福州电厂扩建工程中煤码头扩建泊位稳槽工程研究和设计

福建省重点工程，1995年4月完成施工图设计。二期煤码头建设在一期码头上游，处于30～40米深槽，码头桩基以嵌岩套箱钢管桩的结构形式，其钢管的套箱又落在人工抛石基床上，如何确保抛石基础稳定成为码头基础建设的关键所在。研究工作中采用河演分析、数模试验等手段探明深槽形成原因，预测其发展趋势，并提出治理工程措施，预测工程措施的效果。

二、航道、航标

典型航道、航标工程19项，其中，1～3项由省交规院完成，4～19项由省港航院完成。

（一）福清湾3万吨级进港大型深水航道工程

为配合福清元洪投资区和松下港区开发建设，该工程与国家海洋局第三研究所等单位协作开展。1992年7月完成施工图设计。航道海域区内礁石多、水深流急，浅滩开挖3～4米后，至2005年尚能保持水深7米以上的原设计水深，保证元洪码头的正常运营。

（二）厦门造船厂10万吨级舾装码头和3.5万吨级滑道船台

该工程是厦门造船厂易地改造工程，设计中结合当地自然条件和地质特点，当时在全省首次采用重力式扶壁结构，工程投资少，施工方便。1999年1月完成施工图设计，2000年建成投产。

（三）漳州后石电厂十万吨级航道工程

该大型航道工程所处海区自然条件复杂，设计中经反复研究论证，合理选择航线，设计航道水深 14 米，晗屿南侧浅滩开挖无明显回淤。航标设计采用灯阵光源新技术，航行安全。1999 年 8 月完成施工图设计。

（四）大型散货码头 7 万吨级支航道工程

南浦电厂 7 万吨级支航道，长 3.0 公里。2004 年 12 月完成施工图设计，2005 年与码头同步建成。

（五）福建省内河航运发展规划

包括福建省内河Ⅶ级以上航道，航道总里程约 2000 公里。按照重要航道和一般航道两个层次进行规划。闽江干流及主要支流航道是本次规划的重要航道，总里程 550 公里。规划范围内除重要航道外，均为一般航道。其中，九龙江北溪和汀江干流共 227 公里航道在规划期内开发建设，其余 1075 公里的一般航道规划作为资源储备加以保护。内河航道规划结合航电枢纽建设，走渠化梯级道路，同时，规划配套建设内河港口基础设施和内河航运支持保障系统。2006 年 12 月完成规划工作。

（六）闽江下游南港航道整治规划

闽江南港航道整治规划从淮安至乌龙江大桥，航道里程 40 公里。规划提出南港整治线布置和航线布置方案，对南港的水文泥沙条件、河床演变现况进行分析，根据 2000—2001 年观测的潮位资料推算淮安至峡南设计最低通航水位，采取丁坝和潜坝等整治工程措施，使南港航道达到通航 500 吨级船舶的Ⅳ级航道标准。2002 年 12 月完成规划工作，并与福建省水利规划院的南港河道整治规划合并，形成闽江南港综合整治规划报告。

（七）福州港闽江通海航道二期整治工程

福建省"八五"期间重点工程，海洋三所、天津水运工程科学研究所、华东师范大学、厦门大学、南京水利科学研究院及华东水利学院等科研单位、高校参与前期工作，由交通部水运规划设计院和省港航管理局设计室联合设计。技术难点在于大屿、新丰、中沙、马祖印、内沙和外沙六大碍航浅滩的整治。项目前期开展全面深入的勘察、科研工作，包括闽江口大规模水文泥沙测验、浅地层剖面探测、钻探、放射性示踪沙和水下地形测量研究等，较全面地掌握闽江口的水文泥沙特征、浅滩演变及其成因、泥沙运动规律。同时，在福建省航道模型试验中心的闽江口通海航道整体物理模型上对各浅滩整治工程方案开展模型试验研究。其中，内沙浅滩是整治的重点浅滩，开展两个阶段共 25 组工程方案的物模试验以筛选出最佳整治工程方案。1990 年 2 月至 1997 年 11 月完成施工图设计。

（八）水口电站升船机承船厢拖运工程

省重点工程。水口电站升船机承船厢长 123 米，宽 16.1 米，高 6.3 米，重量达

1300 多吨，在马尾造船厂拼装。因水口—福州解放大桥航道底宽 20 米，水深 1.5 米，弯曲半径 150 米，无法满足承船厢拖运要求（航宽 50 米，水深 1.8 米，弯曲半径大于 300 米），且电站 1993 年 4 月截流后坝下河段发生剧烈变化，沿程要通过 7 座大桥，20 个浅滩。为确保升船机在翌年汛期前安装好，对电站 1000 立方米/秒、1500 立方米/秒、2000 立方米/秒和 2500 立方米/秒四种流量的放水方案进行水面线推算，并对放水方案进行优化（因枯水季节电站的水十分宝贵），最终决定采取上段加大电站下泄流量，中段采取疏浚，下段采取乘潮的方式进行拖运，并对承船厢拖运时间、电站放水时间及流量均作出详细安排。1996 年 9 月 28 日在马尾拖运，9 月 29 日拖运至水口坝下停泊区，创造了闽江干流拖带航运的最大纪录。该工程的论证研究、设计及实施，确保了水口电站升船机按时安装。

（九）高砂电站坝下至福州航运工程

交通部"八五"期间内河航道建设项目。该建设项目除航道整治工程外，还包括船闸、港口作业区等内河航运支持系统。工可研究和初步设计由交通部水规院和省港航局设计室共同完成，施工图设计由后者完成。1999 年 6 月完成施工图设计。水口—福州航段由于受到水口电站建设、坝下大量无序挖取沙等影响，河床下切，低水位大幅下降。在施工图设计阶段开展多项勘测研究工作，重新推算水口—福州沿程最低通航水位。在抛坝工程设计中，首次在福建省采用土工织物袋填充沙料作为坝芯，上覆块石的结构。

（十）沙溪河三明至高砂坝上航段航运工程

交通部"九五"期间计划项目，1998 年 12 月由省计委批复立项，按 V 级航道标准建设，通航 2×300 吨级船队，航段里程为 46.7 公里。工程建设主要内容有沙县城关电站和斑竹电站两座 V 级船闸，3 个 300 吨级码头作业区、航道整治工程及航标工程。

（十一）晋江干流航道整治工程

自晋江顺济桥至前浦河段，长 13 公里。整治前，泉州内港已建成 500 吨级泊位 3 个，200 吨级泊位 3 个。但该航段浅滩交错，最浅水深仅 0.1 米，浅滩总长度为 3.2 公里，占该航段总长度的 21.3%。500 吨级的船舶在高潮位时减载方能通航。由于水深严重不足，影响码头的利用率，制约泉州内港航运业的发展。2001 年 11 月完成施工图设计。

（十二）罗源湾深水航道一期工程

按单向航道标准设计。口外锚地至湾内规划的牛坑湾作业区、碧里作业区、可门作业区航道，航程约 36.2 公里。口外至将军帽航段自然水深条件良好，30 万吨级船舶不需要乘潮通航，30 万吨级航道底宽为 350 米（可满足 5 万吨级双向航道的要求）、航道设计底标高 −26.0 米（当地理论最低潮面，下同）。将军帽至碧里作业区 5 万吨级航道设计底宽为 200 米，S 航道设计底标高为 – 13.5 米（为兼顾发展目标，炸礁区炸至 – 15.0 米），5 万吨级船舶乘潮通航，乘潮保证率为 90%，乘潮历时为 10 小时，乘潮水位 1.54 米，可同时满足 3 万吨级船舶不乘潮通航。2005 年 4 月完成施工图设计。

（十三）福州港江阴港区 5 万吨级进港航道工程

兴化湾进出港有南日水道和兴化水道两条天然水道。在工程设计中，对这两条航道进行优选，兴化水道顺直，不需炸礁，少量疏浚即可，通航条件优越，而且兴化水道的路屿航门在大潮时水流湍急，可满足大型船舶安全通航，具备将来建设 25 万 ~ 30 万吨大型深水航道的条件，而南日水道需炸礁疏浚，航道浅，转向角较大。该工程设计开辟兴化水道作为 5 万吨级深水航道的通道。2001 年 12 月完成施工图设计。

（十四）湄洲湾 10 万吨级主航道及支航道

湄洲湾港阔水深，但湾内分布着众多岛屿及水下暗礁。经全面勘察及对多个航线方案比选，确定的 10 万吨级主航道穿越航门，仅在白牛浅滩航段需少量疏浚，无需炸礁，可在短时间内建成福建省第一条 10 万吨级航道。1991 年 7 月完成施工图设计。

湄洲湾火电厂支航道是火电厂的运煤专用支航道，配套建设水上过驳锚地，用于大型散货船系泊及水上煤炭过驳作业。设计建设 10 万吨系船浮筒，系船浮筒受力计算考虑船舶及风、潮流、波浪的组合，计算锚链所受的拉力及沉锤的破土力，设计采用 42 吨沉锤及相应强度的锚链及卸扣等，是福建省首次设计建设的大型系船浮筒锚地，1998 年 10 月完成设计。

（十五）泉州后渚港区及通海航道一期整治工程

泉州后渚港区及通海航道平均水深 3.3 米，航槽流速缓慢，港池平均水深 2.7 米。工程整治范围：上起石油码头，下至湾口引航锚地，全长 16.9 公里。工程内容为抛坝工程、疏浚工程和航标工程。1996 年 8 月完成施工图设计。

（十六）厦门港航道工程

厦门港 10 万吨级航道一期工程设计阶段，曾对青屿水道以外航线走南碇岛航线（靠近大陆沿岸）和走东碇岛北航线（靠近金门水域）进行反复比选论证。鉴于台湾海峡两岸形势的缓和趋势，且在东碇岛北航线疏浚工程量少，水深条件好，因此设计外航道推荐开辟东碇岛北航线。

内航线做两个方案比选，确定航线条件好的方案。1998 年 5 月完成施工图设计。设计航道尺度按满足 10 万吨级油轮乘潮通航。厦门湾 10 万吨级航道工程在一期工程基础上拓宽增深，航道底标高 – 12.0 米，航道底宽 250 米，第三代集装箱船基本不乘潮通航。

厦门港东渡港区猴屿西航道工程是新开辟进出东渡港区的航段。该航段长 3.3 公里，最小水深不到 1.0 米，地形较复杂，水域狭窄，礁石密布。在对多个航道平面方案进行经济、技术比选后，推荐的航线方案炸礁工程量较少，与原东渡航道平顺衔接，与两侧的大屿岛和猴屿岛有一定安全距离，对位于白海豚保护核心区的炸礁工程也提出了全面合理可行的施工组织设计，2001 年 7 月完成施工图设计。

（十七）厦门—金门航道（厦门航段）工程

厦金航道由厦门与金门港务部门共同建设，由省港航院设计厦金航道厦门航段。2005 年 6 月完成施工图设计。从和平码头到水头码头，利用自然水深，不疏浚炸礁，航道沿程配布航标，航线设计难度较大。经扫海测量和查阅历史海图等资料，航线沿四号锚地北缘，避开浅礁，穿二担航门与金门航段平顺衔接。航线布置考虑到已通航数年厦金船舶的习惯航线，完整保留四号锚地。设计航道尺度，除满足厦金客船的通航要求外，还可满足 3000 吨级货船双向通航，5000 吨级货船单向乘潮通航。

该航道航标贴近厦门岛岸边，受岸边建筑物和灯光影响很大，于是省港航院勘测中心会同厦门航标区提出灯浮标灯质和闪率设计采用快闪率（同步闪），可达到最佳的助航效果，明显地标明航道走向和界线，克服厦门环岛路夜间背景灯光影响，并能与邻近锚地、主航道航标区别开来，但该设置不符合现行航标设计规范（规范规定相邻的灯浮标应采用不同闪率），该灯质方案经上海海事局特批后实施。

（十八）三都澳白马港区进港航道工程

三都澳周边岸线总长 450 公里，海湾总面积 570 平方公里。澳内湾阔水深，风浪小，是国内少有的优良深水湾。但湾内有不少岛屿，许多航段水深流急且没有明确的航行线路，影响大型船舶航行安全。

白马港区进港航道工程全长 60 公里，该工程从吉壁角引水锚地至白马港区 42.2 公里，其中，吉壁角锚地至青山北礁 E 点长 20 公里，为双向航道，不乘潮通航万吨级船舶。从 E 点至白马港区 22.22 公里，为单向航道，乘潮通航万吨级船舶（乘潮保证率 40%）。吉壁角锚地经 C 点至城澳港万吨级多用码头，长 18.2 公里，为双向航道，不乘潮通航万吨级船舶。1999 年 5 月完成施工图设计。

（十九）大唐宁德电厂码头 5 万吨级进港航道工程

乘潮通航 5 万吨级船舶单向航道，长 31 公里，航道底宽 180 米，设计底标高 −10.5 米，转弯半径为 1125.250 米，乘潮水位 5.2 米，乘潮保证率为 95%。设计代表船型为 225 米×32.3 米×13 米（长×宽×满载吃水）。2004 年 4 月完成施工图设计。

表4—1

1990—2005年福建省交通规划设计院港航工程勘测设计项目表

序号	码头名称	地点	用途	靠泊能力	泊位数量（个）	泊位长度（米）	码头结构类型	吞吐量	造价（万元）
1	马江红山万吨油码头	闽江北岸红山河段	卸油	2万吨油轮	1	225	墩式沉箱	85.85万吨/年	1469.74
2	福州港散货（河沙）码头	长乐市筹东	装卸沙	2万吨级装船泊1个 500吨级卸船泊1个	2	230 120	1.8米嵌岩灌注桩浮码头	98万吨/年	5571.68
3	福州市郊区琅岐陆岛交通工程	福州市琅岐与连江琯头处接南北岸	滚装小客轮	300吨级 40位客轮	22	50 35	突堤式、钢筋砼梁板 突堤式、钢筋砼高桩梁板	400辆/昼夜 44.9万人次/年	358.58
4	南京军区福州油料转运站码头	闽江北岸、马江红山万吨油码头上游	装卸油	5000吨级油轮	1	140	灌注桩、钢筋砼梁板	30万吨/年	930.96
5	福州港鳌峰洲港区码头技术改造工程	福州三桥（鳌峰大桥）下游的闽江北岸	装卸集装箱、重件杂货	2200吨	2	182.47	基础桩、钢筋砼梁板	26万吨/年	900
6	福州航标区牛山灯塔改造工程	平潭县	航行定位导向	—	1	—	—	—	109.125
7	福州港水上消防指挥中心工程	闽江下游北岸把山脚下	港口支持系统	3条消拖两用船	2	90	2个浮码头泊位，由两艘钢筋砼囤船组成	—	373.89
8	福建省闽江航运总公司海运码头迁建工程	闽江魁岐"九孔闸"上一段	—	并排停靠2船 500吨货轮靠二艘	1	41	由一艘钢囤船、锚链、引桥、撑杆组成	—	—
9	福州港魁岐码头二期工程	晋安区鳌峰洲下游闽江北岸魁岐	—	同时停靠一艘 3000吨级海轮	2	240	排架基桩、钢筋砼梁板	集装箱5万标箱/年	7994.56
10	福州港南岸散货河沙码头自卸船卸料系统技改工程	闽江南岸福州港深水区马尾作业区与新港区间对标	自卸河沙	同时靠泊200吨级 或300吨级自卸驳2艘	1	60	趸船浮码头	60万吨河沙/年	—
11	福州青州集装箱码头121、131、221堆场改造工程	福州港新港区1号、2号集装箱泊位	空箱堆场改造为采用轮胎式起重机作业的重箱堆场	—	—	—	—	—	783

续表 4—1

序号	码头名称	地点	用途	靠泊能力	泊位数量（个）	泊位长度（米）	码头结构类型	吞吐量	造价（万元）
12	福州海关马尾亭江缉私基地码头扩建工程	海关亭江缉私基地内	供缉私艇停泊	500吨级并兼靠1000吨级	3	162	趸船浮码头	—	850
13	闽标航标处亭江标站浮标起吊设施改造工程	马尾亭江	航标船停泊	1000吨级	1	80	桩基梁板	—	350
14	闽清县水口库区经济实业公司交通服务中心旅游码头	水口水电站大坝二游约800米处	旅游客运	50吨级100客位客轮	1	码头前沿长30米	驳岸码头	3万人次/年	230
15	福清市3万吨级元洪码头	福清长乐交汇处的宅前,港道西村南水道北岸	散货码头	3万吨级散货船	1	280	高桩梁板	一期50万吨/年 二期集装箱9.6标准箱散装20万吨	4607.66
16	福清湾3万吨级进港航道航道工程	东洛岛南海域至元洪码头	航道	乘潮航行3万吨级轮船	—	航道长10公里	炸礁疏浚	—	772.30
17	元洪码头廊道工程	元洪码头	散货廊道	—	—	1000	钢筋混凝土	—	340.273
18	福清市元辉造纸厂陆域平整工程	福清市元洪投资区	厂地平整	—	—	—	—	—	3476.64
19	福清市元洪工业园陆域平整工程	福清市元洪投资区	厂地平整	—	—	—	—	—	1759.23
20	福清市汽车城陆域平整工程	福清市元洪投资区	厂地平整	—	—	—	—	—	3432.77
21	福清市福清江阴港区3万吨级通用码头工程	福清市江阴半岛壁头村附近	件杂货散货	3万吨级	1	230	重力式沉箱	散货75万吨/年 杂货20万吨/年	19680
22	福清市福清通用码头江阴港区兼靠第5万吨级集装箱船工程	福清市江阴镇壁头村对	靠泊5万吨级集装箱船需要	5万吨级集装船	1	375	重力式沉箱	集装箱18万标准箱/年,件杂货15万吨/年	39871.86
23	福州港福清江阴港区5万吨级集装箱码头贯彻国防要求工程	集装箱码头东侧外	全天候满足5000~15000吨级滚装船靠泊,同时可作为3000吨级登陆舰及工作船靠泊	5000~15000吨级滚装船靠泊(兼靠3000吨级登陆舰)1.5万吨级滚装船	1	210	滚装系统和靠船系统组成	2万辆次/年	1756.47

续表 4-1

序号	码头名称	地点	用途	靠泊能力	泊位数量（个）	泊位长度（米）	码头结构类型	吞吐量	造价（万元）
24	福清市南青屿小山东台轮停泊码头改建工程	海坛海峡南部西岸福清市与平潭县交界处	货运	200吨级	2	230	突堤式重力式直立结构	3万吨/年	307.5
25	平潭县东痒岛陆岛交通工程	平潭县东痒岛	客、货	60吨级	2	2×65	流水码头为重力式空心方块结构,南江码头为重力式结构	—	172.06
26	平潭县南海草屿岛陆岛交通工程草仔底码头	平潭县草屿岛	客、货	60吨级	1	65	重力式结构	5万吨/年	356.31
27	平潭县屿头岛陆岛交通工程	平潭县屿头岛	客、货	100吨级	1	—	—	—	—
28	平潭县大练岛陆岛交通工程（苏沃、大练码头工程）	苏沃—苏沃镇大练—大练岛中部西沃村	客、货	苏沃200吨级 大练100吨级	2	—	苏沃—平台为重力式实心方块结构,大练突堤斜坡式重力式结构	苏沃货运3万吨/年 客运10万人次/年 大练货运3万吨/年 客运6万人次/年	—
29	平潭县屿头岛东金陆岛交通工程引堤修复工程	平潭县屿头岛	客、货	—	—	—	—	—	—
30	福州港长乐营前接通码头	营前至乌龙江大桥之间的闽江下游南岸	多用途	1000吨级	1	104	排架基桩,上部由横梁、纵梁及实方造心造合板构成	15万吨/年	1370.96
31	福州长乐机场专用油码头工程	闽江南岸,长乐高安村下游约500米处	油专用	主码头1万吨级 小码头600吨级工作船	2	253	由码头平台及水上系缆墩组成,2座栈桥与陆域连接	30万吨/年	2500
32	BP丰隆（福建）实业有限公司液化石油气码头	闽江下游南岸、长乐营前镇境内	危险品	2万吨级	1	242	大直径嵌岩灌注桩梁板式	30万吨/年	2067.77
33	福州港莆头对外贸易码头	闽江下游北岸,连江县琯头镇小长门	杂货	3000吨级	1	121	高桩梁板式结构	20万吨/年	3600
34	连江县粗芦岛陆岛交通工程蓬蓬岐码头工程	闽江口北部,粗芦岛西部中间蓬岐村	客、货	200吨级	1	57.5	高桩梁板式结构	10万人次/年 3万吨/年	515

续表4-1

序号	码头名称	地点	用途	靠泊能力	泊位数量（个）	泊位长度（米）	码头结构类型	吞吐量	造价（万元）
35	罗源淡水码头	罗源县罗源湾北岸	件杂货	500吨级	1	89	码头平台结构型式、板结构为空心大排架基桩	15万吨/年	449.48
36	同安刘五店港二期对台贸易码头	同安县新店镇刘五店村	多用途	5000吨级	1	150	高桩梁板	30万吨/年（集装箱2.5万标箱，杂货10万吨）	7250
37	同安县大嶝岛陆岛交通工程渡头码头	同安县东南角澳头村	客、货	100吨级80客位	1	65	排架梁板	6万人次/年	121.5621
38	厦门同安鳌冱油码头	同安县新店镇刘五店村	油码头	2000吨级	1	130	高桩梁板	53.5万吨/年	4350
39	厦门同益码头扩建工程	紧邻原码头杂货泊位	集装箱综合性、供台轮来港靠泊	1000吨级	1	86.5	高桩梁板	20万吨/年	1230
40	厦门造船厂易地改造舾装码头	厦门市海沧投资区排头村码头	年检修船10艘、年造船2艘	7.0万吨级（空载）	1	235.60	重力式扶壁结构	—	3800
41	龙海石码港普贤货码头	石码镇与海澄镇之间普贤村东侧	件杂货	500吨级	2	118	排架基桩梁板	15万吨/年	780
42	龙海建成石材有限公司专用码头	龙海九龙江与南溪汇合口下游约6公里处	船装砂、石料	6000吨级	4	625	高桩梁板	230万吨/年	3655
43	龙海石码港普贤货码头技改扩建工程	普贤杂货码头（一期工程）上游	杂货	1000吨级	1	119	高桩梁板	20万吨/年	1335
44	龙海海隆1000吨级装卸码头	龙海市海澄镇上寮村	装卸货	1000吨级	1	119	高桩梁板	25万吨/年	1230
45	东山县冬古3000吨级杂货码头	东山岛苏尖湾北部冬古村附近	杂货	3000吨级	1	130	重力式带卸荷板沉箱	30万吨/年	1875
46	东山县宫前陆岛码头	东山岛南部宫前湾内	客、货	300吨级	1	61	钢筋砼高桩梁板	7万吨/年 5万人次/年	421.29

续表 4-1

序号	码头名称	地 点	用 途	靠泊能力	泊位数量（个）	泊位长度（米）	码头结构类型	吞吐量	造价（万元）
47	晋江市围头万吨级对台贸易码头	晋江市金井镇围头村	多用途	1万吨级，同时停靠5000吨级海轮二艘	2	247.9	重力式方形沉箱	杂货24万吨/年 集装箱2.4万标箱/年	10145.13
48	泉州港过驳码头工程技术改造	泉州市后渚港	杂货	1000吨级	1	116	高桩梁板	20万吨/年	420.43
49	泉州港石井港区5000吨级码头	南安市石井镇境内	多用途	5000吨级	1	172	预制钢筋砼沉箱重力式	30万吨/年	3830.20
50	泉州港后渚港区1000吨级码头扩建工程	后渚港区1000吨过驳码头上游与500吨浮码头之间	杂货	1000吨级	1	100	高桩梁板	18万吨/年	1250
51	泉州港深沪港区二期工程	晋江市深沪镇	多用途	10000吨级	1	230.85	重力式沉箱	53万吨/年	14800
52	泉州港深沪港区二期工程贯彻国防要求	晋江市深沪镇	滚装船作业	5000吨级	1	加长25.65	设置二阶平台和与之相连的上、下两段斜坡道	—	2358
53	泉州泉港海洋液体化工1000吨级码头	湄洲湾中部洋屿汕头海洋泉州液体化工5万吨级码头工程内侧海域	化工专用	2000吨级	2	200	高桩梁板	89.3万吨/年	1689.78
54	惠安县惠屿岛陆岛码头	惠屿岛西侧中部，湄洲湾的中上部	客货	200吨级	1	45.6	重力式带倒荷板沉箱	1.5万吨/年 13万人次/年	598
55	大坠岛简易石材码头	泉州湾惠安大坠岛南侧海域	运石料	8000吨驳船	1	120	浮码头	—	591.06
56	福建莆田中央直属粮库输粮栈桥工程	莆田市秀屿港	输粮	—	—	—	栈桥为钢筋混凝土结构	10万吨/年	323.52
57	福鼎沙埕陆岛交通码头	沙埕镇外距沙埕口2海里北岸	客、货	500吨级	1	87.5	基桩梁板	货物4万吨/年 12万人次/年	382.89
58	福鼎市桐山陆岛码头	桐山镇东南2公里处	客、货	200吨级	1	160	重力式结构	货物4万吨/年 5万人次/年	379.22

续表4—1

序号	码头名称	地　点	用　途	靠泊能力	泊位数量（个）	泊位长度（米）	码头结构类型	吞吐量	造价（万元）
59	古田县黄田码头	古田县黄田镇	货	500吨级	1	52	重力式直立	7.8万吨/年	285.28
60	宁德三都澳城澳港区万吨级多用途码头	宁德市三都澳城澳港口的外澳口	多用途	1万吨级	1	192	高桩梁板	50万吨/年	16785
61	宁德三都澳简易石料码头工程	城澳东侧柳澳	石料	8000吨级	1	—	现有石砌码头由二座钢引桥伸入二驳船卸货	—	250
62	福建省大众航运有限公司三都澳石料码头	塘鼻尾上游约1公里处的虾鼻附近	石料	8000吨级	1	—	砌筑笑堤和桥台，由钢引桥搭在驳船上，通行装石汽车直接到驳船卸货	—	205
63	宁德三都澳3号简易石料码头工程	城澳东侧柳澳下游狗头礁附近	石料	8000吨级	1	—	砌筑驳岸，由钢引桥伸入驳船卸货	—	350
64	宁德三都澳港口发展有限公司石矿专用码头	城澳万吨级码头下游约650米处	石料	1万吨级	1	—	砌筑笑堤、钢引桥伸入驳船卸货	—	846.97
65	宁德京港工贸有限公司砂石专用码头	白马口口门外侧距下白石码头约12公里	砂石	3万吨级、1万吨级	11	—	砌筑塔架、移动式输送机送料、钢浮箱、两座钢引桥	—	875
66	福州港深水港选址	福州市	港口选址	100～100000吨级	7个港区	—	—	—	—
67	南安市海洋船舶物资公司码头	泉州南安	石化码头	3000吨级	1	130	桩基	35万吨/年	1800
68	福州水产海运公司码头迁建工程	福州市	水产泊位	1000吨级	2	120	趸船	20万吨/年	900
69	深沪万吨级码头交战设施工程	泉州深沪	交战泊位	5000吨级	1	180	重力斜坡道	—	2500
70	漳银5千吨级码头项目建议书	漳州开发区	客运、交战	5000吨级	1	180	重力斜坡道	15万人次/年	5600

续表 4-1

序号	码头名称	地 点	用 途	靠泊能力	泊位数量（个）	泊位长度（米）	码头结构类型	吞吐量	造价（万元）
71	湄洲湾3万吨级码头项目建议书	莆田秀屿	多用途	5万吨级	2	532	重力式	95万吨/年	19800
72	福州东瀚油库1000吨级码头	福清	石化	1000吨级	1	88	桩基	15万吨/年	1800
73	印尼杜迈输水工工程码头初步设计	印尼杜迈省	输水码头	20万吨级、30万吨级、10万吨级	422	3000	钢管桩	4000万吨/年	200000
74	平潭阿秀礁灯桩新建工程	平潭	航标	—	—	—	—	—	500
75	罗源湾总体布局规划	罗源港区	规划	—	120	48600	—	—	—
76	厦门同安刘五店总体布局	厦门同安	规划		30	2500	—	—	—
77	秀涂万吨级集装箱码头工可	泉州秀涂	集装箱	1万吨级	1	180	重力式沉箱	12万标箱/年	19000
78	罗源湾5万吨级集装箱码头预可	罗源	集装箱	5万吨级	2	5000	钢管桩	36万标箱/年	180000
79	罗源湾3万吨级多用途码头预可	罗源	多用途	3万吨级	1	325	钢管桩	95万吨/年	18000
80	泉州港肖厝港区洋屿岸线规划	泉州泉港区	规划	500~50000吨级	20	2780	—	2170万吨/年	—
81	宁德城澳万吨级码头交战码头设计	宁德三都澳	交战	1万吨级	1	220	钢管桩	—	2600
82	诏安梅岭5000吨级通码头工可	漳州诏安	多用途	5000吨级	1	150	桩基	35万吨/年	7300
83	福州港厦门鸡屿锚地质施工图	漳州龙海	锚地	2万吨级	1	—	砼沉块	—	300
84	惠安松村、大竹岛交通工可	泉州惠安县	陆岛交通	500吨级	2	150	重力式	15年人次/年 10万吨/年	2300
85	肖厝千吨级化工码头工程	泉州泉港区	石化	5000吨级	2	250	桩基	95万吨/年	2500

续表 4－1

序号	码头名称	地　　点	用　　途	靠泊能力	泊位数量（个）	泊位长度（米）	码头结构类型	吞吐量	造价（万元）
86	南安石井 5000 吨级件杂货码头	泉州南安市	件杂货	5000 吨级	1	150	重力式	35 万吨/年	5200
87	龙海海隆 1000 吨级件杂货码头	漳州龙海	件杂货	1000 吨级	1	119	桩基	20 万吨/年	1700
88	漳州后石 10 万吨级航道工程	漳州	航道	10 万吨级	航道长 20 公里		疏浚、炸礁、设标	—	8000
89	泉州港后渚港区工作船码头	泉州后渚港区	工作船	100 吨级	2	86	桩基	—	260
90	福州港江阴港区 5 万吨级通用码头项目建议书	福清市	通用	5 万吨级	1	330	重力式	95 万吨/年	19500
91	台泥研磨厂 2.5 万吨级码头设计	福州长乐市	散货	25 万吨级	1	220	桩基	95 万吨/年	9230
92	中油鲤鱼尾公司码头建议书	泉州泉港区	石化（液体）	5 万吨级	1	350	重力式	95 万吨/年	15000
93	江阴集装箱码头后方园区物流园区规划工程	福清江阴	规划	2000 平方米	—	—	—	—	—
94	石井 5000 吨级码头及贯彻国防要求工程	泉州石井	交战	5000 吨级	1	180	重力式	—	2500
95	福州港洋屿信和 2 万吨级建材码头工程	福州长乐市	建材码头	2 万吨级	2	380	桩基	95 万吨	18000
96	惠安下宫浮山陆岛交通码头初设	泉州惠安县	陆岛交通	500 吨级	2	130	重力式	10 万人次/年 10 万吨/年	1200
97	福清目屿牛头尾陆岛交通码头初设	福清	陆岛交通	500 吨级	2	130	重力式	10 万人次/年 10 万吨/年	1300
98	东山澳角陆岛交通码头初设	漳州东山县	陆岛交通	500 吨级	1	100	重力式	10 万人次/年 10 万吨/年	980
99	长乐市江田镇三级渔港工程	福州长乐市	渔港	50 吨级	1	200	重力式	5 万吨/年	995

续表 4 - 1

序号	码头名称	地点	用途	靠泊能力	泊位数量(个)	泊位长度(米)	码头结构类型	吞吐量	造价(万元)
100	福州港罗源湾港区狮岐3万吨级多用途码头工可	罗源港区	多用途	3万吨级	1	280	桩基	95万吨	19000
101	福州港长乐松下港区散货码头工程项目建议书	福州长乐	散货	5万吨级	1	280	重力式	98万吨	19000
102	福州江阴建滔5万吨级液化码头工程预可	福州江阴	石化(液体)	5万吨级	1	350	墩式	95万吨	15000
103	海警三支队东山码头防波堤工程设计	漳州东山	防波堤	120吨级	1	100	重力式	—	580
104	惠安县净峰镇松村大竹岛陆岛交通码头	惠安县	杂货、客	500吨级	1	7056.2	重力式底栈空心方块	1万吨/年,1.5万人次/年(大竹岛) 5万吨/年,5万人次/年(松村)	1000(概算)
105	江阴港区6号泊位5万吨级耀华码头工可	福清市	散杂货	5万吨级	1	350	重力式沉箱	95万吨/年	19900
106	国电福州江阴电厂5万吨级煤码头预可、工可	福清市	煤	5万吨级	1	310	钢筋砼沉箱	320万吨/年	29995(投资)
107	宁德城澳万吨级滚装码头初设	宁德市三都澳	昼夜满足万吨滚装船泊及3000吨级登陆舰靠泊	3000吨级(登陆舰)1万吨级(滚装)	1	—	滚装系统和靠船系统组成	—	3501.21
108	长乐潭头二级渔港工可	长乐市	渔业码头	100~500吨级	2	100	高桩梁板	10万吨/年	876

续表4-1

序号	码头名称	地点	用途	靠泊能力	泊位数量（个）	泊位长度（米）	码头结构类型	吞吐量	造价（万元）
109	晋江深沪港区后方罐区陆域工程	晋江市	化工罐区	—	—	—	重力式防波堤	—	850
110	泉港海洋液体化工码头	泉州泉港区	化工码头	3000吨级、1000吨级	2	210	高桩梁板	98万吨/年	2100
111	龙海市海洋石化储运公司项目建议书	龙海市	油码头	10万吨级、8万吨级、3万吨级	各1个	750	高桩梁板	450万吨/年	18000
112	侨联钢铁有限公司专用码头预可	福清市	散杂货	20万吨级、6万吨级、4万吨级、2万吨级、1万吨级	2、1、2、1、1	750,350、460,220、195	重力墩、连片沉箱	2413万吨/年	198581
113	宁德三都港口有限公司3万吨级码头预可	宁德市	散杂货	3万吨级	1	220	重力式沉箱	95万吨/年	18500
114	江阴建滔5万吨级液体化工码头工可	福清市	化工码头	5万吨级	1	350	重力墩、钢管桩	95万吨/年	15000
115	泉州石湖码头二期控制价编制	泉州市	集装箱	50000吨级	1	375	重力沉箱	95万吨/年	9939
116	泉州港秀涂岸线利用规划	泉州市	市线规划	3000～10000吨级	12	3000	重力、桩基	1025万吨/年	
117	厦门大学漳州分校客运码头工可	招银开发区	客运	100吨级	1	40	钢筋砼桩基	20万人次/年	1200
118	湄洲湾东吴3万吨级多用途码头预可	湄洲湾秀屿港	多用途	3万吨级	1	304	重力式沉箱	98万吨/年	15000
119	泉州湾秀涂万吨级多用途码头工可	泉州市	多用途	1万吨级	1	200	钢筋砼沉箱	95万吨/年	14316

续表 4 - 1

序号	码头名称	地　点	用　途	靠泊能力	泊位数量（个）	泊位长度（米）	码头结构类型	吞吐量	造价（万元）
120	国电福建南埔电厂煤码头工程	泉州市	煤码头	5 万吨级	1	320	钢筋砼沉箱	140 万吨/年	25500
121	福州保税区江阴物流园区规划	福清市	物流园区	—	—	—	—	—	—
122	龙海亿源化工仓储有限公司码头工程	龙海市	化工码头	1000 吨级	1	86	桩基	30 万吨/年	850
123	泉州港深沪港区技术论证	泉州市	化工品	5000 吨级	1	195	重力式沉箱	50 万吨/年	—
124	闽中燃港丰石油化工码头	泉州后渚港	化工品码头	3000 吨级	1	130	桩基	45 万吨/年	1600
125	晋江市围头港区总体布局规划	晋江市	规划	3000～100000 吨级	9	2109	重力式	920 万吨/年	—
126	泉州港深沪港区总体布局规划	泉州市	规划	1000～100000 吨级	11	1939	重力式	954.5 万吨/年	—
127	莆田石城石油化工码头工程	莆田市	石油	3000 吨级	1	130	高桩梁板	30 万吨/年	1780
128	福州可门火电厂一期工程码头	福州市	煤、件杂货	10 万吨级 1 万吨级	11	276164	高桩梁板	600 万吨/年	30000

表4－2 1990—2005年福建省港航勘察设计院航道工程主要设计项目表

序号	航道名称	建设地点	建设规模（万吨级）	里程（公里）	航道尺度（米）宽度	航道尺度（米）设计底标高	完成设计时间	造价（万元）
1	厦门湾10万吨级航道一期工程	厦门	10	42.5	250	-11.5～-12.0	1998.5	—
2	厦门湾东渡港区航道增深工程	厦门	5	12	160～250	-12.0	2005.12	22 100
3	厦门湾东渡港区猴屿西航道工程	厦门	5	3	200	-10.5	2001.7	6 646
4	厦门10万吨级航道二期工程	厦门	10	38	300	-14.0～-14.5	2003.2	18 848
5	厦门至金门航道工程	厦门	0.3	12	150	-6.4	2005.6	403
6	厦门招银港区进港航道一期工程	厦门	10	5	250	-12.0	2005.8	23 065
7	厦门湾海沧港区10号泊位进港航道增深工程	厦门	2	2	160	-7.5	2002.3	908
8	福州港闽江口拦门沙航道增深工程	福州	3	20	150	-7.6～-8.0	2004.12	8 973
9	福州港江阴港区5万吨级进港航道工程	江阴	5	44	360	-15.5～-17.2	2001.12	4 781
10	福州港罗源湾深水航道一期工程	罗源	5～30	35	160～350	-12.0～-26.0	2005.4	16 258
11	肖厝5万吨级码头进港航道工程	湄洲湾	5	2	200	-12.0	2003.12	74
12	湄洲湾公用航道一期工程	湄洲湾	10	31	300	-14.5	2005.12	4 806
13	泉州湾3万吨级航道工程	泉州	3	12	160	-11.0	2002.5	997
14	福建大唐宁德电厂码头5万吨级航道工程	宁德	5	31	180～210	-10.5～-16.5	2004.4	2 000.8
15	宁德三都澳城白马港区进港航道工程	宁德	1～5	42.2	100～210	-5.3～-12.3	1999.5	257
16	闽江通海航道二期整治工程	福州	2	50	125	-6.3～-7.7	1997.11	8 984
17	闽江（水口—福州）航道工程	福州	2×0.05	72.9	50	-1.9	1999.6	3 220
18	沙溪河高砂坝上至三明航道航标工程	三明	2×0.03	46.96	40	-1.8	2003.10	7 700
19	汀江龙湖库区航标工程	龙岩	0.005	42	25	-1.2	2001.9	356.50
20	湄洲湾10万吨级航道工程	湄洲湾	10	29.5	250	-17.5～-18.2	1991.7	2 070.89
21	湄洲湾电厂码头专用航道设计	湄洲湾	0.2	4.33	120	-4.6	1998.10	1 279.13
22	水口电站升船机承船箱带通航论证及设计	福州	0.13	87.5	50	-1.8	1996.9	132

表4－3　　　1990—2005年获交通部优秀水运工程勘察设计成果一览表

序号	项 目 名 称	获 奖 等 级	获奖时间（年）	主要参加人员
1	漳州后石电厂十万吨航道工程	优秀设计二等奖	2001	张子闽　傅勇明　欧安宝
2	福州港散货（河沙）码头工程	优秀设计三等奖	2001	李勇谦　黄泽宪　郭淑影
3	泉州港深沪港区二期工程	优秀设计三等奖	2003	黄泽宪　张成光　郭建平
4	福州港江阴港区3万吨级通用码头兼靠5万吨级集装箱码头工程	优秀设计三等奖	2004	张子闽　索鲤群　柯文荣
5	闽江（水口—福州）航道航标工程	优秀设计三等奖	2005	白金嘉　张清平　蒋文芳
6	厦门湾总体布局规划勘测	优秀勘察三等奖	2005	黄健生　林长庚　丘舍金

表4－4　　　1990—2005年获福建省优秀工程勘察设计成果一览表

序号	项 目 名 称	获 奖 等 级	获奖时间（年）	主要参加人员
1	中钢公司1.5万吨级码头	二等奖	1993	欧安宝　隋 嚣　李勇谦
2	马江油库扩建工程万吨油码头	三等奖	1997	江秀全　林明璞　付子妙
3	福清湾3万吨级元洪码头	二等奖	1995	张子闽　欧安宝　付子妙
4	福清元洪码头与进港航道	三等奖	1997	王炳南　吴金泉　江孙仁
5	BP丰福公司石油液化气码头	三等奖	2000	李勇谦　王 彦　郭建平
6	湄洲湾电厂码头专用航道设计	三等奖	2002	叶燕贻　蒋文芳　赵美英
7	马尾渔业码头港池及进港航道整治工程	三等奖	2002	梁金焰　林金裕　郑 毅
8	马尾渔业码头港池及进港航道整治工程	三等奖	2002	陈丽玉　叶燕贻　林正珍

表4—5　　1994—2005年福建省航建港勘察设计院港口工程设计项目表

序号	码头名称	地点	用途	靠泊能力	泊位数量（个）	泊位长度（米）	码头结构类型	吞吐量	造价（万元）	完成设计时间
1	平潭县塘屿岛200吨级客货运码头	平潭县塘屿岛	客、货	200吨级	1	48.2	框架梁板结构	货5万吨，客15万人次	520	1994.10
2	闽东惠宁石化有限公司液化气码头技改工程	宁德市福安白马河右岸	靠停液化气运输船	1000吨级	1	68	浮码头	—	—	1995.4
3	梅林码头技术改造工程	石狮市梅林村	货、集装箱	500吨级、5000吨级	2	2×142	重力式	8万吨/1.5万标箱	4996	1995.8
4	石狮市梅林对台码头技改工程	石狮市梅林村	多用途	5000吨级	1	212	重力式沉箱	—	—	1995.11
5	南安市石井码头技改工程	南安市石井镇	货	500吨级	3	3×60	重力式	—	—	1996.4
6	莆田市涵江乌莱巷岛交通码头工程	莆田市涵江乌莱巷岛	客、货	1000吨级	1	82	高桩板结构	货15万吨，客6万人次	2071.11	1996.10
7	莆田市南日岛浮叶500吨货码头工程	莆田市南日岛	客、货	500吨级	1	55	重力式沉箱	货5万吨，客8万人次	797.84	1996.10
8	连江县川石岛陆岛交通码头工程	连江县川石岛西侧	客、货	200吨级	1	45	高桩板梁式	货2万吨，客4万人次	512.96	1996.11
9	莆田市湄洲湾陆岛交通码头工程	莆田市湄洲湾	货	500吨级	1	65	重力式沉箱	货8万吨	1576.44	1997.7
10	上杭县庐风摩陀寨客运码头工程	上杭县庐风摩陀寨	客运	—	1	62.3	顺岸斜坡式	—	—	2000.10
11	平潭钱便澳500吨级陆岛交通码头工程	平潭县	客、货	500吨级	1	59	重力式沉箱	货5万吨，客8万吨	905.45	2002.8
12	永定县仙师横桥村客运码头工程	永定县仙师横桥村	客运	—	1	60	顺岸斜坡式	—	80.08	2000.10
13	永定县洪山中村客运码头工程	永定县洪山中村	客运	—	1	51	顺岸斜坡式	—	61.76	2000.10

续表 4-5

序号	码头名称	地 点	用 途	靠泊能力	泊位数量（个）	泊位长度（米）	码头结构类型	吞吐量	造价（万元）	完成设计时间
14	漳浦县林进屿陆岛交通码头工程	漳浦县林进屿岛	客、货	200 吨级	1	44	重力式实心方块	货 1 万吨，客 2 万人次	325.27	2002.9
15	漳浦县红屿陆岛交通码头工程	漳浦县红屿岛	客、货	100 吨级	1	40	重力式	货 1.5 万吨，客 4 万人次	178.46	2002.10
16	漳浦县沙洲陆岛交通码头工程	漳浦县沙洲	客、货	100 吨级	1	33	重力式斜坡道	货 1.5 万吨，客 4 万人次	176.45	2002.10
17	福州市闽江公园旅游船码头工程	福州市	游艇	—	3	3×16	高桩梁板式	—	554.32	2002.6
18	仓山螺洲陆岛交通码头工程	仓山螺洲吴凤陆岛	客、货	200 吨级	1	40	高桩梁板式	货 1.5 万吨，客 2 万人次	443.42	2004.7
19	闽侯县龙祥陆岛交通码头工程	闽侯县龙祥岛	客、货	200 吨级	1	44	高桩梁板式	货 1.5 万吨，客 2 万人次	503	2004.7
20	宁德横屿陆岛交通码头工程	宁德横屿岛	客、货	300 吨级	1	50	重力实心方块	货 3 万吨，客 1.5 万人次	410.23	2004.5
21	霞浦县长腰岛陆岛交通码头工程	霞浦县长腰岛	客、货	100 吨级	1	34	嵌岩灌注桩板式	货 1.5 万吨，客 5 万人次	415.34	2003.8
22	宁德白匏岛陆岛交通码头工程	宁德白匏岛	客、货	100 吨级	1	40	重力式单层空心方块	货 0.5 万吨，客 1 万人次	302.71	2004.2
23	东明船舶修造有限公司装卸码头技改工程	—	货运	3000 吨级	1	124	高桩梁板式	—	—	2003.5
24	漳浦县菜屿陆岛交通码头工程	漳浦县菜屿岛	客、货	200 吨级	1	44	直立式实心方块	货 3 万吨，客 2.5 万人次	304.13	2004.5
25	漳浦县虎头山陆岛交通码头工程	漳浦县虎头山岛	客、货	500 吨级	1	61	高桩梁板式	货 6 万吨，客 5 万人次	800.86	2004.6
26	仙游海安陆岛交通码头工程	仙游县	客、货	500 吨级	1	60	灌注桩梁板式	货 10 万吨，客 3 万人次	703.3	2005.5
27	罗源松山陆岛交通码头工程	福建省罗源县	客、货	500 吨级	1	63	高桩梁板结构	货 6 万吨，客 3.5 万人次	1 146.51	2003.7

续表 4-5

序号	码头名称	地点	用途	靠泊能力	泊位数量（个）	泊位长度（米）	码头结构类型	吞吐量	造价（万元）	完成建设计时间
28	漳浦县六鳌镇3000吨级杂货码头工程	漳浦县六鳌镇	货	3000吨级	1	115.5	高桩梁板结构	—	1 424.14	2003.8
29	莆田鹅头岛交通陆岛码头工程	莆田鹅头岛	客、货	200吨级	1	44	重力式	货3万吨，客1.6万人次	412.61	2004.9
30	福州港长门3万吨级石油化气码头技改工程	福州市	石油化工产品	3万吨级	1	80	浮码头式	50万吨	425.39	2003.9
31	泉州晋江中芸洲海景花园游艇码头工程	晋江市	游艇泊位	60客位	1	138	高桩梁板结构	—	396.14	2004.9
32	泉州市丰泽区浔埔陆岛交通码头工程	泉州市丰泽区	客、货	300吨级	1	48	嵌岩灌注桩	货2万吨，客3万人次	412.61	2005.8
33	连江县前屿陆岛交通码头工程	连江县	客、货	300吨级	1	52	高桩梁板结构	货1.5万吨，客2万人次	875.02	2005.12
34	漳浦县横屿陆岛交通码头工程	漳浦县横屿岛	客、货	200吨级	1	33	直立梁堤式实心方块	货3万吨，客2.5万人次	402.19	2005.9
35	福鼎市八尺门5000吨级杂货（多用途）码头工程	福鼎市八尺门	—	5000吨级	—	—	高桩梁板结构	—	—	2004.4
36	福州顺利建材码头工程	福州市	货	2万吨级	1	130	高桩梁板结构	90万吨	1 475	2004.5
37	永定县桃泉村桃泉码头工程	永定县桃泉村	客、货	20吨级	1	42.2	嵌岩灌注桩	货3000吨，客1.5万人次	124.65	2004.9
38	平潭县钟门陆岛交通码头工程	平潭县钟门	客、货	300吨级	1	50	高桩梁板结构	货10万吨，客6万人次	620.4	2005.8
39	平潭县乐屿陆岛交通码头工程	平潭县乐屿岛	客、货	200吨级	1	60	重力式	货5万吨，客4万人次	—	2004.6
40	连江县大涂东岱岛交通陆岛码头工程	连江县	客、货	300吨级	1	52	高桩梁板结构	货3万吨，客2万人次	514.61	2005.12
41	连江县筶头镇筶头陆岛交通码头工程	连江县筶头镇	客、货	500吨级	1	65	高桩梁板式	货15万吨，客3万人次	602.9	2005.11

续表4-5

序号	码头名称	地点	用途	靠泊能力	泊位数量(个)	泊位长度(米)	码头结构类型	吞吐量	造价(万元)	完成建设计划时间
42	宁德港福安白马港区下白石3000吨级杂货码头贯彻国防要求工程	宁德港福安白马港区白石	保持3000吨件杂设施建设3000吨滚装设施	3000吨级	1	129	高桩梁板结构	—	2169	2004.12
43	莆田蒋山陆岛交通码头工程	莆田蒋山	客、货	100吨级	1	40	空心方块砌墙重力式	货90万吨,客4万人次	312.73	2004.12
44	南安市石井客运陆岛交通木改造工程	南安市石井	客运	200客位船	1	40	—	货2万吨,客1万人次	—	2004.12
45	宁德市三都澳湾内橄榄屿陆岛交通码头工程	宁德市三都澳湾内橄榄屿岛南侧	客、货	100吨级	1	50	重力式	货2万吨,客1万人次	316.9	2005.8
46	莆田市东浦镇乐屿陆岛交通码头工程	莆田市东浦镇乐屿岛	客、货	100吨级	1	41	重力式实心方块	货1.2万吨,客2万人次	344.22	2005.10
47	宁德市鸡公山陆岛交通码头工程	宁德市鸡公山	客、货	100吨级	1	40	重力式	货3万吨,客1万人次	—	2005.8
48	厦门海沧东屿市场配套码头工程	厦门海沧东屿	渔货码头	500吨级	1	40	浮码头	—	564.51	2005.10
49	霞浦外浒陆岛交通码头工程	霞浦	客、货	1000吨级	1	70	重力式空心方块	滚装1.25万车次,客18万人,货10万吨	1216.95	2005.11
50	霞浦西洋陆岛交通码头工程	霞浦	客、货	1000吨级	1	70	重力式	货8万吨,客12万人,滚装1.25万车次	1 202.02	2005.11
51	马銮湾核心区护岸、清淤、回填造地(一期)工程	厦门市马銮湾	护岸,水域清淤、回填造地	—	—	护岸长2554.6米,清淤面2.64平方公里,造地面积0.47平方公里	多种型式生态型护岸		12 658.57	2004.7
52	华能福州电厂煤码头稳槽工程	福州筹东	护底、稳槽	2万吨级	—	护底长248.5米,最大宽度42米,工程量20218立方米	—	—	123.07	1995.4

第二节 建 设

"八五"期间，全省港口建设完成投资 7.79 亿元，年平均增长 1.68%。在此期间，福州港新港区一期工程（2 个万吨级泊位）、松下港区元洪码头、莆田港秀屿万吨级码头、福建炼油厂 10 万吨级码头、晋江深沪万吨级码头和厦门港东渡二期码头等深水码头工程建成投入使用。

"九五"期间，全省港口建设完成投资 10.09 亿元，年平均增长 20.43%。在此期间，福州港新港区二期码头、3.5 万吨级河砂码头、晋江围头万吨级码头和漳州港招银港区 3 号泊位等深水码头工程建成投入使用。

"十五"期间，全省港口建设完成投资 58.23 亿元，年平均增长 50.55%。在此期间，宁德港城澳万吨级码头，福州港江阴港区 1 号泊位，罗源湾碧里作业区 3 号泊位，莆田港秀屿 3.5 万吨级码头，泉州港肖厝作业区 5 万吨级码头，石湖作业区 3 号泊位，厦门港东渡港区三期码头，海沧港区 2 号、3 号泊位，漳州港后石电厂 10 万吨级煤码头和招银港区 4 号、5 号泊位等深水码头工程建成投入使用。

截至 2005 年底，全省沿海港口拥有码头泊位 399 个，其中，万吨级以上码头 66 个，货物吞吐能力 1.17 亿吨，其中集装箱 515 万标箱。福州港从河口港向深水海港迈进，厦门港港口大型化、集约化和信息化发展水平大幅度提高。

一、福州港

福州港西起福州市区，东至闽江口，南至兴化湾，北至罗源湾，海岸线总长 1137 公里，地域跨度大，北距上海港 420 海里、温州港 174 海里，南距香港 420 海里、广州港 549 海里、厦门港 201 海里。

1990 年后，福州港建设迅速发展。1993 年、1995 年青州港区（2004 年为青州作业区）一、二期工程相继建成投产。1994 年，松下港区元洪码头建成投产。1995 年，货物吞吐量首次突破千万吨大关，实际完成货物吞吐量 1027.7 万吨、集装箱吞吐量 15.07 万标箱，跨入全国沿海千万吨级港口行列，跻身全国港口国际集装箱年吞吐量"十强"。1996 年 8 月被确定为海峡两岸直航试点的两个口岸之一。2000 年江阴港区起步工程动工建设，标志着福州港由河口港走向深水海港，跨入河口港和深水海港并存、共同发展的新时期。2003 年 10 月 7 日，开通往西非的远洋班轮航线，结束了福州港没有远洋班轮航线的历史。

2000—2005 年，加大港口建设项目招商引资力度，多元投资建港体制逐步形成，呈现国有、民营及外资投资建港的新局面。青州作业区 6 号泊位平战结合滚装码头、魁岐二期码头、江阴港区 1 号多用途泊位（兼靠 5 万吨级集装箱船）、福清融侨码头改扩建工程、连江瑯头长门液化气码头、福州台泥洋屿 2 万吨级专用码头、福州开发区顺利 2 万吨级建材码头、中油福州 5000 吨级油品专用码头、江阴港区 0 号泊位（交战项目）及罗源湾狮岐 3 万吨级多用途泊位等 12 个项目计 13 个泊位（其中万吨级以上泊位 5 个）相继建成投产，新增吞吐能力 549 万吨，其中集装箱 23 万标箱。

为加快福州港深水外港的建设步伐，福州港着力推进罗源湾港区、江阴港区和松下港区以工业项目带动港区开发的配套专用大型深水泊位及大型深水集装箱泊位的开发。

（一）港域港区

1990—1995 年，福州港由河口港组成，即闽江口内港区。自 1996 年起，福州港由河口港与海港组成。河口港居闽江下游河口段，全长 67.2 公里。海港北起罗源湾，南至兴化湾北岸，东到平潭岛，划分为闽江口内港区、松下港区、江阴港区和罗源湾港区 4 个港区。

闽江口内港区上游以闽江解放大桥和乌龙江大桥为界，下游以一尖尾山、半洋礁、七星礁和沙峰角所连折线为界。该港区下辖台江、马尾、青州、筹东、松门、长安、小长门和瑯岐 8 个作业区，主要为承担福州市区能源物资、原材料、客运、沿海及近洋集装箱运输的综合性港区。

江阴港区位于福州江阴半岛南端，是国家交通部规划建设的国际集装箱和大型散货中转港区。港区以兴化湾的万安、塘屿、南横岛及南日岛东侧的大桥山所连折线为东港界，南日水道西侧石城山东南灯桩与南日岛西端灯桩连线为南港界。港区距上海港 532 海里，距香港 360 海里，距基隆港 150 海里，距福厦高速公路入口处 20 公里。港区水深港阔，避风条件好，深水岸线 7.1 公里，可供建设 30 个深水泊位，部分岸线可供建设 20 万～30 万吨级特大型深水泊位。2002 年 9 月 9 日，江阴港区 1 号泊位码头主体工程正式竣工，标志着福州市告别了没有深水集装箱外港的历史。江阴港区 2 号泊位于 2005 年 3 月 1 日开工建设，3 号泊位于 2005 年 5 月 18 日开工建设，建设规模均为 5 万吨级集装箱专用泊位 1 个，设计年集装箱吞吐能力均为 12 万标箱。2005 年 3 月，由中国国电集团公司、北京华富能源投资有限公司和福建省煤炭控股（集团）有限责任公司共同投资建设的国电江阴电厂 7 万吨级煤码头工程开工建设，年卸煤能力可达 450 万吨。

松下港区位于福清湾北岸，后方紧邻元洪投资区，处于长乐市和福清市交界，以福清湾的牛角、东洛列岛中的东银岛、竹排岛、乌猪岛、屿头岛东北端和福清东营村东侧所连折线为港界。相继建成元洪作业区 4 号泊位（元洪 3 万吨级多用途泊位）、5 号泊位（元载 5 万吨级多用途泊位）及牛头湾作业区 1 号泊位（康宏 7 万吨级散杂货泊位）。

罗源湾港区位于罗源湾内的南、北两岸，分属连江县和罗源县，由可门、迹头、碧里、牛坑湾和将军帽等作业区组成，包括可门角与虎头角连线所围成的罗源湾口可门以内的全部水域，以及可门口北锚地和南锚地水域。港区是以散杂货和集装箱运输为主的多功能、综合性深水港区，拥有狮岐3万吨级

图4-1　福州港可门电厂码头

多用途泊位及在建的华电集团可门电厂配套5万吨级煤炭接卸泊位，另有罗源湾福建散货中转运中心、罗源湾可门石化储运基地等项目已开展前期工作。

（二）港口设施

1. 码头、锚地

1990—2005年，松下港区元洪码头、江阴港区1号泊位、罗源湾港区狮岐3万吨级码头、吉安油码头、长乐机场油码头及华能2号、3号泊位先后建成投产。2005年底，全港共有生产性泊位134个（其中万吨级以上泊位23个），码头岸线总长11.6公里。

松下港区元洪码头（元洪作业区4号泊位）3万吨级散杂货泊位1个，为高桩梁板式结构形式，年设计货物吞吐能力为50万吨。码头平台长230米、宽30米。码头通过栈桥及引堤与面粉厂陆域南面道路衔接，栈桥长111米、宽12米，引堤长149米、宽12米，陆域纵深524.7米，陆域形成面积约137550平方米。码头于1992年开工建设，1994年验收并投入使用。

江阴港区1号泊位5万吨级多用途泊位1个，为重力式结构，年设计吞吐能力为298万吨，其中集装箱35万标箱。码头泊位长320米、预留过渡段长55米，陆域纵深约1000米。码头于2000年6月开工建设，2002年9月完工并投入使用。

罗源湾港区狮岐3万吨级多用途码头泊位1个，为高桩梁板式结构，年设计货物吞吐能力80万吨，其中集装箱6万标箱。码头泊位长230米、宽37.2米，平台两端部各设东、西引桥一座，东引桥长82.8米、宽12米，西引桥长82.8米、宽14米，散货堆场面积39728平方米，重箱堆场面积16709平方米。码头于2004年3月开工建设，次年完工。

牛头湾作业区1号泊位（康宏7万吨级散杂货码头）7万吨级散杂货泊位1个，为高桩梁板式结构形式，年设计货物吞吐能力为98万吨。码头平台长300米，码头于2003年8月开工建设。

表 4 - 6　　　　　　　**1990—2005 年福州港码头建设情况表**

港区	泊位名称	投产年份	结构形式	主要用途	泊位长度（米）	靠泊能力（吨级）
闽江口内港区	松门 1 号泊位	1990	高桩码头	通用散货泊位	171	20000
	松门 2 号泊位	1990	高桩码头	通用散货泊位	162	15000
	鳌峰洲 3 号泊位	1990	高桩码头	通用件杂货泊位	77	1000
	鳌峰洲 4 号泊位	1990	高桩码头	通用件杂货泊位	77	1000
	亭江油码头	1990	浮码头	成品油泊位	60	3000
	义序机场油码头	1990	板架码头	成品油泊位	100	1000
	中钢 1 号泊位	1992	高桩码头	通用散货泊位	176	15000
	中钢 2 号泊位	1992	高桩码头	通用件杂货泊位	96	3000
	青州作业区 2 号泊位	1993	高桩码头	集装箱泊位	259	15000
	青州作业区 3 号泊位	1993	高桩码头	通用件杂货泊位	190	10000
	青州作业区 5 号泊位	1993	高桩码头	客货泊位	170	10000
	象屿码头	1993	浮码头	液化天然气	42	3000
	面粉厂码头	1993	高桩码头	散装粮食	81	1000
	海星油码头	1994	高桩码头	成品油泊位	112	1000
	榕通 1 号泊位	1994	高桩码头	通用件杂货泊位	86	3000
	榕昌码头	1995	浮码头	成品油泊位	42	1000
	兴闽油码头	1995	重力式码头	成品油泊位	225	10000
	门边油码头	1995	高桩码头	成品油泊位	64	3000
	青州作业区 1 号泊位	1996	高桩码头	集装箱泊位	260	15000
	青州作业区 4 号泊位	1996	高桩码头	通用件杂货泊位	180	10000
	吉安油码头	1998	高桩码头	液体化工泊位	210	10000
	后安油码头	1996	浮码头	成品油泊位	42	5000
	华能 3 号泊位	1996	高桩码头	煤炭泊位	150	10000
	长乐机场油码头	1997	板架码头	成品油泊位	176	10000
	BP 码头	1997	高桩码头	液化石油气	160	10000
	榕通 2 号泊位	1997	高桩码头	通用件杂货泊位	62	1000
	鳌峰洲 7 号泊位	1997	高桩码头	通用件杂货泊位	70	2000
	鳌峰洲 8 号泊位	1997	高桩码头	通用件杂货泊位	72	2000
	对台贸易码头	1997	高桩码头	通用件杂货泊位	121	3000

续表 4-6

港 区	泊位名称	投产年份	结构形式	主要用途	泊位长度（米）	靠泊能力（吨级）
闽江口内港区	鳌峰洲5号泊位	1998	高桩码头	多用途泊位	78	3000
	鳌峰洲6号泊位	1998	高桩码头	多用途泊位	78	3000
	砂石1号泊位	1998	高桩码头	通用散货泊位	120	20000
	华能2号泊位	1999	高桩码头	煤炭泊位	250	20000
	长通码头	2000	高桩码头	通用件杂货泊位	140	5000
	魁岐5号泊位	2001	高桩码头	多用途泊位	120	3000
	魁岐6号泊位	2001	高桩码头	多用途泊位	120	3000
	三和码头	2002	高桩码头	通用散货泊位	80	1500
	青州作业区6号泊位	2002	高桩码头	多用途泊位	200	20000
	青州作业区7号泊位	2002	浮码头	客货滚装泊位	169	8000
	长门液化气码头	2003	高桩码头	液化石油气	42	1000
	建华码头	2003	过驳装卸平台	通用散货泊位	20	1000
	洋屿作业区7号泊位	2004	高桩码头	散装水泥	220	20000
	顺利2万吨级建材码头	2005	高桩码头	通用件杂货泊位	130	20000
	长安油码头	2005	板桩码头	成品油泊位	167	5000
松下港区	元洪作业区4号泊位	1994	高桩码头	通用散货泊位	230	30000
罗源湾港区	淡头1号泊位	1998	高桩码头	通用件杂货泊位	89	1000
	狮岐3万吨级多用途泊位	2005	高桩码头	多用途泊位	230	30000
江阴港区	融侨1号泊位	1991	高桩码头	通用件杂货泊位	87	3000
	融侨2号泊位	2003	高桩码头	通用件杂货泊位	97	5000
	江阴作业区1号泊位	2003	码头	多用途泊位	320	50000
其他港区	金井码头	1995	其他结构形式	通用件杂货泊位	127	5000
	过屿油码头	1998	高桩码头	成品油泊位	40	1000

表 4-7　　　　　**2005 年福州港锚地一览表**

锚地名称	位 置	主要用途	水深（米）	面积（平方公里）	底 质	锚泊能力	
						数量（艘）	最大可泊船吨级（吨）
可门口北锚地	罗源湾港区	检疫/引水	18.0~26.0	5	沙底	18	50000
岗屿锚地		待泊/防台	27.0~30.0	0.785	泥沙底	1	50000
狮岐锚地		待泊/防台	8	0.1256	泥沙底	1	10000
迹头锚地		待泊/防台	4	0.0707	泥沙底	5	1000
七星礁锚地	闽江口外港区	候潮/检疫/引水	9.5~11.0	4	沙底	10	20000

续表 4 - 7

锚地名称	位置	主要用途	水深 （米）	面积 （平方公里）	底质	锚泊能力	
						数量 （艘）	最大可泊船 吨级（吨）
川石锚地	闽江口内港区	引水/检疫	3.5~10.0	1.7955	泥沙底	3	20000
乌猪口 1 号锚地		熏舱	6.0~7.5	0.1256	泥沙底	2	10000
乌猪口 2 号锚地		熏舱	5.0~9.5	1.1256	泥沙底	2	10000
琯头 1 号锚地		待泊过驳	4.9~8.0	0.07695	沙底	3	10000
琯头 2 号锚地		待泊	4.9~8.0	0.1256	沙底	1	10000
长安浮筒锚地		系浮/过驳	10.5	0.33	沙底	3	30000
亭江候泊锚地		待泊	10.5	1	沙底	2	10000
亭江候泊过驳锚地		待泊/过驳	10.5	6.134	沙底	2	10000
亭江浮筒锚地		系泊/过驳	10.5	0.0144	沙底	4	10000
罗星塔锚地		待泊	7.0~10.0	0.2457	沙底	3	3000
营前锚地		候潮/待泊	7.0~10.0	0.2174	沙底	3	3000
马杭洲锚地		待泊	3.0~8.0	0.2	沙底	3	1000
东洛锚地	松下港区	待泊\引水\检疫	10.0~14.5	3	沙底	6	30000
塘屿锚地	江阴港区	引水/检疫	19	4.3	沙底	5	70000
白屿锚地		引水/检疫	17.8~17.8	3.3	沙底	5	70000
江阴锚地		待泊/防台	14	5.9	沙底	5	50000

2. 仓库、堆场

1990 年初，福州港拥有生产用库场总面积 13.85 万平方米，其中，仓库 31660 平方米，堆场 106880 平方米。1995 年，建成金井码头，建置堆场 5000 平方米、仓库 3600 平方米。建成兴闽油库码头，建置储罐 89600 平方米。2000 年，长通码头建成，建置堆场 10170 平方米。2003 年，建成江阴 1 号泊位工程，建置堆场 54965 平方米。2005 年，建成罗源湾港区狮岐码头工程，建置堆场 51672 平方米。

至 2005 年，福州港拥有生产用库场总面积 116.08 万平方米，其中，堆场 773725 平方米，仓库 65592 平方米。

3. 装卸设备

1990 年，福州港共有装卸机械 108 台，其中，门座起重机 5 台、固定式起重机 16 台、轮胎起重机 20 台、浮式起重机 1 台、叉式装卸车 31 台、单斗车 4 台、牵引车 23 台、推耙机 2 台、装车机 1 台、卸车机 5 台。

2005 年，福州港共有生产用装卸机械 366 台，其中门座式起重机 17 台、汽车吊 2 台、轮胎起重机 31 台、轻型桥吊 1 台、岸桥式起重机 11 台、固定吊 1 台、轮胎吊 2

台、双主梁门式起重机 1 台、内燃式起重机 1 台、龙门起重机 1 台、正面吊 8 台、胶带输送机 6 台、皮带输送机 94 台、下驳皮带机 1 台、上砂机 1 台、叉式装卸车 49 台、集装箱跨运牵引车 24 台、集卡车 3 台、集装箱叉车 1 台、拖车 18 台、装船机 10 台、卸船机 1 台、推靶机 14 台、装载车 30 台、轮胎式集装箱门式起重机 29 台、堆高机 2 台、斗轮机 1 台、堆料机 5 台和取料机 1 台。

4. 疏港交通

福州港陆路交通运输条件较为便利。公路经 104 国道、316 国道、324 国道和罗长高速公路、福厦高速公路，与全国公路网相连。铁路通过福马、外福线接鹰厦线、浙赣线，与全国铁路网相通，铁路专用线 3618 米，其中，装卸线长 1385 米。航空通过福州长乐国际机场可到达全国各地。

闽江口内港区台江作业区直接依托福州城区，疏港主要通过福州江滨大道。马尾作业区集疏运以福马公路、福州江滨大道和福马铁路为主。青州作业区港外疏港公路经青州路与福马公路、江滨大道相接。筹东作业区以后方投资区公路为主。松门作业区后方紧邻 104 国道。长安作业区集疏运依靠 104 国道、沈海高速公路至福州连接线及建设中的温福铁路。小长门作业区后方公路通过隧道与 104 国道相连。

松下港区以福北一级公路为主要疏港道路，港区道路与元洪投资区路网相连。

江阴港区集疏运主要通过扩建中的新江公路。

罗源湾港区以公路为主，计划建设温福铁路可门港支线，沿疏港路进入港区。

二、厦门港

厦门港位于九龙江入海口，水路北距上海 564 海里，东距高雄 165 海里，南距香港 292 海里，可畅通地与沿海、世界诸港通航，是大陆距离台湾最近的港口，港湾外围岛屿形成天然屏障，港内水域宽阔、水深浪小、不冻少淤。进港航道全长约 42 公里，水深达到 -14 米，10 万吨级船舶可乘潮进出港。岸线总长 154 公里，其中可用于建港的深水岸线 31.6 公里。联检锚地 14 平方公里，港口水域面积 340 平方公里，陆域面积 7 平方公里。其被国家确立为沿海主枢纽港和八大集装箱干线港之一。该港是由大、中、小泊位配套的多功能、综合性的现代化大港，由东渡港区、海沧港区、嵩屿港区、东部港区及旅游客运等港区组成。

1990 年，厦门港建成大小泊位 100 多个，泊位总长 2217.3 米，货物吞吐量 530 万吨，集装箱吞吐量 4.5 万标箱。2000 年，厦门港货物吞吐量 1965.26 万吨，进口量 1156.12 万吨，出口量 809.14 万吨，全年集装箱吞吐量 108.5 万标箱，首次突破百万标箱，排名世界第 48 位。2005 年，厦门港货物吞吐量 6600 万吨，集装箱吞吐量超过 350 万标箱，新建成的 8 个深水集装箱泊位和可停靠 14 万总吨的大型国际邮轮码头，具备全天候接待第六代集装箱船舶的能力。

（一）港域港区

1998 年，交通部和省政府联合批复《厦门港总体布局规划》，将厦门港划分为 10 个港区，分别是东渡、高崎、杏林、排头、大屿、嵩屿、客运、海沧、五通和刘五店港区。由省发改委于 2000 年组织编制，2004 年完成的《厦门湾港口总体规划》，规划厦门湾主要发展东渡、海沧、嵩屿、招银、后石、刘五店和客运（含和平、五通）七大港区，形成"一湾七区"的发展格局。2004 年，厦门市港务管理局组织编制完成《厦门港总体规划报告》，规划形成

图 4 – 2 厦门港东渡港区

东渡、海沧、嵩屿、刘五店和客运（含和平、五通）五大港区的发展格局。2005 年 2 月 3 日，省长办公会议本着"湾港一体"、突破行政区划、统筹规划全厦门湾港口资源的思路，议定如下：将漳州招银、后石、石码 3 个港区与厦门现有各港区合并组成厦门港，授权厦门市政府对厦门港港口、水路运输行使管理权，厦门市港务管理局更名为厦门港口管理局。

东渡港区位于厦门岛西北部的国际客运中心至北部的石湖山附近，是厦门港主要的商贸港区和港口货物运输的主体港区。东渡 2 号泊位为散粮专用泊位，并有国家粮食储备库。6～20 号泊位岸线总长 3363 米，集中发展集装箱运输。后方为象屿保税区，具有区港联动、发展现代物流的优势。2005 年，该港区泊位总长 6360.81 米，拥有 29 个泊位，包含东渡一期、二期、三期码头、象屿新创建码头、国贸码头、鹭甬油码头和高崎码头等，最大靠泊能力为 10 万吨级，年货物通过能力 2581 万吨，年集装箱通过能力 269 万标箱，年旅客通过能力 250 万人次。

海沧港区位于九龙江河口湾北岸、海沧台商投资区南部和东南部，可利用岸线 11 公里，是厦门湾内最有条件发展大规模集装箱码头的港区，也是厦门港靠泊集装箱干线班轮的主要港区之一。2005 年，该港区泊位总长 2117 米，共有 3 个泊位，为海沧港区 2 号、3 号、10 号泊位，最大靠泊能力为 10 万吨级，泊位年货物通过能力 1155 万吨，集装箱通过能力 71 万标箱。

嵩屿港区位于海沧台商投资区东南端，是主要能源进口港区。嵩屿港区共有 5

个泊位，包括博坦油码头、嵩屿电厂煤码头、综合码头及油码头。嵩屿附近向南建有嵩屿轮渡码头、海事局码头、博坦10万吨级油码头及油库。南侧岸线西端建有嵩屿电厂及配套的3.5万吨级煤码头、5000吨级重件码头。2005年，该港区泊位总长997米，最大靠泊能力为10万吨级，泊位年货物通过能力790万吨。

客运港区位于厦门岛西南部，紧靠市中心，主要经营厦门至金门、香港和龙海等客运航线，以及厦门至鼓浪屿、厦门环岛等旅游航线。东渡客运区位于同益码头至东渡1号泊位南端之间。2005年，客运港区共有3个泊位，包含和平码头1~3号泊位等。

刘五店港区作为厦门港远景重点发展的港区，将以集装箱运输、临港工业开发为主，并为对台经贸合作和"三通"服务。

2005年12月31日，厦门湾实行一湾一港的管理体制，八港区合一，包括东渡港区、海沧港区、嵩屿港区、刘五店港区、客运港区及漳州招银港区、后石港区和石码港区。

（二）港口设施

1. 码头、锚地

（1）码　头

1990—2005年，东渡港区二期工程、三期工程及国际货柜码头等大型集装箱泊位先后建成投产。2005年底，全港共有生产性泊位75个（其中万吨级以上泊位25个），码头岸线总长8901米。

厦门港务集团和平旅游客运有限公司码头。有2万吨级浮码头1个，6000吨级浮码头2个，浮码头前沿水深13米，其中，2个浮码头尺寸长度分别为100米、120米。客运大楼共有四层，建筑面积约13000平方米。和平码头于1990年10月进行扩建改造，1992年12月23日竣工后投入使用，设计年通过旅客吞吐量52万人次。2001年1月，和平码头被确定为厦金航线试航与直航的首选停泊点。2004年2月起，该航线在原通航方案运作基础上，正式实行班轮化运作，2005年6月始，确定为每天12个航班。

厦门国际邮轮中心暨厦金客运码头。可停靠14万总吨的大型邮轮，兼靠3万吨级集装箱货轮，另有2个3000吨级客运泊位和2个工作船泊位，年吞吐量150万人次。主体码头岸线463米，前沿水深-12.4米。码头内的客运联检大楼总建筑面积8万多平方米，于2007年初投入使用。

厦门港海天码头。有万吨级集装箱装卸和杂货泊位3个，千吨级小轮码头2个，年设计吞吐能力350万吨，配套技术改造后达到400万吨。码头岸线长650米。1989年10月开工建设，1993年建成，次年验收投入使用，被称为东渡港第二期工程，配备35吨集装箱装卸吊桥2台、10吨门机3台和35吨集装箱龙门吊4台。

厦门国际旅游客运码头。可停靠 14 万总吨大型邮轮，兼顾停靠 3 万吨以下内贸集装箱船舶。首期工程建设为大型国际邮轮泊位及小轮泊位工程，北段总长 463.81 米，国际旅游客运码头设计年吞吐能力 150 万人次，年集装箱吞吐能力 5 万标箱。码头为重力式沉箱结构形式。小轮码头岸线长 341.44 米，其功能分别为小型客轮码头及港口工作船码头，设计年吞吐能力 100 万人次。工程总投资 1.54 亿元，于 2003 年 9 月 8 日动工兴建。

嵩屿港区一期工程。建设规模为 10 万吨级集装箱泊位 3 个，岸线长度为 1291 米，2004 年 1 月 16 日正式开工，工程总投资 12.4 亿元，工程于 2007 年 9 月投产。

东渡港区三期工程。5 万吨级集装箱专用泊位 2 个（10 号、11 号泊位），可靠泊 5 万吨级或不满载的 10 万吨级集装箱船舶。通用泊位 1 个（5 号泊位），可停靠 5 万吨级集装箱船或 10 万吨级散货船。另有 5000 吨级杂货泊位 1 个，1000 吨级杂货泊位 3 个，年设计吞吐能力集装箱 45 万标箱，杂货 100 万吨。1998 年 11 月 30 日正式开工，2002 年 10 月 15 日竣工。

国际货柜码头。使用海沧港区 1 号、2 号、3 号泊位，岸线总长 1083 米，可供 3 艘超大型集装箱船舶同时靠泊作业，码头前沿水深 -13.3 米至 -17.5 米，码头纵深 800 米，总面积 73 万平方米。1999 年 5 月 22 日，厦门港成功开辟了第一条远洋航线，成功启动了厦门港从喂给港到干线港的转型。2003 年 5 月 12 日，码头迎来了厦门港第一艘载箱量超 8000 标箱的集装箱船舶——"东方海外深圳"轮。2005 年 11 月 28 日，海沧国际货柜码头集装箱吞吐量突破 100 万标箱，跻身百万标箱大港码头行列，成为厦门港继海天集装箱码头后第二个年集装箱吞吐量突破百万标箱的码头。

（2）锚 地

厦门港辖区有 1 号、3 号、4 号、5 号和 7 号 5 个锚地，水域面积约 19 平方公里。港口锚地现状如下：

1 号锚地（港外）。形成水域面积 1.54 平方公里，可泊 5 万～10 万吨级船舶。

3 号锚地（临时防台、避风）。形成水域面积 5.97 平方公里，可泊万吨级以下船舶。

4 号锚地（联检、引航）。形成水域面积 6.4 平方公里，可泊万吨级以下船舶。

5 号锚地（港内）。形成水域面积 2.14 平方公里，可泊千吨级船舶。

7 号锚地（危险品专用）。形成水域面积 2.94 平方公里，可泊千吨级船舶。

表 4 - 8　　　　　　　　**1990—2005 年厦门港码头建设情况表**

港区	泊位名称	投产年份	结构形式	主要用途	泊位长度（米）	靠泊能力（吨级）
东渡港区	高崎小轮码头 1 号泊位	1992	高桩码头	通用散货泊位	71	1000
	高崎小轮码头 2 号泊位	1992	高桩码头	通用散货泊位	71	1000
	同益码头综合泊位	1992	高桩码头	多用途泊位	100	3000
	3 区小轮码头（1）	1994	重力式码头	通用件杂货泊位	103	1000
	3 区小轮码头（2）	1994	重力式码头	通用件杂货泊位	103	1000
东渡港区	东渡港区 6 号泊位	1994	重力式码头	集装箱泊位	170	20000
	东渡港区 7 号泊位	1994	重力式码头	集装箱泊位	177	20000
	东渡港区 8 号泊位	1994	重力式码头	集装箱泊位	303	35000
	东渡港区 12 号泊位	1997	重力式码头	集装箱泊位	220	20000
	东渡港区 9 号泊位	1998	重力式码头	集装箱泊位	190	20000
	东渡港区 13 号泊位	2002	重力式码头	集装箱泊位	250	25000
	东渡港区 14 号泊位	2002	重力式码头	集装箱泊位	170	10000
	东渡港区 10 号泊位	2003	重力式码头	集装箱泊位	210	15000
	东渡港区 11 号泊位	2003	重力式码头	集装箱泊位	200	20000
	东渡港区 5 号泊位	2003	重力式码头	通用件杂货泊位	260	50000
	海天小轮码头	2003	重力式码头	通用件杂货泊位	160	5000
	1 区小轮码头	2003	重力式码头	通用件杂货泊位	90	1000
	2 区小轮码头（1）	2003	重力式码头	通用件杂货泊位	90	1000
	2 区小轮码头（2）	2003	重力式码头	通用件杂货泊位	90	1000
	东渡港区 18 号泊位	2004	重力式码头	多用途泊位	488	50000
	东渡港区 15 号码头	2005	重力式码头	集装箱泊位	180	10000
	东渡港区 16 号泊位	2005	重力式码头	集装箱泊位	150	10000
嵩屿港区	华夏电厂设备码头	1995	重力式码头	通用件杂货泊位	111	2000
	嵩屿港区嵩屿电厂煤码头	1995	高桩码头	煤炭泊位	331	50000
	嵩屿港区博坦油码头外泊位	1996	高桩码头	成品油泊位	369	100000
	嵩屿港区博坦油码头内泊位	1996	高桩码头	成品油泊位	207	10000
	嵩屿港区油码头	1996	高桩码头	成品油泊位	120	1000
海沧港区	海沧港区 3 号泊位	1996	重力式码头	集装箱泊位	320	20000
	海沧港区 2 号泊位	1997	重力式码头	集装箱泊位	320	30000
	海沧港区 10 号泊位	2002	重力式码头	液体化工泊位	271	50000
客运港区	厦门海达车客渡码头	1996	重力式码头	商品汽车滚装泊位	55	1000
刘五店港区	鑫海码头	1999	板桩码头	液体化工泊位	95	2000

2. 仓库、堆场

1996年，厦门港生产用仓库堆场总面积760473平方米，总容量3万吨。2005年厦门港生产用仓库总面积1826196平方米，总容量2405348吨。其中，仓库面积47702平方米，容量215600吨；圆筒仓容积183240立方米，容量136000吨；油库容积15556立方米，容量12300吨，其中，成品油库容积15000立方米，容量12000吨；堆场面积1778494平方米，容量2041448吨。其中，煤场面积8万平方米，容量1188000吨。集装箱堆场面积612804平方米，堆存能力41000标箱。非生产用库场总面积9333平方米。

系船浮筒共有2个，分布在猴屿、和平码头，为千吨级系船浮筒。

3. 装卸设备

1990年，厦门港共有生产用装卸机械169台，其中，门座起重机9台、汽车起重机1台、轮胎起重机13台、桥式起重机1台、电动轮胎起重机11台、叉式装卸车59台、单斗车9台、集装箱跨运车7台、牵引车35台、搬运车2台、载重汽车13台、推靶机6台和推土机3台。

2005年，厦门港共有生产用装卸机械588台，其中，固定式起重机11台、汽车起重机8台、轮胎起重机113台、门座起重机32台、浮式起重机1台、桥式起重机44台、门式起重机38台、气力输送机4台、皮带输送机72台、叉式装卸车102台、单斗车29台、集装箱跨运牵引车56台、载重汽车15台、装船机2台、卸船机4台、推靶机7台、装车机18台、卸车机2台、斗轮堆取机7台、集装箱起重机22台和装油臂1台。

4. 疏港交通

厦门市已形成以港口为龙头，公路、铁路、水运和民航为骨干，运输战场为枢纽的立体交通体系。厦门港陆路主要通过319国道、324国道、201省道、206省道和沈海高速公路与全国公路网相连。直达码头前沿的铁路专用线通过鹰厦线与全国铁路网相连。厦门高崎国际机场距东渡、海沧等主要港区仅半小时车程，75条航线通达世界各主要港口。厦门大桥和海沧大桥与全省公路联网，形成以福厦、厦漳主干道为骨干的运输网。水运航线可通全国沿海、长江中下游和世界各港。

三、泉州港

泉州港位于福建中部，处于福州市、厦门市两大中心城市中间，北至湄洲湾内澳，南至围头湾厦门市同安县莲河。泉州港北距上海515海里、距福州马尾157海里，南距香港327海里、距广州416海里，东距高雄165海里。海岸线总长427公里，大小岛屿207个，拥有湄洲湾、泉州湾、围头湾和深沪湾4大优良港湾，形成了肖厝港区、斗尾港区、泉州湾港区、围头湾港区和深沪湾港区5大港区，合计16个作业区和5个作业点。其中肖厝港区、斗尾港区、泉州湾港区是泉州市港口的中心港区。

1995 年底，泉州港共有码头泊位 28 个，最大靠泊能力为 1 万吨级，库场面积 14.5 万平方米，装卸机械 105 台。完成货物吞吐量 680.5 万吨，其中，外贸吞吐量 180.7 万吨，客运吞吐量 2.59 万人次。煤、油、矿建材料、化肥、盐和粮食等大宗货物合计占总吞吐量的 90% 以上。

1997 年，港口吞吐量首次突破 1000 万吨大关，进入全国沿海大型港口行列。1999 年，港口吞吐量 1521.19 万吨，集装箱 8.14 万标箱，吞吐量首次超过福州港，位居全省第二。2001 年，港口吞吐量达到 2102.08 万吨，居全国沿海港口第 16 位；集装箱 22.61 万标箱，居全国沿海港口第 12 位。2003 年，港口吞吐量达到 2511 万吨，集装箱 41 万标箱。2004 年，内贸集装箱运输综合实力跃居全省首位，位列全国沿海港口前六名，被交通部列为全国沿海内贸集装箱枢纽港。2005 年底，全港拥有生产性泊位 58 个，其中，万吨级以上泊位 11 个，主要经营石油及其制品、集装箱、杂货等运输业务。2005 年全港完成货物吞吐量 4046 万吨，其中，集装箱 63 万标箱。

（一）港域港区

泉州港港口岸线长 44.46 公里。2004 年，为适应泉州市经济快速发展和打造亿吨大港的需要，新修编《泉州港总体规划》，将港口区划为 5 个港区，即肖厝港区、泉州湾港区、深沪湾港区、围头湾港区和斗尾港区，初步形成了以泉州湾为中心港区、大中小码头泊位优势互补、配套设施比较完善、功能比较齐全的港口体系。

图 4-3 泉州港肖厝港区 10 万吨原油码头

肖厝港区位于泉州市泉港区，湄洲湾内澳西南岸，面对莆田市秀屿港区，距湄洲湾口 15 海里。地处肖厝镇沙格村，水域范围北起白埕礁经横屿向南 5 公里以西，岸线总长 14.6 公里，面积 3430 万平方米。陆域东起沙格水产站，南至瑞云殿，西北临海边，面积 5.4 万平方米。该港区由肖厝、鲤鱼尾两个作业区及峰尾作业点组成，主要承担件杂货、散货、成品油、原油及煤炭运输。

泉州湾港区位于泉州湾西北岸之晋江与洛阳江汇合处，东起祥芝灯塔，西至泉州顺济桥，北至惠安洛阳桥，自然岸线长 68 公里，水域面积 166 平方公里，陆域面积 152.5 万平方米。由秀涂、石湖、祥芝、后渚和锦尚 5 个作业区及崇武、内港（老港区）两个作业点组成，主要承担件杂货、成品油、粮食、集装箱及客货运输。

深沪湾港区位于泉州湾口西南侧，晋江市深沪镇与石狮市永宁镇交界处，距泉州湾和围头湾各约 12 海里，是一个自然海湾。深沪湾港区由深沪、梅林作业区组成，分别担负南安市、石狮市货物进出口业务。由于深沪湾对外贸易甚少，主要作为中外往来船舶避风停泊的基地。

围头湾港区位于厦门港东侧约 30 海里，东北距泉州湾约 32 海里，由围头、石井、安海（水头）、东石和菊江 5 个作业区组成，主要承担集装箱、成品油及件杂货运输。

斗尾港区位于湄洲湾西南岸辋川溪入海口右岸，地处惠安县斗尾。港区范围从斗尾桥至盐业码头，岸线长 1.5 公里，陆域 4000 平方米，水域 4 万平方米。斗尾港区是泉州市的中心港区之一，由斗尾、外走马埭两个作业区和小岞、大岞两个作业点组成。

（二）港口设施

1. 码头、锚地

（1）码　头

2005 年底，泉州港码头岸线总长 7424 米，最大散杂泊位 7 万吨级，在建最大液散泊位 30 万吨级，在建最大集装箱泊位 10 万吨级。

国电泉州发电有限公司 5 万吨级卸煤码头。5 万吨级自用卸煤码头和工作船码头各 1 个，设计年耗煤 140 万吨。码头泊位总长 320 米、宽 30 米，码头停泊水域长 365 米、宽 65 米。

肖厝港区沙格万吨级码头（1 号泊位）。3.5 万吨级泊位 1 个，码头长 192 米，于 1985 年底开始兴建，1990 年初投产。

肖厝港区 7 万吨级码头（11 号泊位）。7 万吨级泊位 1 个、工作船泊位 2 个及预留滚装泊位 1 个。设计年吞吐能力为 300 万吨。码头泊位长 280 米，前沿水深 - 15 米，回旋水域水深 - 11.6 米，配备 4 台门机。2005 年 2 月 21 日开工建设。

肖厝 2 号、3 号泊位。2 号泊位为万吨级泊位 1 个，泊位长 140 米，港池水深 - 9.7 米。3 号泊位为 5 万吨级泊位 1 个，泊位长 291 米，港池水深 - 14.2 米。设计年吞吐量 350 万吨，码头堆场面积 2500 多平方米，配备 40 吨集装箱散杂货兼用的多功能桥吊、40 吨多用途门座起重机、25 吨轮胎式电动起重机、45 吨正面吊、25 吨叉车及小叉车、集装箱牵引车和装载机等港口机械。1998 年 7 月动工建设，2003 年 6 月竣工，总投资 2.2 亿元。

惠安盐业码头辋川转运站。800 吨级泊位 1 个，年转运货物吞吐能力 10 万吨，码头封闭式堆场面积 7000 平方米。1998 年 5 月经省盐业局和泉州港务局核准为综合货运码头，主要经营一般散货物的装卸。

围头万吨级对台贸易码头。万吨级多用途泊位和3000吨级工作船泊位各1个，年设计吞吐能力为杂货24万吨、集装箱2.4万标箱。泊位总长248米（其中工作船泊位42米）、宽50米，引堤长593米、宽14米。港区建有货物仓库，建筑面积2184平方米，集装箱堆场1.8万平方米。码头装卸作业机械设备有40吨龙门式吊机1台，5～40吨叉车4辆。1996年1月6日正式开工，次年9月28日码头主体工程竣工。

永盛码头。由私人合股投资，经泉州港务管理局批准兴建，码头工程分两期建设。第一期建设规模为500吨级散杂货泊位1个，于1998年10月动工兴建，次年5月竣工投入运营。2000年初续建第二期2000吨级泊位2个，2001年初建成投产，总投资640万元。主要经营国内中、小型货轮靠泊装卸货物业务。2004年，为提高港口吞吐能力，将原有泊位扩建为2000吨级泊位4个。

深沪一期码头。5000吨级散杂货码头泊位1个，设计年吞吐能力33万吨。泊位长145米，引堤长1397米，防浪墙长800米、高7.5米，货场面积3432平方米，仓库建筑面积2600平方米，生产辅助设施总面积435.7平方米。码头配有10吨门机、35吨多功能门机、16吨红光吊机各1台，8吨和6吨叉车各2辆，2吨拖头车1辆及4吨平板车4辆。1991年9月动工兴建，次年扩建为集装箱码头，1995年6月竣工，7月投入运营。

深沪二期万吨级多用途码头。万吨级散杂货泊位1个，泊位长度230.85米，护坡长350.85米，形成陆域面积24655平方米，1998年9月开工建设，2000年11月竣工投入运营。同年12月，在原一期5000吨级码头的南端进行局部改造，设置两阶平台，以及在与之相连的斜坡道增建一个可满足5000吨级滚装船靠泊作业的码头，2001年3月竣工投入使用。

（2）锚　地

锚地有6处。外轮引航、检疫锚地主要设于祥芝锚地，但根据不同季节的风向，又设有崇武锚地。每年5—8月西南风季节在祥芝锚地，水深8.5～13米，底质为泥沙。每年9月至次年4月东北风季节在崇武锚地，水深8.5～11米，底质为泥沙。装卸锚地及浮筒泊位，位于秀涂至后渚间，可同时停泊5000吨级船舶2艘、3000吨级船舶5艘。秀涂及石湖锚地抛设万吨级系船浮筒2个。七星礁待泊锚地可停泊万吨级船舶2艘。

2. 仓库、堆场

1990年，泉州港共有仓库6个，总面积28647平方米；堆场5个，总面积57865平方米。2005年，泉州港辖区共有堆场61个，面积753197平方米；仓库46个，面积202241平方米；储罐358个，容积2350368立方米。

3. 装卸设备

1990年，泉州港装卸机械设备16台，其中，轮胎起重机2台、叉车装卸车11台、牵引车3台。2005年，泉州港拥有各种起重机械134台，其中，集装箱岸边起重机12

台，最大负载 65 吨，最大外伸距 55 米；拖轮 7 艘，主机最大功率 2940 千瓦。

4. 疏港交通

铁路。泉州市境内已建有漳泉肖铁路，全长 257 公里，单线Ⅲ级，年输送能力 350 万吨。

公路。泉州市境内有一条国道（324 国道）和福厦高速公路，全市公路总里程 10786.72 公里，公路密度 99.27 公里/百平方公里。

航空。泉州市建有晋江机场，年旅客吞吐能力 134 万人次，货物吞吐能力 1.85 万吨。

表 4－9　　　　　　　　　　**1990—2005 年泉州港码头建设情况表**

港区	泊位名称	投产年份	结构形式	主要用途	泊位长度（米）	设计靠泊能力（吨级）
肖厝港区	肖厝作业区 1 号泊位	1990	重力式码头	通用散货泊位	191	10000
	鲤鱼尾作业区 1 号泊位	1992	重力式码头	原油泊位	397	100000
	鲤鱼尾作业区 7 号泊位	1992	重力式码头	成品油泊位	235	5000
	鲤鱼尾作业区 8 号泊位	1992	重力式码头	成品油泊位	145	3000
	鲤鱼尾作业区 9 号泊位	1992	重力式码头	成品油泊位	102	1000
	肖厝作业区 2 号泊位	2003	重力式码头	通用件杂货泊位	140	10000
	肖厝作业区 3 号泊位	2003	重力式码头	通用件杂货泊位	291	50000
	肖厝作业区 12 号泊位	2005	重力式码头	煤炭泊位	280	50000
泉州湾港区	后渚 5000 吨级码头	1990	高桩码头	客货泊位	152.4	5000
	后渚杂货码头	1995	高桩码头	通用件杂货泊位	100	1000
	后渚集装箱码头 2 号泊位	1997	高桩码头	集装箱泊位	163	5000
	后渚集装箱码头 1 号泊位	1997	高桩码头	集装箱泊位	163	5000
	石湖作业区 1 号泊位	1998	重力式码头	集装箱泊位	200	10000
	石湖作业区 0 号泊位	1999	重力式码头	通用散货泊位	115	3000
	石湖作业区 2 号泊位	2002	重力式码头	集装箱泊位	300	30000
	石湖作业区油专 1 号泊位	2002	高桩码头	成品油泊位	250	10000
	石湖作业区油专 2 号泊位	2002	高桩码头	成品油泊位	150	3000
	石湖作业区油专 3 号泊位	2002	高桩码头	成品油泊位	100	1000
	后渚港丰 3000 吨级油码头泊位	2004	高桩码头	液体化工泊位	130	3000
	石湖作业区 3 号泊位	2005	重力式码头	集装箱泊位	354	50000
深沪湾港区	深沪作业区 1 号泊位	1995	重力式码头	多用途泊位	145	5000
	梅林作业区 1 号泊位	1998	重力式码头	多用途泊位	150	5000
	深沪作业区 2 号泊位	2000	重力式码头	多用途泊位	231	10000

续表4-9

港区	泊位名称	投产年份	结构形式	主要用途	泊位长度（米）	设计靠泊能力（吨级）
围头湾港区	晋江长城石化3000吨级码头	1996	高桩码头	通用散货泊位	163	3000
	围头作业区1号泊位	1998	重力式码头	集装箱泊位	206	10000
	石井5000吨级多用途码头	1998	重力式码头	多用途泊位	172	5000
	晋江东石永盛码头2000吨级泊位	1999	高桩码头	通用件杂货泊位	75	2000
	东石杂货码头2000吨级1号泊位	2000	高桩码头	通用件杂货泊位	84	2000
	东石杂货码头2000吨级2号泊位	2000	高桩码头	通用件杂货泊位	84	2000
	石井新锦江3000吨级码头	2000	高桩码头	成品油泊位	140	3000
	石井海洋3000吨级油码头	2000	高桩码头	成品油泊位	130	3000
	晋江东石永盛码头1000吨级泊位	2001	高桩码头	通用件杂货泊位	65	2000
	石井龙田3000吨级油码头	2001	高桩码头	通用散货泊位	140	3000
围头湾港区	石井新锦江特种油码头	2002	高桩码头	成品油泊位	130	3000
	石井成功盘兴3000吨级油码头泊位	2002	高桩码头	成品油泊位	130	3000
	石井龙祥码头1000吨级泊位	2002	高桩码头	通用件杂货泊位	65	1000
	石井龙祥码头2000吨级泊位	2002	高桩码头	通用件杂货泊位	80	2000
	东石杂货码头2000吨级扩建泊位	2003	高桩码头	通用件杂货泊位	85	2000
	石井宏展码头	2004	高桩码头	成品油泊位	93	2000
	东石石化千吨级码头泊位	2004	高桩码头	液体化工泊位	86	1000
	石井菊江杂货码头	2005	高桩码头	通用件杂货泊位	84	1000

四、漳州港

漳州港位于福建省最南端，海岸线北起九龙江口，南至与广东交界的诏安，总长715公里。境内拥有厦门湾南岸和东山湾两大深水港湾资源。

1990年9月，龙海打石坑万吨级杂货码头项目列入交通部"八五"计划。1992年12月，以招商局集团为主要股东的招商局漳州开发区成立，并兴建漳州市第一座深水码头——招银港区3.5万吨级多用途泊位，打通了漳州市外向型经济的出海口。随后，东山县城垵万吨级杂货码头、漳浦县古雷5000吨级硅砂专用泊位展开前期工作，拉开了漳州市大规模建设沿海港口基础设施的序幕。

1996年7月，交通部、省政府召开现场办公会，明确"漳州开发区港区为'招银港区'，'漳州港'应为漳州市辖区内的所有港区，'招银港区'是漳州港的一个组成部分"。1996年11月，漳州市计委、漳州港口管理局对漳州境内沿海各港点、岸线进行布局规划，整合漳州现有各港点，沿袭历史成因和港口发展趋势。按照国家"一市一港"的要求，以发展港口码头为重点，充分考虑港口配套设施，以发展综合运输体系为主轴，本着"深水深用、浅水浅用"的原则合理利用和保护岸线资源。按照中、远期港口建设目标，提出漳州辖区内各港点应为一个整体，称"漳州港"，各港点称港区，以港区进行布局，各港区性质、功能既分工侧重又有互补。

1997年4月24日，交通部正式批准漳州市所辖各港点对外统称"漳州港"，下设6个港区，至此，漳州港"一港六区"正式启动。

（一）港域港区

石码港区位于九龙江下游西溪、南溪和北溪两岸。港区上游自九龙江西溪和北溪汇合点福河起，至下游海门岛东端田垱村止，其中，福河至田垱村岸线长25公里，南溪白水至草埔头岸线长8公里。港区分为普贤、海澄、紫泥和一比疆4个作业区及石码、浮宫、白水等客货运港点。

招银港区位于九龙江出海口，厦门湾南岸，与厦门港处于同一个开放水域。水域西起田垱村，东至塔角，岸线长10公里。港区北视海沧、嵩屿和厦门，东视金门大担、二担等岛屿，外有浯屿、青屿及白屿等岛屿为屏障，天然水深8~12米，是建造深水港区的理想区域。漳州开发区共分为一区、二区、三区和四区，其中，一区、四区为港口泊位码头建设区，已开发的为招银港区一区。至2005年12月31日，招银港区共建有生产性泊位9个。

后石港区位于厦门湾湾口段，浯安水道西岸，水域岸线自塔角至燕尾角约10.5公里，岸线北段有大担、浯屿和浯安等大小岛屿掩护，南段较为开敞。港区与招银港区相连。1996年初，福建漳州后石电厂一期工程项目建设规模为6×60万千瓦，建设安装2台进口燃煤机组，含脱硫、脱氮装置，并配套建设10万吨级专用煤码头和5000吨级重件码头各一座。2002年1月1日正式对外籍船舶开放。

古雷港区位于漳浦县，港区分古雷作业区、六鳌作业区、整美作业区和将军澳作业区及其他作业点，其中古雷作业区（古雷半岛）是优良的深水码头。港区生产性岸线总长526米，生产性泊位（含陆岛交通码头）10个，年设计综合通过能力78万吨。

图4-4　漳州港东山港区铜陵5000吨级码头

东山港区位于东山湾湾口，湾口有塔屿、虎屿等岛屿为屏障，是台湾海峡南北航线必经之地。1981 年 9 月，经国务院批准，东山港辟为外贸对外开放口岸。2005 年，该港区由铜陵作业区、冬古作业区和城垵作业区及大礤、宫前渔港作业点组成。

云霄港区位于东山湾内云霄县，包括漳江出海口两岸海域。建有 2 个 100 吨级陆岛交通码头和礁美海军登陆艇码头。

诏安港区位于诏安县东南梅岭半岛梅岭镇区域内，是漳州市最南端的港区，分为宫口作业区和梅岭作业区。

（二）港口设施

1. 码头、锚地

（1）码 头

龙发对台贸易码头。建有 3000 吨级泊位 1 个，码头平台长 129 米，堆场面积 5000 平方米，仓库面积 1000 平方米，配有 40 吨、10 吨门吊各 1 台，25 吨、16 吨轮胎吊各 1 台。2003 年 10 月开工，2005 年 6 月竣工。

石码港务客运码头。建有钢筋混凝土浮码头（趸船）1 个，趸船长 40 米、宽 9 米、型深 2.4 米，由长 21 米、宽 4.5 米钢引桥连接在长 21 米、宽 6 米的栈桥上，距栈桥两侧 10 米各建有撑杆墩，趸船两侧由两根长 21 米撑杆固定在撑杆墩上。趸船上、下游各用 2 条船用锚链交叉固定于趸船四角河底 7 吨梯形水泥沉块上，上游链长 75 米，下游链长 50 米。1992 年元月安装，同年春运期间投入使用。

招银港区 0 号泊位（诺尔港机厂码头）。建有万吨级泊位 1 个，码头平台长 140 米。1997 年 6 月 1 日开工，次年 10 月 31 日完工，1999 年投产。

招银港区 3 号泊位。建有 3.5 万吨级泊位 1 个，码头平台长 320 米，前沿水深 –13.2 米，为开发区第一个码头。堆场面积 16 万平方米，年吞吐能力 30 万吨。1993 年 11 月 10 日开工，次年 11 月 30 日竣工，1995 年投产。

招银港区 4 号泊位、5 号泊位。建有万吨级通用泊位 2 个（码头结构及前沿水深按靠泊 2.5 万吨级集装箱船舶要求），码头泊位长 410 米，前沿设计底标高 –13.9 米，陆域纵深 305 米，堆场面积 11 万平方米，年设计吞吐能力 95 万吨。1999 年 7 月 18 日开工，2001 年 12 月完工，2002 年投产。

招银港区 1 号、2 号泊位。建有 3.5 万吨级集装箱泊位和多用途泊位各 1 个（水工结构按靠泊 10 万吨级集装箱船舶设计），码头泊位长 488 米，前沿设计底标高 –18.2 米，陆域纵深 527 米，堆场面积 27 万平方米，年设计吞吐能力为集装箱 25 万标箱、件杂货 50 万吨。2004 年 3 月开工，次年 10 月完工。

后石电厂 10 万吨级煤码头。建有 10 万吨级泊位 1 个（可同时兼靠 7.3 万吨煤船两艘），为钢管桩结构。码头平台长 590 米，前沿设计底标高 –16 米，防波堤长 540 米。1997 年 4 月 28 日开工，2000 年 12 月 28 日竣工。

后石电厂综合码头。建有 5000 吨级泊位 1 个，码头平台长 180 米、宽 18.9 米，码头前沿设计底标高 −7.5 米。1997 年 4 月 28 日开工，次年 8 月 15 日竣工。

明达 5000 吨级建材综合码头。建有 5000 吨级泊位 1 个（水工结构按靠泊万吨级船舶荷载设计），码头平台长 150 米、宽 22 米，栈桥长 86 米、宽 10 米，引堤长 762 米、宽 8 米，护岸总长 281 米，陆域面积 8100 平方米，堆场面积 26000 平方米，沙库容量 1820 立方米，码头前沿配有输沙皮带输送机，并建有管理房、变电所。1999 年 11 月开工，2001 年 4 月建成。

润东 2.5 万吨级泊位码头。前身为东山港 2.5 万吨级码头，是城垵作业区起步工程。建设规模为 2.5 万吨级多用途泊位 1 个及相应配套设施，同时考虑 2 艘 3000 ~ 5000 吨级货轮同时靠泊。年设计吞吐能力 110 万吨，其中硅砂 70 万吨。泊位长 240 米，形成陆域总面积 111456 平方米，其中港区堆场面积 33700 平方米。1996 年 7 月开工，次年 7 月因外方资金未到位而停建。

至 2005 年底，全港共有生产性码头泊位 36 个，其中万吨级以上泊位 4 个。在建的码头有漳浦—德 5 万吨级石油化工公用码头、招银港区 7 号泊位工程。

（2）锚 地

漳州港有 1 号、2 号、3 号、4 号锚地和 1 个检疫锚地。

1 号锚地。面积 2.94 平方公里，水深 2 ~ 27.7 米，底质为泥质。

2 号锚地。面积 1.57 平方公里，水深 10 ~ 24.8 米，底质为泥质，可系泊 1 万 ~ 10 万吨级船舶 5 艘。

3 号锚地。面积 1.45 平方公里，水深 3 ~ 26 米，底质为泥质，可系泊 5000 ~ 3 万吨级船舶 5 艘。

4 号锚地。面积 1.35 平方公里，水深 4.2 ~ 12.6 米，底质为泥质。

检疫锚地。面积 3.74 平方公里，水深 9 ~ 17.5 米，底质为泥质。

2. 仓库 堆场

1990 年，漳州港拥有仓库堆场总面积 20531 平方米，其中，仓库面积 4231 平方米，堆场面积 16300 平方米。1996 年，漳州港拥有仓库堆场总面积 129832 平方米，其中，仓库面积 28599 平方米，堆场面积 101233 平方米。2005 年，全港码头仓库堆场面积增至 34.65 万平方米，其中，堆场面积 29.48 万平方米，仓库面积 5.17 万平方米。

3. 装卸设备

1990 年，漳州港共有装卸机械设备 14 台。1996 年，漳州港共有装卸机械设备 84 台，其中，起重机机械类 21 台、输送机械类 1 台、装卸搬运机械类 59 台、专用机械类 3 台。2005 年，漳州港共有装卸机械 168 台。

表 4 – 10　　　　　　　**1990—2005 年漳州港码头建设情况表**

港区	泊位名称	投产年份	结构形式	主要用途	泊位长度（米）	靠泊能力（吨级）
招银港区	招银港区 3 号泊位	1995	重力式码头	多用途泊位	320	35000
	招银港区海达车客渡码头	1996	重力式码头	客货滚装泊位	60	1000
	招银港区 0 号泊位	1999	高桩码头	通用件杂货泊位	140	35000
	招银港区 4 号泊位	2002	重力式码头	集装箱泊位	205	10000
	招银港区 5 号泊位	2002	重力式码头	集装箱泊位	205	10000
	招银港区 14 号泊位	2002	高桩码头	通用散货泊位	120	7000
	招商局漳州开发区客货运码头	2002	高桩码头	客货泊位	150	1000
	招银港区 1 号泊位	2005	重力式码头	集装箱泊位	244	35000
	招银港区 2 号泊位	2005	重力式码头	多用途泊位	244	35000
客运港区	厦门海达车客渡码头	1996	重力式码头	商品汽车滚装泊位	55	1000
后石港区	后石港区后石电厂综合码头	1998	重力式码头	通用件杂货泊位	180	5000
	后石港区后石电厂煤码头	1999	高桩码头	煤炭泊位	590	100000
石码港区	普贤码头 1 号泊位	1994	高桩码头	通用件杂货泊位	78	1000
	黄河燃料码头	1998	高桩码头	通用散货泊位	98	1000
	亿源石化	2003	高桩码头	成品油泊位	86	1000
	普贤码头 2 号泊位	2003	高桩码头	通用件杂货泊位	78	1000
	普贤码头 3 号泊位	2003	高桩码头	通用件杂货泊位	78	1000
	海隆码头 1 号泊位	2003	高桩码头	通用件杂货泊位	60	1000
	海隆码头 2 号泊位	2003	高桩码头	通用件杂货泊位	60	1000
东山港区	东山冬古梧龙硅砂矿码头	2000	重力式码头	通用散货泊位	120	3000
古雷港区	古雷汕尾 5000 吨级建材综合码头	2001	高桩码头	通用散货泊位	150	5000
	漳浦县六鳌下大澳 3000 吨级码头	2002	高桩码头	通用散货泊位	120	3000

4. 疏港交通

公路。直接依托的公路是国道、省道和厦漳、漳诏、漳龙高速公路。国道有 324 线、319 线，省道有 209 线、210 线、211 线等。与港口集疏运密切相关的公路有厦漳高速公路（龙海角美—碑头 30.1 公里）、漳诏高速公路（龙海碑头—诏安后岭 149.7 公里）、漳龙高速公路（漳州境内 83.2 公里）、漳州—漳平二级公路（漳州境内 108.9 公里）、龙浦二级公路（龙海角美—紫泥—漳浦三古 43 公里）、改扩建省道 209 线（南靖牛崎头—漳浦旧镇，改扩建漳浦城关—旧镇路段 14 公里，二级公路）、改扩建省道 210 线（漳州市郊—云霄城关，改扩建龙海浮宫—云霄城关 109 公里，二级公路）、改扩建省道 211 线（云霄双山—东山码头 32.5 公里，二级公路）。上述干线公路构成了漳州港公路集疏运的主骨架，该港可通过上述干线公路沟通腹地。

铁路。招银、后石港区规划招银和后石港区铁路支线由漳州火车站引出，或由海沧港区支线引出，经紫泥镇到九龙江南岸。招银港区支线沿疏港公路至目屿附近，后石港区新建铁路支线在漳云公路南侧，各港区内设置港区车场。

古雷港区规划厦深铁路从古雷港区北部经过。古雷支线工程于 2006 年开工建设。

东山港区随着东山县经济发展和东山港区规模的形成，规划厦深铁路从常山接支线到城垵作业区，港区铁路在康美附近接线，在港区前设港区车站，港区车站可直接与港区的装卸作业线连接，中间无需再设分区车场。

云霄港区云霄至东山铁路支线位于云霄县和东山县境内，线路北起厦深铁路云霄站，向南至东山县冬古港。支线分别至云霄县云霄港、东山县城垵港。

诏安港区于 2006 年开工建设厦深、龙厦铁路漳州段，包括诏安支线的前期工作。

五、莆田港

莆田港位于湄洲湾北岸，辖区水域有兴化湾、平海湾和湄洲湾三大港湾，拥有海域面积 1.1 万平方公里，大陆海岸线 271.6 公里，海岛岸线 262.9 公里。2004 年，重新修编《莆田港总体规划》，将港口区划为秀屿港区（含枫亭港点）、东吴港区（含文甲湄洲岛港点）和兴化湾内的三江口港区（含南日、石城港点）。经过发展建设和结构调整，莆田港初步形成以秀屿港区为主，东吴港区、三江口等港区（港点）逐步发展的基本格局。其中，秀屿港区主要承担综合运输服务功能，东吴港区主要服务于湄洲湾电厂的煤炭运输，三江口等港区（港点）服务于地方物资运输及陆岛交通运输。1999 年 12 月，国务院批准秀屿港区、东吴港区、湄洲湾港点为对台客运码头，为对外开放的一类口岸。

（一）港域港区

秀屿港区西接枫亭港区，东临东吴港区，涵盖东庄镇的秀屿、莆头、前云、大象和东沁等行政村。港区狭长，自然岸线 11 公里，其中，天然深水岸线 4.2 公里。该港区是莆田港的主体港区，主要为整个莆田地区煤炭、矿建材料、粮食等大宗散货和重要物资中转运输服务，是台湾海峡两岸人流、货流的重要口岸。拥有万吨级杂货码头、3.5 万吨级多用途码头、3000 吨级液体化工码头各 1 座。码头岸线长 724 米，货物年综合通过能力 185 万吨，其中集装箱 4 万标箱。

东吴港区位于湄洲湾内，建有湄洲湾电厂 8000 吨级煤炭过驳码头 1 个，码头岸线212 米，年通过能力 200 万吨，占地约 6 万平方米。

三江口港区位于兴化湾木兰溪与涵江汇合处，背靠涵江区，主要为当地生产物资运输服务。现有 500 吨级以上生产性泊位 4 个，码头岸线 227 米，年通过能力 37 万吨，仓库及堆场面积约 1.3 万平方米。

图 4-5　莆田秀屿港区

湄洲岛港点位于湄洲岛上，建有湄洲岛 3000 吨级对台客运码头 1 个，年货物吞吐能力为 20 万吨，客运量 10 万人次，可接待台胞从台湾直航来湄洲岛妈祖庙进香朝拜。

（二）港口设施

1. 码头、锚地

2005 年底，莆田港共有生产性泊位 25 个（其中万吨级以上泊位 2 个），码头岸线长 1916 米，主要经营粮食、煤炭和矿建材料等运输业务。

湄洲湾（秀屿）3.5 万吨级多用途码头工程。1986 年 4 月经国家计委批准立项，1997 年 8 月动工建设，2002 年 2 月国家计委同意将 3.5 万吨级煤炭码头变更为多用途码头。年设计吞吐能力 110 万吨，其中集装箱 3 万标箱。2002 年 3 月完成交工验收，同年 10 月各专项验收全部完成。

福建 LNG10 万吨级码头工程。泊位长 390 米，前沿引桥长 345 米，年设计吞吐能力 260 万吨。2003 年 12 月动工兴建。

秀屿进口木材检验检疫除害处理区及配套 4 万吨级木材专用码头。码头岸线长 325 米，年设计吞吐能力 150 万吨。2004 年 9 月，国家批准在莆田秀屿港区设立进口木材检疫除害处理区，年可熏蒸处理进口原木 300 万立方米，并配套建设 4 万吨级木材码头泊位。

表 4-11　　　　　　　　　　**1990—2005 年莆田港码头建设情况表**

港区	泊位名称	投产年份	结构形式	主要用途	泊位长度（米）	靠泊能力（吨级）
兴化湾南岸港区	三江口乌菜巷 1000 吨级码头	1998	高桩	通用散货泊位	82	1000
秀屿港区	秀屿万吨级杂货码头	1994	重力式	通用件杂货泊位	213	10000
秀屿港区	中原港务 3000 吨级化工液体码头	1999	浮码头	液体化工泊位	140	3000
秀屿港区	秀屿 3.5 万吨级多用途码头	2002	重力式	多用途泊位	304	35000
东吴港区	湄洲湾 3000 吨级对台客运码头	1998	高桩	客货泊位	161	3000
东吴港区	东吴港区 8000 吨级煤炭过驳码头	2000	高桩	煤炭泊位	121	8000

表 4-12　　　　　　　　　　**2005 年底莆田港水域锚地现状一览表**

锚地名称	位置描述	锚地尺度		底质
		面积（平方公里）	水深（米）	
引航、检疫锚地	大竹岛以北，采屿以南	3.3	7～29	砂、泥
2 号大型船舶锚地	黄干岛以东附近	4.1	16～39.9	砂、泥
3 号引航检疫锚地（对台）	鹅冠角西侧	半径 560 米圆形水域		3 号引航检疫锚地（对台）
10 万吨级系船过驳	7 号灯浮东测	半径 300 米圆形水域，水深 16～18 米		10 万吨级系船过驳
成品油锚地	斗尾村附近	6.6	东部 20 米以上；西部渐浅，最浅处 6～8 米	砂

注：秀屿港区另有 1 万、2 万、5 万吨级系船浮筒锚地各 1 处，仅处于维持状态。

2. 仓库堆场

1990 年初，莆田港秀屿港区共有仓库堆场 6 个，总面积 22938 平方米；三江口港共有仓库堆场 6 个，总面积 6738 平方米。1996 年，莆田港共有仓库堆场 104884 平方米。2005 年，秀屿港区共有仓库堆场面积 8.8 万平方米，东吴港区占地约 6 万平方米，三江口港区仓库及堆场面积约 1.3 万平方米。

3. 装卸设备

1990 年，莆田港共有装卸机械设备 37 台，其中固定式起重机 9 台、轮胎起重机 13 台、单斗车 15 台。2005 年，全港共拥有装卸机械设备 55 台，其中，起重机械类 17 台、输送机械类 16 台、装卸搬运机械类 13 台、专用机械类 9 台。

4. 疏港交通

莆田港构筑以港口为中心，港口铁路和疏港高速公路为主架构，荔港大道、城港大道、仙港大道、涵港大道和沁桥公路为主要通道的湄洲湾北岸港口集疏运体系。

公路。疏港公路通过 202 省道与福厦高速公路和 324 国道福厦段相接，并入全国公路网，构成莆田港通畅的陆路运输网络，形成以市区为中心，三郊路为骨干，以两条（新文路和疏港路）宽56米的道路为主干道贯穿全境。秀屿港区以长37公里、宽56米的莆秀二级公路为疏港公路；东吴港区以长19公里、宽56米的新文路二级公路为疏港公路。

铁路。福厦铁路莆田段于2005年开工，为高速铁路。铁路以客运为主，货运为辅，向莆（江西向塘经三明至福建莆田）铁路和湄洲湾港口铁路支线已列为铁道部"十一五"建设规划。湄洲湾港口铁路支线直通秀屿、东吴港区。

管道。福建省LNG项目落户秀屿，与其配套的全省沿海5地市的供气管道陆续动工建设。莆田港口集疏运形成了以公路、铁路运输为主，水路、管道为辅的综合集疏运网络。

六、宁德港

宁德港位于福建省东北部，海岸线长878公里，约占全省的1/3，天然港湾从北至南有沙埕湾、牙城湾、里山湾、福宁湾和三都澳等港湾，水域面积4.45万平方公里。这些港湾水深港阔、不冻不淤、"口小腹大"，避风条件良好。宁德港拥有深水岸线110.36公里，其中沙埕和三都澳可供建10万～50万吨级泊位。

1999年编制《宁德港总体规划》，确立宁德港"一港四区"的布局，即三都澳港区、赛江港区、三沙港区和沙埕港区，包括16个作业区。

（一）港域港区

三都澳港区位于太平洋西岸，福建省东北部，处在中国大陆黄金海岸线中段和长江三角洲、珠江三角洲两大经济区的中心地带，东与台湾岛隔海相望，距基隆港不足

150海里，海上北距温州145海里、上海390海里、天津960海里，南距福州66海里、广州560海里、香港490海里。1993年9月23日经国务院批准，三都澳城澳作业区作为一类口岸对外开放。港区下辖城澳、漳湾、白马、溪南、关厝埕和东冲6个作业区。

图4-6 宁德港下白石3000吨级码头

三沙港区位于福宁湾北端，地处霞浦县三沙镇东北3公里外的小古镇，陆路距霞浦县城35公里、宁德150公里，水路距马尾113海里。下辖三沙作业区。三沙港区可

利用建港岸线较少，主要集中在古镇一带，建有 1 个 3000 吨级杂货码头。

赛江港区位于福安市赛岐镇至下白石镇的赛江沿岸。公路距宁德蕉城 55 公里，水路距上海 438 海里、福州马尾 94 海里、香港 554 海里。下辖赛岐、林炉和下白石 3 个作业区。赛岐作业区位于赛岐镇区内，是宁德港的主体作业区。

沙埕港区位于福建省沿海最北端闽浙交界处的沙埕湾内，公路距福鼎市区 47 公里，水路距温州 81 海里、福州马尾 125 海里、台湾基隆 142 海里。下辖沙埕、杨岐、后港、澳腰、钓澳壁和八尺门 6 个作业区。

（二）港口设施

1. 码头、锚地

2005 年底，全港拥有生产性泊位 71 个（其中万吨级以上泊位 1 个），一类口岸 1 个，二类口岸 6 个。

沙埕港区沙埕作业区码头。500 吨级泊位 1 个，年设计吞吐能力为货运 4 万吨、客运 12 万人次。工程于 1994 年建成投产。

三沙港区 3000 吨级客货泊位。3000 吨级客货泊位 1 个，年设计吞吐能力为货运 5 万吨，客运 13 万人次。港内建有 2000 平方米

图 4 - 7　宁德港大唐煤码头

综合办公楼 1 座，仓库面积 1000 平方米，堆场面积 5000 平方米，配备 40 吨吊机 1 台，5 吨叉车 1 台，3 吨叉车 1 台，1.5 吨叉车 1 台，16 吨、8 吨轮胎吊各 1 台，工程于 1996 年建成投产。

下白石作业区港务 3000 吨级公共泊位。3000 吨级滚装码头 1 座，综合办公楼 1 座，仓库一座 1730 平方米，堆场 5900 平方米。配备 25 吨门机 1 台，16 吨吊 1 台，8 吨吊 1 台，3 吨叉车 3 台，移动式皮带机 9 台，固定式皮带机 140 台。工程于 1998 年建成投产。

漳湾作业区港务公共码头。3000 吨级趸船浮码头泊位 1 个，1000 吨级突堤式码头 1 座，仓库 3055 平方米，堆场 5500 平方米，集装箱堆场约 2000 平方米。配备 40 吨门机及 35 吨固定吊机各 1 台，16 吨吊机 2 台，8 吨吊机 2 台，3 吨叉车 5 台。年设计吞吐能力为 20 万吨，其中集装箱 1 万标箱。工程于 2004 年建成投产。

城澳万吨级多用途码头工程。万吨级泊位 1 个，码头平台长 192 米、宽 30 米，3 座栈桥均长 84 米、宽 9 米。后方陆域面积 47692 平方米，其中，集装箱堆场 11057 平

方米，件杂货堆场 10078 平方米。设计年吞吐能力 50 万吨，其中，集装箱 2 万标箱，件杂货 34 万吨。工程于 2005 年建成投产。

表 4 - 13　　　　　1990—2005 年宁德港码头建设情况表

港区	泊 位 名 称	投产年份	结构形式	主要用途	泊位长度（米）	靠泊能力（吨级）
三沙港区	三沙 3000 吨级客货泊位	1996	高桩码头	通用件杂货泊位	90	3000
	中石油天然气宁德霞浦加油站泊位	2004	高桩码头	成品油泊位	88	1000
三都澳港区	下白石 3000 吨级杂货码头泊位	1998	高桩码头	通用散货泊位	129	3000
	宁德市新中原石材有限公司砂石泊位	2000	浮码头	其他泊位	194	8000
	宁德市升港砂石开发有限公司砂石码头 1 号泊位	2001	高桩码头	其他泊位	230	8000
	福建山澳矿业有限公司砂石泊位	2001	其他结构形式码头	其他泊位	170	8000
	宁德市飞鸾基础工程有限公司砂石泊位	2002	其他结构形式码头	其他泊位	170	8000
	城澳万吨级多用途码头工程	2005	高桩码头	多用途泊位	192	10000
	大唐国际宁德发电公司重件码头	2005	高桩码头	通用件杂货泊位	122	3000
	宁德市升港砂石开发有限公司 3 万吨级砂石码头 2 号泊位	2001	高桩码头	其他泊位	230	8000
赛江港区	福建泰华石化有限公司液化气码头泊位	1996	浮码头	液化石油气	68	1000
	闽东荣宏建材有限公司码头泊位	1998	高桩码头	通用件杂货泊位	76	1000
	宁德市天宝物资有限公司码头泊位	2000	高桩码头	通用件杂货泊位	80	1000
	福建正丰建材实业有限公司 1000 吨级 1 号泊位	2003	高桩码头	散装水泥	100	1000
	福建正丰建材实业有限公司 1000 吨级 2 号泊位	2003	高桩码头	通用件杂货泊位	72	1000
沙埕港区	福建龙翔煤炭有限公司 1000 吨级泊位	2004	高桩码头	通用散货泊位	78	1000

2. 仓库、堆场

1990 年，宁德港共有仓库面积 4120 平方米，堆场面积 2.98 万平方米。1996 年，全港共有仓库面积 14305.6 平方米，堆场面积 70745 平方米。2005 年，全港共有仓库面积 33442 平方米，堆场面积 63270 平方米。

3. 装卸设备

1990 年，宁德港共有装卸机械设备 14 台。2005 年，宁德港共有生产用装卸机械 58 台，其中，起重机械类 25 台、输送机械类 1 台、装卸搬运机械类 31 台、专用机械类 1 台。

表 4 - 14　　　　　　　　　　　2005 年宁德港锚地统计表

港区	名称	面积（万平方米）	水深（米）
沙埕港区	沙埕湾外锚地	382.2	8 ~ 25
	旧城锚地	88.2	4.8 ~ 24
	流江锚地	35.1	6 ~ 11
	马渡锚地	34.1	17 ~ 35
	青屿锚地	12.6	5 ~ 19
	铁将锚地	12.6	8 ~ 10
	金屿锚地	12.6	8 ~ 42
三沙港区	三沙锚地	40	12
赛江港区	下白石锚地	12.5	3 ~ 6
三都澳港区	青山锚地	75	25 ~ 35
	三屿锚地	317	20 ~ 23
	东吾洋锚地	675	10 ~ 24
	三都锚地	198	10 ~ 18
	漳湾锚地	40	8 ~ 12
	灶屿北锚地	98.5	6 ~ 9
	官井洋锚地	224	16.5
	鸡公山锚地	98.5	16 ~ 40
	东冲口锚地	283.5	50
	白匏岛锚地	135	9 ~ 20

4. 疏港公路

2005 年 6 月，福宁高速公路湾坞互通至福安的高速公路连接线建成通车。福宁高速公路与宁德港各港区及主要作业区的疏港公路都有互通口相连接。

104 国道北起北京，终点为福州，全长 2420 公里。该国道进入宁德市境内可通往福鼎、福安和蕉城区的相应港区。

白马作业区通道。福安湾坞互通口至大唐电厂的二级疏港公路，全长 8.3 公里，2005 年贯通。同三高速公路湾坞至福安段的支线也于 2005 年 6 月贯通。

漳湾作业区通道。同三高速公路漳湾互通口至漳湾作业区的二级疏港公路，全长约 6 公里，并通过互通连接线与 104 国道相连。

溪南作业区、关厝埠作业区、东冲作业区港口通道。这 3 个作业区尚未进行大规模开发，其通过县道与霞浦城关相连，公路等级较低，仍为四级路。

三沙港区通道。三沙疏港二级公路从港口作业区开始，经三沙镇、岗尾和西山最后接入三沙互通，公路全长 15.044 公里，于 2010 年 1 月 1 日通车。

沙埕港区杨岐作业区通道。杨岐作业区至秦屿互通现为四级公路，长约 21 公里。同处南岸的后港、钓澳壁和澳腰。作业区也通过这条公路与秦屿相连。

八尺门作业区通道。作业区位于八尺门互通口附近，交通便利。

沙埕作业区通道。作业区通过沙吕线与福鼎相连，公路等级为四级。

七、内河港口

（一）福州港

下店（航道）工程船码头位于福州市洪山桥劳光村附近，为重力式结构，拥有工程船码头泊位 3 个，靠泊能力 500 吨级，泊位长 140 米。1992 年 8 月投产，工程总造价 423.2 万元。

水口码头位于福州市闽清县水口镇，为重力式结构，拥有通用散货泊位 1 个，靠泊能力 500 吨级，泊位长 98 米，陆域堆场面积 380 平方米，管理房及仓库面积 366 平方米，1993 年 6 月投产，总造价 86.77 万元。

（二）宁德港

黄田航道中心站码头位于宁德市黄田镇，为斜坡式石砌踏步码头，拥有工程船舶泊位 1 个，靠泊能力 500 吨级，泊位宽 2.5 米、长 32 米，综合楼面积 1160 平方米，生产厂房面积 185.94 平方米，总造价 86.77 万元。1991 年 6 月建成投产。

黄田货运码头位于宁德市黄田镇，为重力式结构，拥有通用散货泊位 2 个，靠泊能力 500 吨级，泊位长 108 米，陆域堆场面积 2000 平方米，仓库面积 400 平方米。1992 年 8 月建成投产。

黄田客运码头位于宁德市黄田镇，与货运码头相邻，为重力式结构，拥有客运泊位 1 个，靠泊能力 500 吨级，泊位长 50 米。1992 年 8 月建成投产。与货运码头合并总投资 400 万元。

（三）南平港

南平港东北至长坑，西南至西芹，东南至大洲，是闽北山区闽江上游物资重要集散地，主要腹地为南平市及其周边各县市，有西芹、后谷、水南、延福门和马祖庙等码头。港区水域以延福门为中心，沿建溪上溯 9 公里至常坑口，沿西溪逆水 10 公里至西芹河边木排羊圈砼墩，沿闽江顺流 15 公里至大洲麒麟角止，总面积 1322 万平方米（其中水域面积 1271 万平方米），共有码头 31 座，泊位长度 1916 米。

大洲贮木场码头位于南平市延平区大洲岛，为重力式结构。拥有通用散货泊位 1 个，靠泊能力 300 吨级，泊位长 40 米。1994 年建成投产。

樟湖码头位于南平市延平区樟湖镇，为重力式结构。拥有客货通用泊位 1 个，靠泊能力 500 吨级，泊位长 100 米。1991 年建成投产。

夏道码头位于南平市延平区夏道镇，为重力式结构。拥有客货通用泊位1个，靠泊能力300吨级，泊位长36米。1991年建成投产。

太平码头位于南平市延平区太平镇，为重力式结构，拥有客货通用泊位1个，靠泊能力500吨级，泊位长100米。1991年建成投产。

延福门码头位于南平市区中心，西溪与闽江干流汇合处，是市区主要客运码头。水工结构为趸船浮码头，客货泊位2个，靠泊能力500吨级，泊位长132米。1996年重建后投产。

水南码头位于南平市区西溪右岸，是南平港的中转作业区，为重力式结构。拥有通用件杂货泊位2个，靠泊能力500吨级，泊位长200米。陆域堆场面积2460平方米，仓库面积1391平方米。1999年建成投产。

西芹码头位于南平市西芹镇，为重力式结构。拥有通用散货泊位1个，靠泊能力300吨级，泊位长68米，堆场面积384平方米，管理房面积31平方米。1993年9月建成投产。

后谷码头位于南平市延平区后谷，是水泥厂专用码头，为重力式结构。拥有通用散货泊位1个，靠泊能力300吨级，泊位长100米。1973年建成投产。

后谷长风码头位于南平市延平区后谷，为重力式结构。拥有通用散货泊位1个，靠泊能力300吨级，泊位长221米。2003年建成投产。

后谷二运公司码头位于南平市延平区后谷，是市第二运输公司专用码头，为重力式结构。拥有通用散货泊位1个，靠泊能力300吨级，泊位长100米。1972年建成投产。

造纸厂码头位于建溪距离南平（上游）2公里处，是南平造纸厂专用码头，为重力式结构。拥有通用散货泊位2个，靠泊能力300吨级，泊位长150米。1993年建成投产。

马祖庙码头位于南平市区，建溪河口右岸，下距延福门码头400米，为重力式结构。拥有通用散货泊位3个，靠泊能力300吨级，泊位长200米。1993年建成投产。

合成氨厂码头位于南平沙溪支流合成氨厂附近，是南平合成氨厂专用码头，为重力式结构。拥有通用散货泊位1个，靠泊能力300吨级，泊位长70米。1970年建成投产。

吉溪码头位于南平市延平区吉溪镇，为重力式结构。拥有客货通用泊位1个，靠泊能力500吨级，泊位长83米。1991年建成投产。

顺昌伏洲码头位于南平市顺昌县双溪镇伏洲村，富屯溪、金溪汇合口下游5公里处，为重力式结构。拥有通用散货泊位3个，靠泊能力50吨级，泊位长116米。堆场面积3000平方米，管理房面积581.33平方米。1993年6月建成投产，总造价431.8万元。

（四）三明港

三明港共有码头79座，其中，500吨级码头4座8个泊位，300吨级货运码头9座21个泊位，200吨级货运码头2座4个泊位。其中，尤溪西滨附近的码头用于货运，流通的货物主要以散货为主，包括白石粉、水泥熟料、矿石、砂石料及木头等，主要运往福州、长乐、福清和泉州等地，年吞吐量130万吨。客运码头作为区间水上观光旅游之用。

2000年以来，金湖库区、斑竹库区、三明市区、贡川库区、水东库区和安砂库区水运客运量发展较快，但占全市客运量比例很小，仅占客运总量的0.38%。水运货运量因受沙溪口断航影响，2002年货运量52.75万吨（为尤溪河外运物资）。

随着水口船闸的开航及库区水上观光旅游的发展，2005年全市船舶共有1035艘，总载货12216吨，其中，客船86艘，载客量2713客位。货船57艘，载货2830吨。辖区以单船运输为主，没有发展船队运输。进入闽江干流的长途运输船43艘，挖沙船及农用船占多数，总载货2060吨。

梅列翁墩码头。位于三明市梅列区，为重力式结构。拥有通用件杂货泊位6个，靠泊能力300吨级，泊位长234米，陆域堆场面积8000平方米，仓库面积1500平方米。1992年开工建设，1997年建成投产。

上院码头。位于三明市沙县上院村，为重力式结构。拥有通用散货泊位4个，靠泊能力300吨级，泊位长132米。1995年建成投产。

青纸码头。位于三明市沙县青州镇水龙板（沙溪河东岸205国道边），是青州纸厂专用码头，为重力式结构。拥有通用散货泊位2个，靠泊能力200吨级，泊位长61米。陆域堆场面积6600平方米，仓库面积1000平方米。1985年建成投产，1996年重建。

尤溪口林业码头。位于三明市尤溪县尤口镇，尤溪入闽江河口处，为重力式结构。拥有木材码头泊位1个，靠泊能力300吨级，泊位长70米。陆域堆场面积450平方米。1993年开工建设，1994年建成投产。

尤溪口石油码头。位于三明市尤溪县尤口镇，为重力式结构。拥有成品油泊位1个，靠泊能力300吨级，泊位长20米。陆域堆场面积300平方米，油库面积375平方米。1993年开工建设，1996年建成投产。

尤溪口闽江航运公司客货码头。位于三明市尤溪县尤口镇，为重力式结构。拥有客货码头泊位2个，靠泊能力500吨级，泊位长80米。陆域堆场面积4160平方米。1993年开工建设，1994年建成投产。

永德信水泥专用码头。位于三明市尤溪县西滨镇，是永德信集团福建水泥有限公司专用码头，为重力式结构。拥有通用件杂货码头泊位3个，靠泊能力300~500吨级，泊位长140米。陆域堆场面积1840平方米，仓库面积1725平方米。1993年开工建设，1994年建成投产。

西滨木材码头。位于三明市尤溪县西滨镇，为重力式结构。拥有木材码头泊位2个，靠泊能力300~500吨级，泊位长220米。陆域堆场面积8112平方米。1994年开工建设，同年建成投产。

西滨煤炭码头。位于三明市尤溪县西滨镇，为高桩板梁式结构。拥有煤炭专用泊位2个，靠泊能力500吨级，泊位长92米。陆域堆场面积2400平方米。1994年开工建设，1994年建成投产。

西滨交通码头。位于三明市尤溪县西滨镇，为重力式结构。拥有通用件杂货码头泊位1个，靠泊能力500吨级，泊位长36米。陆域堆场面积1692平方米。1993年建成投产。

西滨国管站码头。位于三明市尤溪县西滨镇。拥有木材码头泊位1个，靠泊能力500吨级，泊位长50米。陆域堆场面积3000平方米。1994年开工建设，1994年建成投产。

西滨坂兜码头。位于三明市尤溪县西滨镇。拥有通用件杂货码头泊位2个，靠泊能力300吨级，泊位长92米。陆域堆场面积800平方米。1993年开工建设，同年建成投产。

西滨演溪口码头。位于三明市尤溪县西滨镇。拥有通用件杂货码头泊位1个，靠泊能力500吨级，泊位长70米。陆域堆场面积450平方米。2000年开工建设，同年建成投产。

西滨刘坂码头。位于三明市尤溪县西滨镇。拥有通用件杂货码头泊位2个，靠泊能力300吨级，泊位长80米。陆域堆场面积1080平方米。2000年开工建设，同年建成投产。

三明市除以上码头外，还有一些社会自然人自行建造的简易码头，靠泊能力200~500吨级。

（五）龙岩港

为适应航运需要，2000年，汀江棉花滩水电站建成后新建6处码头，分别为黄竹寨树下码头、庐丰摩陀寨码头、下都南蛇渡码头、洪山上兰屋码头、仙师横桥码头和峰市码头。

黄竹寨树下码头。位于汀江左岸上杭临城黄竹村，为顺岸直立式浆砌石挡墙码头，条石镶面，码头平台长36米、宽10米，2000年建成投产。

庐丰摩陀寨码头。位于汀江左岸上杭县庐丰畲族乡德里，为顺岸斜坡砌石码头，斜坡度1:2，斜坡底部宽32.1米，2000年建成投产。

下都南蛇渡码头。位于汀江左岸上杭县下都乡南蛇渡大桥下游80米处，为突堤斜坡式结构，两侧为重力式浆砌块石挡土墙，泊位长60.6米，2000年建成投产。

其他码头属于简易构造码头。

八、航道

（一）内河航道

1990—2005年，全省内河航道建设项目有5个，其中，闽江流域3个，晋江、汀江流域各1个，总建设里程455.2公里，总投资27767.5万元。这5个工程建成后，增加通航里程221.2公里，改善通航里程234公里，闽江流域2×500吨级顶推船队可以从福州直达南平，2×300 吨级顶推船队可以直达三明市区。

1. 闽江航道

1990—2005 年，闽江流域实施了以下三大航运工程。

其一，高砂电站坝下至福州航运工程。该工程上起三明市沙县高砂镇高砂电站坝下，经沙溪口水电站、南平市、水口水电站、闽清和闽侯，下至福州市区解放大桥，全长 221 公里。建设规模为：高砂电站坝下至南平延福门长 57 公里，按内河 V 级航道设计，通航 2×300 吨级顶推船队；南平延福门至解放大桥 164 公里，按内河 IV 级航道设计，通航 2×500 吨级顶推船队。该项工程于 1992 年 11 月开工，2004 年 8 月竣工，总投资 12599.8 万元。主要建设内容如下：

高砂电站坝下至沙溪口段。航道炸礁工程量 12155 方，各类航标 32 座，官蟹航运枢纽 1 座，上院码头 1 座。

沙溪口电站坝下至水口段。航道炸礁工程量 4.21 万立方米，航道疏浚工程量 2.12 万立方米，各类航标 89 座（对），西芹码头、马祖庙码头、延福门客运站各 1 座。

水口至福州解放大桥段。整治工程：抛筑丁坝 7 道，总长度 2277.4 米，总抛沙枕 3.29 万立方米，块石 5.43 万立方米。疏浚工程：挖槽总长 9606 米，总疏浚工程量 21.15 万立方米。抛设各类航标 64 座。增设下店工作船码头、工程船舶及航标站房等附属设施。

该工程完工后，航道浅滩水深大幅度增加，竹岐至侯官航段 2 米深槽全线贯通，主槽水深在 3 米以上；局部河段紊乱的流态消失，呈平顺态，形成微弯的良好河势，滩槽格局和水深趋于稳定。沙溪高砂电站坝下至南平延福门河段具备满足通航 2×300 吨级顶推船队的条件，南平延福门至福州解放大桥河段具备满足通航 2×500 吨级顶推船队的条件。

其二，沙溪河高砂坝上至三明航道工程。位于三明辖区，是交通部"九五"计划项目。工程按 V 级航道标准建设，通航 2×300 吨级船队，航段里程为 46.9 公里。1990 年 10 月开工建设，2005 年主体工程完工，总投资 11200 万元。工程建设主要有沙县城关船闸、斑竹船闸、三明梅列 300 吨级码头、航道整治与航标等工程项目。航道炸礁总工程量 2.93 万立方米，航道疏浚总工程量 1 万立方米。

其三，富屯溪航道整治工程。位于南平市顺昌县境内，航段里程 60 公里，航道整治规模按航行 30 吨级机动船设计。1990 年 11 月开工，1993 年 12 月完工，总投资 1000 万元。主要建设内容包括航道整治和码头工程。航道整治分两期进行，第一期整治 7 个滩段，第二期整治 11 个滩段及零星炸礁。

2. 晋江航道

1990—2005 年，晋江航道建设主要为晋江顺济桥至前埔河段航道整治工程。该工程地点位于泉州市辖区，自晋江顺济桥至前埔河段，长 13 公里。设计航道宽 66 米，深

3 米，航道曲率半径 357.6～596 米，乘潮通航 500 吨级船舶，通航保证率为 90%。工程于 1994 年 7 月开工，2001 年 7 月完工，总投资 800 万元。主要建设内容有抛坝、疏浚和航标三个项目。抛坝工程：共抛设 9 条丁坝，总工程量 4.94 万立方米。疏浚工程：共完成疏浚工程量 10.1 万立方米。航标工程：抛设 9 个灯浮，新建灯桩 1 座，坝头标 5 座。

工程竣工后，全航段水深维持在 2 米以上，远大于设计水深 0.6 米。整治后，该航道可通航 500～1000 吨级的船舶，使内港码头的吞吐量达到了 70 万～90 万吨，为整治前的 6 倍以上。

3. 汀江航道建设

1990—2005 年，汀江航道建设主要为汀江航道航标工程。该工程建设地点位于龙岩市辖区汀江干流，自长汀水口至棉花滩电站坝址，航段长约 141 公里，大部分处于天然状态。为保证棉花滩库区水域航行安全，规范库区航道，发展库区旅游和水运事业，龙岩市交通局分别委托上杭县和永定县交通局组织辖区内航标工程的实施。工程于 2002 年 5 月开工，10 月底完工，总投资 356.5 万元。建设内容为航标工程，共设置各种航标 97 座。

（二）沿海（港湾）航道

1990—2005 年，全省沿海（港湾）航道主要建设项目 10 个，总建设里程 388.1 公里，总投资 54607.29 万元。所有工程建成后，厦门湾、湄洲湾均建成 10 万吨级航道，其他各港湾航道通航船舶吨级及船舶航行条件也得到较大提高和改善。

1. 福州港

通海航道二期整治工程。福建省"八五"期间重点工程，建设规模按一个潮周期乘潮通航 2 万吨级船舶设计。上起福州电厂筹东煤码头，下至七星礁口外海滨，全长约 50 公里，包括大屿、新丰、中沙、马组印、内沙和外沙 6 处碍航浅滩。1991 年 1 月开工，1998 年 4 月竣工，总投资 8984 万元。建设内容有整治工程、疏浚工程、清障工程和航标工程。整治工程：抛筑水工建筑物有 10 道丁坝、3 道顺坝、潜坝及护岸工程，合计总长度为 9001 米，抛石总工程量 90.07 万立方米。疏浚工程：挖槽总长度为 14.09 公里，疏浚总工程量 274.62 万立方米。清障工程：中沙清障 2.3 万立方米，马祖印清障 1.5 万立方米。航标工程：建牛礁灯桩 1 座，新抛灯浮 15 座，移位灯浮 6 座。该工程竣工后，整治达到预期效果。大屿、新丰两个浅滩经过治理，水深大幅度提高。中沙、马祖印和内沙 3 个浅滩经过整治和疏浚相结合的治理，水深也有显著提高，每年只需一般维护便可维持设计水深。外沙浅滩因势利导开通南航槽，疏浚后航槽稳定，回淤不大。经过二期整治工程，福州港提升了接纳大型船舶的能力，具备乘潮通航 2 万吨级海轮条件。

闽江口航道增深工程。福州港闽江通海航道自七星礁至华能福州电厂煤码头全长

50 公里，原有大屿、新丰、中沙、马祖印、内沙和外沙 6 处碍航浅滩，经过二期整治后，大屿、新丰浅滩已不复存在，浅滩航槽水深从原来的 -3 米至 -4 米增至 -5.8 米至 -6.3 米，闽江口通航能力从乘潮通航 5000 吨级海轮提高至乘潮通航 2 万吨级海轮。工程范围：从粗芦岛玉霞灯桩至闽江口外，全长 20 公里，设计航道底宽 150 米，航道底标高中内沙航段 -7.6 米，外沙航段 -8.0 米。工程于 2005 年 10 月开工，计划投资 8900 万元。建设内容为：抛筑丁坝 17.38 万立方米，疏浚工程量为 484.2 万立方米，移位航标 6 座。

江阴港区 5 万吨级进港航道工程。位于福州市辖区江阴港区，建设规模为全天候通航 5 万吨级集装箱轮航道。航道长 44 公里，设计尺度为双向航道底宽 360 米，按设计水深全天候通航。工程于 2002 年 9 月开工，11 月竣工，建设投资 1003.85 万元。主要建设内容为疏浚挖槽总长 2 公里，工程量 30 万立方米，抛设水上灯浮 12 具，建设灯桩 1 座，以及相应锚地 3 处。工程竣工后，5 万吨级集装箱轮可直达江阴港区。

福清湾三万吨级航道工程。福建省合资建设项目，为元洪 3 万吨级码头的配套工程。工程于 1993 年 5 月开工，次年 8 月竣工，总投资 920.63 万元。主要建设内容包括疏浚工程、炸礁工程和航标工程。疏浚工程总工程量 95508 立方米。炸礁工程总工程量 4872 立方米。航标工程：抛设浮标 2 具，建设活节式灯桩 4 座、立屿灯桩座 1 座，吉钓、苦屿各设导标 1 对。工程竣工后，3 万吨级船舶可以乘潮通过该航道，直抵元洪投资区码头。

福州可门火电厂一期 5 万吨级进港航道工程。中国华电集团福州可门火电厂一期每年约需进口 300.3 万吨煤炭，二期每年需进口 1201.2 万吨煤炭，需相应配套建设 5 万吨级航道。该工程位于福州市辖区罗源湾，建设规模为乘潮通航 5 万吨级船舶的单向航道，长 14.7 公里，航道设计底宽 180 米，设计底标高 -10.0 米，转弯半径 1383～2765 米，乘潮水位 4.79 米，乘潮历时 4 小时，乘潮保证率 95%，设计代表船型为 225 米×32.3 米×13 米（长×宽×满载吃水）的 5 万吨级散货船。工程于 2005 年 7 月开工，年底完工，总投资 390 万元。工程主要建设内容为新建灯桩 2 座，重建旧灯桩 3 座，开辟口门外北侧水域规划锚地为引水、候潮、检疫锚地，口门内岗屿附近设置避风锚地。

2. 厦门港（厦门湾）

10 万吨级航道一期工程。位于厦门湾，建设规模为厦门港内外主航道（A－E），设计底标高 -12.0 米，航道底宽 250 米。海沧支航道设计底标高 -11.5 米，航道底宽 180 米。博坦航道设计底标高 -11.5 米，航道底宽 250 米，可满足 10 万吨级油轮乘潮通航要求，以及第三代集装箱基本全天候通航要求。工程于 1998 年 7 月开工，次年 9 月完工，总投资 1.05 亿元。主要建设内容为疏浚总长度 7.8 公里，总疏浚工程量 480 万立方米，抛设灯浮 13 座，系船浮筒 6 只，建设导标 1 对，调整原有灯浮 5 个，拆迁海底电缆 2 条，测量面积 4038 平方公里，扫海 38 平方公里。

10 万吨级航道二期工程。该工程自东碇岛外侧 20 米等深线起，经青屿水道及厦鼓南航道再到海沧港区，全长 43 公里，其中主航道长 38.8 公里。建设规模满足厦门港货物吞吐量增长和集装箱船舶大型化的需要，适应全天候通航第五、第六代集装箱，兼顾 13.5 万立方米 LNG 液化船全天候及 10 万吨级、15 万吨级油轮的乘潮通航要求。设计航道底标高 –14.0 ~ 14.5 米，设计底宽 300 米。海沧支航道长 4.8 公里，设计底宽 250 米。工程于 2003 年 5 月开工，次年 6 月完工，工程总投资 1.59 亿元。主要建设内容为疏浚工程量 1007 万立方米，炸礁工程量 1500 方，抛设 HF3.0 灯浮 2 座，调整灯浮 9 座，并在青屿增设雷达应答器，扫海 14 平方公里。

东渡港区猴屿西航道工程。位于厦门湾，建设规模为航道设计底标高 –10.5 米，航道底宽 200 米，可满足 5 万吨级船舶乘潮通航和 2.5 万吨级船舶双向通航要求。工程 2001 年开工，次年完工，总投资 7491.50 万元。主要建设内容为疏浚工程量 84.36 万立方米，炸礁工程量 13.77 万立方米，抛设 HF2.4 灯浮 4 座，建设灯桩 1 座，迁移系船浮筒 3 座。

厦鼓航道工程。航道设计底标高 –7.5 米，航道底宽 150 米，可满足全天候中型近洋游轮单向通航要求。工程于 2001 年开工，次年完工，总投资 414 万元。主要建设内容为炸礁工程量 8987 方，抛设 HF2.4 灯浮 3 座，拆除航标 5 座，调整 3 座。

海沧港 10 号泊位进港航道工程。航道设计底标高 –7.5 米，航道底宽 160 米，可满足 2 万吨级船舶单向乘潮通航和 2 万吨级液体化工船舶乘潮通航要求。工程于 2001 年开工，次年完工，总投资 1075 万元。主要内容为疏浚工程量 41.25 万立方米，抛设 HF2.4 灯浮 2 座。

厦门至金门间厦金航道工程（厦门段）。分为两条航线，航线一：航道设计底标高 –6.4 米，航道底宽 150 米，满足客轮及 3000 吨级杂货船双向通航需要，兼顾 5000 吨级货船乘潮通航需要，乘潮水位 2.1 米。航线二：满足大轮航线及通航万吨级船舶要求。工程于 2005 年开工，同年完工，总投资 403 万元。主要内容为抛设 HF2.4 灯浮 9 座。

漳州后石电厂 10 万吨级航道工程。位于金门湾、厦门港界外侧水域，是全省最大的台商独资企业和重要的基础设施项目。该电厂航道自东碇岛外 20 米等深线起，经厦门 10 万吨级的外航道 AB 段，至后石电厂煤码头，全长 21.4 公里。为 10 万吨级船舶乘潮单向航道，乘潮保证率 90%，设计代表船型为 260 米×39 米×15.2 米（船长×船宽×满载吃水）。设计航道底宽 250 米。乘潮水位：AB 段 4.25 米，BHI 段 4.54 米。航道底标高：AB 段 –13.94 米，BHI 段 –13.65 米。工程于 1999 年 3 月开工，同年 9 月完工，2002 年 8 月通过竣工验收，总投资 2033.27 万元。主要建设内容有疏浚、炸礁、航标及扫海工程。疏浚工程总工程量 17.26 万立方米，炸礁工程总工程量 1.6 万立方米，航标工程建设导标一对，抛设灯浮 10 座，扫海面积为 23.5 平方公里。

3. 泉州港（不含湄洲湾）

后渚港区通海航道一期整治工程。上起石油码头，下至湾口引航锚地，全长 16.9 公里，设计航道底宽 80 米，航道底标高 –4.0 米。工程于 1996 年 10 月开工，1998 年

11 月完工，总投资 2253.83 万元。主要建设内容为抛坝、疏浚及航标工程。抛坝工程：抛设 5 条丁坝，总长度 3321 米，总工程量 10.18 万立方米。疏浚工程：疏浚区总长 2500 米，总疏浚工程量 59.3 万立方米。航标工程：抛设灯浮 5 座，更新 4 座，改建导标 1 对。工程竣工后，航道平均水深从整治前的 3.3 米提高至 4.5 米，航槽流速也有所提高。港池在三道丁坝的作用下，3000 吨码头港池及上游航道的流速有一定提高，平均水深从整治前的 2.7 米提高至 4.1 米。

泉州湾 3 万吨级通海航道工程。自湾口外引航、联检锚地起，经大、小坠门至石湖港区止，长约 12 公里，湾内有石湖和后渚等主要港口作业区。后渚码头可靠泊 5000 吨级海轮，石湖码头可靠泊 1 万吨级海轮。随着石湖 3 万吨级码头的建设和进出港湾船舶航行密度的增加，该段航道因水深不足和航道较窄已不能满足船舶航行需要。工程设计标准为航宽 160 米。设计底标高：炸礁区 -11.0 米，疏浚区 -9.5 米。2002 年 4 月开工，次年 8 月完工，总投资 3000 万元。主要建设内容和工程量：疏浚 120.6 万立方米，炸礁 4.98 万立方米，新设航标 1 座，移位 5 座。

4. 莆田港 （湄洲湾）

湄洲湾 10 万吨级航道工程。湄洲湾航道原可通行 3 万吨级以下海轮，在福建炼油厂于该地兴建 1 座 10 万吨级专用码头后，开辟与之相匹配的 10 万吨级航道成为当务之急。工程建设地点自湾口剑屿起至湾顶秀屿镇止，全长 29.5 公里。福建炼油厂支航道自炼油厂 10 万吨级油码头起至主航道的连点止，长 4.8 公里。1991 年 9 月开工，1997 年 6 月完工，总投资 2071 万元。主要建设内容为疏浚、航标、锚地及航标基地设施。疏浚工程：总疏浚工程量 54.2 万立方米。航标工程：共抛设弹性灯桩 8 座、灯浮 7 座，建设灯桩 2 座、导标 3 对。锚地工程：设定成品油轮锚地、候潮锚地和引水锚地各 1 个。航标维护基地：100 吨级航标船舶专用码头 1 座、宿舍楼 1 座、办公综合楼 1 座、维修车间 1 座及基地堆场。工程竣工后，10 万吨级油轮可以不分昼夜乘潮进入炼油厂码头。

湄洲湾火电厂专用支航道工程。自湄洲湾 10 万吨级主航道 7 号灯浮起至湄洲湾火电厂重件码头止，全长 4.33 公里。建设规模为全天候通航 1600 马力拖轮旁推 2000 吨级驳船队，设计代表船型为 73.3 米×26.4 米×3.0 米（船长×船宽×满载吃水）。设计航道底宽 120 米，航道底标高 -4.6 米（理论基准面）。1999 年 5 月开工，1999 年 12 月完工，2000 年 3 月通过竣工验收，总投资 1303 万元。主要建设内容为疏浚、炸礁、航标及过驳锚地工程。疏浚工程：总疏浚工程量 18.8 万立方米；炸礁工程：总炸礁工程量 0.97 万立方米；航标工程：抛设钢筋砼结构灯桩 2 座，抛设直径 2.4 米灯浮 1 座、直径 1.8 米灯浮 3 座；锚地工程：设定过驳锚地 1 个，位于湄洲湾 10 万吨级主航道 7 号灯浮东侧，采用单浮筒系驳方式，系船浮筒选用 XF5.5 - D1 标准型，配置直径 107 铸钢有挡链，选用 42 吨钢筋砼沉锤。

5. 宁德港

三都澳白马港区进港航道工程。从吉壁角引水锚地至白马港区，42.2 公里。其中，吉壁角锚地至青山北礁附近（E 点）长 20 公里，为双向航道，全天候通航万吨级船舶；E 点至白马港区 22.22 公里，为单向航道，乘潮通航万吨级船舶（乘潮保证率 90%）；吉壁角锚地经白岛屿灯桩附近（C 点）至城澳港万吨级多用途码头，长 18.2 公里，为双向航道，全天候通航万吨级船舶。工程于 1999 年 5 月开工，同年 9 月竣工，总投资 180 万元。建设内容为航标和锚地工程，共抛设灯浮 12 具，布设控制水位标尺 1 座，禁锚标志 2 对，联检锚地、待泊锚地各 1 个及相应助航设施。

大唐宁德电厂码头 5 万吨级进港航道工程。工程建设规模为：乘潮通航 5 万吨级船舶单向航道，长 31 公里，航道底宽 180 米，设计底标高 – 10.5 米，转弯半径为 1125 ~ 2500 米，乘潮水位 5.2 米，乘潮保证率为 95%。设计代表船型为 225 米 × 32.3 米 × 13 米（船长 × 船宽 × 满载吃水）。2005 年 4 月开工，次年完工，计划总投资 1955.44 万元。主要建设内容和工程量：疏浚 66.43 万立方米，新建灯桩 2 座，新抛设灯浮 2 具，移位灯浮 1 具，新设长腰岛待泊候潮锚地，扩大原吉壁角锚地。

（三）助航标志

1. 内河助航标志

闽江干流配布类别按内河 I 类航标配布。依托富屯溪航道整治工程，设置各类航标 85 座，建造 1 座五层航标站房，建筑面积 852.76 平方米，购置 48 匹航标艇 1 艘，工程于 1993 年 3 月开工，同年 10 月完工，投资 387 万元。沙溪口电站坝下至水口段设置各类航标 89 座（对），其中，沿岸标 39 座，过河标 24 座，侧面标 16 座，鸣笛标 2 座，左右通航标 1 座，桥涵标 7 对，工程于 1993 年 12 月开工，1996 年 1 月完工，投资 268.7 万元。依托高砂电站坝下至福州航运工程，高砂电站坝下至沙溪口段设置各类航标 32 对，其中，沿岸标 7 座，过河标 9 座，桥涵标 1 对，浮标 14 座，工程于 1998 年 5 月开工，次年 12 月完工，投资 62.2 万元。

晋江依托顺济桥至前埔河段航道整治工程，抛设 9 个灯浮，新建灯桩 1 座、坝头标 5 座，工程于 2000 年 10 月开工，次年 4 月完工，投资 20 万元。水口至福州解放大桥段设置各类航标 64 座，其中，沿岸标 11 座，过河标 23 座，侧面标浮标 27 座，桥涵标 2 对，指路牌 1 座，投资 115.7 万元。同时建设航标站房、航标艇等附属设施，工程于 2002 年 9 月开工，次年 1 月完工，投资 569.6 万元。依托沙溪河高砂坝上至三明航道工程，设置沿岸标 16 座，过河标 13 座，浮标 7 座，桥涵标 13 对，侧面标 1 座，指示牌 1 座，工程于 2003 年 10 月开工，次年 3 月完工，投资 110 万元。

汀江设置沿岸标、过河标、浮标、桥涵标、禁航水标和指路标等航标 97 座，2002 年 5 月开工。棉花滩电站至上杭城关水南大桥 63.0 公里航道，其中，永定县境内 21.5 公里，设置 1 ~ 24 号标；上杭县境内 41.5 公里，设置 25 ~ 55 号标。黄潭河支流河口至稔田镇 27 公里河段，其中，永定县境内 12 公里，设置黄 1 号至黄 11 号标，上杭县境内 15.5 公里，设置黄 12 号至黄 23 号标。罗家营支流 11 公里，设置黄 1 号至黄 8 号标。中村支流 4 公里，设置黄 1 号至黄 3 号标。桃泉支流 8 公里，设置黄 1 号至黄 7 号标。横桥支流 2 公里，设置横 1 号标。工程于 2002 年 5 月开工，10 月完工，投资 356.5 万元。

2. 通海及港湾助航标志

福州港依托福清湾 3 万吨级航道工程，设置浮标 2 具、活节式灯桩 4 座、立屿灯座 1 座，吉钓与苦屿各设导标 1 对，工程于 1993 年 5 月开工，次年 8 月完工，投资 221.5 万元。依托福州港通海航道二期整治工程，设置牛礁灯桩 1 座，新抛灯浮 15 具，移位灯浮 6 具，工程于 1995 年 8 月开工，10 月完工，投资 221 万元。依托福州港江阴港区 5 万吨级进港航道工程，设置灯浮 12 具，灯桩 1 座，工程于 2002 年 9 月开工，11 月完工，投资 198.8 万元。依托福州可门火电厂一期 5 万吨级进港航道工程，新建灯桩 2 座，重建旧灯桩 3 座，工程于 2005 年 7 月开工，12 月完工，投资 390 万元。依托福州港闽江口航道增深工程，移位航标 6 具，工程于 2005 年 10 月开工，12 月完工，投资 25.5 万元。

厦门港（厦门湾）依托厦门 10 万吨级航道一期工程，抛设灯浮 13 具，设置系船浮筒 6 只，建设导标 1 对，调整原有灯浮 5 具，工程于 1999 年 1 月开工，9 月完工，投资 650 万元。依托漳州后石电厂 10 万吨级航道工程，建设导标 1 对，抛设灯浮 10 具，工程于 1999 年 3 月开工，9 月完工，投资 421 万元。

依托厦门港东渡港区猴屿西航道工程，抛设灯浮 4 具，建设灯桩 1 座，迁移系船浮筒 3 座，工程于 2001 年开工，次年完工，投资 135 万元。依托厦门港厦鼓航道工程，抛设灯浮 3 具，拆除航标 5 座，调整 3 座，工程于 2001 年开工，次年完工，投资 83 万元。依托厦门海沧港 10 号泊位进港航道工程，抛设灯浮 2 座，工程于 2001 年开工，次年完工，投资 20 万元。

依托厦门 10 万吨级航道二期工程，抛设灯浮 2 具，调整 9 具，并在青屿增设雷达应答器，工程于 2003 年 5 月开工，次年 6 月完工，投资 120 万元。依托厦门至金门间厦金航道工程，抛设灯浮 9 具，工程于 2005 年开工，年底完工，投资 403 万元。依托厦门港东部港区 5000 吨进港航道工程，抛设灯浮 19 具，工程于 2005 年开工，同年完工，投资 238 万元。

泉州港（不含湄洲湾）。依托泉州后渚港区及通海航道一期整治工程，抛设灯浮 5 具，更新 4 具，改建导标 1 对，工程于 1996 年 10 月开工，1998 年 11 月完工，投资 76.71 万元。依托泉州 3 万吨级通海航道工程，设置航标 1 座，移位 5 座，工程于 2002 年 4 月开工，次年 8 月完工，投资 32 万元。

莆田港（湄洲湾）。依托湄洲湾 10 万吨级航道工程，抛设 8 座弹性灯桩、7 具灯浮，建造 2 座灯桩、3 对导标，并配有雷达应答器、雷达反射器和雷达指向标等航标器材。建设航标维护基地，包括 100 吨级航标船专用码头 1 座、宿舍楼 1 座、办公综合楼 1 座、维修车间 1 座及基地堆场，工程于 1991 年 9 月开工，1997 年 6 月完工，投资 896 万元。

宁德港。依托三都澳白马港区进港航道工程，抛设灯浮 12 具，布设控制水位标尺 1 座、禁锚标志 2 对，工程于 1999 年 5 月开工，同年 9 月完工，工程总投资 180 万元。依托大唐宁德电厂码头 5 万吨级进港航道工程，新建灯桩 2 座，新抛设灯浮 2 具，移位灯浮 1 具，工程于 2005 年 4 月开工，同年 12 月完工，投资 1955.44 万元。

九、陆岛交通码头

2005 年，全省沿海大小岛屿共有 1404 个（含未统一的 24 个），分布在宁德、福州、莆田、泉州、厦门和漳州 6 个地市的 25 个县（市、区）。有人居住的岛屿 158 个（含未统一的 9 个岛屿），其中，居住人口千人以上的岛屿 78 个，万人以上的岛屿 15 个，5000～10000 人的岛屿 11 个，3000～5000 人的岛屿 16 个，1000～3000 人的岛屿 36 个。为解决沿海岛民出行难、货物运输难的问题，改变陆岛交通落后面貌，省交通厅根据国家交通部开展沿海陆岛交通规划和建设有关会议及文件精神，对全省沿海 6 地市沿海岛屿交通状况进行调研，并在此基础上组织编制福建省"八五"、"九五"、"十五"陆岛交通建设计划，建设重点是陆岛码头及连接线公路。

"八五"期间，全省计划建设陆岛交通码头泊位 37 个，配套接线公路 104.45 公里，计划投资 9800 万元，实际完成投资 9771.23 万元，其中，中央完成投资 4394 万元、省地完成投资 5377.23 万元。建成陆岛交通码头泊位 36 个，其中，500 吨泊位 1 个、300 吨泊位 3 个、200 吨泊位 5 个、100 吨泊位 21 个、50 吨泊位 6 个，计划投资 5760 万元，实际完成投资 5625.43 万元，其中，中央完成投资 2800 万元、省地完成投资 2825.43 万元。新增吞吐能力货运 53.7 万吨、客运 276.1 万人次。建成配套接线公路 104.45 公里，其中，四级公路 80.95 公里、三级公路 23.5 公里，计划投资 4040 万元，实际投资 4145.8 万元，其中，中央投资 1594 万元、省地投资 2551.8 万元。共解决万人岛 9 个、5000～10000 人岛 7 个、3000～5000 人岛 6 个、1000～3000 人岛 1 个。

"九五"期间，全省计划建设陆岛交通码头泊位 31 个，配套接线公路 273.9 公里。计划投资 85091 万元，实际完成投资 81072 万元，其中，中央完成投资 25790 万元、省地完成投资 55282 万元。建成陆岛交通码头泊位 31 个，其中，1000 吨泊位 5 个、500 吨泊位 11 个、300 吨泊位 3 个、200 吨泊位 10 个、100 吨泊位 2 个，计划投资 28393 万元，实际完成投资 28598 万元，其中，中央完成投资 11900 万元、省地完成投资 16698 万元。新增吞吐能力货运 169 万吨、客运 226 万人次。建成配套接线公路 273.9 公里，其中，四级公路 92.3 公里、三级公路 114.7 公里、二级公路 66.9 公里，计划投资 56698 万元，实际投资 52474 万元，其中，中央投资 13890 万元、省地投资 38584 万元。共解决万人岛 4 个、5000～10000 人岛 4 个、3000～5000 人岛 6 个和 1000～3000 人岛 1 个。

"十五"期间，全省计划建设陆岛交通码头泊位 73 个，其中，1000 吨泊位 2 个、500 吨泊位 18 个、300 吨泊位 9 个、200 吨泊位 20 个、100 吨泊位 24 个，配套接线路路 11.7 公里，计划投资 34789 万元，实际完成投资 24104 万元。建成陆岛交通码头泊位 73 个，建成接线公路 11.7 公里，新增吞吐能力货运 290 万吨、客运 304 万人次，共解决万人岛 1 个、5000~10000 人岛 2 个、3000~5000 人岛 6 个、1000~3000 人岛 27 个。基本解决了千人以上岛屿的交通问题。为做好本省 2006—2020 年陆岛交通发展规划，2005 年 1 月 20 日，省交通厅召开陆岛交通调研布置会，从 1 月 24 日至 2 月 1 日组织有关人员分赴 6 个设区市深入到沿海岛屿，对实施的陆岛交通工程项目的建设情况进行核查，并对"十一五"、"十二五"期建设项目开展调研。在此基础上，按照"统一规划、分步实施、逐步完善"的原则，编制《海峡西岸经济区陆岛交通发展规划》。该规划着重从提高码头、连接线公路的技术标准，提高结构物等级和抵抗灾害能力等方面进行编制，2005 年 10 月完成该规划专项初稿。

（一）福州市

1990—2005 年，福州市共建设 42 座陆岛交通码头，总投资约 2.01 亿元，其中，"八五"期间 14 座，"九五"期间 10 座，"十五"期间 18 座。

表 4－15　　　　1990—2005 年福州市陆岛交通码头建设一览表

时期	序号	项目名称	所在县市	泊位吨级（吨）	泊位数（个）	泊位长度（米）	吞吐能力		总投资（万元）			
							万吨	万人	合计	中央	省	地方自筹
		总计			42	2419	150.5	365.2	20064	9315	3038	7711
"八五"期间		小计			14	791	35	213	2634	1375	806	453
	1	平潭流水码头	平潭	60	1	159	8.5	18.5	459	230	149	80
	2	平潭东庠岛南江码头	平潭	100	1	—	3.5	8.5	—	—	—	—
	3	平潭卓屿岛\汶子底码头	平潭	60/60	2	160	8	28	280	160	98	22
	4	平潭苏澳码头	平潭	200	1	195	3.5	32	530	265	159	106
	5	平潭大练岛大练码头	平潭	100	1	—	—	—	—	—	—	—
	6	平潭屿头岛田下码头	平潭	100	1	—	—	—	—	—	—	—
	7	福清东壁岛码头	福清	100	1	—	2.5	2	215	107	65	43
	8	长乐长屿岛松下码头	长乐	200	1	—	2	8	205	102	62	41
	9	福州琅岐岛琅岐、东岐码头	福州	300/300	2	160	—	90	425	252	128	45
	10	连江粗芦岛码头	连江	200	1	42	3	12	265	132	80	53
	11	连江壶江中岐码头	连江	100	1	37	2	7	120	60	25	35
	12	罗源鉴江码头	罗源	100	1	38	2	7	135	67	40	28

续表 4-15

时期	序号	项目名称	所在县市	泊位吨级（吨）	泊位数（个）	泊位长度（米）	吞吐能力		总投资（万元）			
							万吨	万人	合计	中央	省	地方自筹
"九五"期间		小计			10	700	43	48.2	8370	3690	892	3788
	1	平潭东澳码头	平潭	1000	1	80	12	7.2	2200	730	220	1250
	2	平潭塘屿码头	平潭	200	1	45	3	5	500	250	50	200
	3	平潭小练码头	平潭	100	1	135	2	3	600	300	60	240
	4	平潭东金码头	平潭	200	1	110	2	8	700	350	75	275
	5	罗源鸡笼岛码头	罗源	500	1	65	8	10	900	320	90	490
	6	福清大扁岛码头	福清	200	1	46	2	4	600	300	60	240
	7	连江川石码头	连江	200	1	45	2	4	500	260	100	140
	8	连江东洛岛黄岐码头	连江	200/500	2	104	4	3	1570	780	157	633
	9	连江下宫码头	连江	500	1	70	8	4	800	400	80	320
"十五"期间		小计			18	928	72.5	104	9060	4250	1340	3470
	1	平潭钱便澳码头	平潭	500	1	64	5	8	700	350	120	230
	2	平潭小庠码头	平潭	100	1	40	2	3	500	250	60	190
	3	福清目屿（牛头尾）	福清	200/500	2	128	8	6	1100	550	175	375
	4	平潭乐屿码头	平潭	200	1	60	5	4	700	200	60	440
	5	罗源松山码头	罗源	500	1	57	6	4	700	350	100	250
	6	连江前屿码头	连江	300	1	48	1.5	2	600	250	75	275
	7	福清斗门码头	福清	500	1	64	7	5	700	350	100	250
	8	福清可门码头	福清	200	1	44	3	4	400	200	60	140
	9	闽侯龙祥岛码头	闽侯	200	1	37	1.5	2	260	100	60	100
	10	仓山吴凤码头	仓山	200	1	50	1.5	2	300	100	60	140
	11	福清吉钓	福清	100	1	40	4.5	3.5	900	450	150	300
	12	福清梁厝	福清	500	1	60	4.5	3.5	—	—	—	—
	13	福清小麦屿（球尾）	福清	100/100	2	33/33	6	10	600	300	85	215
	14	平潭钟门码头	平潭	300	1	68	6	10	500	250	75	175
	15	连江琯头	连江	500	1	58	8	36	600	300	85	215
	16	连江东岱	连江	300	1	44	3	2	500	250	75	175

（二）厦门市

1990—2005年，厦门市共建设5座陆岛交通码头，总投资约0.3亿元，其中，"八五"期间1座，"九五"期间2座，"十五"期间2座。

表 4-16　　　　**1990—2005 年厦门市陆岛交通码头建设一览表**

时期	序号	项目名称	所在县市	泊位吨级（吨）	泊位数（个）	泊位长度（米）	吞吐能力			总投资（万元）			
							万吨	万人	万辆	合计	中央	省	地方自筹
总计					5	237	1.5	19	1.2	2978	1379	33	1566
"八五"期间		小计			1	37	0	6	0	158	79	33	46
	1	厦门大嶝岛沃头码头	翔安	100	1	37	—	6	—	158	79	33	46
"九五"期间		小计			2	120	0	10	0	1920	900	0	1020
	1	厦门翔安区角屿码头	翔安	200	1	60		5	—	720	300	—	420
	2	厦门翔安区大嶝码头	翔安	200	1	60		5	—	1200	600	—	600
"十五"期间		小计			2	80	1.5	3	1.2	900	400	0	500
	1	厦门翔安区小嶝码头	翔安	300	1	80	1.5	3	1.2	450	200	—	250
	2	厦门翔安区莲河码头	翔安	300	1			—	—	450	200	—	250

（三）泉州市

1990—2005 年，泉州市共建设 12 座陆岛交通码头，总投资约 0.98 亿元，其中，"九五"期间 3 座，"十五"期间 9 座。

表 4-17　　　　**1990—2005 年泉州市陆岛交通码头建设一览表**

时期	序号	项目名称	所在县市	泊位吨级（吨）	泊位数（个）	泊位长度（米）	吞吐能力		总投资（万元）			
							万吨	万人	合计	中央	省	地方自筹
总计					12	816	79.5	75	9778	3710	1295	4773
"九五"期间		小计			3	252	21.5	25	3803	1210	380	2213
	1	泉州后山陆岛码头	晋江	1000	1	125	10	6	1900	500	190	1213
	2	泉州东浦码头	石狮	1000	1	81	10	6	1400	460	140	800
	3	肖厝惠屿码头	泉港	200	1	46	1.5	13	500	250	50	200
"十五"期间		小计			9	564	58	50	5975	2500	915	2560
	1	惠安浮山（下宫）	惠安	500/500	2	126	10	5	1275	650	240	385
	2	惠安大竹（松村）	惠安	500/100	2	126	12	10	1000	500	180	320
	3	泉州峰尾陆岛码头	泉州	1000	1	80	10	5	1200	400	130	670
	4	泉州肖厝码头	泉州	500	1	64	13	15	600	300	100	200
	5	南安菊江码头	南安	1000	1	84	10	10	1100	350	130	620
	6	泉州浔浦码头	泉州	300	1	37	2	3	500	200	75	225
	7	泉州大坠岛码头	泉州	100	1	47	1	2	300	100	60	140

（四）漳州市

1990—2005 年，漳州市共建设 22 座陆岛交通码头，总投资约 0.89 亿元，其中，"八五"期间 7 座，"九五"期间 2 座，"十五"期间 13 座。

表 4-18　　　　　1990—2005 年漳州市陆岛交通码头建设一览表

时期	序号	项目名称	所在县市	泊位吨级（吨）	泊位数（个）	泊位长度（米）	吞吐能力		总投资（万元）			
							万吨	万人	合计	中央	省	地方自筹
总计					22	898	55.1	104.1	8885	3812	1090	3983
"八五"期间		小计			7	237	5.1	16.1	731	362	160	209
	1	龙海海门码头	龙海	100	1	16	2	6	100	49	31	20
	2	龙海浯屿码头	龙海	100	1	78	2	6	200	99	—	101
	3	漳浦岱嵩码头	漳浦	50/50/50	3	65	1.1	4.1	141	70	42	29
	4	云霄北江、船场码头	云霄	100/100	2	78	—	—	290	144	87	59
"九五"期间		小计			2	131	10	25	2100	750	70	1280
	1	东山铜陵码头	东山	500	1	70	3	20	1400	400	—	1000
	2	东山宫前码头	东山	300	1	61	7	5	700	350	70	280
"十五"期间		小计			13	530	40	63	6054	2700	860	2494
	1	漳浦沙洲码头	漳浦	100	1	32	1.5	4	300	150	60	90
	2	漳浦红屿（杏仔）码头	漳浦	100/300	2	81	4.5	12	1254	450	150	654
	3	漳浦林进屿（江口）陆岛码头	漳浦	200/200	2	88	3	5	700	350	120	230
	4	龙海紫泥码头	龙海	500	1	64	7.5	10	700	350	100	250
	5	龙海海澄陆岛码头	龙海	500	1	64	7.5	10	700	350	100	250
	6	东山澳角码头	东山	200	1	45	3	3	500	200	75	225
	7	漳浦菜屿码头	漳浦	200	1	46	3	2.5	400	200	60	140
	8	漳浦横屿码头	漳浦	200	1	33	3	2.5	400	200	60	140
	9	漳浦虎头山码头	漳浦	300	1	—	2	2	500	150	75	275
	10	龙海玉枕码头	龙海	100	1	44	4	5	300	150	60	90
	11	东山东门屿码头	东山	100	1	33	1	7	300	150	—	150

（五）莆田市

1990—2005 年，莆田市共建设 19 座陆岛交通码头，总投资约 0.93 亿元，其中，"八五"期间 3 座，"九五"期间 4 座，"十五"期间 12 座。

表4-19　　　　1990—2005年莆田市陆岛交通码头建设一览表

时期	序号	项目名称	所在县市	泊位吨级（吨）	泊位数（个）	泊位长度（米）	吞吐能力		总投资（万元）			
							万吨	万人	合计	中央	省	地方自筹
		总　计			19	781	60.9	99.5	9333	4365	1309	3659
"八五"期间		小计			3	108	6	21	383	190	144	49
	1	莆田三江口码头		300	1	40	3	9	203	100	61	42
	2	莆田黄瓜、淇沪码头	秀屿	100/100	2	68	3	12	180	90	83	7
"九五"期间		小计			4	140	20	44	4700	2050	470	2180
	1	莆田南日浮叶码头		500	1	55	5	8	700	350	70	280
	2	乌菜巷码头		1000	1	85	15	36	2000	700	200	1100
	3	湄洲岛码头（宫下、文甲）		500/500	2	—	—	—	2000	1000	200	800
"十五"期间		小计			12	533	34.9	34.5	4250	2125	695	1430
	1	莆田小日岛码头	秀屿	200	1	40	3.5	2.5	300	150	60	90
	2	莆田海安码头	仙游	500	1	60	10	3	650	325	100	225
	3	莆田坑口码头	秀屿	500	1	65	3	5	500	250	75	175
	4	莆田潘宅码头	秀屿	200	1	45	2	4	400	200	60	140
	5	莆田东告杯码头	秀屿	100	1	43	1	2	300	150	50	100
	6	莆田西告杯码头	秀屿	100	1	60	1	2	300	150	50	100
	7	莆田罗盘码头	秀屿	100	1	33	2	4	300	150	50	100
	8	莆田赤山码头	秀屿	100	1	30	2	4	300	150	50	100
	9	莆田乐屿(塔林)码头	秀屿	100/100	2	54	2.4	4	600	300	100	200
	10	莆田蒋山码头	秀屿	100	1	40	4	2	300	150	50	100
	11	莆田大鳌屿码头	秀屿	100	1	63	4	2	300	150	50	100

（六）宁德市

1990—2005 年，宁德市共建设 41 座陆岛交通码头，总投资约 1.79 亿元，其中，"八五"期间 12 座，"九五"期间 10 座，"十五"期间 19 座。

表 4 - 20　　　　　**1990—2005 年宁德市陆岛交通码头建设一览表**

时期	序号	项目名称	所在县市	泊位吨级（吨）	泊位数（个）	泊位长度（米）	吞吐能力		总投资（万元）			
							万吨	万人	合计	中央	省	地方自筹
		总　计			41	2102	136.3	224.9	17904	7995	2406	7503
"八五"期间		小计			12	653	23.3	54.2	1854	920	506	428
	1	福鼎嵛山岛马祖码头	福鼎	100	1	80	0.5	2	80	40	20	20
	2	福鼎沙埕鹭鹚礁码头	福鼎	500	1	37	—	6	350	174	105	71
	3	福鼎秦屿客货码头	福鼎	200	1	37	2	5	180	89	54	37
	4	霞浦浮英、北霜码头	霞浦	100/100	2	120	5.6	11.7	170	85	45	40
	5	霞浦大澳码头	霞浦	200	1	57	2.5	4	183	91	55	37
	6	霞浦三沙五澳码头	霞浦	200	1	64	4	1	254	126	52	76
	7	霞浦东安码头	霞浦	100	1	60	2	5	120	59	37	24
	8	霞浦竹江码头	霞浦	100	1	60	2	5	115	57	35	23
	9	宁德三都码头	蕉城	100	1	20	2.5	2.5	130	64	40	26
	10	宁德礁头码头	蕉城	100	1	67	1	7	140	69	23	48
	11	宁德青山猛澳码头	蕉城	100	1	50	1.2	5	132	66	40	26
"九五"期间		小计			10	673	54	116.2	7500	3300	690	3510
	1	福鼎台山码头	福鼎	100	1	37	1	3	400	200	40	160
	2	福鼎桐山码头	福鼎	200	1	60	2	5	500	250	50	200
	3	福鼎小员当码头	福鼎	500	1	62	8	15	500	250	50	200
	4	福鼎杨岐码头	福鼎	1000	1	87	10	15	1800	500	180	1120
	5	霞浦东冲码头	霞浦	500	1	160	8	50	900	450	90	360
	6	福安白马码头	福安	500	1	59	5	4	900	450	90	360
	7	福安半屿码头	福安	300	1	60	5	10	600	300	60	240
	8	宁德云淡、八都码头	蕉城	200/200	2	90	10	4.2	1200	600	60	540
	9	宁德岐头鼻码头	蕉城	300	1	58	5	10	700	300	70	330

续表 4 - 20

时期	序号	项目名称	所在县市	泊位吨级（吨）	泊位数（个）	泊位长度（米）	吞吐能力		总投资（万元）			
							万吨	万人	合计	中央	省	地方自筹
		小计			19	776	59	54.5	8550	3775	1210	3565
"十五"期间	1	福鼎东角（渔井）码头	福鼎	200/200	2	90	4	6	800	400	120	280
	2	霞浦后岐码头	霞浦	500	1	57	6	7	900	350	100	450
	3	福鼎东台岛码头	福鼎	200	1	30	2	3	600	200	60	340
	4	福鼎东星岛码头	福鼎	200	1	30	2	3	600	200	60	340
	5	霞浦长腰（猴屿）码头	霞浦	100/500	2	102	4.5	11	1200	400	160	640
	6	宁德白匏（横屿）	蕉城	100/300	2	80	3.5	2.5	700	350	125	225
	7	霞浦文岐码头	霞浦	200	1	33	6	4	400	200	60	140
	8	福安六屿（甘棠坪）	福安	200/200	2	66	5	4	800	400	120	280
	9	宁德鸡公山码头、象溪码头	蕉城	100/300	2	40/52	6	3	750	375	125	250
	10	宁德岛屿（拱屿）码头	蕉城	100/200	2	64	9	4	700	350	100	250
	11	宁德橄榄屿码头	蕉城	100	1	40	2	1	300	150	60	90
	12	霞浦文澳码头	霞浦	200	1	48	6	4	400	200	60	140
	13	霞浦松山码头	霞浦	200	1	44	3	2	400	200	60	140

第三节　港口生产

1990—2005 年，港口体制实行"政企分开"改革，各港培育多元化港口发展主体，拓展融资渠道，鼓励多种所有制企业投资建设码头、装卸及储运等设施。至 2005 年，在全省从事港口生产经营的各种经济组织企业共 271 家，港口经营企业主体呈现多元化格局。

一、港口吞吐量

1990—2005 年，福建省的港口建设航线进一步延伸，港口集疏运条件更加完善，港口吞吐量逐年增加。1999 年，港口吞吐量突破 5 万吨，集装箱吞吐量突破百万标箱。2005 年，港口吞吐量接近 2 亿吨，集装箱吞吐量接近 500 万标箱。

表 4 - 21　　　　　　　　1990—2005 年福建省港口吞吐量一览表

年　份	总计（万吨）	其　中		
		外贸货物吞吐量（万吨）	集装箱吞吐量（万标箱）	
			总计	其中：外贸集装箱吞吐量
1990	1496.5	437.2	8	—
1991	1706	488	11	—
1992	1862	579	17	—
1993	2679	818	25	—
1994	3002	921	36	—
1995	3461	1226	48	48
1996	3960	1494	60	60
1997	4485	1981	80	79
1998	4518	1747	97	93
1999	5285	1998	127	118
2000	6944	2811	167	151
2001	8278	3292	197	172
2002	10201	3980	255	216
2003	12495	5639	342	276
2004	15909	6779	426	333
2005	19809	7912	492	382

（一）福州港

1990—2005 年，福州港陆续建成多个大型的集装箱码头，1995 年吞吐量突破 1000 万吨，集装箱吞吐量超过 10 万标箱。1994—2004 年，集装箱吞吐量连续 6 年居全国沿海港口第 10 位，2000—2005 年，全港货物吞吐量每年平均增长近 1000 万吨。

表 4 - 22　　　　　　　　1990—2005 年福州港吞吐量汇总表

年　份	货物吞吐量（万吨）	外贸货物吞吐量（万吨）	集装箱吞吐量（万标箱）
1990	560.89	118.86	3.05
1991	669.64	134.56	3.7
1992	672.30	179.82	5.62
1993	890.95	221.41	7.67
1994	868.00	227.39	10.39
1995	1032.38	275.72	15.09

续表 4 - 22

年 份	货物吞吐量（万吨）	外贸货物吞吐量（万吨）	集装箱吞吐量（万标箱）
1996	1247.44	383.86	17.70
1997	1371.39	550.77	22.48
1998	1287.12	431.59	25.24
1999	1480.55	509.64	31.79
2000	2425.48	922.41	40.02
2001	2961.29	1051.40	41.78
2002	3906.73	1386.06	48.16
2003	4753.07	1725.31	59.76
2004	5938.63	1822.14	70.79
2005	7443.45	2443.41	80.39

（二）厦门港

1990—2005 年，随着港口基础设施建设规模的扩大，厦门港港口生产得到快速发展。1994 年，港口吞吐量突破 1000 万吨。1998 年，集装箱吞吐量达到 65.4 万标箱，首度蝉联全国港口第 6 位，居世界百大集装箱港第 67 位。2000 年，集装箱吞吐量首度突破 100 万标箱，达到 108.5 万标箱，是 1990 年的 24 倍。2001 年，港口吞吐量突破 2000 万吨。至 2005 年，达到 4770.7 万吨，集装箱吞吐量达到 334.3 万标箱。

表 4 - 23 **1990—2005 年厦门港吞吐量汇总表**

年份	货物吞吐量（万吨）	外贸货物吞吐量（万吨）	集装箱吞吐量（万标箱）
1990	528.9	287.8	4.5
1991	570.3	307.5	7.4
1992	647.9	319.4	10.7
1993	920.6	628.5	15.5
1994	1140.6	560.4	22.5
1995	1313.9	719.0	31.0
1996	1553.2	856.9	40.0
1997	1753.7	1071.7	54.6
1998	1639.5	979.0	65.4
1999	1773.4	982.8	84.8
2000	1965.3	1168.6	108.5
2001	2098.9	1405.2	129.3
2002	2734.5	1781.8	175.4
2003	3403.9	2300.2	233.1
2004	4261.4	2848.3	287.2
2005	4770.7	3264.8	334.3

（三）泉州港

1995年，泉州港港口吞吐量完成680.47万吨，首度进入全国沿海中型港口行列。1997年，港口吞吐量突破1000万吨大关，跨入全国千万吨大型港口行列，集装箱吞吐量达2.31万标箱。至2005年，港口吞吐量突破4000吨，达4046.16万吨，集装箱达到63.15万标箱。

表4-24　　　　　　　　　　**1990—2005年泉州港吞吐量汇总表**

年份	货物吞吐量(万吨)	外贸货物吞吐量(万吨)	集装箱吞吐量(万标箱)
1990	101.47	15.02	—
1991	125.28	23.01	—
1992	217.27	53.53	—
1993	469.54	137.95	—
1994	558.06	92.23	—
1995	680.47	180.73	—
1996	803.92	227.14	—
1997	1006.2	316.15	2.31
1998	1111.32	261.2	3.58
1999	1521.19	430.54	8.14
2000	1712.18	529.83	15.89
2001	2102.08	597.34	22.61
2002	2122.85	493.9	27.31
2003	2511.52	569.54	41.03
2004	3093.82	1831.47	54.26
2005	4046.16	634.64	63.15

（四）漳州港

20世纪90时代初期，漳州港货物吞吐量保持在100万吨左右，从90年代中期开始，港口吞吐量开始逐步增长。2003年货物吞吐量突破1000万吨，2005年货物吞吐量达到2082.31万吨，突破2000万吨大关。集装箱从无到有，至2005年达到13.43万标箱。

表4-25　　　　　　　　　　**1993—2005年漳州港吞吐量汇总表**

年份	货物吞吐量(万吨)	外贸货物吞吐量(万吨)	集装箱吞吐量(万标箱)
1993	147.88	27.90	
1994	125.48	14.24	
1995	115.23	17.48	0.14
1996	133.67	10.70	0.20

续表4-25

年　份	货物吞吐量（万吨）	外贸货物吞吐量（万吨）	集装箱吞吐量（万标箱）
1997	151.06	25.85	0.30
1998	185.01	46.18	1.97
1999	192.27	36.76	0.47
2000	271.33	56.29	0.43
2001	534.36	76.59	1.22
2002	777.13	128.21	2.05
2003	1085.06	233.66	5.40
2004	1520.73	283.06	12.04
2005	2082.31	251.65	13.43

（五）莆田港

1990—2005年，莆田港港口设施逐步完善，港口吞吐量有较快增长，2005年货物吞吐量首次突破1000万吨大关，集装箱吞吐量达9192标箱。

表4-26　　　　　　　**2000—2005年莆田港吞吐量汇总表**

年　份	货物吞吐量（万吨）	外贸货物吞吐量（万吨）	集装箱吞吐量（标箱）
2000	201.34	35.47	9547
2001	320.8	98.00	7346
2002	480.41	160.32	7903
2003	600.16	56.80	8618
2004	836.04	71.62	8198
2005	1050.03	103.96	9192

（六）宁德港

1990—2005年，宁德港港口吞吐量徘徊在百万吨和两百万吨左右。

表4-27　　　　　　　**1990—2005年宁德港吞吐量汇总表**

单位：万吨

年　份	货物吞吐量	外贸货物吞吐量
1990	101.83	0.08
1991	97.61	—
1992	92.76	1.44
1993	111.53	—

续表 4 - 27

年 份	货物吞吐量	外贸货物吞吐量
1994	139.67	4.40
1995	137.95	2.87
1996	135.75	1.94
1997	124.12	7.87
1998	183.35	12.11
1999	181.55	18.55
2000	221.19	56.65
2001	261.00	67.81
2002	185.38	29.66
2003	141.78	17.26
2004	184.17	19.03
2005	213.54	80.18

二、港口企业

1998—2002 年，厦门港、泉州港、宁德港、福州港及莆田港先后进行"政企分开"港口体制改革，福建沿海设区市港务局也先后实行政企分开，企业部分成立国有性质的港务集团有限公司或港务有限公司，主要有福州港务集团有限公司、厦门港务控股集团有限公司、泉州港务集团有限公司、漳州港务有限公司、莆田港务集团有限公司和宁德港务有限公司 6 家。

其间，福建港口企业除沿海设区市港务集团有限公司或港务有限公司外，还有相当部分不同经济类型的港口企业。至 2005 年，各种经济组织和个人在全省从事港口生产经营的企业逐渐增多，港口经营企业主体呈现多元化格局，福建全省取得"港口经营许可证"的港口经营企业共有 271 家。按设区市港口分，福州港 82 家、厦门港 78 家、泉州港 55 家、漳州港 7 家、莆田港 11 家及宁德港 38 家；按主营业务分，从事货物装卸仓储 142 家、港口客运 6 家、船舶港口服务 72 家、船舶修理 7 家、其他 44 家。

（一）福州港

福州港港口企业 82 家，按主营业务分，从事货物装卸仓储 68 家、港口客运 1 家、船舶港口服务 9 家、其他 4 家。主要港口企业 64 家。

表 4 - 28　　　　　　　　　**福州港主要港口企业一览表**

序号	企业名称	主营业务	地址
1	中国航空油料总公司（义序机场油码头）	码头设施,货物（成品油）装卸	福州市城门镇上董村
2	福州市榕昌柴油机发电有限公司	码头设施,货物装卸	福州市仓山区城门镇上董村 58 号
3	福州港台江港务公司	码头设施,货物装卸、仓储	福州市魁岐九孔闸东侧
4	福建省砂石出口有限公司	码头设施,货物（煤炭、砂石）装卸、仓储	福州市马尾港口路 3 号
5	福州港马尾港务公司	码头设施,货物装卸、仓储	福州市马尾港口路 3 号
6	福州港马尾港务公司客运站	港口旅客运输服务经营	福州市马尾区经五路 1 号
7	福建东亿食品冷冻有限公司	码头设施,货物装卸	福州市马尾罗星塔路 150 号
8	福建省海洋渔业总公司	码头设施,货物装卸	福州市马尾区渔港路 1 号
9	中国国际钢铁制品有限公司	码头设施,货物装卸	福州市马尾区建设路 9 号
10	福州青州集装箱码头有限公司	码头设施,货物（集装箱）装卸、仓储	福州市马尾罗星塔路 113 号
11	中国石油化工股份有限公司福建福州石油分公司（红山油库）	码头设施,货物（成品油）装卸、仓储	福州市马尾红山
12	福建兴闽石油化工有限公司	码头设施,货物（成品油）装卸、仓储	福州市马尾区红山 100 号
13	福州市港务局船务处	港口拖轮业务	福州市马尾区红山 188 号（船务基地）
14	福州开发区顺利建材有限公司	码头设施,货物装卸、仓储	福州市马尾开发区亭江松门顺利码头
15	福建省水产发展公司（亭江油库）	码头设施,货物（成品油）装卸、仓储	福州市湖东路 157 号华闽大厦 4 层
16	福州开发区路港沥青有限公司	货物（沥青）仓储	福州市马尾港口路 3 号
17	福州港迅通集装箱储运有限公司	货物（集装箱堆存）仓储	福州开发区新港区 4 号门
18	福州开发区迅辉港口服务有限公司	货物仓储	福州保税区埃特佛大厦 2 层
19	福州永辉砂石有限公司	货物（砂石）装卸、仓储	福州市湖东路 165 号华闽大厦 4F
20	福州开发区华鑫龙港务有限公司	货物装卸	福州市马尾渔港路 1 号省海洋渔业总公司码头
21	福建中豪砂石有限公司	货物（河砂）装卸	福州市六一北路 266 号亚太中心 601 室
22	福建省轮船总公司马尾劳动服务公司	船舶港口服务业务（围油栏布设、港口清污）	福州市马尾马限山 1 号
23	福州开发区君安港口防污有限公司	船舶港口服务业务（围油栏布设）	福州市马尾区港口路 47 号江滨苑 2 楼 405 室
24	福州港船舶服务公司	船舶港口服务业务（船舶垃圾回收）	福州市马尾港口路 3 号

续表 4－28

序号	企业名称	主营业务	地址
25	福州开发区恒丰燃料油有限公司	船舶港口服务业务（船舶加油和废油回收）	福州马尾罗星西路汇特城 402 号
26	福州开发区闽洋燃料有限公司	船舶港口服务（垃圾接收、残油污水收集、船舶燃料油供应）	福州马尾新步行街 B 座 13 楼
27	福州新油船舶服务有限公司	船舶港口服务业务（船舶润滑油）	福州市鼓楼区洪山原厝 24 号
28	福州开发区齐辉搬运有限公司	港口货物装卸	福州市马尾区济安路 16 号济安苑
29	福州港马尾港务公司第三装卸队	港口货物装卸（劳务）	福州港马尾港务公司原一中队集体宿舍
30	福建省航道局福州分局	码头设施、航道疏浚	福州市台江区东滨路 26 号
31	中国石油天然气股份有限公司福建福州销售分公司	码头设施，货物（成品油）装卸、仓储	福州马尾亭江长安投资区中国石油马尾油库
32	福州长门港务有限公司	码头设施经营	福州市鼓楼区华林路 100 号 401 室
33	福州恒源液化气石油气有限公司	港口货物装卸、仓储	连江县小珀头镇小长门
34	连江县国融化工有限公司	码头设施，货物（燃料油）装卸	珀头镇东升渔业基地 2 号
35	中国石油化工有限公司福建福州石油分公司苔菉经营部	码头设施，货物（柴油）装卸	连江县苔菉镇北茭村过屿岛
36	上海森福实业有限公司连江分公司	港口货物仓储	连江县珀头港务公司
37	福州港务集团珀头分公司	港口货物装卸、仓储	连江县珀头镇小长门
38	连江县兴海渔需油料有限公司	码头设施，货物（柴油）装卸	连江县黄岐镇马祖路 85 号
39	福建华电可门发电有限公司	码头设施，货物装卸	福建省连江县坑园镇可门港区
40	福建省石油分公司珀头油库	码头设施，货物（柴油、汽油）装卸、仓储	珀头门边新村 21 号
41	福建吉安燃油储运有限公司	码头设施，货物装卸、仓储	长乐市航城镇后安村
42	福州榕通码头有限公司	码头设施，货物装卸、仓储	长乐峡梅公路 4 公里处
43	长通码头有限公司	码头设施，货物装卸、仓储	长乐峡梅公路 4 公里处
44	三和混凝土桩杆有限公司	码头设施，货物装卸	闽侯县祥谦镇枕锋工业区
45	建建华管桩有限公司	码头设施，货物装卸	闽侯县祥谦镇枕锋工业区
46	福建省长乐市闽江粮食批发市场有限公司	码头设施，货物装卸	长乐市营前镇岐头工商路 1 号
47	福建省长乐市海星渔业供应有限公司	码头设施，货物装卸、仓储	长乐市营前镇海星村
48	福建省闽粮购销有限公司枕峰分公司	码头设施，货物装卸	闽侯县祥谦镇枕峰村
49	福州松下码头有限公司	码头设施，货物装卸、仓储	长乐市松下镇牛头湾
50	福州台泥洋屿码头有限公司	码头设施，货物装卸	长乐市洋屿村
51	华能福州电厂	码头设施，货物装卸	长乐市筹东村

续表 4 - 28

序号	企业名称	主营业务	地址
52	（BP）福建石油有限公司	码头设施,货物装卸、仓储	长乐市营前镇共和里
53	中国航空油料总公司	码头设施,货物装卸、仓储	长乐市航城镇后安里
54	福州发达燃料石化有限公司	码头设施,货物装卸、仓储	福州市古田路 107 号中美大厦 24 层
55	福州港燃油供应有限公司	码头设施,货物装卸、仓储	长乐市航城镇后安村
56	福州新港国际集装箱有限公司	码头设施,装卸、仓储	福清江阴镇
57	元洪国际港口（福建）有限公司	码头设施,装卸、仓储	福清元洪投资区
58	福清融侨码头港务有限公司	码头设施,装卸、仓储	江阴镇下垄村
59	国电福州发电有限公司	码头设施,装卸、仓储	江阴镇赤厝村
60	福耀玻璃工业集团股份有限公司	货物仓储	江阴镇下垄村
61	福州港罗源湾码头有限公司	码头设施,装卸、仓储	罗源县碧里乡长基村
62	罗源鲁能陆岛码头有限公司	码头设施,装卸、仓储	罗源县松山镇迹头村
63	罗源海清青港口服务有限公司	船舶港口服务业务（收集转运船舶垃圾）	罗源县淡头码头
64	平潭县金井港务公司	码头设施,装卸、仓储	平潭娘宫

（二）厦门港

厦门港港口企业78家，按经济类型分，国有企业4家、中外合资企业3家、有限公司62家、其他9家。按主营业务分，从事货物装卸仓储19家、客运服务5家、船舶港口服务30家、船舶修理7家、其他17家。主要港口企业56家。

表 4 - 29　　　　　　　　**厦门港主要港口企业一览表**

序号	企业名称	主营业务	地址
1	厦门国际货柜码头有限公司	在港区内从事货物装卸、仓储经营	厦门市海仓投资区建港路 108 号
2	厦门象屿新创码头有限公司	在港区内从事货物装卸、仓储经营	厦门市湖里区象屿路 8 号
3	厦门港务船务有限公司	港口拖轮经营	厦门市湖里区东渡路 89 号 3 - 4 层 S1 单元
4	厦门国际港务股份有限公司	码头和其他港口设施经营;在港区内从事货物装卸、驳运、仓储经营;港口拖轮经营;船舶港口服务业务经营;港口机械、设施、设备租赁维修经营	厦门市湖里区东渡路 127 号
5	厦门港务集团和平旅游客运有限公司	港口旅客运输服务经营	厦门市思明区鹭江道 3 号
6	厦门港务集团海天集装箱有限公司	在港区内从事货物装卸、仓储经营	厦门市湖里区虎屿路 1 号

续表 4－29

序号	企业名称	主营业务	地址
7	厦门利恒股份有限公司	涤纶产品制造、自产产品销售	厦门市思明区湖滨东路 11 号邮电广通大厦第 28 层
8	中国船舶燃料供应福建有限公司	船舶港口服务业务经营,燃物料供应	厦门市思明区鹭江道 268 号远洋大厦 27 楼
9	厦门外代航运发展有限公司	船舶港口服务业务经营,为船舶提供物料、生活品供应、船员接送	厦门市湖里区长岸路海天港区南通道
10	厦门市鹭甬石油化工有限公司	批发、零售、仓储成品油、石油化学品	厦门市思明区湖滨南路 57 号金源大厦 13 层
11	厦门港务发展股份有限公司	在港区内从事货物装卸、仓储经营	厦门市湖里区长岸路海天港区联检大楼 12A
12	厦门港务集团石湖山码头有限公司	在港区内从事货物装卸、仓储经营	厦门市湖里区石湖山港区
13	厦门华夏国际电力发展有限公司	火力发电	厦门市思明区厦禾路 935 号华商大厦九楼
14	厦门市舟济码头有限公司	在港区内从事货物装卸经营	厦门市海沧区建港路 702 号
15	厦门博坦仓储有限公司	在港区内从事油品、液态品装卸、仓储经营	厦门市海沧区嵩屿贞庵村 55 号
16	厦门同益码头有限公司	在港区内从事货物装卸、仓储经营	厦门市湖里区湖滨北路 2 号
17	翔鹭石化企业(厦门)有限公司	精对苯二甲酸(PTA)的生产及自产产品的销售	厦门市海沧投资区南海路 1180 号
18	漳州海达航运有限公司厦门分公司	旅客、车辆轮渡运输、码头经营	厦门市湖里区东渡路 15 号
19	厦门市新四海船舶物资有限公司	船舶港口服务业务经营[为船舶提供物料、生活品供应,提供压舱水(含残油、污水收集)处理]	厦门市湖里区东渡路 252 号金龙大厦 B 幢 1－2 层
20	厦门通海船务有限公司	成品油运输、船舶港口服务业务经营,包括为船舶提供垃圾接收、压舱水(含残油、污水收集)处理、围油栏供应服务	厦门市思明区鹭江道 268 号远洋大厦 9 楼
21	厦门海顺达船务工程公司	船舶港口服务业务经营(为船舶提供物料、生活品供应)	厦门市思明区鹭江道 268 号远洋大厦 9 楼
22	厦门海鸿船舶供应有限公司	船舶港口服务业务经营(为船舶提供物料、生活品供应)	厦门市思明区民族路 86 号
23	厦门刘五店码头公司	在港区内从事货物装卸、仓储经营	厦门市翔安区新店镇刘五店村
24	厦门鑫海仓储码头有限公司	在港区内从事货物装卸经营	厦门市翔安区刘五店鑫海港区
25	厦门港务发展股份有限公司东渡分公司	在港区内从事货物装卸、仓储经营	厦门市湖里区东渡路 123 号
26	明达码头(厦门)有限公司	码头设施经营;在港区内从事货物装卸经营	厦门市海沧区建港路 496 号

续表 4 - 29

序号	企业名称	主营业务	地址
27	厦门星和船舶服务有限公司	船舶港口服务业务经营（为船舶提供物料、生活品供应）	厦门市海沧区兴港路 7 号兴港花园 2 - 5 号店面
28	厦门市吉祥海贸易有限公司	船舶港口服务业务经营，包括为船舶提供物料、生活品供应，提供压舱水（含残油、污水收集）处理	厦门市湖里区东渡路和宁里 47 号 501 室
29	厦门市轮渡公司	厦门港内旅客运输服务经营	厦门市思明区大中路 85 号嘉年华大厦 1205 室、1206 室
30	厦门市安铸贸易有限公司	船舶内贸运输、船代、船舶港口服务业务经营（为船舶提供物料、生活品供应）	厦门市思明区厦禾路 415 号光明大厦西塔 22J
31	厦门中远船务工程有限公司	船舶修理	厦门市思明区七星路金星大厦 4 层
32	厦门市云海船舶技术服务有限公司	船舶救生、消防设备检验	厦门市湖里区寨上西路 209 号一楼（石湖山码头中燃楼）
33	厦门裕盛船舶修理工程有限公司	船舶修理	厦门市湖里区湖里大道 1 号中航技 4 号厂房一层
34	厦门市通顺达钟宅湾旅游客运码头有限公司	水路旅客运输、港口旅客运输服务经营	厦门市湖里区禾山镇五通村钟宅湾入口处趸船一层
35	厦门养海船务有限公司	船舶港口服务业务经营（为船舶提供物料）	厦门市思明区霞溪路 185 号 7A 单元`
36	厦门集美航海船舶服务有限公司	船舶港口服务业务经营（为船舶提供物料、生活品供应）	厦门市集美嘉庚路 1 号
37	福建省船舶工业集团公司厦门船舶器材公司	船舶港口服务业务经营（为船舶提供物料、生活品供应）	厦门市思明区大同路 114 - 118 号
38	厦门高崎港务公司	在港区内从事货物装卸、仓储经营	厦门市湖里区高崎
39	厦门市莲泉码头装卸有限公司	在港区内从事货物装卸经营	厦门市翔安区新店镇莲河村
40	厦门轮总海上客运旅游有限公司	水路旅客运输、港口旅客运输服务经营	厦门市思明区鹭江道 268 号远洋大厦 15 楼
41	厦门鸿亿船舶有限公司	船舶港口服务业务经营，包括为船舶提供压舱水（含残油、污水收集、处理）	厦门市湖里区海天路 9 号 1705 室
42	厦门国贸码头有限公司	在港区内从事货物装卸、仓储经营	厦门市思明区海岸街 59 号 315 室
43	厦门国际航空港海岸开发有限公司	港口旅客运输服务经营	厦门高崎国际机场内航空港集团办公楼三楼
44	诺尔起重设备（中国）有限公司	港口起重设备制造	福建省漳州市招商局漳州开发区
45	友联船厂（漳州）有限公司	船舶修造	漳州市招商局漳州开发区招商大道 128 号
46	漳州海达航运有限公司	旅客、车辆轮渡运输、码头经营	漳州市招商局漳州开发区
47	中国漳州外轮代理有限公司招银分公司	国际、国内船舶代理	漳州开发区港务大厦 303 室
48	华阳电业有限公司	火力电厂建设和营运	漳州龙海市港尾镇后石村

续表 4 - 29

序号	企业名称	主营业务	地址
49	漳州开发区长海汽车运输有限公司	道路客货运输、港口旅客运输服务经营	漳州市招商局漳州开发区
50	漳州招商局码头有限公司	在港区内从事货物装卸、仓储经营	漳州市招商局漳州开发区
51	漳州招商局拖轮有限公司	港口拖轮经营	漳州市招商局漳州开发区内
52	漳州开发区全通航运有限公司	在港区内从事货物驳运经营	漳州市招商局漳州开发区全通公司办公楼一楼
53	漳州开发区和盛船舶服务有限公司	船舶港口服务业务经营（为船舶提供物料、生活品供应）	漳州市漳州开发区通源街 26 号
54	漳州中免免税品有限公司	免税商品销售	漳州市招商局漳州开发区招商大道 158 号一楼
55	厦门外轮理货有限公司	港口理货	厦门市海沧区嵩屿中路 809 号 10－11 层
56	中联理货有限公司厦门分公司	港口理货	厦门市思明区鹭江道 268 号远洋大厦 27 楼

（三）泉州港

泉州港港口企业 55 家，按经济类型分，国有企业 14 家、中外合资企业 4 家、有限公司 19 家、其他 18 家。按主营业务分，从事货物装卸仓储 36 家、船舶港口服务 4 家、其他 15 家。主要港口企业 51 家。

表 4 - 30　　　　　　　　**泉州港主要港口企业一览表**

序号	企业名称	主营业务	地址
1	泉州深沪港务有限公司	货物、化工、装卸、仓储	晋江市深沪镇
2	深沪海上供油有限公司	柴油装卸、仓储	深沪壁山码头
3	泉州围头港务有限公司	集装箱装卸、仓储	晋江金井围头港区
4	晋江长城石化有限公司	货物（危险品）装卸、仓储等	晋江金井围头村
5	晋江厦华石化有限公司	液化石油气	金井围头村
6	福建晨华港口经营有限公司	货物（危险品）装卸、仓储	石狮永宁梅林
7	石狮市猛华石油化工有限公司	石油化工装卸、仓储	永宁梅林码头
8	石狮中天油料销售有限公司	危化品装卸、仓储	永宁梅林码头
9	石狮中油通用石油销售有限公司	危险品装卸、仓储	永宁梅林
10	中石化石井油库永宁分库	柴油装卸、仓储	永宁梅林
11	东石港务有限公司	港口装卸、仓储	东石港区泉东路 20 号
12	东石良兴码头有限公司	港口装卸、仓储	晋江安东开发园区西侧
13	东石石化有限公司	石油化工装卸、仓储	东石镇后湖 No.2 盐场
14	东石海峡润滑油贸易有限公司	润滑油装卸、仓储	东石一居

续表 4-30

序号	企业名称	主营业务	地址
15	东石永盛码头	港口装卸	东石后湖盐场边
16	安平码头有限公司	散杂货装卸	安平开发区
17	晋江市东石桂林日盛综合码头	港口装卸	东石井林
18	中国石油化工股份有限公司福建省泉州石井油库	汽油、柴油	南安市石井镇后店村
19	南安市中油海洋船舶石油码头有限公司	码头油品装卸	石井油库
20	中石油福建南安仓储公司	汽油、柴油	石井海滨开发区
21	泉州石井港务有限公司	港口货物装卸、仓储	石井镇石井港区
22	福建南安新锦江特种油有限公司	石油及其产品	石井镇后店村
23	福建省南安市宏展石油有限公司	汽油、柴油	南安市石井镇后店村
24	南安市龙祥码头开发有限公司	装卸、散杂货	南安石井进港路
25	泉州菊江港务有限公司	散货、装卸	石井镇菊江村
26	南安市盘兴石油仓储有限公司	汽油、柴油	南安市石井镇海滨开发区
27	福建省南安市成功油库	汽油、柴油	石井镇石井西角
28	南安燃料油供应公司	柴油、燃料油	南安市石井镇油码头连
29	南安市龙田燃料油库	柴油、燃料油	石井后店
30	国电泉州发电有限公司	港区内散杂货装卸	泉港区南埔镇
31	福建三梅责任有限公司	港区内的货物装卸、仓储	泉港区泉五路港务大楼
32	泉州港务集团公司肖厝分公司	港区内的货物装卸、仓储	泉港区南埔镇沙格码头
33	泉州福海粮油工业有限公司	港区内的货物（粮油类）仓储	泉港区南埔镇沙格码头
34	福建省新世纪粮油工业有限公司	港区内货物装卸、仓储	泉港区南埔先锋村通港路边
35	泉州新港拖轮有限公司	港区内从事港口拖轮经营业务	泉港区南埔镇沙格码头
36	福建湄洲湾氯碱工业有限公司	港区内货物（危险品）装卸、仓储	泉港区南心路中段
37	福建联合石化公司	石油仓储	后龙镇上西村
38	福建华星石化有限公司	液化石油气	后龙镇上西村
39	泉州泰山石化码头发展有限公司	石化仓储	后龙镇上西村
40	福建海峡石化有限公司	燃料油	后龙镇上西村
41	泉州市泉港兴通船务有限公司	港口服务	港兴街兴通大厦9层
42	泉州港务集团有限公司崇武分公司	港口装卸、仓储	惠安县崇武码头
43	泉州市泉港区山腰盐场	港口装卸	泉港山腰盐场
44	泉州市外轮供应部免税品商店	港口服务	丰泽新村仁秀楼201室
45	泉州太平洋集装箱码头有限公司	集装箱、散杂货装卸	福建省石狮市石湖港区

续表 4 - 30

序号	企业名称	主营业务	地址
46	泉州港务集团有限公司后渚分公司	货物装卸	丰泽区后渚
47	泉州港务集团有限公司内港分公司	货物装卸、仓储	泉州江滨北路港务集团大楼
48	福建中油油品仓储有限公司	油品仓储	石狮市蚶江镇石湖港区
49	泉州招商石化有限公司	液化石油气	泉州市丰泽区后渚招商液化气储配库
50	泉州闽中燃港丰石化有限公司	成品油批发	泉州后渚港区
51	中国石油化工股份有限公司福建泉州石油分公司	成品油	泉州市泉秀路

（四）漳州港

漳州港港口企业 7 家，按经济类型分，国有企业 3 家，中外合资企业 1 家、有限公司 2 家、其他 1 家。按主营业务分，经营硅砂等货物 5 家、集装箱及货物装卸 1 家、其他 1 家。

表 4 - 31 漳州港港口企业一览表

序号	企业名称	主营业务	地址
1	明达玻璃厦门有限公司漳浦分公司	硅砂	漳浦县古雷镇半湖村
2	福建省华福石英砂有限公司	砂	漳浦县六鳌镇新厝村一龙美村
3	漳浦力通滚装码头有限公司	砂	漳浦县古雷镇贷仔村
4	东山县硅砂矿	硅砂	东山县铜陵大澳街水仙宫 2 号
5	东山县港口集装箱仓储公司	集装箱及货物装卸	东山县铜陵大澳街水仙宫 1 号
6	中石化森美（福建石油有限公司铜陵油库）	成品油	东山县铜陵大澳街田尾 369 号
7	东山县梧龙硅砂矿	石英砂	东山县西埔镇梧龙后江

（五）莆田港

莆田港港口企业 11 家，按经济类型分，国有企业 6 家、外商独资及中外合资企业各 1 家、私营 3 家。按主营业务分，从事货物装卸仓储 6 家、港口服务 4 家、其他 1 家。

表 4 - 32 莆田港港口企业一览表

序号	企业名称	主营业务	地 址
1	莆田港务集团有限公司	港口经营	秀屿港 2 号
2	莆田市春江航运有限公司	驳运经营	秀屿区东埔镇塔林村洋湖 251 号

续表 4 – 32

序号	企业名称	主营业务	地址
3	莆田市涵江区港口开发公司	港口经营	莆田市涵江区三江口镇新浦村
4	福建太平洋电力有限公司	发电及销售	莆田市秀屿区东埔镇塔林湄洲湾电厂
5	莆田市秀屿集装箱有限公司	港口经营	莆田市秀屿区东庄镇秀屿港 2 号
6	福建中原港务有限公司	经营装卸	莆田市秀屿区东庄镇莆头村
7	中国船舶燃料供应福建有限公司	经营供油	厦门市鹭江道 268 号远洋大厦 27 层
8	福建省莆田市外轮供应公司	港口服务	莆田市秀屿区秀屿联检大楼二层
9	莆田市秀屿第一港务有限公司	港口经营	莆田市秀屿区东庄镇莆头村
10	莆田市城厢区顺帆船务服务中心	港口服务	莆田市城厢区北磨福兴路 909 号 201 室
11	莆田市海神船务有限公司	港口服务	莆田市梅园西路 15 号东方大厦 2 楼东侧

（六）宁德港

宁德港港口企业 38 家，按经济类型分，国有企业 7 家、私有企业 31 家。按主营业务分，从事货物装卸仓储 12 家、船舶港口服务 25 家、其他 1 家。主要港口企业 12 家。

表 4 – 33 　　　　　　　　　**宁德港主要港口企业一览表**

序号	企业名称	主营业务	地址
1	宁德三都港港口建设发展有限公司	码头和其他港口设施经营；在港区内从事货物装卸、仓储经营；港口机械、设施设备租赁、维修业务经营；船舶港口服务	三都澳港区城澳作业区 8 号码头
2	闽东港务集装箱公司	码头和其他港口设施经营；在港区内从事货物装卸、仓储经营；港口机械、设施、设备租赁、维修业务经营；船舶港口服务	宁德市蕉城区漳湾镇下塘码头
3	宁德市港务有限公司蕉城分公司	码头和其他港口设施经营；在港区内从事货物装卸、仓储经营	宁德市蕉城区金蛇头
4	宁德港祥和拖轮有限公司	港口拖轮经营	宁德市东侨经济开发区闽东路金玉良城 2 号 3D
5	福建正丰建材实业有限公司	码头和其他港口设施经营；在港区内从事货物装卸、仓储经营；港口机械、设备租赁等	福安市罗江南安村正丰公司大楼
6	福鼎市八尺门码头有限公司	码头和其他港口设施经营；在港区内从事货物装卸、仓储经营	福鼎市白琳镇白岩村月片山
7	宁德市港务有限公司霞浦分公司	码头和其他港口设施经营；在港区内从事货物装卸、仓储经营；港口机械、设备租赁、维修业务经营；船舶港口服务业务经营	霞浦县三沙镇古镇 3000 吨级码头霞浦港务分公司

续表 4－33

序号	企业名称	主营业务	地址
8	宁德市港务有限公司赛岐分公司	码头和其他港口设施经营;在港区内从事货物装卸、仓储经营;港口机械、设备租赁、维修业务经营;船舶港口服务业务经营	福安市赛岐镇解放街赛岐港务公司
9	宁德市港务有限公司白马港分公司	码头和其他港口设施经营;在港区内从事货物装卸、仓储经营;港口机械、设备租赁、维修业务经营;船舶港口服务业务经营	福安市下白石镇白马港务分公司
10	宁德市港务有限公司福鼎分公司	码头和其他港口设施经营;在港区内从事货物装卸、仓储经营;港口机械、设备租赁、维修业务经营;船舶港口服务业务经营	福鼎市桐山镇福鼎港务分公司
11	宁德市蕉城区横屿装卸有限公司	码头和其他港口设施经营;在港区内从事货物装卸	宁德市蕉城区蕉城南路20号二楼
12	福安市白马船舶清污有限公司	船舶港口服务业务经营	福安市湾坞乡深安村

第五章 运 输

第一节 道路旅客运输

一、企 业

1990 年，全省道路旅客运输经营业户总户数 6009 家，其中，国有企业 225 家，个体私营企业 4276 家，其他客运企业 1508 家。各种经济成分共同发展，包括中外合资、中外合作、外商独资等形式在内的外商投资道路旅客运输得到发展。1993 年，执行交通部颁布的《中华人民共和国交通部外商投资道路运输业立项审批暂行规定》，加强对外商投资道路运输业立项审批的管理。

1995 年，全省道路旅客运输经营业户总户数 13713 家，其中，国有企业 516 家，个体私营企业 11749 家，其他客运企业 1448 家。在全省综合运输体系中道路客运运量占 93.58%，客运周转量占 61.91%，平均运距 40.92 公里。

1996 年，全省道路旅客运输经营业户总户数 12029 家，其中，国有企业 483 家，个体私营企业 10319 家，其他客运企业 1227 家。"乘车难"的问题得到基本解决，道路旅客运输由"明显缓解型"向"基本适应型"转变，道路客运业在综合运输体系中的作用和地位日益突出。同时，道路客运业在发展过程中呈现"散、小、弱"的特点，市场集中度低，运输组织化水平低，市场机制不健全，市场竞争激烈，价格竞争、恶性竞争增多，地区发展不平衡。经过市场整顿，促进公司化、规模化经营，全省客运企业户总户数从 1996 年至 2000 年逐年下降，经营业户总户数分别为 12029 家、9780 家、9171 家、8959 家和 8192 家。

2001 年，根据交通部的《道路旅客运输企业经营资质管理办法（试行）》，福建省开始对道路客运企业进行经营资质评定。2003 年，评出一级企业 1 家，二级企业 12 家，三级企业 22 家，四级企业 37 家，五级企业 146 家。2005 年，评出一级企业 1 家，二级企业 12 家，三级企业 26 家，四级企业 39 家，五级企业 184 家。一、二级道路客运企业多为国有企业，其中主要是原省属闽运九家国有道路运输企业。这些企业成为主导福建省道路客运行业发展的骨干企业，从事高速公路和国、省道干线旅客快运系统、公路主枢纽及重要运输站场经营。"十五"期间，福建省以客运企业开展经营资质评定为契机，优化中小企业产权结构，鼓励引导客运企业走联合、兼并、重组的道路，促进客运企业做大做强。客运企业发展由数量扩张转为质量提高，由粗放式经营逐步转向集约化经营。现代客运企业制度逐步建立，逐步体现规模效益，公司化骨干客运企业成为行业龙头。

2005 年，道路客运市场全面开放，允许世界贸易组织成员的企业、其他经济组织或个人采用独资形式在中国境内设立道路客运企业，从事道路旅客运输、道路旅客运输站（场）经营。全省共有 8 家外商投资道路旅客运输企业，发往香港客运班线 8 条，日发 8 个班次，投放 22 辆车。在全省综合运输体系中道路客运运量占 94.31%，客运周转量占 64.98%，平均运距 56.34 公里。

（一）福建省汽车运输总公司

简称"闽运"，创建于 1950 年 7 月，现隶属省交通运输集团有限公司，2001 年首批获得交通部道路客运一级经营资质企业，主营客货运场站经营、道路客运、旅游客运、城市出租车、城市公交、物流货运以及相配套的修理、检测业务，兼营驾驶员、保修工人技术和等级培训，汽车配件、旅游、酒店等。到 2005 年，拥有直属分公司 15 家，全资子公司 14 家，控股、相对控股有限公司 9 家，参股有限公司 12 家，客运站 21 个（其中，国家一级客运站 3 个，二级客运站 5 个），31 个客运售票点，一类机动车修理厂 2 个，二类修理厂 9 个，机动车检测线 3 条。公司资产总额 7 亿多元，全民（含集体）在册职工 2800 多人，拥有营运车辆 1800 多辆，客运班线 400 多条。

（二）泉州市汽车运输总公司

创建于 1949 年 9 月，原为省属企业，1993 年成建制下放泉州市。全国二级道路客运企业，主要从事道路客货运输、汽车维修检测、销售及售后服务、技术培训、旅游运输和出租车营运。下辖 17 个分公司（非独立法人地位），拥有 4 个全资子公司，对外控股、参股 15 家公司。2005 年，企业总资产 5.8 亿元，净资产 1.57 亿元，在岗员工 4100 多人，其中，在册职工 2600 多人，短期合同用工 2500 多人。拥有 54 个等级汽车客运站，其中，一级客运站 4 个，二级客运站 7 个；机动车综合性能检测站 5 个，其中，A 级 2 个，C 级 3 个；维修企业 9 家，其中，一类 6 家，二类 3 家；旅行社和旅游车队各 1 个；营运客车 1379 辆、营运线路 396 多条，遍布全国 20 多个省 300 多县及泉州市各县主要乡镇，日发 3960 班次，快运直达线路 18 条。

（三）厦门特运集团有限公司

厦门市交通运输骨干企业，全国二级道路客运企业。1988 年为福建省汽车运输总公司厦门公司。1993 年 1 月，改为厦门经济特区运输总公司，归属厦门市交通局管理。2003 年，通过增资扩股方式，吸收省汽车运输总公司等 7 家企业法人的资金，厦门经济特区运输总公司改制为厦门特运集团有限公司，归口厦门市交通委员会管理。主营长途客运、道路客运站、城市公交、出租车客运、集装箱中转、国际货代、快速货运、物流服务、仓储、汽车修理、电脑软件开发、旅游、房地产开发、物业管理和驾驶培训等，兼营零售成品油及石油制品、汽车零配件、轮胎等业务。2005年，下辖分公司9个、全资子公司12个、控股公司7个、参股公司8个及7个长途汽车站。总资产5亿多元，注册资金1.9亿元，土地14万平方米，员工3500多人。拥有营运车辆客车929辆，其他37辆，长途客运线路120多条、250多班（其中，跨省线路50多条、30多班，跨区线路70多条、220多班，遍布全省各地市），公交车辆593辆/17762座，线路63条。

（四）莆田市汽车运输股份有限公司

原为省汽车运输总公司莆田市分公司。1993年1月，改为莆田市汽车运输总公司。2002年1月，联合莆田市国资局和省汽车运输总公司、宁德汽车运输总公司、漳州汽车运输总公司、南平汽车运输总公司、龙岩5个共7个单位，设立福建莆田汽车运输股份有限公司，全国二级道路客运企业。资产总额2.04亿元，注册资金5000万元，在册员工1249名，下设5个分公司和6个客运站以及旅游营运中心、出租车营运中心、物流中心、汽车维修中心、汽贸中心、驾驶培训和车辆检测等7个二级单位，拥有客运车辆566辆、出租汽车116辆，经营客运线路154条（其中，省际43条、市际55条、区内短途56条），日发班次达4082班，日均发送旅客总量约4.5万人次。

（五）漳州市长运集团有限公司

隶属漳州市交通局，漳州市骨干汽车运输企业。该公司始建于1949年11月，1993年1月成建制下放漳州市管理，1999年2月改制为集团公司。主营道路客货运输、公交运输，兼营车辆维修、销售、租赁及汽配件供应、车辆施救、代售飞机票与火车票、承制和发布商业广告、行业教育培训和旅游等业务，已形成以客货运输为主业的多元化、综合性、跨行业的经济实体，全国二级道路客运企业。2005年，资产总额3.82亿元，在岗职工1117人，下设15个分公司、14个一级和二级客货运站、2个专业修理厂、1所职业中专学校、1所驾驶员培训学校、2个机动车检测中心及1个旅行社，组建17个控股单位，参股组建闽南快运、福建快运、鹭峰快运、莆田运输股份公司等11个股份单位，客运班线197条（网络遍及省内外，辐射至西南、华北和长江南北等许多省市），日发班次2397班。

（六）福建龙洲运输股份有限公司

全国二级道路客运企业，经营业务以道路客货运输为主，向跨区域、跨行业多元化方向发展。2005年总资产5.48亿元，净资产1.53亿元，注册资本为6500万元，在编员工720多人。下设分支机构12家、全资子公司24家、控股公司6家、参股公司2家，其中，公司控股的福建武夷交通运输股份有限公司是闽北地区最大的骨干运输企业，公司的经营单位分布在闽西和闽北两个地区的17个县市（区）内。该公司拥有客车877辆，公交车82辆，出租车325辆；拥有客运班线399条，覆盖闽西的城乡和省内各主要城市，并向广东、江西、湖南、湖北、浙江和上海等地延伸，日发班次2300

多班。

（七）福建闽通长运股份有限公司

其是在原三明市汽车运输总公司整体改制的基础上，2001年1月，由三明市国有资产投资经营公司联合5家法人单位共同发起设立的股份有限公司，全国二级道路客运企业。2005年，下设13个分公司、12个客运站、1家汽车修理厂及宾馆酒家等40多个分支机构，以及全资子公司5个、控股公司2个、参股公司4个。总资产2.11亿元，在册职工1896人，营运客车879辆/15822座，客运班线337条（其中，省际47条、市际135条、县际69条、县内86条），日发班次2375班。

（八）福建武夷交通运输股份有限公司

前身为福建省南平市汽车运输总公司，1993年1月由省属成建制下放南平市，是福建省道路运输国有骨干企业，全国二级道路客运企业。2004年5月1日，由泉州市宏泰兴交通发展有限公司、泉州市宝德房地产开发有限公司、福建省南平市国有资产投资经营有限公司、福建省南平市汽车运输总公司工会及8个自然人共12个投资者共同发起，改制设立福建武夷交通运输股份有限公司。该公司主营道路旅客运输（班车客运、高速客运、旅游客运、出租车客运及包车客运）、道路运输服务、车辆维修、汽车驾驶员培训、货物运输信息服务、代理机动车辆保险、货运险、汽车配件加工及销售、人才培训、房地产开发等。资产总额2.97亿元，净资产1.4亿元，注册资本1亿元。下设17个分公司、17个客运站，在岗职工1881人。拥有营运客车947辆/18287座，各类客运班线394条，拓展到浙江、江西、广东、江苏、上海等省市及本省各县市。日发1713班次，年完成客运量400万人次、客运周转量65000万人公里。

（九）宁德市汽车运输集团公司

全国二级道路客运企业，1993年1月成建制下放到宁德市。该公司固定资产总值达3.15亿元，在册职工2279人，下设客运分公司、客运汽车站等45个企业，经营区域包括福建省闽东各县（市）及福州和浙江省温州市。拥有客运车辆1291辆，客运班线245条，其中，省际班线90条、市际班线91条、市内班线164条，日发班次2345班。

（十）福建省中国旅行社汽车公司

隶属于福建中旅集团公司，全民所有制国有全资企业，全国二级道路客运企业，经营范围包括省内和省际汽车客运、出租汽车营运、汽车维修等。2005年，资产总额1.3亿元，注册资金4946万元，在册职工数为500余人，拥有4家全资子公司、3家加盟企业和1家托管企业、3个二级客运站。公司本部（不含下属企业）现有38辆出租车、19辆客运大巴、5辆旅游大巴，客运班线11条。

（十一）福建华威汽车运输集团有限公司

成立于1993年，以汽车运输为主业，全国二级道路客运企业，经营范围涉及公路客运、货运、旅游客运、客运站场及客运票务、汽车租赁、城市出租汽车、货物配载、汽车驾驶员培训、汽车修理与汽车检测等。2005年，拥有总资产3亿多元，注册资金5000万元，员工近3000人，拥有20多家分、子公司，1个二类A级汽车修理厂，1个A级机动车综合性能检测站，3个客运站，40多个电脑联网便民售票点。同时，还拥有出租车347辆，客车300多辆，客运线路逾百条。

（十二）莆田市兴安运输联运有限公司

前身为涵江区联运公司，成立于1992年，全国二级道路客运企业，经营道路客货运输、出租车客运、市内公交，同时还经营汽车驾驶员培训、汽车销售、汽车维修、车站服务及机动车检测等业务。2005年，资产总额为1.23亿元，注册资金3100万元，在岗职工1236名。下设6个子公司、6个分公司、1个机动车检测站、2家机动车企业，拥有营运客车312辆/7685座，高、中级客车占营运车辆的72.1%。各类客运班线87条，已开通至重庆、广西、海南、云南、广东、湖南、湖北、江西、江苏、贵州及浙江11个省份的省际客运线路，以及省内9个设区市市际客运线路、县际及县境内客运线路、旅游出租和农村客运线路等，日发班次812班。

（十三）福鼎市汽车运输有限公司

前身为福鼎市汽车运输公司，隶属福鼎市交通局，成立于1992年。1999年11月，公司增资改制为股份制企业，更名为福鼎市汽车运输有限公司。2001年11月，该公司与宁德市汽车运输集团公司联合，再次增资扩股，成为全国二级道路客运企业。主营道路客运（包括省际班车客运、市际班车客运、县际班车客运、县内班车客运、省际旅游包车客运和出租汽车客运）和汽车检测、维修服务等。2005年，资产总额为8100万元，净资产6960万元，在职职工440人。拥有大、小客车323辆/5642座，客运线路122条（其中，省际线路27条、市际线路11条、市境内线路84条），营运线路里程近3万公里，年平均完成客运量260万人次，周转量2.236亿人公里。

二、运力运量

1990年，福建省拥有客车13956辆。1991年后，客运车辆数量、座位增长迅速。到1995年，车辆增加到26876辆、354531座。客运量从1991年的31683万人增加到1995年的37508万人，周转量从1358067万人公里增加到1534831万人公里，平均运距除1993年为39.74公里外，其他年份都超过40公里。

1996年后，运力供应继续发展。2000年，车辆增加到30781辆、413568座，完成客运量41696万人，周转量2234403万人公里，平均运距增加到53.59公里。

2001年后，公路建设显著增长，客运生产发展较快。2003年，全省九大运输公司营运客车8287辆，占全省高、中级客车站总营运客车的52%，完成客运量2.17亿人次，占全省客运量的48%。至2005年，全省共有营运客车32610辆、470152座，客车

图 5 - 1 客运车辆

平均座位数为 14.42 座/辆,增加的客车主要为高、中级车辆。当年运量、周转量、平均运距分别是 5.25 亿人、309.99 亿人公里、59.10 公里。

表 5 - 1　　　　　　1990—2005 年福建省客运运力结构表

年份	客车(辆)	座位数(座)	客车档次等级比例(%)		
			高级	中级	普通
1990	13956	—	—	—	—
1991	13692	314536	—	—	—
1992	14489	313788	—	—	—
1993	21533	363849	—	—	—
1994	24230	325399	—	—	—
1995	26876	354531	4.94	10.50	84.57
1996	27518	337617	5.21	12.61	82.18
1997	28919	329864	5.62	13.36	81.02
1998	30650	334894	11.76	20.86	67.38
1999	31378	422337	13.94	24.46	61.60
2000	30781	413568	14.80	32.41	52.79
2001	31081	421048	15.27	37.11	47.62
2002	31159	430920	12.27	41.17	46.56
2003	31573	426892	12.98	49.05	37.97
2004	32344	453057	14.94	50.76	34.3
2005	32610	470152	15.39	46.29	38.32

表 5 - 2　　　　　**1990—2005 年福建省客运运力分布情况表**

年度 \ 种类	单位	班车客运车辆	旅游客运车辆	出租汽车
1990	辆	13956	—	—
	座	—	—	—
1991	辆	13692	—	—
	座	314536	—	—
1992	辆	14489	—	—
	座	313788	—	—
1993	辆	21533	—	7978
	座	363849	—	40136
1994	辆	24230	—	9258
	座	325399	—	46118
1995	辆	26876	—	10653
	座	354531	—	—
1996	辆	27518	—	11533
	座	337617	—	59015
1997	辆	28919	—	12972
	座	329864	—	67686
1998	辆	30650	—	14627
	座	334894	—	75651
1999	辆	16626	103	14649
	座	346121	2620	73596
2000	辆	16002	108	14671
	座	335098	3408	75062
2001	辆	16067	180	14498
	座	338128	6432	74169
2002	辆	15984	362	14461
	座	341861	12064	72737
2003	辆	14699	479	14741
	座	310161	15552	73490
2004	辆	14934	917	14688
	座	320161	28173	73273
2005	辆	15028	1311	14908
	座	328115	40967	74577

　　注：数据空白处因历年统计口径不同，数据空缺。

三、运 价

1990 年 2 月 5 日，普通客车每人公里运价为 0.038 元。高靠背、宽座、空调宽座、豪华客车每人公里运价分别为 0.046 元、0.053 元、0.065 元和 0.075 元。涉外线路豪华客车每人公里运价为 0.085 元，16 座以下旅行车每人公里运价为 0.07 元，有空调设施的为每人公里运价 0.08 元，客运运价中含 2% 的旅客人身保险费。乡村支线班车运价加价 15%，加价额为每人公里 0.0057 元。

1992 年起，逐步加大道路运输价格市场调节的力度。同年 10 月 1 日，汽车旅客运输基本运价每人公里调整为 0.048 元，并作为最高限价，允许运输企业根据客源情况适当下浮。

1996 年 2 月 1 日，经省政府同意，省物委、交通厅调整汽车客、货运价格，汽车旅客运输基本运价每人公里调整为 0.077 元，并作为最高限价，允许运输企业根据客源情况适当下浮。

1998 年 1 月 1 日，省物委、省交通厅决定按照优质优价的原则，增加豪华客车运价。按照车辆的购价及舒适程度划分不同级别标准的运价水平：大型豪华客车运价，一级每人公里 0.17 元、二级每人公里 0.20 元、三级每人公里 0.22 元、四级每人公里 0.24 元；中型豪华客车运价，一级每人公里 0.15 元、二级每人公里 0.18 元。对豪华客车行驶里程达 50 万公里或行驶时间 3 年以上的，其运价标准相应下调一个等级。豪华客车运价适用于省交通运输管理局批准的"直达快车"的专线豪华班车及 800 公里以上省际长途班车，并从 1998 年 1 月 1 日起至 1999 年 12 月 30 日止，试行 2 年。10 月 1 日，根据国家发展计划委员会、财政部、交通部发布的《关于规范公路客货运附加费增加公路建设资金的通知》的精神，经省政府同意，省物委、财政厅、交通厅决定，原开征的公路客运交通建设资金，统一规范为公路客运附加费，每人公里 0.03 元。公路客运附加费征收办法仍按原公路客运交通建设基金的征收办法执行。

2003 年 12 月 5 日，省物价局、交通厅根据《中华人民共和国价格法》及交通部、原国家计委联合颁发的《汽车运价规则》的有关规定，印发《汽车运价规则福建省暂行实施细则》。根据新颁布的《汽车运价规则福建省暂行实施细则》，规定汽车分类分型、旅客行包运价和杂费收费。调整后的旅客票价包括运价（含旅客保险费）、交通建设基金和车辆通行费 3 项，并在客票票面上分别注明，累加合计。

2004 年 1 月 14 日，省物价局、交通厅印发《关于汽车旅客运输各车型基准运价率及有关问题的通知》。综合考虑福建省道路汽车旅客运输企业现行运营状况及市场供求情况后，确定全省汽车旅客坐席基本运价率按 0.077 元/人公里执行。

四、经营方式

（一）班车客运

班车客运包括城乡班车、普通班车、直达班车等。2005年8月1日起，执行《道路旅客运输及客运站管理规定》，班车客运分类简化为直达班车客运和普通班车客运两种。直达班车客运中途不补充客源，点到点运输，普通班车客运中途可以补充客源。

表 5-3   **1996—2005 年福建省道路客运营运班线**

单位：条

指标 年份	合 计 （不含县内班线）	跨省班线	跨地（市）班线	跨县班线	县内班线
1996	4324	537	1023	2764	1608
1997	4160	534	913	2713	1672
1998	3031	555	909	1567	820
1999	3741	867	1174	1700	905
2000	3715	937	1068	1710	857
2001	4048	1025	1140	1883	1093
2002	4027	1053	1189	1785	1080
2003	4444	1070	1223	2151	1297
2004	4740	1179	1254	2307	1343
2005	5156	1257	1291	2608	1630

表 5-4   **1991—2005 年期间若干年份道路客运班次统计**

单位：班次

指标 年份	年平均日发班次				
	合计	省际	市际	县际	县内
1991	23775	406	3143	7467	12759
1992	30531	424	2730	13790	13587
1996	40200	516	2994	23097	13593
1997	43103	465	2888	24465	15285
1998	46281	510	1020	28088	16663
1999	53259	594	3122	31927	17616
2000	63853	620	2780	39817	20636
2001	61520	639	3152	37056	20673
2002	61529	665	3116	37017	20731
2003	62631	654	3226	38895	19856
2004	73879	810	3295	46229	23545
2005	77881	881	3467	48909	24624

（二）旅游客运

旅游客运分为定线旅游客运和非定线旅游客运。定线旅游客运包括季节性的定线旅游客运，按照班车客运的管理方式进行管理。非定线旅游客运又称旅游包车，通过发放省际旅游或者省内旅游标志牌（后改发包车客运标志牌），按照包车客运的管理方式管理。2005 年，全省共有旅游客车 1311 辆/4.10 万座。

图 5 - 2　武夷山景区旅游客运车辆

（三）农村客运

1991 年后，农村群众对运输的需求由普及向优质转变。1996 年客运附加费调整后，农村客运市场运力过剩的矛盾凸显，面对此情况交通运管机构制定严格的市场准入条件，农村班车客运进入相对平稳期。2001—2003 年，柴三机、拖拉机等农用车载客被取缔。全省共淘汰载客厢式农用车、柴三机 9000 多辆，泉州、厦门、漳州、龙岩及三明等地市基本淘汰了载客厢式农用车，同时，投入中、小型客运汽车或客货两用汽车经营农村客运，并作为省发展农村客运网络化建设试点地区。

2003 年下半年，与省交通厅首批发展的莆田市、石狮市、南靖县、上杭县、福鼎市一样，各设区市交通运管机构均选择一个县（市、区）作为省发展农村客运网络化建设试点地区，改善农村客运条件，解决农村客运新一轮"乘车难"的问题。新开通线路 87 条，新投放客车 231 辆，建设乡镇停靠站 11 个，招呼站 151 个。2004 年试点期间，对被确认的农村客运车辆可全额免征养路费、运管费及客运附加费。在 2005 年试点期间，养路费、运管费按国家规定应缴标准的 30% 征收，客运附加费按国家规定标准的 10% 征收。

2004 年 7 月，全省所有试点市（县）开通农村客运线路 332 条，投放车辆 1500 辆，开通试点乡镇 151 个，试点建制村 1568 个，比试点前约增加 10%。2005 年底，全省共开通农村客运线路 1480 条，投放车辆 6493 辆，开通乡镇 974 个，占全省乡镇总数的 98.68%，开通建制村 10396 个，占全省建制村总数的 71.63%。

表 5 - 5　　　　　1999—2005 年福建省道路农村客运班车通达情况统计表

年份＼指标	班车通达情况					
	乡镇总数（个）	通班车乡镇数（个）	乡镇通车率（%）	建制村总数（个）	通班车建制村数（个）	建制村通车率（%）
1999	919	909	99.00	13256	10373	78.25
2000	950	940	99.00	13944	12411	89.01
2001	974	932	95.69	13986	11759	84.08
2002	998	985	98.70	14495	11807	81.46
2003	1013	994	98.12	14867	11204	75.36
2004	988	976	98.79	14534	10144	69.79
2005	987	974	98.68	14513	10396	71.63

（四）春运及旅游黄金周运输

1. 春节运输

自 2000 年始，福建省道路旅客春节运输呈现逐年增长的趋势，"学生客流"、"民工客流"、"探亲客流"、"商务客流"和"旅游客流"五种客流都有不同程度的增长。

表 5 - 6　　　　　2000—2005 年福建省春运道路旅客运输统计表

年份＼统计	日均投放车辆数（万辆）	总班次（万班）	发送旅客（万人次）	周转量（万人公里）
2000	1.67	165.58	5107	324442
2001	1.80	172.83	5721	346260
2002	1.75	169.55	5558	342310
2003	1.70	183.55	6022	392815
2004	1.83	192.51	6407	429636
2005	1.80	203.30	6693	470154

2. 假日旅游黄金周运输

2000 年，福建省开始假日旅游黄金周运输。2001—2005 年，共迎来"五一"黄金周、"十一"黄金周和春节黄金周各 5 个。

表 5 - 7　　　　　2001—2005 年春节黄金周福建省道路旅客运输统计表

年份＼统计	日均投放车辆数（辆）	总班次（万班）	发送旅客（万人次）	周转量（万人公里）
2001	16300	26.32	965.00	49215.00
2002	17500	26.73	1001.92	61119.97
2003	17000	28.90	1092.94	70349.00
2004	18200	30.59	1264.53	76209.83
2005	17500	32.97	1134.28	87035.66

表5－8　　2000—2005年福建省"五一"黄金周道路旅客运输统计表

统计 年份	日均投放车辆数（辆）	总班次（万班）	发送旅客（万人次）	周转量（万人公里）
2000	16700	27.86	746.64	71440.30
2001	16300	30.80	850.76	77430.50
2002	17500	37.69	932.12	49854.73
2004	18000	31.6	962.7	65920.19
2005	17500	34.03	1025.24	69908

注：受"非典"影响，2003年"五一"黄金周未统计。

表5－9　　2000—2005年福建省"十一"黄金周道路旅客运输统计汇总表

统计 年份	日均投放车辆数（辆）	总班次（万班）	发送旅客（万人次）	周转量（万人公里）
2000	16500	28.00	824.00	42602.00
2001	15800	28.55	863.53	44591.64
2002	17000	32.73	966.08	53390.50
2003	17000	29.94	947.95	55277.00
2004	18000	34.45	1004.75	54456.30
2005	17500	34.03	1025.24	69908.00

（五）出租汽车客运

1990—1994年，出租汽车迅速发展，从少到多，从沿海普及到山区，从中心城市普及到小城镇。1993年，福州市出租汽车经营权开始有偿使用。至1994年底，福建省共有出租汽车9258辆，客位46118座，客运量12959.66万人次，旅客周转量109187.18万人公里，驾驶员14506人，出租汽车行业粗具规模。

1995年，全省共有出租汽车10653辆，客位54354座，客运量14672.76万人次，旅客周转量123775.89万人公里。1996年，出租汽车11533辆，客位59015座，客运量15633万人次，旅客周转量135546万人公里，驾驶员21190人。1997年，出租汽车12972辆，客位67868座，客运量17711万人次，旅客周转量149212万人公里，驾驶员24028人。

1998年，出租汽车14627辆，客位次75651座，客运量20401万人次，旅客周转量160221万人公里，驾驶员31981人。福建省出租汽车行业开始执行交通部颁布的《出租汽车服务规范》，实行出租汽车规范化管理。在统一车容、顶灯、运价的基础上，重点抓好经营者的开业审批、驾驶员上岗前培训和经营行为的检查监督，开展"信得过出租车"竞赛活动，对获得"信得过"荣誉的出租车授予"信得过出租车"标志顶灯，并给予一定的优惠待遇，鼓励驾驶员争当文明使者。福建省出租汽车行业参加交通部和中国道路运输协会组织的"交通出租汽车客运优质服务百日竞赛"，福州、厦门、三明运管处和漳州芗城区运管所被评为"全国出租汽车客运管理先进单位"，厦门海峡出租汽车股份有限公司等3家单位被交通部评为"先进出租汽车企业"，188辆出租车被评为"全国优质服务车"。

2000年，开展出租汽车市场清理整顿工作，提高福建省出租汽车管理水平，引导出租汽车企业走联合、集约、规模化经营的道路，提高企业竞争能力。

2001年，福州、厦门、漳州和泉州等沿海地区的出租汽车绝大部分都达到中、高级档次等级，山区地市出租汽车的结构也有较大改善。同时，全省出租汽车行业开展"笑迎八方客，共建文明城"、"文明出租车"等优质服务活动，引导出租汽车行业文明服务，规范市场。6月，福州市政府颁布施行《福州市客运出租汽车管理办法》和《福州市客运出租车经营使用权出让和转让办法》。7月，福州市对300辆出租汽车经营权进行拍卖，有效期8年。11月，厦门市人大出台《厦门经济特区出租汽车营运管理条例》。2001年全省出租汽车14498辆。厦门、龙岩、三明等地市加大对出租汽车的更新力度，采取报废不更新或报废2辆更新1辆的办法。

2002年底，全省共有出租汽车14461辆，客位72737座，其中，高级车2072辆，中级车4670辆。

2003年，全省共有出租汽车14741辆，莆田、南平两市增幅较大，分别增加145辆和91辆。福州市开展出租汽车招投标工作，对经营权到期的764辆出租汽车进行二次经营权招投标，进一步提高车辆档次。三明、宁德、龙岩三市发展中档出租汽车，淘汰"面的"车辆。

2005年底，全省共有出租汽车14908辆，客位74577座，其中，高级车1684辆，客位8423座，中级车6459辆，客位32506座。福州、莆田、厦门和三明4个设区市和南平邵武市实行出租汽车有偿使用。

（六）"快速"客运

1996年3月，福建省开始培育"快运"体系。厦门经济特区运输总公司在全省率先提出国有全资经营"直达快速客运班车"，厦门至福州线开始试点，被厦门市政府誉为"雷锋号"优质服务班车。高速公路客运始于1998年1月。泉厦高速公路通车后，泉州、厦门、漳州3市5家国有骨干运输企业联合组建跨区域、集约化、规模经营的股份制公司（简称"闽南快运"），首期投放28辆大、中型高档豪华客车，在泉州、石狮、厦门、漳州等线路上运行，实行准点发车，途中不上客，当年获得利润超600万元。此后，福建省又相继组建"福建快运"，投入20多辆高档豪华客运车辆。福建省汽车运输总公司与深圳运发实业有限公司共同组建闽深发快速客运股份有限公司，投入26辆高档豪华大巴，经营福州至深圳省际班车线路，采用"两地各半注册、统一经营管理"的办法，成立第一个跨省市的运输联合体。组建"三福快运"、"南福快运"、"鹭峰快运"3个跨地（市）经济联合体，实行国有全资经营，不搞单车租赁承包，分别由福建省汽车运输总公司与三明、南平、漳州、龙岩市运输总公司、厦门特运总公司共同出资，投入60辆豪华中巴车。同时，还在各地区内跨县（市）干线公路组建不同形式的普快客运，如"南武普快"、"金沙普快"、"雪峰普快"、"明燕普快"等。三明、宁德等地（市）运管机构针对客运市场普遍存在车况老旧、车多客少、抢争客源、经营主体分散、规模过小和承担风险能力差等问题，淘汰旧车，压缩车辆投放数，发展高、中级大中型客车和分线实行集约化组织，实行统一购车、统一结算、统一排班、统一管理，形成利益和行为共同体。主要模式有三种：第一种是以资产为纽带组建股份制有限责任公司；第二种是以合同为约束机制组建客运联合车队；第三种是以国有骨干运输企业为依托，实行个体挂靠经营。2000—2005年，全省共组建快速客运股份制有限责任公司13家、联合车队37家，淘汰老旧车辆2110辆，更新投放高、中档客车1900辆，总投资达6.55亿元。各条线路改制后，平均日发班次提高一倍，车日行程提高65%，实载率提高18%，经济效益提高30%。

第二节　道路货物运输

一、企　业

"八五"期间，福建省公路货物运输以普通货物为主。随着市场的逐步开放，道路货运经营业户持续增加。

"九五"期间，福州、泉州、厦门、漳州及宁德6地市的汽车运输公司相继成立快速货运公司，其中，闽南部分县市的民营企业也成立了民营快速货运公司，开通快速专线。1996年，全省道路货物运输经营业户数集装箱货运94户，危险货物运输233户，有零担货运站47个、集装箱中转站16个、其他货运站65个。1997年，道路货物运输营业户数集装箱运输97户，危险货物运输246户。1998年，福建省从事货物运输业户数37057户，从业人员102363人，货运汽车86052辆、312565.52吨位。其中，危险

图5-3　厦门港集装箱

货物运输 609 辆、3191.42 吨位，重型汽车 4737 辆、43164 吨位，专用集装箱车 757 辆、14539 吨位，零担车 76 辆、334.5 吨位，大件运输车 105 辆、1554 吨位，罐车 634 辆、3710 吨位，冷藏车 238 辆、1115.4 吨位，274 条零担货运线路，货运站 49 个。初步形成了以市（县）为中心，货运交易市场为枢纽，辐射城区、县、乡（镇）配载站的货运管理网络。2000 年，多种运输方式间的竞争逐步加剧，国有道路运输企业基本退出货运市场。

2002 年，道路货运业结构调整以货运企业经营资质评定为契机，引导企业走集约化、规模化经营道路，改变"散、弱、小"局面，福州、龙岩、三明、宁德道路运输企业纷纷进行联合重组，组建股份有限公司。省交通厅制定《福建省非营业性道路危险货物运输企业审批管理暂行办法》，要求举办全省运管机构、三级以上企业经理"道路货运企业经营资质等级评定工作"培训班。当年完成 4 家二级企业的资质评定，20 多家三级企业申报资质评定工作。开展全省道路运输经营业户及运输车辆年度审验发证工作，共审验货运经营业户 42128 家，货运车辆 96467 辆，农用运输车辆 18000 辆。

2003 年，继续开展道路货运市场清理整顿，落实运输资质认定制度，对符合资质条件的企业换发"道路运输经营许可证"。对不符合交通部《道路化学危险货物运输专项整治实施方案》的经营业主，暂停从事化学危险货物运输，取消个体业户从事道路化学危险货物运输资格，对技术性能达不到一级车况的不予审验。全省共有二级货运企业 4 家、三级货运企业 25 家、四级货运企业 105 家、五级货运企业 942 家。2004 年，福建省共有 13 家外商投资道路货物运输企业。到 2005 年底，全省外商投资道路货物运输企业主要有福建国际货运有限公司、福州福星创业汽车运输有限公司、福州港迅通集装箱储运有限公司、永安环球汽车运输有限公司、福建省贯华交通有限公司、莆田市益浩联运有限公司、德化德兴汽车运输有限公司及石狮市航达集装箱储运公司等。三级货运资质企业 34 家，四级资质企业 107 家，五级资质企业 668 家。

表 5 - 10　　　　　　　**1991—2005 年福建省道路货物运输企业数**

单位：家

年份	企业数	年份	企业数
1991	98291	2000	39828
1992	110918	2001	43743
1996	32088	2002	24678
1997	34602	2003	31687
1998	37057	2004	32898
1999	38193	2005	41713

表 5 – 11　　　　　　　　**2005 年福建省二、三级道路货运企业名录表**

序号	企业名称	地　址	资质等级
1	福建龙洲运输股份有限公司	龙岩市新罗区龙津花园	二级
2	福建省汽车运输总公司	福州市交通路 35 号	二级
3	福建鸿达运输有限公司	泉州晋江清华工业区鸿达大厦	二级
4	宁德市汽车运输集团公司	宁德福安市新华路 13 号	二级
5	福州大裕保税仓储有限公司	福州马尾保税区经五路	三级
6	福建闽通长运股份有限公司	三明永安市燕江东路 69 号	三级
7	莆田市兴安运输联运有限公司	莆田市涵江区白搪镇埭里村	三级
8	龙岩市曹溪联合运输公司	龙岩市新罗区曹溪金鹏花园	三级
9	龙岩市交通运输有限公司	龙岩市新罗区苏溪蒋厝坂 1 号	三级
10	福建省盛辉物流集团有限公司	福州晋安区鼓山镇前横路 169 号	三级
11	福建省宏捷物流有限公司	福州市福兴投资区福兴大道 29 号	三级
12	福建省大运物流有限公司	福州市仓山区三高路 118 号	三级
13	福州盛丰物流有限公司	福州市晋安区鼓山镇湖塘村	三级
14	福州港迅通集装箱储运有限公司	福州市新港区 4 号	三级
15	福州市城门运输有限公司	福州市仓山区城门排下 36 号	三级
16	福州市晋安区第二运输公司	福州市福兴投资区福兴大道 30 号	三级
17	福建日达物流有限公司	福州市闽侯县青口镇大义后街 3 号	三级
18	福建省清华运输有限公司	福清市宏路镇龙塘村	三级
19	晋江恒安运输有限公司	晋江市安海桥头工业区	三级
20	厦门建发物流集团有限公司	厦门市思明区海滨大厦 5 楼	三级
21	厦门裕利集装箱服务有限公司	厦门市湖里区长岸路	三级
22	厦门东港国际运输有限公司	厦门市同安商会大厦一楼	三级
23	厦门市乐安物流有限公司	厦门市翔安区马巷镇曾林村	三级
24	厦门国贸泰达物流有限公司	厦门市湖里区和宁路 52 – 58 号	三级
25	厦门市舫达运输有限公司	厦门市翔安区马巷镇巷西路	三级
26	厦门港务运输有限公司	厦门市长岸路海天港区联检大楼 5 楼	三级
27	厦门运输发展总公司	厦门市金榜路 61 号	三级
28	厦门象屿太平综合物流有限公司	厦门市象屿保税区胜狮办公楼一楼	三级

续表 5 - 11

序号	企业名称	地址	资质等级
29	厦门市杏林锦集货运有限公司	厦门市集美区杏前路 136 号	三级
30	中国外运福建有限公司	湖里区东渡路 74 号	三级
31	厦门特运集团有限公司	厦门市湖滨南路 57 号金源大厦五楼	三级
32	漳州市长运集团有限公司	漳州市芗城区新华北路 27 号	三级
33	建瓯市闽芝汽车发展有限公司	建瓯市水西路 257 号	三级
34	建瓯市福鑫汽车快运有限公司	建瓯市水西路 257 号	三级
35	建瓯市兴业汽车发展有限公司	建瓯市西大街 69 号	三级
36	福建建州汽车发展有限公司	南平建瓯市水西路	三级
37	福建武夷交通运输股份有限公司	南平市江滨南路 8 号	三级
38	南平延城出租汽车股份有限公司	南平市延平区延城马站	三级

二、运　力

随着福建省道路货物运输市场逐渐规范化，车型结构及技术状况逐步得到改善，老旧车辆更新淘汰，大吨位、低油耗重型货车和轻型厢式货车逐年增长，集装箱、大型物件等专用汽车有较大发展，"缺重少轻"（缺少重型车和轻型车）的局面得到一定改善，但重型货车、专用货运车辆以及集装箱运输车辆所占比例仍较小。

表 5 - 12　　　**1991—1998 年主要年份福建省货运车辆运力分布表**

年度	单位	普通载货汽车	专用载货汽车
1991	辆	49206	—
	吨位	233370	—
1992	辆	53895	—
	吨位	258383	—
1993	辆	57169	585
	吨位	274558	8853

续表 5 – 12

年度	单位	普通载货汽车	专用载货汽车
1994	辆	66918	855
	吨位	307437	13046
1997	辆	76535	1933
	吨位	296408	20851
1998	辆	83626	2426
	吨位	287918	24647

表 5 – 13　　**1999—2005 年福建省道路货运运力分布表**

年度	单位	营业性货运车	危险货物运输车	集装箱运输车	大型物件运输车
1999	辆	94164	768	843	16
	吨位	295957	3980	15813	414
2000	辆	102106	858	1057	22
	吨位	307628	4617	19147	533
2001	辆	110574	883	1882	30
	吨位	318378	4903	33499	667
2002	辆	117131	1194	2325	62
	吨位	331575	6420	41909	1373
2003	辆	115265	1649	2412	77
	吨位	331103	9304	44056	1534
2004	辆	114203	2502	2862	92
	吨位	366824	17669	51996	1861
2005	辆	128287	2647	4121	85
	吨位	438353	17884	82686	1930

表 5 - 14　　　　**2001—2005 年福建省道路货运车辆车型情况表**

车型 \ 年度	单位	2001	2002	2003	2004	2005
合计	辆	110574	117131	115265	114203	128287
	吨位	318378	331575	331103	366824	438353

其中普通载货汽车：

	单位	2001	2002	2003	2004	2005
大型货车	辆	30512	26323	23909	26485	26235
	吨位	168122	150258	138136	174530	192425
其中：重型货车	辆	3499	2860	2390	4236	6912
	吨位	34671	28840	27933	59228	94690
中型货车	辆	8699	9757	10246	8744	10144
	吨位	30731	36664	35738	28617	33025
小型货车	辆	64740	72832	73055	70350	81175
	吨位	61112	69023	79680	73073	86273

三、经营方式

福建省道路货物运输以普通货物运输为主，危险货物运输、集装箱运输、大件运输等发展相对滞后。随着福建省经济发展及对外贸易的扩大，福州、泉州、厦门市等沿海经济发达地区港口运输对集装箱运输及货物产品运输要求提高，危险货物运输、集装箱运输得到较快发展，货物运输的需求种类增加。

（一）普通货物运输

1990 年后，随着公路网络建设的逐渐完善，公路等级提高，道路货物运输周转时间缩短，平均运距越来越长。但是，由于普通货物运输市场准入低，投资小，大量个体货运经营业户加入货运市场，运力供应长期大于运量需求，致使货运市场主体竞争激烈，恶性竞争陡然加剧，集中体现为无序压价、超载超限和"大吨小标"（大吨位登记小吨位）等现象，严重损坏公路并威胁运输安全。2000 年开展"联合治超"行动后，"超载超限"现象得到一定程度的遏制。

（二）危险货物运输

随着危险货物运量逐年增大，道路危险货物运输经营业户、运输车辆和从业人员逐年增加。2000 年底，全省道路危险货物运输车辆大部分是企业自备或个体经营，企业资质普遍较低，危险货物运输市场隐患较多，存在无证非法营运现象，从业人员缺乏专业知识，安全生产责任不明确，因违章操作酿成事故时有发生，运输、搬运装卸设备达不到要求，无危险品标志和消防设施等。2001 年起，福建省连续 6 年开展"道路危险货物运输专项整治"工作，采取一系列措施整治危险货物运输市场，并按危险货物的属地、运输量、企业规模和集约化程度重新组建专业危险货物运输企业。到 2005 年，福建省共有危险货物运输企业 151 家，运输车辆 2647 辆、17884 吨位。

（三）大件运输

大件货物指货物外形长 14 米、宽 3.5 米、高 3 米以上及重量在 20 吨以上不可解体的货物。"九五"以来，福建省大件运输发展较快。1996 年，福建省共有大件运输车辆 16 辆、414 吨位。2005 年底，大件运输车辆 85 辆、1930 吨位。

（四）集装箱运输

交通基础设施建设的改善，促进了集装箱运输的发展。1997 年，福建省共有集装箱车 25 辆、297 吨位。2005 年底，集装箱车 4121 辆、82686 吨位。

第三节　道路运输相关业

一、客运站

"九五"期间，福建省按照交通部《道路旅客运输"三优"、"三化"规范》（道路客运"三优"指通过汽车客运站的基础设施、精神文明建设和经营管理，实现道路客运服务的优质服务、优美环境和优良秩序；"三化"指为达到"三优"的基本要求，通过制定道路客运各项服务工作质量标准，实现服务过程程序化、服务管理规范化和服务质量标准化）的要求，结合交通部 JT/T200《汽车客运站级别划分和建设要求》的标准，开展创建部、省级文明客运站活动，促进客运站精神文明窗口建设。

1995 年 9 月，省运输管理局核准首批一级道路客运站 12 个：分别为福州汽车南站、福州汽车北站、莆田汽车站、泉州客运站、石狮长途车站、厦门湖滨、梧村汽车站、漳州长途客运站、龙岩客运站、三明永安长途客运站、建阳汽车站和福安客运站。一级（客货）运输站 2 个：莆田市运输站、南平市运输站。

为了全面推行"三优"、"三化"目标管理，省运输管理局专门成立领导小组，全省统一布置、统一要求，规范站务操作规程，消除"脏、乱、差"，完善软硬件设施，福州南站、泉州客运站、厦门湖滨站、龙岩客运站、永安客运站和建阳汽车站 6个单位分别被评为"交通部先进单位"。24 个一、二级客运站被评为"省级文明客运站"。

1995—1996 年，各地开展创建省级文明客运站活动，福州汽车客运南站、建阳汽车客运站、厦门湖滨汽车客运站、龙岩汽车客运站、泉州汽车客运站、永安汽车客运站和福安汽车客运站被评为"省级文明汽车客运站"；厦门梧村汽车客运站和漳州汽车客运站被评为"创建文明客运站先进单位"；福州市交通运输管理处汽车北站管理所、厦门市交通运输管理处汽车管理所和三明市交通运输管理处驻车站办公室被评为"驻站管理所（办）先进集体"。

1997—1998 年，全省有 24 个汽车客运站获得"省级文明汽车客运站"称号，福州市 4 个，分别为省汽车运输总公司福州南站、福州北站、长乐汽车站、福清汽车站；泉州市 4 个，分别为泉州市汽车运输总公司泉州客运站、南安汽车站、石狮汽车客运新站、晋江市运输公司晋江汽车站；厦门市 2 个，分别为厦门特运总公司湖滨站、梧村站；漳州市 2 个，分别为漳州长运总公司漳州长途客运站、平和汽车站；龙岩市 3 个，分别为龙岩市汽车运输总公司龙岩客运站、上杭汽车站、长汀汽车站；三明市 3 个，分别为三明市汽车运输总公司三明西客站、永安客运站、明溪汽车站；南平市 3 个，分别为南平市汽车运输总公司南平客运站、建阳汽车站、邵武汽车站；宁德地区 3 个，分别为宁德地区汽车运输总公司宁德客运站、屏南客运站、福鼎客运站。

至 1999 年，各地市基本建有 1 个中心枢纽站，配有适量的一、二级站，大部分县城建有 1 个二级站，配有适量的三级站，部分乡镇建有一定数量的三、四、五级站。2000 年，全省经交通主管部门批准成立的客运站基本上都已对社会开放，客运管理围绕着"车进站、人归点、站管车、服务好"为中心运作，道路运输站场的投资渠道由单一的国家投资转变为多渠道集资，站点隶属关系和经营方式由单一化发展为多元化。全省拥有客运站场 313 个（其中运输企业自办 119 个，社会集资 194 个）。

2003 年，全省共有 15 个一级客运站，分别为福州南站、福州北站、莆田汽车、泉州客运站、石狮客运站、厦门湖滨客运站、厦门梧村客运站、漳州客运站、三明西客站、永安客运站、龙岩客运站、南平客运站、建阳客运站、宁德客运站和福鼎汽车南站。

2004 年，组织开展全省道路客运站专项整治工作，围绕"以人为本，安全优质，依法治政，规范服务，依靠科技"的指导方针，以坚持发展为前提，以立足安全管理为核心，以提高服务质量和改善站场服务设施环境、促进智能化管理为重点。通过整治，基本实现四项目标：道路客运站安全管理明显加强，安全隐患基本消除；客运站服务质量明显提高，人性化服务全面推进；客运站基础设施得到改善，智能化管理更加普及；客运站环境进一步美化，行业形象更加突出。通过专项整治，全省 17 个一级站、80 个二级站达到《福建省道路客运站考核标准》的要求。

表 5-15 1996—2005 年福建省道路一、二级客运站统计表

单位：个

年　份	合　计	其　中	
		一级站	二级站
1996	85	14	71
1997	86	14	72
1998	78	13	65
1999	70	14	56
2000	76	13	63
2001	84	14	70
2002	89	15	74
2003	96	15	81
2004	97	17	80
2005	97	22	75

1. 闽运福州客运北站

省汽车运输总公司下属国有非法人的专业道路客运企业，部级文明站，一级客运站。

该车站 2005 年固定资产总额 2542 万元，占地面积 4.5 万平方米，在册职工 223 名。设有 3 个不同班线方向的旅客候车室，候车室面积 2700 平方米，座椅 1040 座，可提供 5600 人的阶段性最佳旅客候车条件。设有班车发车位 42 个（其中主发车位 24 个、区间短途发车位 9 个、专线发车位 9 个），日最佳旅客吞吐量为 5 万人，具备日吞吐旅客 7 万人的条件。该车站经营客运及行包托运业务，已覆盖全省各市县，并辐射全国 20 个省、自治区、直辖市，经营客运班车线路达 150 条，经过站点 210 个。日均发送班次 1100 班、旅客 1.5 万人次，全年客流吞吐量超过 1000 万人次，可实现站务旅客周转量 11 亿人公里以上，客票收入 3 亿元。

2. 闽运福州客运南站

隶属省汽车运输总公司，一级客运站。固定资产总额 464 万元。站区占地 15436 平方米，地处闹市中心，在南、北、西三个方向上，分别与福厦高速公路、324 国道、104 国道和 316 国道连接。有营运线路 57 条，日发班次 700 余班，日客流量 1 万人次，经营面覆盖全省各县、市，并辐射浙、苏、赣、鄂、鲁、粤、桂、沪及京 7 省 2 市。

3. 福州汽车西站

省汽车运输总公司与福州鼓闽运输服务有限公司共同投资建设的股份合作制车站，2001 年 3 月建成投入使用，一级客运站。车站位于鼓楼区杨桥西路，与京福高速路福州西大门相连接，总占地面积 31 亩，投资 3000 余万元，职工 120 人，是集旅行、饮食、住宿为一体的福州地区四大公路主枢纽之一。

该车站服务设施完备，有进站营运班车 400 多辆，营运班线 40 多条，主要经营尤

溪、屏南、古田、永泰、闽清和闽侯等线路，日发班次 800 余班，日均旅客发送量 9000 多人次。

4. 莆田汽车站

隶属莆田汽车运输股份有限公司，一级客运站。1986 年改扩建，占地面积约 21 亩，总建筑面积 4947 平方米。现有在册员工 130 名，资产总额 6000 万元，经营客运线路 71 条（其中省际 19 条、市际 31 条、区内短途 21 条），进站营运车辆 368 辆，日发班次 1230 班，日均发送旅客 1.3 万人次，年营收 7000 多万元。

5. 泉州汽车客运中心站

隶属泉州市汽车运输总公司，总占地面积 3 万平方米，总建筑面积 28685 平方米，绿化面积 2500 平方米，资产总额 8428.58 万元。按照国家一级站标准设计、建设，站内有长短途中央空调候车室、X 光行李安全检测仪、LED 显示系统、消防控制系统、全方位 24 小时电脑电视监控系统、智能语音广播系统和触摸屏查询系统等，站务作业全面微机化。拥有营运车辆 935 辆，已开通客运班线 180 条，覆盖全国 21 个省、自治区、直辖市的 200 多个县、市，营运里程约 16 万公里，日发长短途客运班车 1578 班次，年旅客运量达 388 万人次。

6. 泉州客运站

隶属泉州市汽车运输总公司，一级客运站，位于泉州市温陵路与泉秀路交汇处，固定资产总额 781.6 万元，占地面积 22534 平方米，绿地面积 2565 平方米。站内设有长短途快运空调候车室、X 光安全检测仪、LED 显示系统及全方位 24 小时电脑电视监控系统。2002 年 11 月，通过 ISO 9001：2000 国际质量管理体系认证。2005 年发送旅客量 800 万人次。

7. 石狮长途车站

隶属泉州市汽车运输总公司，一级客运站，位于石狮市区，固定资产总额 2812.5 万元，占地面积 6600 平方米，停车场面积 15412 平方米。站内设施完善，站务作业实现电脑系统智能化管理，与总公司范围内的客运站点实现分步运务管理，配置电子屏幕显示、安装语音广播系统、危险品检测仪及电子触摸屏，能够让旅客查询市区交通图、班次营运线路图和班次信息等。已开通北京、上海、山东、辽宁、江苏、安徽、浙江、江西、湖南、湖北、四川、重庆、贵州、广东、广西及陕西 16 个省、自治区、直辖市和省内跨区、区内客运班线，营运线路达 130 多条，日发班车 1200 多班次，日均运送旅客 2 万多人次。

8. 晋江长途汽车站

隶属泉州市汽车运输总公司，一级客运站，固定资产总额 597 万元，占地面积 35251.89 平方米，职工 93 人。拥有营运线路 235 条，日均发车 515 班次，日均运送旅客 1.5 万人次。

9. 厦门市湖滨长途汽车站

隶属厦门特运集团有限公司车站管理分公司，一级客运站，位于厦门湖滨南路，员工 85 人，占地面积 16024 平方米，其中，站房面积 7056 平方米，停车场面积 8968 平方米。主营线路范围辐射福建、广东、广西、云南、贵州、湖南、湖北、四川、河南、浙江、江苏、安徽、山东、江西和海南 15 个省份及北京、上海、重庆 3 个直辖市和香港 1 个特别行政区。

10. 厦门松柏长途汽车站

厦门特运集团有限公司车站管理分公司，一级客运站，车站总用地面积 17700 平方米，总建筑面积 6600 平方米（其中，候车室 2000 平方米，售票房 600 平方米，行包房 1000 平方米，站前广场 3000 余平方米），发车位 18 个，经营线路 108 条（覆盖全省各市、县，并辐射到江西、湖南、湖北、浙江、江苏、安徽、山东、河南、上海、北京等省、直辖市），进站经营客运班车 830 辆，日发班车 900 多班次，日发送旅客约 1 万人次。

11. 漳州客运中心站

位于漳州市区水仙大街和九龙大道交叉处，一级客运站，2005 年 9 月 20 日起投入使用。固定资产总额 3850 万元，日发送旅客 1 万人次。占地面积 40.2 亩，由主站房、站前广场、停车场、加油站和维修车间等部分构成。其中，主站房底层占地面积 5476 平方米，总建筑面积 14900 平方米，标准发车位 22 个，候车厅 1500 平方米，售票厅 340 平方米。站前广场面积 2800 平方米，停车场 13500 平方米。漳州至漳浦、华安、长泰、漳平、厦门、南通、常州、无锡、上海、南宁、贵阳、宁波、温州、平阳、武汉和长沙的客运班车由客运中心站始发。

12. 漳州客运站

固定资产总额 2200 万元，一级客运站，占地面积 17169 平方米，其中，车场 11000 平方米，主站房 3500 平方米，候车厅 1279.2 平方米，售票厅 463 平方米，行李房 927 平方米。设 12 个发车位。日发班车 327 班次，营运班线达到 28 条，其中省际 10 条，车站旅客日流量约 1 万人次，主要运营道路旅客普客、高速运输。

13. 漳州客运西站

隶属漳州市长运集团有限公司，一级客运站，位于漳州市胜利西路西洋坪地段，固定资产总额 2100 万元，建筑面积为 6600 平方米，2000 年元月投入使用，2002 年 9 月通过一级客运站考核验收，有员工 30 人，进站营运班车 71 辆，日发班车 109 班次。

14. 三明长途汽车客运站

隶属福建闽通长运股份有限公司，固定资产总额 922.67 万元，占地面积约 6000 平方米，建筑面积 4598 平方米，营运班线 57 条（通往闽、浙、赣、粤、沪、苏等省、直辖市的 30 多个地市），进站营运客车 200 余辆，日发班车 400 余班次，年疏运旅客 167 万人次以上，行包货物日吞量达 500 余件，年营收额超过 4600 万元。

15. 闽通三明汽车西客站

隶属闽通长运股份有限公司，一级客运站，固定资产总额 1369.6 万元，占地面积 19161 平方米，有营运班线 65 条（可直达闽、浙、赣、粤等省的 30 多个城市），日发班次 200 班，日均接送旅客 3000 多人次，年营业收入达 3000 万元。

16. 永安长途汽车客运站

一级客运站，资产总额 294.77 万元，占地 7615 平方米，建筑面积 1235 平方米，职工 93 人。运用微机与网络管理，采用 LED 信息发布及智能化信息双语广播系统。有进站营运车辆 220 辆，经营省内外及县内班线 79 条（可直达闽、沪、浙、赣、粤等省、直辖市，开通永安至福州、永安至三明、永安至上海、永安至宁德及永安至福清等直达班车），日发班次 548 班，全年平均日发送旅客 6000 多人次。

17. 南平汽车站

位于南平市江滨南路 8 号，1996 年建成投入使用，一级客运站。现有资产总额 579 万元，在册职工人数 79 人，占地面积 7800 平方米。拥有客运班线 36 条，其中，跨省 8 条、跨区 19 条、跨县 9 条。日发班次 269 班，其中，省际班次 14 班、跨地（市）班次 90 班、跨县（区）班次 165 班。

18. 建阳汽车站

一级客运站，占地面积 8196 平方米（其中站房面积 3026 平方米），资产总额 3362 万元。开通客运线路 46 条（承担建阳汽车站发往全国各地如珠海、广州、深圳、汕头、厦门、石狮、福州、龙岩、三明、大田、温州、路桥、上海、广丰、庆元及丽水等省际、跨区、跨县、市区各乡镇 3/4 以上的公路旅客运输，以及旅游包车运输服务），日发省内外班车 356 班，年运送旅客约 110 万人次，营运收入 1800 多万元。

19. 龙岩客运站

一级汽车客运站，资产总额 482 万元，占地总面积达 20671 平方米，拥有站务用房、发车位、停车场、安全检验及修配车间等主要设施设备和配套基础设施。进站营运客车 400 多辆，营运线路覆盖闽西城乡及省内和广东、江西、湖南、湖北、浙江、上海等省、直辖市的主要城市，日发班次 560 班，日发送旅客 6000 多人次。

20. 宁德客运站

一级客运站，固定资产总额 296.5 万元，职工 139 人，营运客车 371 台，经营线路 45 条（省际 9 条，跨地市县 36 条），日发班次 543 班，日均运送旅客 6500 多人次。

21. 福鼎汽车南站

一级客运站，2001 年 10 月开业，固定资产总额 1482 万元，站房面积 7480 平方米，停车场面积 1 万平方米。日发送旅客 1 万人次，进站营运的客车 341 辆。进站经营线路 71 条，日发班车 803 班次，其中，省际班线 18 条 125 班，市际班线 5 条 13 班，县际班线 7 条 83 班，县内班线 41 条 582 班。

22. 霞浦汽车站

一级客运站，位于霞浦县三河路，固定资产总额 189.39 万元，停车场面积 10400 平方米，候车室面积 2400 平方米。共有 7 个售票窗口，8 个检票口和 20 个发车位，日发班车 500 班次，日发旅客 13000 人次。车站实行计算机（市内）联网售票，站场设置闭路电视监控系统、危险品检测仪，候车室内安装使用天井式空调、LED 全彩色滚动电子大屏幕，采用自动语音合成广播系统。车站经营客运线路 32 条，每日始发班次 196 班，开通直达广东、浙江、上海、江苏、内蒙古等省、自治区、直辖市线路，年发送客运量 312 万人次。

二、货运站

2005 年，福建省一级货运站 7 个，分别为福州东站、福州零担站、泉州市货运站、厦门特运总公司零担集装箱分公司、漳州联运中转站、龙岩货运代理公司和永安长途货运站。

表 5 - 16　　　**1996—2005 年福建省一、二、三级货运站数量一览表**

单位：个

年　份	合计	其　中		
		一级站	二级站	三级站
1996	47	5	26	16
1997	49	5	27	17
1998	49	4	29	16
1999	38	6	24	8
2000	39	6	25	8
2001	47	8	20	19
2002	56	8	20	28
2003	63	7	22	34
2004	67	9	28	30
2005	50	7	23	20

三、机动车维修

"八五"期间，福建省各级机动车维修管理机构培育和发展机动车维修市场，加强维修行业管理，提高车辆技术等级和技术状况，促使机动车维修业形成了布局比较合理的维修网络。

1995 年，各地（市）在新维修业户开业审批和年审中执行交通部下发的《汽车维修业开业条件》（含大修、维护、专项修理），把维修合同管理、履约到修率、维修记录档案作为一项重要内容，以"质量、信誉、服务"为主题开展"信得过维修企业"

评比活动，以公开维修单价、维修工时接受监督和公平竞争的方式规范经营行为。全省各类汽车维修业户达11045家（其中一类88家，二类613家，三类1243家，四类9101家），是1990年的1.5倍，维修业户中国有企业451家，集体企业978家，私营和个体9594家，"三资"企业22家。88家一类维修企业中，国有企业占76家。先后制定《福建省汽车维修行业管理暂行办法》、《福建省汽车运输业车辆技术管理实施细则》、《福建省汽车运输业车辆综合性能检测站管理办法》等一批规范性文件。针对维修行业市场存在的无证经营、越级维修、乱收费和采取不正当竞争手段等问题进行清理整顿，取缔2702家维修业户的经营资格，统一开业条件、技术标准、工时定额和票证。根据国家工商总局、交通部的规定，在全省维修企业实行"汽车维修合同"制度，加强市场监管，实施技术标准，推广新技术、新工艺，建立综合性能检测站，组织开展"信得过维修企业"竞赛评比活动。各地（市）应用"先审批，后购置"的事前控制手段，为车主提供车辆选型的有关信息，淘汰老旧车辆。各运管所与运管处签订《目标责任书》，加强车辆技术等级评定工作。重点抓营运车辆强制二级维护工作，引导维修企业向高层次发展。一、二类维修企业比1990年增加267家，三类企业稳中有升，四类业户相对减少，一批高起点维修企业加盟，22家中外合资维修企业兴起，提高了福建省维修企业的档次。

1996年，省交通厅表彰遵守行业规章制度、经营行为端正、维修质量和维修服务"双优"的44家机动车维修企业和在机动车维修行业管理中成绩显著的42位机动车维修企业工作者。

1998年，随着运输市场的开放开发，在"三个有利于"的原则基础上，适度发展"三资"维修业户。省运输管理局制定《福建省汽车维修合资企业筹建开业条件》及管理办法。执行交通部JT/T201-1995《汽车维护工艺规范》，在各地（市）开展汽车二级维护作业竞赛活动，逐步推行"定期检测、强制维护、视情修理"的车辆技术管理制度。

2001年，汽车的数量增长促进了机动车维修行业的迅猛发展，初步形成了以中心城市为依托，向村镇辐射，以一类企业为骨干，二类企业为基础，三类企业为补充，门类比较齐全、布局基本合理的维修网络。与此同时，维修经营业户数量增加，结构得到了优化，企业规模逐渐扩大。特约维修服务成为一类维修企业的主导力量，连锁型的汽车快修、美容业呈较快发展势头。但是，全省机动车维修业区域发展仍然不平衡，厦门、泉州、福州沿海三地的一类维修企业数占全省的79%，而南平、龙岩、宁德等地的一类维修企业仅占全省的10%。此外，私家车日益普及，对快修、美容服务的需求激增，但服务企业规模普遍较小，集约化程度低，大多处于"连而不锁"的状态，品牌效应有待逐步形成。

2002—2003年，根据交通部《汽车维修市场整顿工作方案》及省交通厅、省工商行政管理局联合颁发的《福建省汽车维修市场专项整顿工作实施意见》，在全省范围内开展汽车维修市场专项整治工作，分组织宣传、组织实施和检查总结三个阶段，采取疏堵结合、罚教结合的方式整顿和规范维修市场。全省共组织执法检查人员4456人次，检查维修业户5213家，依法查处违章业户1553家（其中取缔554家，整治446家，降类57家，警告253家，罚款243家，共处罚金35.5万元）。其间，省质量技术监督局颁布福建省地方标准《汽车维护工艺规范》（DB35/T164.1~7-2000），要求维修企业按照标准规定的维修项目、作业内容、技术要求进行维护作业。省交通厅颁发《关于机动车维修行业工时定额和维修费计算方法的通知》，要求维修企业开具"三单一证"（维修发票、结算清单、材料清单和出厂合格证），增大维修收费的透明度。引导企业诚信经营，维护车主合法权益。注重规范企业行为，要求维修企业按规定悬挂统一的"机动车维修企业"标志牌。加强对维修业户配件的监管检查和维修车户的调查，完善配件采购进货关，避免使用假冒伪劣配件。督促维修企业按规定将维修项目、维修标准、工时定额及单价上墙公示，增加透明度。检查维修车辆的"三单一证"，避免只收费不维护等不诚信现象。加强维修从业人员培训，落实省政府安全生产责任制。各地加大对维修从业人员持证上岗监督检查力度，按照国家维修业开业条件标准规定和省政府安全生产目标责任要求，执行维修从业人员持"机动车维修上岗证"上岗制度。

表5-17　**1996—2005年福建省机动车维修业户及完成维修业务量统计表**

年份	业户数（户）					完成维修业务量（辆次）			
	合计	一类	二类	三类	摩托车	整车大修	总成大修	二级维护	专项修理
1996	12041	103	1482	6545	3911	15174	39921	544381	1947040
1997	11971	101	1487	6471	3912	13362	46851	564261	1915181
1998	12033	101	1583	6149	4200	12258	63592	592882	2295826
1999	11685	103	1438	6233	3911	14754	65135	559115	2140286
2000	11572	102	1500	5833	4137	18605	53768	756645	1940068
2001	11360	96	1428	5016	4820	14641	64311	578127	1583581
2002	11618	112	1454	4773	5279	8520	49773	493032	1578814
2003	12646	112	1476	5746	5312	12286	71346	499386	1559759
2004	11774	128	1324	5557	4765	15998	69218	610926	1823479
2005	5289	174	1193	1835	2087	11776	61138	519182	1601019

表5-18　**2005年福建省各设区市机动车一类、二类维修业户数及构成统计表**

单位：户

项目 市、区	业户数	
	一类	二类
全省	174	1193
福州市	38	201
厦门市	55	153
莆田市	3	62

续表 5 – 18

项目 市、区	业户数	
	一类	二类
三明市	12	160
泉州市	35	129
漳州市	15	165
南平市	4	4
宁德市	6	41
龙岩市	6	276
漳州开发区	—	2

表 5 – 19　　　　**2005 年福建省一类机动车维修企业名录表**

序号	地区	单 位 名 称	地　　址
1	福州	福建省直中机中泰汽车有限公司	福州屏西路 29 号
2		上海大众汽车福州特约维修站	福州市鼓楼铜盘路 388 号
3		福州大众汽车销售服务有限公司	福州市铜盘路 388 号
4		福州世纪兴汽车贸易有限公司	福州市扬桥中路 277 号
5		福建省佳宏经贸有限公司	福州仓山区则徐大道葫芦阵村
6		福州合创汽车贸易有限公司	福州仓山区则徐大道(闽丰汽车广场)
7		福州和风汽车销售贸易有限公司	福州金山工业区金达路
8		福州永达汽车销售服务有限公司	福州市仓山区盖山投资区高五路 10 号
9		福州华裕汽车销售服务有限公司	福州仓山区城门福峡路 755 号亚太汽车交易市场 A 座
10		福州华瑞汽车销售服务有限公司	福州市仓山区后坂盖山投资历区高旺路 8 号
11		福州闽神汽车贸易有限公司	福州市仓山区黄山高速公路连接口
12		福建省闽晨汽车贸易有限公司	福州市仓山区黄山高速公路连接口
13		福州东风汽车销售服务有限公司	福州市仓山区盖山投资区高旺路 8 号
14		福建万事得汽车有限公司	福州市仓山区科技园高仕路
15		福州风驰汽车服务有限公司	福州市仓山区连江南路 725 号
16		福州仓山区名星汽车销售服务有限公司	福州市仓山区盖山镇则徐大道名星汽车城 1 号楼
17		福建信田汽车有限公司	福州市仓山区则徐大道 631 号
18		福建进口汽车修配总站	福州市仓山三叉街则徐大道 125 号
19		福建中升丰田汽车销售服务有限公司	福州市仓山福泉高速公路连接口
20		福州中诺汽车有限公司	福州市仓山区则徐大道 625 号
21		福州宾联汽车修理有限公司	福州市仓山区则徐大道 323 号
22		福州航空四站汽车修配厂	福州市仓山区建新镇金达路 168 号
23		福州中机中泰汽车贸易有限公司	福州市仓山区科技园 IV 区 02 号
24		福建省润通汽车销售服务责任公司	福州市仓山区科技园 6 区 98 号
25		福建省汽车运输总公司福州汽车修理厂	福州市仓山区科技园 8 号
26		福州东星汽车维修服务有限公司	福州市仓山区福峡路 755 号福州亚太汽车交易市场 B 座
27		福州中宝汽车销售服务有限公司	福州市仓山区科技园 6 区 168 号
28		福州玖玖丰田汽车销售服务有限公司	福州市江滨东大道 118 号

续表 5－19

序号	地区	单 位 名 称	地 址
29	福州	福州信达诺汽车销售服务有限公司	福州市马尾区江滨东大道 136 号
30		福建华菲汽车销售服务有限公司	福州市长乐北路 1 号
31		福州广裕达贸易有限公司	福州市福新东路 361 号
32		福建福迅汽车销售有限公司	福州市晋安北路 83 号
33		福州迅速汽车修理有限公司	福州市晋安北路 85 号
34		福建联胜汽车服务有限公司	福州市晋安区福飞北路 175 号
35		嘉利德斯（福州）汽车维修有限公司	福州市晋安区福新东路 360 号
36		福州永力通汽车贸易有限公司	福州市晋安区五四北路利嘉路
37		福州华达联汽车贸易有限公司	福州市晋安区五四路新店秀山村
38		闽运汽车修理分公司二厂	福州市华林路 371 号（北站院内）
39	南平	南平市华恒汽车服务公司	延平区环城八中路 112 号
40		建瓯市汽车修理厂	建瓯市水西放生池 52 号
41		上海大众建瓯销售服务公司	建瓯市水西新区
42		建瓯市万安汽车保修公司	建瓯市水西路 246 号
43	宁德	宁德汽运集团公司汽车修理总厂	宁德市单石碑涵内路 133 号
44		宁德市公路局机修厂	宁德市单石碑路 84 号
45		福建合众汽车有限公司	宁德工业园区站前路与 19 路交叉口
46		古田闽运车辆修配厂	古田县 614 路 640 号
47		宁德汽运集团公司福安修理厂	福安市福新路 41 号
48		福安正大汽车服务有限公司	福安市赛岐宅置工业园区
49	莆田	福建省德盛兴汽车销售服务有限公司	涵江区滨海大道 A1－A8 号
50		莆田市中机中泰汽车销售有限公司	涵江区白塘镇埭里村
51		福建莆田汽车运输股份有限公司汽车维修中心	城厢区蔡宅
52	泉州	泉州市汽车运输总公司永春分公司维修厂	永春县桃溪中区 325 号
53		泉州市汽车运输总公司德化分公司汽车维修厂	德化县龙浔镇鹏都 2 号
54		惠安县忠兴汽车修配厂	螺城霞园福厦公路东侧
55		惠安县宝安汽车维修有限公司	螺城惠泉路后
56		泉州鑫达汽车销售服务有限公司	惠安福厦路洛阳桥
57		闽运安溪公司汽车维修厂	安溪龙湖
58		安溪县鸿业汽车修配有限公司	安溪火车站边
59		泉港荣丰机动车维修有限公司	涂岭镇路口工业区
60		泉州汽车运输公司技术服务公司	旧车站
61		上海大众汽车销售服务有限公司	南环路江南工业
62		泉州大众汽车销售服务有限公司	泉州经济技术开发区 1－2 号
63		泉州益成汽车贸易发展有限公司	丰泽区华大南埔村
64		北京现代汽车泉州中达特约销售服务公司	南环路
65		泉州鸿盛汽车销售服务有限公司	泉州经济技术开发区 324 国道边

续表 5－19

序号	地区	单 位 名 称	地 址
66		泉州市华旭汽车贸易有限公司	泉州经济技术开发区西片区 F－15 号地块
67		泉州汇京银河汽车贸易有限公司	泉州经济技术开发区 1 号街坊 2C－4G
68		泉州汇京福悦汽车贸易有限公司	泉州经济技术开发区 1 号街坊 11－12A
69		福建盈众汽车销售服务有限公司	泉州经济技术开发区西片区 F－03 号
70		泉州永联汽车维修有限公司	江南火炬
71		福建省晋江市汽车修理厂	晋江市青阳亿盛路汽修大厦
72		泉州诚达交通技术服务晋江分公司	晋江市紫帽后厝街
73		泉州盛元汽车销售服务有限公司	晋江市池店镇东山工业小区
74		泉州日产汽车有限公司	晋江市紫帽湖盘村
75		福建省晋江市深沪长江汽车修配厂	晋江市深沪镇群峰工业区
76	泉州	晋江市金井镇联丰汽车修理厂	晋江市金井镇丙洲村
77		晋江市新兴机动车服务有限公司	晋江市罗山街道后林村
78		石狮市通海汽车配件有限公司	石狮市灵秀镇华山石泉大道西侧
79		石狮市通达汽车修配有限公司	石狮市灵狮开发区
80		石狮市捷友汽车修配厂	石狮市祥芝镇大堡开发区
81		南安市水头顺源汽车维修厂	水头镇大盈市场边
82		南安市联鑫汽车维修有限公司	官桥镇金桥开发区
83		泉州市利民汽车修配有限公司	官桥镇美人桥南
84		福建省南安市建平汽修有限公司	成功科技工业区
85		南安市洪濑洪潮汽车修配厂	洪濑镇谯琉村
86		泉州华奥汽车销售服务有限公司	霞美镇霞美村
87		闽通长运有限公司宁化分公司保修厂	宁化县中环中路
88		三明市优倍汽车服务有限公司碧湖维修分公司	梅列区碧湖开发区
89		三明市顺捷车业有限公司	梅列区闽中汽车城内
90		三明市公路机械修造厂	三元区富兴路 13 号
91		福建省第一建筑工程公司汽车大修厂	三元区工业中路 22 号
92		三明市汽车修配厂	三明工业中路 136 号
93	三明	三明兄弟物流有限公司	三明新市南路 77 号
94		福建省地质探矿机械厂汽车大修分厂	市东坡路 53 号
95		闽通长运股份有限公司永安客运一分公司	燕江东路 419 号
96		永安市永运客运有限公司	燕西中山停车场
97		永安市福泥汽车运输有限公司	永安市坑边
98		永安市恒健物流运输有限公司	永安市吉峰桥头

续表 5 - 19

序号	地区	单 位 名 称	地 址
99		厦门大通行汽车服务有限公司	厦门市湖滨北路 97 号
100		厦门公交汽车保修厂	厦门市湖滨中路 64 号
101		厦门宏达机械维修有限公司	湖里长岸路 218 号宏达大厦
102		厦门市东孚汽车修配厂	东孚大庵
103		厦门市路安汽车修配服务有限公司	思明区厦禾路 1026 - 1030 号
104		厦门红星汽车修理厂	东浦路
105		厦门电业汽车服务有限公司	湖里区东兴路 1 号
106		厦门宝马汽车维修有限公司	海沧区马青区 1267 号
107		厦门特运集团有限公司湖滨汽车修理厂	湖滨南路八号之二
108		厦门市新通用汽车有限公司	湖里区江头园山
109		厦门市杏林杏锦汽车维修有限公司	杏前路 164 - 1 号
110		厦门辉达汽车修配有限公司	思明区莲岳路 189 号 2 号楼 1 楼
111		厦门市白鹤客车出租公司汽车修理厂	思明区洪莲西路 31 号
112		厦门顺龙汽车维修有限公司	厦门市思明区大学路 166 - 172 号
113		厦门华粮汽车维修有限公司	金尚路金北工业园 5 号厂房 217 号
114		厦门市艳阳天实业有限公司	厦门湖里区兴隆路 13 号楼 101 厂房
115	厦门	厦门市思明区根强汽车修理厂	洪文村洪莲路村委会租地
116		福建厦门申闽汽车有限公司上海大众汽车特约维修站	湖里区高殿嘉禾路 807 - 809 号
117		厦门银洲汽车维修服务中心	思明区港厦工业村厂房 D 幢底层
118		厦门市金宏汽车修配有限公司	湖里区吕岭路蔡塘小学对面
119		厦门象屿保税区赛俊汽车维修有限公司	湖里区枋湖北二路 766 - 768 号
120		厦门国际航空港汽车服务有限公司	湖里区高崎国际机场大道
121		厦门特运集团有限公司汽车修理厂	厦门莲岳路 221 号
122		厦门同安联通汽车修配有限公司	同安区祥平街道阳宅村
123		厦门市宾联轿车服务有限公司	金尚路金尚工业园 3 号厂房
124		厦门中升丰田汽车销售服务有限公司	湖滨北路东段外贸工业大厦
125		厦门市鑫赞汽车维修有限公司	思明区洪文路石村
126		厦门顺泰汽车服务有限公司	集美北部工业区浒井村
127		厦门迅速汽车服务有限公司	体育路 38 号华强企业大楼 1 楼
128		厦门市中汽智诚汽车有限公司	湖里区高崎国际机场 1 号候机楼
129		厦门新信通工贸发展有限公司汽车修理厂	思明区文屏路 229 号
130		厦门市湖里区一中一汽车快修行	湖里大道 61 - 63 号 14 号厂房 1 楼
131		厦门中展汽车维修销售服务有限公司	连前大道安全局西侧

续表 5-19

序号	地区	单 位 名 称	地 址
132	厦门	厦门空港航星汽车维修服务有限公司	厦门高崎国际机场
133		厦门象屿胜华元机电有限公司	厦门象屿管委会综合楼 229 室
134		厦门元路达汽车维修有限公司	厦门市东浦路 217 号
135		厦门市泰成汽车服务有限公司售后服务分公司	枋湖南路 169 号
136		厦门市常鹭汽车服务有限公司	翔安区马巷镇舫阳工业区
137		厦门市杏林辉跃汽车维修有限公司	杏林区杏前路 20 号
138		厦门宏通汽车销售有限公司	湖里区后坑居委会前社 2 号
139		厦门市盈众汽车销售有限公司	湖里区嘉禾路 608 号 4 楼
140		厦门中达丰田汽车服务有限公司	厦门市湖里区长浩路 1 号
141		厦门金子汽车维修有限公司	湖里区后坑村前社 33 号
142		厦门富塘汽车贸易有限公司	机场安兜路口
143		厦门大邦通商汽车贸易有限公司	厦门市湖里区长浩路 2 号
144		厦门塞尔福汽车有限公司金湖分公司	金湖路 5 号
145		厦门厦贸汽车服务有限公司	集美银江路 229 号
146		厦门永润汽车有限公司	枋钟路金尚路交叉口
147		福建荣基汽车有限公司	湖里区林后路
148		厦门塞尔福汽车有限公司机场分公司	厦门市机场二号路
149		厦门市东南汽车贸易有限公司	湖里区枋钟路与太古路交叉口西北
150		厦门盛元汽车有限公司	厦门市体育路 17 号
151		福建省万国汽车贸易有限公司	嘉禾路中埔村
152		厦门新成功汽车贸易有限公司	海沧区南海三路 1219 号
153		厦门宏源发汽车维修有限公司	湖里区枋湖路 751 号
154	漳州	云霄县五菱汽车维修服务站	云霄县莆美镇莆政路 19 号
155		云霄县台联汽车维修有限公司	云霄县莆美镇莆政路
156		正众漳州销售服务有限公司	漳州市蓝田开发区横一东路
157		漳州市汇兴汽车维修有限公司	南坑北路 19 号
158		福建漳州市长运集团有限公司汽车修理厂	芗城区市尾
159		漳州市机关汽车修配厂	胜利西路 126 号
160		漳州市康德汽车维修有限公司	金峰工业区金峰路
161		漳州市长安汽车维修服务中心	金峰工业区金峰二道
162		漳州市信志汽车维修有限公司	漳华路 216 号
163		漳州市芗城勇升汽车修配有限公司	上街新星工业区内
164		漳州市长运集团有限公司第二汽车修理厂	芗城区土白港脚村

续表 5－19

序号	地区	单 位 名 称	地 址
165	漳州	漳州市宏信石油运输有限公司	芗城区南坑北路 2 号
166		漳州盈众汽车销售服务有限公司	漳州市迎宾路外贸仓库东侧
167		漳州市海通汽车销售服务有限公司	漳州市龙文区步文镇步文村
168		漳州聚力汽车销售服务有限公司	漳州市蓝田工业区
169	龙岩	龙岩市新宇汽车销售服务有限公司	龙岩市新罗区龙腾路中段
170		龙岩市众邦汽车贸易有限公司修理厂	龙岩市新罗区龙门高速公路路口
171		龙岩市泰成汽车服务有限公司	新罗区龙岩大道曹溪段
172		福建龙洲运输股份有限公司龙岩客运分公司维修厂	新罗区西安南路 119 号
173		龙岩市广骏汽车销售服务有限公司	龙岩市新罗区东城东兴路 155 号
		龙岩通顺汽车销售服务有限公司	龙岩市新罗区东城东新路 148 号

四、机动车综合性能检测

1991 年 4 月 23 日，交通部发布实施《汽车运输业车辆综合性能检测站管理办法》。1995 年将"车辆维护记录卡"和"车辆技术等级评定"增补进"公路运输营运证"，同时下发"汽车维护工艺规范"、"汽车技术等级评定标准"和"汽车技术评定的检测方法"三项行业技术标准。5 个检测站（三明、龙岩、福州、宁德、泉州各 1 个）先后投入运行，5 个检测站（莆田 1 个、漳州 2 个、福州 2 个）也投入筹建。同时，各地设立车辆技术等级评定点，方便车主就近进行车辆技术等级评定工作。共设立 28 个评定点，厦门 6 个、漳州 6 个、南平 9 个、福州 4 个和莆田 3 个。

1996 年，省运输管理局出台《福建省机动车综合性能检测站管理办法（试行）》、《福建省机动车综合性能检测站基本条件（试行）》和《福建省机动车综合性能检测站认定办法（试行）》，全省检测站实行"统一检测项目、统一检测评分标准和统一检测报告"管理，并实行站内检测设备电脑联网，所有机动车综合性能检测机构均采用全自动联网系统，实现检测信号采集、数据分析处理和检测结果判定均由计算机自动完成，提高检测结果的科学性、公正性和权威性。

2000 年，全省机动车综合性能检测服务统一实行承诺制度，各检测机构在服务大厅内公布承诺规定、公正性声明、检测标准、收费标准和办事程序等内容，内设社会监督台，公布监督举报电话，部分检测站设置驾驶员休息室，还配备监视系统，并规定服务对象对检测结果有异议时，可跟车上线再行检测。

2004 年底，全省共建立 50 个车辆综合性能检测机构（含维修竣工检测线），全省车辆综合性能检测网络基本形成。

2005 年，对机动车综合性能检测机构采用社会化经营、专家评估、管理机构公布和监管、车单位自愿委托的管理方式。出台《福建省机动车综合性能检测机构管理工作规范》，统一规范全省综合性能检测行为。全省 A 级站全部通过省级计量认证，全省检测站平均检测能力利用率达到 70％ 以上。综合性能检测站与运输管理机构脱钩，实现由行政事业性收费向经营性收费的转变。规范检测站软、硬件设施建设，规范检测收费和检测行为。

表 5 - 20　　**1996—2005 年机动车综合性能检测站按级别统计表**

年　份	总数（个）	A 级站（个）	B 级站（个）	其他（个）	年完成检测量（辆次）
1996	22	10	3	9	—
1997	23	10	4	9	—
1998	22	11	4	7	—
1999	24	13	6	5	151106
2000	24	12	7	5	165984
2001	31	15	8	8	358510
2002	40	17	9	14	339874
2003	43	19	8	16	294207
2004	50	23	5	22	963774
2005	52	26	4	22	395262

表 5 - 21　**2005 年福建省各地区汽车综合性能检测站及检测业务量统计表**

地　区	检测站（个）			检测业务量（辆次）				
	A 级站	B 级站	其他	维修竣工	等级评定	质量仲裁	排放检测	维修质量监督检测
全省	26	4	22	211703	146759	144	31571	1908
福州市	8	—	1	11685	29593	136	3344	—
厦门市	2	1	—	80137	19378	—	—	—
莆田市	3	—	—	17806	7254	8	25060	1900
三明市	2	—	—	5094	6115	—	3167	—
泉州市	4	—	14	64854	34984	—	—	—
漳州市	4	—	—	—	14608	—	—	—
南平市	1	1	2	15201	9931	—	—	—
宁德市	1	1	5	16926	6821	—	—	—
龙岩市	1	1	—	—	18075	—	—	8

表 5 - 22　2005 年福建省机动车综合性能检测站 A 级站、B 级站名录表

序号	地区	单 位 名 称	站级	单 位 地 址
1	福州	福建省盛辉物流集团有限公司福新路机动车综合性能检测站	A	福州市福新东路 249 号
2		福州洪山桥汽车综合性能检测站	A	福州市金山工业区金达路
3		福州华威汽车服务有限公司台屿汽车综合性能检测站	A	福州市仓山区建新镇长埕村
4		福清市霞河机动车综合性能检测站	A	福清市宏路镇清荣大道霞河村
5		连江县机动车综合性能检测站	A	福州市连江县敖江工业小区(东湖口)
6		闽清县永达机动车综合性能检测有限公司	A	福州市闽清县梅城镇梅溪路 40 号
7		福州市平潭机动车综合性能检测站	A	福州市平潭县东大街 82 号
8		福建省闽运机动车综合性能检测站	A	福州市仓山科技园区 8 号
9	莆田	莆田市机动车综合性能检测中心	A	莆田市涵江区四角砖岭(福厦路 91 千米)
10		莆田市机动车综合性能检测中心仙游检测站	A	仙游县海亭岭
11		莆田市鸿远机动车综合性能检测有限公司	A	莆田市荔城区畅林村 103 号
12	泉州	泉州机动车综合性能检测中心	A	泉州市少林路泉州市汽车改装总厂内
13		永春县机动车综合性能检测有限公司	A	永春县南环路(桃溪)275 号
14		晋江市机动车检测有限公司	A	晋江市龙湖晋南开发区
15		泉州市南安机动车综合性能检测站	A	南安市省新镇扶茂岭开发区
16	厦门	厦门市汽车综合性能检测中心	A	厦门市枋湖工业区金湖路 11 - 13 号
17		厦门市同安区机动车综合性能检测站	A	厦门市同安区城东开发区 A 地块
18		厦门市杏林机动车综合性能检测站	B	厦门市集美区杏前路 130 号
19	漳州	福建漳州市长运集团有限公司机动车综合性能检测站	A	漳州市市尾
20		福建漳州市长运集团有限公司蓝田机动车综合性能检测站	A	漳州市东郊蓝田工业开发区
21		漳浦县机动车综合性能检测站	A	漳州市漳浦县缓安工业开发区
22		龙海市耀达机动车综合性能检测站	A	龙海市海澄镇工业区内(海澄西环)
23	龙岩	龙岩市鸿升机动车综合性能检测有限公司	A	龙岩市新罗区罗龙路石埠路段
24		龙岩市武平机动车综合性能检测站	B	武平县十方镇十方村(老车站内)
25	三明	三明市鸿通机动车综合性能检测有限公司	A	三明市富兴路 13 号
26		永安市闽中机动车技术综合检测维修有限公司	A	永安市燕南街道埔岭山冈
27	南平	南平市机动车综合性能检测中心	A	南平市环城中路 102 号
28		南平市机动车综合性能检测中心建阳检测站	B	建阳市考亭 2 号
29	宁德	宁德市机动车辆综合性能检测中心	A	宁德市蕉城区单石碑涵内路 133 号
30		宁德市福鼎机动车辆综合性能检测站	B	宁德市福鼎市桐城普后

五、驾驶人培训

（一）营运驾驶员从业资格培训

1996年，福建省交通厅运输管理局根据交通部《关于加快培育和发展道路运输市场的若干意见》和《关于整顿道路客运市场秩序的通知》中"对驾乘人员实行考核持证上岗制度"的要求，对营运车辆驾乘人员进行岗位培训。1998年1月1日起统一实行持证上岗制度。

表 5－23　　**2005 年福建省道路运输驾驶员从业资格培训业户名录表**

序号	地区	单位名称	地址
1	福州	福州华威交通职业技能培训中心	福州市仓山区福湾路台屿长埕
2		福建省汽车运输技工学校	福州市长乐南路 18 号
3		福建省吉诺交通职业培训学校	福州市仓山区则徐大道 625 号
4		福建建安汽车驾驶员培训学校	福州市晋安区新店镇东浦路
5		福州航空四站军地两用人才职业培训中心	福州市金山工业区金达西路
6	莆田	莆田市涵江大地汽车驾驶员教练所	涵江区华西路 1769 号
7	泉州	惠安县汽车驾驶员职业培训学校	惠安县辋川镇居仁村
8		泉州市交通职业培训中心	洛江区双阳镇万红公路新兰村
9		晋江市交通职业培训有限公司	龙湖镇晋南开发区
10		安溪县交通职业培训学校	凤城镇龙湖益民居街
11		永春县交通职业培训学校	永春县交通大厦内
12		石狮市交通职业培训学校	石狮市交通服务中心内
13		南安市交通职业培训学校	南安市交通服务中心内
14		鲤城区机动车驾驶员培训学校	丰泽区普贤路勤峰社区
15	漳州	龙海市汽车驾驶员培训学校	龙海市角美镇苍坂农场
16		漳州市汽车运输技工学校	漳州市芗城区马鞍山路 1 号
17		漳浦县宏伟机动车驾驶员培训学校	漳浦县绥安镇工业区
18		平和县华联汽车驾驶员教练所	平和县小溪镇琯溪东路 359
19	厦门	厦门经济特区运输总公司培训中心	思明区仙岳路 430 号特运综合楼
20		同安大宏汽车培训队	同安区大同镇顶溪头村东市
21	龙岩	福建省龙岩市第二技术学校	新罗区西坡镇小洋宝竹南路 1 号
22	三明	福建省三明市交通技工学校	永安市大洲后 29 号
23	南平	福建省南平市交通中等技术学校	建阳市考亭 3 号
24	宁德	宁德市福新交通技术培训有限公司	福安市福新村 41 号
25		福鼎市金龙机动车驾驶员培训有限公司	福鼎市桐山街道前店 1 号
26		宁德市鑫安交通从业人员培训服务有限公司	宁德市后岗幸福花苑 11 号

为规范营业性道路运输驾驶员职业培训活动，提高营业性道路运输驾驶员职业素质，加强道路运输安全生产管理，提高道路运输服务质量，2001年10月11日，交通部公布《营业性道路运输驾驶员职业培训管理规定》，规定实施营运驾驶员从业资格制度。2002年3月15日，省交通厅出台《福建省〈营业性道路运输驾驶员职业培训管理规定〉实施细则》，对福建省贯彻实施营业性道路驾驶员从业资格管理进行细化和补充。6月29日，召开全省运输管理处处长会议，贯彻部署开展交通部道路运输驾驶员从业资格管理制度。7月，组成检查验收小组，对全省各市上报的培训业户逐个进行检查验收。经评审考核，19家培训业户获准承办福建省道路运输驾驶员从业资格培训。实施营运驾驶员从业资格制度，限制不符合道路运输职业要求的驾驶员进入营运驾驶员队伍。

2000年8月，福建省道路运输管理机构共核发《岗位服务证》231820本，其中，客运《岗位服务证》53541本、货运《岗位服务证》114522本、危险货物《岗位服务证》2512本、乘务员《岗位服务证》61245本。实行"岗位服务证"管理，把驾乘人员纳入行业管理的范畴。

表5-24　**2002—2005年福建省道路运输驾驶员从业资格证发放情况表**

单位：本

年　份	道路旅客运输从业资格证	其中：大客	道路货物运输从业资格证	其中：汽车列车	道路危险货物运输从业资格证	合　计
2002	21090	5434	31250	3210	1135	53475
2003	61819	10025	105701	5412	4172	171692
2004	80213	11078	129208	5713	5880	215301
2005	82213	12001	137208	5900	6759	226180

（二）机动车驾驶人培训

2004年5月1日，《中华人民共和国交通安全法》颁布施行。7月1日，《中华人民共和国道路运输条例》颁布实施，明确规定机动车的驾驶培训由交通主管部门管理。为此，省运输管理局组织有关人员对全省驾校进行全面调查摸底。6月29日，省运输管理局与省交警总队联合下发《关于印发〈福建省机动车驾驶人培训和考试衔接工作协调会议纪要〉的通知》，同时，省运输管理局下发《关于印发〈福建省机动车驾驶培训行业管理工作实施方案〉的通知》。7月1日，在《福建日报》等报刊上刊登《关于开展福建省机动车驾驶培训资格管理工作有关事项的通告》。各级道路运输管理机构根据上述要求开展福建省驾驶培训行业管理工作。

2004年8月31日，驾驶培训行业管理职责移交后的第一期机动车驾驶人教员培训班在福建省汽车运输技工学校举办。省运输管理局依据有关规定针对教练员理论、教学能力和实际操作等方面组织考试。12 月，交通部颁发《机动车驾驶员培训教学大纲》。大纲对普通机动车驾驶员和道路运输驾驶员的培训进行规范，同时把教学日志纳入培训教学大纲的范畴，全面推行驾驶培训素质教育。

2004 年 11 月开始，省运输管理局统一组织各市、县道路运输管理机构有关人员，对全省已纳入管理的机动车驾驶培训机构，按照交通行业标准 JT/T433-2004《机动车驾驶培训机构资格条件》逐一进行审验。审验合格的，由所在地县级道路运输管理机构核发《机动车驾驶培训许可证》，并逐级上报省级道路运输管理机构向社会公示。2005 年 1 月，省运输管理局组织全省培训机构负责人及相关人员 1000 多人进行《机动车驾驶员培训教学大纲》宣传贯彻学习，规范教员培训行为，提高驾驶培训质量。截至 2005 年 12 月 31 日，通过考试，共有 708 名理论教练员、5054 名实际操作教练员取得新的教练员证书。2005 年 4 月，全省道路运输管理机构逐步理顺与公安、工商和税务等部门的关系，建立健全福建省驾驶培训行业的市场准入制度，完善驾驶培训市场监管体系。

表 5-25　　　　　　　2005 年福建省驾驶培训机构统计表

地区	福州	厦门	泉州	漳州	三明	龙岩	南平	莆田	宁德	漳州开发区	合计
培训机构数量（家）	78	49	59	40	26	29	11	9	32	1	334
一级培训机构（家）	4	1	2	1	0	1	1	4	0	0	14
二级培训机构（家）	37	27	31	22	13	16	4	1	16	0	167
三级培训机构（家）	37	21	26	17	13	12	6	4	16	1	153
教练车数量（辆）	2372	1925	2223	1314	663	1035	333	417	450	5	10737
教练员数量（人）	2669	2098	2413	1421	713	1134	365	452	491	6	11762（含原来交警换证）

表 5-26　　　　　　　2005 年福建省驾驶员一级驾校名录表

序号	地区	单 位 名 称	地 址
1	福州	福州福建闽运汽车驾驶培训有限公司	福州市台江长乐南路 18 号
2		福清市阳霞汽车驾驶员教练所	福清市洋下（丹埔）工业小区
3		福建省福清市裕金汽车驾驶员教练所	福清市龙田镇后林村飞机场
4		福清市侨丰汽车驾驶员教练所	福清融城江边路 3 号
5	南平	南平丰源交通服务公司	南平市常坑
6	龙岩	龙岩市龙安机动车驾驶培训有限公司	新罗区西坡镇小洋宝竹南路 1 号

续表 5 - 26

序号	地区	单 位 名 称	地 址
7	莆田	莆田市龙升汽车驾驶员培训学校	城厢区下林开发区
8		莆田市涵江大地汽车驾驶员培训学校	涵江区华西路 1769 号
9		莆田市兴安汽车驾驶员培训有限公司	涵江区白塘埭村(福夏路 97 公里处)
10		莆田市兴隆汽车驾驶员培训有限公司	涵江区国欢镇沁南路 109 号
11	泉州	惠安禾协驾驶培训学校有限公司	惠安县辋川镇居仁村
12		南安市金鸡汽车教练所有限公司	南安市官桥镇岭兜村
13	厦门	同安大宏汽车培训队	同安区大同镇顶溪头村东市
14	漳州	福建省悦华新交通职业培训有限公司	龙海市榜山镇梧浦村

第四节　水路运输

一、企 业

(一) 航运企业

1990 年，由于运力供过于求，运价下跌，经营管理不善、采取挂靠形式成立的航运企业濒临倒闭，纷纷退出航运市场。福建航运企业大多规模较小，且采用家族式管理方式，抗风险能力较弱。

2001 年，交通部制订《关于航运业结构调整的意见》，随后相继出台《国内船舶运输经营资质管理规定》、《中华人民共和国国际海运条例》，对从事船舶运输的经营者设置条件，对从事国内船舶运输经营者实行资质审核、评估，对从事国际船舶运输经营者重新登记。2002 年底，全省共有 178 家航运企业达到交通部规定的条件。2003 年底，全国沿海干散货运力全面紧张，社会资金涌向航运业。2004 年，全省共投资 92875 万元购建船舶。2005 年，福建省航运业进入新一轮发展时期，共有航运企业 320 家，其中，货运企业 251 家，客运企业 69 家。拥有机动船舶 2890 艘，净载重量 366.14 万吨，25715 客位，其中单船平均净载重量 1267 吨。沿海主要航运企业 138 家。

表 5 - 27　　　　1993—2005 年若干年份福建省航运企业统计表

单位：家

年 份	航运企业	其中交通部门
1993	1467	1025
1994	992	134
1995	278	154

续表 5-27

年　份	航运企业	其中交通部门
1996	276	153
1997	250	120
1999	256	126
2000	198	139
2001	321	132
2002	390	119
2005	320	110

表 5-28　　　　　　2005 年福建省沿海航运企业名录表

序号	企业名称	企业地址
1	福建省轮船总公司	福州市台江区中平路 151 号
2	福建省厦门轮船总公司	厦门市禾祥西路 4 号
3	福建闽丰轮船有限公司	福州市台江区鳌峰街道江滨中大道
4	福建捷安船务有限公司	福州市福新中路 75 号永同昌大厦
5	福建省林业航运公司	福州市东街 43 号财经广场 4 楼
6	福建联发航运有限公司	福州市连江琯头镇连江路 1 号
7	福建外贸中心船务公司	福州五四路福建外贸中心二楼
8	福建鑫安船务有限公司	福州市六一北路 266 号亚太中心
9	福建港祥船务有限公司	福州市马尾区港口路 3 号
10	福建省天福通船务有限公司	福州市铜盘路 21 号左海名苑综合楼
11	福建东方海运有限公司	福州市马尾区港口路 3 号
12	福建中经纬船务有限公司	福州市鼓楼区国际大厦 13 层 C 座
13	福州金帆船务有限公司	福州市台江区福明苑日座 12A
14	福州锦榕海运有限公司	福州市台江区台江路 109 号元洪花
15	福州海一船务有限公司	福州市六一北路 528 号华盛大厦 5A
16	福州华明船务有限公司	福州市群众东路 89 号 2 座 602 室
17	福州快航轮船有限公司	福州马尾文化中心 B 座 801 室
18	福州远先船务有限公司	仓山区太平洋城 12 号 2102
19	福州闽富达船务有限公司	福州市台江区新港街道五一南路 1 号
20	福州泰海船务有限公司	福州市国货西路 85 号福明苑月座 15
21	福建全通轮船有限公司	福州市鼓楼区五一中路 32 号元洪大厦
22	福州昌运轮船有限公司	台江区中亭街利生苑 A 区 7 号楼 403

续表 5-28

序号	企 业 名 称	企 业 地 址
23	福建长航油运有限公司	福州市台江区元洪锦江花园 2 号楼
24	福建源远船务有限公司	连江县琯头镇华江综合大楼 B 座
25	福州融海航运有限公司	福州市马尾区罗星路宝马花园 A 座
26	福建福海海运有限公司	福州市福新中路 286 号闽奥花园 8 号
27	福建鑫海船务有限公司	平潭县潭城镇上埔 50 号
28	福州海凌船务有限公司	福州市湖东 216 号实达国际大厦 210
29	福建东鹏船务有限公司	福建省连江县凤城镇
30	福州潮安船务有限公司	福州市台江区东滨路 6 号（台江港务）
31	福州畅海轮船有限公司	福州市鼓楼区铜盘路 278 号 20 座 601`
32	福州中大航运有限公司	福州市鼓楼区福州湖东路 168 号
33	福州九龙船务有限公司	福州市琅岐经济区琅岐镇过屿后村
34	福清市华顺船务有限公司	福清市龙田镇龙田商贸城四期 A 座
35	福建碧海方舟海运有限公司	福州市鼓楼五一路 129 号 22 层 01 号
36	福州浩航船务有限公司	福州台江区五一中路 169 号利嘉城
37	福州市仓山龙江航运公司	福州市仓山城门镇龙江村
38	福州市马尾轮船有限公司	福州市马尾区出头
39	福州市晋安区海运公司	福州市福马路凤坂马路顶 1 号
40	福建省闽侯闽江海运有限公司	闽侯县闽江乡峡南
41	福建省连江县航运公司	连江县凤城镇玉荷东路台资大楼 D1
42	连江县琯头航运公司	连江县琯头镇联合路 22 号
43	福建省连江县黄岐海运公司	连江县黄岐镇文明路 1 号
44	福建省连江县闽都轮船有限责任公司	连江县琯头镇壶江村
45	连江县筱埕海运公司	连江县筱埕乡大街 25 号
46	福建省连江县凯达轮船公司	连江县安凯乡半山村
47	福建冠海海运有限公司	福州市江滨路 58 号永恒商厦三楼
48	福建省连江县富兴船务有限公司	连江县安凯乡高塘村
49	罗源县航运公司	罗源县凤南西路 14 号
50	福建省长乐市海运公司	长乐市进城路长乐花园 A 座 101-102
51	福建省长乐市第二海运公司	长乐市潭头镇潭头港
52	福建省长乐市阜山海运公司	长乐市文岭乡阜山村草塘
53	福建省平潭县轮船公司	平潭县苏沃镇苏沃街 70 号
54	福建省平潭县苏沃船务有限公司	平潭县潭城镇北大街电影公司家属大院
55	福建省平潭县白青船务有限公司	平潭县白清乡岱峰村

续表 5 – 28

序号	企 业 名 称	企 业 地 址
56	福建省平潭县北厝船务有限公司	平潭县北厝镇北厝村
57	福建省平潭县全兴船务有限公司	平潭县潭城镇桂山庄一区 5 号三楼
58	福建省平潭县航运公司	平潭县潭诚关街星庄 56 号
59	平潭县集美船务有限公司	福建省平潭县城关东大街 28 号
60	福清市航运公司	福建省福清市海口镇立新村
61	福建省福清市三山鸿通航运有限公司	福清市三山镇横坑村华塘 70 号
62	福清市通达船务有限公司	龙田镇福芦别墅小区 21 号
63	厦门东明航运有限公司	厦门市寿山路 12 号 – 10 东明园
64	厦门诚毅船务公司	厦门东渡路 99 号建港指挥部招待所
65	厦门通海船务有限公司	厦门海后路 7 路二楼
66	厦门市申鹭船务有限公司	厦门海沧区海沧镇贞庵村（海澳油）
67	厦门鹭明船务有限公司	厦门市金桥路 28 号邮政公寓
68	厦门鸿祥轮船有限公司	厦门市翔安区新店镇莲河村 81 – 83
69	厦门市融华船务有限公司	厦门市开元区仙岳路 620 号 602 室
70	厦门华晟轮船有限公司	厦门翔安区马巷镇巷南路 162 号
71	厦门闽舟海运有限公司	开元区莲花南路玉荷里 31 号 14 楼
72	厦门奥顺船务有限公司	厦门思明区公园南路浯江钻石广场
73	厦门力鹏船运有限公司	翔安区马巷镇南路（华丰面粉公司）
74	厦门兴航宇船务有限公司	厦门思明区厦禾路 844 号中厦国际
75	厦门恒扬船运有限公司	厦门门市美仁村 20 号 302 单元
76	厦门中海通航运有限公司	厦门湖里区湖滨北路 3 号黄金大厦
77	福建省莆田市轮船公司	莆田市城关后巷 97 号
78	福建省莆田市湄洲轮船公司	莆田市湄洲镇寨下村
79	莆田市荔城区帆顺船务有限公司	莆田市荔城区梅峰街画屏巷 5 号
80	莆田市海神船务有限公司	莆田市城厢区梅园西段 15 号楼 2 层
81	莆田市石城船务有限公司	莆田市莠屿区埭头镇石城村委会
82	莆田市涵江区海运公司	福建省莆田市涵江区新开河 19 号
83	泉州市顺通轮船有限公司	泉州市石狮市蚶江镇渔村城内路
84	泉州市锦程海运有限责任公司	泉州市丰泽区前坂新村 6 号楼 2 楼
85	福建省泉州通达船业有限公司	丰泽区田安路金帝商厦 D 座 1106 室
86	泉州展兴船务有限公司	鲤城区崇福商业大厦 A 幢 503 室
87	福建省石狮市恒信船务有限公司	石狮市蚶江镇蚶江村 2 区 25 号
88	石狮市华东船务有限公司	石狮市锦尚镇东店工业区 28 – 36 号

续表 5 – 28

序号	企 业 名 称	企 业 地 址
89	石狮市恒达船运有限公司	石狮市蚶江石渔村城内路 13 号
90	福建省泉州市永信船务有限公司	泉州市丰泽区田安路与泉秀路交叉
91	石狮市腾翔船务有限公司	石狮市蚶江镇石渔村城内路 10 号
92	南安市海峡船舶运输有限公司	南安市石井镇海滨开发区
93	泉州福泰船运有限公司	晋江市安海镇桥头
94	福建泉州市长盛船务有限公司	惠安县东园镇安头村
95	石狮市华信船运有限公司	石狮市蚶江镇石湖村
96	泉州丰泽轮船有限公司	丰泽区田安路世纪王朝大厦 901 室
97	福建省泉州市丰泽船务有限公司	泉州官市丰泽区福新花园城 3 – 1104 室
98	福建鸿安船务有限公司	惠安县东园镇按头村
99	福建惠安县浮山船务有限公司	惠安县东园镇后港安头
100	泉州市泉港海运公司	泉州市肖厝镇南埔镇肖厝村
101	福建长安船务有限公司	惠安县百崎回族乡五一工业区
102	福建安达船务有限公司	惠安县东园镇安头港湾路
103	泉州兴达船务有限公司	惠安县东园镇按头村
104	泉州市泉港钱江船务有限公司	泉州市泉港区界山镇东凉村赤屿岭
105	惠安县秀兴海上运输有限公司	惠安县东园镇秀土村
106	福建盛达船务有限公司	惠安县东园镇埃头港
107	泉州市泉港兴通船务有限公司	泉州市泉港区六街东段兴通海运大厦
108	福建省晋江市石菌海运公司	晋江市东石镇石菌村
109	福建省南安市船务有限公司	南安市石井镇
110	南安市建设海运公司	南安市石井镇建设村
111	泉州吉航海运有限公司	南安市石井镇石井村
112	福建省南安市南泰船业有限公司	南安市石井镇营前
113	福建省南安延平海运有限公司	南安市石井镇营前村
114	福建省石狮市闽捷船务公司	石狮市祥芝镇码头
115	石狮市祥达船务有限公司	石狮市蚶江镇石渔村街西 46 号
116	石狮市奥通商运有限公司	石狮市蚶江镇石湖港城外新村
117	石狮市永益船务有限公司	石狮市蚶江镇石渔村衙东 60 号
118	石狮市信达船运有限公司	石狮市蚶江镇石渔村
119	石狮市安捷船务有限公司	石狮市蚶江镇锦江村
120	石狮市闽台船务有限公司	石狮市蚶江镇蚶江村
121	漳州海达航运有限公司	招商局中银漳州经济开发区内

续表 5 – 28

序号	企 业 名 称	企 业 地 址
122	东山县兴航船务有限责任公司	福建省东山县铜陵镇码头街 620 号
123	福建省龙海市轮船公司	龙海市石码镇锦江道 68 号
124	龙海市飞翼客运有限公司	龙海市石码镇锦江道
125	闽东大洋船务有限公司	宁德市蕉城区宁川路枫景大厦 B 幢
126	霞浦县海昌船务有限公司	霞浦县牙城镇柯头路 59 号
127	福安市祥华海运有限公司	福安市甘棠镇甘坪村
128	福建正远海运有限公司	福安市赛岐镇永安东路 50 号
129	福建省宁德市振兴航运有限公司	福安市甘棠镇莲南路 B – 6 号
130	福建省闽东福林海运公司	福安市赛岐经济开发区三江 6 路 62 号
131	福安市溪尾运输有限公司	福安市赛岐经济开发区罗江商贸区
132	福安市金安轮船有限公司	福安市赛岐经济开发区罗江三江南
133	福安市裕昌轮船有限公司	福安赛岐开发区罗江区 18 号楼 2 门
134	福安市轮船公司	福安市赛岐镇下港路 49 号
135	福建省福鼎市航运公司	福鼎市城关前店 1 号
136	福建省福鼎市硖门乡青湾海运公司	福鼎市硖门乡青湾村
137	福建省霞浦县海运公司	霞浦县三沙镇金少城商住楼 4 – 126
138	福建省假浦县运输公司溪南航运杜	霞浦县溪南镇塘塍头村 16 号

1. 福建省轮船总公司

成立于 1950 年，前身为福建省航运管理局。2000 年，省轮船总公司成为省交通运输（控股）有限责任公司权属企业，为中国船东协会副会长单位，也是全省海上交通运输榜首企业。主要经营大宗散货、件杂货、集装箱、原油和成品油运输，以及劳务输出、海员培训等配套业务，航线遍及国内沿海各港和俄罗斯、韩国、日本、中国香港、中国台湾及东南亚等 20 多个国家和地区的 100 多个港口。承担包括福建省重点项目华能（福州）电厂和华电可门电厂等电煤运输在内的沿海大宗散货业务及两岸试点直航、两岸三地运输等集装箱运输任务。

2. 福建省厦门轮船总公司

成立于 1950 年，前身为福建省航运管理局厦门分局，后更名为"福建省轮船总公司厦门公司"。2000 年国有资产管理体制改革后，公司成为省交通运输（控股）有限责任公司全资下属企业。职工 2000 多人，拥有散货船、集装箱船、顶推驳船组、沿海客轮及内河客船等多种类型的船舶 30 余艘，总运力 22 万吨，航线遍及国内沿海、台湾、香港多个港口。主要经营大宗干散货、集装箱海上运输业务，并长期从事国内沿海电煤运输、厦门至高雄试点直航、厦门至香港集装箱支线及福州至台湾两岸三地运输。是福建省航运系统唯一一家"国家二级企业"及"全国交通百强企业",也是交通部首批公布的国际班轮运输业务经营者和国际船舶运输经营者。

3. 中远集团厦门远洋运输公司

成立于1993年,中国远洋运输(集团)总公司的全资二级企业。拥有散货船、多用途船及客船等类型船舶14艘,30多万载重吨,主要从事国际间干散货和杂货运输业务,经营远东—美湾和远东—中南美洲不定期杂货班轮航线,并经营船舶修理、船舶物料供应、集装箱储运、国际海员培训和旅游服务等相关产业。1996年,建立安全质量管理综合体系,纳入ISO9000、ISO12000、OSH18000等相关管理要素和强制标准。2003—2005年,公司连续创利超亿元,人均年创利超过200万元,人均年缴税超过70万元。

4. 厦门轮船总公司海上客运旅游有限公司

原系厦门轮船总公司下属的内河客运船队,成立于1950年,1999年12月改制成法人公司。在职职工280多人,拥有大、中、小型等各类沿海、近海客运旅游船舶24艘,5000平方米的多功能大型旅游客运码头1座,主营省内客货运输、海上旅游客运,兼营国内水路客货运输代理。客运经营厦门—金门、厦门—漳州港(厦大漳州校区)、厦门—龙海石码、海澄、下坞,厦门—火烧屿、鼓浪别墅7条客运航线及厦门—后石华阳电厂、打石坑诺尔公司交通船业务。旅游从事厦门—龙海浯屿、南太武,厦门—集美(经火烧屿、宝珠屿)、环厦门岛、环鼓浪屿、看金门、大担和二担、鹭江夜游等海上一日游业务,每天接发航班300多航次,年运送旅客超过300万人次。

5. 福建冠海海运有限公司

原名福建省琯头海运总公司,成立于1981年,民营企业。该公司2005年的固定资产达10多亿元,拥有包括好望角型、巴拿马型、灵便型散装船及支线集装箱船舶在内的各类船舶13艘,总载重吨近70万吨,是从事国际、国内沿海及港澳台航线运输的专业化航运企业。根据2004年度和2005年度交通部发布的中国航运发展报告,其在全国所有航运企业总运力规模和自有船队运力规模排名中列第七位。

6. 福建国航远洋运输股份有限公司

成立于1995年6月,由14个子公司和控股公司组成,分布在北京、上海、秦皇岛等地,同时,还成立了专业的船舶管理公司及国内首家船舶融资租赁公司,福建省首家民营股份制海运企业。公司主要从事国际、国内沿海及长江中下游普通货物运输、船舶管理、燃料经营等业务,并从事钢铁、矿石等散货的远洋运输,控制运力达80多万载重吨。

7. 福州市马尾华荣海运有限公司

1999年6月成立。2005年拥有全资及控股的下属企业6家,总资产8亿元,经营船舶20艘(含方便旗船),22万载重吨,其中集装箱船舶16艘,箱位8212标箱/12

万吨。公司经营的主要航线有：海峡两岸间接集装箱班轮运输，海峡两岸间接散货运输，福州、厦门至台湾高雄的"两岸试点直航"航线的集装箱班轮运输，福建沿海至港澳地区的集装箱班轮运输和福州至厦门的外贸内支线集装箱班轮运输等。

8. 福建安达船务有限公司

1992年11月成立。拥有集杂两用货轮7艘，散装货轮1艘，总运力近4万吨，员工158人。主要从事国内沿海及长江中下游、珠江水系各港间海上货物运输，国内各开放港口至港澳地区间海上货物运输，国际近洋航线海上货物运输等业务。

（二）服务业

1996年6月，交通部颁发《中华人民共和国水路运输服务业管理规定》，适用于国内船舶代理和国内货物代理两项水路运输服务业务。至2005年底，全省共有水路运输服务企业122家。

表5-29　　　　　**2005年福建省水路运输服务企业名录表**

序号	企业名称	序号	企业名称
1	福建省轮船总公司	21	同安县莲泉码头装卸有限公司
2	闽江航运服务公司	22	厦门市集美航海船舶服务公司
3	福州中海物流有限公司	23	厦门市海鸿船舶供应有限公司
4	平潭恒源船舶货运代理	24	厦门市申鹭船务有限公司
5	福州中海船务代理有限公司	25	厦门中海物流有限公司
6	福州信昌船务有限公司	26	厦门市外轮理货劳动服务公司
7	福州知航船务有限公司	27	厦门市海顺达船务工程公司
8	福州博联货运代理有限公司	28	厦门市中海船务代理有限公司
9	福州君立船务有限公司	29	厦门市港务国内船舶代理有限公司
10	福清市港航货运代理有限公司	30	厦门市棋盛船务有限公司
11	福州岚榕船务有限公司	31	厦门市港成辉经济发展有限公司
12	福州恒晖船务有限公司	32	厦门外代国际货运有限公司
13	中海福建物流有限公司	33	厦门三联船务企业有限公司
14	厦门市鹏鹭贸易有限公司	34	厦门伟特利货运有限公司
15	厦门市甬洲船务代理有限公司	35	厦门鑫海达船舶物资有限公司
16	厦门西凌船务有限公司	36	厦门和立有限公司
17	厦门市高港工贸有限公司	37	厦门盛德利船务代理有限公司
18	厦门石湖山装卸公司劳动服务公司	38	厦门港务集团和平旅游客运有限公司
19	厦门港务集团海龙国际货运有限公司	39	厦门市信延海上旅游客运有限公司
20	同安港务管理处劳动服务公司	40	厦门轮总海上客运旅游有限公司

续表 5 – 29

序 号	企业名称	序 号	企业名称
41	厦门市金汉物流股份有限公司	74	福州国鸿船务有限公司
42	中海集装箱运输厦门有限公司	75	福州海祥船务有限公司
43	泉州中海船务代理有限公司	76	福州华球船务有限公司
44	泉州港湾船舶客货代理公司	77	福州锦闽海运有限公司
45	泉州中海物流有限公司	78	福州岚榕船务有限公司
46	晋江市港口船舶货运代理有限公司	79	福州茂隆物流有限公司
47	泉州扬子江物流有限公司	80	福州开发区千岛储运有限公司
48	泉州肖厝顺达货运代理有限公司	81	福州永吉海运有限公司
49	泉州市泉港通海船舶服务有限公司	82	福州中海物流有限公司
50	泉州市泉港区嘉利航业有限公司	83	平潭县宇航船务有限公司
51	泉州市和成海运服务有限公司	84	厦门奥顺船务有限公司
52	泉州港湾船舶客货代理公司泉港分公司	85	厦门昌吴国际船舶代理有限公司
53	南安市天安船舶货运代理有限公司	86	厦门达峰船舶有限公司
54	南安市光源码头水陆联运有限公司	87	厦门海松船务代理有限公司
55	南安市闽海码头水陆联运有限公司	88	厦门市港航货物运输代理有限公司
56	南安市水头顺发水陆有限公司	89	厦门弘信国际物流有限公司
57	莆田市海神船务公司	90	福建远永佳船务有限公司
58	秀屿船货代理公司	91	厦门市华冈物流股份有限公司
59	中海福建物流有限公司	92	厦门锦园物流有限公司
60	厦门市鹏鹭贸易有限公司	93	厦门市鹭鳞鑫实业有限公司
61	福建全通轮船有限公司	94	厦门市轮渡公司
62	福建源远船务公司	95	厦门三联船务企业有限公司
63	福州海凌船务有限公司	96	厦门添幸水陆运输有限公司
64	福建港航船舶货运有限公司	97	厦门市同通明石化贸易有限公司
65	福建省平潭海运服务有限公司	98	厦门市通顺达钟宅湾旅游客运码头有限公司
66	福建省平潭县华航海运服务有限公司	99	厦门外代航运发展有限公司
67	福建省平潭县新贸船务有限公司	100	漳州中远集装箱船务代理有限公司
68	福建省天狼星航运有限公司	101	漳州中海船务代理有限公司
69	福建省万达航运有限公司	102	漳州中海物流有限公司
70	福清南极洲船务有限公司	103	漳州港务有限公司
71	福州大合船务有限公司	104	石狮市海达港口服务有限公司
72	福州港船舶服务公司	105	石狮市一轩船务货运有限公司
73	福州高丰物流有限公司	106	泉州市怡航船务有限公司

续表 5 - 29

序 号	企 业 名 称	序 号	企 业 名 称
107	泉州大洋物流有限公司	115	福建南安市星海船舶货运代理有限公司
108	泉州华洋集装箱运输有限公司	116	福建南安市闽海码头水陆联运有限公司
109	泉州市荣顺达船务有限责任公司	117	泉州市泉港和成海运服务有限公司
110	福建省晋江市港口船舶货运代理有限公司	118	福建省南安市建源码头有限公司
111	泉州安通物流有限公司	119	泉州隆汉物流有限公司
112	泉州港潮船舶货运代理有限公司	120	福建宏大海运有限公司
113	泉州港航船舶货运代理有限公司	121	古田县港埠船舶代理有限公司
114	泉州港口船舶货运代理有限公司	122	宁德市港兴船舶货物代理有限公司

2001 年 7 月，根据交通部发布的《国内船舶业管理规定》，县级以上交通主管部门对船舶管理业实施业务管理，为船舶所有人或者船舶承租人、船舶经营人提供船舶管理业务，即船舶机务管理，船舶海务管理，船舶检修、保养，船员配给、管理，船舶买卖、租赁、营运及资产管理，其他船舶管理业务。至 2005 年底，全省共有船舶管理企业 12 家。

表 5 - 30　　　　**2005 年福建省国内船舶管理企业名录表**

序号	企 业 名 称	序号	企 业 名 称
1	福建闽丰轮船公司	7	厦门希士达船舶管理有限公司
2	福建鑫安船务有限公司	8	福建省轮船总公司
3	福州华贸船舶服务有限公司	9	福州鑫安船务有限公司
4	厦门达峰船舶有限公司	10	厦门汇得隆船舶管理有限公司
5	福州新洋海事咨询有限公司	11	福州海凌船务有限公司
6	福州海捷船舶管理有限公司	12	厦门市泉海船务有限公司

表 5 - 31　　　　**2005 年福建省国际船舶代理企业名录表**

序号	企 业 名 称	序号	企 业 名 称
1	中国福州外轮代理有限公司	7	福州华江国际船务代理有限公司
2	福建中外运船务代理有限公司	8	福州中远集装箱船务代理有限公司
3	福建省闽海国际船舶代理有限公司	9	福建华鑫国际船务代理有限公司
4	福建外贸船务国际船舶代理有限公司	10	凯阳国际货运代理有限公司福州分公司
5	福州港城国际船舶代理有限公司	11	福州中海集装箱运输有限公司
6	福州中海船务代理有限公司	12	福州大成国际船舶代理有限公司

续表 5－31

序号	企业名称	序号	企业名称
13	福州中大船舶代理有限公司	46	厦门经济特区船务国际船舶代理有限公司
14	福州星港国际船舶代理有限公司	47	厦门大成国际船舶代理有限公司
15	福建海逸国际船务代理有限公司	48	深圳永航国际船务代理有限公司厦门分公司
16	福建协通国际船舶代理有限公司	49	厦门鹏荣船务代理有限公司
17	福建嘉航国际船务代理有限公司	50	上海柏辉船务有限公司厦门分公司
18	福建华辉国际船舶代理有限公司	51	厦门浩盛船务代理有限公司
19	吉通（福州）船舶代理有限公司	52	厦门众瀛国际船舶代理有限公司
20	福州品辰船务代理有限公司	53	厦门海荣达船务有限公司
21	莆田市海神船务有限公司福州分公司	54	厦门中润通船务代理有限公司
22	深圳永航国际船务代理有限公司福州分公司	55	上海联骏国际船舶代理有限公司厦门分公司
23	中国厦门外轮代理有限公司	56	厦门东富国际船舶代理有限公司
24	福建中外运船务代理有限公司厦门分公司	57	深圳华联通物流有限公司厦门分公司
25	厦门鹭江国际船舶代理有限公司	58	上海航华国际船舶代理有限公司厦门分公司
26	厦门中海船务代理有限公司	59	莆田市海神船务有限公司厦门分公司
27	厦门中远集装箱船务代理有限公司	60	上海鹏华船务有限公司厦门分公司
28	福建外轮代理有限公司	61	厦门弘信国际船务代理有限公司
29	厦门联合国际船舶代理有限公司	62	中国湄洲湾外轮代理有限公司
30	凯阳国际货运代理有限公司厦门分公司	63	福建莆田船务代理公司
31	厦门通海国际船舶代理有限公司	64	莆田市联合船舶代理有限公司
32	厦门杰阳国际船舶代理有限公司	65	莆田市海神船务有限公司
33	深圳联合雅达国际货运有限公司厦门分公司	66	福建中外运船务代理有限公司泉州分公司
34	中海集装箱运输厦门有限公司	67	泉州外轮代理有限公司
35	厦门协通国际船务代理有限公司	68	泉州中海船务代理有限公司
36	厦门协成兄弟进出口有限公司	69	福建省安达船务代理有限公司
37	五矿船务代理有限责任公司厦门分公司	70	泉州鑫泉国际船务代理有限公司
38	厦门欧恩基国际物流有限公司	71	泉州市广丰船舶代理有限公司
39	厦门海丰国际船舶代理有限公司	72	泉州兴通国际船舶代理有限公司
40	福州港城国际船舶代理有限公司厦门分公司	73	福建外轮代理有限公司泉州分公司
41	东方海外货柜航运（中国）有限公司厦门分公司	74	中国漳州外轮代理有限公司
42	厦门海松船务代理有限公司	75	福建漳州船务代理公司
43	厦门西凌海运有限公司	76	漳州中海船务代理有限公司
44	厦门三徽租船有限公司	77	厦门通海国际船舶代理有限公司漳州分公司
45	厦门翰杰诚船务代理有限公司	78	漳州中远集装箱船务代理有限公司

续表 5－31

序 号	企 业 名 称	序 号	企 业 名 称
79	福建省漳州轮船有限公司	88	泉州中海集装箱运输有限公司
80	漳州市大成国际船舶代理有限公司	89	泉州中远集装箱船务代理有限公司
81	厦门海松船务代理有限公司漳州分公司	90	宁德外轮代理有限公司
82	漳州招商国际船舶代理有限公司	91	宁德闽航国际船舶代理有限公司
83	厦门中润通船务代理有限公司漳州开发区分公司	92	五矿船务代理有限责任公司漳州分公司
84	福建宁德中外运船务代理有限公司	93	漳州优立信船务代理有限公司
85	宁德新海船务代理有限公司	94	福建省金隆船务代理有限公司
86	上海联骏国际船舶代理有限公司福州分公司	95	莆田中远集装箱船务代理有限公司
87	大连阿达尼国际船舶代理有限公司福州分公司		

表 5－32　　　　**2005 年福建省国际船舶管理企业名录表**

序 号	企 业 名 称	序 号	企 业 名 称
1	福建省厦门轮船总公司	6	漳州益和船务有限公司
2	厦门三联船务企业有限公司	7	福州海凌船务有限公司
3	厦门良辉船舶管理有限公司	8	福州鑫嘉宏船务有限公司
4	厦门良辉船舶管理有限公司	9	福建大荣船务有限公司
5	泉州市寰洋船舶管理有限公司		

表 5－33　　　　**2005 年福建省境外海运企业驻华代表处名录表**

序 号	企 业 名 称	序 号	企 业 名 称
1	香港中亚航运有限公司福州代表处	13	香港美丰船务有限公司泉州代表处
2	香港中亚航运有限公司厦门代表处	14	香港旭达船务有限公司厦门代表处
3	香港华闽船务企业有限公司厦门代表处	15	美国华达船务有限公司厦门代表处
4	ZIM 以星轮船有限公司厦门代表处	16	永星海运株式会社厦门代表处
5	香港华闽船务企业有限公司福州代表处	17	法国达飞轮船有限公司泉州代表处
6	长荣香港有限公司厦门代表处	18	香港辉域海空有限公司厦门代表处
7	ZIM 以星轮船有限公司福州代表处	19	威球船务（亚洲）有限公司厦门代表处
8	北欧亚海运(中国)有限公司厦门代表处	20	美丰船务有限公司厦门代表处
9	泛太航运有限公司厦门代表处	21	香港建安船务有限公司厦门代表处
10	鹭达船务企业有限公司福州代表处	22	香港华林船务集团有限公司厦门代表处
11	香港联丰船务有限公司泉州代表处	23	高丽海运株式会社厦门代表处
12	香港联丰船务有限公司福州代表处	24	香港美达船务有限公司厦门代表处

续表 5－33

序号	企业名称	序号	企业名称
25	刚兴船务代理有限公司驻厦门代表处	34	信诚(香港)海运有限有限公司福州代表处
26	国桥联运(中国)有限公司厦门代表处	35	边行(中国)有限公司厦门代表处
27	邮轮客运(香港)有限公司厦门代表处	36	韩国泛洋商船株式会社厦门代表处
28	神原汽船株式会社厦门代表处	37	地中海航运(香港)有限公司厦门代表处
29	华冈船务(香港)有限公司厦门代表处	38	英国拿威玛航运有限公司厦门代表处
30	兴亚海运株式会社厦门代表处	39	长虹(香港)海运有限公司福州代表处
31	怡和船务代理(香港)有限公司厦门代表处	40	朝阳航运有限公司厦门办事处
32	香港阳凯有限公司福州代表处	41	侨丰船务有限公司厦门代表处
33	新港航船务有限有限公司福州代表处	42	香港达贸轮船有限公司福州代表处

二、船　舶

1990 年，全省拥有船舶 7296 艘，611524 载重吨、15281 客位。2005 年，全省拥有船舶 2890 艘，366.14 万载重吨、25715 客位。1990—2005 年，木质、水泥船舶全部淘汰出省际航线，货船的材质以钢质为主，客船除钢质外还有部分玻璃钢船。

（一）客　船

随着公路运输的发展，以及撤渡建桥项目的实施，普通客（渡）运因航速慢、周转不便而萎缩，但是，高速客船得到发展。省内沿江、沿湖、环岛、海上观光等旅游运输市场发展的开拓，促进了旅游客船的发展。至 2005 年底，全省旅游客船达 199 艘、7999 客位。船舶平均客位逐渐减小，由 1991 年的 53.58 位/艘降至 2005 年的 37.05 位/艘。

表 5－34　　　　　**1991—2005 年福建省客船发展情况一览表**

单位：艘，位

年 份	客船艘数	客位数	年 份	客船艘数	客位数
1991	535	28666	1999	366	17050
1992	149	10342	2000	306	14892
1993	254	16823	2001	353	17121
1994	439	22718	2002	346	14586
1995	514	27157	2003	434	23352
1996	533	24767	2004	596	27303
1997	545	23114	2005	677	25083
1998	409	19091			

（二）货　船

全省货运船舶主要以干散杂货船为主。液货危险品船（如液化气船、油船、化学品船）发展速度不快，至 2005 年底，约占总运力的 3.5%。一般干散杂货船和集装箱船舶发展迅猛，至 2005 年底，集装箱船 30019 标箱，比 1995 年增长 3.33 倍。货运船舶平均吨位逐年提高，其中，省际营运船舶由 1992 年的 505 载重吨/艘，提高到 2005 年的 2318 载重吨/艘。1990—2000 年底，福建省船舶老龄化严重，老超龄船舶约占总运力的 57%。2001 年，交通部实施《老旧船舶管理规定》，福建省交通部门据此对达到年限的船舶进行强制报废。2003 年下半年，全球航运需求旺盛，吸引社会资金到航运业，至 2005 年底，有 248 艘 80.83 万载重吨新建造船舶下水投入营运，老龄船舶约占总运力 35.26%，下降了 21.74%。

表 5 - 35　　　　　　　1991—2005 年福建省货船发展情况一览表

单位：艘，吨位

年　份	货船艘数	载重量吨	年　份	货船艘数	载重量吨
1991	4730	867125	1999	2840	1903939
1992	4277	773322	2000	2657	2087173
1993	4765	1010158	2001	2376	2064586
1994	4352	1322067	2002	2359	232159
1995	4102	1460485	2003	2155	2316028
1996	3513	1503499	2004	2100	2811403
1997	3272	1783226	2005	2209	3661363
1998	3177	1533879		2201	

至 2005 年底，全省省际货船按船舶类型分类：散货船 20 艘、550585 载重吨，一般干货船舶 1082 艘、1843456 载重吨，集装箱船舶（含多用途）191 艘、30019 标箱，油船 45 艘、99929 载重吨，化学品船舶 4 艘、11341 载重吨，液化气船 1 艘、3003 立方米，冷藏船 8 艘、4409 载重吨，活鱼运输船 15 艘、5734 载重吨，共拥有船舶 1366 艘、3166424 载重吨。按吨位分类：500 载重吨及以下船舶共 162 艘、58099 载重吨，500～1000 载重吨的船舶 513 艘、407365 载重吨，1000～3000 载重吨的船舶 354 艘、633517 载重吨，3000～5000 载重吨的船舶 211 艘、857402 载重吨，5000～10000 载重吨的船舶 68 艘、385259 载重吨，10000 载重吨以上的船舶 34 艘、1164583 载重吨。其中，最小的船舶 202 载重吨，最大的船舶 58467 载重吨，各个吨位层级均有适航的船舶。

图 5 – 4 "青宝石"万吨巨轮

三、海洋运输

（一）沿海运输

1. 旅客运输

1990—2005 年，福建省沿海水上客运主要为厦门、莆田、宁德 3 个设区市内海上旅客运输。

（1）厦门内海旅客运输

20 世纪 90 年代初期，厦门近海发展到 300 多艘 6000 多客位木质客渡船。1995 年以后，厦门内海的玻璃钢载客快艇得到发展，并扩展到客渡运输、区间运输及厦门港内的旅游运输，高峰期间，厦门港拥有的玻璃钢快艇曾达到 50 艘 500 客位。同时，厦门港内还有少量的钢质交通船和旅游船，形成了木质客渡船、玻璃钢快艇和钢质客船并存的多元结构。2000 年以后，由于人们出行方式的选择越来越多，木质客渡船、玻璃钢快艇逐渐退出厦门水上客运市场。

（2）文甲—湄洲岛海上客渡运输

文甲—湄洲岛海上客渡航线是进出湄洲岛的海上主要营业性航线。1989—1993 年，此航线完成客运量 760 万人次，1994—2005 年，完成客运量 1257.36 万人次。至 2005 年底，经营该航线的莆田市忠湄轮渡公司拥有 1 艘客渡船、2 艘一般客船、4 艘游艇和 1 艘快艇。

（3）石城—南日岛陆岛运输

石城—南日岛陆岛运输线是福建省较长的海上渡运航线，经营该航线的莆田石南轮渡有限公司拥有 2 艘 341 客位钢质客渡船，可承载 5 台车辆。每天安排 6 个往返航次。至 2005 年底，该公司船舶累计航行 10 多万海里，安全运送军民 300 万人次。

（4）宁德地区陆岛运输

20世纪90年代，当地沿海水路客运主要由木质船舶承担海岛居民出行。2000年后，客运船舶逐渐由木质船向铁壳船、旅游快艇方向发展，运送的旅客也从海岛居民拓展为经商、旅游的岛外居民。2005年，宁德市共有客运船舶183艘3771客位（其中沿海28艘777客位），完成客运量（包括内河与沿海）153.91万人次。

表5－36　　　　1991—2005年福建省沿海客运生产情况统计表

年份	客运量（万人次）	旅客周转量（万人公里）	年份	客运量（万人次）	旅客周转量（万人公里）
1991	3101.07	6298.65	1999	474.70	5491.60
1992	109.38	1287.45	2000	510.00	7366.00
1993	435.39	10016.30	2001	286.38	3955.90
1994	355.33	7318.35	2002	274.33	3534.13
1995	345.26	7893.68	2003	482.01	5869.49
1996	403.23	7562.98	2004	874.85	12517.15
1997	429.73	8168.15	2005	958.07	13111.16
1998	479.34	5391.47			

说明：2004—2005年统计口径有变化，把沿海客运量归入内河计算。

2. 货物运输

1990年，全省交通运输管理部门按照"保证重点、兼顾一般"的运输原则，加强对全省水路运输市场组织调度，搞好运输计划的协调和运输的合理分工，建立水运生产月度运输平衡会，指导企业建立华能电煤季度运输协调会，确保福建省"一黑一白"（煤炭、粮食）等重点物资的运输。

1991年，全省沿海机动船舶2471艘、48.58万载重吨。国内货运航线通达全国沿海港口及长江中下游，主要以上海以南沿海及长江中下游运输为主。全省海运共完成内贸货运量1034.74万吨，货物周转量887160.42万吨公里。主要承运的货种为煤炭、石油、河砂、粮食及其他杂货。

1992年以后，交通部加快水运市场开放步伐，制定和陆续出台一些开放水运市场的政策和措施。福建省水路运输市场开始由船方市场向货方市场过渡，重点物资的运输开始由原国有企业承担逐渐转变为各种经济类型的企业共同承担。航运业结构也得到调整，船舶逐步向大型化发展，船队向专业化发展，企业经营向集约化发展，船舶平均吨位、船舶技术水平普遍提高。至2005年，福建省沿海机动船舶达1509艘、273.67万载重吨。国内货运航线通达全国沿海港口、长江中下游及珠江水系。2005

年，全省海运企业完成内贸货运量 6015.67 万吨，货物周转量 8141751.67 万吨公里。主要承运的货种为煤炭、石油、河砂等建筑材料、粮食、化工原料及制品、金属矿石及其他杂货。

（1）电煤运输

1989 年 1 月，省轮船总公司将原下属福州轮船公司改建为 4 个直属运输船队，其中，第一船队由"金润"、"金源"、"金汇"、"大金山"等散货轮组成，专门承担华能福州火电厂煤炭运输任务。中央企业和省外煤炭运输船队也参与福建省煤炭运输市场的竞争。

1990 年 11 月，省政府组织对福建省轮船总公司提出的组建原油海运船队的可行性研究补充报告进行评估、论证后，省计委原则同意福建省轮船总公司组建承运福建炼油厂原油的运输船队建议。1991 年 7 月，在省政府"以船养船、自借自还"的优惠政策支持下，福建省轮船总公司从挪威购进一艘 9 万多吨的油船，取名"安达"，投入福建炼油厂的油品运输。运力和运量之间的关系基本趋于平衡。

2003 年，福建省严重干旱，水库枯竭，水电资源下降到历史最低水平，火力发电厂满负荷发电。福建省轮船总公司为福州华能电厂承运电煤 172 万吨，为厦门嵩屿电厂承运电煤 137 万吨，为漳州后石电厂承运电煤 79 万吨。此外，一些民营企业的大型散货船也服从经济部门调度参加电煤抢运。

2005 年，福建省沿海地区已投产的火力发电厂有福州华能电厂、湄洲湾发电厂、泉州肖厝南浦发电厂、厦门嵩屿发电厂及漳州后石发电厂。上述 5 家电厂年需求电煤大约 1500 万吨，其中，福州华能电厂 350 万吨、湄洲湾发电厂 150 万吨、肖厝南浦发电厂 100 万吨、厦门嵩屿发电厂 350 万吨、漳州后石发电厂 600 万吨。沿海地区其他工业用煤也需数百万吨。用煤需求推动了航运发展，截至 2005 年底，福建省拥有海上散货运力（含货船）119 艘、91.3 万吨，其中 1 万载重吨及以上船舶共有 24 艘、80.3 万吨。2005 年，全省煤炭及其制品海上运输量达 1341 万吨，完成煤炭周转量达 2874807 万吨公里。

（2）内贸集装箱运输

20 世纪 90 年代初期，全省只有省轮船总公司、厦门海运集装箱联合公司、泉州船务公司、漳州轮船公司、厦门水运公司等国有企业，以及福建闽达、闽安船务、厦门嘉禾、厦门经济特区船务等中外合资航运企业从事外贸集装箱班轮运输，集装箱运输量不大。1999 年起，全国内贸集装箱运量高速度增长，内贸集装箱在整个集装箱运输生产中的地位不断提高。福建省航运企业以租赁、合作经营等方式，参与开展内贸集装箱运输业务，逐步占领内贸集装箱货运市场。2001 年起，福建省民营企业开始自主经营内贸集装箱运输市场。2005 年，福建省有多家航运企业进入内贸集装箱运输市场。随着内贸集装箱运力的增加，市场竞争加剧。

集装箱内支线班轮运输成为集装箱班轮运输不可或缺的组成部分，促进了福建省集装箱内支线班轮的发展。开辟了"福州—福清—莆田—泉州—厦门"、"厦门—汕头"、"厦门—福州—温州—宁波—上海"及"福州—福清—莆田—泉州—厦门—汕头"4条内支航线。共有11家航运企业的21艘集装箱船舶计2103标箱获得上述航线经营资格。

表 5 – 37　　　　　**1991—2005 年福建省沿海货运生产情况表**

年份	货运量（万吨）	货运周转量（万吨公里）	内贸集装箱（TEU）
1991	1034.74	887160.42	—
1992	1036.32	1227297.04	—
1993	1179.84	1997338.06	—
1994	1542.20	1533577.32	—
1995	1423.34	1491727.41	—
1996	2040.89	2176809.82	—
1997	1310.71	1814348.85	—
1998	2222.95	2203037.45	—
1999	2198.69	2312376.46	46198
2000	2394.00	2402929.00	60237
2001	2824.06	3088980.75	64186
2002	3189.21	3524488.51	127319
2003	3990.56	5076602.14	104741
2004	4765.97	6463853.04	185111
2005	6027.49	8178762.16	253273

（二）国际近（远）洋运输

1. 旅客运输

20 世纪 90 年代，福建省涉外水上旅客运输主要有厦门三联船务企业有限公司、厦门远洋运输总公司经营的厦门至香港海上客运航线，福建联合船务企业有限公司经营的福州至香港客运航线。

（1）厦门—香港航线

1989 年初，厦门三联船务企业有限公司"集美"号客轮经营厦门—香港客运班轮业务。1994 年 1 月，厦门远洋运输总公司购入"闽南"号客轮，参与经营厦门—香港航线，打破了由厦门三联船务企业有限公司独家经营此航线的局面。两家公司竞争激烈，经省交通厅、中远总公司和厦门市政府协商，1997 年 10 月，厦门远洋运输总公司的"闽南"号客轮与厦门三联船务企业有限公司的"集美"号客轮合并组建厦门客轮企业有限公司，合并后将"闽南"号出售，保留"集美"号继续经营厦门—香港客运航线。1999年6月，厦门客轮企业有限公司因组建时未取得交通部行业许可批准，公司被终止经营。2000年5月，"集美"号客轮出售给香港中毅公司，福建省海运企业经营的厦门—香港海上客运航线停航。

（2）福州—香港航线

1993年7月，省轮船总公司、福州港务局、省中旅与香港益丰客轮代理有限公司在省交通厅主持下举行专题会议，共商开辟福州—香港海上客运航线问题，并就合作形式达成一致意见。随后，以各家认股集资方式购进5600吨级豪华远洋客轮，命名为"福建"号，成立福建联合船务企业有限公司，经营福州—香港海上客运航线。1994年10月9日，"福建"号客轮由福州首航香港，此后每周往、返各1个航次，即每周五上午10时福州开，每周六晚上9时由香港返回。为提高"福建"号客轮效益，1995年5月，经批准每周增辟东山—香港海上客运航线，但由于客源不足，该航线首航后不久即停航。1998年7月，"福建"号客轮申请注销，10月，福建联合船务企业有限公司停业，福州—香港海上客运航线停航。

表5-38　　　　　　1991—1999年福建省远洋客运生产情况表

年份	客运量（万人次）	旅客周转量（万人公里）
1991	10.57	5623.00
1992	14.85	7898.34
1993	28.61	15228.52
1994	11.10	5910.96
1995	12.85	6964.39
1996	8.53	4355.12
1997	6.52	3472.80
1998	3.54	1882.22
1999	1.50	795.00

2. 货物运输

（1）生产运输市场

1991年，全省拥有近（远）洋运输机动船舶119艘、33.3万载重吨，外贸货运航线遍及泰国、菲律宾、马来西亚、印度尼西亚、新加坡、斯里兰卡和日本等国家的港口。1991—1997年，福建省航运企业完成的外贸货运量逐年递增，外贸货运航线进一步拓展到美洲、欧洲和非洲等国家的港口。1998年，受亚洲金融风波的影响，全球航运业走入低谷，福建省航运企业完成的外贸货运量急剧下滑，尚不足1997年的一半。2000年以后，外贸货运量一直处于徘徊状态，外贸运输市场占有率不断下降。

表 5 - 39　　　　　　　　**1991—2005 年福建省远洋货运生产情况表**

年份	货运量（万吨）	货运周转量（万吨公里）	集装箱（标箱）
1991	166.82	146099.88	—
1992	296.96	638250.18	—
1993	419.61	7896590.23	—
1994	686.48	1181693.35	—
1995	699.56	1474992.74	—
1996	777.42	1496281.40	＊231422
1997	1310.71	1446966.58	＊348606
1998	646.33	1368747.68	＊420490
1999	1114.38	3168215.36	407298
2000	970.00	3383807.00	452859
2001	916.76	3203492.89	463399
2002	899.36	2836076.20	455663
2003	961.87	3228064.20	381262
2004	831.44	3110123.26	362013
2005	833.64	3087247.38	346291.50

注：带＊号数字含少量内贸集装箱量。

（2）集装箱运输

20 世纪 90 年代初期，福建省只有省轮、厦轮及闽东分公司、厦门海运集装箱联合公司、泉州船务、漳州轮船、厦门东明和厦门水运公司等国有企业，以及福建闽达、闽安船务、厦门嘉禾和厦门经济特区船务等中外合资航运企业从事外贸集装箱班轮运输。至 1994 年，福建省民营企业福州市马尾轮船公司、连江县海运公司、连江县琯头海运总公司亦以租船经营、合作经营、自主

图 5 - 5　安福集装箱班轮远航

经营等方式参与外贸集装箱运输业务，集装箱运输迅速发展。

1996 年，中央直属大型海运企业进入福建省外贸集装箱班轮运输市场，福州至日本、厦门至日本的集装箱班轮运力过剩、运价下跌，为此，福建省交通航运主管部门多次召集省轮、闽安航运企业、外贸中心船务、中远及中海等相关的航商，专题协调运力的调控及运价的统一等事宜，协调达成共识，维护市场秩序。

1997 年，全省共有 18 家航运企业从事集装箱班轮运输，集装箱班轮航线由福州、厦门至港澳发展为福州、厦门、泉州 3 个口岸至港澳、日本、韩国等。同时，集装箱船舶运力、运量稳步增长，集装箱运输逐步从船方市场转变为货方市场。同年 4 月，福州、厦门两港至高雄航线的集装箱班轮开始运行。中国加入世贸组织后逐步开放国际海运市场，2002 年，国际班轮公司将干线班轮挂靠福建省的厦门港、福州港、泉州港等开放口岸。至 2005 年底，福建省开放港口共开辟国际（含港澳台）集装箱班轮航线 91 条。其中，福州港共开辟国际干线 2 条，近洋航线 3 条，港澳台线 6 条；泉州港共开辟近洋航线 2 条，港澳台航线 2 条；厦门港共开辟国际干线 32 条，近洋航线 30 条，港澳台航线 11 条；莆田港开辟港澳航线 1 条；漳州港（招银港区）开辟近洋航线 1 条，港澳航线 1 条。

四、江河运输

20 世纪 90 年代开始，福建省内河航运逐渐萎缩，在综合运输体系中的作用和地位逐渐下降，客运量和货运量徘徊在 300 万人和 800 万 ~900 万吨上下。2001 年，福建省内河航运所完成的客运量、客运周转量、货运量、货运周转量分别占全社会运量的 0.8%、0.2%、3.1% 和 0.4%。2003 年，福建省内河航运完成的内河货运量突破 1000 万吨，达到 1371.52 万吨，货运周转量为 4.61 亿吨公里，不及 1994 年的 4.9 亿吨公里。

表 5－40　　　　　**1993—2005 年福建省内河客货运输生产情况表**

年份	客运量（万人次）	旅客周转量（万人公里）	货运量（万吨）	货运周转量（万吨公里）
1993	312.75	9626.72	836.79	30974.37
1994	261.68	8546.61	865.21	49202.49
1995	301.93	10622.28	975.51	41611.78
1996	296.66	9728.21	854.96	36675.03
1997	293.86	9390.61	814.90	28367.09
1998	243.51	8441.98	855.44	29314.94
1999	244.83	8135.88	929.14	32470.76
2000	216.00	6780.00	881.00	30395.00
2001	393.65	7355.13	934.56	33758.89
2002	368.07	6725.55	989.77	36790.01
2003	221.59	5143.20	1371.52	46080.65
2004	874.85	12517.15	1969.51	75929.66
2005	958.07	13111.16	2348.79	80427.03

（一）闽江水系运输

福建省闽江航运公司是福建省内河航运骨干国有企业，主要经营内河客货运输，兼营海运，开辟有福州至南平、尤溪、琅岐、琯头等20多条闽江干流客货运输航线。进入20世纪90年代以后，闽江航运公司内河客、货运量逐年下降。1991年，该公司尚能完成客运量316万人次、客运周转量9217万人公里，货运量（含海洋运量）89.2万吨、货运周转量10748万吨公里。此后，公司发展每况愈下，2005年已濒临破产的边缘。

表5－41　　　　　　1995—2005年闽江水系客、货运输生产情况表

年份	客运量（万人次）	客运周转量（万人公里）	货运量（万吨）	货运周转量（万吨公里）
1995	178.03	6344.08	931.90	39707.44
1996	157.32	5301.78	806.69	30615.88
1997	156.40	4926.51	774.44	26740.87
1998	132.73	4232.48	823.06	27722.00
1999	126.63	4093.48	886.14	30322.56
2000	109.00	3606.00	845.00	28547.00
2001	77.89	2097.84	907.23	32414.13
2002	47.88	1510.58	970.742	35861.22
2003	48.87	1270.11	1355.32	45197.85
2004	45.04	1249.06	1874.03	73886.89
2005	41.44	1206.67	2228.23	76208.44

（二）九龙江水系运输

厦门、泉州建筑市场多由漳州九龙江提供建筑用沙，由于需求逐年增多，九龙江内河货运有所复苏，沙船由20世纪90年代初的10多艘（200总吨以下）、1999年的50艘（500总吨以下），发展到2005年140艘（1000总吨以下），船舶数量由少到多，吨位由小到大。其他航运业务逐年下降。

表5－42　　　　　　1995—2005年九龙江水系客、货运输生产情况表

年　份	客运量（万人次）	客运周转量（万人公里）	货运量（万吨）	货运周转量（万吨公里）
1995	90.70	3047.00	43.57	1904.34
1996	82.50	2893.00	48.27	1878.94
1997	79.90	2856.00	38.90	1474.60
1998	66.00	2539.50	31.10	1542.10
1999	78.00	2626.00	31.00	1383.00
2000	68.00	1842.00	24.00	1113.00
2001	63.40	1304.40	13.60	647.00
2002	13.53	1437.30	7.60	437.00
2003	82.20	2117.00	4.80	279.00
2004	65.00	1866.00	11.40	615.00
2005	71.00	1884.00	25.30	1660.00

（三）汀江水系及库区运输

1991年，汀江营运客货机动船仅剩下6艘20吨80个座位，至1992年，除农用木船短途通航外，营运性船舶和机动船只已无法投入航运。

汀江棉花滩水电站建成后，库区蓄水形成汀江63公里新航道，其中上杭45公里、永定18公里。上杭城关至永定丰市码头航道，达到国家5级航道水平，可通航300吨级船只。从2000年开始，该流域已有龙湖（即棉花滩水库）和石门湖两个库区经营景点旅游运输。经营库区旅游运输的永定县绿水航运分公司和连城冠豸山游船有限公司2005年完成客运量38.85万人次，客运周转量288.2万人公里。

第五节　闽台通航

20世纪90年代开始，福建省采取政府主导和民间协商相配合的形式，开辟福州、厦门港和台湾高雄港间的海上集装箱班轮试点直航航线、两岸三地弯靠航线和福建沿海与金门、马祖、澎湖间海上直航航线（简称"小三通"），成为大陆唯一兼具国际集装箱试点直航、两岸三地弯靠、福建沿海与金门马祖澎湖客货直航三种海上直航模式的省份。

一、海峡两岸集装箱班轮试点直航

1996年8月，交通部颁布《台湾海峡两岸间航运管理办法》，外经贸部颁布《关于台湾海峡两岸间货物运输代理管理办法》，两岸试点直航开始启动。

1997年1月，大陆海峡两岸航运交流协会与台湾海峡两岸航运协会在香港举行两岸航运问题会谈，就高雄港"境外航运中心"与福州、厦门通航细节问题进行商谈讨论，为两岸"试点直航"做准备。4月11日，台湾高雄港务局相继批准福建省厦门轮船总公司、福建外贸中心船务公司、中远集团厦门远洋运输公司、福建省轮船总公司、福州市马尾轮船公司等大陆公司经营"试点直航"业务（台方称"境外航运中心"业务），即挂有第三地旗帜或方便旗的大陆货船可进入台湾地区所设的"境外航运中心"。4月17日，大陆海峡两岸航运交流协会复函台湾海峡两岸航运协会，通知核准台湾阳明海运股份有限公司、立荣（长荣）海运股份有限公司、中国航运股份有限公司、万海航运股份有限公司、南泰海运股份有限公司与建恒航运股份有限公司6家台湾轮船公司经营高雄港与厦门港、福州港之间的"两岸海上货物运输"，并同时核发"两岸间水路运输许可证"。4月19日，福建省厦门轮船总公司"盛达"号集装箱轮从厦门港出发首航进入高雄港"境外航运中心"，成为海峡两岸大陆直航台湾第一船，4月19日福建外贸中心船务公司"华荣"轮从福州港首航台湾高雄港。4月24日，台湾立荣海运股份有限公司的"立顺"轮直航厦门港。

1998年6月3日，福建省交通主管部门牵头组织两岸航商在厦门召开了两岸试点直航参航航商例会。两岸航商就试点直航的运营情况进行交流，并形成此后由两岸航商自行主持的旨在沟通情况、交流感情、协商运价以及向主管部门反映运营中需要解决的问题的"业务例会"。

自1997年4月19日至2005年底，福州、厦门至高雄集装箱班轮试点直航共运营11194航次，运送集装箱386.93万标箱。

表5-43　　　　1997—2005年两岸集装箱班轮试点直航运营情况

年份	航次	集装箱数（标箱）
1997	820	126937
1998	1487	275563
1999	1541	363957
2000	1573	432658
2001	1811	488238
2002	1960	530510
2003	2002	511685
2004	1972	584116
2005	1876	555660
合　计	111194	3869324

表5-44　　　　两岸集装箱班轮试点直航船公司与船舶一览表

大　陆							
序号	船公司	船名	营运时间	序号	船公司	船名	营运时间
1	福建省轮船总公司	珠峰山（303标箱）	1997—1999	12	福建外贸中心船务公司	华荣（175标箱）	1997—1998
2		闽峰（308标箱）	1999—2003	13		华鹰（295标箱）	1998—1999
3		海峰山（283标箱）	2003	14		文昌河（400标箱）	1999—2000
4		吉祥山（200标箱）	2001	15		华鸥（400标箱）	2002—2005
5		海丰大阪（590标箱）	2002—2003	16		清风（285标箱）	2005
6		联峰（336标箱）	1999	17		和平洋（400标箱）	
7	福建省厦门轮船总公司	盛达（322标箱）	1997	18		骊龙（426标箱）	
8		盛达2（574标箱）	1999	19	中远集团厦门远洋运输公司/中远集装箱运输有限公司	蔷薇河（330标箱）	1997
9		兴顺（386标箱）		20		联丰（367标箱）	1998
10		新加坡快航（400标箱）		21		海龙（212标箱）	1999
11		振华69（294标箱）		22		丽涟（400标箱）	1998
				23	中外运福建集团公司	大美（280标箱）	1997

续表 5－44

大　陆							
序号	船公司	船名	营运时间	序号	船公司	船名	营运时间
24	中外运福建集团公司	楚天（580 标箱）	1997	29	福州市马尾轮船有限公司	闽台 88 号（310 标箱）	1997—1999
25		楚宏（580 标箱）	1999	30		闽远一号（384 标箱）	1999—2004
26		盛达（322 标箱）	2000	31		新加坡快运（50 标箱）	2004
27		伟康（437 标箱）	2002	32		联峰（354 标箱）	2005
28	福州市马尾轮船有限公司	闽台一号（102 标箱）	1997	33		海峰山（283 标箱）	2005

台　湾							
序号	船公司	船名	营运时间	序号	船公司	船名	营运时间
1	长荣/立荣海运股份有限公司	立峰（1210 标箱）	1997	11	阳明海运股份有限公司	光明高雄/阳明厦门（338 标箱）	2000
2		立顺（1210 标箱）	1997	12	万海航运股份有限公司	楚春（360 标箱）	2002
3		立升（400 标箱）	2002	13		仁春（585 标箱）	2003
4		立富（400 标箱）	1997	14		全春（410 标箱）	2003
5		立烈/长能（1164 标箱）		15		福春（591 标箱）	2004
6	南泰海运股份有限公司	新海利（300 标箱）	1997	16		创春（360 标箱）	2004
7		庆春门（400 标箱）	99.04—99.08	17		集远（270 标箱）	2001
8	中国航运股份有限公司	集远（270 标箱）	1997—2000	18	东海航业股份有限公司	兴云（316 标箱）	2003
9	阳明海运股份有限公司	金冠（338 标箱）	1997—1999	19		景云（518 标箱）	2005
10		丽波（316 标箱）	2000	20		和达（298 标箱）	2005

二、两岸三地弯靠运输

（一）弯靠集装箱班轮运输

1997 年 7 月 1 日，台湾当局开放 100％大陆权宜轮经第三地，可原船、原集装箱往返两岸，两岸间货物不必再经由中国香港、日本转运，即可原船载货往返台湾和大陆港口，运输时间缩短 3 天。大陆海峡两岸航运交流协会与台湾海峡两岸航运协会在泰国曼谷协商后，两岸三地弯靠集装箱班轮启动。

1998 年 6 月，福建省开放口岸与台湾地区两岸弯靠航线集装箱班轮航线开始运作，参航口岸为福州、厦门和台湾高雄、基隆、台中等，参航企业均为两岸拥有外贸经营资质的船公司，参航船舶为两岸的方便旗船舶（台湾称为权宜轮），即两岸资本在非两岸的第三地（巴拿马或其他国）注册登记，挂注册地旗的船舶。进入对方港口按航海惯例升挂对方旗，主要运载福建省出口到台湾的集装箱，货通船不通，参航船舶必须经日本石垣或香港转关换单后才能进入台湾本岛。

2003—2005 年底，福建省开辟两岸三地弯靠集装箱班轮航线 5 条，福建、台湾、香港共 5 家船公司 7 艘集装箱船参航，累计共运营 222 航次，运送集装箱 30.16 万标箱。

（二）弯靠不定期散杂货运输

1985 年后，交通部发布《关于对从事对台贸易运输的外籍船舶管理有关问题的通知》。从 1986 年起，台湾有关方面原则允许外籍船舶以经过第三地的方式前往大陆港口停泊作业。1997 年，解除大陆方便船经第三地到台的限制。当年 7 月 4 日，由台湾富国新海运公司的巴拿马籍"富国兴"轮承载着首批向台湾地区间接出口的 6070 吨河沙，从福州港经日本石垣运抵基隆港，为两岸三地弯靠不定期散杂货物运输拉开序幕。此后，两岸资本的方便旗船逐渐成为两岸散杂货物运输的主力。全省共有 5 家航运企业的 14 艘船舶经交通部批准从事台湾海峡两岸间不定期散杂货物运输。

三、海上"小三通"直航

1992 年 3 月，福建省提出闽台通航率先突破的思路，即"民间商谈、通讯起步、定点直航、先单（向）后双（向）、先海后空、两门先通、逐项突破"，并在马尾、厦门、湄洲岛兴建供两岸直航的专用码头。1994 年 6 月，"金马爱乡联盟"提出"金马与大陆小三通说帖"，主要是希望台湾当局能允许金门对厦门或马祖对马尾港载运旅客、货物或邮件，直接航行至对岸，建议以"单方通航"、"定点直航"或"先海后空"、"先货后客"等方式，逐渐地进行"小三通"。1995 年 5 月，台湾"交通部"公布《境外航运中心设置作业办法》，在货物不通关、不入境前提下，允许两岸挂方便旗船舶在两岸间开设直达班轮，从高雄港转运大陆外贸货物，或经第三地运送两岸贸易货物，开始实行分阶段开放两岸通航政策。在两岸航运界的共同努力下，1997 年 4 月 19 日，两岸试点直航正式启动。

由于"试点直航"承运的货物"不通关、不入境"，岛内各界要求全面、直接"三通"的呼声日渐强烈。2000 年 3 月 21 日，台湾"立法院"通过《离岛建设条例》，其第十八条规定，"为促进离岛发展，在台湾本岛与大陆地区全面通航之前，得先行试办金门、马祖、澎湖地区与大陆地区通航"，这为金门、马祖、澎湖与大陆地区通航（通称"小三通"条款），解决受《两岸人民关系条例》的限制提供了法源。2000 年 12 月 13 日，台湾"行政院"通过《试办金门马祖与大陆地区通航实施办法》。台湾"陆委会"亦完成《金马试办小三通说明书》。

2001 年 1 月 28 日、3 月 2 日，福州市马尾区政府及厦门市政府分别以福州马尾文化交流中心、厦门市两岸交流协会名义与马祖、金门民间组织签订"两马"、"两门"协议。元月 2 日，马祖"台马"客轮首航马尾，金门"太武号"客轮、"浯江号"客轮首航厦门。2月6日，厦门"鼓浪屿"客轮首航金门。7月23日，澎湖"超级星"客轮首航泉州。8月2日，福州"曙光"客轮首航马祖。8月27日，大陆"长安109"货轮首航金门，开辟两岸海上货物直航的先河。

2002年2月27日，大陆"中洲"货轮装载着两岸直接贸易货物，实现了50多年来两岸贸易货物直航的突破。

自2001年1月2日始至2002年4月，福建沿海与金门、马祖客货交易均以个案（专案）方式运营。经过一年多的发展，两门航线客流逐步加大。根据市场需求，在有关部门的协调下，自2002年4月16日起，厦门—金门客运开通相对固定航班，每周二、五各往返一次，马尾仍为不固定航班。货运仍以专案方式从事福建沿海与金门、马祖间运输。

图5-6　2001年厦门"鼓浪屿"号客轮首航金门

2003年1月8日，在国务院台办、交通部台办的指导下，省交通厅以福建省交通运输协会水路运输专业委员会的名义，在福州与马祖地区的马祖经济文化交流联谊会就福建沿海与马祖海上直接通航事宜举行商谈，双方就通航原则、通航口岸、运力管理、船舶航行管理、船舶营运管理及其他相关事宜达成共识。3月15日，福建省交通运输协会水路专业委员会在武夷山与金马地区两岸交流协会就福建沿海与金门海上直接通航的相关事宜举行商谈，双方达成共识。

2003年1月，马尾至马祖客运开通相对固定航班，每周2班。8月，福建沿海与金门、马祖客货直航从个案、专案过渡到通案管理。同时，闽台之间陆续又开通2条定期客运航线。货运双方均以不定期方式从事散杂货物运输。开通直航的港口有福州、厦门、漳州、泉州、宁德港等，共开辟13条不定期散杂货运输航线。

至2005年底，福建沿海地区与金门、马祖、澎湖间海上客货直航，海峡两岸累计运营10314航次，运载旅客123.21万人次，其中，厦门至金门航线运载旅客1159784人次，福州马尾—马祖航线运载旅客70964人次，其他航线运载旅客1366人次。"小三通"货运海峡两岸累计运营3032航次，运载货物371.21万吨。

表5-45 **2001—2005年福建沿海与金门、马祖、澎湖间海上客运一览表**

年度	分年度小计		航线	参 航 船 舶	航次	客运量（人次）
	航次	客运量（人次）				
2001	176	24346	两马航线	曙光、台马	53	3528
			两门航线	鼓浪屿、太武、金门快轮、大洋11号	122	20649
			其他航线	鼓浪屿（泉州—金门）	1	169
2002	560	58461	两马航线	台马、闽珠1号、闽珠2号	82	4316
			两门航线	鼓浪屿、同安、新集美、太武、金门快轮、大洋11号、马可波罗、金龙	474	53371
			其他航线	超级星（泉州—澎湖）、太武（湄洲岛—金门）	4	774
2003	1664	167305	两马航线	台马、闽珠1号、闽珠2号	170	6757
			两门航线	鼓浪屿、同安、新集美、太武、金门快轮、东方之星、马可波罗、金龙	1493	160428
			其他航线	东方之星（泉州—金门）	1	120
2004	3664	427427	两马航线	闽珠1号、闽珠2号、金龙	575	20517
			两门航线	鼓浪屿、闽厦客0078、同安、新集美、东方之星、马可波罗、新金龙、金龙、合富快轮	3088	406883
			其他航线	鼓浪屿（漳州—金门）	1	27
2005	4250	554575	两马航线	金龙、闽珠1号、闽珠2号、顺风	657	35846
			两门航线	鼓浪屿、同安、新集美、捷安、东方之星、马可波罗、新金龙、合富快轮、泉州	3592	518453
			其他航线	东方之星（金门—湄洲）	1	276
合计	10314	1232114	两马航线	曙光、台马、闽珠1号、闽珠2号、金龙顺风	1537	70964
			两门航线	鼓浪屿、太武、金门快轮、大洋11号、同安、新集美、马可波罗、金龙东方之星、闽厦客0078、新金龙、合富快轮、捷安泉州	8769	1159784
			其他航线	鼓浪屿（泉州—金门），超级星（泉州—澎湖）、太武（湄州岛—金门）、东方之星（泉州—金门）、鼓浪屿（漳州—金门）、东方之星（金门—湄州）	8	1366

表 5 – 46　　**2001—2005 年福建沿海与金门、马祖、澎湖间海上货运一览表**

年 度	航 次	完成货量（吨）	参 与 船 舶
2001	1	44	长安 109
2002	57	50276	长安 109、中洲、明德 1 号、泉丰 169、星祥、长安、长发、成功 17、厦金拖 1 号、厦金驳 1 号
2003	211	263403	长安 109、中洲、泉丰 166、泉丰 169、鹏达、文龙、长安、长发、海顺、成功 17、厦金拖 1 号、厦金驳 1 号、宝昌
2004	1104	1274161	长海 26、野山 2、东益、新华、台福 8 号、海扬 7 号、朝国 6 号、万顺
2005	1659	2124263	成功 17、海峡、海湾、湛港拖九、珠航 303、世峰 3、世峰航一号、浙岭驳 11 号、泉丰 166、泉丰 269、泉丰 369、泉丰 1、泉丰 2、乾兴轮、兴航工 008、宝昌 8、凯达 105、旺盛 98、凯达 568、长海 26、长海 29、野山 2、东益、台福 8 号、新华、万顺、海扬 7 号、朝国 6 号
合 计	3032	3712147	—

第六章 科技教育

第一节 科 技

一、科技活动

"八五"期间，全省交通科技工作主要围绕新港建设、老港改造、航道整治、高等级公路建设、养护、老路改造、车船通信调度和交通管理现代化等任务开展新技术、新工艺、新材料的应用研究和开发研究，为装、卸、运、筑、养装备更新推荐和提供新机型，以提高航道、公路通过能力及沿海港口吞吐能力和车船运输效率，并降低能耗及运输成本等。在软科学方面，进行福建交通发展战略、技术政策、集资与投资、海峡两岸通航和投资区交通运输、水运运输要求、公路养护管理体制、机械化科技发展规划和工程建设及技改前期可行性研究等，为各级领导决策提供依据。在重大科技研究和攻关方面，进行闽江和九龙江航道综合整治，以及运输路况信息系统工程、计算机通信网络、事故障碍诊断、职业驾驶员考核、公路桥梁隧道交通收费、养路费征收、高速公路交通监控、高等级公路的养护、旧桥加固和检测技术、山区公路水毁防治、沿海地区软土稳定、沥青加热设施和交通装备研制等项目研究。技术开发或新技术推广方面，开展半刚性基层重要道路沥青结构和施工抗滑表面技术，沥青改造技术，水泥路面快速修补技术，干线公路路面计算机养护系统、公路、桥梁、港航、房建CAD（计算机辅助设计）技术，汽车和筑养路及港口机械检测诊断技术，道路水泥的应用、辗压砼路面新工艺，公路快速测设、活动浮码头、客车强拉蒙皮、车船节能技术和热喷涂、粘接、电刷镀和铸铁冷焊技术等的开发研究。学科人才培养方面，利用大众传播媒介，运用多种形式宣传交通科学技术知识，利用《福建交通科技》刊物，介绍国内外交通科学技术发展的新技术、新工艺、新材料和福建省交通科技发展现状及需求，并先后召开全省交通科技工作座谈会和厅属二级单位科技科长会议，传达上级有关发展科技进步的精神，部署全省交通科技工作。设立学科带头人的培养专项经费，建立跨世纪学科带头人培养制度，在全省交通系统选择一批中青年专业学科带头人，并采取措施，保证培养工作有计划地进行。先后组织三批科技人员到东南亚、德国、法国、加拿大进行科技成果转让、洽谈，并考察和学习。企业在科技进步方面共完成技术改造和车船更新投资11.5亿元。重点改造老港区，实施公路施工机械生产线的改造，加强各种方式的集疏运系统建设，发展集装箱船舶和适应市场需求的客货车辆。省航道局联合河海大学、南京水利科学研究院对承担的《福州港（长安—闽江口）深水航道整治及川石大型深水港区布局规划方案》课题进行联合攻关，针对福州港不适应大型运输船舶通航的状况，提出对闽江口段航道进行第三期整治，使之达到通航 3 万吨级船舶的能力，以充分利用闽江深水岸线，把长安港区建设成为大型深水港区。省交通规划设计院和华侨大学联合承担的《泉厦高速公路桥头软基综合治理试验研究》、省交通科研所承担的《利用福建石料修筑高等级沥青路面抗滑层的研究》，都依托正在开工建设的高速公路工程。福州港集装箱公司邀请上海海运学院开发《重点设备机械状态监测》，通过对大型吊装设备的油质铁谱分析，及早发现故障隐患，把机械设备故障消灭在萌芽状态，消灭和防止数起重大机件事故。开发《集装箱信息管理系统》等项目，应用现代化管理手段，按照国际惯例运作，发挥港区功能。新产品开发和推广项目有高速公路安全防护栏、FJK6700CW 卧铺客车、FJK6700 轻型客车、FJK6701 轻型客车、多滚筒组合式沥青混合料搅拌设备、小型压路机和沥青洒布机等。全省交通系统共完成科研项目 190 项，投入资金 1197 万元，在鉴定评审的项目中有 52 项获得各级科技进步奖，其中，有 6 项获省级科技进步奖。特别是电子计算机的推广应用发展迅速，厅属系统配置 5 套计算机网络，拥有各类微机从 1992 年的不到 200 台增加到 1995 年的 2000 台，应用软件近 200 套。1995 年，省交通厅被交通部评为"全国交通科技进步先进集体"。

"九五"期间，加强对汽车综合性能检测站检测仪器计量检定。1996 年 6 月，成立交通部福建汽车检测设备计量检定站，挂靠省交通科研所，开展汽车检测设备的量值传递和监督管理。7 月 30 日，交通部批准省交通科研所福建省公路工程试验检测中心为甲级公路工程试验检测资质机构。

1996 年，省交通厅成立科技领导小组，科技工作重点从科研开发为主转移为科技成果的转化。在全省交通系统中挑选 6 位中青年技术骨干作为第一批跨世纪技术带头人进行培养。全年安排科研项目 38 项，总投资 2710 万元。有 16 项成果获奖，其中，获交通部联合攻关优秀项目 12 项，省科技进步二等奖 1 项。交通技改工作共完成公路和港口技术改造及车船更新投资 9.85 亿元。继续实施"科技兴交"十大工程，编制《福建省公路、水路信息化 1997—2000 年发展纲要》，重点抓好省交通科研所省级公路、水运工程重点实验室建设，扩大应用电子计算机，推广应用交通运输急需的新技术、新工艺、新材料和新产品。全年完成技改投资 9.12 亿元，其中，企业技改 7.9 亿元，车船更新 1.22 亿元。

1997 年，国家人事部、交通部委托省交通科研所主持举办"全国高等级公路路面修筑新技术高级研修班"，邀请中国工程院院士沙庆林等做了国内外高等级公路路面的新技术及发展趋势，以及高等级沥青路面、水泥砼路面修筑新技术、沥青路面养护管理系统等内容的技术讲座并进行学术探讨。来自全国20多个省、市、自治区的交通专家、科技人员共60多人参加了研讨。

1998年，落实"科教兴交"战略，重点抓公路桥梁检测工作，共完成技术改造投资7.1亿元，其中，企业技改完成投资4.6亿元，车船更新完成投资2.5亿元。

1999年，结合生产需要组织科研攻关，加速科技成果转化。全年共完成技改投资5.8亿元。围绕交通部和省交通厅开展的"公路质量年"活动，以保证高速公路建设工程质量为重点，做好高速公路建设工程的质量监督基础工作。省交通科研所建立交通部公路工程检测仪器计量检定站福建工作站和福建公路工程检测设备计量检定站，完成土工、水泥、沥青、混合料及力学等方面公路工程检测仪器共计62项的校验规程和方法的编制，开展对全省40家公路工程试验室和工地临时试验室的检测仪器进行校验。省交通厅会同省质量技术监督局联合发出《福建省公路贯彻〈道路交通标志和标线〉国家标准实施意见》，贯彻《道路交通标志和标线》国家标准，将全省公路交通标志和标线的管理纳入规范化、标准化轨道。制定《福建省公路交通标志和标线产品监制管理暂行办法》，抓标志、标线产品质量关。举办省高速公路有限责任公司和各地市高速公路公司、公路局工程技术人员参加的培训班。参照国家标准和本省实际，提出适应本省公路特点的要求，组织对高速公路各路段的检查、监督和指导。按照交通部的要求，印发《交通施工企业质量保证模式标准实施指南（试行)》、《水路运输企业质量保证模式标准实施指南》和《公路运输企业质量保证模式标准实施指南》，并协助有关单位做好国家标准的贯彻和培训工作。

2000年，成立省交通建设工程试验检测中心。12月，福建省公路、水运工程重点实验室通过省科委组织的验收。重点实验室作为福建省交通行业对外开放的从事应用技术研究和实验检测技术服务的省级实验室，跟踪公路、水运最新科技，承担福建省公路、水运重点科研项目，为全省交通工程建设提供实验、检测条件和科学、公正、准确的数据依据；进行公路、水运高新科技的引进、消化和推广，为福建省重大交通建设项目开展技术评估、咨询、服务；对公路、水运建设质量进行实验、检测和技术仲裁，是福建省公路、水运工程科研实验与检测中心。实验室引进购置欧、美、日等国仪器设备，在设备装备过程中，及时跟踪国内外先进实验技术，使实验能力整体上居于国内领先，部分处于国内先进，成为为福建省交通经济建设提供技术储备和技术创新的研究开发实验基地。当年，省内交通科研人员参加交通部公路司和公路科学研究所举办的全国交通系统公路土工合成材料新规程培训班。省交通厅举办"改性沥青新技术生产与应用"高级研修班和高性能路面新技术、新材料学习讲座，邀请长安大学博士生导师陈登良等授课，结合福建省SMA（沥青玛蹄脂碎石混合料）技术在高速公路应用科研项目和早期公路沥青破坏处治技术研究中作用进行学术交流，全国厅级、地市交通局高级职称、中级职称技术骨干和管理人员、学科带头人共68人参加，收到技术论文 40 多篇。全年科研项目立项方面，交通部和省重点攻关项目 161 项，完成鉴定和验收 105 项。省交通厅共投入科技基金 2589.7 万元，编写《福建省公路桥梁管理系统推广应用计划》、《福建省公路路面管理系统推广实施计划》进行了全省公路管养单位和干线桥梁编码和路线区域的划分、数据采集和录入。

2001 年，交通科研所逐步向科技型企业转制，勘察设计单位的转企工作也稳步进行。加强"科教兴交"的规划，制定《福建省公路、水路交通科技"十五"计划和 2010 年远景规划》、《数字交通建设规划》。福建省公路工程试验检测中心引进美国 SHAP 计划薄膜烤箱、黏度计、压实仪、密度仪、流变仪和直接拉伸系统等 8 套 300 多万元的实验检测仪器，投入"SMA 技术在山区高速公路上的应用研究"科研攻关课题的实验检测，对开发相应的成套技术，铺筑高性能、高质量、经济性好的桥面铺装的隧道道面，指导福建省高速公路沥青路面建设起着主要的技术装备保障作用，使福建省在沥青和沥青混合料实验手段和试验能力及路面结构层应用研究水平达到全国先进水平。邀请清华大学缪立新教授、段进宇博士举行《数字化、智能化交通》专题讲座，交通系统有关领导和科技人员共 100 余人参加了技术交流。

2002 年，省交通厅举办"高速公路信息化技术与养护动态管理"高级研修班，邀请同济大学副校长、博士生导师杨东援教授和交通部公路所博士潘玉利做"高速公路信息管理系统总体设计"、"高速公路路面管理系统"及"高速公路沥青路面建设与养护技术"等专题讲座。组织制定福建省地方标准《汽车维护工艺规范》（DB35/T164 – 2002）。加强公路工程试验检测，规范试验室管理，由省交通厅组织，省交通质量监督站承办，开展"公路工程试验检测数据管理系统"研究，将计算机管理和标准化工作相结合。统一规范公路试验报告表格，把公路试验检测纳入自动化标准化管理轨道。根据研究成果，制定福建省地方标准《公路工程试验检测报表规范》（DB35/520 – 2003），同时开发报表软件，各种检测结果可自动生成报表，并制成光盘在全省各个公路检测试验室推广使用。省交通建设工程试验检测中心、省公路工程试验检测中心、漳州市交通建设工程质量检测中心、厦门市公路局交通建设工程质量检测中心等五个交通试验检测机构通过国家试验室认可。高等级公路路基研究成果包括：高速公路高塑性黏土路基修筑技术研究和高速公路水泥稳定碎石底基层掺用粉煤灰研究、泉厦段高速公路桥头软基综合治理的试验研究、高速公路软弱地基上花岗岩填石路堤修筑技术研究、爆炸挤淤法处理公路软土地基研究等。高等级公路路面研究成果包括：利用福建省内石料修筑高等级沥青防滑路面的应用研究、丁苯改性沥青在高等级道路上的技术应用研究、改性乳化沥青稀浆封层研究、高掺量粉煤灰混凝土在高等级公路中的应用研究、改性沥青及 SMA 的铺筑技术推广研究、公路滑坡治理技术的研究和公路隧道软弱围岩支护系统可靠性分析的应用与研究等。公路桥梁、隧道研究成果包括：空间预应力混凝土技术在大型互通式立交中的应用研究、预应力砼下承式桁架连续刚构桥型研究、高速公路桥梁护栏的研究开发、三跨连续钢箱梁悬索桥成套创新技术的研究、无伸缩缝桥梁的理论与应用研究、扁平大跨度不对称连拱隧道设计与施工技术研究、公路隧道纤维喷混凝土力学性能和施工工艺及装备的试验研究等。制定《福建省公路、水路交通信息化2003—2005年实施方案》。省交通厅还组织《福建三条战略通道与本省交通发展研究》等6个调研课题，围绕加快福州港、厦门港、湄洲湾等沿海港口群的建设需要，开展沿海深水码头和航道及港航数学模型研究。主要研究成果包括：福建省沿海主要港口布局与岸线利用研究、整体式轻型结构软基驳岸的研究、福州港马尾万吨级泊位维修加固及新型预应力技术的研究、福州港闽江口深水航道整治及大型深水港选址方案研究、福州港闽江口深水航道整治及大型深水港选址方案研究、福建省沿海港口防浪结构型式研究、航道工程设计CAD系统研究和兴化湾20万～30万吨级超大型深水航道研究等。

2003年，福宁高速公路下白石大桥采用新型墙式基础新技术节省投资500多万元。11月8日，福建省公路工程试验检测中心通过20项实验能力的国家认可，试验报告可与美、英等36个国家的试验室互认，实现试验室检测工作标准与国际接轨。

2004年，省交通厅与省人事厅联合举办"全国智能交通系统高级研修班"，邀请知名专家史其信、邢汉承针对智能交通系统发展状况、智能交通与通信技术、调整公路联网收费及电子不停车收费地理信息系统等举办讲座和科技交流。建成福建交通车辆监控系统平台，为政府部门的宏观管理提供技术支持，为运输企业的物流配载及车辆安全管理提供服务。

2005年，结合交通运输建设中的难点和热点，组织科技攻关。交通门户网站群建设已具规模，完善交通内、外网邮件系统建设，开发环球交通视窗、福建物流网站、福建交通运输网站、GPS车辆监控网站和交通培训网等项目，使福建交通网站成为福建交通的宣传窗口、办事窗口、交流窗口和服务窗口，让社会公众更便利地了解和体验良好的交通服务。升发和应用公路、水路地理信息系统（GIS），建成农村公路、国省道公路数据库。省交通建设管理和规划管理系统投入使用，启动第二期建设重点，为港航地理信息系统开发工作。完成交通信息化建设试点。建成3个设区市交通局（南平、莆田、宁德）、12个县级交通局（武夷山、浦城、明溪、泰宁、建宁、福清、南安、武平、福鼎、柘荣、寿宁、南靖）、1个设区市公路局（莆田）网络工程，办公自动化系统正式运行。大部分单位政务网已接入，实现与省厅数据传输、互联互通。

二、科研成果

（一）公路学科

1991—2005年，完成沥青添加剂SL在公路路面工程中的应用研究、沿海钢筋混凝土桥梁结构的防腐蚀研究、泉厦高速公路桥头软基综合治理的试验研究、利用福建石料修筑高等级沥青抗滑路面的应用研究、空间预应力砼技术在大型互通式立交中的应用研究、泉厦高速公路高塑性黏土路基修筑技术研究、省公路软土地基处理技术的应用研究、预应力砼下承式桁架连续刚构桥型研究和旧桥检测、评估和加固改建技术的应用研究和预应力砼准连续梁设计与研究、乳化沥青砼应用试验研究、高速公路软弱地基上花岗岩填石路堤修筑技术研究、单线双洞长隧道的建设技术研究、改性沥青及SMA 的铺筑技术推广研究、高掺量粉煤灰混凝土在高等级公路中的应用研究、公路滑坡治理技术的研究等十六项科研项目，并分别获得省交通厅科技进步奖。

表 6-1　　　　　　　1990—2005 年公路学科科研成果一览表

序号	项目名称	获奖等级	获奖时间(年)	主要完成单位、个人
1	福州洋头口立交桥	福建省科技进步奖三等奖	1990	省交通规划设计院林增官、黄文机、丁汉山
2	福建省公路软基处理技术的应用研究	福建省科技进步奖三等奖	1998	省交通规划设计院林克波、朱祖科、洪华等
3	空间预应力砼在大型互通式立交中的应用研究	福建省科技进步奖二等奖	1998	省交通规划设计院石宜乐、刘忠、黄文机等
4	泉厦段高速公路桥头软基综合治理的试验研究	福建省科技进步奖二等奖	1998	省交通规划设计院林希鹤、马时冬、黄文机等
5	预应力砼下承式桁架连续刚构桥型研究	福建省科技进步奖二等奖	1998	省交通规划设计院林果、杨尚海、郑信光等
6	综合型乳化剂机组	福建省科技进步奖三等奖	1998	省公路局邵武储运处、省公路局物资总站卢邦莺、林爱民、汤建军等
7	丁苯改性沥青在高等级道路上的技术应用研究	福建省科技进步奖三等奖	2000	泉州市公路局、省公路局林建筑、丁永灿、方德铭等
8	高速公路软弱地基上花岗岩填石路堤修筑技术研究	福建省科技进步奖三等奖	2000	省高速公路建设总指挥部、交通部重庆公路科研所漆光荣、郑浩、陈礼彪等
9	乳化沥青砼应用试验研究	福建省科技进步奖三等奖	2000	福州市公路局、福州市公路局福清分局施向文、曾继平、陈思明等
10	预应力砼准连续梁设计与研究	福建省科技进步奖三等奖	2000	省交通规划设计院、省交通科研所杨建宋、孙建林、王文洪等
11	国道 316 线石潭溪大跨径钢管砼拱桥试验研究	福建省科技进步奖三等奖	2000	福州市交通局陈宝春、郑振飞、周春明等
12	高掺量粉煤灰混凝土在高等级公路中的应用与研究	福建省科技进步奖三等奖	2002	福建省公路局、福州大学、厦门市公路局郑建岚、蔡仰松、方德铭等
13	高速公路桥梁护栏研究开发	福建省科技进步奖二等奖	2002	省交通规划设计院、省高速公路公司、漳州漳邵高速公路公司白书锋、汤文杰、贾日学等
14	公路滑坡治理技术的研究	福建省科技进步奖三等奖	2002	福建省公路局、三明市公路局王兆飞、刘中辉、卢德仁等
15	漳州战备大桥部分斜拉桥结构受力分析技术研究	福建省科技进步奖三等奖	2002	漳州市公路局、铁道部大桥工程局桥梁研究院张水根、汤少青、陈开利等

续表 6 - 1

序号	项目名称	获奖等级	获奖时间(年)	主要完成单位、个人
16	扁平大跨径不对称连拱隧道设计与施工技术研究	福建省科技进步奖三等奖	2005	省交通规划设计院等王火龙、林志良、朱合华等
17	公路隧道软弱围岩支护系统可靠性分析的应用与研究	福建省科技进步奖二等奖	2003	龙岩漳龙高速公路有限公司、铁道部第四勘察设计院、中铁西南科学研究院赖世桂、黄波、吴江敏等
18	福建省公路地理信息系统	福建省科技进步奖三等奖	2003	省公路局、东南大学蔡仰松、邢汉承、张祥利等
19	三跨连续钢箱梁悬索桥成套创新技术研究	福建省科技进步奖一等奖	2004	厦门市路桥建设投资总公司、中交公路规划设计院等潘世建、曾超、徐风云等
20	泉州后渚大桥防撞岛模型试验与大型空间有限元仿真分析	福建省科技进步奖三等奖	2004	泉州市公路局、福州大学林建筑、卓卫东、郑振飞等
21	无伸缩缝桥梁的理论与应用研究	福建省科技进步奖三等奖	2005	省公路局、福州大学林国仁、彭大文、洪锦祥等
22	福宁高速公路下白石大桥7号墩墙式基础研究	福建省科技进步奖二等奖	2005	宁德市福宁高速公路有限公司、省高速公路建设总指挥部刘光东、杨征宇、赵宣宪等
23	泉州后渚大桥五孔预应力混凝土连续刚构分析与测试	福建省科技进步奖三等奖	2005	泉州市公路局、福州大学林建筑、卓卫东、宗周红等

1. 福州洋头口立交桥

洋头口立交桥是一座大型人车分流双层环形立交桥。该双层环形立交采用机动车在上层实现环行平面交叉，非机动车和行人在下层实现环行平面交叉的形式，从而实现人车分流、机动车与非机动车分流的目的。其主体结构为钢筋混凝土整体圆环形式，当时属于国内首创，内径40米，外径68米，整个圆环板支承在15排30根不等距独立墩柱上。环形闭合圆环板采用双样条子域法空间结构计算程序计算。整体圆环板结构整体性强，行车顺畅，建筑高度低，可缩短引道工程。

2. 福建省公路软基处理技术的应用研究

以福州余盛至祥谦公路江口试验段为依托工程，分别用直径20厘米普通砂井＋砂垫层＋土工布、直径7厘米袋装砂井＋砂垫层、大通量塑料排水板＋砂垫层＋土工布、普通塑料排水板＋砂垫层和利用硬壳层不作处理5种技术做应用比较，总结各种处理技术的应用效果。经测试本试验项目均达到《试验大纲》规定指标。软基经处理后沉降控制在30厘米以内，桥头沉降控制在10厘米以内，固结度分别达到85%和90%以上。

3. 空间预应力砼在大型互通式立交中的应用研究

主要研究空间复合截面梁单元构成的各种梁格形式来剖析桥梁结构，在预应力空间曲线的计算和描述上，采用尽量接近于原曲线形状的样条拟合曲线、圆曲线，使得分析更加准确，并且可以把结构的各种组成部分按施工步骤进行划分，使得桥梁的实际形成过程能较真实地被模拟分析。

在大型互通式立交建设中充分发挥预应力混凝土高强材料的特性，节省材料，提高结构使用性能。

4. 泉厦段高速公路桥头软基综合治理的试验研究

针对高速公路普遍存在桥头跳车病害，分析桥头跳车病害的原因，拟定设置桥头过渡段、匀顺路线纵坡与消灭突变点的综合治理技术路线。国内最早提出了采用水泥粉喷桩处理桥头软基的技术方案，经实践检验是成功的。软基上高速公路的勘察、设计与施工要点内容的指导性、适用性与完整性属国内首创，提出的软基设计成套方法与工程控制的数据及其技术要求有创新性和适用性。

5. 水口大桥预应力砼下承式桁架连续刚构桥型研究

水口大桥具有桥型结构新颖和造型美观、轻巧及圬工体积小及建筑高度低、结构受力合理、预应力索布设简单、施工容易等优点，在大、中跨径的桥梁中具有较强的竞争力。主跨 160 米，为全国同类桥梁之最。利用 π 型桅杆式架桥机拼装该类桥型上部结构的施工模式，具有轻巧灵活、拼装平稳、安装工作面多、拼装速度快等优点。钢纤堆砼在大桥桁架节点中的采用，具有推广价值。水口大桥的技术经济指标与同跨径预应力桥梁比较，砼和预应力筋用量力，具有明显的经济和社会效益。通过结构计算、静动载试验及营运检验等，该桥型总体上达到国内领先水平。

6. 综合型乳化剂机组

具有节能、节油、减少环境污染、减轻劳动强度、施工方便、延长施工期限等优点。沥青乳化机是以胶体磨为主机，配以油水控制和加热保温等部件，将热沥青掺配乳化剂溶液，通过胶体磨的作用把沥青制成包油型的乳状液的设备。

7. 丁苯改性沥青在高等级道路上的技术应用研究

采用丁苯胶乳对国产胜利 100% 沥青进行改性，沥青技术指标有明显改善，温度稳定性和水稳定性有明显提高。组成丁苯胶乳改性国产沥青能达到进口优质沥青技术指标，可以替代进口优质沥青，可节省外汇，经济效益好，有良好的推广应用前景。工艺简单，可以用于铺筑沥青砼高级路面。

8. 高速公路软弱地基上花岗岩填石路堤修筑技术研究

通过大量的现场和室内试验及分析计算，提出经济合理的填石路堤的施工工艺，提出填石路堤的质量检测手段、检测标准和质量保证体系、适合大粒填料的路堤稳定与变形分析方法，提出福建省填石路堤施工、检测暂行规定。经反复论证，在国内首次明确提出填石路堤的质量控制方法与质量控制标准，在公路部门对填石料的工程特性进行全面研究。在设计分析理论方面深化了现有设计理论。

9. 乳化沥青砼应用试验研究

进行慢裂乳化沥青及中、细粒式混合料和改性乳化沥青混合料的配合比设计、室内试验，探索出施工和袋装混合料等配套技术、施工工艺可靠方便，技术先进。生产的乳化沥青混合料结构组成较为合理，强度和稳定性较好，袋装密封性良好，技术上有所创新。

10. 预应力砼准连续梁设计与研究

连续 T 梁桥是新型组合结构的桥梁，集合了简支梁和连续梁的各自优点。此设计能加快桥梁建设速度，降低桥梁造价，提高行车的舒适度，对于高等级公路，特别是高速公路具有很好的推广价值，通过主梁及接头等内力分析和桥梁荷载试验等，认为预应力砼简支 T 梁跨径在 25～35 米时，接头采用普通钢筋砼的先简支后连续的预应力砼准连续 T 梁是可行的，造价低且工期容易掌握。

11. 国道 316 线石潭溪大跨径钢管砼拱桥试验研究

是继钢结构和钢筋砼结构之后的新型结构，应用于拱桥结构具有广阔的前景。与钢结构相比，能节约大量的钢材、提高刚度、提高防锈能力和防火性能。与钢筋砼结构相比，能节约大量的砼和木材、节省施工用钢，施工吊装重量轻、进度快，为拱桥发展注入新的活力。该类桥型适用性强，建筑高度低，可应用于地质不良的平原地区。以平原地区桥位为例，相对于同等跨径的连续梁或连续刚构，由于建筑高度低，桥梁长度可缩短，其造价比钢结构和钢筋砼结构桥型每平方米可节省 780 元。钢管砼还广泛用于高层建筑、厂房建筑和输变电结构中。

12. 高掺量粉煤灰混凝土在高等级公路中的应用研究

对于高掺量粉煤灰混凝土在公路建设中的应用，进行大量、系统的室内试验研究，并进行现场实践应用，得到其在公路基层、水泥混凝土路面面层中应用的合理配合比设计。其抗折强度、无侧限抗压强度、体积稳定性等力学性能都满足公路建设中的相应规范要求。研究成果充分发挥粉煤灰的形态效应和活性效应，在水泥用量大量减少的情况下使混凝土具有优良的工作性能。在砼滑模摊铺机施工的高等级公路中应用，使混凝土路面不仅具有优良的力学性能，而且能显著改善混凝土的和易性，方便施工，确保工程质量。通过大量的粉煤灰混凝土细观结构和耐磨性能试验，提出高掺量粉煤灰混凝土配合比，硬化后混凝土的耐磨性能不低于普通混凝土。研究成果成功地应用于 324 国道路面改造工程和涵黄公路改造工程的路面基层。

13. 高速公路桥梁护栏研究开发技术

增大桥梁护栏的结构强度，提高防撞能力，使失控车辆不至于穿越护栏或翻越护栏坠落桥下。提高导向功能，使碰撞车辆回复到正常行驶方向，尽量避免车辆碰撞后就地横转、翻车或驶入相邻护栏的车道，防止发生二次事故。降低司机和其他乘客的伤害程度，当发生碰撞时，可降低对司机和乘客头部、胸部等关键部位的伤害程度。

14. 公路滑坡治理技术的研究

对公路滑坡滑动规律进行系统的监测、试验、研究，提出公路滑坡灾害监测及稳定性评价的技术和方法。对预应力锚索抗滑桩在公路滑坡治理中的运用效果进行检验，总结预应力锚索抗滑桩的受力模式。结果表明，其结构受力更合理，费用更经济，具有较大的应用价值。通过对永安箭丰滑坡等治理工程实例的研究，分析福建省常见滑坡的特点和灾害机理，对不同地质构成的滑坡提出防治对策，并成功地应用于205国道和319国道公路滑坡治理工程。

15. 漳州战备大桥部分斜拉桥结构受力分析技术研究

大桥主桥为单索面三跨（80.8 + 132 + 80.8）米预应力混凝土部分斜拉桥（也称矮塔斜拉桥），塔梁固结，塔墩分离。主塔截面为实心矩形截面。塔身上部设有鞍座，鞍座采用双重管结构形式。斜拉索穿过内管，在两侧斜拉索出口处，内外管之间设抗滑锚头，以防止内外管滑移，在施工完毕后，在内灌注高强环氧砂浆。索塔及索鞍结构形式在国内属首例。根据该桥特点，进行塔鞍座处节段模型试验，通过模型试验了解主塔鞍座区的受力特点及应力分布，确定结构开裂荷载，为设计及施工提供依据，确保主桥结构的安全性及可靠性。进行主塔鞍座处斜拉索抗滑移性能、压浆工艺试验，验证主塔两侧锚头的锚固性能，确保桥梁施工阶段及成桥阶段安全性。选择合理的压浆工艺，保证压浆密实，使之对钢绞线具有良好的握裹性能。进行斜拉索疲劳性能试验等研究。

16. 扁平大跨度不对称连拱隧道

对罗长高速公路马宅顶隧道新奥法施工全过程进行数值模拟分析。分析包括二维平面分析和三维空间分析，着重分析围岩的变形和应力，锚杆的应力、初支和二衬的内力及中墙的变形和应力。同时，还对由于隧道不对称所产生的偏压情况进行研究，对不同地表情况及不同开挖方式模拟计算，比较分析，对连拱隧道施工中遇到的关键技术问题进行模拟分析。马宅顶隧道为国内第一座调整公路扁平大跨度不对称连拱隧道。

17. 公路隧道软弱围岩支护系统可靠性分析的应用与研究

以漳龙高速公路乌石山隧道工程为依托，通过现场位移、压力等多项测试数据分析和理论计算，提出软弱围岩下公路隧道支护系统的可靠性评价方法。根据软弱围岩公路隧道的特点，结合现场量测，提出不同开挖方式下围岩的应力和位移场分布规律。提出软弱围岩公路隧道的合理开挖方式，对公路隧道的设计施工具有重要的指导作用。通过现场测试，及时反馈修正，使施工单位实现信息化施工。突破荷载——结构模式上的可靠度研究思路，引入连续体模式，将现场量测资料直接与可靠度评定结合起来，根据隧道初期支护和二次衬砌的特点提出不同的可靠性评判体系。提出位移量测值在时空上的外延效应研究，在对二次衬砌形变压力荷载系数的研究分析方法等方面有所创新。按可靠度理论设计对隧道进行创造性的研究，并对本工程的设计优化和施工起到指导作用。

18. 福建省公路地理信息系统

针对福建省地形比较复杂的特点，采用 GPS、陀螺、机械里程信息融合技术进行动态定位测量，提高精度。整个系统的构成建立在构件技术的基础上，运用 XML 通信语言的元级强大功能，使系统具有很强的可更新性、可扩展性，使系统界面友好、操作维护简便。在数据的组织上采用地理数据的金字塔结构（分级粗化），提高响应速度。在采用 GPS 与陀螺信息融合技术及 XML 通信语言构建 C/S 模式地理信息系统方面有特色，成果居国内领先水平，对促进全国公路交通的建设、养护和管理，促进空间数据库和地理信息系统的应用，促进道路数据的自动采集有明显的推广意义。

19. 三跨连续钢箱梁悬索桥成套创新技术的研究

以厦门海沧大桥为依托，在国内首次系统地解决三跨连续钢箱梁悬索桥设计中的关键技术问题。研制开发设计计算软件。在国内首次采用浅埋倒坡箱式基础、框架式锚碇，经济合理地解决在强风化泥灰岩上修建悬索桥锚碇的难题。研究开发预应力锚固系统，设计合理，安全可靠。提出的大跨度悬索桥主缆分段悬链线模型和相应计算方法，准确反映主缆的受力和线形状态，具有较高的应用价值。建立的三跨连续钢箱梁悬索桥施工监控技术，保证成桥线形平顺，吊索内力分布符合设计要求。开展悬索桥先缠丝、后铺装施工新技术、悬索桥锚碇大体积混凝土温度控制设计及防裂技术的研究及悬索桥上部结构施工专用设备的研制等研究。把桥梁景观作为设计方案选择的重要因素，并作为旅游资源和科普资源加以利用。建立以养护管理、运营监测监控、信息采集与处理及资料归档等为技术支撑的桥梁养护管理系统，实现养护管理的规范化、标准化和制度化。

20. 泉州后渚大桥防撞岛模型试验与大型空间有限元仿真分析

以 3500 吨油轮对泉州后渚大桥防撞岛在不同工况下撞击进行大型试验模拟研究，以及大型空间非线性有限元仿真分析，为福建省重点工程泉州后渚大桥防撞岛设计与施工提供科学的依据。

该课题利用 Bukinghamπ 定理，导出船撞模型试验的相似判据及相似系数，并得出 3500 吨级油轮撞击下的实用设计船撞力。对实际试验得出的船撞力与中国目前公路、铁路及欧美等国的船撞力计算公式进行分析比较，为今后中国公路、铁路修订设计规范相关条款以及在海湾、江河航道上修建大型桥梁防撞设计提供科学的试验数据。

21. 无伸缩缝桥梁的理论与应用研究

建立采用整体式桥台的无伸缩缝桥梁（简称整体式桥台桥梁）的有限元计算模型，对桩基础的整体式桥台桥梁的受力性能进行较为系统的研究，为中国设计和建造无伸缩缝桥梁提供理论计算依据。根据整体式桥台桥梁的结构特点，提出桩—土—结构的非线性相互作用模型。分析不同强度地震作用下无伸缩缝桥梁的频率和振型，考察土的非线性作用对动力特性的影响，并采用反应谱法和时程分析法研究整体式桥台桥梁的地震响应。通过模型试验和实桥试验，研究无伸缩缝桥梁的荷载横向分布系数问题，并为无伸缩缝桥梁的横向分布系数计算提供实用图表。通过混凝土T梁试验，从大量实测得到的混凝土温度与相应的温度变形量数据中，运用数理统计方法拟合得到用于混凝土T梁温度变形计算的一般公式和若干结论，为无伸缩缝桥梁的温度位移计算提供实验依据。提出两种新的桥台与主梁连接的节点构造（合成梁方式节点和凸楔方式结点）。对季节性温度作用下整体式桥台桥梁台后土压力，提出解决 Ratcherting 现象（反复温度荷载下台后出现土楔块以及土压力不断增长现象）的方法，即自稳定的轻填土方案与设置 EPS 压缩层（并同时在土中加筋）的方案，均能减小土压力并控制土压力逐年增长的趋势。

22. 福宁高速公路下白石大桥 7 号墩墙式基础研究

采用墙式基础，建立三维有限元模型，进行大量有限元计算，通过简化，用数值拟合方法给出不同基岩情况下，轴向力、水平力、弯矩作用下墩基内等效内力和等效变形的简化设计公式。进行聚碳酸酯、环氧树脂、石膏和混凝土4种模型材料的实验研究，完成光弹性应力分析、数字散斑相关技术界面应力分布测量、石膏模型的受力分析和岩石混凝土模型的应力分布测量。4种模型研究得到极为相似的墙式基础的剪应力分布规律，表明在一定载荷下，界面的抗剪能力可以承受大桥载荷。而桥墩的基础底部基本不受力，因此桥墩是极为安全的，亦即桥墩基础在基岩中埋深不断增加时，其底部承受力趋近于一个稳定的极小值，为此可采用一个临界深度（或基础有效深度）来评估，完成不同岩石模量下极限强度的实验研究，并对现有载荷下大桥的安全性进行评估。评估表明现有载荷下桥墩安全系数高达 2.9。

23. 泉州后渚大桥五孔预应力混凝土连续刚构结构分析与测试

以泉州后渚大桥主桥为研究对象，对五孔预应力混凝土连续刚构进行系统的参数分析。采用结构优化设计原理，研究分析五跨连续刚构优化的跨径比和墩梁刚度比。进行全桥环境振动测试，并基于环境振动测试结果，对结构空间有限元模型进行参数修正，建立能够反映实桥真实基准状态的有限元模型，进行地震反应分析。进行五孔预应力混凝土连续刚构桥施工阶段的应力、温度及线形的跟踪测量，并根据现场实测成果和理论分析成果，对桥梁节段施工和桥梁顶推合拢全过程进行指导。

（二）水路学科

1990—2005 年，完成福建省沿海主要港口功能分析研究与计算机模拟、闽江通海航道整治及港口选址研究、提高船舶推进效率和节油研究、小型非对称双尾鳍船型流体动力特性的研究及其在闽江船型上的应用、斜坡堤凹凸型干砌条石护面消浪效果研究、航务工程中边界拟合坐标下二维非恒定流数学模型试验研究、整体式轻型结构软基驳岸研究、九龙江口厦门湾港口水域总体布局规划及深水航道整治技术研究、福州港闽江口深水航道整治及深水港址方案研究、福建省沿海主要港口布局与岸线利用研究、福建省沿海港口防浪结构型式研究、兴化湾20万～30万吨超级大型深水航道研究和闽江水口坝下航道工程泥沙数学模型的应用研究13项水路学科科研项目，并分别获得省交通厅科技进步奖。

表6-2　　　　　1990—2005年水路学科科研成果一览表

序号	项目名称	获奖等级	获奖时间（年）	主要完成单位、个人
1	3000吨级海上战备活动浮码头	军队科技进步一等奖	1990	福建省交通科研所朱元康、夏国庆、马继列
2	路堤自重预压砂井加固在水下深层软基应用	福建省科技进步奖三等奖	1991	福建省交通规划设计院潘雅珍、林溥钦、邓斌等
3	小型非对称双尾鳍船型流体动力特性的研究及其在闽江船型上的应用	福建省科技进步奖二等奖	1994	福建省交通科研所谢小犁、朱元康、施华郎等
4	闽江通海航道整治及码头选址研究	福建省科技进步奖二等奖	1994	福建省港航管理局、福建省港航管理局设计室黄士梁、肖贞春、庄耕青
5	斜坡堤凹凸型干砌条石护面消浪效果研究	福建省科技进步奖二等奖	1996	福建省交通规划设计院柯文荣、林瑞肇、龚崇淮等
6	福州港集装箱网络信息管理系统	福建省科技进步奖三等奖	1998	福州港务局李岚、林连兴、林人元等
7	福州港闽江口深水航道整治及大型深水港选址方案研究	福建省科技进步奖三等奖	2000	福建省航道局黄士梁、张信辉、叶燕贻等
8	航道工程设计CAD系统研究	福建省科技进步奖三等奖	2000	福建省航道局梁金焰、叶燕贻、林金裕等
9	九龙江口、厦门湾港口水域总体布局规划及深水航道整治技术研究	福建省科技进步奖二等奖	2000	福建省航道局、厦门港务局黄士梁、郑久清、叶燕贻等
10	快速装卸毛石及平战结合新型桥式（滚装）码头研究	福建省科技进步奖二等奖	2001	福建省交通规划设计院陈培健、柯文荣、刘炜等
11	福建省沿海港口防浪结构型式研究	福建省科技进步奖三等奖	2002	福建省港航管理局、河海大学、国家海洋局第三海洋研究所林民标、林拾庆、冯卫兵等
12	闽江水口坝下航道工程泥沙数学模型的应用研究	福建省科技进步奖三等奖	2002	福建省航道局、东南大学交通学院、福建省港航勘察设计院黄永葛、陈一梅、李奕琼等
13	兴化湾20万～30万吨级超大型深水航道研究	福建省科技进步奖二等奖	2002	福建省交通规划设计院柯文荣、张子闽、傅勇明等
14	河口区弯道凸岸段码头港池航道治理及数学模型仿真技术研究	福建省科技进步奖三等奖	2003	福建省航道局、福建省港航勘察设计院梁金焰、林金裕、王船海等
15	DGPS测绘及纠错系统	福建省科技进步奖三等奖	2005	福建省航道局勘测大队丘舍金、黄建明、丁德荣等
16	福州湾深水港址资源普查与建设方案研究	福建省科技进步奖三等奖	2004	福建省交通规划设计院、福建省交通规划办公室许莹、陈培健、寇军等
17	潮汐河口多汊道正交贴体二维数学模型研究	福建省科技进步奖三等奖	2004	福建省航道局、福建省港航勘察设计院梁金焰、林金裕、王船海等

1. 3000 吨级海上战备活动浮码头

由固定栈桥和锚泊系统组成，码头线总长 85 米，适于在沿海和岛屿淤泥滩上快速搭设，作为固定码头使用，也可迅速拆卸、转移，作为临时码头使用。关键技术是沉垫式桥墩，从解决淤泥滩承载能力低的难点入手，充分发挥淤泥内聚力大、透水性差和真空吸附力强的特性，通过模拟试验和理论分析，合理确定沉箱尺寸，采用裙板结构、真空吸附装置、双向消能系统、压载系统、螺旋定位和可升降平台等结构，解决了软基的承载、桥墩的复杂受力和系统的整体稳定性等问题。

1991 年，3000 吨级活动码头扩大为 5000 吨级油码头。1993 年，该成果被交通部推荐为全国科技成果推广应用项目。

2. 路堤自重预压砂井加固在水下深层软基应用

研究砂井加固技术应用于水下深层软基处理。通过路堤施工加荷整个过程，监测施工期间土的孔隙水压力、地基沉降和位移，测试土层的物理力学指标，研究它们之间的内在联系和变化规律。水下深层软基孔隙水压力监测采用的传感器深孔安装定向回填方法与装置技术获得中华人民共和国专利权。通过研究表明，砂井加固技术应用于水下深层软基是切实可行的。该研究成果可广泛应用于沿江路堤地基处理、码头驳岸加固、陆域形成深层软基处理等。该技术在福州火电厂沿江公路建设中得以应用，缩短施工期 3 个月，减少工程投资 185 万元。

3. 小型非对称双尾鳍船型流体动力特性的研究及其在闽江船型上的应用

研制成功闽江 100 吨级非对称双尾鳍机动驳。在常规内河双桨船的后体船底加装两条特殊的不对称突出体，使水流经船侧和船底流至螺旋桨盘面时的流线得到改善，船尾流量与螺旋桨外旋向能够较好地配合，从而较大程度改善该船的阻力性能、推进性能和操纵性能。该成果于 1994 年应用于厦门水运公司 8 艘 175 吨港口机动驳，还应用于省港航局近海航道整治工程指挥部海测船。

4. 闽江通海航道整治及码头选址研究

通过对长时段水下地形的冲淤演变分析，找出演变规律与边界条件，以及浅滩形成机制，从而选取航道水深较为良好年份的边界条件、滩槽格局实施整治，借以调整水流，控制冲淤部位，达到槽冲、滩淤及增加水深、稳定航槽的目的。闽江内港区为河口港，在码头选址上除需要研究港口的集疏运条件和风、浪、流、泥沙特性外，主要研究港址水域水深的稳定性，研究泥沙淤积、水深维持与相关措施，以及疏浚弃土、回填造陆等关键技术问题。

5. 斜坡堤凹凸型干砌条石护面消浪效果研究

福建省沿海条石资源丰富，沿海防波堤和护岸建筑物工程较多。经过试验研究和计算分析，提出了干砌条石在沿海防波堤护面上应用的具体方法和消浪效果。研究成果已在多个港口工程防波堤、海堤平应用。该技术施工方便，节省投资，且在已实施的多个工程中经受了强台风的考验被证明是安全可靠的。该成果已列入 JTJ298‐98《防波堤设计与施工规范》中，普遍推广应用在全国港口、围垦等海岸工程中。

6. 福州港集装箱网络信息管理系统

该系统能对港外箱、箱进场、堆存、场内智能化移箱、装箱、拆箱、出场、装卸船等作业的全过程进行跟踪，并自动生成各种报表，同时对场站内及运输过程中发生的各种费用自动计费，具备较强的查询功能。采用下拉式菜单驱动方式，屏幕上显示内容规范，与国际惯例接轨，操作简单，查询速度快。服务器采用双备份技术，保证系统安全可靠，较好地满足用户的需要。对场内移箱采用了优化算法，保证移箱的准确快速，减少移箱的次数，减少机械设备的损耗。

7. 福州港闽江口深水航道整治及大型深水港选址方案研究

在总结闽江通海航道一、二期整治工程经验的基础上，采用现场观测、实测资料分析、数学模型试验等手段，并有机地结合一、二期工程的分析效果，进一步阐明内沙、外沙浅滩形成机理、演变规律，以及河口区各汊道分流特性，并考虑到水口水电站蓄水运行后来水来沙的变化，提出封堵熨斗水道、修筑芭蕉尾外双导堤加丁坝的工程方案，借以增加主槽水流动力，稳定滩槽，理顺涨落潮流路，利用落潮水流冲刷航槽。通过川石水道和梅花水道的不同汇流流路对外沙河床演变的影响及梅花水道向川石水道横向水流的作用分析，提出双导堤堤顶高程采取北高南低并部分留缺口的工程布置，拦截梅花水道底沙进入主槽，让梅花水道水流汇入主槽，加大水流冲刷能力。数学模型试验采用控制体积法求解守恒型二维水流方程，其对非线性的处理方法，在近岸局部水域的模拟技术中获得成功。选择在闽江口粗芦岛至川石岛间修建连岛岸线，建设深水港区。

8. 航道工程设计 CAD 系统研究

综合应用数学、测量学、计算机技术及航道工程等多学科理论，以测量成果数据化为基础，把 CAD 技术与航道工程设计有机联系，实现航道工程设计制图、数据转换、数值计算全自动化。研究成果为航道工程设计 CAD 系统软件包，项目包含 7 个子系统，功能齐全，结构合理，界面友好，使用方便。其中，航道工程设计总平面布置图 CAD 系统、整治建筑物结构设计 CAD 系统及工程量计算系统为国内首次开发。乘潮水位计算比传统计算方法更快捷、更直观，该成果在湄洲湾 25 万吨级航道工程、厦门湾 10 万吨级航道工程等十多项工程设计中得到实际应用。

9. 九龙江口、厦门湾港口水域总体布局规划及深水航道整治技术研究

通过实测水文、泥沙及水下地形资料，分析河口区的水动力条件及河床冲淤演变规律、泥沙淤积原因，并针对淤积原因提出减淤增深的工程措施方案，借以调整河口区流场结构，改善两个港区的水动力条件，提高水流挟沙能力。工程效果采用河口区数学模型试验、演示、比选优化，最后提出推荐方案。通过对不同时期的水下地形对比分析，提出冲淤演变与水沙条件的相关规律，并在此基础上拟定工程措施。

10. 快速装卸毛石及平战结合新型（滚装）码头研究

进行多学科的综合研究，引用国内外海岸工程新技术，将国内外码头、桥梁、水上系泊及滚装工艺等工程新技术、新工艺优化组合。码头装卸工艺的运用是在料场装载汽车通过钢引桥直接开到驳船上倒卸石料，重型车辆可直接开到驳船上排放，减少装卸工艺环节，加快装卸速度，也节约装卸成本。水上系泊系统吸收国外多浮筒锚泊装置技术，配合岸上和船上的绞缆机调控船舶安全靠泊。通过钢引桥和吊架系统解决重型车辆由岸上至船舶的通道问题，由车辆和挖掘机完成石料装卸作业。福建省运用该研究成果已建8座石料码头，码头工程投资约为常规码头的10%～15%，建设工期仅3～6个月。根据三都澳3座码头近两年来装卸毛角石300多艘次统计，快速装卸毛角石新型码头平时可装卸毛角石发挥经济效益，也可作为滚装重型装备物资码头，是平战结合的良好设施。

11. 福建省沿海港口防浪结构型式研究

在福建南部沿海5个测点进行沿海防浪结构型式研究观测，取得数据进行谱分析研究，提出适合福建南部沿海特点的海浪谱，为进一步研究福建省沿海波浪特征及防浪结构型式提供依据。依据当地风浪及有部分涌浪的特点，选取单峰谱及准单峰谱作为分析依据。根据实测谱型选用国内外常用的J谱和国内沿海一些水域已应用的5参数谱型作为当地的拟合谱模式。分析中采用无维量方法，结合地区特点及已有理论结果选定参数值。方向谱分析报告根据资料采用模型拟合。

根据海浪谱模式（J谱），进行规则波、不规则波作用下平整型、凹凸型干砌条石护面稳定性、条石波浪浮托力及波浪爬高试验研究，提出不规则波作用下凹凸型护面相对于平整型护面的厚度修正系数和波浪爬高修正系数，其中 $m=1$，1.5时的厚度修正系数弥补了现行规范的不足，更适用于福建省干砌条石斜坡堤设计。该研究成果被应用于福建沿海港口及海岸工程建设。

12. 闽江水口坝下航道工程泥沙数学模型的应用研究

完成河床演变规律分析，对水口至文山里河段用一维水流数学模型确定枯水设计水面线和最低通航水位，对竹岐至侯官河段用二维水流数学模型分析整治建筑对河道水流的影响，用二维全沙数学模型研究整治建筑物对河床变形的影响，进而对整治工程布置后的河床变形进行预测分析。竹岐至侯官河段地形复杂，滩槽冲淤多变，上游水流具有山溪性河流特点，且受电站调节影响，下游水流受河口潮汐的作用影响。悬移质和推移质泥沙输运相对比例随洪、枯季的交替经常变换。在对研究河段的河道演变进行充分分析的基础上，采用数学模型进行模拟研究，所建一、二维流场和二维全沙数学模型、计算条件的确定和参数的选取，流场和泥沙计算的验证结果，进行全年河床冲淤，计算结果与实测的变化趋势基本一致，得出洪水、特大洪水、枯水、涨水过程和退水过程等情况下的河床演变规律。研究成果应用于水口坝下至福州的航道整治工程，提出的优化整治工程方案比原设计减少9道丁坝，节省工程投资585万元，缩短了工期。

13. 兴化湾20万~30万吨级超大型深水航道研究

综合勘测研究成果，提出在兴化水道建设20万吨级超大型深水航道技术的可行性，确定经济合理的航道走向方案，建设20万吨级超大型航道直到江阴港区，同时满足第六代集装箱轮全天候通航水深 – 18.5米。提出在航道沿程航标上应用先进的航标自动遥测系统、建立海上交通安全监控中心、利用先进的DGPS引航系统等多种国内外安全航行新技术，确保超大型船舶安全进出港。应用本研究成果，江阴港集装箱港区已粗具规模，5万~15万吨级集装箱船舶可靠泊装卸。

14. 河口区弯道凸岸段码头港池航道治理及数学模型仿真技术研究

收集大量原型观测资料，分析马尾附近总体河势特征及河口区弯道凸岸河床的淤积机理，提出"人工江心岛"的整治技术，使处在凸岸淤积区的港池航道受为工程后"人工江心岛"支汊弯道凹岸位置，调整横向水流分布，改善涨潮流动力条件，达到凸岸港池航道水深治理目的。应用潮汐河口多汊道正交二维数学模型，对治理方案进行仿真模拟试验，提出优化方案，论证其合理性及可行性，取得预期的效果。研究成果应用于马尾渔业码头港池航道治理，达到预期水深，使凸岸段约1.1公里岸线上13个码头泊位恢复正常生产。

15. DGPS测绘及纠错系统

在对内河及河口区的水下整治建筑物或海上养殖区进行测绘时水下存在大量障碍物会给测量水下地形带来安全隐患，且需退潮后才能测量，延误测绘时间，针对此情况，利用障碍物自动数据库实时搜索技术、深度和距离报警驱动技术，成功提供测绘安全保障，且能够全潮水测绘，提高了现场的测绘效率。以GPS技术、计算机技术及通信技术为基础，采用非线性最小二乘法、三样条曲线等算法对水深测量中常遇到的DGPS定位数据采集、信号的跳变、水深值跳变、水位/潮位观测粗差等进行自动探测处理，提高水下测量内外业一体化测图效率和质量。能在设置大地参数界面下直接接收GPSWGS84数据以便进行坐标校准计算。动态测线编辑器可以在编辑测线时同时进行其他操作，如继续测量、记录、报警等。操作灵活，适应复杂河道、不规则测区的测线设计工作。系统提供按测线进行测绘期间能正向或正北导航的功能。系统较小时延保证定位的准确无误。将分段偏航距显示技术和可选沿反测线技术应用到多转点航道的测绘中，避免舵手经常因看错断面控制线而将航线开偏。利用三次样条插值方法处理水深定位及水深值跳变的数据，达到对其进行纠错处理的目的。将非线性最小二乘法曲线拟合应用到潮位/水位数据的纠错及错误数据的自动提示，减少系统错误，提高效率。

16. 福州湾深水港址资源普查与建设方案研究

提出罗源湾、兴化湾、福清湾和闽江口各个港区的自然条件和建设方案，进行充分论证，推荐福州港罗源湾、兴化湾等深水港区，为省政府开放深水港湾提供决策依据。罗源湾、兴化湾进入全面开放建设阶段，江阴港区建成 5 个大型集装箱泊位和 1 个 7 万吨级电厂煤码头。罗源湾南北岸分别建成 3 万 ~ 15 万吨级泊位和 30 万吨级泊位。

17. 潮汐河口多汊道正交贴体二维数学模型研究

应用"河网正交贴体坐标"、"矩阵追赶法"、"非线性二维潮流模型"，采用河网正交贴体坐标方法，提出潮汐河口多汊道耦合联解技术，解决河口区河网边界复杂、由河口向港湾过渡不同类型数模耦合求解、多汊道河网联合求解及工程区网格局部加密和整体模型的耦合求解问题。对河口区河网环状水流精细求解，模拟精度良好。通过在闽江口、厦门湾等多项大、中型工程实际中应用，取得良好的效果。

（三）软科学研究

1991—1997 年，完成福建省水运主要技术政策的研究、公路交通量预测及经济评价系统、技术进步对福建省交通运输业经济增长作用的定量研究、福建省交通发展对策研究、城市公路网中长期规划方法的研究等，并分别获得省交通厅科技进步奖。

表 6 - 3 　　　　　　**1993—1998 年软科学科研成果一览表**

序号	项目名称	获奖等级	获奖时间（年）	主要完成单位、个人
1	公路交通量预测及经济评价系统	福建省科技进步奖三等奖	1993	省交通规划设计院吴彬材、陈文平、陈瑞咕等
2	福建省快速公路(一日公路网)系统研究	福建省科技进步奖三等奖	1995	省交通规划设计院杨尚海、陈培健、吴彬材等
3	技术进步对福建省交通运输业经济增长作用的定量研究	福建省科技进步奖二等奖	1995	省交通厅科技处、省交通科研所连镇干、黄庆程、陈元坤等
4	公路隧道计算机辅助设计系统	福建省科技进步奖三等奖	1997	省交通规划设计院唐颖、何以群、陈瑞咕等
5	航务工程中边界拟合坐标下二维非恒定流数学模型试验研究	福建省科技进步奖二等奖	1997	福建省航道局勘测设计试验中心梁金焰、黄士梁、肖贞春等
6	市域公路网中长期规划方法的研究	福建省科技进步奖三等奖	1998	省交通规划设计院吴彬材、陈培健、陈瑞咕等

1. 公路交通量预测及经济评价系统

该系统的交通量预测以 OD 调查为基础，根据四阶段预测法的思路，对模型、公式及参数的运用进行科学的论证分析，提出一套较实用的预测法，对项目所在区域的社会经济结构的现状和未来发展趋势进行详细分析，综合考虑区域交通出行的特点及区域间的经济联系，对单一线路的预测能纵观整个路网，包括将来可能建成的线路的影响，以最少费用为目标，较客观地模拟车辆选择路线的过程，最终得到合理的预测值。用动态方法代替静态方法计算成本和效益，使得评价工作更合理完善。

2. 福建省快速公路（一日公路网）系统研究

研究福建省经济发展与生产力布局、交通运输现状、公路运量与交通流分析、快速公路网布局规划、路线建设规划实施意见、快速公路网投资估算及资金筹措、路网综合评价和存在的问题与建议。

3. 技术进步对福建省交通运输业经济增长作用的定量研究

运用生产函数法和指标体系法对福建省交通运输业技术进步的作用具体测算，建立主成分分析和灰色系统并联的模型，找出影响交通运输业诸因素，进行分析评价。测算结构和主要因素分析符合福建省的实际，为制订福建省的交通技术政策和有关交通战略、规划提供参考依据。

4. 公路隧道计算机辅助设计系统

为各等级公路隧道初步设计和施工图设计的计算和绘图开发高性能的辅助设计系统软件。该系统软件在功能上分为结构计算和图纸设计两大部分。解决公路隧道设计过程中结构计算和大部分的图纸自动绘制问题，由系统生成的计算书和设计图极大程度地满足了实际需要。该系统列入1996年交通部科技成果推广应用推荐项目，使工程技术人员摆脱了传统的繁重计算和绘图工作。

5. 航务工程中边界拟合坐标下二维非恒定流数学模型试验研究

应用边界拟合坐标法拟合蜿蜒曲折、长宽比相差悬殊的水道，使水流数模计算区域控制在有效河道内。边界拟合沿河道走向，适应地形变化，减少水陆边界交点过多引起计算的不稳定问题，提高计算稳定性和数模计算精度。在边界拟合坐标基础上建立了二维非恒定流浅水波方程。在对水流方程求解上，采用有限差分法，提出把传统沿河道纵向求解大尺度矩阵问题转换为沿河道宽度方向的小尺度矩阵求逆问题，使计算矩阵上十倍缩短计算时间。另一方面，避免地形及建筑物突变对计算的影响，计算稳定性比传统方法可以更好地适应地形及建筑物的突变，计算时步长不受courant数限制。数学模型针对航务工程中特点建立，描述码头及航道整治建筑物对水流的影响，预测整治建筑物的治理效果。本数学模形成边界拟合坐标法程序包及边界拟合坐标下二维非恒定流数学模型程序包，可适用于国内外河流及河口的航务工程研究。

6. 市域公路网中长期规划方法的研究

运用系统工程学、交通工程学、运筹学等理论，解决路网规划各步骤存在的关键技术问题，为交通部颁布的《公路网规划编制办法》的操作提供科学的技术方法。改变常规规划工作定性、主观决断做法，确保区域路网布局合理，避免发生建设项目随意上马造成的巨额资金浪费现象。

（四）"四新"（新产品、新工艺、新材料、新方法）产品

1990年至2005年，完成FJK6950型公路客车、半刚性基层在本省的应用、沥青路面裂缝防治实验、竹材胶合板在客车地板上的应用、柴油掺水浮化燃料在汽车上应用研究、LJGY－2030型系列双滚筒沥青混凝土搅拌设备、客车顶盖横梁薄壁矩形管弯曲成形工艺的研究、FJG6460型短途公路客车、FJG9130JL型集散两用半挂车、汽车发动机润滑油按质换油的研究、JS驾驶适性测评系统、集装箱装卸机械现代维修管理与状态监测技术中应用研究、计算机自控乳化沥青生产设备、福厦高速公路管理机构及服务区设置方案研究、港口集装箱装卸机械液压系统监测技术研究、公路通行征费人员职业危害的分析研究、瑞利波法在公路软基加固检测中的开发应用、乳化沥青玛蹄脂稀浆封层应用技术研究、粉煤灰高性能砼在公路隧道二次衬砌防渗技术应用研究、高吸水性树脂在公路绿化和养护中的应用研究、河口区弯道凸岸段码头港池航道治理及数学模型仿真技术研究、公路边坡香根草绿篱防护研究与应用等应用成果53项，并分别获得省交通厅科技进步奖。

表6-4　　1990—2005年"四新"应用获奖成果一览表

序号	项目名称	获奖等级	获奖时间(年)	主要完成单位、个人
1	FJ80C10型公路客车	福建省科技进步奖三等奖	1990	福建客车厂
2	磷化工艺的研究及其在客车生产中的应用	福建省科技进步奖三等奖	1990	福建客车厂曾绍玲、高家荣、王升玉
3	FM－88汽车驾驶训练模拟系统(汽车驾驶模拟器)	交通部科技进步奖二等奖	1990	省交通科研所郑金峰、许小勇、刘宏雷等
4	LQG－60Z(LJGQ－60)双滚筒强制式沥青混凝土搅拌设备	福建省科技进步奖三等奖	2003	泉州筑路机械厂、黄宝川、赖杰民、王希仁等
5	LB－3000型沥青混凝土搅拌设备	福建省科技进步奖三等奖	2004	福建南方路面机械有限公司、邵春强、黄守荣、朱晓峰等

1. 磷化工艺的研究及其在客车生产中的应用

针对客车车身防腐技术难题，研究试验成功磷化液新配方，有效提高客车使用寿命。

2. FM－88汽车驾驶训练模拟系统

由八个座舱和中央控制台组成，采用视角大，视场宽的大屏幕点光源全景投影的主被动数学方式，操作实感强，实现智能评价，并带有偏差信号撤销提示，达到变被动为主动的训练效果，可减少训练学时，节省油耗，降低费用，使训练规范化，提高训练质量。

3. LQG－60Z（LJGQ－60）双滚筒强制式沥青混凝土搅拌设备

整体结构采用2个独立的集提料、供热和干燥装置为一体的模块，与另一独立的

集矿粉、热沥青计量供给和混合料搅拌功能为一体的模块成90度夹角且衔接起来的结构形式。能减少热损失，提高搅拌器的搅拌效率（同比可增加一倍产量）。控制计量技术计量系统，通过在多个工位安装精度较高的电子传感器实现对矿料、粉料、沥青等材料的精确配比。控制系统采用跟踪控制原理与时序控制、逻辑控制相结合，保证各马达间不产生积分时间位差，控制过程的准确性，确保两个烘干筒共用一个控制系统不出现差错，既可组合作业，又可单独作业（当一个烘干筒出现故障时）。具有生产管理、自动保护及故障报警、多种运行方式等功能。主要部件干燥滚筒的结构设计，烘干时能够使矿料在滚筒内产生提升、推翻和轴向窜动，形成比较均匀密集的料帘，强化火焰和矿料间的换热，提高滚筒热效率。搅拌器采用双卧轴螺旋式、加强型搅拌臂、双电动机驱动结构，提高轴向搅动能力和搅拌器的搅拌效率。加热系统及环保技术燃烧炉总成小巧新颖，把自动燃烧器的燃油技术与风粉射流燃煤技术有机结合。可燃煤、燃油两用或混用。配套磨煤送粉装置，实现从小煤块破碎、磨粉、吹送到自动点火、充分燃烧、自动排渣全过程的自动化。设计的六管旋风除尘装置以及自动清灰装置，克服了传统两管式除尘效率低、清灰困难等难题，在高效除尘的同时，回收石粉，降低原料成本。匹配二级布袋除尘器，灰尘排放可符合环保要求。

4. LB－3000型沥青混凝土搅拌设备

整机技术性能、计量精度、温度控制、烟尘排放等各项指标达到交通部行业标准JT/T270－2002项和国家标准GB/T17808－1999要求。采用模块式结构，便于运输、安装。全自动控制系统具有故障报警、诊断功能，确保工作可靠。自动落差修正功能，可有效保证计量精度。应用闭环温控系统，保证干燥物料温度稳定。整机布局合理，采用进口关键配套件，保证设备的可靠性和稳定性。控制上运用双向串行数字化传输的现场总线技术，采用全新概念的计量模式。整机设计采用用户经济效益最优化概念设计，具有创新性的干燥加热、振动筛分、计量搅拌、成品提升系统。

第二节　信息化

（一）厅机关及直属单位信息化

1990年，省交通厅组织开发全省营运船舶数据库、跨地区客运班车线路、工资管理等系统。其中，根据管理业务需要，福建省交通直属单位干部人事档案管理系统实现了近万名厅直属单位的干部档案入库，为一年一度的人事报表统计提供了现代化的手段，使以往需要30人月完成的工作仅需10人日即可完成。

1993年，厅机关计算机房改扩建，机房建设参照计算机场站建设技术标准，采用活动地板、空气净化机等机房建设材料及设备，面积扩大到50多平方米，满足计算机机房场地要求。厅机关建立NOVELL（网络系统公司）计算机网络，购置一批电子计算机，配置了 PC 服务器，投入运行文书管理等一批网络应用系统，计算机在厅主要业务处室得到普及应用。

1994 年，省交通厅成立福建交通电子计算机应用领导小组及办公室，统筹指导全省交通系统电子计算机应用工作，各厅直单位和地市交通局成立相应机构。同年，召开全省电子计算机应用工作会议，作出福建省交通信息化建设"三步走"的战略：第一步，1993—1997 年，主要任务是普及计算机和推广应用信息技术；第二步，1998—2000 年，在普及计算机的基础上，重点建设数据库和信息资源网；第三步，2000—2010 年，全面建成福建省交通运输信息网络，实现全省交通系统大联网。印发实施交通信息化第一个发展纲要——《福建省交通系统计算机应用 3—5 年发展规划纲要》，明确"争取在三五年内，在电子计算机应用的深度和广度上有一个大的突破"。

1997 年，全省交通系统计算机普及率大幅提高，应用面扩大，厅机关、厅直单位和各设（区）市交通局（委）建立了不同类别的业务管理信息系统，在交通工程设计、建设单位，信息技术广泛应用于工程结构计算、分析和方案论证，各类电子计算机总台数达 3000 多台，厅机关及厅直主要单位建成了计算机局域网，其中有 6 个与互联网相连，实现了厅与交通部、省委、省政府之间电子政务信息收发。开发和推广应用软件项目 350 多项，"福建交通"信息之窗、中国交通科技信息网福建站点建成。其中，省港航局针对河道、港湾不同形态，在省内率先开展港航非恒定流数学模型系列软件包研究，先后开发单一河道、汊道、江心岛、河口及港湾等系列通用软件，并在港航、水利、海洋及环保等 200 多个工程中应用，通过数学模型试验优化，节省了大量工程费用，同时通过试验预测，为规划、工程论证等提供技术支撑。

1998 年，省交通厅编制实施《福建省公路、水路交通信息化 1998—2000 年发展规划》，厅局域网升级，配置高性能的网络服务器和交换机，采用 NT 网络架构，实现网络全面提速。完成厅机关办公自动化的项目开发，系统采用 IBM（国际商业机器公司）文档数据库系统开发，实现收发文管理、厅领导日程安排、会议管理等。1999 年，福建交通网站注册域名 www.fjjt.gov.cn，并正式开通。

2002 年，省公路局建设全省普通公路国、省道地理信息数据库，开发应用公路路线 GPS（全球定位系统）测量系统，对国、省道及部分县道的 GPS 测量累计公路路线里程近万公里。测量系统解决了城市、山区、隧道等环境下造成的卫星信号丢失而产生的道路几何信息不连续性的难题，保证公路数据采集系统的高精度和定位数据的可靠性，满足公路空间数据采集、处理、导入的全流程处理要求，为公路空间地理数据库建库提供了技术手段。省港航局在国内率先开发航道工程设计 CAD（计算机辅助设计）系统，实现从基础数据识别、海床演变分析、方案优化比选、工程图纸绘制到工程量清单全过程的自动化设计处理，在全省内外数十条航道工程设计中得到应用，成果获得 2002 年度全国优秀设计软件铜奖。

2003 年，为适应计算机及其相关技术的发展趋势，福建交通电子计算机应用领导小组更名为信息化领导小组，并下设办公室，负责统筹指导计算机及与其相关的通信、网络等信息技术在全省交通系统的应用。厅机关运用千兆以太网技术和物理隔离技术，构建内、外局域网，两网在物理上相互隔离，外网通过光纤与国际互联网相接，内网向上实现与省政务信息网的网络互联，向下与部分二级单位局域网互联互通。在网络中心部署网络防病毒软件、防火墙、漏洞扫描等安全产品，建立健全各项规章制度，数字交通福建网络管理中心初具雏形。各设区市交通局（委）和厅直单位计算机局域网完成改造，适应百、千兆网络技术要求和内、外网物理隔离。厅机关办公自动化系统完成升级改版，全面运用系统进行发文流转，处室的拟稿、核稿、会稿、秘书审稿及厅领导签发都能在计算机内网上得到实现，系统添加新华社交通专供信息查询功能，不上互联网也能查询当日主要新闻媒体标题新闻，查询由新华社每日更新、特别提供的交通信息、决策参考、施政参考、参考消息、高管信息等内容。省交通控股公司、省高速公路公司、省港航局、省交通设计院、厦门市交通委等自行开发了办公自动化系统，福州市交通局、莆田市交通局、南平市交通局、省交通造价管理站、省交通规划办、省质监站等单位则推广应用了厅机关开发的办公自动化系统，并进行适合自身要求的改造或配置。在县级交通部门，办公自动化系统的开发应用取得突破，县级试点单位建宁县交通局办公自动化系统投入运行，系统简单、实用、易操作，满足了县级交通局的需求。福建省交通电子邮件系统投入运行，满足交通系统内部单位、部门之间信息传递，提供安全、稳定的专业电子邮件服务。

2005 年，省交通控股公司完成闽运计算机售票管理信息系统的第三版和货运管理系统的建设。福州港务集团开展港口调度、统计、库场等生产经营管理系统的开发，利用信息技术有机集成和优化企业生产过程中人、才、物资源。省交通通信中心开展全球定位系统的应用研究，建设福建交通车辆监控系统，实现车辆实时定位、紧急手动报警、行车区域报警、超速报警、历史数据记录与回放等服务功能，有三种不同型号共 110 台的车辆终端进行接入试验。福建交通规划设计院全面推广德国的公路勘察设计一体化 CAD 软件，满足高速公路设计的需要。厦门市研制完成部省行业联合科技攻关项目海沧大桥桥梁养护管理系统，这些项目的开发和应用提高交通基础设施建设与养护水平。省运输管理局开发推广道路客运站务管理系统，在福州、南平、宁德、龙岩、三明、晋江 30 多个道路客运站点及社会票点投入使用。

（二）公路规费征收信息化

1993 年，省公路局研发公路规费征收计算机管理系统，并在晋江、泉州、南安稽征所试点运行，实现"公路养路费、公路客运附加费、公路货运附加费"三费的统一征收。

1994 年，公路规费征收计算机管理系统开始在全省分批推广，在福州等 7 个地市共 21 个稽征所投入运行。

1996 年，在全省所有稽征处、稽征所全面推广公路规费征收计算机管理系统。

1997 年，为实现稽征所内稽征业务的局域网管理，公路规费征收计算机管理系统开始网络化改造，新版的福建省公路规费征收计算机网络管理系统，在福州稽征处的鼓楼、晋安、马尾稽征所试点运行。

2001 年，泉州稽征处在福建省公路规费征收计算机网络管理系统的基础上，开发了便携式计算机稽查管理系统，并在全省推广应用。

2002 年，全省稽征单位完成从公路规费征收计算机管理系统到福建省公路规费征收计算机网络管理系统的切换，结束了单机规费征收的历史。

2005 年，省公路局开展全省稽征信息结构体系研究，进行联网征费试点；厦门稽征处在福建省公路规费征收计算机网络管理系统的基础上，实现全区公路规费的联网缴费和车辆的异地缴费。

（三）高速公路信息化

1993 年，开展高速公路各种数据统计与汇总、工程计量与支付、单位的综合布线与网络建设、桥梁管理系统的引进及推广应用，以及世行贷款的高速公路数据库项目的开发研究与推广应用，编制《福建省高速公路建设总指挥部计算机应用 3 至 5 年发展规划纲要》、《福建省高速公路建设总指挥部信息化"九五"规划和 2010 年远景目标（纲要）》。其中，由世行贷款的高速公路数据库项目于 1997 年使用 GIS（地理信息系统）平台进行开发，并在泉厦高速公路上推广应用。

1995 年，编制泉厦和福泉高速公路建设计量支付软件，实现承包商、监理单位及各级业主的计量支付电脑化。

1996 年，高速公路数据库系统项目开始开发与推广应用。该项目引用地理信息系统技术，实现数据与图形、图像的综合处理，解决公路沿线定位和空间定位的互换等工作，列入了泉州至厦门高速公路世界银行贷款协议的研究项目和福建省交通系统重点科研项目序列。

1997 年，随着福建省第一条高速公路泉厦高速公路开通，临时过渡收费系统建立，利用邮电公网传输收费数据，在收费系统管理上采用"省监控中心—路段监控分中心—收费站—车道"的"三级四层"管理模式，采用纸性通行券、人工判别车型的半自动收费方式。建成泉厦高速公路泉州至厦门综合通信系统。

1998 年，完成泉厦高速公路数据库数据采集，历时一年多，共完成 16 个集、82 个表、450 万个数据值、1074 张图片的采集，编制了 11 本技术资料报告。

1999 年，高速公路桥梁管理系统软件开始在省内推广应用。编制计算机 2000 年问题解决方案，使省高速公路公司的网络电脑设备安全过渡到 2000 年。

2000 年，泉厦高速公路监控系统建成并投入使用。8 月 1 日，泉厦高速公路收费系统升级为非接触式 IC 卡。

2001 年，编制完成"数字高速公路"建设总体规划方案。

2003 年，建立省公司、路段公司至收费站、监控分中心的全省高速公路三级综合业务数据网。设立公司网站，并开始福建省高速公路公司办公自动化系统的开发，实现与路段分公司文件的网络交换，联网应用到各运营路段公司。为提高路政执法管理效率，全面掌握省内高速公路路产信息资源，提高对突发事件的反应速度，开始开发路政管理系统。

2004 年 12 月，被省数字办评为 2003—2004 年度福建省政务信息网网站建设先进单位。2005 年 8 月，完成"数字高速公路"系统（一期）可行性研究报告及初步设计方案的编制、项目审查和项目报批工作，省发改委批准立项。

第三节　教　育

一、岗位培训

1990—1995 年，福建交通教育工作贯彻《中共中央关于教育体制改革的决定》和国务院批转的《国家教育委员会关于改革和发展成人教育的决定》，加强学校思想政治工作，挖掘办学潜力，培养合格的各类人才。结合全省交通运输发展需要，以岗位培训为重点开展干部教育和工人培训，提高职工队伍素质，为交通运输发展提供人才保障。培训主要贯彻面向生产、面向基层的原则，以岗位培训为中心，以技术业务培训为主要内容，通过培训提高职工的操作技能和岗位任职能力。各类培训近 8 万人次，其中资格岗位培训 1 万人，并有 2400 余人取得岗位培训证书。初步建立并实行继续教育证书登记制度。期间，干部培训加强政治理论和专业知识的培训，专业技术人员则推广继续教育及成人学历教育。每年都举办各类继续教育培训班和中高级研修班，轮训各类干部。

1996 年，职工教育培训共投入资金 500 多万元，培训职工 2.37 万人次。其中，完成成人大中专学历教育 432 人，普通中等学历教育 1608 人，专业继续教育 3842 人次，对 1.2 万人进行了职业道德和法规教育。同时，还为西藏林芝地区培训了 12 名路桥专业人员。

1997 年，省交通厅制定《福建省交通厅重视教育带头奖试行办法》，开展专业技术人员继续教育和干部工人岗位培训、适应性培训，全省受训人员 2 万多人次。同时，以汽车驾驶员考核为龙头的全省交通行业工人技术等级考核鉴定工作全面展开，61228 人通过培训、考核取得岗位技术等级证书。福建代表队参加全国汽车驾驶员技能竞赛，取得团队第二名。

1999 年，共培训道路运政、公路路政、水路运政等执法人员 2581 人。与长沙交通学院、重庆交通学院、省自学考试委员会办公室联合举办自考助学班，年均在校生 2000 多人。广开职工学历教育渠道，利用现代远程教育网络，办好交通专业的成人学历教育。

2000 年，全省交通系统专业人才拥有量达到职工总数的 25%，其中，大专学历人员占职工总数的 15%。全省交通系统职工培训体系逐步完善，建立起以岗位培训、任职资格培训为主要内容的岗位培训体系。培训争取学用结合，坚持按需施教和注重实效的原则，共培训行政执法人员 4519 人，其中道路运政 3157 人，公路路政 1110 人，水路运政 128 人，水上安全监督 67 人，航道行政 57 人。实行"先培训，取得任职资格证书再上岗"的制度，强化专业技术人员继续教育。全省交通系统干部职工年培训量 2 万多人次，专业技术人员初、中、高比例达 30∶55∶15。同时，广泛开展工人技术业务培训，技术工人培训率达 60%。实施工人技能鉴定，实现工人等级初、中、高比例达 3∶6∶1，增加技师和高级技师的数量。

"十五"期间，分层次、分类别、多渠道、多形式开展职工教育培训，全年参加各类教育培训的职工数达到职工总数的 30% 左右。形成以中、高级工为主体，技师和高级技师为骨干的交通技术工人队伍。各级抓好交通行政领导的岗位培训，做好市（区）县交通局长、公路局长、路政局（分局）长、运管局（处、所）长和港航局（处）长等交通行政领导的交通业务知识岗位培训。开展关键岗位人员的资格岗位培训。贯彻落实《福建省专业技术人员继续教育条例》，加大专业技术人员的继续教育力度。交通企事业单位领导干部，特别是科级以上（含科级）领导干部都受过工商管理培训。工人培训则以职业道德教育和技能培训为重点，凡已列入国家职业资格序列的岗位人员，都做到持证上岗。到 2005 年，全省各地（市）交通局、公路局、运管局、港航局等单位的 45 岁以下处级以上领导干部，达到本科以上文化水平，科级领导干部达到大专以上文化水平，在岗 45 岁以下执法人员达到大专文化层次或经培训后取得岗位适任资格要求，45 岁到 50 岁的执法人员，达到中专（高中）文化层次要求。

二、专业学校教育

（一）福建交通学校

1990 年，学校有汽车、交通监理、道路与桥梁、交通经济管理、国际船舶无线电报务等类别的专业，学制 4 年。

1993 年 4 月，被评为"省普通中专合格学校"，同年 10 月，被省政府评为"省部级重点中专学校"。先后增设公路工程监理、计算机及应用等专业，成立计算机中心、教学督导室、机动车驾训中心和交通科技培训中心。

1998 年 6 月，与省交通干校合并。到 1999 年 6 月，学校共设 13 个教学管理和专业科室，9个行政管理科室。全校教职工231人，其中教师115人，在校生1550人。

（二）福建船政学校

1990年至1993年，福建船政学校在马尾办学。1994年7月，学校迁至福州市仓山区首山路新址办学，扩大学校的招生规模。自1994年至1999年，共招收普通中专生1200多人，并自1994年增设职业中专班，招收高中毕业生、举办海船驾驶、轮机管理二年制专修班，学生200多人。此外，还培训各在职海员8000多人。

（三）福建交通干校（电专分校）

1990年，交通部电视中专福建分校继续与干校合署办公，面向社会招生。1994年，人员编制增加为47人。1994年10月，成立中共福建省交通厅党校，与干校合署办公，一校两牌。1998年6月，交通干校与交通学校合并。

1999年7月前，共举办五期政工专业干部中专班、四期县（市）交通局长培训班。还举办了交通厅党校党支部书记培训班、交通系统处级干部培训班、中青年科级干部培训班、党支部书记培训班、干部党建理论学习班、路桥专业继续教育高级研讨班、职教干部法规培训班、厅属人事干部培训班、公路监理工程师培训班、交管人员岗位培训班、交通运管专业中专专修班等。

电视中专福建分校主要开办财会、公关与文秘、汽车修理等专业，共毕业学生784人。推行"双证书"制，除毕业证书外，财会专业还要取得珠算证、传票证、电脑证，公关与文秘专业还取得驾驶证、电脑证，汽车运用与修理专业还取得修理工证、驾驶证。

（四）福建省公路工程技工学校

1990年后，省公路工程技工学校（职工中专）在原有专业的基础上，先后增设高等级公路养护与管理、机电一体化、工程投资与管理、城镇规划与施工、电脑文秘等专业，其中重点是路桥类专业。1996年，学校先后被确定为省重点技工学校、省示范性职工中专学校。期间，设立西安公路学院福建函授站、武汉交通学院福建函授站、长沙交通科技大学福建函授站，主要招收路桥、财会专业成人大专学生。

1999年，教职工达77人，全日制在校生650人。

（五）福建交通职业技术学院

其前身是福建船政学堂。经教育部批准，福建交通学校、福建船政学校、福建交通干部学校和福建省公路技工学校4所厅属中专和技术学校合并，作为福建交通系统唯一的高等学府，立足交通，服务行业，面向社会，形成以全日制高职学历教育为主，非全日制学历教育和职业培训、技术服务为辅的高等职工技术人才培养体系。

2005年，学院被财政部、教育部列为国家重点建设示范性高等职业技术院校。在校生7600人，教师404人。设有土建工程系、汽车运用与工程机械系、航海系、管理工程系、信息技术与工程系、基础部和继续教育部。开设道路桥梁工程技术、汽车检测与维修技术、航海技术、物流管理、软件工程等专业。"汽车维修技术实训基地"被财政部、教育部列为"中央职业教育实训基地建设项目"。学院在省内外建立以相关大型企业为依托的稳定的实习基地，并开展科研和对外技术服务，设有路桥监理公司、路桥设计室、路桥检测室、汽车技术服务中心、汽车产品质量监督检测室、国家职业资格鉴定站、OSTA（OccupationalSkillTestingAuthority，职业技能鉴定中心）全国计算机高新技术培训、鉴定等科研技术开发、人才培训服务机构。人才培养实行"双证制"，毕业生在取得大专毕业证书的同时还能获得与本专业相关的职业资格证书，形成"招生、专业教学、职业资格培训与鉴定、就业推荐"一条龙的教育服务体系。学院继续教育部与重庆交通大学、长沙理工大学等院校合作开设自学考试点，还与长安大学联合举办"交通运输规划与管理"、"建筑与土木工程"工程硕士进修班。

表 6-5　1999—2005 年福建交通职业技术学院专业设置及招生情况表

年度	专业	新增专业	停招专业	招生数（人）
1999	公路与桥梁、汽车运用工程、高等级公路管理、交通运输管理、水运管理、海船驾驶	—	—	402
2000	—	工程监理、营销管理、财务会计、电子商务、物流管理，报关与国际货运、轮机管理、船舶制造与维修、计算机网络技术，交通管理，建筑工程管理	交通运输管理、水运管理	905
2001	—	环境治理工程、智能化楼宇及设施管理	高等级公路管理	819
2002	—	新增计算机及应用专业，停招水运管理、交通运输管理、高等级公路管理专业		1319
2003	—	机电技术应用、海事管理、WEB应用程序设计、可视人程序设计、数据库管理、计算机图形图像制作、网络系统管理	—	1947
2004	—	五年专专业及安全技术、测量工程、汽车服务与维修、连锁经营管理、集装箱运输管理、国际物流、物流信息、资产评估与管理	—	2355
2005	—	房地产经营与估价、市政工程技术、计算机控制技术、汽车检测与维修技术（三年制及二年制）	—	3424

第七章 管　理

第一节 机构 队伍

一、机　构

（一）福建省交通厅

1. 行政机构

1989 年，省交通厅机关设机构 15 个：政治工作办公室、监察室、办公室、人事处、教育处、劳动工资处、计划处、基建处、财务处、审计处、运输管理处、安全监督处、科学技术处（标准化室）、交通公安局、海上安全指挥部办公室。

1990 年撤销运输管理处，5 月 1 日正式成立省交通厅运输管理局，为厅内局。9 月 25 日，成立省交通厅政策法规处（行政复议工作领导小组），下设政策法规研究室。

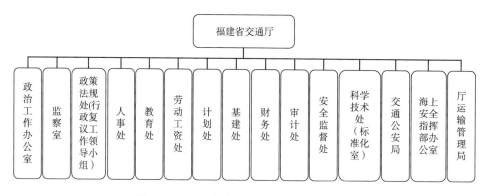

图 7 - 1　1990 年省交通厅行政机构示意图

1991 年，设立省交通厅纪检组，由省纪委派驻。

1996 年，根据《福建省人民政府办公厅关于印发福建省交通厅职能配置、内设机构和人员编制方案的通知》，省交通厅设 13 个职能处室和机关党委、监察室：办公室、政策法规处、计划处、财务处（车辆购置附加费征收管理办公室）、人事处、劳动工资处、基本建设处、公路路政管理处（交通公安局）、运输管理局、科学技术处（技术监督处）、教育处、安全监督处（对外挂省海口搜救中心办公室、省港航监督牌子）、审计处，以及厅直属机关党委、监察室（纪检组）。厅机关行政编制134名，其中厅长1名，副厅长5名，纪检组长1名，处级领导职数33名。机关后勤服务人员按有关规定核定事业编制16名。省公路运输、海员工会，核定编制10名。

2000年，根据《中共福建省委办公厅、省人民政府办公厅关于印发〈福建省交通厅职能配置、内设机构和人员编制规定〉的通知》，省交通厅设10个职能处室：办公室、政策法规处、计划处、审计处、财务处（车辆购置附加费征收管理办公室）、人事处、科技教育处、建设处、运输管理安全监督处、公路路政管理处，以及监察室（纪检组）、厅直属机关党委。厅机关行政编制为73名（含驻厅纪检组、监察行政编制5名）。其中厅长1名，副厅长4名，纪检组长（副厅级）1名。处级领导职数22名，其中正处级11名，副处级11名。机关工勤人员按有关规定核定事业编制10名。核定厅机关离退休工作人员编制5名，其中司机3名。为加强治理公路"三乱"工作，另核定机关事业编制7名。省公路运输、海员工会核定人员编制8名。厅内局运输管理局划转组建福建省运输管理局（加挂"福建省内河港航监督局"牌子），《中国交通报》驻福建记者站均为厅属正处级事业单位。

2002年9月，根据省委编办批复，将福建省运输管理局加挂的"福建省内河港航监督局"的牌子更名为"福建省地方海事局"。

2005年，省交通厅机关设10个职能处（室），以及厅直属机关党委，纪检组（监察室）和公路运输、海员工会，治理公路"三乱"办公室，行政编制75名。

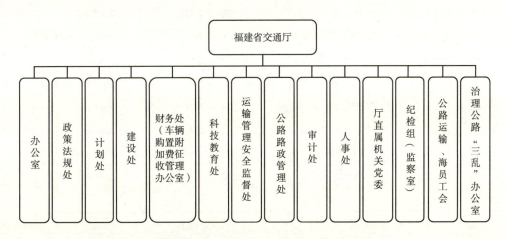

图7-2　2005年省交通厅行政机构示意图

表 7－1　　　　　　**1990—2005 年福建省交通厅历任党组成员名表**

姓　名	职　务	任职时间	姓　名	职　务	任职时间
张金华	厅党组书记	1983.2—1992.9	陈万里	厅党组成员	1997.4—1999.6
申学光	厅党组成员	1983.2—1997.2	洪长平	厅党组书记	2000.3—2003.1
唐汉清	厅党组成员	1983.2—2000.3	悦胜利	厅党组成员	1996.9—2001.3
凌家榆	厅党组成员	1983.2—1993.12	许　莹	厅党组成员	2000.3—
申学光	厅党组书记	1992.9—1997.2	吴庭锵	厅党组成员	2000.3—
张莘民	厅党组成员	1992.9—2000.3	梁晋阳	厅党组成员	2002.11—
卓　超	厅党组成员	1992.9—1997.2	徐　钢	厅党组书记	2003.7—2005.11
祝君强	厅党组成员	1993.9—2004.5	唐建辉	厅党组成员	1996.9—
卓　湘	厅党组成员	1993.12—2000.3	吴大元	厅党组成员	1997.12—
唐汉清	厅党组副书记	1994.7—1997.2	马继列	厅党组成员	2004.5—
唐汉清	厅党组书记	1997.2—2000.3	王兆飞	厅党组成员	2005.2—
江德顺	厅党组副书记	1997.2—2000.3	谢兰捷	厅党组书记	2005.11—
卓　超	厅党组副书记	1997.2—2000.3	宋海滨	厅党组成员	2005.12—

表 7－2　　　　　　**1990—2005 年福建省交通厅历任领导人名表**

姓　名	职　务	任职时间	姓　名	职　务	任职时间
张金华	厅长	1983.2—1992.10	陈万里	厅长助理	1997.8—1999.6
凌家榆	副厅长	1983.5—1994.1	洪长平	厅长	2000.4—2003.4
申学光	副厅长	1983.5—1992.10	吴庭锵	副厅长	2002.2—
唐汉清	副厅长	1983.5—1997.3	悦胜利	副厅长	2000.4—2001.4
江德顺	副厅长	1986.9—2000.4	许　莹	副厅长	2000.4—
申学光	厅长	1992.10—1997.3	徐　钢	厅长	2003.8—2005.11
张莘民	副厅长	1992.10—2000.4	马继列	副厅长	2004.5—
卓　超	副厅长	1992.10—2000.4	王兆飞	副厅长	2005.2—
祝君强	副厅长	1993.11—2004.6	谢兰捷	厅长	2005.11—
卓　湘	副厅长	1994.1—2000.4	宋海滨	副厅长	2005.12—
唐汉清	厅长	1997.2—2000.4			

2. 直属单位

1990 年，省交通厅直属单位 12 个。

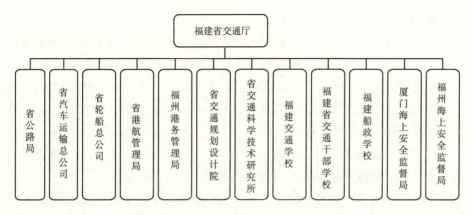

图 7 - 3 1990 年省交通厅直属单位示意图

1996 年，省交通厅直属单位 19 个：省公路局（省公路稽征局）、省港航管理局（省航道管理局）、省轮船总公司、厦门轮船总公司、省汽车运输总公司、福州港务局、福州海上安全监督局、厦门海上安全监督局、省交通科研所、省交通规划设计院、省交通建设工程监理站（质检站）、省交通学校、省交通干部学校、省船政学校、福建福通对外经济合作公司、省交通通信总站、福建交通人才智力开发服务公司、福建交通建设投资公司、省交通经济科技信息中心。

2000 年，省交通厅直属单位 17 个：省高速公路有限责任公司（省高速公路建设总指挥部）、省交通职业技术学院、省公路管理局（省公路稽征局）、省港航管理局（省航道管理局）、省交通科研所、省交通规划设计院、省交通监理站、省交通规划办、省交通通信中心、省交通厅人才交流服务中心、《中国交通报》驻福建记者站、省交通工程监理公司、省交通职工培训中心、省轮船总公司、厦门轮船总公司、省汽车运输总公司、福州港务局。

2005 年，省交通厅直属单位 15 个。

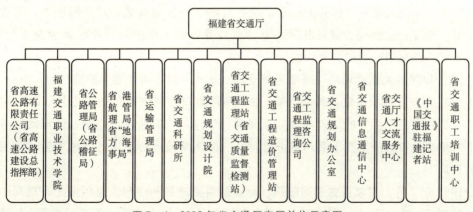

图 7 - 4 2005 年省交通厅直属单位示意图

（1）福建省公路管理局（省公路稽征局）

1990年至1992年12月，省公路局专管全省公路的施工、养护和交通管理业务，以及全省公路各项规费的征收工作。各地市设省公路局××分局，各县（市）设省公路局××公路段，为省局的二、三级机构，负责各地市、县（市）的公路养护、管理与公路规费的征收工作。局机关机构设置纪委、政治处、工会、总工室、总会室、监察科、人事科、劳工科、教育科、宣传科、团委、退管办、办公室、计划科、财务科、审计科、征收科、通行费科、工程科、养路科、县乡道路科、科技科、安全办公室、物供科、机电科、公路公安分局共26个工作部门与职能部门。

1992年10月26日，省政府决定：第一，省公路局在9个地市的公路分局下放给地市政府领导和管理。省公路局改名为省公路管理局，负责路网规划、设计审查、审核公路建设和养护计划；组织工程质量监理；对公路法规、专业人才培养、统配物资供应、财务管理和审计监督等方面工作进行行业管理和业务指导。局内成立工程质量监理部，地（市）公路局成立工程质量监理站，实行省、地（市）局双重领导。第二，设立省公路稽征局，负责规费的征收工作，与省公路管理局实行一套人马、两块牌子，并在地、市、县设立相应的稽征机构，由省公路稽征局直接领导，实行"统一收费，比例分成，分段养护"的体制。第三，为全省公路部门服务的职工疗养院、技工学校、筑路机械厂、沥青油库及物资供应站等单位，仍由省公路管理局直接管理。

1995年，撤销公路公安分局，成立省公路路政管理局。

2005年12月，根据省交通厅批复，局机关内设机构进行调整，保留原有纪委、政治处、工会、总工室、总会室5个工作部门，原职级（副处级）不变，保留路政管理局及其内设机构（综合科、路政管理科、路政监察科），将局机关原内设20个科级部门进行撤并，整合为13个职能部门：办公室、体改法规科、人事科、退管办、监察审计科、计划科、财务科、工程管理科、养护管理科（公路交通战备办公室）、养路费征收科、通行费管理科、科技教育科、安全保卫科。主要职能：负责制定路网规划设计、审计审查、审核公路建设和养护计划；组织公路工程质量监理；对公路法规、专业人才培养、统配物资供应、财务管理和审计监督等方面工作进行行业管理和业务指导；负责全省公路交通规费的征收和稽查工作。

（2）福建省港航管理局（省航道管理局、省地方海事局、省船舶检验处）

1985年，随着全省港航体制改革，福建省的港口管理体制改变了以往大港管小港、大港直属省交通厅领导的管理体制，福州港务管理局将原管辖的泉州、湄洲湾港务机构下放给当地市政府成立了泉州港务管理局、湄洲湾港务管理局（后更名为"莆田港务管理局"）。

1985年7月，省航运管理局撤销，原省航道管理局和福州、厦门港务管理局中事业管理部分划出，合并组建"福建省港航管理局"。根据省政府《关于同意设立福建省港航管理局的批复》，省港航管理局的主要职责是对全省港口、航道实施行政管理，负责全省沿海各港口、航道和内河各港站的规划、建设管理；组织实施《中华人民共和国海上交通安全法》、《内河安全法》；负责船舶登记检验发证、船员培训、考试发证等工作；负责全省内河和通海航道的维护、建设和福州港航通信导航等工作。省港航管理局下辖福建省航道工程处（后为省航道处）、福建省打捞工程处、闽江航政监督处、物资供应站4个事业单位和福建省港口工程公司（企业单位）、闽东港航管理处（政企合一单位）。

1985年9月，省港航管理局成立，航道工程处成为省港航局的下属机构，负责全省航道、航标的建设、维护。1988年，航道工程处改名为福建省航道处，原有的编制与隶属关系不变，在行使原有的航道、航标的建设、维护职能的同时，增加了部分的管理职能。

表7-3　**1990—2005年福建省港航管理局、省航道管理局内设机构变化表**

时　间	内设机构
1985年7月	办公室、组干科、宣传科、计划统计科、运输管理科、工程科、物资设备科、科技机务科、港航监督处、船舶检验处
1990年至2005年3月	办公室、财务与审计科、科技机务科、安全保卫科、港口建设科、航道建设科、计划经营科、人劳科、老干科、政治科(宣传教育科)、监察科、团委、工会
2005年4月	办公室、政治部、财务科、综合规划科、港口建设科、航道建设科、港政航政科、政策法规科、科技教育科、监察审计科、团委、工会

1988年1月，省交通厅将厦门港下放厦门市，成立厦门市港务管理局，成为港口行政管理与企业经济实体相结合的职能机构。1992年9月，省港航管理局下辖的闽东港航管理处的港务机构下放宁德地区行署管理，成立赛岐港务局（后更名为"宁德市港务局"）。1993年2月，在漳州市港航管理处的部分港务机构的基础上，成立漳州港口管理局。至此，沿海6个设区市都设立了港口机构，形成"一城一港"的格局。2000年12月，福州港务管理局下放福州市，成立福州市港务局。

从1998年开始，沿海各港逐步将原来的港务局分为港务（口）管理局（行政管理）和港务集团（企业），建立"公平、公正、平等"的港口经营竞争机制。各级港口管理部门的主要职责是：贯彻执行国家有关法律、法规和有关部门的管理规定以及港章规定；编制港口总体规划，对港口的岸线、陆域、水域实施统一的行政管理；负责对港口的公用基础设施的建设、维护和管理；负责港口经营许可、岸线使用、危险货物港口作业认可的审批和港口经营秩序、安全生产的监督管理；划定港区内危险货物的作业泊位、库场区域范围，并实施监督；征收和代征国家行政性和事业性收费，对企业经营性收费项目和价格，按有关法规的规定实施监督和管理。

①福建省航道管理局

1）航道管理机构

1988 年福建省航道处成立后，下设省航道处航道一段、航道二段、工程队、漳州处、厦门段、模型试验场、测量大队、航道修理厂和闽江航道派出所，并于 1989 年增设泉州办事处作为派出机构。

1994 年，省航道处撤销，成立福建省航道局，与福建省港航管理局实行两块牌子、一套班子合署办公。下设福州分局（原航道一段）、闽江分局（原航道二段）、航务救捞工程处（原工程处）、厦门处（后为厦门航道分局）、勘测设计试验中心（原模型试验场、测量大队和局设计室合并而成）、漳州处、泉州处、物资供应站、闽江航道派出所 9 个直属单位。

1997 年，省航道局所属的航务救捞工程处成建制移交福州港务管理局，福州港的航道维护由福州港务管理局负责。

2000 年，省航道局福州分局、闽江分局下放福州市。

2004 年，根据省政府《关于改革全省航道管理体制的通知》，将福建省沿海与内河航道（含福建省负责的航标）的维护、建设、管理职责下放所在的各设区市。据此，莆田、泉州、漳州航道处及厦门航道分局等下放所在各设区市，行使航道维护、施工与管理职能。4 月 26 日，省航道局福州管理处下放福州市港务管理局，闽江通海航道交由福州市负责维护和管理，省航道局南平办事处下放南平市，省航道管理局设在相关设区市的机构的人、财、物成建制下放各所在设区市管理。福建省航道局更名为福建省航道管理局，勘测设计试验中心直属省局，同时加挂福建省港航勘察设计院。改革后的福建省航道管理局仍作为省交通厅直属的具有对全省航道实施行政管理职能的机构，负责全省航道的行业管理，主要承担规划、监督、协调等工作。航道管理体制按照"统一领导、分级管理"的原则建立，形成省、市、县三级航道管理体制，即福建省航道管理局、沿海各市航道局及其在各县下设的航道管理站，龙岩、南平市交通局另设市航道处（三明市设在交通局），县设港航站。

各级航道管理机构主要职责是：根据《中华人民共和国航道管理条例》（以下简称《条例》）和《中华人民共和国航道管理条例实施细则》（以下简称《细则》），以及国家其他有关规定和技术标准，对所辖航道及航道设施实施管理、养护和建设；审批与通航有关的拦河、跨河、临河建筑物的通航标准和技术要求；参加编制航道发展规划，拟订航道技术等级，组织航道建设计划的实施；配合有关部门开展与通航有关河流的综合开发与治理，负责处理水资源综合利用中航道有关事宜；组织开展航道科学研究、先进技术交流，对航道职工进行技术业务培训；负责对航道养护费、船舶过闸费等规费的征收和使用管理；负责发布内河航道通告；负责航道及航道设施的保护，依法制止偷盗、破坏航道设施及侵占和损坏航道的违法行为；接受交通行政主管部门的委托，对违反《条例》和《细则》规定应受行政处罚的行为依法进行处罚。

2）航标管理机构

1990年至2000年，福建省航标管理基本实行统一领导、分级管理的体制，管理模式为局→分局（处）→站的管理构架。

1994年，省航道局下设福州分局、闽江分局、厦门处（后改为厦门分局）、泉州处和漳州处，分局（处）以下设若干个航标站负责本辖区的航标日常设置、养护、管理。

省航道局福州分局。1994年后，省航道处航道一段撤销，成立福州分局，下设魁岐和涵江航标站，负责福州解放大桥至闽江口及海潭海峡、兴化湾和湄洲湾航标维护管理。其中，涵江航标站1996年迁移至湄洲湾，成立湄洲湾办事处，负责湄洲湾和兴化湾航标管理。

省航道局闽江分局。1991年水口电站开始蓄水后，省航道处航道二段南平、夏道、麒麟角、葫芦山航标站合并，成立南平航道中心站。航道二段蛟坑、双坑、莪洋、水口航标站合并，成立黄田航道中心站。1992年，渡口、白头、坡尾航标站撤销，划归湾边航道站维护管理，闽江北港福州解放大桥至水口电站由航道二段直接负责维护管理。1994年后，省航道处航道二段撤销，成立闽江分局，下设湾边航道站、南平航道中心站和黄田航道中心站，负责南平库区至解放大桥航道航标的维护管理。

省航道局厦门分局。1994年，撤销厦门段，成立厦门分局，下设霞浯航标站，负责同安水域及厦门湾水域部分航标的维护管理。

省航道局泉州处。1994年，撤销泉州办事处，成立泉州处，负责晋江、泉州湾、深沪湾、围头湾及水头至石井水域航标的维护管理。

省航道局漳州处。下设石码航标站，负责九龙江、东山湾、诏安湾和旧镇湾水域航标的维护管理。

2001年6月，福州辖区原省航道局福州分局、闽江分局包括航标管理机构下放福州市港务局。

2004年1月，根据《福建省人民政府关于改革全省航道管理体制的通知》，省航道局设在各设区市的机构、人员，以及管辖的沿海与内河航道、航标的维护、建设及管理下放所在地设区市管理，各设区市成立相应的航道管理机构。4月，闽江通海航道43座航标移交交通部上海海事局福州航标处管理。

2005年8月，江阴港区、松下港区、海坛海峡和兴化湾水域32座航标移交上海海事局管理维护。

根据交通部1996年5月20日颁布的《内河航标管理办法》规定，航标管理实行统一领导、分级管理的原则。省航道管理局负责航标监督管理工作。航标管理机构主要职责：负责宣传、贯彻、执行上级各项指示、规定；制定航标工作规章制度，督促、检查贯彻执行情况；负责编制和审定航标维护工作计划，提出实施措施；掌握航道特征、水情变化及碍航物分布情况，保持航标的正常状态，发布航道通告；定期检查航标，指导和帮助基层班组工作；编制航标船艇及设备维修保养计划，并组织实施；收集整理航标技术资料，分析航标维护质量，总结航标维护管理经验；参加评审本辖区与航道有关的拦河、跨河、临河建筑物及其他水上工程的航标设施建设项目和审定航标配布图；参与航标新材料、新结构、新工艺的研制、鉴定和推广使用；按规定对违反《航标条例》、《航道管理条例》及其实施细则中有关航标保护条款以及其他有关规定的行为进行处罚。

②福建省地方海事局（以下简称省地海局）

1988年和1993年，厦门、福州分别进行港航体制改革，厦门港务管理局和福州港务管理局两局的港监部分和省港航管理局港航监督处一并划出，合并组建厦门海上安全监督局和福州海上安全监督局，负责沿海及闽江水域安全工作，其他内河、库区水域和渡口安全监督管理由各设区市、县交通主管部门负责，原由省港航管理局承担的全省水上安全监督管理工作归由福建省交通厅直接负责。

1996年，省港航管理局所属闽江航政监督处成建制划出，挂靠福州海上安全监督局。1998年，成立福建海事局（正厅级单位），直属交通部海事局，福州海监局、厦门海监局被交通部收归，改称为福州海事局、厦门海事局，直属于福建海事局领导，原隶属福州海监局的闽江航政处的人、财、物全部由福建海事局接收，闽江航政处所属的福州、湾边、水口及南平4个监督站机构及职能分别直接下放到福州、南平两个设区市交通局。

2000年8月3日，成立省内河港航监督局，主要职责任务是负责全省内河水域航标、码头、航道及内河船舶和船员管理工作。

2000年8月5日，组建福建省运输管理局，加挂"福建省内河港航监督局"牌子。2001年3月19日，原福建省内河水上安全监督职能正式由福建省内河港航监督局执行。

2002年9月25日，《中共福建省委机构编制委员会办公室关于省市县区内河港航监督机构更名的批复》中明确将福建省运输管理局加挂的"福建省内河港航监督局"的牌子更名为"福建省地方海事局"。

至2005年6月30日，全省福州市、宁德市、莆田市、泉州市、漳州市、龙岩市、三明市、南平市8个设区市均设立地方海事局（加挂"船舶检验所"牌子）。全省地方海事机构实行"以块为主，条块结合"的管理体制。全省内河交通安全监督管理机构由港航监督局、处、站等统一变更为地方海事局、处，其中，省、市两级地方海事机构统一名称为地方海事局。

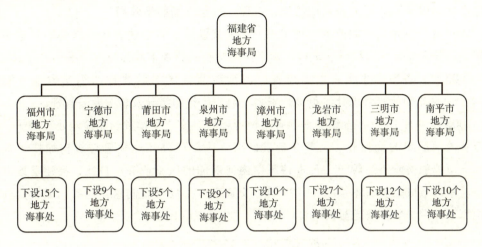

图 7 - 5　全省水上监管体制结构

2005 年 12 月，省编委批复将福建省地方海事局（福建省船舶检验处）机构和职能成建制划转到福建省港航管理局。福建省地方海事局的主要职责包括：贯彻执行国家有关水上交通安全监督管理和防止船舶污染、船舶及水上设施检验，以及交通行业安全生产的方针、政策、法规和技术规范、标准；拟订水路交通行业发展规划，制定有关安全管理规定，做好全省水路交通行业安全的统筹、协调、监督和服务工作；负责全省内河船舶登记、发证、检查和进出港签证；负责内河船员适任资格培训、考试及发证管理；审核和监督管理船员培训机构资质及其质量体系；管理通航秩序、通航环境；负责审批与通航安全有关的岸线使用和水上水下施工、作业；管理和发布全省航行警（通）告；负责全省水上交通安全事故等有关数据的统计、上报工作；对内河水上交通事故、船舶污染事故及水上交通违法案件进行调查和分析，认定事故责任，作出事故调查报告；开展水上安全检查，协调水上搜寻救助等行政执法职能，维护水上交通秩序。

福建省地方海事局主要负责"一溪两江三湖"等重点水域的安全监管。"一溪"为九曲溪，"两江"为闽江、九龙江，"三湖"为龙岩永定县境内的龙湖、三明泰宁县境内的金湖和宁德古田的翠屏湖。各市海事局负责管辖行政区域内的水域。

③福建省船舶检验处

1985 年 7 月设立，对外挂"中华人民共和国船舶检验局福州检验处"和"福建省船舶检验处"两块牌子，下设二所六站，统管福建全省的船舶检验工作及省际的联系和合作。其中，福州、南平、三明、水口检验站负责内河船舶检验。

1993 年，设立福建省厦门船舶检验局，9 月，经省编委批准，福建省船检处移归福州海上安全监督局，福州、水口、南平河船检验站划入福州海上安全监督局闽江航政监督处。1994 年，福建省船舶检验处改称"福建省船舶检验局"。

1999 年全国水监体制改革，福州海上安全监督局（含福建省船舶检验局）成建制划归交通部海事系统，福州、水口、南平河船检验站分别下放福州、南平。

2000 年，省编委批准成立福建省内河港航监督局（后改称"福建省地方海事局"），内设船舶检验管理处，负责全省内河船检工作的指导及相关业务管理。

2003 年 4 月 15 日，省编委批准省运输管理局加挂"福建省船舶检验处"牌子，负责全省内河船舶的检验业务，并在各设区市（除厦门外）运输管理机构加挂"福建省××市船舶检验所"牌子，负责辖区内内河船舶的检验业务。自此，福建省地方船舶检验系统形成完整的体系。7 月 24 日，交通部海事局批复同意福建省船舶检验处为中国海事局授予船检登记号的单位。

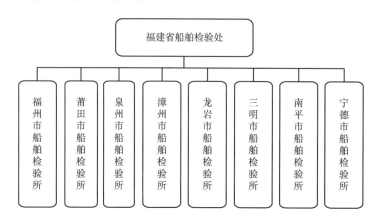

图 7-6 福建省船舶检验处管理示意图

省船舶检验处既负责协调福建省有关内河船舶检验业务，又担负部分内河船舶检验、船舶设计图纸审核、船厂适检认可等具体工作，其主要职责为：负责贯彻执行国家船舶与水上设施检验方面的法律、法规和规范及有关规定，并收集、整理、上报其修改意见和建议；制定全省内河船检工作的发展规划和年度工作计划，布置、检查、总结全省内河船检工作，并向国家海事局上报全省内河船检工作情况和检验数据；拟订具体的贯彻执行内河船舶检验方面的规章制度、实施细则或补充规定；统一领导和管理全省内河船检工作，研究解决各分支检验机构在工作中提出的有关技术业务问题，负责组织技术力量，审查地方船舶的设计图纸和技术文件；参加有关重大海损、机损事故的调查和技术鉴定工作；负责对全省内河船检人员的考核和业务培训；负责对全省地方内河船舶修造厂的适检认可；负责全省内河船舶的船检登记号授予；接受其他船检机构的委托，做好商定的委托项目的代检；抓好技术管理工作，建立健全船舶技术档案，建立船舶报检制度和营运船舶的检验管理、发证以及审批有关技术文件。

（3）福建省运输管理局

1990年，省交通厅厅内局运输管理局下设五科二室：运输科、公路运政科、水路运政科、车船维修管理科、计财科、办公室、政策法规研究室。原省航运管理局转到省港航管理局的水路运输职能划转到省交通厅运输管理局。各地市随之建立相应的运管机构，泉州、莆田、三明、龙岩、南平、宁德等地市的交通运输管理机构为公水合设，名称统一为××地区（市）交通运输管理处。福州、厦门、漳州等地市的交通运输管理机构为公水分设，名称统一为××地区（市）公路运输管理处、××地区（市）水路运输管理处。县市的交通运输管理机构统一为公水合设，名称统一为××县（市）交通运输管理所。乡镇根据实际情况，数乡合设、单设或公水合设、公水分设，成立交通运输管理机构。各级运管机构对外同时增挂机动车船维修管理机构牌子。全省运管事业编制核定3845名。

1999年8月，根据国务院关于水上安全监督管理体制改革实施方案，交通部与省政府决定，沿海水域安全监督工作由交通部设置机构实施管理，内河（湖泊、水库）水域水上安全监督由福建省设置机构实施管理。11月，交通部福建海事局成立。

2000年8月，省编委同意成立福建省内河港航管理局，挂靠省交通厅运输管理局。9月，省交通厅运输管理局由厅内局划转，省船舶检验处组建福建省运输管理局（加挂"福建省地方海事局"、"福建省船舶检验处"牌子），为省交通厅直属具有行政管理职能的正处级二级独立单位。

2002年9月，省编委批复"福建省内河监督局更名为福建省地方海事局"。

2005年12月，省编委批复"省地方海事局从福建省运输管理局分离出来，与省港航管理局（省航道管理局）合署办公"。

省运输管理局负责对全行业的指导、统筹、协调、服务、监督工作，对全省水陆交通运输实行管理，行使运输行业（道路水路客货运输、搬运装卸、车船维修、运输）服务。主要职责是：贯彻落实国家有关道路及水路运输的法律、法规和行业政策、规章、技术标准，制定行业发展规划，做好全省水陆运力投放的宏观调控的管理。安排重点物资运输计划并组织监督实施，负责交通行业的专用票证管理、运输价格管理，有关规费的征收、使用管理，运输质量管理和生产、技术、经济资料的汇总、分析，组织市场预测、技术经济信息的交流、运管人员的培训、运管设施的配备，对运输企业的生产经营进行指导、监督、服务。具体负责维护运输市场的平等竞争秩序，承担道路运输、机动车维修、营运车辆的技术管理、机动车驾驶员培训、水路运输及其辅助业经营的管理，以及其他运输服务业的行业管理和行政执法工作的监督、指导。负责从事跨省、跨设区市行政区域客运经营及客运班线的行政许可、道路客货运输业引进外资的立项审核和从事国际道路旅客运输经营的许可、二级及以上道路客货运站的审查验收工作。负责机动车驾驶员培训，教练员的考试、发证，监督、指导全省机动车驾驶员培训管理工作。负责水路运输航线和水路运输及其辅助业经营资格的审核，承担水路运输业引进外资和涉外运输的立项、审核及境外水运企业在福建省设立办事机构的行业审核及其管理工作，承担台湾海峡两岸间的航运管理等对台通航工作。组织实施国家重点物资运输、紧急运输等相关工作。实施和指导全省道路、水路运输业有关规费征收的行政管理工作。承担交通运输行业统计等工作。

省运输管理局设置办公室（运政服务中心）、政策法规处（运政稽查总队）、道路旅客运输管理处、运输规划处（物流发展处）、水路运输管理处、运输安全监督处、机动车驾驶培训管理处、车辆管理处、科技教育处（运输信息中心）、政治处（监察审计室）、财务室 11 个部门。省交通厅台办、军运办、春运办、运输市场秩序整规办、应急运输保障办、维修市场清理整规办、农村客运试点办等挂靠在省运输管理局开展工作。同时，中国人民解放军驻福建省航务军代处也挂靠省运输管理局。

（4）福建交通职业技术学院

1999 年 7 月 4 日，成立福建交通职业技术学院。

2000 年，设置交通工程管理系、交通土建工程系、汽车运用与工程机械系、航海系、继续教育部、基础部、图书馆、职业技能鉴定站等机构。

2001 年，内设院党委办公室、纪委、工会、机关党总支、共青团、院长办公室、人事劳动处、总务处、教务处、学生处 10 个党政管理机构，另设财务科和保卫科 2 个直属科。

2003 年，增设科技处，职业技能鉴定站归属于科技处。

2005 年，增设教学质量督导办公室、排下管委会、信息技术与工程系、安全技术与环境工程系。

（5）福建省交通规划设计院

1990 年设办公室、人事科、计划经营科、总工程师办公室、全面质量管理办公室、财务科、规划室、资料室、保卫科、党委办公室、工会、团委。生产部门：第一、第二、第三、第四野外勘察队，地质勘察队，路桥设计室，房建设计室，港湾设计室，路桥设计六室，飞海公司。2003 年调整职能部门，设综合办公室、经营管理部、技术质量部、人力资源部、信息资料部、党群工作部、财务部。生产部门设：公路勘察、设计一处、二处、三处、四处、五处，建筑设计处，港湾工程设计所，岩土工程处，测绘处，桥隧设计处。

专业技术队伍中，高、中级专业职称人数占 75%，是持有国家认证的"十个甲级"资质单位之一，承担工程总承包、公路行业（公路、特大桥梁、特大隧道、交通）设计、水运行业工程设计、建筑行业建筑工程设计、工程勘察综合类、工程测绘、工程咨询、地质灾害治理工程设计勘查施工、地质灾害危险性评估等职责，是市政公用行业（桥隧设计）的综合勘察设计单位，并获国家对外承包工程经营权，2001 年通过

ISO9001：2000 质量体系认证。

（6）福建省交通科学技术研究所

1991 年，内设办公室、人事教育科、科研管理科、科技开发科、财务科、党委办公室 6 个管理科室，以及汽车与交通机械、电子信息技术、桥梁科学公路、港口工程、岩土工程、交通环境保护、路桥工程设计等 8 个专业科学研究室。1996 年起，先后 3 个独立事业法人机构挂靠省交通科研所，分别为福建省交通科技信息中心、福建汽车检测设备计量检定站和福建省公路工程试验检测中心站。

1997 年，内设办公室、人事教育科、财务科、科技管理与经营开发科、公路科学研究室、水运科学研究室、电子信息技术研究室、运输维修研究室、汽车及交通机械研究室、综合研究室、文献资料研究室 11 个科室。主要从事道路、桥梁、岩土及地下工程、港口航道、电子信息、交通环保、交通机械等方面的科研攻关、技术开发、新技术推广应用、工程设计、科技咨询、试验检测、仪器设备检定、交通环境监测评价等工作。内设的科研和技术服务平台有：1999 年经省科技厅批准建立的福建省公路、水运工程重点实验室；1999 年省交通厅批准成立的福建省公路工程检测仪器计量检定站；2000 年与省高速公路指挥部共同建立的福建省高速公路中心实验室。省交通厅职能机构：《福建交通科技》编辑部、省交通厅节约办公室。

（7）福建省交通工程造价管理站

原为省交通工程定额站，1990 年 6 月成立，挂靠省交通规划设计院，核定编制 10 名，所需经费在建设单位管理费中开支。主要职能是代表交通厅对全省公路、水路交通工程定额编制、管理等行使监督检查的行政职能。1995 年 10 月，经省编委批准增加 10 名事业编制。2003 年 2 月，经省交通厅批准对内设机构进行调整和充实，设置综合办公室、公路定额科、水运定额科、造价监督科、财务科 5 个部门，按副科级设置，并核定副科级领导干部职数 5 名。2004 年 1 月更名为福建省交通工程造价管理站，为省交通厅直属事业单位，机构规格、人员编制、经费形式均保持不变。主要任务是负责全省交通工程定额编制、工程造价的管理。

（8）福建省交通规划办公室

省交通规划办公室原附设在省交通规划设计院内，2001 年 4 月独立分设，直属省交通厅管理。

2001 年 10 月至 2004 年 4 月，内设公路规划科、水运规划科、综合科、总工室。

2004 年 4 月至 2005 年 12 月，内设公路规划科、水运规划科、综合科、总工室、设计财务科、战略环保研究室。

（9）福建省交通信息通信中心

1991 年 3 月，成立福建省交通通信总站。1998 年 10 月，划归福州海上安全监督局管理，单位名称、性质和行政级别不变，增挂《福州海监局通信导航站》牌子。2001

年 8 月，更名为"福建省交通通信中心"。2004 年 2 月，更名为《福建省交通信息通信中心》。内设机构：综合科、通信管理科、信息管理科。

（10）福建省交通建设工程监理咨询公司

1993 年，成立福建省公路工程咨询监理公司。1994 年，更名为福建省交通建设工程咨询监理总公司。1996 年，又更名为福建省交通建设工程监理咨询公司。

1999 年，公司正式分建，设立法人代表。

1999—2000 年，内设综合部、计划经营部、财务部、公路工程监理部、水运工程监理部、总工程师办公室、中心实验室。

2001 年，加设技术咨询中心、试验检测中心。

2002—2003 年，内设办公室、政治处、经营部、财务部和公路工程监理一、二、三处，以及水运工程监理处、培训中心、检测中心、咨询中心、设计中心。

2004—2005 年，加设贯标办。

（11）福建省交通建设工程监理站、福建省交通建设工程质量监督检测站

由原挂靠在省公路局的监理站和原挂靠在省交通科研所的检测站合并组建而成。1994 年 5 月 6 日挂牌成立，核编 45 人，省交通基本建设工程质量监督检测站核编 20 人，管理上实行"两块牌子，一套人马"。两站的主要职能：负责全省交通基本建设工程质量监督和安全监督；负责起草或制定全省交通建设工程质量、安全管理政策法规；组织工程质量安全的检查、鉴定、调查及行政处罚；负责全省交通建设工程监理、试验检测等从业单位的行业管理，组织监理、施工安全管理及试验检测从业人员的业务培训和执行资格考试工作。站机关设置总工室、资质管理部、计划财务部、科技信息部、综合部、工程部、检测室，共五部二室。

1997 年 4 月 7 日，站机关内部科室调整为：办公室、人教部、总工室、资质管理部、检测室、财务部、公路工程部、水运工程部，共五部三室。

2003 年 4 月 14 日，增设总工程师和副总工程师岗位。

2004 年 2 月 25 日，站内机构增设政工部。

（12）福建省交通运输（控股）有限责任公司

2000 年 12 月 31 日，省政府批准同意组建福建省交通运输（控股）有限责任公司，为国有独资公司，属省级国有资产运营机构。2001 年 11 月 19 日正式揭牌。公司内设 5 部：人事劳资部、财务审计部、行政事务部、资产运营部、党群工作部。下属 6 家全资企业：福州港务集团有限责任公司、福建省轮船总公司、厦门轮船总公司、省汽车运输总公司、福建交通发展公司（原省交通建设投资有限公司）、福建福通对外经济合作公司。

2002 年 9 月，省交通厅将省政府驻沪办事处交通处成建制划归该公司。2003 年 9 月，部分调整隶属关系，将福建福通对外经济合作公司、省政府驻沪办事处交通处改

由福建省交通建设投资有限公司管理。2003年8月，公司设立监察室，挂靠党群工作部。2004年3月，财务审计部分设财务部、审计部。

（二）2005年，公司划归省国资委管理。

1990年4月12日，省政府批准成立福厦漳高速公路建设领导小组，领导小组下设办公室（简称"省高速办"），挂靠省交通厅，主要职责是研究确定福厦漳高速公路建设的方针政策，组织审定公路规划和建设方案，协调处理前期工作中的主要问题，检查指导各有关地区和部门的工作。

1992年10月，福厦漳高速公路前期工作全面铺开，省政府批准成立福建省福厦漳高速公路建设总指挥部，在省政府及高速公路建设领导小组领导下，作为福厦漳高速公路项目建设单位，行使业主职能，负责开展项目前期工作，组织完成建设期的各项任务，具体协调处理项目建设过程中的重要问题。

1993年3月11日，省编委批复福建省福厦漳高速公路建设总指挥部内设机构和编制。即内设五部室（相当处级规格）：工程技术部、计划财务部、招标合同部、材料机电部、办公室。

1995年1月20日，省政府批准成立福建省高速公路有限责任公司（以下简称"省高速公路公司"）。8月23日福建省福厦漳高速公路建设领导小组更名为福建省高速公路建设领导小组；福建省福厦漳高速公路建设总指挥部更名为福建省高速公路建设总指挥部（简称"省高指"）。1997年10月省政府批准省高指与省高速公路公司合署办公，实行"两块牌子，一套人马"，统一负责全省高速公路的规划、设计、标准、建设、质量、运营和管理工作。各项目公司（按照多元化投资渠道不同，可以是合作公司、股份公司、全资公司等）负责从规划、筹融资到建设、运营、还贷、滚动发展全过程工作。为调动各方建设和运营管理积极性，各路段公司在建设期间以地市为主管理，通车运营后由省公司（控股）为主管理。

1997年7月，省政府省长办公会议明确理顺高速公路管理体制，省高速公路有限责任公司为企业单位，隶属省交通厅，统一负责全省高速公路的筹资、建设、营运、还贷和协调管理工作。

省高指（省高速公路公司）机关内设13个职能业务处室：办公室、人事教育处、党办、监察审计处、计划投资处、财务处、收费结算管理处（车辆通行费稽查总队）、工程建设（监理）处、道路养护处、路政处（路政管理总队）、路段合作公司管理处、总工程师办公室、福建省高速公路监控中心。同时，在省高指分别设立路政、通行费稽查两个总队，作为省交通厅的直属事业单位，受省交通厅委托对全省高速公路依法行使路产路权维护和通行费征收行政管理职能。省高速公路公司按规定成立党委、工会和团委。

福建省高速公路监控中心下设福州、莆田、马尾、福州西、泉州、厦门、漳州、漳浦、三明、将乐、洋中、南平、龙岩、福鼎、霞浦、宁德16个分中心，负责各自路段范围内的监控工作。

省高速公路车辆通行费稽查总队作为省交通厅的派出机构，挂靠省高速公路建设指挥部。其主要职责是：负责全省高速公路通行费稽查的日常管理，对全省高速公路通行费稽查站实施稽查业务指导，规范稽查行为，监督各稽查站行政处罚的正确实施。在福州、泉州、漳州、三明、南平、龙岩、宁德7个设区市各设立一个通行费稽查大队。稽查总队与省高速公路公司收费处合署办公。

福建省高速公路路政管理总队作为省交通厅的直属事业单位，挂靠省高速公路建设总指挥部。

表 7 - 4 历任领导人名表

单位名称及时间	姓名	职务	任职时间	备　注
福厦漳高速公路建设总指挥部（1992.10—1995.8）	施性谋	总指挥	1992.10—1995.8	副省长
	张金华	常务副总指挥	1992.10—1995.8	省交通厅厅长
	张志清	副总指挥	1992.10—1995.5	省政府副秘书长
	申学光	副总指挥	1994.1—1995.8	省交通厅厅长
	封建安	副总指挥	1992.10—1995.8	省建委副主任
	郑松柏	副总指挥	1992.10—1995.8	省计委副主任
	卓　超	专职副总指挥	1992.10—1995.8	省交通厅副厅长
	江昌人	专职副总指挥	1992.10—1994.1	省交通厅副总工程师
	卓　湘	专职副总指挥	1994.1—1995.8	省交通厅副厅长
福建省高速公路建设总指挥部（1995.8—2006.10）	申学光	总指挥	1995.8—1997.4	省交通厅厅长
	黄小晶	总指挥	1997.4—2005.3	省政府副省长
	徐　钢	总指挥	2005.3—2006.10	省交通厅厅长
	张金华	常务副总指挥	1995.8—1997.4	省交通厅厅长
	唐汉清	第一副总指挥	1997.4—2000.9	省交通厅厅长
	洪长平	第一副总指挥	2000.9—2005.3	省交通厅厅长
	卓　超	副总指挥	1995.8—2005.3	省交通厅副厅长
	张金华	副总指挥	1997.4—1998.8	—
	卓　湘	副总指挥	1995.8—1998.8	省交通厅副厅长
	唐建辉	副总指挥	1995.8—	省高速公路有限公司副总经理、董事长
	悦胜利	副总指挥	1997.4—2000.9	省高速公路有限公司副总经理、省公路局局长
	吴大元	副总指挥	1998.8—2006.10	省高速公路有限公司副总经理、总经理
	邱榕木	副总指挥	2000.9—	省高速公路有限公司副总经理
	黄祥谈	副总指挥	2005.3—	省高速公路有限公司副总经理

续表 7-4

单位名称及时间	姓名	职务	任职时间	备　注
福建省高速公路有限责任公司（1995.6—2006.8）	张金华	董事长	1995.6—1998.7	—
	唐建辉	董事长	2001.4—	—
	张金华	总经理	1995.6—1996.11	—
	卓　超	总经理	1996.11—2001.4	—
	吴大元	总经理	2001.4—2006.8	—
	唐建辉	副总经理	1995.6—2001.4	—
	卓　湘	副总经理	1997.4—1998.7	—
	悦胜利	副总经理	1996.11—2000.9	—
	吴大元	副总经理	1997.12—2001.4	—
	邱榕木	副总经理	2000.8—	—
	黄祥谈	副总经理	2005.2—	—
中共福建省高速公路有限责任公司委员会临时党委（1998.11—2003.5）	卓　超	书记	1998.11—2001.3	—
	唐建辉	书记	2001.3—2003.5	—
	唐建辉	委员	1998.11—2001.3	—
	吴大元	委员	1998.11—2003.5	—
	邱榕木	委员	2000.8—2003.5	—
中共福建省高速公路有限责任公司委员会（2003.5—2006.9）	唐建辉	书记	2003.5—	—
	吴大元	委员	2003.5—2006.9	—
	邱榕木	委员	2003.5—	—
	王文通	委员	2003.5—	—
	赵　宏	委员	2003.5—2004.12	—
	黄祥谈	委员	2005.7—	—

（三）各设区市交通局（委）

1. 福州市交通局

1990—1994 年，市交通局机关办公室、组干科、纪委监察室、宣教科、运输管理科、财务审计科、科学技术科、工程科、劳动安全保卫科、产业工会 10 个科室。1995年增设企业管理科、团委 2 个科室。

1990 年，设立福州市公路运输管理处和福州市水路运输管理处，行使政府对本辖区内水陆交通运输的全行业管理职能。1993 年，省公路局福州分局下放福州市，更名为福州市公路局，主要承担全市的公路建设、养护和管理任务。1994 年，成立福州市路桥建设发展总公司、市交通基本建设质量监督分站，为自收自支事业单位。

1996 年 9 月，根据"三定"方案，福州市交通局是市政府主管全市公路（包括高速）和水路交通行业的职能部门。机关内设办公室、财务审计处（挂"车辆购置附加费办公室"牌子）、计划基建处（挂"交通战备办公室"牌子）、运输管理处（挂"海河安全办公室"牌子）、科技教育处、公路路政管理处（挂"保卫处"牌子）、人事处、组织宣传处、纪检检察室、产业工会10个处室。

1997年，福州市路桥建设发展总公司更名为福州市交通建设发展总公司。

1999年至2001年，福泉高速公路有限公司、罗长高速公路有限公司、京福高速公路有限公司相继成立，为企业经济实体。2001—2003年，福泉、罗长高速公路有限公司划归福建省高速公路有限公司管辖。

2000年，原省闽江航政管理处的福州、湾边、水口3个航政监督站下放福州市代管。2004年5月，3个航政监督站隶属福州市水路运输管理处管理，分别更名为福州市水路运输管理处直属管理所（加挂"福州市地方海事局直属海事处"牌子）、福州市水路运输管理处湾边管理所（加挂"福州市地方海事局湾边海事处"牌子）、福州市水路运输管理处水口管理所（加挂"福州市地方海事局水口海事处"牌子）。

2002年3月，福州市交通局职能部门调整，将市交通局管理的市内摩托车、残疾人代步车、人力三轮车非法营运的行政处罚权交给福州市城市管理执法局行使。机关内设办公室（政策法规室）、人事教育处、财务审计处（车辆购置附加费征收管理办公室）、计划建设处（交通战备办公室）、公路路政管理处、运输管理安全监督处、纪检监察室、产业工会8个科室。10月，下属福州市水路运输管理处加挂"福建省福州市地方海事局"牌子。

2004年7月，福州市公路运输管理处更名为福州市道路运输管理处。

2005年5月，车辆购置税工作移交国税局。7月，运输管理安全监督处更名为安全监督管理处，负责运输安全生产监督管理工作。公路路政管理处更名为政策法规处，负责指导监督交通各行政执法部门的工作；局办公室不再挂"政策法规室"牌子。

2. 厦门市交通局（委）

1990年，机关设办公室、组织人事处、宣传教育处、保卫处、计划统计处、财务处、交通企业管理处、公路工程基建处8个处室。1991年7月，设厦门市公路运输管理处（对外增挂"机动车维修管理处"牌子）和厦门市水路运输管理处（对外增挂"船舶维修管理处"牌子），依法行使交通运输行业的行政管理职能。1993年，省公路局厦门分局下放厦门市，更名为福建省厦门市公路局，隶属厦门市交通局，主要承担厦门市公路建设、养护和管理任务。1995年8月，成立厦门市交通基本建设工程质量监督检测站。1998年6月，厦门市交通运输管理处和厦门市水路运输管理处列为厦门市交通委员会直属行政机构，赋予交通管理行政职能。

1996年1月，撤销厦门市交通局，组建厦门市交通委员会，与市政府口岸办公室合署办公，市航空港管理委员会办公室并入市交通委，内设10个职能处室：办公室、计划财务处（厦门市车辆购置附加费征收管理办公室）、工程管理处、综合协调处、公路路政管理处（厦门市公路路政管理处）、科技与技术监督处、交通战备处（厦门市国防动员委员会交通战备办公室、武装部）、政治处、安全保卫处、宣传教育处。市政府口岸办公室内设 2 个职能处室：海港处、陆空处。

2002 年 9 月，车辆购置附加费征收职能移交国税部门。内设 8 个职能处室：办公室、政治处、政策法规处、综合规划处、建设管理处、财务审计处、物流与行业协调处、安全监督处。厦门市口岸办内设 2 个职能处室：海港处（通关协调处）、陆空处。此外，挂靠机构 2 个：厦门市交通战备办公室（加挂"交通战备处"牌子）、厦门市治理公路和水上"三乱"办公室。11 月，由市纪委、监察局派驻交通委监察机构（交通纪工委、监察室）。

2003 年 1 月，厦门市交通委增设老干部工作处。厦门市交通运输管理处更名为"厦门市道路运输管理处"，加挂"厦门市机动车维修管理处"牌子。厦门市水路运输管理处加挂"厦门市船舶维修管理处"牌子。

2005 年 5 月，厦门市交通委增设铁道处。9 月，撤销厦门市车辆购置附加费征收管理办公室。12 月，厦门市水路运输管理处划归厦门港口管理局。

3. 漳州市交通局

1990 年 1 月至 1996 年 9 月，市交通局机关设秘书科、人事科、财务科（加挂"车辆购置附加费办公室"牌子）、运输科、工程科、企业科、安全科 7 个科室。1990 年 12 月撤销运输科，设立漳州市公路运输管理处（对外增挂"漳州市车辆维修管理处"牌子），隶属漳州市交通局，行使漳州市公路运输全行业管理职能。2002 年 12 月，更名为漳州市道路运输管理处。

1992 年 7 月，设立漳州市水路运输管理处（对外增挂"漳州市船舶维修管理处"牌子），隶属漳州市交通局，行使漳州市境内水路运输全行业管理职能。1993 年 1 月，福建省公路局漳州公路分局下放漳州市，更名为福建省漳州市公路局，主要承担漳州市行政辖区内的国道、省道及部分县乡公路的建设、养护和管理任务。1995 年 4 月，设立漳州市公路路政管理分局，挂靠在漳州市公路局，撤销漳州港航管理处，分别组建漳州海上安全监督局（归厦门海事局管辖）、漳州航道段（隶属省航道处）、漳州港务局（隶属漳州市交通局）。1995 年 10 月，漳州港务局更名为漳州港口管理局。1994 年 11 月，成立福建省交通基本建设工程监督检测站漳州监督分站，2004 年 7 月，更名为福建省交通基本建设工程质量监督检测站漳州分站，负责全市公路、水路工程质量监督检测任务，依法管理交通建设市场。

1996 年 10 月，漳州市交通局内设办公室、人事教育科、计划财务科（加挂"车辆购置附加费办公室"牌子）、安全保卫科、工程科、路政科、审计室 7 个科室。12 月，成立漳州市交通局建设工程质量检测中心，负责漳州市境内道路、水路工程质量检测任务。

1997年8月，增设内河交通安全监督科与安全保卫科，合署办公，负责漳州市内河水域交通安全工作。12月，增设挂靠机构漳州市国防动员委员会（交通战备办公室）（正处级），内设工程科、交通保障科2个职能科室。1998年7月，成立漳州市高速公路有限责任公司，隶属市交通局，为财政预算外实行企业管理、自负盈亏的事业单位。

2001年1月，车辆购置附加费办公室职能移交国税部门。

2002年11月，设办公室、人事科、计划与工程科、财务科、路政科、安全科、审计室及机关党委会、市监察局派驻机构纪检监察室9个职能科室及挂靠单位漳州市国防动员委员会（交通战备办公室）。

2002年12月，内河交通安全监督科更名为漳州市地方海事局（加挂"漳州市内河船舶检验处"牌子），为独立机构事业单位。

2004年1月，省航道局漳州处下放漳州市管辖，更名为漳州航道管理处，隶属漳州港口管理局，归漳州市交通局领导。8月，局机关增设法规科。

2005年9月，成立漳州市路桥经营有限公司，负责管理漳州市境内普通还贷公路收费站、公路桥梁工程投资、经营、施工及公路建设、养护，为企业经济实体。

4. 泉州市交通局

1990年，局机关设办公室、人事教育科、执法监督科、计划财务科、生产安全监督科、公路路政科、工程建设科、港航管理科8个科室。9月，成立泉州市交通运输管理处，行使本辖区水陆交通行业管理职能。1993年1月，省公路局泉州分局更名为福建省泉州市公路局，主要负责公路建设、养护和管理任务。

1995年12月，交通局增设监察审计室。

1996年1月，设立泉州市公路路政管理分局，挂靠泉州市公路局，实施保护公路、公路用地及公路附属设施的行政管理。1997年4月，设立泉州市交通基本建设工程质量检测站，隶属泉州市交通局，科级事业单位。10月，设立泉州市交通局总工程师办公室。

1998年2月，办公室加挂"泉州市交通战备办公室"牌子。

2002年7月，全市沿海（包括岛屿）海域和港口、对外开放水域的水上安全监督管理工作移交泉州市交通局负责。10月，撤销泉州市交通运输管理处，设立泉州市道路运输管理处和泉州市水路运输管理处（加挂"福建省泉州市地方海事局"牌子）。

2005年1月，车辆购置税代征工作移交市国税局。

5. 三明市交通局

1990年，局机关设办公室、政策研究室、人事教育科、财务审计管理总站、计划统计管理总站、安全监督管理总站、工程管理总站、交通基本建设工程质量监督检测站（与工程管理总站合署办公）、交通运输管理处、港航管理处。局下属事业单位：三明市交通规划设计院、交通局培训中心。企业单位：三明市交通建设公司、三明市汽车修配厂、三明市联合运输公司。

1997年4月，三明市政府机关各部、委、局、办机构实行职能配置，内设机构和人员编制"三定"改革。三明市交通局经"三定"后，内设机构：办公室、人事教育科、政策法规科、财务科、审计科、计划统计科、工程管理科、公路路政管理科、港航安全监督处、汽车驾驶培训科。局下属事业单位：三明市交通运输管理处（与局机关合署办公）、三明市内河航港监督处、三明市内河船舶检验处、三明市机动车船维修管理处（与交通运输管理处合署办公）、三明市公路局、三明市公路路政管理分局（挂靠公路局）、三明市公路开发公司、三明市交通规划院、三明市交通局培训中心。企业单位：三明市汽车运输总公司、三明市联合运输公司、三明市交通建设公司、三明市汽车修配厂。挂靠单位：三明市交通战备办公室。

2002年5月至2005年，交通局机关实行第二次"三定"，机关内设办公室、法制科、人事教育科、财务审计科、安全监督科、路政管理科、建设管理科。局下属事业、企业和挂靠单位不变。

1990—2005年，三明市交通局机关设党委办公室、市纪律检查委员会派驻局机关的纪检组、市监察局派驻局机关的监察室。

6. 莆田市交通局

1990年，局机关设办公室、运输科、工程科、计财科、安全办5个科室，管辖莆田、仙游两县和城厢、涵江两区交通局，设莆田市交通运输管理处，行使莆田市道路、水路运输行业管理职能。

1996年，莆田市机构改革，机关内设办公室、人事教育科、计划财务科（增挂"莆田市车辆购置附加费征收管理办公室"牌子）、工程建设科、路政管理科、审计监察科、安全监督科、企业管理科8个职能科室。增辖北岸交通能源局。

2002年，机关内设办公室、人事教育科、计划财务科、建设科、政策法规公路路政管理科、科技审计科、运输管理安全监督科、纪检监察室（市纪委、监察局派驻机构）8个职能科室及交通战备办公室。沿海（包括岛屿）海域和港口、对外开放水域的水上安全监督管理工作移交国家海事局负责。担负全市公路干道建设养护管理职能的市公路局，以及高速公路支线建设和管理的市高速公路有限公司，归属市交通局管理，并协助管理湄洲湾港务管理局、莆田市汽车运输总公司。辖仙游县、荔城区、城厢区、涵江区、秀屿区交通局。受国税局委托，车辆购置税征收管理职能仍由莆田市交通局承担。交通运输管理处更名为莆田市运输管理处（增挂"福建省莆田市地方海事局"牌子）。

2005年6月，车辆购置税征收移交市国税局管理。

7. 南平市交通局

1990 年，为南平地区交通局，1992 年 12 月改为南平地区交通委员会，机关设办公室、交通企业管理科、安全保卫科、公路管理科、财务科、车购费征管办公室、港航管理站、运输指挥部办公室及地区运管处（委内处）9 个科室。1995 年 1 月改为南平市交通委员会，内设科室不变，9 月增设公路路政管理科。

1990 年，设立南平地区交通运输管理处，负责行使运输行业的行政管理职能。1995 年，改为南平市交通运输管理处。2002 年 6 月，加挂"南平市内河港航监督处"牌子。2003 年，南平市运输管理处更名为南平市道路运输管理处，原水路运输管理和内河港航监督管理职能划归南平市水路运输管理处。1990 年，建阳地区公路工程质量监督站更名为南平地区交通基本建设工程质量监督站。1995 年，更名为南平市交通基本建设工程质量监督站。

1993 年 1 月，福建省公路局建阳分局下放南平地区，更名为南平地区公路局。1995 年更名为南平市公路局。原南平地区交通局勘测设计室更名为南平地区交通规划设计院。

1997 年，成立南平市交通事业发展中心，加挂"南平市交通建设投资开发总公司"牌子。

1997 年 2 月，南平市交通委员会为南平市政府主管全市公路和水路交通行业的职能部门。内设办公室（加挂"交通战备办公室"牌子）、人事教育科、财务审计科、生产安全科（加挂"交通运输指挥部办公室"牌子）、基本建设科、路政管理科、法制科、车辆购置附加费征收管理办公室、港航管理科 9 个职能科室和南平市交通运输管理处（委内处）。

2002 年 3 月至 2005 年，南平市交通委员会更名为南平市交通局。职能部分调整，增加全市高速公路规划、建设和管理职能，以及交通战备管理职能和通行费征收管理职能。内设办公室、人事教育科（加挂"法制科"牌子）、财务审计科（加挂"车辆购置附加费征收管理办公室"牌子）、交通规费征收管理科、运输管理安全监督科、计划建设科、路政管理科、监察室（加挂"党委办公室"牌子）8 个职能科室。2005 年 5 月，车辆购置费改革，车辆购置税移交市国税局。

2003 年 5 月，设立南平市水路运输管理处（加挂"福建省南平市地方海事局"牌子）。2004 年 6 月，福建省航道南平办事处下放，加挂"南平市港航管理处"牌子。成立南平市高速公路建设指挥部办公室（加挂"南平市高速公路有限责任公司"牌子）。

8. 龙岩地区（市）交通局

1990 年，机关设办公室、人事教育科、交通运输管理总站、稽征管理总站、计划财务管理总站、交通工程管理总站。7 月，撤销交通运输管理总站和稽征管理总站，成立交通运输管理处（加挂"龙岩地区车船维修管理处"牌子），负责全区交通运输管理职能。

1993 年，省公路局龙岩分局下放地（市）管理，归口交通局，改名为龙岩地区公路局。1997 年 5 月，更名为龙岩市公路局，承担辖区内国、省道等公路干线建设、管理、养护职能。

1994 年 1 月，增设龙岩地区交通基本建设质量监督站（省质监总站龙岩分站），负责全区交通基本建设质量监督职能。成立龙岩地区公路桥梁工程集团公司，负责公路"先行工程"建设投融资和重点工程的施工建设。12 月，成立福建省龙岩市路桥投资建设公司，负责公路建设的投融资和建设。

1995 年 11 月，成立龙岩汽车专用公路建设公司。1998 年，更名为龙岩市漳龙高速公路有限责任公司，负责漳龙高速公路龙岩段的筹资、建设、经营、还贷全过程管理。2002 年 1 月，由省高速公路有限公司与龙岩市共同组建省市合作公司，负责高速公路营运管理。

1996 年 12 月，地区交通局为地区行署主管全区公路、水路交通行业的职能部门。内设办公室、政策法规科、计划财务科（加挂"龙岩地区车辆购置附加费办公室"牌子）、人事教育科、工程管理科、路政管理科、运输管理处、安全监督科、审计科、水上交通安全办公室。

1997 年 5 月，龙岩地区交通局更名为龙岩市交通局。

2000 年，交通运输管理处划出水路运输管理职能成立龙岩市水上交通管理处。12 月，成立福建省龙岩交通国有资产投资经营有限公司，授权运作交通国有资产，承担全市交通建设的投融资工作，通过资产重组、资本运作，为本市交通提供基础建设资金，与路桥投资建设公司"两块牌子，一套人马"。

2002 年 8 月，市交通局增加高速公路建设及营运管理职能，设 8 个职能科室和国防动员会（交通战备办公室）。局内处、站 5 个。

2003 年 6 月，成立龙岩龙长高速公路有限公司，负责龙岩至长汀（闽赣界）高速公路建设筹资、建设工作。

2005 年，龙岩市交通局内设 9 个科室：办公室、法规科（加挂"龙岩市治理公路'三乱'办公室"牌子）、人事教育科技科、财务科、审计科、工程管理科、路政科、运输安全监督科、党委办公室。局内处、所、站 5 个：道路运输管理处、（加挂"机动车船维修管理处"和"出租汽车管理处"牌子）、水路运输管理处（加挂"地方海事局"牌子）、交通质监站、交通规划设计所、县乡公路工作站。挂靠单位 1 个：交通战备办公室。撤销车辆购置征管办公室，车购费（税）划归市国税局。

2005 年 7 月，成立龙岩永武高速公路有限公司，负责永安至武平（闽粤界）高速公路龙岩段筹资、建设工作；成立龙岩高速公路建设管理处，承担龙岩市高速公路规划、建设、管理及投融资工作。

9. 宁德市交通局

1990 年，机关设办公室、工程科、业务科、交通安全办、地区交通运输管理总站、地区车辆购置附加费征收管理办公室 6 个科室。设立宁德市公路运输管理处和宁德市水路运输管理处，行使政府对本辖区内水陆交通运输的全行业管理职能。

1993 年 10 月，增设地区公路运输管理处（增挂"地区机动车辆维修管理处"牌子）、地区水路运输管理处（增挂"地区船舶维修管理处"牌子）、地区车辆购置附加费征收管理办公室共 3 个科室。

1993 年，省公路局宁德分局下放宁德市，更名为宁德市公路局，主要承担全市的公路建设、养护和管理任务。设立福建省交通基本建设质量监督检测站宁德监督分站。

1995 年 8 月，内设办公室、工程科、财审科、交通安全办、地区公路运输管理处（增挂"地区机动车辆维修管理处"牌子）、地区水路运输管理处（增挂"地区船舶维修管理处"牌子）、地区车辆购置附加费征收管理办公室 7 个科室。

1997 年 4 月，增设公路路政管理科。

2002 年 11 月，局机关内设办公室（加挂"人事劳工科"牌子）、计划财务科、工程建设科、科技教育科、公路路政管理科、执法监督科（加挂"行政复议办公室"牌子）、派驻纪检组（对外挂"监察室"牌子）、交通安全办、地区公路运输管理处、地区水路运输管理处、地区车辆购置附加费征收管理办公室 11 个科室。

2002 年，宁德市水路运输管理处加挂"福建省宁德市地方海事局"牌子。

2003 年，为加强县乡公路管理，设立宁德市县乡公路管理所。

2005 年，宁德市车辆购置附加费征收管理办公室撤销。局机关内设办公室、人事教育科、法制科（加挂"行政复议办公室"牌子）、财务科、审计科、计划建设科、公路路政管理科、派驻纪检组（对外挂"监察室"牌子）。

10. 漳州招商局经济技术开发区交通局

2003 年 2 月 18 日，成立招商局漳州开发区交通局，负责行使开发区内交通行政管理职能，下设办公室、工程科、运政科、计划财务科。漳州港务局与开发区交通局合署办公（加挂"交通战备办公室"牌子）。10 月 10 日，漳州市政府同意授予招商局漳州开发区管委会交通局在漳州开发区范围内行使地（市）一级交通行政管理和行政执法职能。

2003 年 5 月 19 日，成立招商局漳州开发区运输管理处。12 月 11 日，增设财务科。

2004 年 1 月 15 日，增设公路管理处。4 月 8 日，内设港口管理处。

2005 年 3 月 29 日，交通局机构调整，港务局与交通局分开，各自设立。

二、队　伍

（一）结　构

1. 公路职工

1990 年初，省公路局全局职工人数总计 16834 人。其中，生产工人 12788 人，工程技术人员 844 人，管理人员 2112 人，其他人员 1090 人。全局职工总数中，省局机关与直属单位物资总站、福州机械厂、技工学校、职工疗养院人数 826 人，9 个地市公路分局的人数为 16008 人。

从 1993 年 1 月 1 日起，全省公路、稽征新的管理机构开始运行。当年底，全省公路养护单位，即九地市公路局的人数为 12408 人。以后，9 个地市公路局的人数基本上呈逐年递减趋势。1993 年年初公路、稽征分建时，全省公路稽征单位九地市公路稽征处职工人数 1259 人。其中，专业技术人员 148 人，大专以上学历 147 人。至 1999 年，全省公路稽征职工人数一直呈逐年递增趋势，1999 年底人数增至 1663 人。此后，稽征职工人数逐年递减，至 2005 年底九地市公路稽征处职工人数为 1263 人。其中，专业技术人员 421 人，大专以上学历 773 人。全省公路职工具有高、中、初级职称的人员，由 1990 年初的 10 人、90 人和 637 人增至 1999 年的 64 人、609 人和 1059 人。研究生、本科生、大专生由 1990 年初的 0 人、108 人和 202 人增至 1999 年的 16 人、809 人和 1864 人。

至 2005 年底，职工人数 9611 人。

2. 道路运输职工

1993 年 1 月，新的全省汽车运输管理体制运作之初，"闽运"职工总数 31568 人，组建福建省汽车运输总公司后，总公司机关管理人员定编 80 人，职工总数 6639 人。

1994 年，"闽运"客运公司职工数 2100 人，货运公司职工数 800 人，站务公司职工数 570 人，集装箱公司职工数 250 人，从事经济实体的职工数 140 人，其余人员为厂、校员工。

1998 年 5 月，"闽运"所属的福建客车厂被北京汉琪集团有限公司兼并，员工 1021 人随之移交。1998 年底，"闽运"在册员工 5750 人。

2001 年 12 月和 2003 年 5 月，"闽运"先后兼并了福清市交通运输公司和福建省旅游汽车公司，增加员工 260 人。

2005 年，"闽运"公司职工总数 4354 人，其中在册员工 3054 人，劳务派遣员工 1300 人，26% 具有大专以上学历。

3. 水路运输职工

1990 年，省轮船总公司职工总人数为 4897 人，其中，运输船舶的船员 3397 人，岸基人员 1500 人，拥有中高级职称的 700 人。1995 年，福建省轮船总公司共有职工 3433 人，其中，运输船舶的船员 2312 人，岸基人员 1121 人，拥有中高级职称的 680

人。2000年，省轮船总公司职工总人数为3297人，其中，运输船舶的船员2079人，岸基人员1218人，拥有中高级职称的650人。2000年以来，省轮船总公司加快改革改制，清理辅业，精简机构人员，重点发展运输主业，到2005年，职工总人数为2286人，拥有中高级职称的603人。

4. 港口职工

2001年，福州港务局政企分设，福州港务集团全民所有制职工总人数为3167人，其中，在岗职工2693人，具有专业技术人员592人。

到2005年，福州港务集团全民所有制职工总人数为2430人，其中，在岗职工1767人，大中专以上文化程度512人，占在岗职工的29%；专业技术人员446人，占在岗职工的25%，其中，具有高级职称的科技人员达20人，具有中级职称的科技人员156人，具有初级职称的科技人员270人。

5. 航道职工

1990年，全省航道职工975人，其中，干部250人，专业技术人员193人（其中，高级工程师3人，中级职称36人，高级船长1人，船长和大副9人）。

1994年，省航道局将原省航道处所属下级单位进行整编，航道职工队伍有1198人，其中，干部403人，专业技术人员313人（其中，高级工程师10人、中级职称67人、船长和大副6人）。

1998年10月，省航道局航务救捞工程处成建制划归福州港务局管理（人员移交216人）。至1998年底，省航道局职工总数939人，其中，干部378人，专业技术人员244人（其中，高级工程师9人、中级职称86人、船长和大副8人）。

2000年底，福州市辖区内航道、航标维护建设任务移交给福州市有关部门承担，福建省航道局福州分局、福建省航道局闽江分局职工也随之下放地方（两分局共下放572人）。而福建省航道局仍保留辖区的内航道行政执法和管理职能。省航道局直属单位的职工329人。下放后，属地方政府管理的航道人员572人。

2002年3月，成立福建省航道局福州管理处（16人）、福建省航道局湄洲湾办事处（12人）和福建省航道局南平办事处（20人）。省航道局直属单位的职工总数330人。

2005年底，省航道局直属单位的职工总数164人，干部126人，专业技术人员94人（其中，高级工程师21人、中级职称38人）。属地方政府管理的航道职工604人。

6. 勘察设计职工

（1）交通勘察设计职工

1991年，交通勘察设计职工总数422人，其中干部250人，占59.2%。2001年，为贯彻国务院办公厅转发建设部等部门《关于工程勘察设计单位体制改革若干意见的通知》，以及省政府办公厅《关于福建省勘察设计单位体制改革实施意见》，凡符合上述两个文件规定条件的职工，可提前退休，当年有81名职工自愿申请提前退休。2003

年，在职职工人数降至 334 人，其中干部 260 人，工人 74 人，大学本科以上学历 174 人，大专学历 61 人，具有高、中级职称的人数有 151 人，比 1991 年有较大幅度的提高。

至 2005 年底，职工总数 396 人，其中，专业技术人员 319 人。专业技术人员中，高级职称 67 人（教授级高工 4 人），中级职称 132 人；博士、硕士研究生 28 人，大学本科 216 人，大学专科 56 人；35 岁及以下 200 人，36 ~ 40 岁 46 人。

（2）港航勘察设计职工

1994 年，省航道处撤销，成立省航道局，原省航道处测量队、模型试验中心和港航局设计室合并组建省航道勘测设计试验中心，人数 104 人，其中，干部 51 人，专业技术人员 37 人，占职工总数的 35.65%。2001 年，职工数 104 人，其中专业技术人员 45 人。到 2005 年职工总数 101 人，其中，干部 72 人，专业技术人员 61 人。

7. 交通科研所职工

1990 年，科研所共有在编职工 78 人，其中，专业技术人员 66 人，行政管理、工勤人员 12 人。1995 年，质监站划归省交通工程质监站。1996 年，科研所在编职工 60 人。

2005 年，科研所在编职工 50 人，其中，专业技术人员 42 人，行政管理、工勤人员 8 人。具有高级职称 11 人，中级职称 22 人，初级职称 9 人。大专以上学历 39 人。

8. 交通院校职工

1990 年，福建省交通学校在编教职工 229 人，其中，干部 162 人，专业技术人员 118 人，工人 67 人。福建省干部学校在编职工 40 人，其中，干部 30 人，专业技术人员 18 人，工人 10 人。福建船政学校在编教职工 82 人，其中，干部 66 人，专业技术人员 49 人，工人 16 人。

1999 年，成立福建交通职业技术学院，在编教职工总数 428 人。其中，干部 323 人，具有大专以上学历 240 人；专业技术人员 183 人，具有高级职称 26 人，具有中级职称 94 人；工人 105 人，具有高中学历 33 人。2005 年，全院在编教职工 440 人。其中，干部 356 人，具有大专和本科学历 324 人，硕士和博士学历 19 人；专业技术人员 304 人，具有高级职称 44 人，中级职称 96 人；工人 84 人，具有高中学历 42 人，大专和本科学历 7 人。

表 7 - 5　　**1990—2005 年福建省交通系统干部、职工人数统计表**

单位：人

年份	职工数			干部专业技术人员数		
	合计	省属	地、市属	干部	专业人员	大专以上学历
1990	95089	59821	35268	10084	8122	2456
1991	96466	60266	36200	10508	8252	2664
1992	99658	59991	39667	10934	8783	2984
1993	93149	20884	72265	7391	6410	2414

续表 7-5

年份	职工数			干部、专业技术人员数		
	合计	省属	地、市属	干部	专业人员	大专以上学历
1994	94031	20954	73077	7689	6383	2565
1995	90595	20787	69808	8047	6824	3104
1996	88253	20722	67531	8182	6982	2805
1997	88545	20441	68104	8373	7167	3019
1998	88740	—	—	8038	6723	3410
1999	85535	—	—	7696	6204	2841
2000	98977	—	—	7508	5611	2957
2001	90670	—	—	7132	5373	
2002	82402	—	—	7076	5140	—
2003	80003	—	—	7226	4764	—
2004	79394	—	—	7451	5441	3631
2005	75509	—	—	4141	2259	1658

说明：2005 年省交通控股公司 3908 人划归国资委管理。

表 7-6　　**1990—2005 年福建省省属交通系统管理干部、专业技术人员统计表**

单位：人

年份	干部总数	各类人员	大学学历	大专学历	专业人员	高级职务	中级职务	工程技术人员
1990	10084	10084	—	—	8122	105	919	2561
1991	10508	10508	—	—	8252	98	870	2680
1992	10934	10934	1645	1889	8783	134	1018	3113
1993	7391	7391	1349	1488	6140	118	715	1611
1994	7689	7689	1422	1585	6383	119	740	1615
1995	8047	7948	1675	1429	6824	135	1027	1892
1996	8182	6982	1450	1355	6982	144	1156	1947
1997	8373	8373	1865	1560	7167	149	1252	1976
1998	8038	8038	1857	1553	6723	141	1212	1844
1999	7696	7559	1780	1480	6204	145	1260	3084
2000	7508	7033	1571	1386	5611	163	1585	2663
2001	7132	7132	1852	1593	5373	180	1669	2597
2002	7076	7076	1452	1451	5134	152	1031	2533
2003	7226	7226	2178	1947	4764	252	1372	2045
2004	7451	—	—	—	5441	295	1665	2752
2005	4141	—	—	—	2259	230	669	840

说明：1.1993 年，省公路、汽车运输下放地方管理；

　　　2.2005 年，省交通控股公司划归省国资委管理，本年减少 3908 人。

（二） 津贴补贴

福建省规定的津贴补贴。1993 年工改时按国家和省里规定发放的物价、福利性补贴和津贴纳入新工资标准后，1994 年对全省其余有关补贴进行了理顺，以后又陆续出台或提高了有关补贴。2000 年 3 月 1 日起，规定的津贴、补贴归并后分为岗位津贴、职务津贴、地区补贴、考勤奖、行业津贴、提租补贴等。

水上作业津贴。1993 年工改后，交通、海洋、水产事业单位的船员按内河（港内）、沿海、近海、远洋等作业水域的不同，继续实行水上作业津贴，船员从事水上作业则有津贴，不从事水上作业则没有津贴。1995 年，海上救捞、港监、内河航道、航政等水上作业单位水上作业津贴标准为：在港内作业为本人职务工资的 10%，在内河作业为本人职务工资的 20%，在近海作业为本人职务工资的 30%，在远洋作业为本人职务工资的 40%。凡在船上连续工作 15 年或累计工作 20 年以上，退休时仍在船上工作的，水上作业津贴可作为计发离退休费的基数。

公路养护津贴。公路养护人员中长年在野外艰苦环境工作，同时直接接触有害物质的，根据国发〔1993〕79 号文件规定，其津贴部分可在国家规定比例的基础上适当高一些，高出比例按 8% ~ 10% 掌握。闽人薪〔1995〕24 号规定此项津贴的名称为"艰苦公路养护津贴"，对象为公路养护事业单位中，1993 年 10 月 1 日以后长年在野外艰苦环境工作并直接接触有毒有害物质的公路养护班（站）和长年从事沥青库（站）沥青生产的编制内工作人员（含合同制工人）。全省艰苦公路养护津贴按在现有工资构成津贴比例 45% 的基础上提高 10% 的幅度掌握，并单独使用，具体根据地区、海拔和路况情况区别对待。

野外作业津贴。为补偿野外作业人员因露天、艰苦恶劣环境对身体健康损害及精神和物质生活的额外支出，按照 1994 年新的津贴制度，在养护工人中继续实行野外作业津贴。为便于统一管理，此项津贴一律称为养路工人野外作业津贴，其标准在不突破地质测绘野外作业人员的野外津贴标准的前提下，由省交通厅结合本部门的实际情况和经费承受能力制定出具体标准，报当地政府审批后执行，并报交通部备案。在具体发放上，按实际出勤天数计发。

保健津贴。随着福建省经济发展和交通条件的改善，机动车辆和车流量不断增加，长期在道路上露天作业的通行费征管一线人员受汽车尾气、粉尘、噪音等污染日趋严重，给他们身心健康造成一定程度的影响，为了调动他们的工作积极性，保证通行费征收工作的正常进行，促进福建省道路交通事业的进一步发展，对经各级编制部门核定的各级交通部门管理的公路通行费征收站行政、事业编制内的一线人员（即在站台上直接从事通行费征收和稽查人员）从 2000 年 9 月起实行保健津贴。每人每天 3 元，但每人每月最高不得超过 70 元，同时原发放的防尘补贴、保健食品补贴等有关受污染津贴、补贴的规定一律同时停止执行。

船员伙食津贴。1993 年至 2006 年，船员伙食津贴也作了相应的调整。

（三）职工社会保险

1988 年 12 月，省政府颁发《福建省全民所有制企业职工退休养老保险暂行规定》，决定自 1989 年开始，在原国营工交企业固定工退休费全省统筹的基础上，将统筹范围扩大到国有企业的全部职工，交通系统的企业单位基本上都参加了企业养老保险的统筹。

1994 年 1 月，省政府印发《福建省机关事业单位工作人员退休养老保险暂行规定》的通知，福建省机关事业单位养老保险工作全面铺开。由于当时福建省机关事业单位养老保险还处在试点过程中，因此缴费的原则是"以支定筹、略有节余"，单位按照在册人员工资总额的 25%，个人按 2% 缴纳养老保险费。

从 1996 年 1 月开始，企业养老保险实行个人账户按缴费基数比例的 25% 缴费（单位 21%、个人 4%）。其中 11% 进入个人账户。以后每两年单位降 1 个百分点，逐步降到 18%，个人每两年提高 1 个百分点，逐步提高到 8% 后不再变动。

2002 年，省政府和省财政厅、保障厅规定，个人缴费比例从 2002 年 7 月起提高到 7%，至 2004 年 7 月止提高到 8%，同时，可实行"一保两制"政策，允许机关事业单位的非在编人员在省机关社保局参加企业养老保险。为了配合省直机关事业单位机构改革，省机关社保局还设立了"个人缴费窗口"，允许解除劳动合同的人员到该窗口续保。

2005 年，在省交通厅社保代理处参保的单位达 152 家，参保人员 8445 名，累计征收保费 2.83 亿元，支付养老金 1.72 亿元，基金节余 1.11 亿元。业务量占省直机关社保的 1/5，基金积累占 1/2。

第二节　路政管理

一、公路路政

根据 1987 年国务院颁布的《中华人民共和国公路管理条例》和省政府 1994 年 9 月 19 日颁布的《福建省公路路政管理规定》，省机构编制委员会批复全省公路路政管理机构编制。1995 年 10 月 23 日，省公路路政管理局正式成立。此后，全省 9 个地（市）公路局相继成立公路路政管理分局。各县（市）公路局设立公路路政管理所 74 个。全省路政管理人员编制 862 名。2001 年 5 月 30 日，省九届人大常委会 26 次会议审议通过《福建省公路路政管理条例》，通过地方性立法设定公路路政管理的职责、权限和要求等。

路政宣传。1996 年 4 月 26 日，省公路管理局发出《关于开展沿海大通道路政宣传行动月活动的通知》，从 1996 年 5 月 10 日至 6 月 8 日，以沿海大通道 800 公里建设文明样板路为重点，在国道 104 线、324 线福建省境内全线开展"路政管理宣传行动月"活动。沿线公路、路政部门运用报纸、广播、电视等新闻媒介宣传，确定 5 月 25 日为各地（市）县公路、路政领导接待日，接待单位、群众来访，解答路政法规政策，为群众提供路政法规政策咨询服务，增强广大人民群众爱路护路的自觉意识。6 月，省公路路政管理局下发《福建省公路路政管理工作检查考核标准》，把路政宣传工作列入路政工作五大部分之一，作为路政每年度工作考核内容，做到路政宣传工作有计划、有安排、有组织实施，报刊有文章报道，路政宣传标语国道上每 100 公里不少于 10 条、省道不少于 8 条。

路政巡查、案件处理。2001 年 6 月，省公路路政管理局出台《路政巡查管理制度》，规定路政巡查工作由路政所安排人员，在本辖区管养的公路上进行巡查，国道干线公路每日巡查次数不少于一次，其他线路每星期不少于一次，路政所每月每人平均上路不少于 18 天，并把这项制度列入每年度路政工作检查考核的内容。在巡查中，发现路政案件，及时调查处理。2001 年至 2005 年，全省共查处专养公路各类侵犯公路的路政案件 19.9 万多起，查处率 99.8%，纠正制止路面违章 23.19 多万起，清理占道堆积物 53.01 万立方米，追回损坏公路路产赔、补偿费 1.8 亿多元，罚款 4600 多万元。路政许可是路政部门日常管理的一项重要工作，全省 9 个路政分局、74 个路政所全部建立路政受理大厅，接待群众来访，办理路政审批许可事项。1995—2005 年，全省共受理路政许可审批 39469 件。

路政规范化建设。1996 年 11 月，省路政局在福州举办全省公路路政内业管理培训班。1997 年，印发《路政内业规范管理的要求》，从办公场所、规章制度、档案管理、工作月报四个方面作了统一规定。2001 年，省交通厅印发《关于开展创建规范路政管理所（队）活动的通知》，对路政的内业管理、执法管理、科技装备、基础设施"四个规范"，以及路政服装、执法标志、巡查车颜色、图表制度、管理文书、月报表格、巡查记录格式、档卡资料格式"八个统一"作出要求。创建规范路政所活动。创建期间，省路政局、各地（市）路政分局加强路政所创建工作的检查指导。2002 年底开始，省交通厅分两批对全省专养公路路政所创建工作进行验收。通过验收，全省 74 个路政所均达到规范路政所的要求，并由交通厅路政处授予"规范路政所"的奖牌。同时，创建"青年文明号"、文明单位等活动在路政队伍中开展。全省 367 个（次）路政单位、1216 名（次）路政管理人员先后受到当地政府、市级主管部门和省公路局、省交通厅的表彰。90% 的路政基层单位分别被授予县级以上"文明窗口"、"青年文明号"和"文明单位"，16.7% 的路政基层单位受到省部级以上的表彰。

2001 年至 2005 年，根据《中华人民共和国公路法》和有关法律、法规的规定，结合福建省实际，省公路路政管理局制定《目标规范职责》、《外业管理》、《内业管理》、

《路政工作管理》和《路政与法院、乡镇等有关部门联系制度》共 5 个部分、32 项规范管理制度，汇编成册，印发给每个路政人员。2005 年，省公路路政管理局主持开发《福建省公路路政管理信息系统》软件，推广计算机应用。全省举办各类路政培训班 60 多期，参加培训 1.9 万多人次。鼓励路政人员积极参加学历再教育，全省路政队伍 79% 以上人员具有大专以上学历，45 岁以下人员占 90%。

二、专项治理

（一）治理非法占道与违章建筑

福建省公路路政管理机构健全以后，以"三无三化"（公路两侧建筑控制区内无新的违章建筑；公路用地范围以内无未经审批的非公路交通标志；公路用地范围内无被非法侵占。内业管理规范化、上路巡查制度化、路政宣传经常化）为目标，加强公路两侧的控制区管理，维护路产路权，保护公路完好畅通。

1996 年 3 月 30 日，省政府办公厅转发省交通厅《关于认真开展清理整顿公路两侧违章建筑的通知》，全省各地（市）县由政府牵头，交通、公安、土地、城建、工商、公路等部门参加，在全省范围内组织开展清理整顿公路两侧违章建筑的专项治理活动。对于占用公路、公路用地的一切非公路设施，均无条件拆除。违反《中华人民共和国公路管理条例》，在公路两侧建筑红线范围内所建的永久性建筑物，属违章建筑，凡擅自建设的，要限期拆除；对虽经有关部门批准，但还未建设的，要收回批准文件，不再建设，在建的停建，建好的要妥善处理。6 月，省公路路政管理局印发《关于开展沿海大通道"拆违章、整三场、清路障、保畅通"统一行动月活动的通知》，从 6 月 15 日至 7 月 15 日，在国道 104 线、324 线福建省境内开展拆除违章行动。1996—1997 年，在地方政府的支持和地方法院等部门的协助下，共拆除公路两侧控制区内的违章建筑 3758 座，66836 平方米，拆除违章搭盖 4364 座，121418 平方米，制止了公路两侧控制区内依路建房、依路建街的现象。

1997 年 6 月 17 日，省政府办公厅发布《关于进一步做好清理公路路障的通知》，针对夏、秋两季粮食收成季节，沿线农民在公路上打场晒粮，影响公路畅通和行车安全的问题，组织开展清理公路路障的专项治理工作。各级路政部门按照省公路路政管理局统一部署，采取宣传、协调、查堵三步走的方法，开展制止公路上打场晒粮专项活动。通过宣传也引起各地政府的重视和支持，连城县等许多地方还把制止公路上打场晒粮工作列入乡镇领导干部年终任职考核的一项重要内容。1997 年，全省公路上打场晒粮的面积比 1996 年同期下降 60%。随后，路政部门每年夏、秋季节都要求当地政府进行宣传、制止并逐步解决农民晒粮场地问题，全省公路打场晒粮现象得到有效控制。

1998 年，全省路政部门针对占道加水站洗车加水，长期浸泡公路，路基路面遭到严重损坏，同时也影响车辆通行和交通安全的问题，公路路政管理局部署开展占道加水专项整治工作。路政部门本着疏堵结合、标本兼治的原则，采取调查摸底、制订方案、宣传发动、规范设点、疏堵结合五个步骤，以国、省道为重点，在全省范围内全面开展占道加水的专项整治工作。经过一年半的专项整治，共取缔占道加水站 1595家。整治期间，省公路路政管理局还印发《关于规范"加水站"公路交通标志的通知》和《全省国省道"加水站、点"设置的规范要求的通知》，全省批准设立规范加水点 409 家。宁德等地路边店加水站要求用砖块砌成隔离墩与公路明显分开，隔离墩刷上红白相间的油漆。

1999 年 7 月，省公路路政管理局召开占道加水专项治理工作总结表彰会，同时部署开展平交道口的专项治理，要求毗连公路的路边店、开发区与公路搭接部位要设置水沟平交行车道口，盖板规范。同时，全省还规范路边店、工厂、企事业单位搭接公路，以及开设平交道口必须向路政管理部门办理审批的管理制度，实现路宅分家的要求。

2001 年 4 月，省公路路政管理局印发《关于开展占道贸易专项整治活动实施方案的通知》。组织全省公路路政部门开展国、省道干线占道贸易专项整治工作，重点是清理取缔国、省干线上传统赶集墟市、常年性的集市贸易、季节性的路边摊点、临时性的早市夜市。各地路政部门根据省路政管理局的统一部署，按照"宣传发动、联系协调、疏堵结合、综合整治"四个步骤，分阶段抓好落实工作。全省国、省干线上的 100 个占道贸易，整治 92 个。2002 年、2003 年，各地路政部门继续加大整治力度，以全省占道贸易整治检查验收和实施国省道"公路改善工程"为契机，以国道"两纵三横"、省道繁忙路段为重点，在巩固原有整治的基础上，组织"回头看"，杜绝回潮。经过 3 年整治，基本完成整治工作任务，保障了国、省干线的完好畅通和"公路改善工程"的顺利实施。

（二）超限运输专项治理

超限运输对公路损害非常大，自 1996 年"先行工程"竣工通车以来，超限运输造成公路路面大面积损坏。国道 319 线漳州路段 116 公里被超限运输车辆损坏路面，每年平均投资 1000 多万元修路。2000 年，国道 205 线沙县至青州路段路面损坏修复 25 公里，花费约 2500 万元。省道"三郊"线梅岭至大田路段路面损坏修复 30 公里，花费约 3000 万元。国道 205 线浦城等路段路面损坏修复 16 公里，花费约 1600 万元。国道316 线南平路段损坏路面修复 61 公里，花费约 6100 万元。超限运输造成国、省干线公路水泥路面平均破损率在 10% 以上，不少路段是年年修路年年坏，路面修复速度赶不上损坏速度。2000 年，交通部出台 2 号令《超限运输车辆行驶公路管理规定》，省交通厅下发《福建省超限运输车辆行驶公路管理规定实施办法》等 4 份文件，并协调省物委、财政厅出台《福建省超限运输赔补偿费收费标准》。6—9 月，全省全面开展反超限运输专项治理，督促运输车辆拆除用于超载加高的拦板，自觉少装货物到超限控制吨位。

2003 年，省交通厅印发《关于设立公路超限运输检测卸载点的通知》，决定第一批在省内出、入闽通道和主干线通道设立 12 个超限运输检测卸载点。9 月 22 日，省政府批准全省重要路段设立 34 个超限运输检测站，其中高速公路 2 个，普通公路 32 个。

为加强对超限超载车辆的治理，2004 年 5 月 11 日，国家交通部、公安部、发展和改革委员会、国家质量检验检疫总局、国家安全生产监督管理局、国家工商行政管理总局、国务院法制办公室 7 个部委联合召开全国开展车辆超限超载治理电视电话工作会议，印发《全国开展车辆超限超载治理工作实施方案》，提出具体治超工作任务，并要求从 6 月 20 日起，由各级交通、公安部门按照"统一口径、统一标准、统一行动"，对超限超载车辆进行集中治理。6 月 4 日省政府专题会议研究贯彻国务院领导对加强车辆超限超载治理工作的重要指示和全国治理车辆超限超载工作会议的精神，研究部署治理车辆超限超载工作。6 月 15 日，省政府召开全省车辆超限超载治理工作电视电话会议，省政府办公厅发出《转发省交通厅、省公安厅等部门关于福建省开展车辆超限超载治理工作实施方案的通知》。6 月 18 日，省交通厅、省公安厅发出《关于联合组织治理车辆超限超载工作的通知》。6 月 20 日，全省路政、交警统一行动，集中开展治理超限超载工作。6 月 21 日，副省长李川一行到国道 316 线福州白龙和南平下岚超限运输检测站，调查了解治超工作情况。8 月 25 日，省政府同意治超工作期间在全省部分公路路段设立 23 个治超临时检测点，加大治理超限运输的力度。

2005 年，交通部等八部委出台《关于印发 2005 年全国治超工作要点的通知》，针对超限超载现象有所反弹的情况，提出严管重罚的政策。省政府办公厅转发省交通厅等部门《关于贯彻 2005 年全国治超工作要点实施意见》，要求对超限运输车辆严格实施卸载，依法严管重罚。从 2005 年 6 月 20 日起，交通路政部门对超限运输车辆恢复收取赔（补）偿费。

通过集中治理，车辆超限超载现象得到遏制，许多车户自行拆除车辆原来用于超载加高的拦板，车户、货主自觉少装货物，控制超限吨位；运输企业按照国家规定合理、规范从事运输，公路运价回升到合理水平，并带动了运输市场的有序竞争。全省货车运输车辆的超限率从以前最高的 90％下降到 6％以内。伴随着车辆超限比率的大幅度下降，全省货运车辆道路交通安全事故发生数也明显下降，交通规费征收比率也以每年 15％的速率递增，车辆生产改装行为逐步减少，公路设施得到有效保护，治超环境大为改善。2005 年 7 月，由国家工商总局牵头，发展和改革委员会、交通部、公安部、国家质检总局、中央电视台联合组成工作组，在福建省就治理车辆超限超载工作进行明察暗访，工作组充分肯定福建省的治超工作。

三、共建文明路

国道 324 线福州至厦门段是福建沿海交通大动脉。1990 年 2 月 20 日，省委决定，将军民共建"福厦文明路"作为全省精神文明建设的重点工程，要求福厦路沿线的福州、莆田、泉州、厦门、漳州 5 市抓紧研究贯彻。3 月 16 日，省委召开 5 市市委和省直有关部门、省军区负责人座谈会，研究落实军民共建"福厦文明路"事宜。会议要求在整治全过程中，从创建优质岗位、优质服务、优良秩序和优美环境的总体要求出发，制定明确的目标任务，使福厦路成为"安全、顺畅、繁荣、美化"的文明路。

在省委作出共建"福厦文明路"的决定后，交通系统成立共建"福厦文明路"的领导小组及办事部门，广泛开展宣教活动，提出共建目标和任务。公路方面，要求做到路况好、路貌美、保畅通；路面平整、路拱适度、路肩整齐、边坡稳定、水沟畅通、桥涵完好、好路率达 80% 以上；里程碑、界限碑、站台牌、安全标志鲜明，要按二级公路标准，定期维护，保持全线畅通无阻。运输方面，要求做到安全优质、热情周到，要把客货安全无损地运送到目的地；对站务人员要求做到态度和蔼、语言文明、有问必答、不错不漏；对驾驶人员要求做到谨慎驾驶、认真操作、进站报到、遵守法规。运管方面，要求做到行为规范、证照齐全、安全优质、秩序良好、收费合法；以治理"脏、乱、差"为突破口，清理路边的障碍物，整顿运输市场，强调文明服务。运管方面着手"五抓"：一抓出租汽车整顿治理。福州市对 1158 辆出租车统一管理，解决乱要价、乱停车和乱拉客的问题；厦门市对 1230 名出租车驾驶员分期培训，要求学习交通法规、文明经营常识，改善服务态度。二抓售票点整改。福州市对全市所有售票点的经营条件、经营形式、经营行为和总体布局进行审验，核准发给"许可证"16 家 26 点，责令停业整顿 20 家 24 点，依法取缔 13 家 13 点，同时核定收费标准，保护旅客和经营者合法权益。三抓占道停车问题。为确保路容美观和道路顺畅，一方面禁止各种车辆停放，一方面组织筹资在福厦路莆田段沿线修建 30 个公共汽车停靠棚，指定大型货车停放在停车场内。四抓车辆维修业的整顿治理。泉州市交通局对 6 家符合条件的维修业户确定为文明维护示范点，对 35 家不符合经营条件的按照市共建办统一部署进行处理。五抓搬运装卸业整顿，处理乱收费，纠正区域封锁、欺行霸市行为，实行亮证经营，重新核发经营许可证。

1993 年 7 月 13 日，省委、省政府召开省军民共建"福厦文明路"工作总结大会。会议指出，自 1990 年 3 月以来，在各级地方政府和有关部门努力下，全线 57 个路段有 37 个路段被省委、省政府命名为达标路段，基本实现省委、省政府提出的 3 年建成文明路的目标要求。

四、治理公路"三乱"

1994 年 8 月 13 日，国务院主持召开治理公路"三乱"（乱设卡、乱收费、乱罚款）电话会议。省交通厅及时下发《关于继续深入抓好公路"三乱"工作的通知》和《关于贯彻国务院治理"三乱"通知的实施意见》，确定国道 324 线为省治理"三乱"文明样板路，在摸清公路上设站、收费、罚款的真实情况后，向省政府呈报《关于我省公路通行费征收站点整理意见的报告》。对群众反映长泰县乱设站乱收费问题，及时责成漳州市交通局取消郭坑、官山 2 个收费站点。省公路局针对通行费征收中私收票款问题进行专项治理。濑溪稽征所向社会公布《关于从严从重处理违章违征人员的决定》和《告车户书》。省运输管理局责成福安市运管所实施对过境车辆检查维修和违章处罚等问题，没收违章收费 8.9 万元，责令该所将收取的"营运证押金"和"线路牌押金"全部退还车主，并在全省范围内进行通报批评。

根据 1995 年 2 月 11 日省委常委会精神，3 月 7 日，省委反腐败工作办公室发文《关于增设省委反腐败工作 4 个协调小组的通知》，增设治理公路"三乱"协调小组，由省交通厅牵头，组长由省交通厅厅长担任。工作协调小组下设办公室，日常事务办事机构依托在省交通厅。全省 9 个设区市及各县（市、区）成立了治理公路"三乱"工作协调小组，有 1452 人参与治理工作。对《福建日报》披露的三明稽征处沙县所补征固定汽车超载养路费予以及时纠正，并举一反三，自查自纠，停止代征汽车先行工程集资款、地方搭车收通行费、票证塑封手续费、预收超载汽车养路费等不合理收费。根据交通部全面检查和重点抽查的要求，对福建段 300 公里路段上的征费管理、治理"三乱"、GBM 工程建设和道班管理三方面的情况分别进行检查。在有关部门的配合下，全省撤除公路站卡 368 个。同时，加强公安、交通、林业三个部门依法行政。

1996 年 9 月，福建省被国家纠风办、交通部和公安部（简称"两部一办"）公布为全国首批实现国道省道基本无"三乱"的省份。同年 12 月 4 日，福建省治理公路"三乱"工作作为典型经验在中纪委召开的全国纠风专项治理工作会上交流经验。厅纪检监察室与省治理"三乱"协调小组召开全省 81 个通行费征费所（站）、各地市交通局、公路局、财政委员会、物价委员会和厅直属单位等参加的"文明窗口"建设现场会，参观学习交流省公路局稽征局福、厦、漳、泉、莆 5 个通行费征管所开展"文明窗口"建设的经验。厅运管局在全省开展"信得过客车"评选活动。

1997—1999 年巩固治理公路"三乱"成果，在防止"三乱"回潮反弹上，做到政策不变、力度不减、机构不撤、队伍不散。通过专项治理，在全省进一步撤销公路、水路站卡 23 个，明确收费年限的站卡数 91 个，责处公路"三乱"案件（问题）20 个，受党纪政纪处分 15 人。确保交通经济发展畅通无阻，确保海南至上海蔬菜运输绿色通道的安全畅通，规范执收执罚行为，加强执法队伍建设，继续加大舆论宣传和监督检查。加大防范力度，对突出的"三乱"问题坚决实行"黄牌警告"和"撤牌"取消资格等 6 项具体措施，巩固治理公路"三乱"的成果。

2000 年，继续将治理公路"三乱"拓展到全省所有公路，按照 1999 年国家"两部一办"提出的三年内实现全国所有公路基本无"三乱"的目标，争取部分地区率先实现目标。对厦门、三明、漳州三市提出的"实现辖区内所有公路基本无'三乱'"进行检查考核。坚决查处连江建设局燃气管理站和长门煤炭、烟草部门上路查车的"三乱"案件，协调《海峡都市报》、《福建电视台》曝光，达到震慑教育效果。成立了办公室，指定专人负责民主评议行风工作。逐级签订责任书，形成条条抓部署，块块抓落实，一级抓一级的工作格局。组织宣传、教育，营造交通运管民主评议行风的社会氛围。解决群众反映的热点、难点问题，针对社会的批评建议积极整改。

2001年，在省政府纠风办支持下，加大纠正行业不正之风、治理公路"三乱"的力度。组织省检查考核组，由厅级干部6人（次）带队检查国、省、县、乡公路7730公里。检查交通公路稽查站（港）和收费站（点）98个，林业检查站35个，公安检查站3个，交通治安岗15个，占当地公路站点的78%。召开当地监督员、运输户、驾驶员等座谈会12场。沿途随机问访省内外驾驶员209人，发放问卷评议表223份，平均满意率达92%。查处公路"三乱"行为7起6人次。各设区市达到了国家"两部一办"规定的所有公路基本无"三乱"标准。抓好交通系统民主评议行风工作，5月14日，运管部门在全省民主评议行风测评中名列第一。根据省纪委的要求，在全省交通系统的公路通行费征收站、公路路政、公路稽征、内河港航监管、航政等执法执政单位中开展民评工作，重点是公路通行费收费站和公路路政部门。

2003年，贯彻《国务院办公厅关于治理向机动车乱收费和整顿道路站点有关问题的通知》精神，巩固纠风工作成果，解决人民群众反映强烈的突出问题，全省撤并收费站12个，纠正违规承包和转让收费站8个，降低个别收费过高的收费标准，重点核定了收费期限，并向社会公布。

2004年，深入推进公路"三乱"专项治理工作。做好申报实现全省所有公路基本无"三乱"的准备工作，加强明察暗访，查处检查中发现和群众举报的"三乱"问题，共组织上路检查23576次，参加检查人次11045人，检查里程2.68万公里，查处"三乱"案件11起，处理相关人员11人。完成泉州大桥等3个收费站撤销和部分站点合并、移址工作，共撤销不符合设站条件的收费站点17个，年通行费减征一亿多元。降低收费标准过高的站点1个，年减征1800万元，纠正违章承包转让的收费站点8个。开展民评工作，把维护群众利益放在首位，重点是各县（市、区）交通主管部门和交通管理机构（运政、路政、稽征、通行费稽查、地方海事），全省确定民评整改项目585项，整改到位率97.5%。制定下发《建设交通行政执法素质形象工程实施方案》，提出"交通行政执法队伍建设年"活动意见，开展"执法为民，树立行业新风"活动，建设一支具有廉洁、勤政、务实、高效纪律作风的交通行政执法队伍。

2005年2月，经国家考核验收合格，公布福建省为实现所有公路基本无"三乱"省份。8月，省政府召开全省治理公路"三乱"工作表彰大会，全省有75个单位（集体）、153位同志获省政府颁发的"福建省治理公路'三乱'先进集体和先进个人"表彰称号。驻交通厅监察室被省政府授予"全省治理'三乱'工作先进集体"荣誉称号。整合治理公路"三乱"领导小组和民评领导小组等机构，成立交通厅纠风工作领导小组，统一领导全省交通系统的整风行风建设、纠风专项治理、治理公路"三乱"

及民主评议行风工作。建立政风、行风建设长效机制，在全省交通系统开展"纠风工作目标管理活动"，把加强交通行政执法队伍建设、纠风工作、民主评议行风等专项工作纳入目标管理的工作范畴，统一部署，统一安排，明确目标，常抓不懈。巩固治理公路"三乱"成果，重点抓"双向不重复收费""单项收费"站点的管理，确保收费站点规范收费，文明服务，先后撤销福州南港、邵武寺前、浦城溪下、大田石门阁4个收费站分站。开展"诚信征费，和谐发展"主题活动，重点解决群众反映的热点、难点问题，推进全省公路通行费征管系统窗口单位文明创建工作。开展民主评议政风、行风工作。以贯彻《行政许可法》、加强机关政风建设、巩固治理公路"三乱"成果为切入点，开展民主评议政风行风工作，做到"五个结合"（与开展保持共产党员的先进性教育相结合，与贯彻《行政许可证》相结合，与转变职能、建立服务型机关相结合，与创建文明行业相结合，与建立惩防体系相结合），落实整改，接受社会监督，开展考核评议。

1995—2005年，全省共撤除公路站点426个（其中未经省政府批准的非法站点295个，曾经批准但不符合国家设站规定的131个），取消不符合规定收费项目24类83项。经省政府批准的收费站、检查（测）站点设置比较规范。治理公路"三乱"工作从部门治理到集中治理，由被动应急向主动出击转变，从路上的肃风整改治理向路上综合治理扩展，从国、省道治理向县、乡公路、水路延伸，从站点设置、处罚标准、收费项目合法性向合理性拓展；从"三乱"后果性治理向源头治理拓展，逐步把治理公路"三乱"工作纳入正常性的行业管理。全省公路上设站的各类收费站、检查站全部经过省政府批准合法设立，基本做到规范设置、规范执法执收；公安交警执勤岗（点）处罚做到罚缴分离；交通路政治超站处罚除部分山区外，全部实行罚缴分离；全省高速公路通行费收费站全部实行联网收费。

第三节　港口航道管理

一、港口管理

1990年3月28日，省政府颁布《福州港港章》、《厦门港港章》和《泉州港港章》，章程主要对加强港口船舶进出港、港内航行、停泊交通管理，保障港口船舶、建筑及航道设施和涉及危险货物管理、环境保护与公民生命财产有关的安全等作出规定。

2001年，福州市政府颁布《福州市港口管理办法（试行）》，2002年8月，泉州市政府颁布《泉州市港口管理暂行规定》，对港口规划、建设、经营和保护等活动做出规定，规范港口的行政管理。2003年6月28日，《中华人民共和国港口法》（以下简称《港口法》）发布，对从事港口规划、建设、维护、经营、管理及其相关活动做出法律规定。至 2005 年，福建省对全省的港口进行规范管理，完善港口布局，加快港口建设，港口功能初步向现代化物流和综合性服务功能转变。

（一）岸线管理

2004 年以前，万吨级以上码头建设项目使用港口岸线由交通部审批，建设万吨级以下码头项目使用港口岸线由福建省交通行政管理部门审批。

2004 年 1 月 1 日起，开始施行《港口法》。该法规定，在港口总体规划区内建设港口设施，使用港口深水岸线的，由国务院交通主管部门会同国务院经济综合宏观调控部门批准。建设港口设施，使用非深水岸线的，由港口行政管理部门批准。同年 4 月 1 日，执行交通部《关于发布港口深水岸线标准的公告》，将港口深水岸线和非深水岸线的划分标准明确为：沿海港口深水岸线是指适宜建设各类型万吨级及以上泊位的沿海港口岸线（含维持其正常运营所需的相关水域和陆域），内河港口深水岸线是指适宜建设千吨级及以上泊位的内河港口岸线（含维持其正常运营所需的相关水域和陆域）。由国务院或国家发展和改革委员会审批的港口设施或建设项目，不再单独办理使用港口深水岸线的审批手续。其余港口设施或建设项目使用港口深水岸线的，由各城市（设区的市，下同）港口管理机构征求同级人民政府有关部门和海事部门意见后，向省交通厅、交通委员会或港口管理局提出申请。省交通厅或港口管理局对使用港口深水岸线的合理性进行评估，并征求省发展和改革委员会（计委）的意见后，向交通部提出使用港口深水岸线申请，交通部在进行评估后，会同国家发展和改革委员会审批。建设港口设施使用非深水岸线的，由各城市港口管理机构征求同级人民政府有关部门和海事部门意见后，向省交通厅或港口管理局提出申请，省交通厅或港口管理局对使用港口非深水岸线的合理性进行评估，并征求省发展和改革委员会的意见后审批，审批结果报交通部备案。

表 7-7 **2004—2005 年福建省沿海各港口岸线利用情况表**

单位：米

港 口	自然岸线长	已利用规划岸线	已利用码头岸线
福州港	451460	20259	19930
厦门港	163573	17459	17459
泉州港	541200	24000	24000
漳州港	134410	1124	1530
莆田港	271600	10873	10873
宁德港	178360	12600	12600

（二）经营管理

1990 年，省交通厅依据省政府颁发的《福州港港章》、《厦门港港章》和《泉州港港章》管理港口。

1995 年 8 月 1 日，厦门港兴建联检报关中心，海关、商检、卫检、动植检、边检和海监等口岸查验部门进驻办公，在全国第一次实现"一幢楼办公，一条龙服务"，方便货主、船公司和报关行，提高港口泊位利用率，缩短船舶在港时间。

2002 年，福州市港务局根据《福州市港口管理办法（试行）》的要求，制定《福州港口业务管理规定》和《福州港理货管理规定》等办法，开展港口经营许可工作，规范福州港内企业港口业务经营资质。泉州港也于同年颁发《泉州市港口管理暂行规定》，依据规定规范港口经营管理。

2003 年《港口法》和 2004 年交通部《港口经营管理规定》颁发后，省交通厅和沿海各港口（务）局制定相应的贯彻意见，采取相应措施，同时明确了各港辖区内的各组织与个人在港口区域内从事为船舶、旅客和货运提供港口设施或者服务活动时，应当具备的条件，即具备交通部制定的《港口经营管理规定》中规定的条件，并向所在地港口行政管理部门申请港口经营许可证，经批准后核发相应的港口经营许可证。未取得港口经营许可证的，不得从事港口经营活动。自此，港口经营管理工作成为福建省港口行政管理部门实施行政管理的一项重要业务。

福州港。根据《港口法》和《港口经营管理规定》，对福州港辖区内的各组织与个人严格审核审批，加强福州港港口经营管理工作。

厦门港。根据《港口经营管理规定》，2004 年 5 月 28 日厦门港口管理局印发《关于贯彻〈港口经营管理规定〉的实施意见》，对市场准入、经营监督和安全等三方面的管理进行规范，并于同年 6 月起开始实施对港口经营人核发港口经营许可证制度，加强在港口经营的准入许可和运营过程的管理服务，引导港航企业发展集装箱运输和海铁联运、内支线和国际中转业务，增强厦门港对福建中西部、江西、湖南等内陆地区，以及福建、浙南、粤东等沿海地区的辐射力和影响力，提升厦门港"集装箱干线港、海峡西岸航运中心"地位。

泉州港。根据《港口经营管理规定》，2004 年 1 月 1 日泉州港颁布《泉州港港口经营许可管理实施细则》，进一步规范泉州港港口经营许可，维护港口经营秩序，切实保障和监督港口经营许可的正确实施。《港口经营管理规定》、《泉州港港口经营许可管理实施细则》明确规定，在辖区内的各组织与个人在港口区域内从事为船舶、旅客和货运提供港口设施或者服务活动，应当具备《港口法》中规定的条件，并应申请港口经营许可证，经批准核发港口经营许可证后方可经营。为方便经营者办理港口行政许可业务，泉州市港口管理局在市行政服务中心设立审批科。在受理行政许可申请人申请材料后，审查相关资料文书外，到现场实地查验审核，最后做出行政许可决定。日常除加强巡查及专项检查等，还加强对港口经营人经营活动的监管。

宁德、莆田、漳州港。根据《港口法》和《港口经营管理规定》，三港相应建立健全了港口经营管理和港口经营管理业务的制度。

至2005年，福建省沿海6个港口行政管理部门共受理审批《港口经营许可证》的港口企业271家。其中，福州港82家，泉州港55家，厦门港78家，莆田港11家，宁德港38家，漳州港7家。

（三）安全监督管理

《福州港港章》、《厦门港港章》和《泉州港港章》颁发后，福建省各港口管理机构根据各自的港章开展主要针对公用码头的安全监督管理工作。

1998年至2002年，福建省港口管理体制改革实行"政企分开"后，为加强港口安全监督管理，沿海各港务管理局成立专门的安全技术处（科）或安全监督处（科）等机构，对辖区内港口、码头企业实施安全监督管理。2003年《中华人民共和国港口法》颁发之后，港口行政管理部门明确了在港口安全上的重要职责。2004年，省交通厅制定《福建省交通系统预防自然灾害预案（试行）》，2005年6月，又编制《突发公共事件应急预案手册》等。

福建省各港口依据上述法规，在安全监督管理方面主要抓"危险货物管理"、"安全评价管理"和"设施保安履约工作管理"工作。

1. 危险货物管理

2004年1月1日，交通部《港口危险货物管理规定》施行，港口危险货物管理工作由海事部门（原港务监督部门）移交港口行政管理机构，规定从事港口危险货物作业的企业没有取得许可证的不许从事经营活动，从事港口危险货物作业的企业人员没有取得上岗许可证的不得从事港口危险货物作业活动。同时，要求从事危险货物作业的企业，在危险货物港口装卸、过驳、储存、包装和集装箱拆箱等作业开始24小时前，应按照要求向港口行政管理部门提出申请，港口行政管理部门在接到申请24小时内做出是否同意作业的决定，未经港口行政管理部门同意，不得进行危险货物港口作业。自此，港口危险货物管理纳入港口行政管理范围。

福州港。2005年，福州市港务局开发"福州市港务局危险货物申报管理信息系统"，同年10月投入试运行。该系统主要功能为危险货物港口作业网上申报、批复，各种信息公告的发布等。具体使用方法为：已取得港口危险货物作业资质认可证的港口经营人授权具有规定资格的申报员登录福州市港务局网站，输入账号与密码后进入管理系统，提交固定格式的申报表格。福州市港务局安全监督管理处工作人员依法进行审核，签注同意作业或不同意作业的审批意见。获批准则进行作业，如未获得批准则取消作业安排。该系统的使用方便了港口企业申报，提高了行政审批效率。2005年11月，福州市港务局发布《福州港危险货物应急事故应急预案（试行）》，进一步完善港口危险货物管理。

厦门港。1991—2005年，厦门港每年召开安全专项会议10多次，一般安全会议30多次，并建立专门的安全检查记录本，对所有日常巡查、专项巡查均有详细记录，对检查中出现的隐患进行密切跟踪，要求企业限期整改，及时反馈整改情况，对整改不到位的企业给予挂牌督办或停业整改。根据《港口危险货物管理规定》和《中华人民共和国港口法》的相关要求，从2004年开始在厦门港全港范围内全面规范危险货物港口作业管理工作，对13家码头公司和4家集装箱场站危险货物港口作业资质进行认定，并下发《危险货物港口作业认可证》。2004年7月，危险货物港口作业网上申报系统正式投入使用，厦门港成为全国首个利用网络平台进行危险货物港口作业申报及审批的口岸。

泉州港。1991—2005年，泉州市港口管理局先后制定颁发《泉州港港口危险货物作业管理实施细则（试行）》、《泉州港重大事故隐患及危险源监管暂行规定》、《泉州港危险货物事故应急处理预案》、《关于加强泉州港码头特殊船舶作业管理的办法》和《泉州港"危险货物港口作业认可证"年度核验办法》等规章制度，并开展危险货物港口作业管理人员和操作人员的培训，提高从业人员业务水平。同时，对办理"危险货物港口作业认可证"的程序和须提交的主要书面申请材料，做出明确规定。

宁德、莆田和漳州三港的港口危险货物管理工作，都按照《港口危险货物管理规定》的要求，建立和健全港口危险货物作业申报制度，并依据法规要求在法定期限内做出作业许可，加强管理。

至2005年12月，全省有123家企业获得从事港口危险货物作业的资质。其中，福州港24家，厦门港17家，泉州港53家，莆田港5家，宁德港23家，漳州港1家。

2. 安全评价管理

2004年8月24日，交通部、国家安全生产监督管理局联合印发《港口安全评价管理办法》，对中国境内沿海与内河港口（不包括渔港、军港）的新建、改建、扩建和技术改造工程项目及港口生产经营单位实施安全评价管理工作。同年11月8日，交通部办公厅、国家安全生产监督管理局办公室联合印发《关于港口建设项目（工程）安全预评价报告审查备案工作的通知》。据此，省交通厅、安全审查监督管理局联合印发《关于贯彻实施〈港口安全评价管理办法〉的通知》，组建福建省港口安全评审中心，挂靠福建省港航局，具体负责组织福建省行政辖区内沿海与内河港口（不包括渔港、军港）的生产经营单位及港口新建、改建及扩建工程项目的安全评价报告的评审和报批工作。全省各港口行政管理部门，按照《港口安全评价管理办法》及相关规定，加强对港口建设项目安全设施"三同时"（同时设计、同时施工、同时投入生产和使用）工作和港口生产系统安全评价工作的监督管理。

2005年10月20日，经省交通厅、安全生产监督管理局批准，福建省组建安全评价专家库，规范港口安全评价管理。

3. 设施保安履约工作管理

2003 年 11 月，交通部制定《中华人民共和国港口设施保安规则》，对港口设施保安履约工作和相关要求进行全面系统的规范。2004 年 7 月 1 日，《国际船舶和港口设施保安规则》（即 ISPS 规则）生效。福建省沿海各港口行政管理部门开始将港口设施保安履约工作纳入日常工作管理，规定凡对外开放的港口设施，包括港口进港航道、锚地等发生船港界面活动的基础设施都必须取得"港口设施保安符合证书"，未取得"港口设施保安符合证书"的港口设施禁止航行国际航线船舶停泊。"港口设施保安符合证书"有效期 5 年，在有效期内每年核验一次，当港口设施发生重大变化时，应及时重新进行保安评估。

2004 年后，全省沿海各港口行政管理部门根据各自港口特点，严格落实企业主体责任，加强港口设施保安日常管理工作，完善各项规章制度，加大保安员的日常培训教育力度，经常性地组织港口设施保安检查，落实港口设施保安薄弱环节的各项防范措施，开展保安演练，加快港口信息安全体系建设，建立立体防范的格局。

截至 2005 年 12 月，福建省获取"港口设施保安符合证书"88 本。其中，福州港 26 本，厦门港 21 本，泉州港 22 本，莆田港 6 本，宁德港 7 本，漳州港 6 本。参加交通部组织的港口设施保安岗位资格培训 483 人。

（四）引航管理

2001 年，前福建省港口船舶引航归属于各港口港务局或交通部直属海事局在各港设置的海事局管理，2001 年后归属于各设区市港口管理部门统一管理。

自 2002 年 1 月 1 日起，交通部《船舶引航管理规定》实施，根据"一个港口一个引航机构"的设置精神，福建省沿海所在水域行政管理部门都成立相应的引航服务机构。

2003 年 4 月 21 日，交通部发布《关于同意在宁德港设立引航站的批复》。2004 年 3 月 2 日，交通部发布《关于福建省福州港引航站等五家引航机构资质认定的批复》，福州港引航站、厦门港引航站和泉州港引航站通过部级资质认定。同年 6 月 30 日，交通部发布《关于同意设立莆田港引航站的批复》。

2005 年 10 月 25 日，交通部发布《关于我国港口引航管理体制改革实施意见的通知》，莆田港引航站从海事部门划归莆田港务局。自此，福建省除漳州东山、古雷港区外，各港都成立了引航服务机构，港口引航服务管理纳入港口行政管理范围。

福州港引航站。引航范围：福州港闽江口内港区、松下港区、江阴港区、罗源湾港区。

厦门港引航站。引航范围：厦门港全港。

泉州港引航站。引航范围：泉州港湄洲湾、泉州湾、围头湾、深沪湾。

莆田港引航站。引航范围：莆田港秀屿港区、三江口港区、东吴港区。

宁德港引航站。引航范围：宁德港三都澳港区、赛江港区、三沙港区、沙埕港区。

福州港。2001年11月30日，福州港引航站根据交通部《船舶引航管理规定》，对福州港引航作出了具体规定。在福州港引航区内航行或者靠泊、离泊、移泊，以及靠离引航区外系泊点、装卸站的以下四种船舶应当申请引航：外国籍船舶；由福州海事局会同福州港务局提出报交通部批准发布的应当申请引航的中国籍船舶；超过福州港航道通航标准、超过拟靠离码头的靠泊等级或系泊能力或船舶操纵特别困难的中国籍船舶；法律、行政法规规定应当申请引航的其他中国籍船舶。为方便船方、货主，申请引航的船舶中，以福州港为主港或经常在福州港航行的船舶，经船方申请由海事局会同港务局进行考核、评估认定后可不申请引航。福州港引航管理采取由港务局主管、海事局监督、引航站具体实施的管理体制。其中，福州市港务局负责福州市行政辖区内的引航管理工作。福州海事局负责福州市行政辖区内的引航安全监督管理工作，福州港引航站负责组织实施福州市行政辖区内"一港四区"的船舶航行、靠泊、离泊及移泊等引航活动。2005年8月，福州市港务局将船务管理处的3艘引航艇成建制划归引航站管理，至12月，福州港引航站有引航员23人，其中高级引航员5人、一级引航员2人、二级引航员10人、三级引航员2人、助理引航员4人。

厦门港。1998年6月，厦门港务局引航站从港务局中分离出来，成立厦门港引航站，接受引航申请，严格实施港口引航计划，做好引航调度、引航作业记录及质量分析工作。制定和完善港口的安全引航制度和措施，参与引航事故和事故隐患的调查研究，提出处理意见并负责厦门港引航工作。厦门港引航站逐步实现引航技术装备现代化，先后购置6艘抗风浪能力强、航速快的交通船和12辆接送引航员的工作车，在引航船舶上装备自动识别系统（AIS），为引航员配备笔记本电脑，方便脱离船上设备独立工作，在电子海图上直观显示本船和港口其他船只位置和动态，为引航员和航行船舶提供安全航行保障。在安装调度引航系统上，实现船舶调度、引航排班的信息化，从船舶代理、码头企业向港口管理局申报船舶预确报计划、靠离泊计划，到港口管理局对靠离泊计划的确认、引航计划排班，全程网上审批。2004年，安全引领船舶6901艘次，2005年达7576艘次。至2005年，在编人员61名，其中引航员28名。

泉州港。1985年，泉州港务管理局设置引航组，仅有2名引航员。1995年，泉州港务管理局单独设立船舶引航管理科，负责泉州港辖区"四湾十六个作业区"的船舶引航业务。泉州港配备引航交通车辆4部、引航接送快艇2艘、辅助拖轮1艘，引航快艇最大功率632千瓦，拖轮最大功率1691千瓦（福建炼油厂等业主码头自备港作拖轮7艘）。引航调度运用AIS监控系统、Epilot引航系统实施作业。1998—2005年，累计引领中外船舶18980艘次，引航船舶最大吨位为15万吨、长度287米、吃水15.5米的超级油轮。至2005年，泉州港引航站全站共34人，其中，高级引航员3名、一级引航员 5 名，二级引航员 3 名，三级引航员 3 名。

宁德港。2002 年以前，宁德港务局没有引航机构，引航工作由宁德海事管理机构负责。2002 年，宁德港务局成立宁德港引航站，负责为进出宁德港水域的船舶提供引航服务。至 2005 年，引航站全站共 16 人，其中引航员 4 名。

莆田港。莆田引航机构原隶属于中华人民共和国莆田海事局，2003 年 9 月 1 日成建制划转至湄洲湾港务管理局。2004 年 2 月，引航机构划归莆田市港务管理局，对外称莆田市港务管理局引航站。同年 6 月获准成立莆田港引航站。引航站成立后，按照交通部颁布的《船舶引航管理规定》开展工作。2004 年至 2005 年间，共引航中外船舶 1400 艘次，其中，2004 年 705 艘次，2005 年 695 艘次，全部安全无事故。至 2005 年，引航站有引航员 5 名，其中，二级引航员 2 名，三级引航员 1 名，助理引航员 2 名；引航交通船 1 艘。

二、航道管理

（一）航道行政执法管理

1990—2005 年，福建交通部门依据《中华人民共和国水法》、《中华人民共和国航道管理条例》、《中华人民共和国航道管理条例实施细则》、《中华人民共和国航标条例》、《沿海航标管理办法》、《内河航标管理办法》、《船闸管理办法》、《跨越国家航道的桥梁通航净空尺度和技术要求的审批办法》、《内河通航标准》和《通航海轮桥梁通航标准》的规定，依法对航道、航道设施和航标实施管理。

图 7-7 巡查中的航道执法艇

从 1994 年下半年开始，针对通航河道上无序采砂及渔业养殖、捕捞侵占航道等严重影响船舶通航安全的行为，福建省航道行政管理部门开展多部门综合治理，配合水利、海事及海洋渔业管理部门开展专项联合巡查，及时制止各类违法采砂、违法侵占和破坏航道行为。至 2005 年，向船民及航运公司发放"便民服务卡" 1800 多张，共开展联合执法 690 次，清除违章侵占航道的定置网 3360 多张，定置浮具 20400 多个，确保了运输船舶安全畅通。

（二）过船建筑物管理

福建省主要过船建筑物有闽江干流上的水口水电站船闸（升船机）、闽江主流上沙溪口水电厂船闸及官蟹、高砂、沙县城关、斑竹水电站船闸。为保证通航，省政府办公厅印发转发省交通厅《关于福建沙溪口水电厂船闸管理规定的通知》和转发省交通厅《关于福建省水口水电站过船建筑物通航管理规定的通知》，三明市政府依据国家相关法律、法规，2003年5月制定《沙溪河梯级水电站船闸通航管理暂行办法》，对过船建筑物实行行业监督管理。

图7-8　船舶在水口船闸过闸运行

水口船闸。位于闽江下游，上距南平88公里，下距福州83公里。按IV级航道标准，通过500吨级一顶二驳船队设计，闸室有效尺度135米×12米×3米，船闸上游最高通航水位65米，最低通航水位57米；下游最高通航水位21.80米，最低通航水位7.64米。最下级船闸下闸首门槛高程4.64米。船闸设计通过能力为过坝年货运量300万吨，单向运行一次，过闸时间约90分钟。1994年4月，水口船闸机电设备进入安装。1996年2月10日，水口电建公司组织进行船闸首次通航。1996年11月18日，船闸试通航。1997年3月15日，水口水电站正式接管船闸本体设备，上下游停泊区由电站航管所人员进行管理。1998年11月26日，省政府办公厅发布通知，自水口船闸公告正式通航之日起各有关部门应执行《福建省水口水电站船闸通航管理暂行规定》。1998年12月17日，水口水电站船闸工程及通航系统竣工验收。1999年4月8日，水口船闸正式通航。2005年12月，水口船闸开展首次扩大性大修，主要进行船闸上位机监控系统改造、四闸首人字门顶底枢系统改造以及工业电视系统与广播系统的整合等工作。通过改造，实现了对船闸主要设备的驱动控制。

水口升船机。1994年底开工建设，2002年12月31日，水口升船机进行首次通航试验。2003年1月1日，水口升船机建设及运行项目通过竣工验收。2004年4月21日，通过省地方海事的通航安全技术论证。2004年11月17日，《福建省水口水电站过船建筑物通航管理规定》正式颁布实施。2005年4月8日，升船机正式对外试通航。水口水电站2×500吨级升船机，为全平衡式垂直升船机，承船厢有效尺寸114.0米×12.0米×2.5米（长×宽×水深），最大升程为59.0米。升船机设计通过能力为过坝年货运量400万吨（或竹木运量250万吨、货运量171万吨），单向运行一次，过坝时间约40

分钟。水口升船机为国内首次采用的湿运全平衡钢丝绳卷扬提升式机型，是当时世界上同类机型世界第二、亚洲第一，国内规模最大并已投入使用的大型垂直升船机。

沙溪口船闸。1991年底建成，1992年1月24日首次充水，同年5月投入试运行。船闸尺度按Ⅴ级航道设计，为一级单线船闸，其有效尺度长130.00米×宽12.00米×闸槛2.50米，船闸通过最大船队为一顶二驳300吨级标准船队，船闸通航净空高度5.5米。船闸上游水库最高通航水位88米（黄零基准面），最低通航水位84.50米。下游最高通航水位72.6米，最低通航水位63.3米。1992年底，船闸右闸墙发生较大变形，1994年1月修复。1998年12月，船闸右闸墙平台出现贯穿性裂缝，2001年10月修复。原下游码头在1998年6月22日洪水中坍塌，无法满足过闸船舶停泊。为促进沙溪口通航，2002年沙溪口电站完成下游临时码头的建设。2003年7月25日正式试通航（试通航只允许满载吃水不超过1米的船舶过闸），结束断航二十余年的历史。在船闸试通航期间，南平市港航管理处根据相关规定，按五级航道标准对西溪航道（下游停泊区至延福门）进行维护，沙溪口水力发电厂执行《福建省沙溪口水电厂试通航管理暂行办法》，对船闸设备进行修理、保养，对下游电站管理辖区和航道及航标进行维护，并合理安排船舶过闸。但由于水口电站蓄水位偏低，航道水位达不到设计要求，通航保证率较低，加上闽江船舶吃水偏深，沙溪口坝上还有多个船闸等因素，真正载重运输船舶过闸很少。沙溪口船闸自2003年7月25日至2006年12月13日共通航47闸次，过闸船舶66艘，1539总吨。

沙溪、富屯溪和建溪等通航河流的上游建31座拦河闸坝，其中，具有通航功能的枢纽仅2座，有的仅建有筏道，大部分没有过船设施，致使许多河段船舶只能在区间内通航。沙溪河在"八五"、"九五"期间先后建成官蟹、高砂、沙县城关和斑竹水电站船闸。

表7-8　　沙溪河（沙溪口—三明）梯级船闸有效尺度及通航水位表

项　　目	官蟹船闸	高砂船闸	沙县城关船闸	斑竹水电站船闸
船闸有效尺寸（米）	130×12×2.5	130×12×2.5	97×12×2.5	130×12×2.0
正常蓄水位（米）	91.5	103	115.5	125.5
下游最低通航水位（米）	86	91.5	102	114.2
下游最高通航水位（米）	93.7	96.1	108.81	122.7
上游最低通航水位（米）	91.5	102	114.2	123.5
上游最高通航水位（米）	94.02	103	115.5	125.5
两年一遇相应流量（m³/s）	3830	3640	3600	3560
两年一遇坝前水位（米）	91.5	102	114.2	123.5

（三）跨河、临河、过河建筑物建设管理

1994年，福建省"跨河、临河、过河建筑物"（以下简称"建筑物"）审批管理由省航道局负责。2004年航道体制改革后，审批工作由省交通厅负责。"建筑物"审批分初审和终审两步实施，即业主向设区市航道主管部门提出申请，由设区市航道主管部门提出初审意见，省航道局根据设区市航道管理部门的初审意见代省交通厅审批。由于对"建筑物"审批实施省、市两级管理，航道上新建和改建的"建筑物"均符合通航标准和水资源综合利用的要求。1990—2005年共审批桥梁47座，过江电缆25条。

（四）航道采砂、挖砂管理

1990—1994年，福建省各类企业申请在河道、航道范围内开采砂石、砂金等矿产资源，均经河道主管部门批准或者经河道主管部门会同航道主管部门批准。单位和个人凭批准文件和办矿审批文件到采矿登记管理机关办理采矿登记手续。未经河道、航道主管部门批准，采矿登记管理机关不办理在河道、航道范围的采矿登记手续，不颁发采矿许可证。

1995年，省交通厅出台《关于加强在航道上采挖砂石审批管理工作的通知》，明确规定了在航道上采挖砂石审批管理工作程序。

表7-9　　　　　　　水口、沙溪口、三明沙溪河船闸通航运行管理表

船闸地点	通航时间	过坝放行原则	过闸船舶排序	通过最大船队	最高通航水位（米）		最低通航水位(米)		船舶过坝程序
					上游	下游	上游	下游	
水口水电站	每天不少于22小时；当入库流量小于通航所需最低通航流量，不能满足22小时通航时，要编制过船建筑物运行方式的调整方案	遵循满闸（承船厢）放行，在过坝船舶少，船舶未能满闸（承船厢）时，船舶等候过坝时间不超过2小时	到港先后次序安排。优先安排情况：客班轮、紧急军事运输船、防汛抢险船、救护救灾船、海巡政运政艇、鲜活货船及重点紧急物资运输船装载危险品的船舶要提前5小时向地方海事管理机构申报，并安排单独从船闸过坝	一顶二驳500吨级标准船队，最大尺度:109米×10.8米×1.6米，通航净空高度为6.8米	65.0	21.8（船闸）17.8（升船机）	55.0	6.18	1. 上、下游来往船舶需先向船闸运行值班调度人员发出靠泊信号，经准许后在指定停泊区码头停靠 2. 过坝船舶停靠就位后，到停泊区值班调度点，由值班调度排档组编组(队)，按顺序等候过坝 3. 船舶应按船闸或升船机显示的信号进出船闸或升船机，严禁抢进抢出，避免碰撞闸门及闸墙 4. 船舶出闸(或承船厢)后，不得堵塞闸口和航道，禁止在航道内滞留和抛锚

续表 7-9

船闸地点	通航时间	过坝放行原则	过闸船舶排序	通过最大船队	最高通航水位（米）		最低通航水位（米）		船舶过坝程序
					上游	下游	上游	下游	
沙溪口水电厂	—	—	—	一顶二驳300吨级标准船队，最大尺度：87米×9.2米×1.3米，通航净空高度为5.5米	88.0	72.6	84.5	63.3	—
官蟹、高砂、沙县城关、斑竹沙溪河梯级水电站	船闸通航时间为每天8：00时至18：00时，船舶、排筏每满一闸过一次，每日上下行最少过4个闸次。未满一闸的船舶候闸时间最多不超过2个小时	—	—	—	—	—	—	—	—

说明：该表根据《福建省水口水电站船闸通航管理暂行规定》、《福建省沙溪口水电厂试通航管理暂行办法》、《沙溪河梯级水电站船闸通航管理暂行办法》整理而成。

2005 年 11 月 14 日，省政府批准《福建省河道采砂管理办法》规定：设区的市人民政府水行政主管部门应当组织编制本行政区域内一、二、三级河道采砂规划，经征求航道管理机构和海事管理机构的意见后，报省政府水行政主管部门批准。批准前，应当征求省政府交通行政主管部门和国土资源行政主管部门的意见。县级以上水行政主管部门应当自受理或者收到转报的河道采砂许可申请之日起 5 日内，征求海事、航道管理机构及国土资源行政主管部门意见。海事、航道管理机构及国土资源行政主管部门应当自收到有关材料之日起 10 日内提出意见；逾期未提出意见的，视为同意。

（五）航道养护

1990—2005 年，为落实航道养护工作责任，省航道局针对全省各辖区航道养护需要，每年对各分局（处）下达航道维护任务和标准。省局航道管理部门进行指标考核，根据各维护单位维护工作实绩，拨付维护资金，保障全省航道养护工作顺利完成。

表 7－10 　　　　　　　1990—2005 年主要航道维护任务和标准

序号	单位	管辖区	里程（公里）	航道等级	航道尺度（米）				水深保证率（%）	备注
					基准面	水深	航宽	曲率半径		
一	福州分局	闽江通海航道	50	Ⅰ	—	—	—	—	—	—
		闽江通海支航道	24.7	Ⅵ	—	—	—	—	—	—
		福州解放大桥至大马礁	16.4	Ⅱ	—	—	—	—	—	—
		乌龙江大桥至马尾	5.7	Ⅳ	—	—	—	—	—	—
		湄洲湾航道	34.3	—	理论基面	12	250	≮1350	98	（含支航道6座）维护疏浚20万立方米
		福清湾元洪航道	13	—	理论基面	7.0	150	≮900	98	
		海潭海峡	—	—	—	—	—	—	—	—
		兴化湾	—	—	—	—	—	—	—	—
二	闽江分局	沙溪口船闸下游停泊区至延福门	12.2	Ⅴ	61（延福门黄零）	1.6	40	300	95~98	
		延福门至水口船闸上游停泊区	98.4	Ⅳ	57（坝上黄零）	1.9	50	330	95~98	
		水口船闸下游停泊区至福州解放大桥	72.9	Ⅳ	6.17（坝下黄零）	1.5	20	260	—	维护疏浚30万立方米
		淮安至湾边	16	Ⅳ	—	—	—	—	—	
		湾边至乌龙江大桥	18.5	Ⅳ	湾边水位2.23（罗零）	1.2	15	220	90~95	因部分航段未达Ⅳ级航道标准，暂按该标准维护
		湾边至塘前	19	Ⅳ	湾边水位2.23（罗零）	1.2	15	220	90~95	—

续表 7 - 10

序号	单位	管辖区	里程(公里)	航道等级	航道尺度(米)				水深保证率(%)	备注
					基准面	水深	航宽	曲率半径		
三	厦门分局	厦门港湾航道	135	—	理论基面	8.5	—	—	98	航道按该标准维护,维护疏浚60万立方米由福州分局负责
		镇海角至围头至同安湾	—		—	—	—	—	—	—
四	漳州处	内河	九龙江新圩至福河	71	—		0.6	—	—	90~95	郭坑至福河12公里为Ⅵ级航道,暂按此标准维护
			九龙江西溪漳州至福河	15	—		1.0	—	—	90~95	
			福河至石码	5	—		0.5	—	—	90~95	石码以下航道维护挖泥10万立方米
		沿海	石码至目屿	26	—		1.2	—	—	90~95	可乘潮通航200吨级海轮
			东山湾	—	—		—	—	—	—	其中旧镇至河口5公里为Ⅴ级航道,可乘潮通航500吨级海轮
			诏安湾	—	—		—	—	—	—	
			旧镇湾	—	—		1.2	—	—	90~95	
五	泉州处	内河	顺济桥至秀涂	13.2	Ⅳ	4.4(罗零)	1.3	50	366	90~95	晋江内河挖泥10万立方米,冷冻厂以下乘潮通航(航道暂按该标准维护)
		沿海	泉州后渚至小坠门	20	—		—	—	—	—	—
			①白奇浅滩	—	—	理论基面	3.5	80	800	98	泉州通海航道维护挖泥10万立方米,由福州分局负责
			②小坠门浅滩	—	—	理论基面	6.4	100	800	98	—

1990—2000年，根据交通部颁布的《内河航道维护技术规范》和省航道主管部门印发的《关于加强航道维护疏浚管理暂行规定的通知》，下达各项航道计划维护指标，统筹航道养护工作。

2000年后，根据交通部《内河航道养护与管理发展纲要（2001～2010）》提出的改革创新、加快发展、建养并重、科技兴航、依法行政、保障畅通的精神，全省各级航道管理机构加强航道维护，探索维护工作新方法，提高维护工作科技含量。厦门港与交通部天津水运工程科学研究院合作开展厦门港深水航道建设与维护关键技术研究，建设厦门港GPS监控系统，对航道施工船舶泥沙倾倒进行监控，制止乱倾倒行为。优化航道养护工程方案，使用土工织物替代传统的抛石坝体。开展闽江水口坝下航道工程泥沙数学模型的应用研究及闽江水口坝下水位下降治理研究，为治理闽江河床下切问题提供决策依据。

1990—2005年，全省共完成航道维护疏浚量2629万立方米，不同比例航道维护测量4772平方公里，完成航道补坝工程38万立方米，炸礁工程2145万立方米。投入航道养护经费共32021万元，I、II级航道年通航保证率达到98%以上，III、IV级航道年通航保证率达到95%以上，V～VII级航道年通航保证率达到90%以上，沿海航道年通航保证率达到95%以上。

（六）内河航道定级

根据交通部1994年9月发布的《内河航道技术等级评定工作大纲》，福建省成立省航道定级领导小组，并设立福建省航道定级办公室，具体负责和指导全省航道技术等级评定工作的开展，三明、南平、福州、漳州、泉州、莆田、宁德和龙岩八地（市）交通局（委）也相继成立航道定级领导小组，开展辖区航道定级工

图7-9　泉州湾航道扫测

作。1996年3月，省交通厅下发《关于开展全省内河航道定级工作的通知》。按照交通部定级大纲和省交通厅通知精神，先在南平建溪开展试点，省定级办公室派员前往南平，指导和参与建溪试点的航道定级工作。经过测量、实地踏勘收集资料，5月底完成编写航道定级成果和绘制航道图的任务，6月25日，省航道定级领导小组在福州召开内河航道定级工作经验介绍会，南平市交通委在会上介绍建溪的航道定级试点工作中取得的经验及存在问题。在此基础上，省航道定级领导小组在对建溪试点经验进行补

充和修改后作出新部署。在定级开展过程中，针对遇到的感潮河段如何定级、既通航内河船舶又可乘潮通航海轮是否要进行定级等问题，交通部在海南召开会议进行专题研究，会后交通部专门发文，决定通航海轮的内河航道也应进行定级。根据文件精神，福建省航道局专门补做闽江、九龙江、晋江、赛江和敖江等通航海轮的内河航道定级工作。

1996 年底，各地（市）交通局（委）均完成了各自辖区内的航道定级工作，并分别经各地市政府办、计委组织相关部门进行审查认定，同时，省定级办均派员参加各地（市）的审查会议。

1997 年初，省航道定级办公室分别将定级成果汇编成册。其中，Ⅰ～Ⅳ级和Ⅴ～Ⅶ级航道上报省计委组织各有关部门进行审查，地方一、二、三级航道上报省交通厅组织审查。定级办公室根据审查意见进行修改并重新汇编成册，并在 1997 年 9 月将Ⅰ～Ⅳ级上报交通部审批，Ⅴ～Ⅶ级上报省政府审批，地方一、二、三级上报省交通厅审批。省航道定级资料及图纸上报以后，按定级大纲规定的审批权限，Ⅰ～Ⅳ级航道由交通部会同水利部和国家经贸委于 1997 年 11 月组织审查、批准，Ⅴ～Ⅶ级航道由省政府批准，地方一、二、三级航道由省交通厅批准。至 1999 年底，全省航道定级成果全部得到批准，内河航道通航里程为 3700.82 公里，其中，Ⅰ级航道 59 公里、Ⅱ级航道 13.9 公里、Ⅲ级航道 46 公里、Ⅳ级航道 232.5 公里、Ⅴ级航道 447.28 公里、Ⅵ级航道 450.5 公里、Ⅶ级航道 730.59 公里、地方一级航道 295.45 公里、地方二级航道 428.86 公里、地方三级航道 996.74 公里。

表 7 – 11　　　**1998 年福建省Ⅰ～Ⅳ级内河航道技术等级表**

| 序号 | 航道名称 | 起止区段 | 现维护等级 | 技术等级、里程（公里） | | | | 通航海轮吨级 |
				Ⅰ	Ⅱ	Ⅲ	Ⅳ	（吨）
1	九龙江（26 公里）	石码—龙浦公路桥	Ⅳ	—	—	—	3	500
		龙浦公路桥—一比疆	Ⅲ	—	—	14		1000
		一比疆—小猫屿	Ⅰ	9				5000
		石美—钱屿	Ⅳ	10 公里，省定Ⅴ级航道				500
2	晋江	顺济桥—户坑口	Ⅳ	—	—	—	13	500
3	陶江	枕峰—峡南	Ⅳ	—	—	—	2.5	—
4	霍童溪	八都—金垂	Ⅳ	4 公里，省定Ⅴ级航道				500
5	闽江（277.9 公里）	南平—福州三桥	Ⅳ	—	—	—	173.8	—
		福州三桥—马尾	Ⅱ	—	13.5	—		3000
		马尾—外沙	Ⅰ	50				20000
		淮安—马尾	Ⅳ	—	—	—	40.2	—
6	交溪	赛岐—白马门	Ⅲ	—	—	32		1000

表7-12　　　　**1998年福建省内河 V～Ⅶ级航道技术等级汇总表**

单位：公里

河流名称	航道名称	起讫点	里程	航道等级	备注
闽江水系	乌猪水道	东岸—海口	6.70	Ⅵ	乘潮通航100吨海轮
	梅花水道	亭头—梅花	18	V	乘潮通航100吨海轮
沙溪河	沙溪支流航道	宁化—清流	33.55	Ⅶ	—
	沙溪干流航道	清流—永安	108.45	Ⅵ	—
	沙溪干流航道	永安—南平延福口	145.80	V	—
	沙溪支流航道	田口—秋口	16.50	Ⅵ	—
尤溪河	尤溪干流航道	大田—坂面	72.80	Ⅶ	—
	尤溪干流航道	坂面—尤溪	25.50	Ⅵ	—
	尤溪干流航道	尤溪—尤溪口	61.70	V	—
金溪河	金溪干流航道	器村—金溪口	158.60	Ⅵ	—
		梅口—泰宁	21.30	Ⅵ	—
		过坝站—杨梅洞	9	Ⅵ	—
		官江—大布	12	Ⅵ	—
		小溪口—音下	6	Ⅵ	—
建溪	建溪支流航道	西津—建瓯	77	Ⅶ	—
		旧馆—湖塘	78	Ⅶ	—
	建溪干流航道	武夷宫—建阳	55	Ⅶ	—
	建溪干流航道	建阳—建瓯	56	Ⅶ	—
	建溪干流航道	建瓯—南平	67	V	—
富屯溪	富屯溪干流航道	邵武—顺昌	98	Ⅶ	—
		顺昌—沙溪口	60	V	—
大樟溪	大樟溪干流航道	城关—塘前	28.10	Ⅶ	—
		塘前—新岐	20.50	V	—
福州内河	龙江河	龙江—红桥亭	2.20	Ⅶ	—
	濂浦河	邹岐　潘墩	1	Ⅶ	—
	螺洲河	螺洲—葫芦阵	4	Ⅶ	—
	义序河	螺洲—竹榄	3	Ⅶ	—
	白湖亭河	螺桥—白湖亭	6.50	Ⅶ	—
	洲尾河	洲尾—城门	2.50	Ⅶ	—
	光明港河	新港闸—九门闸	6.55	Ⅶ	—
	晋安河	东浦路桥—象园闸	6.55	Ⅶ	—
	白马河	西湖口—彬德闸	4.95	Ⅶ	—
	港头河	江边—坝里	1.49	Ⅶ	—
	凤坂港	古一村—光明港	1.20	Ⅶ	—
	磨洋河	远东闸—九门闸	2	Ⅶ	—
	快洲港	快洲—魁岐	4.80	Ⅶ	—
	长乐港	城关—洋屿	5.90	Ⅶ	—
	营前港	坑田—营前	14.80	Ⅶ	—

续表 7 - 12

河流名称	航道名称	起讫点	里程	航道等级	备注
鳌江	鳌江航道	东岱—松坞	3	VI	乘潮通航 200 吨海轮
九龙江水系	北溪航道	新圩—郭坑	59	VII	—
	北溪航道	郭坑—福河	12	VI	—
	西溪航道	小浦南—福河	15	V	—
	九龙江汇流航道	福河—石码	5	V	—
	九龙江南港航道	白水—草埔头	8	V	乘潮通航 200 吨海轮
	九龙江干流航道	石美—钱屿	10	V	乘潮通航 500 吨海轮
晋江水系	晋江干流航道	金鸡闸—双溪口	6.65	VI	—
		山美水库—武功桥	21	V	—
洛阳江	洛阳江干流航道	洛阳桥—云庄桥	2.90	VI	—
汀江	汀江干流航道	水口—石下坝	141	VII	—
霍童溪	霍童溪干流航道	霍童—八都	26.60	VII	—
		八都—金垂	4	V	乘潮通航 500 吨海轮
木兰溪	—	海岑前—三江口	3.78	V	乘潮通航 300 吨海轮
		桥兜—三江口	2.50	V	乘潮通航 300 吨海轮
鹿溪		旧镇—河口	5	V	乘潮通航 300 吨海轮

注：Ⅴ—Ⅶ内河航道里程合计 1628.37 公里。

表 7 - 13 **1998 年福建省地方级内河航道技术等级汇总表**

单位：公里

河流名称	航道名称	起讫点	里程	拟定航道等级
闽江水系	沙溪支流东溪	东门—夏茂	43	地方二级
	尤溪支流文江溪	双溪口—沧州	11	地方二级
	金溪	器村—均口	48.4	地方二级
		泰宁—际下	21.2	地方二级
		五里亭—龙湖	26	地方二级
		泰宁—梅桥	5	地方二级
	富屯溪	邵武—光泽	34	地方一级
	古田溪	平湖—高头岭	25.1	地方一级
		高头岭—沂洋	13.4	地方一级
	高洲溪	汶潭—埕头	6	地方三级
	大樟溪	梧桐—城关	29.4	地方二级
	陶江	青口—枕峰	27.5	地方一级
	鳌江	城关—东岱	13	地方一级

续表 7-13

河流名称	航道名称	起讫点	里程	拟定航道等级
福州市内河	莲柄港	长限—北山	4.3	地方一级
	陈塘港	北山—五门闸	24	地方一级
		渡桥—漳港	10	地方二级
		白眉—斌沙	10	地方三级
		大架—感恩	11	地方三级
		玉朱—龙峰	5	地方三级
	龙江	福清—海口	16	地方二级
	山仔水库	坝头—小沧	7	地方二级
	打铁港	机床厂—路通桥	1.25	地方二级
	化工河	二化—晋安河	2.02	地方二级
	旧光明港	洋中村—远东村	3.9	地方二级
	东西河	白马河—琼东河	2.39	地方二级
	瀛洲河	江四水闸—光明港	1.1	地方三级
	上渡河	龙潭角—洋治闸	1.64	地方三级
	浦东河	横屿—闽江	5.6	地方三级
	刑港	大溪—闽安	10	地方二级
九龙江水系	北溪	西陂—新圩	24	地方三级
	西溪	靖城—小埔南	20	地方一级
		龙山—靖城	29.5	地方三级
		南五水电站—岩前	12	地方三级
		洪濑口—靖城	26	地方三级
南溪	南溪	官浔—南陂水闸	19	地方三级 *
	北中溪	郭州头—石美	13	地方三级
	万安溪	涂潭—合溪	56	地方三级
		双洋—定庄	45.5	地方三级
	雁石溪	雁石—华安	110.5	地方三级
汀江水系	濯田溪	濯田—水口	11	地方二级
	桃溪	桃溪—河口	19	地方二级
	旧县河	旧县—九洲	22	地方三级
	黄潭河	黄河—小河口	70	地方三级
	永定河	虎岗—卢下坝	88	地方三级
晋江水系	晋江干流	顺济桥—金鸡闸	8.65	地方一级
	西溪	双溪口—南安	12.7	地方一级
		南安—仑仓	16.7	地方二级
		西港—东平	7.6	地方三级
	东溪	双溪口—洪濑	17.9	地方二级
		永春—武功桥	10.3	地方三级
	晋东内河	—	114	地方二级
	北渠	—	15	地方二级

续表 7 – 13

河流名称	航道名称	起讫点	里程	拟定航道等级
木兰溪水系	北渠	木兰陂—桥兜	23.3	地方三级
		仙游洋尾—木兰陂	42	地方三级
		陂北—涵江	20	地方三级
		天九湾—占峰	8.5	地方三级
		溪白—西天尾	7.5	地方三级
		涵江—梧塘	6	地方三级
		溪口坡—东坡头	5	地方三级
		涵江—西天尾	10	地方三级
木兰溪水系	北渠	西天尾—张镇	9	地方三级
		延寿—镇江	11	地方三级
		城关—张镇	8.5	地方三级
		顶墩—阔口	4	地方三级
		涵江—新浦	7.5	地方三级
		涵江—沁园	8	地方三级
		涵江—铁灶	6	地方三级
		涵江—单坡	5	地方三级
		南林—乌菜港	9	地方三级
		塘头—鳌山	10	地方三级
		度下—洋尾	3	地方三级
		新港—埭里	3	地方三级
		芳山—美尾	1.5	地方三级
		后洋—塘西	2	地方三级
		塘西—单坡	1	地方三级
		田厝—芳山	2	地方三级
	南渠	陂南—渠桥	5	地方三级
		渠桥—笏石	18	地方三级
		渠桥—桥兜	9	地方三级
		牙口—港利	5	地方三级
		桥兜—笏石	14	地方三级
		桥兜—北高	11.5	地方三级
		黄石—东山	11	地方三级
		清江—东津	13	地方三级
		黄石—西洪	7	地方三级
		江东—遮浪	10	地方三级
		桥兜—悠塘	12	地方三级
		遮浪—徐厝	1	地方三级
		徐厝—东阳	1	地方三级
		瑶台—西徐	4	地方三级

续表 7 - 13

河流名称	航道名称	起讫点	里程	拟定航道等级
诏安东溪		赤水溪—南诏	5	地方三级
		南诏—宫口	10.5	地方一级*
诏安梅溪		梅州—港口渡	8.5	地方三级
云霄漳江		菜埔—下赛码头	32.5	地方三级
漳浦鹿溪		峰山—旧镇	10	地方三级*
霍童溪		莒洲—霍童	22.7	地方三级
赛江		上白石—赛岐	61.5	地方一级
	支流斜滩溪	社口—湖塘板	34	地方一级
	支流穆阳溪	洪口—廉首	6.8	地方一级
七都溪		渡头—乌岐村	8.7	地方二级*
合计	1721.05公里（其中，地方一级295.45公里，地方二级438.86公里，地方三级986.74公里）			

注：表中"*"标志，为可乘潮通航200吨级以下海轮的航道。

三、航标管理

（一）航标分布

1990—2005 年，福建省沿海、内河设标里程 1100 多公里，沿海、内河航标分别于 1986 年和 1988 年完成国家标准式改革，至 2004 年，沿海、内河航标共设置航标 700 多座（不包括上海海事局管理的公用干线和部分港湾航道航标）。

表 7 - 14 　　　　　　　**1990—2005 年全省航标分布情况表**

沿海航标							
港名	灯桩（座）	灯浮（座）	活节式灯桩（座）	港名	灯桩（座）	灯浮（个）	禁锚标（座）	水尺（座）
福州港	19	32	—	厦门港	39	—	—	—
福清港	5	2	4	南中港水道	9	12	—	—
湄洲湾	8	7	8	旧镇港	6	—	—	—
湄洲湾支航道	—	6	—	东山港	5	2	—	—
兴化湾	6	—	—	诏安港		2	—	—
海坛海峡	6	1	—	白马港	—	10	2	1
泉州港	4	15	—	沙埕湾	14	1	—	—
赛岐港	—	9	—				—	—

续表 7 - 14

内河航标		
水系	各类标志数（座）	备注
闽江干流	303	包括岸标、灯浮、棒形标
九龙江干流	65	—
合计	368	—

（二）航标维护任务及标准

1991 年后，航标配布数量日益增多，航标维护从以内河为主向以沿海为主转移。根据航标维护需要，从 1994 年起，省航道局每年对各辖区下达维护任务和标准，考核各单位完成维护任务情况。

表 7 - 15　　1990—2005 年主要航道航标维护任务及标准

序号	单位	管辖区	里程（公里）	航道等级	航标座数（座）		航标维护正常率（％）	备注
					内河	港湾		
一	福州分局	闽江通海航道	50	Ⅰ	—	42	≮99	航标按一类维护
		闽江通海支航道	24.7	Ⅵ	—	9	≮99	航标按一类维护
		福州解放大桥至大马礁	16.4	Ⅱ	49	—	≮99	航标按一类维护
		乌龙江大桥至马尾	5.7	Ⅳ	2	—	≮95	航标按一类维护
		湄洲湾航道	34.3	—	—	29	≮99	航标按一类维护（含支航道 6 座）
		福清湾元洪航道	13	—	—	11	≮99	航标按一类维护
		海潭海峡	—	—	—	7	≮95	航标按二类维护
		兴化湾	—	—	—	6	≮90	航标按三类维护
二	闽江分局	沙溪口船闸下游停泊区至延福门	12.2	Ⅴ	24	—	≮95	航标按二类维护（试行）
		延福门至水口船闸上游停泊区	98.4	Ⅳ	92	—	≮99	航标按一类维护
		水口船闸下游停泊区至福州解放大桥	72.9	Ⅳ	137	—	≮99	航标按三类维护
		淮安至湾边	16	Ⅳ	8	—		中洪水期通航，设重点标（不发光）
		湾边至乌龙江大桥	18.5	Ⅳ	10	—	≮90	因部分航段未达Ⅳ级暂按该标维护航标二类维护
		湾边至塘前	19	Ⅳ	23	—	≮90	航标按三类维护
三	厦门分局	厦门港湾航道	135	—	—	39	—	航标按一类维护
		镇海角至围头至同安湾						航标按一类维护

续表 7 – 15

序号	单位	管辖区		里程（公里）	航道等级	航标座数（座）		航标维护正常率（％）	备注
						内河	港湾		
四	漳州处	内河	九龙江新圩至福河	71	—	44	—	≮90	航标按三类维护（其中：郭坑至福河 12 公里为Ⅵ级航道）
			九龙江西溪漳州至福河	15	—	—	—	—	
			福河至石码	5	—	—	—	—	
		沿海	石码至目屿	26	—	20	—	≮95	可乘潮通航 200 吨级海轮
			东山湾	—	—	—	8	≮95	—
			诏安湾	—	—	—	2	≮95	旧镇至河口 5 公里可乘潮通航 500 吨级海轮
			旧镇湾	—	—	—	13	≮95	
五	泉州处	内河	顺济桥至秀涂	13.2	Ⅳ	14	—	—	航标按一类维护
		沿海	泉州后渚至小坠门	20	—	—	16	≮99	航标按一类维护（其中水尺 2 座）

（三）航标维护管理

1990 年，航标维护管理实行统一规划、统一建设、分级管理的体制，航标维护正常率逐年提高。省级航道管理机构每年除拨付维护经费（内河航标每年每座 1.1 万元，沿海航标每年每座 2.8 万元）外，还安排航标专项费用于航标技术改造、灯桩改建和航标修缮。1991 年，闽江干流福州航段新型塑料锥型透镜电子航标灯更换、内河岸标搪瓷材料标牌更新完成。

图 7 – 10　航标维护

1996 至 2001 年，完成兴化湾、海坛海峡、闽江通海航道和厦门同安湾等 18 座沿海灯桩修缮和改建。2001 年初，完成闽江、晋江灯浮标 GPS 遥测遥控系统的研制和波力发电浮标、航标太阳能供电系统应用等几十项技术改造任务，推广和应用航标新技术、新材料，改善助航条件。福州分局还专门购置"航标一号"航标船用于大型航标的维护。截至 2005 年，福建省拥有各类航标船 19 艘，执行日常航标的维护保养和巡查工作。各维护单位配备了 GPS 定位装置，实现航标准确定位。

1990—2005 年，各主要沿海及内河航标年维护 68500 座，维护正常率均达 99% 以上。

第四节　运输市场管理

1990 年 4 月 18 日，省交通厅运输管理局成立，全省各地（市）、县、乡运管机构也相继成立，形成由省、地（市）、县、乡运管机构组成的管理网络，担负起"治理整顿，深化改革，加强交通运输市场管理"职能，全省形成块块主管、条条指导的运输管理格局。

1991 年，根据交通部《关于进一步搞好运输市场治理整顿善始善终地完成各项整治任务的通知》，经过 3 年的整顿治理，初步建立开放有序的运输市场。公路客运线路管理制定跨地区以上线路班次审批十条原则，采取"总量下达、地市安排、逐级平衡、省局审批"的办法，坚持以国营为主、集体为辅、个体补充的指导方针，确保国营运输企业的主力军作用。全省共安排跨地区客运班次 1739 班，其中国有企业占 59.91%，集体企业占 14.3%，个体占 22.2%，"三资"企业占 3.59%。重新换发统一制作的跨地区客运线路标志牌，明确规定旅游客车、出租包车、临时加班车线路的使用和发放。对全省 38 家运输企业（共有客车 670 辆、货车 10 辆、集装箱拖挂 65 辆）的经营资格、经营范围、经营行为等进行清理整顿，清理一批无批准证书和营业执照已过期的企业，对部分经营范围与批准证书不符的企业进行纠正，34 家"三资"企业报交通部审验批准。从严查处公路"三乱"行为，扭转不良风气。1992 年 4 月 1 日，福州汽车北站率先向社会开放，各级交通主管部门推动运输企业转变经营方针，实行站队分离，促使县级以上企业车站全部向社会开放，实现"车进站，人归点"。水路运输市场经营行为整治五项措施：坚持"内外并举、以外部内"的运输方针；坚持优质服务的经营方针；坚持"先审批后购置"原则；坚持建立船舶各项岗位责任制，防走私、偷渡等违法行为；加强港澳航线在香港口岸的代理工作，为进一步创造良好的涉外运输秩序打下基础。港口经营行为整治积极围绕"服务态度、装卸质量、收费标准、行业风气"4 个方面整顿治理。根据"控制总量、调整结构、整顿秩序、提高效益"的原则，制定颁布《福建省从事国际航运船公司（船舶）审批管理办法（试行）》和《福建省水路运输企业（船舶）审批暂行管理规定》等。航运企业、沿海港口的经营行为整治后，保证完成省重点物资运输任务。随着对外开放，外资出口量逐年增大，航行国际航线尤其是港澳地区的船舶逐年增加。

1992 年 5 月，省交通厅制定"道路、水路运输市场治理整顿验收评分标准"，实行省考核地（市）、地（市）考核县（市）、县（市）考核乡（镇）的分级负责制。

1993—2000 年，根据交通部《关于加快培育和发展道路运输市场的若干意见》和《"九五"期间培育和发展道路运输市场规划》的要求，按照"深化管理、规范市场、抓好队伍、促进发展"的方针，围绕建设"统一、开放、竞争、有序"的道路运输市场目标，行业管理把重点放在培育和改善市场环境、规划市场运作上。以市场为导向，以科技为手段，鼓励引导运输经营者走集约化、规模化经营的道路，提高服务质量。各种经济成分进入市场平等竞争，基本解决乘车难、运货难、修车难的问题，形成运输主体多元化、共同发展的格局。加强宏观调控，促进运输资源合理配置。坚持先审批后购置的原则，引导优先发展更新技术先进、高效低耗型车辆。客运车辆审批以报废更新为主，引导鼓励经营者购置或更新中、高档车和卧铺车，城市出租车向轿车型发展，箱式农用车从严控购。货运车辆只批不控，主要引导发展大吨位和专用型货车。通过调控，初步实现高中低档齐全、大中小专配套的客货运输车辆结构。研究制定《福建省道路旅客运输线路班次审批管理规定（试行）》，搞好旅客运输布局，满足不同层次的运输需要。根据旅客流量流向和车型车次的特点，合理投放运力。鼓励发展农村运输，城乡之间客运线路主要安排中档车和普通车，投放运力占总量的70%，跨地（市）以上线路主要安排中高档车和卧铺车，投放运力占总量的30%。重新修订《福建省道路旅客运输开业审批管理规定（试行）》，按照企业的规模、资金、技术、人才等条件进行类别划分，抓好运输企业经营资质审查和年审。加强客运站（场）、线路和运输、维修经营业户的清理整顿和开业条件审查。开展"三清理"（清理经营资质、车站、线路）工作，全省共核定客运一类企业25家、二类企业67家、三类企业66家、四类企业108家。清理经营松、散、乱的客运企业63家，注销其经营许可证；限期整改的客运企业37家，清理客运线路70多条、82辆车。

"十五"期间，对运输市场的管理逐步由审批型向管理型、服务型转化，由运力数量调控向运力质量调控转化，由粗放式经营向集约化经营转化。2001年重点抓客货运输秩序整顿工作，制定《道路客货运输秩序整顿实施意见和千分制考核办法》，结合春节运输开展全省打击非法营运专项活动。与省交警总队联手开展反"三违"（违章指挥、违章操作、违反劳动纪律）抓安全、保畅通工作，重点打击客运超载等违规违章经营行为，取缔农用车、柴三机载客运输。规范处罚、客运线路审批及机动车辆检测工作。加强制度建设，探讨更加公平、公开、公正、有效的审批及管理方式，加大处罚和审批公开化和透明度，把运管工作置于群众监督之下。省交通厅、经贸委、公安厅、技术监督局联合下发《福建省道路化学危险货物运输专项整治实施意见》，开展道路化学危险货物运输专项整治，召开全省各设区市的市交通局（委）分管局长紧急动员部署会议，印发《危险货物运输须知》宣传册，抽查3个运管所、12家企业，及时将抽查情况、存在问题和建议上报交通部。水路运输管理结合航运企业（船舶）年审和水运市场潜力整顿，对不参加年审的公司、船舶进行清理，共清理航运企业37家。执行交通部《国内船舶运输经营资质管理规定》、《老旧船舶管理规定》、《关于整顿和规范个体运输船舶经营管理的通知》和《国内船舶管理业规定》等，制定《福建省运输

表7－16　1991—1993年福建省道路运输市场治理整顿统计表

基本情况

类别	内容	客货运输 客车(辆)	货车(辆)	其他机动车(辆)	业户数(个)	从业人数(人)	搬运装卸 业户数(个)	从业人数(人)	维修 业户数(个)	从业人数(人)	运输服务 业户数(个)	从业人数(人)
整顿前	国营、集体、个体、其他合计	10470	37597	105369	904489	173201	649	19777	5642	28396	196	3298
整顿后	国营、集体、个体、其他合计	13582	47362	122897	96546	177136	917	23786	7096	39895	238	4661

整顿情况——经营资格审鉴

内容	运输 业户数(个)	车辆(辆)	取缔户数(个)	取缔车辆(辆)	作其他处理业户数(个)	作其他处理车辆(辆)	搬运装卸 业户数(个)	其中取缔业户数(个)	维修 业户数(个)	其中取缔户数(个)	运输服务 业户数(个)	其中取缔业户数(个)
清理无证收费	2351	2837	771	802	1284	1322	130	24	931	157	148	79
清理公私混挂	2543	4793	42	46	914	1479	11	11	269	—	12	12
清理其他不具备资格	2633	3440	66	108	2309	3228	56	—	5	132	99	93

整顿情况——经营行为整顿

清查

自查表发放数(份)	占业户数(%)	回收数(份)	占发表总数(%)	有问题业户数(个)	占业户数(%)	重点抽查户数(个)	县以上立案户数(个)
76814	97.76	71037	92	2650	3.37	2512	766

处理

查处违纪金额(万元)	罚款(万元)	没收(万元)	补收税金(万元)	补收运管费(万元)	补收养路费(万元)	补收其他规费(万元)
1507.54	452.4	0.54	311.3	231.26	460.57	51.44

表 7－17

1991—1993 年福建省水路运输市场治理整顿统计表

基本情况（整顿前、整顿后）

类别	内容	运输 业户数(个)	从业人数(人)	客船数(艘)	客位数(个)	货船数(艘)	载重吨(吨)	服务 业户数(个)	从业户数(人)	港口装卸 业户数(个)	从业户数(人)
整顿前	国营、集体、个体、其他合计	1950	390000	535	34813	5118	666516	108	356	14	1350
整顿后	国营、集体、个体、其他合计	1960	392000	478	31543	4331	7109574	86	333	17	1225

基本情况——经营资格审验（其中）

内容	运输 业户数(个)	船舶数(艘)	取缔业户数(个)	取缔船舶数(艘)	作其他处理业户数(个)	作其他处理船舶数(艘)	服务 业户数(个)	港口装卸 结案数(个)
清理无证经营	113	221	23	64	56	123	2	2
清理公私混挂	9	11	—	—	9	11	—	—
清理其他不具备资格	36	140	52	141	3	8	—	—

经营资格审验——清查

内容	自查发表出数(份)	占业户数总数(%)	回收数(份)	占发表总数(%)	有问题业户数(个)	占业户数总数(%)	重点抽查业户数(个)	占业户数总数(%)	县以上立案查处业户数(个)	占业户数总数(%)	结案数(个)	占立案数(%)
清查	676	93.24	585	86.54	28	3.86	144	19.7	2	0.28	2	100

经营行为整顿——处理

内容	查处违纪金额(万元)	没收(万元)	罚款(万元)	补收税金(万元)	补收运管费(万元)	补收航道养路费(万元)	补收其他规费(万元)
处理	26.519	1.716	7.599	—	16.104	1.1	—

管理局水路运输市场经济秩序整治方案》，引导航运企业进行结构调整，促进航运企业建立现代企业制度，提高企业经营管理水平和从业人员素质，提高企业科技创新能力和抵御风险能力，引导12家航运企业完成改制工作。

2002年，道路运输管理结构调整以道路、货运企业经营资质等级评定为契机，引导运输企业走集约化、规模化经营，改变道路运输企业"散、弱、小"的局面。福州、龙岩、三明、宁德等地区企业进行联合重组，组建股份有限公司。加大运力宏观调控力度，淘汰老旧车辆，更新高中级客运车辆和大吨位集装箱运输车辆。根据交通部《关于继续开展道路客货运输秩序清理整顿工作的通知》要求，继续开展道路客货运输市场清理整顿，加大清理车辆挂靠企业的力度，推行公司化经营。取消837班长期未进站经营的客运班线，在《福建日报》和福建运管网站向社会公告。制定《福建省非营业性道路危险货物运输审批管理暂行办法》，提高客运线路审批透明度，推行线路审批"阳光工程"，组织进行"厦门—宁德"、"福州—宁德"、"泉州—宁德"高速公路线路服务质量招投标，每条线路均有6家以上企业参加招投标。加大道路客运企业资质等级评定，对2家申报客运二级企业、18家申报三级企业进行评审，17家客运企业通过评审，3家客运企业未通过。开展道路货运企业经营资质等级评定，完成4家二级企业的资质评审和20多家三级企业的评审工作。制定下发《关于规范道路运输业户及运输车辆年度审验工作总结的通知》和《关于启用新版道路运输许可证和道路运输证的通知》，审验道路运输经营业户44186家，年审率95%，合格率92.8%，审验道路运输车辆168811辆，年审率90%，合格率91.66%。水路运输开展年审和"船舶营运运输证"的换证、省内旅游船运输和高速船运输市场专项整治，完成船舶资质的评审工作，对船舶的频繁买卖实行监控管理。由于水上客运航速慢、周转环节多，水上客运总量进一步呈结构性调整，在全省运输市场中所占份额仅是道路客运的1.4%，沿海省际客运停航，水上客运主要从事沿海陆岛运输和闽江、九龙江水上客运及水上景点旅游运输。由于水上货运在大宗物资、集装箱大重件物资的长距离运输，特别是在外贸货物运输中有得天独厚的优势，水路货运基本没有滑坡，福州内河货运占全省货运比重为86%，货物周转量占75%，沿海运输福州市、泉州市、省轮、厦轮和厦门市货运量占全省的90%，远洋运输省轮货运量占全省比重为37.18%，货物周转量占24.45%。

2003—2005年，道路运输管理推行以客运线路改制为主的运输经营方式的改革，推广三明市线路改制经验。推行以资产为纽带组建股份制企业，以合同为约束机制组建客运联合体，以骨干运输企业为依托实行合作经营、以跨区线路为基础实行企业联合经营四种线路改制方式。对客运市场客运量、班线数量及实载率进行调查摸底，通过分析道路运输市场供求关系，为行政许可决策提供翔实的数据。探索道路客运管理新机制，加强道路客运市场管理，规范道路运输市场秩序，发挥市场机制与政府宏观调控的作用。实行客运班线经营制度，经营期限4~8年，经营到期收回经营权重新许可，打破线路经营权终身制。修改"客运违章记分考核办法"，对所有客运经营者的年度内的经营行为、质量信誉、交通安全等进行累计考核，改静态管理方式为市场监管方式，要求存在安全管理隐患大、经营行为差、服务质量重大事件等行为的经营者退出市场。提出发展农村客运、减免交通规费等建议，向省经贸委、省政府安委会反映情况，促成颁发《关于厢式农用车载客运输有关问题的紧急通知》和《关于禁止非客运车辆载客，积极发展农村汽车客运的意见》。全省共淘汰厢式农用车9000多辆。开展农村客运网络化试点，通过调研、座谈，组织起草《"农村客运冷热线"搭配实施意见》。开展农村客运车型研究，加大农村客运场站建设力度，推动出台《福建省农村客运站场建设和补助管理暂行办法》，并向社会征集农村客运站场、车辆标识，完成客运站场、候车亭设计方案。开展道路客运站评先评优及整治工作，通过简报、公文形式通报存在问题和安全隐患，责令限期整改。全省96个二级以上客运站共评出先进客运站34个，示范先进客运站12个，全省站务管理先进工作者57位，对2个客运站实施降级处理。

水路运输管理有序进行。除设立航运企业，建造、购买水路客运船舶和液货危险运输货物船舶采取审批方式，购买国外进口运输船舶、国际海运船舶驶入国内市场、国内建造新货船、集装箱班轮内支线采取登记方式管理外，基本取消运力审批。《国际海运条例》颁布实施后，按照国际惯例运作，降低市场准入条件，强化航运市场的监督，维护水运市场秩序。开展国内水路运输行业年度核查工作，通过对水运企业及其船舶的核查，促使经营者严格执行经营资质管理规定，规范经营者的经营行为。换发"水路运输许可证"及"国际船舶代理经营者资质登记证"，强化行政许可的事后监督与航运企业经营资质的跟踪管理工作，坚持"谁审批发证谁负责"的原则，确保航运企业达到并维持相应的资质条件，促进船舶安全生产，保证资质跟踪管理落到实处。按照交通部《国内船舶运输经营资质管理规定》、《老旧船舶管理规定》，结合水路运输市场的清理整顿，全面开展水运企业的资质评审，2003年共有135家企业通过审查，取得经营资格，对20家企业提出限期整改，取消83家企业的经营资格，强制其退出水运市场。2005年，对进入市场的经营者严格审查从业人员的资历、任职条件和运力规模，对进入市场的船舶严格审查船龄和适航水况，保证船舶适航。对达不到资质条件的不予准入市场经营，对不能维持经营资质条件的经营者责令其限期整改，拒不整改的，取消其经营资格。取消10家航运企业的经营资格，8艘14.7万载重吨船舶被强制退出航运市场。加强运输的组织协调，建立水运应急预案。

表 7-18　　　　　**1991—2005 年福建省道路运输生产情况统计表**

年　份	车辆数（辆）				客运量（万人次）	旅客周转量（万人公里）	客运平均运距（公里）	货运量（万吨）	货物周转量（万吨公里）
	营运车辆	汽车	客车	货车					
1991	209491	62898	13692	49206	31683.4	1358067	42.86	8924	744328
1992	222604	68384	14489	53895	33668	1424701	42.32	15832	931208
1993	215533	78393	21533	57754	37972	1509150	39.74	21276	1114795
1994	237716	82745	24230	67773	33916	1490778	43.96	23147	1351698
1995	246967	91658	26876	75435	37508	1534831	40.92	23444	1454057
1996	214561	88716	27518	72731	40474	1772950	43.80	24732	1441720
1997	216787	94415	28919	78468	41212	1603709	38.91	24562	1391768
1998	218451	102085	30650	86052	39618	1873674	47.29	23979	1513719
1999	231534	125542	31378	94164	38884	2011333	51.73	22162	1853532
2000	233055	132887	30781	102106	41696	2234403	53.59	22924	1758328
2001	226190	141655	31081	110574	44926	2543719	56.62	23193	1870346
2002	222614	148290	31159	117131	46570	2648921	56.88	24023	1939597
2003	218429	146838	31573	115265	45483	2575470	56.62	23884	1935047
2004	211529	146547	32344	114203	50862	2865164	56.33	25964	2161049
2005	224209	160897	32610	128287	52452	3099901	59.10	27579	2382521

第五节　运输安全

一、道　路

1986 年，国务院决定道路交通安全管理由各省交通厅移交省公安厅。省交通厅负责建立健全路政管理机构，查处各类路政违章，保证路产安全和道路畅通。

20 世纪 90 年代，法人第一位安全管理责任制得到进一步落实。各级交通公安部门会同有关部门全力开展严打整治斗争，打击危害交通运输和旅客安全的刑事犯罪活动，查获、堵截各类违法犯罪分子 483 人。1996 年起，省、地、市三级运管部门以生产安全专项治理为契机，开展对运输经营业户的经营资质、营运线路和客运站点的清理工作。关于运输业者的经营资质标准，除严格遵守交通部有关开业技术经济条件规定外，增加

表7－19　　　　　1991—2005年福建省水路运输生产情况统计表

年份	机动船总数（艘）	净载重量（吨）	内河		沿海		（近）远洋		客运量（万人次）	旅客周转量（万人公里）	货运量（万吨）	货运周转量（万吨公里）
			机动船总数（艘）	净载重量（吨）	机动船舶（艘）	净载重量（吨）	机动船舶（艘）	净载重量（吨）				
1991	5265	867125	2729	48351	2417	485801	119	332973	4648.7	32187	2297.2	1065292
1992	4426	773322	2674	46787	1518	290883	134	435652	1133.9	30497	2234.4	1898135
1993	5019	1010158	2529	50655	2306	418990	184	540513	776.8	34872	2436.2	2817972
1994	4791	1322067	2487	60483	2087	644461	217	617123	628.1	21776	3093.9	2764473
1995	4616	1460485	2273	60865	2130	809856	213	589774	660.0	25480	3098.4	3008332
1996	4046	1503499	1896	54315	1905	842637	245	606547	708.4	21646	3673.3	3709766
1997	3817	1783226	1738	60038	1786	837644	293	885644	730.1	21032	4066.0	3289683
1998	3586	1533879	1646	56607	1730	937662	210	539610	726.4	15716	3274.7	3601100
1999	3206	1903939	1279	62820	1717	949343	210	891776	721.0	14422	4242.2	5513063
2000	2963	2087173	1030	67586	1726	1132532	207	887055	726.0	14423	4245.0	5817131
2001	2990	2064586	1084	67135	1718	1140771	188	856620	680.3	11326	4675.4	6326233
2002	2965	2232159	1082	95558	1744	1304085	139	832516	642.9	10279	5078.3	6397355
2003	2589	2316028	1137	108446	1326	1503372	126	704210	707.3	11124	6324.0	8350747
2004	2700	2811403	1243	135081	1373	2009198	84	667124	896.8	13175	7566.9	9649906
2005	2890	3661363	1300	154777	1509	2736748	81	769838	985.0	13918	9209.9	11346437

运输生产全过程的安全保障制度和经营范围规范，以及确保各项制度落实的具体措施。重点对运输企业，特别是个体运输户的经营状况（包括经营资格、经营条件、经营行为等方面）、运输车辆技术状况和运输生产安全责任制落实情况进行整顿，督促运输经营者健全完善各项生产安全制度，落实各种运输生产规程，严格规范，并建立起与经营项目、规模相适应的生产人员、管理人员和技术质量的保障体系，把好经营能力关。营运线路审批实行运输经营与生产安全挂钩，根据省运输管理局《福建省道路旅客运输线路班次审批管理规定》，按照企业经营类级确定经营线路范围，清理超越经营范围的线路，清理经营实体不符的线路，清理安全措施不落实的线路。执行省政府1994年《福建省道路运输站管理办法》有关规定，加强对辖区内道路运输站点的管理，根据社会旅客乘车需求和城市规划，尽可能方便群众，统筹规划各种运输工具的衔接。按照交通部《汽车客运站级别核定和建设要求》标准，组织道路运输站的建设工作，规范客运站的经营管理，规范售票点的代理服务，规范经营车辆停靠站点，加强运输车辆技术管理。按照交通部《汽车运输业车辆技术管理规定》，督促运输企业按照单位生产规模，建立总工程师或技术副厂长（副经理）负责制的技术管理体系，建立健全岗位责任制，运输企业与驾驶员签订车辆技术维护合同，加强运输人员职业培训。加强对从事运输运营活动的驾驶员、乘务员和站务人员的岗位培训，强化职业道德、运输服务规范的教育，加强运输生产安全教育和安全驾驶操作技能的学习，坚决实行持证上岗和定期轮训制度，完善运输驾乘人员管理，提高运营人员素质。完善机制，明确职责，落实各项运输生产安全责任制，做到职责明确，责任到人。

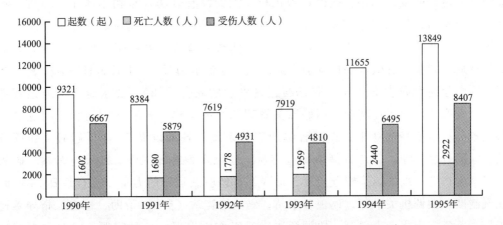

图 7 - 11　1990—1995 年福建省道路交通事故三项指标图

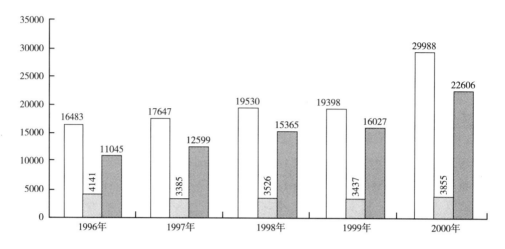

图 7-12　1996—2000 年福建省道路交通事故三项指标图

2001—2005 年，严把运输企业的市场准入关，严把营运车、船的技术状况和营运驾驶员的从业资格关，加强汽车客运站、场安全监督管理，根据省政府下达的年度安全目标责任制的总体要求，省运输管理局与各地区运管处、各运管部门与运输企业、运输企业与驾驶员（车主）之间分别签订安全责任状，同时，运管部门还与维修企业、维修企业与检验员或维修人员签订质量、安全责任状。做到"布置运管工作的同时布置安全工作，制定运管工作计划的同时制定安全工作计划，考核运管工作的同时考核安全管理工作，检查运管工作的同时检查安全工作"，形成人人讲安全、人人抓安全的局面。各客运站贯彻《福建省营运车辆日趟检管理暂行办法》，建立健全日趟检制度，完善日趟检管理机构，做到没有日趟检车辆不派车、不售票检票、不出车站，杜绝"带病车"上路行驶。春运期间，抓反超载、反超速、反疲劳驾驶，打击非法经营、票贩子、拉客仔，共同整治道路运输秩序。2001 年起，省运输管理局、省交警总队联手抓春运交通安全和运输市场管理，1 月 2 日联合下发《关于加强春运期间我省交通安全和道路运输管理的联合通知》，要求全省交通运管部门、公安交警部门各司其职，抓好源头管理和监控工作。各级交通运管部门选派一些业务熟、素质高的骨干人员配合参加交警系统在各地设立 55 个反超载工作服务站，共同开展工作。联合开展取缔柴三机、农用车载客等工作。加大对车站、码头等春运生产第一线的源头管理力度，加强客运站驻站运管的力量，实行每日 24 小时值班制度，抽调机关干部，巡视各车站、码头稽查站（岗），帮助、检查、指导春运工作，落实安全生产责任制，协调解决春运工作中出现的各种问题，及时掌握春运安全动态。强化市场整治力度，严厉打击无证（无牌）经营、超范围（类别）经营及"宰、甩、卖"不端经营行为，发现超载车（船）按有关规定责令其卸载，维护旅客和运输经营者的合法权益，确保运输市场的规范有序。严把危险品查堵关，确保旅客生命财产安全。一级客运站都配备危险品检测设备，确保"三品"查堵在车（船）之外。加强营运车辆技术管理工作，落实车辆强制维护制度、车辆技术等级评定制度和维修竣工质量检测制度。通过车辆技术等级评定和二级维护竣工检测，查出事故隐患，提高了运输车辆的装备素质。2002年春运前，根据国家经贸委、公安部、交通部有关精神，顺利完成卧铺客车"1＋1＋1"改造工程，共改造卧铺客车1123辆。为加强道路危险货物运输安全管理，各级运管部门贯彻落实《道路危险货物运输管理规定》和《汽车危险货物运输规则》等有关规章和规定，监督运输企业加强内部管理，建立健全安全操作规程、岗位责任制、运输车辆和设备定期检测和维护制度、从业人员岗位培训制度、危险货物凭证运输制度等各项安全管理制度。各地还加强危险货运车辆标志、道路运输证、危险货物运输操作证、危险货物运单的管理，将道路危险货物运输管理工作逐步纳入规范化管理轨道。

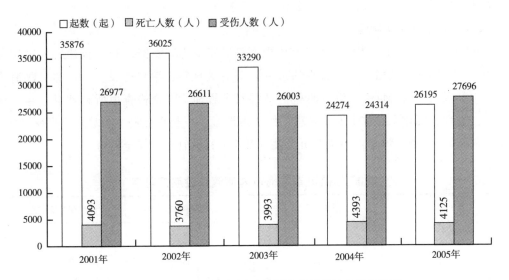

图7－13　2001—2005年福建省道路交通事故三项指标图

二、水　路

（一）水域安全监督管理

1. 航行警（通）告

省地方海事局自2002年组建后，采用了"航行警（通）告"等管理手段。福建全省各设区市地方海事局将收集和获知的管辖水域已发生和将要发生的，可能影响船舶、设施航行和作业安全的水上、水下情况变化，及时准确告知所经船舶，确保船舶及时采取适当措施或保持戒备，保障航行与作业安全，避免水上交通事故的发生和防止水域污染。主要采取两种形式发布信息：一是航行警告，主要是临时性、紧急性的航行安全信息，以无线电报或者无线电话方式发布，发布时限性一般较短；二是航行通告，主要是长期性的航行安全信息，以书面形式或者通过报纸、广播和电视等新闻媒介发布，发布时限性一般较长。其中，各设区市地方海事局负责各自辖区航行警告、航行通告的制定和发布，涉及跨设区市的由福建省地方海事局发布。

2. 内河避碰规则

1991 年 1 月 1 日起，执行交通部颁发的《中华人民共和国内河避碰规则》，省地方海事局为减少船舶事故的发生，加强对船舶驾驶人员的宣传教育，维护船舶航行秩序。自 2000 年以后，福建省内河船舶事故和受伤、死亡人数大大减少。2003 年 9 月 2 日，交通部海事局对规则进行修订，消除各水系、各航区及各地区间船舶航行避让不统一的弊病，使船舶航行、停泊、作业更有序、更安全。

3. 内河渡口安全管理

2000 年起，执行《中华人民共和国内河交通安全管理条例》和《福建省人民政府关于进一步加强乡镇船舶安全管理的意见》等有关规定，渡口的设置、迁移、取消的审批由县级人民政府负责，渡口渡船的日常安全管理、安全检查由所在地县、乡、村负责。据此，福建全省水上安全管理工作全面推行"三长责任制"［即县长、乡（镇）长、村长］，交通、海事部门主要负责渡口渡船的行业管理和安全监管。

表 7-20　　　　　　　　**2005 年福建省各地市内河渡口渡船汇总表**

所在地区	渡口（个）	渡船（艘）	渡运量（万人次）
福州	122	128	1032
宁德	133	104	402.759
莆田	7	7	3.2
泉州	10	2	1.795
漳州	56	62	49.06
龙岩	51	43	158.7
三明	10	13	33.56
南平	96	104	219.18
总计	485	463	1900.254

2002—2005 年，福建省交通主管部门投入资金近 28500 万元，推进全省撤渡建桥工作，逐步解决农村群众出行难和出行安全问题，至 2005 年底共建成 130 座桥梁。

表 7-21　　　　　**2002—2005 年福建省各地市撤渡建桥情况一览表**

单位：座，万元

年份 地市	2002	2003	2004	2005	小计
福州	3	2	1	0	6
宁德	4	11	13	16	44
莆田	1	0	0	0	1
泉州	3	3	1	1	8
漳州	4	2	4	5	15
龙岩	3	8	8	9	28
三明	3	2	4	1	10
南平	4	5	6	3	18
合计	25	33	37	35	130
投资总额	3000	8000	8500	9000	28500

4．船闸安全管理

（1）福州地区

水口水电站位于闽江中游闽清县境内，建有船闸和升船机。1998 年 11 月，省交通厅制定《福建省水口水电站过船建筑物通航管理规定》，加强对水口水电站船闸通航管理。2000 年 10 月，根据《中华人民共和国航道管理条例》、《中华人民共和国内河交通安全管理条例》、《中华人民共和国水库大坝安全管理条例》和交通部《船闸管理办法》等法律、法规和规章，结合水口水电站过船建筑物的具体情况，省交通厅制定《福建省水口水电站过船建筑物通航管理规定》。

水口电站坝下设有福州市地方海事局直属的水口海事处，主要负责水口船闸通航水域的安全监督管理，负责对该水域航行、停泊、作业船舶和设施的监督检查，过闸船舶的签证管理。

表 7－22　　1996—2005 年水口水电站过船建筑物通航运行情况统计表

过船建筑物	年份	闸次（次）			船舶过闸总艘数（人）	运量（吨）	运行情况（天）		备注
		上行	下行	合计			通航天数	停航天数	
船闸	1996	84	89	173	1443	47315	43	1	—
	1997	663	666	1329	11358	406367	223	78	—
	1998	783	775	1558	12319	510343	233	42	—
	1999	1279	1290	2569	17894	831917	346	19	—
	2000	1373	1368	2741	18538	1028882	327	39	—
	2001	1293	1273	2566	16114	1129627	287	78	—
	2002	1397	1397	2794	14396	1590220	303	62	—
	2003	774	773	1547	8321	922991	180	185	—
	2004	709	720	1429	6307	650356	138	227	旱情严重
	2005	1084	1109	2193	8565	875891	205	160	
升船机	2003	30	30	60	193	31233	11	—	
	2004	—	—	—	—	—	—	—	旱情严重
	2005	222	196	418	1865	125904	78		

（2）南平地区

南平市辖区在沙溪、富屯溪和建溪等通航河流的上游建有 31 座拦河闸坝，有的仅建有筏道，大部分没有过船设施，许多河段船舶只能在区间内通航。1997 年 12 月，省交通厅和省电力局联合制定《福建沙溪口水电站船闸通航管理暂行办法》，加强对沙溪口水电站船闸的运行和养护的管理，确保船闸安全畅通。

2003 年 5 月，南平市地方海事局在沙溪口水电厂成立沙溪口水路运输安全管理所。12 月，制定《沙溪口水路运输安全管理所职责》，规定该所主要任务是负责过闸船舶的签证，并协助沙溪口水电厂做好船舶的过闸工作；负责沙溪口船闸通航管理区域的安全管理和在该水域航行、停泊、作业的船舶、设施的监督检查；负责沙溪口船闸通航管理区域的水上交通事故的调查处理，维护水上交通安全秩序。

（3）三明地区

沙溪河段在"八五"、"九五"期间先后建成官蟹、高砂、沙县城关及斑竹水电站四座船闸，船闸运行及日常维护管理工作由水电业主具体负责，交通部门对船闸运行实行行业监督管理。根据相关法律、法规的有关规定，结合沙溪河梯级船闸的实际情况，2003 年 10 月，三明市政府制定并颁发《三明市沙溪河梯级水电站船闸通航管理暂行办法》，进一步明确水电业主及交通行业主管部门的各自职责，对船闸运行、过闸程序、船闸通航安全、船闸保养与检修等做出具体规定。

（二）船舶管理

1. 船舶登记

1994 年 6 月，省交通部门执行国务院颁布的《中华人民共和国船舶登记条例》，对境内有住所或者主要营业所的中国公民的船舶，依据国家法律设立的主要营业所在福建境内的企业法人的船舶；政府公务船舶和事业法人的船舶；港务监督机构认为应当登记的其他船舶（除军事船舶、渔业船舶和体育运动船艇外）的依法登记。

1995 年开始，船舶登记业务逐步细化，除办理所有权登记和国籍登记外，还增加船舶抵押登记、光船租赁登记、变更登记、注销登记、废钢船登记、船舶标志和公司登记。

2002 年 9 月 24 日，国家海事局发布《关于确定地方海事机构开展内河船舶登记范围有关问题的通知》，明确福建省地方海事局及福州、宁德、莆田、泉州、漳州、龙岩、三明和南平市地方海事局共 9 个地方海事机构为开展国内航行内河船舶登记的机构。

2005 年 12 月 31 日，全省共登记内河航行船舶 2897 艘，227344 总吨。

2. 船舶检验

为确保 2003 年省船舶检验处内河船舶检验业务的顺利开展，省地方海事局于 2002 年 4 月组织 43 名内河验船人员开展过渡考试培训。5 月，又组织 45 名内河验船人员开展过渡考试培训。2003 年，福建省船舶检验处成立，同年 7 月，组织 80 名现职验船人员初级培训考证。

2003 年 10 月 28 日，省地方海事局明确全省内河船检编号中各签发证书机构代号：福建省船舶检验处——00；福州市船舶检验所——01；莆田市船舶检验所——02；泉州市船舶检验所——03；漳州市船舶检验所——04；宁德市船舶检验所——05；南平市船舶检验所——06；三明市船舶检验所——07；龙岩市船舶检验所——08。11 月 4 日，省地方海事局《关于内河船舶检验业务范围分工的通知》对全省内河船检职责进行分工，明确福建省船舶检验管理处的业务范围及各设区市船舶检验所业务范围。其中，省船舶检验处的业务范围为：第一，审图业务范围。河船限（船舶种类、吨位和马力）200 总吨、200 马力以上内河各类船舶，100 客位以上客船，以及各种吨位、马力的特种船舶，如客滚船、散化船、危险品船、油船等。第二，建造检验。河船限（船舶种类、吨位和马力）200 总吨、200 马力以上内河各类船舶，以及各种吨位、马力的特种船舶，如客滚船、散化船、危险品船、油船等。第三，营运船舶检验。河船限（船舶种类、吨位和马力）200 总吨、200 马力以上内河各类船舶。第四，船用产品检验。检验形式限制（工厂认可、型式认可或单件产品）为工厂认可，检验产品种类限锚、尾轴、轴套、舵叶、舵杆、螺旋桨等。各设区市船舶检验所业务范围（按各设区市行政区域划分）为：第一，审图业务范围。河船限（船舶种类、吨位和马力）200

总吨、200 马力以下各类船舶（特种船除外）。第二，建造检验。河船限（船舶种类、吨位和马力）200 总吨、200 马力以下各类船舶（特种船除外）。第三，营运船舶检验。河船限（船舶种类、吨位和马力）200 总吨、200 马力以下各类船舶。第四，船用产品检验。检验形式限制（工厂认可、型式认可或单件产品）为单件产品认可，检验产品种类限锚、尾轴、轴套、舵叶、舵杆、螺旋桨等。

2004 年 2 月，为确保内河船舶检验业务工作有章可循，福建省船舶检验处制定《船检工作程序》、《船检人员守则》和《船检人员工作职责》等。同年 4—12 月，依据有关规定，对辖区 12 家内河船舶修造厂组织适检认可。

自 2003 年成立至 2005 年，省船舶检验处根据《船舶与海上设施法定检验规则》等规定，明确初次检验、营运中检验和船用产品检验的业务内容，开展船舶检验。

3. 船舶签证

1993 年 5 月起，执行交通部发布的《中华人民共和国船舶签证管理规则》，除军用、公安船舶及体育运动船舶外，所有进、出中华人民共和国港口或在港内航行、作业的中华人民共和国籍船舶均应办理船舶签证。全省 10 个县市地方海事机构办理该业务。

办理签证的船舶应处于适航或适拖状态，并具备以下条件：配备足以保证航行安全的船员；载客、载货符合乘客定额和装载技术要求及载重线规定；装载危险货物的船舶应持有经港务监督批准的危险货物申报单，装载情况符合船舶装载危险货物的安全规定；船舶、船队的尺度和拖带量符合拟通过的船闸、桥梁、架空设施、浅窄航道的通航规定和要求；已按船舶安全检查通知书的要求纠正所存在的缺陷，并已复查合格；已按规定向港务监督交纳船舶港务费；按国家规定必须投保船舶险的船舶，持有效的保险文书或证明文件；没有违反国家有关法律、法规、规章的行为。

4. 船舶安全检查

1997 年 11 月起，省地方海事管理机构执行交通部颁发的《中华人民共和国船舶安全检查规则》，对船舶安全检查的内容包括：船舶证书及有关文件、资料；船员及其配备；救生设备；消防设备；事故预防；一般安全设施；报警设施；货物积载及其装卸设备；载重线要求；系泊设施；推进和辅助机械；航行设备；无线电设备；防污染设备；液货装载设备；船员对与其岗位职责相关的设施、设备的实际操作能力。对船舶进行安全检查后，检查人员应在船舶安全检查记录簿内填写船舶安全检查记录，并签发船舶安全检查通知书，注明所查项目、发现的缺陷及处理意见，签名并加盖船舶安全检查专用章。除特殊情况外，对检查合格的船舶，一般 6 个月内不再检查。

20 世纪 90 年代中后期，省地方海事管理机构根据规则规定对到港的船舶实施监督检查，以确定船舶、船员是否具有适当有效的证书，船舶的技术状况是否符合有关规定的要求，并就检查中发现的缺陷提出处理意见，督促船方予以纠正。

2002 年 12 月 1 日，交通部颁布《中华人民共和国小型船舶安全检查规定》。2003 年 4 月 23 日，省交通厅根据国家有关规定，结合全省内河交通实际情况，制定《福建省内河小型船舶交通安全监督管理办法（试行）》。

2003 年 5 月 7 日，省地方海事局根据国家交通行业标准《小型船舶船名牌》（JT138－94）、《福建省内河小型船舶交通安全监督管理办法（试行）》和内河船舶的实际情况，颁布施行《福建省内河小型船舶登记号规定》和《福建省内河小型船舶命名及船名牌格式和使用管理规定》，进一步加强对小型船舶（船舶长 15 米以下或主机功率 11.03 千瓦以下，公安、军事、渔业及辅助船舶、体育运动船艇除外）的规范化、标准化管理。

（三）船员管理

自 20 世纪末以来，交通主管部门对内河船舶的船员适任资格提出更高要求，根据 2005 年制定颁布的《中华人民共和国内河船舶船员适任考试发证规则》，省地方海事局负责全省内河各等级船员考试、发证管理工作及船员培训机构资质许可和管理工作，各设区市地方海事局管理各辖区船员考试工作。

福建省内河船员主要分布在闽江流域的福州、南平、三明、宁德四个地市，截至 2005 年，共有职务船员约 4000 人，非职务船员 3600 人左右，其中福州、南平两市船员约占全省内河船员的 80% 以上。由于闽江下游航道宽阔、水深适宜，可通航二等船舶，因此闽江下游的船员培训考试主要以二、三等各职务的船员为主。闽江上游及全省其他内河通航水域因受航道条件的限制，通行船舶都为三等及三等以下，这些地方船员培训考试以三等及三等以下各职务的船员为主。

表 7－23　　**2001—2005 年福建省内河职务船员证书发放统计表**

单位：本

年　份	二等船员	三等船员	四等船员	五等船员	合　计
2001	—	138	154	139	431
2002	—	138	97	139	374
2003	—	150	107	149	406
2004	221	208	121	88	638
2005	126	231	310	283	950

表 7 - 24　　**2001—2005 年福建省内河职务船员有效证书数量统计表**

单位：本

年　份	二等船员	三等船员	四等船员	五等船员	合计
2001	—	510	1058	1091	2659
2002	—	605	1114	1214	2933
2003	—	738	1209	1313	3260
2004	221	956	1253	1326	3756
2005	339	964	1264	1342	3909

（四）水上交通应急救助管理

2002 年，省地方海事局发布《福建省内河交通事故和船舶污染水域事故应急救助处理预案》，各级地方海事部门按照预案要求，建立健全各自辖区安全应急救援体系和应急处理机制，确保处于危难中的船舶、浮动设施及人员能得到及时的救助，防止船舶污染水域，避免事故损失的扩大和减少事故损失。同时，每年地方海事部门联合公安、渔政、库区乡镇以及航运公司等部门开展水上应急救援演练，检验预案实效性，提高全省水上救援队伍的快速反应能力和救助效率。

根据 2002 年 8 月 26 日发布的《水上交通事故统计办法》，按照水上交通事故所造成的人员伤亡和直接经济损失情况，水上交通事故分为特别重大事故、重大事故、大事故、一般事故和小事故五个等级，特大事故标准按照国务院有关规定执行。据此办法，一般事故的应急救助处理由地方海事处组织实施。较大事故的应急救助处理由设区市的地方海事局统一组织实施。重大事故的应急救助处理由设区的地方海事局为主组织实施，并报省地方海事局派员参与实施本预案。特别重大事故和有下列情形之一的各类事故，由省地方海事局统一实施本预案，相关单位、船舶及人员服从统一调度和指挥：在较大事故中，人员死亡 5 人或失踪 10 人及以上；直接经济损失 60 万元以上；发生船舶污染水域重大事故。

表 7 - 25　　　　　　　　**福建省水上交通事故分级标准表**

标　准　＼　事故级别	较大事故	一般事故	小事故
3000 总吨以上或主机功率 3000 千瓦以上的船舶	死亡 3 人以上；或直接经济损失 500 万元以上	死亡 1～2 人；或直接经济损失 500 万元以下，300 万元以上	人员有重伤；或直接经济损失 300 万元以下，50 万元以上

续表 7-25

标 准　　　事故级别			
500 总吨以上、3000 总吨以下或主机功率 1500 千瓦以上、3000 千瓦以下的船舶	死亡 3 人以上；或直接经济损失 300 万元以上	死亡 1~2 人；或直接经济损失 300 万元以下，50 万元以上	人员有重伤；或直接经济损失 50 万元以下，20 万元以上
500 总吨以下或主机功率 1500 千瓦以下的船舶	死亡 3 人以上；或直接经济损失 50 万元以上	死亡 1~2 人；或直接经济损失 50 万元以下，20 万元以上	人员有重伤；或直接经济损失 20 万元以下，10 万元以上

注：1. 凡符合表内标准之一的即达到相应的事故等级。

　　2. 本规则及本表中的"以上"包含本数或本级；"以下"不包含本数或本级。

表 7-26　　　　　　**福建省内河船舶污染水域事故分级标准表**

标准污染物名称　　事故级别	船舶种类	重大事故	较大事故	一般事故	小事故
船舶向水域排放溢漏油类或油性混合物	油船	1. 入水量大于等于 5 吨 2. 经济损失大于等于 10 万元	1. 入水量 1~5 吨（不含 5 吨） 2. 经济损失 5 万~10 万元（不含 10 万元）	1. 入水量 0.1~1 吨（不含 1 吨） 2. 经济损失 0.5 万~5 万元（不含 5 万元）	1. 入水量小于 0.1 吨 2. 经济损失小于 0.5 万元
	油船和非油船　船用油	1. 入水量大于等于 1 吨 2. 经济损失大于等于 2 万元	1. 入水量 0.3~1 吨（不含 1 吨） 2. 经济损失 0.5 万~2 万元（不含 2 万元）	1. 入水量 0.02~0.3 吨（不含 0.3 吨） 2. 经济损失 0.1 万~0.5 万元（不含 0.5 万元）	1. 入水量小于 0.02 吨 2. 经济损失小于 0.1 万元
	油性混合物	—	经济损失大于等于 0.5 万元	经济损失 0.05 万~0.5 万元（不含 0.5 万元）	经济损失小于 0.05 万元
有毒害性、腐蚀性和放射性物质散落或溢漏入水；或排放含有上述物质的污水	各类船舶	1. 严重污染水域 2. 有人员伤亡 3. 影响自来水取水的	1. 水域局部污染 2. 对人体有重大伤害	造成一般性后果	—

说明：1. 凡符合表内标准之一的即达到相应的事故等级。

　　　　2. 本标准适用于任何吨位或主机功率的船舶。

　　2004 年后，省地方海事局每年都根据省交通厅下达的安全生产责任书，分解责任到各设区市地方海事局，确保安全责任落实到岗、到位、到人，并规定每年末对海事系统安全生产目标管理责任进行考核，要求各级地方海事管理部门把水上交通安全生产工作贯穿于水路交通行业管理之中，全面负责本辖区内的水上交通安全管理工作。

2000—2005 年，福建省内河水域共发生事故 71 起，沉船 43 艘，死亡 33 人，受伤 10 人，经济损失 596.99 万元，其中重大事故 13 起，大事故 30 起。

表 7 - 27　　　　**2000—2005 年福建省内河交通安全事故情况表**

年　份	事故（起）			受伤人数（人）	死亡人数（人）	沉船（艘）	经济损失（万元）
	起数	重大	大				
2000	21	3	9	3	7	7	63.02
2001	20	4	14	1	4	25	384.67
2002	9	3	3	4	4	3	48.82
2003	8	1	3	2	6	3	60.27
2004	9	2	1	—	8	3	26.51
2005	4	0	0	—	4	2	13.70

三、运输安全生产

1990 年，全省各地组织 4 次安全大检查，一是春运大检查，省属系统运输公司特大交通事故得到遏制，福州、厦门、泉州、漳州公司客车无翻车事故，莆田、永安公司无翻车、无死亡、无爆炸、无烧车事故；二是贯彻交通部电话安全紧急会议的大检查，促进水上安全工作；三是六、七月份，防台、防汛大检查，早预防、早部署，未发现沉船翻车事故；四是广州空难事故后的大检查，查出渡口、渡船事故隐患 204 个，及时纠正或限期整改。当年全省公路交通事故总次数 9321 起，死亡 1602 人，受伤 6667 人，经济损失 1329.28 万元。死亡事故原因分析：驾驶员因违章操作、超车行驶、逆道行驶、酒后开车、疲劳开车、违章装载等责任事故死亡 773 人，占死亡总数 48.25%；非正式驾驶员摩托车、手扶拖拉机驾驶员责任事故死亡 183 人，占死亡总数 11.42%；骑自行车过失死亡 207 人，占死亡总数 12.9%；行人横穿公路过失死亡 306 人，占死亡总数 19.1%；乘车人过失死亡 83 人，占死亡总数 5.18%；机件故障死亡 40 人，占死亡总数 2.5%；道路原因死亡 10 人，占死亡总数 0.63%。水上船舶交通事故 12 起，其中，碰撞事故 4 起，搁浅事故 2 起，触礁事故 5 起，触损事故 1 起，沉没或全损 5 艘 829 吨，经济损失 158.86 万元，属重大事故损失 74.96 万元。

1991 年，安全生产继续抓航运企业、运输船舶的整改，抓交通主管部门对航运企业安全的行业管理整顿，抓港航监督和船舶检验队伍的建设。全省水路运输航班 7905 班，运输旅客 314 万人次，无沉船死亡事故。省汽车运输公司开展 "文明祥和闽运杯" 春运安全竞赛活动，行车安全四项考核指标达到省政府的要求。

1992 年，全省共发生运输船舶各类事故（包括外轮、外省籍和非交通系统船舶）

113 起，沉船 18 艘，死亡 16 人，直接经济损失 1212 万元。与上年同期相比，事故次数下降 30%，沉船数下降 45.5%，直接经济损失下降 30%，死亡人数达到省政府要求的目标。省轮船总公司、省汽车运输公司都完成与省政府签订的安全管理目标。各地（市）交通局与当地政府签订的安全管理目标，除南平和宁德地区水上交通事故人数略有突破之外，其他全部达到要求，厦门、泉州、莆田、漳州、龙岩 5 个地（市）实现无事故。交通部授予同安县人民政府、长乐县交通局、厦门海上安全监督局、福州市马尾轮船公司"水上交通安全先进"称号。交通部和省交通厅同时授予泰宁县人民政府、福清市人民政府、同安县交通局、永安市交通局、省闽江航政监督处南平监督站、泉州市石狮船务公司 6 个单位"水上交通安全先进"称号。授予交通安全管理先进工作者 59 名，通报表彰市、县、交通局行业安全管理整顿先进单位 8 家，县、乡人民政府乡镇运输船舶安全整顿先进单位 9 家，航运企业安全整顿先进单位 12 家，港航监督队伍整顿先进单位 6 家，交通安全先进单位 4 家，安全管理先进部门 26 个。

1994 年，全省海区发生各类海难事故 42 起，其中，重大事故 34 起，沉船 22 艘，受伤 3 人，死亡 11 人。派出救助船舶 27 艘，救助船员 44 人，船舶 22 艘，救助成功率达 95.4%。

1995 年，省交通厅贯彻"国家监察、行业管理、企业负责、群众监督"的安全生产方针，发挥交通行政管理部门的行业管理职能，抓目标管理，确定 1995 年水上交通安全目标管理责任考核指标。1995 年，全省水上交通事故四项指数起数较上年下降 22%，死亡人数下降 50%，沉船艘数持平，直接经济损失上升 2%。1993—1995 年，四项指数都在省政府下达的控制数内。

1996 年 1—9 月，全省水上交通事故 24 起，死亡 15 人，沉船 15 艘，经济损失 1926.3 万元，比上年同期事故起数下降 4%，死亡人数上升 20%，沉船艘数下降 14%，经济损失上升 20%。1 月 30 日，琯头海运总公司"中钢 28 号"在泉州深沪湾发生浪损沉船事故，3 名船员死亡，1 名失踪。2 月 1 日，莆田湄洲湾航运公司"潮音 16 号"在平潭县海域机损失控触礁沉没，船员失踪 5 人。2 月 19 日，广远"谷域轮"在台湾海峡水域进水沉没，大陆方派出 3 艘救助船，台湾派出直升机 2 架、军舰 3 艘搜救无果，31 名船员全部失踪。2 月 28 日，省轮船总公司"安福轮"船底触破原油泄漏造成污染事故。3 月 22 日，泉鲤城第一航运公司一艘货船因雷达故障触礁，经济损失 80 万元。

1997 年 12 月 20 日，龙海角美开往平和县个体客车发生车毁人亡特大交通事故，死亡 27 人，车辆报废。3 月 23 日，"闽油 11 号"在福州港区与外省货船相撞，大量汽油外流，交通厅组织福州海监局和港务局迅速赶赴现场组织抢救，采取果断措施，避免了一起重大火灾爆炸事故，受到省安委会的表彰。5 月 5 日，"金泽轮"发生沉船事故。9 月 20 日，闽运公司中巴发生翻车事故。

1998 年，省交通厅及厅属省汽车运输总公司、省轮船总公司各项事故指数均低于省政府下达的目标管理控制数，被省政府评为"1998年度安全生产目标管理责任制考核先进单位"。

2000年，全行业行动，全省渡口渡船的事故隐患和安全薄弱环节得到整改，无发生沉船和死亡事故。但第四季度公路运输安全事故有所回升，重大恶性交通事故和险情接连发生。10月28日，惠安县发生微型面包车与广东货车相撞特大交通事故，死亡11人，重伤3人。11月4日，福安市发生农用运输三轮车违章载客，严重超载翻车特大交通事故，死亡10人，重伤3人。11月24日，国道316线南平高洲地段发生闽运闽清公司中巴被山西货车撞翻特大交通事故，死亡6人。10月25日，连江华江海运公司"华江2号"油轮在马尾红山码头发生机舱爆炸险情。当年，福州市交通局获交通部"2000年水上统一执法行动先进单位"称号，福州市水路运输管理处翁国强、莆田市交通局安监科林元璋、泉州市交通局安全生产科邱进发获"先进个人"称号。

2001年，省交通厅表彰29个春运先进单位和66位先进生产者。春运期间发生7起重大事故，死亡37人，受伤44人，其中在德化、浦城发生2起特大交通事故。

2003年，共发生水上交通事故7起，与上年相比同比下降22.22%；死亡5人，与上年相比同比上升25%；沉船3艘，与上年相比同比持平；直接损失55.27万元，与上年相比同比上升13.21%。全省渡口渡船无发生事故。

2004年，全省交通行业开展各项交通安全管理专项整治工作，特别是组织公路运输车辆反超限专项整治工作，开展道路客货运输市场清理整顿和道路化学危险品运输市场、道路多发事故路段以及内河船舶专项整治工作和内河船舶反超载行动。同时，从源头上强化交通安全管理工作，落实各项安全措施，使交通安全生产管理目标得到落实。事故隐患得到及时发现和消除，重特大事故得到遏制，基本实现交通安全生产既定目标。全省共发生内河水上交通事故9起，死亡8人，沉船3艘，直接经济损失26.41万元，全省渡口渡船无发生水上交通事故。

2005年，按照省政府全省安全生产工作会议部署，强化安全生产责任制落实工作，加强行政执法，加大监督管理力度，全省各项安全生产目标管理控制指标全部在省政府下达的控制范围之内。全省道路运输事故总起数261起，一次死亡10人以上事故数1起，死亡3~9人事故数11起，死亡1~2人事故数249起，死亡人数334人，受伤人数414人。安全生产责任"纵向到底，横向到边"，形成了一级抓一级、一级对一级负责的安全生产管理机制。道路运输深化危险货物运输专项整治，限期整改经营危险货物运输企业48家，运输车辆117辆，驾驶员从业人员28人，取缔注销运输企业6家，运输车辆91辆，责令辞退驾驶员等从业人员16名，纠正查处各类违章车辆300多辆次。全面开展机动车驾驶培训资格管理工作，至2005年11月，经审验基本符合准入许可条件培训机构338家，并向社会公布，规划驾驶培训市场。道路客运站专项整治全省241家客运站，龙岩坎市客运站等6个客运站被取缔，27个客运站被降级，11个客运站被限期整改。吸取 1 月 6 日同三线高速公路福建路段意外特大交通事故死亡 29 人，伤 18 人的教训，在全省建立营业性道路货运车辆日趋检制度。国省干线公路"安保工程"加强对事故多发路段专项整治，完成 40 处事故多发路段整治，完成国家和省督办的事故多发路段整治 10 处，全省专项公路"安保工程"完成投资 5464 万元，健全完善全省公路安全防控和安全警示标志等设施，避免和减少道路交通事故的发生。国道 316 线 K96＋500 路段 2000—2003 年共发生交通事故 66 起，死亡 40 人，伤 61 人，直接经济损失 62 万元，自完成"安保工程"后，死亡事故率降为零。国道 316 线 K159＋055—K160＋485 路段 2002—2003 年发生交通事故 30 起，死亡 13 人，伤 26 人，直接经济损失 28 万元，完成"安保工程"后死亡事故率为零。全省清除公路两侧违章建筑 1800 多座，非公路标志 3698 面、路面堆物 1.2 万处。出动交通路政、公安交警执法人员 35.38 万人次，建立治超检测站 27 个，治理临时检测点 19 个，检查超限车辆 4.19 万辆次，卸载货物 29.68 万吨，全省超限超载车辆比率基本稳定在 6% 左右。水路运输安全管理强化航运市场监管，对航运企业经营资质实施跟踪管理，取消了 10 家不合格航运企业经营资质，共有 8 艘 14.7 万吨船舶被强制退出航运市场。开展通航环境专项整治，针对部分河流挖沙碍航、养殖碍航、内河采挖作业船舶数量多、分散等严重现象，各级地方海事部门加强同各级航道管理机构联系，强化对施工现场的作业监督，防止施工作业时水域的污染，通过日常海巡艇不间断巡逻检查，打击各类碍航现象，纠正各类违法行为。

第六节　运政稽查

一、队伍装备

（一）机构、人员

1991 年，交通部下发《关于认真搞好汽车运输稽查工作的通知》，要求进一步完善市、县两级稽查机构。全省公路运输管理处和县（市）、区运输管理所组建稽查队，配备专职稽查人员，负责日常运输经营行为的检查监督，纠正各类违章行为，维护运输市场正常秩序。1992 年，省交通厅

图 7－14　运政稽查车辆

颁发《关于健全完善全省交通运输管理稽查工作的通知》，在整建交通运管机构的同时，同步设置运政稽查内设机构，省交通厅运管局设稽查科，福州、厦门等9个地市运管处设稽查队或稽征科，全省共有专职稽查人员近300人。福州、厦门运管处配备10~15人，其他地市运管处配备7~10人。

随着福建省道路、水路运输业的发展和运输市场执法监督的需要，运政稽查人员在学习法律、法规的基础上，针对运管系统实际工作，重点学习交通专业法规、条例，包括《中华人民共和国公路管理条例》、《公路运输管理暂行条例》、《中华人民共和国水路运输管理条例》等。同时，规范全省交通运输行政执法文书，制定稽查工作制度，定期或不定期组织运管人员配合专职人员上路监督、检查。

1996年，政府机构改革，全省共配备专职稽查人员近600人。运政稽查人员按照《福建省交通稽查工作制度》有关规定，制止乱检查、乱收费、乱罚款等违章行为，维护旅客、货主合法权益，将宣传教育与查处整顿结合起来。对无牌证经营、欺行霸市、强行拉客、中途盘客、甩客、野蛮宰客、哄抬运价等扰乱运输市场秩序的违章行为及时查处。为切实保障旅客、货主的合法权益，各地交通运输管理部门通过新闻渠道向社会公开投诉电话号码和地址，对公民的信访建立建档、处理、反馈制度。

1998年，全省运政稽查更加注重部门间的配合，要求稽查人员做到"懂法、守法、依法"和"公正、文明"执法，在施行行政行为时，坚持"教育为主，处罚为辅"的原则。加强对运输经营场所和运输站场源头的管理，发挥公路交通稽查站（岗）的作用，强化对运行营运车辆的监控管理。

2000年，省运输管理局内设政策法规室（交通运政稽查总队），2005年变更为政策法规处（交通运政稽查总队）。全省建立省、市、县三级运政稽查机构，省设总队，设区市设支队，县（市、区）设大队，作为各级运管机构内设部分。全省专职稽查人员935人左右，全省运政稽查工作机构到位、职责明确、人员专职。

2003年，省运输管理局颁发《福建省道路、水路运政稽查工作规范》，要求各级道路、水路运输管理机构加强运政稽查队伍建设，从制度上规范行政执法

图7-15 稽查人员文明执法

行为，并通过日常检查、年度考评加强执法监督，做到依法行政、文明执法。

2004年，《中华人民共和国道路运输条例》颁布实施。根据规定，县级以上道路运输管理机构作为同级交通主管部门的直属单位，在交通主管部门的直接组织领导下开展工作。7月1日起，道路运输管理机构以独立法人组织的名义，承担并履行民事、行政执法主体的权利义务。运政稽查人员必须具有大专以上文化程度，通过法律、业务知识培训取得行政执法资格，持有"福建省行政执法证"或"中华人民共和国交通行政执法证"，全省运政稽查工作进一步规范。

（二）装　备

1992年，根据交通部颁发《关于统一全国交通管理业务专用车标志和设施配备的通知》和《关于统一全国水路运政、航道管理专用车、船标志和设施配备的通知》的要求，执法专用车、船的标志为"运政管理"字样。各级交通主管部门按文件要求，统一配备道路、水路运输管理执法车、船的标志，并从管理业务工作的实际需要出发，逐步解决必要的执法专用车、船及有关装备的添置配备问题。

1996—2002年，根据省交通厅运输管理局颁发的《关于配备交通运政专用稽查车的通知》，全省9个地市道路、水路运管处和部门运管所陆续配备专用稽查车，各地各单位也自行购置车辆给稽查队使用，统一配备"交通运政"标志。

2003年，省运输管理局（地方海事局）颁发《福建省道路、水路运政稽查及地方海事执法装备配备标准》，要求各级道路、水路运政管理和地方海事机构根据行业管理实际情况，制定运政稽查和地方海事执法装备计划，经费列入年度预算，并争取各级交通主管部门的理解和支持，加大执法装备配备力度，争取用三年时间基本达到"标准配备"的要求。沿海及执法任务繁重的市、县、区运政及地方海事机构三年内应争取达到"高级配备"的要求，山区及运管费征收较少的县运政及地方海事机构在三年内至少应达到"基本（最低标准）配备"的要求。2003年，省运输管理局第二次为全省基层运管机构配备运政稽查专用车，至2005年底，补助基层运管稽查车94辆，稽查船13艘，数码摄像机9台、数码照相机19台，专门用于稽查工作，运政稽查信息化建设逐步实现全省联网。

二、站岗、地点设置和管理

1996年，省政府颁发《关于清理调整福建省公路检查站（岗）的决定》，批准设立16个稽查站和56个稽查岗。规定在国、省道上，交通稽征、运管部门必须在稽查站（岗）执行征费稽查和运政管理任务；稽查站（岗）必须在确保道路畅通的前提下，尽可能在靠近收费站的路段上值勤，其工作区域最远不得超过收费站前后3公里；执行运政管理任务的人员不准超出稽查站（岗）的工作区域拦车罚款；只有对有明显拖欠交通规费、报停偷驶、未缴费行驶、拒付通行费等逃漏交通规费行为并逃避稽查站

（岗）检查的车辆，执行征费稽查任务的人员才能有针对性地临时上路稽查；稽查站（岗）只能对车辆进行必要的抽查，禁止双向拦车、逢车必查。

2004年起，执行《中华人民共和国道路运输条例》规定，各级道路运输管理机构的工作人员按照职责权限和程序进行监督检查，不乱设卡、乱收费、乱罚款。重点在道路运输及相关业务经营场所、客货集散地进行监督检查。在公路路口进行监督检查时，不随意拦截正常行驶的道路运输车辆。

省内运政稽查站岗、稽查地点，由省级交通运输主管部门统一规划，报省政府审批。省道路运输管理机构制定统一的检查站工作职责、工作制度和管理措施。全省各运政稽查站岗、稽查地点悬挂省政府批准设站的公告。配备必要的交通、通信设备和视听器材。

第七节　规费管理

一、运管规费

公路运输管理费贯彻交通部、财政部1986年《〈管理公路运输管理费征收和使用办法〉实施意见》。水路运输管理费执行交通部、财政部1990年《水路运输管理费征收和使用办法》以及省财政厅、物委（即物价委员会，下同）、交通厅《关于颁布〈福建省水路运输管理费征收和使用办法实施细则〉的通知》。2004年《中华人民共和国道路运输条例》颁布实施后，省财政厅、物价局2005年发布《关于核定道路运输、车辆维修和驾驶员培训许可证工本费的复函》。

（一）公路运输管理费

执收主体。由各设区市运输管理处、各县（市、区）运输管理所及派出机构按属地原则负责征收，省运输管理局直接征收营业性中外合资道路运输企业。

征收范围。从事营业性运输及运输服务的单位和个人。

征收标准。1990—1997年前，按照营业收入的1%计征公路运管费，并以此为依据结合各地实际情况将各种运营车辆按营收征收换算为按定额征收，各地市之间的额定征收标准略有不同，其中山区略高，沿海发达地区略低。国家计委、财政部1997年《关于第一批降低22项收费标准的通知》文件出台后，1998年，福建省各地按照原标准的80%重新核定征收标准。公路运管费按月征收，为了方便广大运输业户也可以按季、半年或全年一次性征收。运输服务业仍按营收的0.8%计征公路运输管理费。

减免。1997年免征维修管理费，2002年免征营业性人力三轮车运输管理费，2004年免征农用三轮车、农用拖拉机运输管理费，2005年免征城市出租车、客运旅游车辆以及农村客运班车运输管理费。

表 7 - 28　　　　　　　　1990—2005 年公路运管规费征收情况表

单位：万元

年　份	总收入	其　中		省集中
		公路	省局直征	
1990	4823	4182	641	
1991	5557	5127	430	—
1992	6877.3	6451	426.3	—
1993	9048	8938	110	—
1994	12379	12379	—	—
1995	14520	14520	—	2014
1996	18365	18365	—	2423
1997	21201	21201	—	2540
1998	22401	22401	—	2618
1999	20891	20891	—	2149
2000	19166	19166	—	2372
2001	18700	18700	—	2190
2002	19736	19736	—	2307
2003	19301	19301	—	2243
2004	19949	19949	—	2285
2005	21389	21389	—	2461

（二）水路运输管理费

1. 征收主体

除省运输管理局直征省属水路企业水路运管费外，按属地原则由设区市运管处、县（市、区）运管所及派出机构征收。

2. 征收范围

从事国内水路营业性运输的企业、单位和个人以及从事国内水路运输服务的企业。经营国内至港澳地区的航线视同国内航线也应当缴纳水路运管费。经营外贸国际航线的以及中央国资委所属的大型航运企业驻闽运营的船舶一律免征水路运管费。

3. 征收标准

1990 年，交通部规定水路运管费按营业收入总额的 2% 计征，但福建省 1991 年开征水路运管费按 1.5% 计征。1997 年，国家计委、财政部出台《关于第一批降低 22 项收费标准的通知》，规定水路运输管理费收费标准降低为按营收 1.6% 计征，同时规定，凡难以准确核定营业收入的按定额征收。福建省没有重新调整收费标准。福建省实行两种方式征费，即按营运业收入征收和按定额征收，采用统一的水路运管费标准。其中，按定额征收的标准具体为：1000 吨以下的按载重吨每吨每月 1.4 ~ 1.5 元计征，1001 ~ 3000 吨的按载重吨每吨每月 1.3 元计征，3001 ~ 10000 吨的按 1.1 元计征，10001 吨以上的 0.8 ~ 0.9 元计征。沿海客运按每座每月 1 元计征，采用定额征收的按月征收，但全年一次性缴纳的按 10 个月予以征收，运管费缴讫证按 12 个月开出。

表 7 – 29　　　　　1991—2005 年水路运管规费征收情况表

单位：万元

年　份	总收入	其　中	
		水路	省局直征
1991	278.61	186	92.61
1992	1336.7	795	541.7
1993	1388	933	455
1994	1587.5	928.5	659
1995	1585	924	661
1996	1597	997	600
1997	1335	909	426
1998	1713	1186	527
1999	1493	1178	315
2000	1778	1342	436
2001	1456	1162	294
2002	1886	1508	378
2003	2148	1794	354
2004	2542	2184	358
2005	3156	2718	438

（三）使用管理

公路运输管理费、水路运输管理费为中央级收费项目。福建省公路运输管理费 1990 年前开始征收，水路运输管理费 1991 年 7 月开始征收。原闽运总公司公路运输管理费在 1994 年前由省运输管理局直征，1994 年起该公司及各分公司的公路运输管理费下放给各地市征收。

根据交通部、财政部有关规定，运管费主要用于各级运管机构的管理经费。必要的办公场所建设、必要的装备添置等，2004 年前为预算外资金。

2003 年，财政部、中国人民银行联合出台《关于将部分行政事业性收费纳入预算管理的通知》，规定 2004 年起将公路、水路运输管理费列入预算内管理，并明确规定运输管理费是专款专用的事业性收费，仅用于行业管理，不得挪作他用。

运管费的征收和使用实行"收支两条线"及预算内资金管理办法，即征收全额进财政专户，使用需通过编制年度预算并经财政部门批准。根据公路运管费按比例分级安排使用的原则，其中县（市、区）70%、设区市20%、省级9%、中央1%（其中厦门市不上缴中央部分）。水路运管费按属地征收原则由征收机构全额留用，不分级使用。

二、公路规费

公路规费是国家规定由交通部门向车辆拥有者和公路运输业经营者征收的，由养路费、客运附加费、货运附加费和通行费等组成。

（一）养路费

1. 征收依据

1990年1月至1993年12月，公路养路费征收政策依据沿用1983年省政府《关于转发〈福建省公路养路费征收和使用实施办法〉的通知》和1985年省政府批转省交通厅《〈关于修改公路养路费费率、费额及若干条款的报告〉的通知》。

1990年，省政府批转省交通厅《关于调整汽车、其他机动车公路养路费费额报告》，对汽车及其他机动车公路养路费费额标准进行调整，汽车由原来不分系统类别一律按月按核定载重吨每月每吨位115元，调整为客车每月每吨位160元，货车每月每吨位140元。汽车拖带的挂车按货车标准减半计征。正三轮摩托车、农用运输机、机动车、利用机器脚踏车或两轮摩托车作牵引动力的拖挂车，一律按核定载重吨每月每吨位140元计征。

1991年1月15日，交通部、国家计委、财政部、国家物价局发布联合通知，公布新的《公路养路费征收管理规定》。新的养路费征收管理规定对原规定的征费对象、减免范围、征收办法中行之有效的部分基本保持不变，而对不适应改革开放和变化较大部分修改和补充，主要有：细化养路费征收办法和车辆停驶、转籍、过户、跨行、调驻等情况的征费办法，规定养路费按费率和费额两种方式征收；调整养路费费额标准，各地养路费收费率定为营运收入总额的12%～15%，各省根据具体情况按规定进行调整；对拖、欠、漏、逃养路费等违法行为进行处罚。

1994年4月21日，省政府下发《福建省人民政府关于同意调整我省公路养路费征收标准的批复》，对公路养路费标准调整。客车由原每吨位每月180元调为200元，货车由原每吨位每月160元调为180元。其他机动车每月每吨位180元（不含拖拉机），挂车每月每吨位120元，正三轮摩托车每月每吨位170元，侧三轮摩托车每月8元，二轮摩托车每月4元。畜力车每月8元，手扶拖拉机每月50元。拖拉机方向盘式10马力以下每月40元，10马力至20马力每月70元，20马力至30马力每月110元，30马力至 40 马力每月 145 元，40 马力至 50 马力每月 180 元（以上农用车在农耕季节予以免征）。调整幅度分两年到位，其中 1994 年按调增额到位 50%，1995 年按调增额再到位 50%。同年，省交通厅发出《关于整车调运粮食免收通行费有关问题的通知》，规定从 1994 年 6 月 15 日起，全省范围（包括从外省调入）整车调运的粮食（稻谷、大米、小麦、面粉、玉米、大豆）一律免征公路车辆通行费。

1998 年 1 月 1 日起实施《福建省公路规费征收管理条例》，规范公路规费征收、稽查以及相关的法律责任，并增加部分新的规定。公路规费稽查对拖欠公司规费的车辆可以暂扣公路规费收讫标志，责令其限期缴纳。对逃缴、拒缴、抗缴公路规费的车辆，公路稽征机关可以收回公路规费收讫标志。无有效公路规费收讫标志的，公路稽征机关可以暂扣车辆。不缴纳公路规费的，由公路稽征机关责令限期缴纳，从欠缴之日起，按日加收滞纳金。逾期仍不缴纳的，处欠缴规费三倍以下的罚款。车辆未缴费强行通过收费站的，由公路稽征机关责令其补缴，并处以应缴车辆通行费三倍的罚款，对违反本条例第十三条第二款"严禁涂改、伪造、套用或使用涂改、伪造的公路规费缴费凭证和公路规费收讫标志"规定的，由公路稽征机关予以没收销毁，处以所使用票据（含缴费凭证）票面价值十倍以下罚款，没有票面价值的，处以 1000 元罚款。

2. 征收管理

20 世纪 90 年代以后，全省稽征系统不断修订和完善公路规费征收相关法规、规章、规范性文件、办事程序，完善《稽征所规范化管理考核办法》，建立稽征质量（实征率、漏欠率、报停率）指标考核体系，加强费源管理，打击假军车，整治"大吨小标"车辆，治理闽车外挂，采用先进科技，使稽征工作逐步走上规范化、制度化的轨道。

（1）规范化管理

1993 年，省公路稽征局下发《关于印发〈福建省公路稽征局稽征人员岗位职责〉的通知》，明确稽征各个岗位的分工和责任，理顺稽征系统的内部关系。为调动稽征所的积极性，搞好稽征基层所的建设，促进超额完成公路规费征收，制定《福建省公路稽征局全优稽征所评定试行办法》，确立"完成任务、规费征收管理、规费征收核算、廉政建设"四个全优稽征所考核指标，要求各稽征所依法征费，提高执法水平，提高管理水平。该办法还规定了全优稽征所的评定办法、审定和奖励等内容。

1994 年，为加强征收业务规范化和明确各职能部门的分工、各司其职，省公路稽征局制定《征收业务基本办事程序试行办法》，对车辆缴费、转籍过户、报停、报废及"名存实亡"、减免、包干统缴等九大方面的内容进行详细规定，同时该文首次明确规定"集体研究小组"制度。这是稽征系统第一份详细的业务程序规范文件，并在日后不断得到补充完善，成为稽征业务办事程序的重要指南。

1995 年，省稽征局制定下发《关于规范征收业务管理的通知》，对规范公路规费征收业务管理中若干具体问题统一口径。对新增车辆补征公路规费、驾驶培训教练车缴费标准、车辆报停等问题做出统一规定。为遏制公路通行费征收中各种违纪违章行为，搞好党风廉政建设，下发《福建省公路稽征局关于加强公路通行费征收党风廉政建设的暂行规定》。要求各有关稽征处要加强对公路通行费征收工作的领导，加强各征管所领导班子建设。加大行风、廉政建设工作的力度，建立所领导跟班制度，修订、完善、落实征管所奖罚规定和规章制度，并严肃纪律，建立举报奖励制度。加强通行费征收工作的管理和稽查，加强日常业务的管理，加强对通行费日核算的考核，加强稽查。对严重违纪违章的人员予以处罚等。

1996年，省稽征局制定《关于稽征所征收管理规范化达标办法》，要求各稽征单位依法征费，提高行政执法水平，抓好"六大管理"（政策管理、费源管理、票证管理、目标管理、微机管理、服装管理）、"三大核算"（会计核算、统计核算、业务核算），提高规范化管理水平。办法对队伍建设、微机管理、收支财务管理、优化征费服务以及规范化稽征所达标验收办法等方面做了详细规定。

1997年，省稽征局下发《关于稽征所征收管理规范化达标办法有关问题的补充通知》，对任务完成指标、有关征收业务管理规定进行适当调整，使之更明确、更加具备可操作性。

1998年，为完善办事程序，解决征收和稽查个别业务重复交叉、职责不明确的情况，省稽征局下发《关于〈征收业务基本办事程序试行办法〉有关问题的补充通知》，对车辆费源档案管理、车辆报停、有关业务档案保管销毁年限等内容进行微调和补充。

1999年，为应对"费改税"实行前征费工作新情况，加强公路规费征收业务管理工作，省稽征局下发《关于加强稽征业务管理有关问题的通知》，要求各稽征处在税费改革前要继续以征费为中心，随时掌握费收动态，继续加强费收管理等。

2000年，省稽征局制定《关于进一步加强和规范公路规费稽查工作的通知》，要求各级领导继续加强对稽查及执法工作的领导，在确保稽查合法的前提下，继续加大稽查力度，继续强化稽查和执法业务的规范化管理，特别是要严格执法程序。

2001年，省稽征局下发《福建省公路管理局关于规范公路稽征业务工作的意见》，对计征吨位核定、牵引车吨位核定、法律文书送达生效、长期扣押车辆处理等作出补充规定。

2002年，为严格执行公路规费征收政策，加强费源管理，规范稽征业务，方便车户缴费，省稽征局下发《福建省公路管理局关于规范征收业务的通知》，对征收业务中的新增车辆入籍、报停复驶、车辆转籍、微机票证管理等方面的内容进行完善。2003年，省稽征局制定《稽征所规范化管理考核办法》。办法对稽征所规范化管理目标、总体要求、任务考核指标、加强队伍建设、规范征收管理、文明优质服务等内容进行详细规定。

2004 年，为统一全省稽征业务的办事程序，省稽征局制定《关于规范稽征业务基本办事程序的若干意见》，对新车开征、车辆缴费、车辆变更、过户、转籍、调驻，车辆报停复驶，包干统缴公路规费等作出详细规定。

（2）费源管理

① 打击假军车

20 世纪 90 年代初，假军车在社会上造成不良影响，省委办公厅、省政府办公厅、省军区后勤部联合下发《关于清理整顿地方车辆悬挂军队、武警、公安车辆号牌的通知》，由公安、武警和驻闽各部队的有关部门联合在全省范围内全面开展纠察检查。省稽征部门主动与军队军车监理部门进行合作，加大对假冒军车、伪造军车牌等案件的查处力度。

1997 年，国务院办公厅、中央军委办公厅《关于免收军车通行费和军队生产经营车辆改挂地方车辆号牌问题的通知》规定军队（含武警部队）生产经营车辆改挂地方车辆号牌。省稽征部门严格按照国务院和省政府有关文件的要求，加强与军队、公安等相关部门的联系沟通，简化手续，为改挂军车办理入户与缴费手续。

② 治理闽车外挂

由于各省缴纳税费标准不一，闽车外挂（本省营运，外省落籍）造成本省税费大量流失，同时扰乱正常的货运市场秩序，影响全省公路规费征收政策的执行。为了治理外挂车辆，2003 年 8 月 8 日，省政府办公厅转发《省交通厅、省公安厅、省地税局关于〈进一步规范我省道路运输市场秩序意见的通知〉》。加大路面的监控和稽查力度，促使部分外挂车辆回到省内缴纳税费。各稽征部门也主动向当地政府和相关部门提供外挂车的情况，配合做好治理工作。

从 2004 年 1 月 1 日起，省稽征局出台六项公路规费征收优惠政策和三项便民服务措施，对在福建省缴费的外挂车辆，按不低于 80% 比例实行统缴包干。公路稽征基层单位开展效能建设，简化缴费手续，如上门宣传征费政策，优先为外挂车办理相关手续。

③ 整治"大吨小标"（车辆核载质量远低于实际可载质量）车辆

省稽征部门出台多项措施打击"大吨小标"。对车辆吨位的核定按照《公路汽车征费标准计量手册》（以下简称《计量手册》）及核定原则计征车辆吨位。对未列入《计量手册》（总共三册）各类新车型（共 1853 种车型，分五批）的资料，进行收集整理后，根据《计量手册》的核定原则，组织人员对其进行初步审核、复审，报省交通厅和省物价局联合审批后执行。2005 年 5 月 1 日全国治理超载超限开始后，福建省机动车辆吨位核定按照交通部《关于在全国开展车辆超限超载治理工作的实施方案》和《2005 年全国治超工作要点》规定，对载货类车辆计征吨位的核定严格按照发改委发布的《更正表》、《产品公告》、《计量手册》核定，并组织开发"公路征费吨位查询系统软件"，统一全省计征吨位口径。

3. 文明征费

2003 年，省稽征局制定《稽征所规范化管理考核办法》，在"文明优质服务"部分增加"加强效能建设，提高办事效率"的内容，要求推行文明服务承诺制，实行一次告知、二次办结和 AB 岗制度，做到"五个服务"，即微笑服务、热线服务、节日服务、延时服务、预约服务，努力营造良好的办事环境。制定下发《福建省公路管理局关于公路规费征收优惠政策和便民服务措施的通知》，再次将推行文明服务承诺制作为一项便民服务的重要措施予以规定。同时规定新车入籍和报停车辆方面进一步简化缴费手续，提高办事效率，落实便民服务措施。

4. 征管手段创新

1993 年起，全省稽征系统逐步推广应用微机征费系统，提高征费效率，省稽征局制定《关于做好公路规费征收微机征费系统数据安全维护的通知》，要求各稽征处切实做好微机征费数据的安全保护工作和机具的日常维护工作。1994 年，制定《关于在稽查亭配备车流量统计器的通知》，要求各征管所配备车流量统计器，加强验票制度，做到应征不漏。1996 年，制定《福建省公路通行费征管所微机监控系统工作职责条例》，针对通行费征管所微机监控系统的维护问题，要求切实加强对监控系统的管理，发挥监控系统的作用。

1997—2005 年，征管手段的创新主要是在原有的微机征费系统基础上进行重新开发应用，逐步建立服务器带多台 PC 工作站的征费管理系统，并实现稽征所内的信息资源共享，从而提高了征费和稽查的效率。

2005 年开始，省稽征局在稽征信息管理体系结构研究成果的基础上，开始着手构建广域网络平台，目标是为实现全省征费业务数据大集中管理，实现全省联网实时征费、稽查和征费管理业务的开展，提供可靠、安全、稳定的网络平台。

（二）公路客货运附加费

1. 征收依据

公路客运附加费的征收依据。从 1993 年 1 月 1 日起，公路客运交通建设基金征收标准按人公里 0.02 元计征公路客运交通建设基金，开征公路沿线土地开发建设配套费、山区公路建设还贷基金、公路沿线基础设施建设附加费三项费用，征收公路车辆通行费，对符合设点收费规定建设的公路、独立大桥和隧道征收车辆通行费。省交通厅、财政厅、物委联合颁发《福建省山区公路建设还贷基金征收管理办法》和《关于公路客运交通建设基金征收暂行办法的补充通知》，对上述两项费种的征收作进一步详细规定。

1993 年，省稽征局颁布《关于城市公交企业征缴公路（客运）交通建设基金有关问题的通知》，对城市公交企业缴交"交通建设基金"问题进行补充规定：城市公交企业实行包干统缴办法，具体包缴比率根据各城市公交企业营运情况，标准掌握在80%左右。凡跨行公路超过20公里（不含20公里）和行驶线路超过市境的公交营运车辆应按60元/座位月标准计征。对汽车卧铺车缴交"交通建设基金"按核定的铺位每铺位折算暂定为1.5个座位缴交公路客运交通建设基金（折每人每公里3分人民币）。

1998年省物委、财政厅、交通厅《转发国家一委两部〈关于规范公路客货运附加费增加公路建设资金〉的通知》的规定，将原开征的公路客运交通建设基金，统一为公路客运附加费，并规定除市区内（不含郊区）固定线路行驶的公共汽车、电车免征外，其他投入营运的客运车辆均须缴交公路客运附加费。

2003年，根据省物价局、省财政厅、省交通厅《关于调整客运附加费征收标准的通知》的规定，客运附加费征收标准统一调整为营运客车每月每座位90元，营运不足一个月的，按天计征，每天每座位3.60元。

公路货运附加费的征收依据。2000年，根据省物委、财政厅、交通厅联合规定，2004年4月1日起，"山区公路建设还贷基金"更名为"货运附加费"，并取消征收非营业载客、货车辆的货运附加费。由于取消征收非营业载客、货车辆的货运附加费，货运附加费的征收标准和征收范围也有所变化。凡领福建省牌证（包括临时牌证、试车牌证）的各种营业性载货汽车（含小四轮、三轮货车、特种车、专用车、农用运输车、半挂车、拖带的平板车、挂车、轮式拖拉机等）和外省调驻福建省的营业性机动车辆，征收标准为每月每吨40元，挂车减半计征。取消征收非营业载客、货车辆的货运附加费。"营业车辆"和"非营业车辆"的区分应根据运管部门核发营运证上注明的"营运"和"自货自运"为标准。若确有证据证明非营业车辆改变使用性质则按营业车辆计征。

2. 征收管理

公路客货运附加费的征缴工作由省公路局及所属各级养路费征收单位具体负责办理。

公路客货运附加费的征缴工作与公路养路费的征缴工作同时同地进行，工作方式基本一致，公路规费征缴机关将公路客货运附加费的征收管理与公路养路费的征收管理统一进行。

（三）普通公路通行费

1. 收费站

福建省收费公路分为两种类型：一类是政府还贷公路，即县级以上地方人民政府交通主管部门利用贷款或者向企业、个人集资建成的公路；另一类是经营性公路，即国内外经济组织依法投资建成的公路和依法受让的政府还贷公路。

表7-30

1990—2005年福建省车辆、公路规费收入情况表

年份	车辆情况						公路规费收入（万元）			
	合计		客车		货车		货运附加费	三费小计	养路费	客运附加费
	车辆数（辆）	吨位数（吨）	车辆数（辆）	吨位数（吨）	车辆数（辆）	吨位数（吨）				
1990	101499	333776	36121	62234	65378	271542	38532.3	9405.9	—	47938.2
1991	111056	355638	41871	69179	69185	286459	42273.9	10161.4	—	52435.3
1992	124924	391735	49300	76187	75624	315548	48392.9	10647	—	59039.9
1993	146772	424120.5	63579	82000	83193	342120.5	56229.3	22841.9	13345.4	92416.6
1994	167480	465906	71553	91805.5	95927	374100.5	64837	23311.8	15693.9	103842.7
1995	186110	3921751	82181	100652	103929	3821099	69769.3	23515.3	16393.6	109678.2
1996	204632	500593	94934	112821	109698	387772	72490.7	25041.5	16832.3	114364.5
1997	222963	529785	107394	126144	115569	403641	93108.75	26093.53	16770.68	135972.96
1998	234196	524151	116220	133267.5	117976	390883.5	95568.45	30407.27	16944.41	142920.13
1999	252874	529235	126341	142150	126533	387085	75750.41	39689.17	16459.04	131898.62
2000	277455	543604	138854	151735	138601	391869	79194.25	38949.78	15434.79	133578.82
2001	313343	601102	159408	169397	153935	431705	105077.9	38682.83	14968.8	158729.48
2002	369191	663810	198684	200227	170507	463583	117268.6	38521.51	16734.15	172524.21
2003	441500	712083	259748	242891	181752	469192	128099	30555.15	17573.77	176227.88
2004	534458	841951.5	335538	297052	198920	544899.5	147908.3	32104.94	19307.94	199321.21
2005	642212	1004259	425433	363230	216779	641029	180805.5	31077.88	23651.85	235535.23

2003年，根据国家有关公路收费站的设站规定，对收费站进行清理整顿，撤销福州新店站、厦门东孚站、三明梅列分站、沙县村尾分站、安溪龙门岭隧道分站、漳平卓宅分站、福州闽侯站、宁德飞鸾岭隧道站、霞浦站、泉州的晋江站、福州的琅岐大桥站、福州的罗源站、泉州大桥站、泉州顺济大桥分站、南港分站、邵武寺前分站、浦城溪下分站、大田石门格隧道分站、南安大霞美站、石狮站、泰宁（西勤坊、鸬鹚岭2个点）、福州鳌峰大桥站等一批到期或不符合规定要求的收费站点。保留的收费站经省政府批准，重新核定收费期限。

表7-31　　**1991—2005年福建省普通公路收费站开征时间一览表**

年　份	日　期	开征站名
1991	1月17日	福州洪塘大桥
	3月15日	沙县东门大桥
	8月	漳浦盘陀岭隧道
	9月1日	漳州浮宫大桥、福安赛岐（含后太）大桥
	9月3日	福厦漳公路
	9月15日	福州乌龙江大桥、同安城关
1992		莆田濑溪大桥、漳州江东大桥
	7月10日	319国道龙岩段（王庄）
	9月15日	福鼎桐山大桥
	9月16日	永安市（含坂尾、马坑、石门）
	10月1日	武平岩前、永定三层岭
	11月15日	闽侯省道101线
1993	1月15日	古田大桥、尤溪县
	2月15日	明溪县
	3月1日	三明市莘口岭隧道
	3月15日	沙县东门大桥、柘荣
	4月1日	长乐市省道峡梅线、福清市省道真大线、国道104线连江山岗
	5月3日	清流县
	5月15日	建宁县
	6月	周宁收费站、漳平
	7月	福州洪塘至闽清

续表 7 – 31

年　份	日　期	开征站名
1994	1 月	闽江大桥、屏南
	2 月 1 日	上杭县郭车
	5 月 1 日	省道福飞线新店、龙海许岭头
	7 月 1 日	国道 104 线罗源县
	10 月 28 日	建瓯、建阳、顺昌、政和、松溪、光泽、武夷山、邵武、晋江、永春、石狮、安溪、南安、惠安
	11 月 1 日	五显岭隧道
1995	1 月 10 日	龙岩坂寮岭隧道
	5 月 20 日	国道 324 线木棉、常山、诏安、国道 319 线漳州牛崎头、莆田笏石、仙游赖店
	6 月 25 日	永泰、福安
	7 月 10 日	厦门东孚
	8 月 15 日	漳浦、东山、平和、长泰、华安、南平大桥(含东坑、浆甲、安丰)、南安梅花岭、安溪龙门岭、德化
	9 月 1 日	寿宁、连城县新泉
	10 月 1 日	霞浦
1996	7 月 10 日	宁德飞鸾岭隧道
	10 月 15 日	上杭县石门障、连城县文亨、长汀县松毛岭、永定县富岭(分站)、武平县青云山(分站)、漳平下桂林(分站)和顶郊(分站)
	12 月 29 日	泉州刺桐大桥
	12 月 31 日	水口大桥
1997	1 月 20 日	仙游濑榜
	1 月 28 日	福州南港大桥
	2 月 1 日	南平樟湖
	5 月 28 日	惠安涂岭
	10 月 15 日	宁德八都
1999	12 月 21 日	厦门海沧大桥
2002	3 月 15 日	南安保福岭隧道、南(安)同(安)公路
	7 月 18 日	福安桂林
2004	9 月 23 日	闽侯大桥
	10 月	浦城富岭
2005	2 月 1 日	华安红旗山隧道
	4 月	永漳公路石坑
	6 月	平和大协关隧道收费站

表 7-32　　　　**2005 年末福建省普通公路通行费收费站一览表**

收费站所在区域	序号	收费站名称	收费方式	站址路线与桩号	收费期限
福州市	1	福州上街收费站	双向	G31615K+950	2018 年 12 月 31 日
	2	福州青口收费站	双向	G32429K+870	2018 年 12 月 31 日
	3	闽清收费站	双向	G31654K+00	2007 年 12 月 31 日
	4	闽侯大桥	双向	X11518K+100	2016 年 12 月 31 日
	5	连江收费站	双向	G1042278K+50	2018 年 12 月 31 日
	6	永泰收费站	双向	S20385K+100	2012 年 12 月 31 日
厦门市	7	厦门大桥收费站	双向	G3199K+703	2029 年 4 月 20 日
	8	厦门海沧大桥收费站	双向	S201683K+723	
	9	厦门同安收费站	双向	G324257K+100	2018 年 12 月 31 日
	10	同安龙门岭隧道收费站	双向	S206257K+800	2018 年 12 月 31 日
莆田市	11	莆田江口收费站	双向	G32484K+250	2018 年 12 月 31 日
	12	莆田濑溪收费站	双向	G324118K+750	2018 年 12 月 31 日
		仙游濑榜收费站（分站）	双向	X24112K+290	
	13	莆田笏石收费站	双向	S202484K+730	2018 年 12 月 31 日
		莆田灵川收费站（分站）	双向	S30612K+0	
	14	仙游赖店收费站	双向	S30650K+850	2018 年 12 月 31 日
泉州市	15	泉州涂岭收费站	双向	G324151K+500	2018 年 12 月 31 日
	16	惠安曾厝收费站	单向	X30813K+200	2018 年 12 月 31 日
		惠安锦厝收费站（分站）	单向	X3076K+900	
	17	南安石砻收费站	双向	S30742K+700	2018 年 12 月 31 日
	18	南安桃园收费站*	双向	X30519K+300	2018 年 12 月 31 日
	19	安溪彭亭收费站	单向	S307110K+200	2018 年 12 月 31 日
		安溪曾坑收费站（分站）	单向	S308100K+200	
		安溪官桥收费站（分站）	单向	S206230K+450	
	20	永春石鼓收费站	双向	S306118K+400	2018 年 12 月 31 日
	21	永春石门格隧道收费站	双向	S306170K+600	2018 年 12 月 31 日
	22	德化收费站	双向	S203239K+480	2018 年 12 月 31 日
	23	南安保福岭隧道收费站*	双向	X3291K+200	2018 年 12 月 31 日
	24	南安梅花岭隧道收费站	单向	X32922K+950	2025 年 3 月 31 日
		南安梅花岭隧道官桥收费站（分站）	单向	X32938K+50	
	25	泉州刺桐大桥收费站	双向	X3031K+800	2025 年 5 月 18 日

续表 7 - 32

收费站 所在区域	序号	收费站名称	收费方式	站址路线与桩号	收费期限
漳州市	26	漳州江东收费站	双向	G324309K＋400	2018 年 12 月 31 日
	27	漳州木棉收费站	双向	G324333K＋500	2018 年 12 月 31 日
	28	漳州盘陀岭隧道收费站	双向	G324391K＋900	2018 年 12 月 31 日
	29	云霄收费站	双向	G324429K＋800	2018 年 12 月 31 日
	30	诏安收费站	双向	G324468K＋400	2018 年 12 月 31 日
	31	大协关收费站	双向	S207190K＋890	2020 年 4 月 30 日
	32	红旗山隧道站	双向	S208165K＋420	2019 年 1 月 31 日
	33	南靖收费站	双向	G31989K＋100	2018 年 12 月 31 日
	34	东山八尺门收费站	双向	S201881K＋466	2018 年 12 月 31 日
		东山大产大桥收费站（分站）	双向	S30910K＋300	
	35	平和收费站	双向	S207145K＋200	2018 年 12 月 31 日
	36	长泰郭坑大桥收费站	双向	S20793K＋602	2018 年 12 月 31 日
		长泰小陂收费站（分站）	双向	X50328K＋450	
	37	华安收费站	双向	S208211K＋640	2018 年 12 月 31 日
	38	龙海许林头收费站	双向	S208258K＋820	2018 年 12 月 31 日
		龙海锦江大桥收费站（分站）	双向	X51614K＋480	
	39	龙海西溪大桥收费站	双向	连接线 0K＋510	2022 年 1 月 17 日
	40	漳浦收费站	双向	X56195K＋500	2018 年 12 月 31 日
龙岩市	41	龙岩坂寮岭隧道收费站	双向	G319163K＋359	2018 年 12 月 31 日
	42	龙岩王庄收费站	双向	G319193K＋500	2018 年 12 月 31 日
	43	上杭郭车收费站	双向	G319234K＋170	2018 年 12 月 31 日
	44	上杭通桥收费站	双向	G2052488K＋600	2018 年 12 月 31 日
	45	长汀松毛岭隧道收费站	双向	G319308K＋510	2018 年 12 月 31 日
	46	长汀牛岭隧道收费站	双向	G319355K＋712	2018 年 12 月 31 日
		长汀黄馆收费站（分站）	双向	G319343K＋317	
	47	连城文亨收费站	双向	G2052367K＋350	2018 年 12 月 31 日
	48	连城新泉收费站	双向	G319270K＋900	2018 年 12 月 31 日
	49	武平岩前收费站	双向	G2052519K＋460	2018 年 12 月 31 日
		武平青云山收费站（分站）	双向	S309350K＋627	
	50	永定三层岭收费站	双向	S203557K＋780	2018 年 12 月 31 日
		永定富岭收费站（分站）	双向	S203493K＋304	
		永定抚适收费站（分站）	双向	X6063K＋260	
	51	漳平涵梅收费站	双向	S208130K＋626	2018 年 12 月 31 日
		漳平顶郊收费站（分站）	双向	S203403K＋060	
	52	新罗铁山收费站	双向	S203459K＋67	2018 年 12 月 31 日
	53	石坑收费站	双向	S20826K＋900	2020 年 3 月 31 日

续表 7 - 32

收费站所在区域	序号	收费站名称	收费方式	站址路线与桩号	收费期限
三明市	54	永安坂尾收费站	单向	G2052269K＋0	2018 年 12 月 31 日
		永安霞岭收费站（分站）	单向	G2052283K＋0	
		永安桂口收费站（分站）	单向	S307282K＋300	
	55	三明石马岬隧道收费站	双向	S306276K	2018 年 12 月 31 日
	56	三明莘口岭收费站	双向	G2052240K＋0	2018 年 12 月 31 日
	57	沙县后底收费站	双向	G2052190K＋800	2018 年 12 月 31 日
		沙县张坑湾收费站（分站）	双向	S304362K＋500	
	58	明溪南山收费站	单向	S306364K＋860	2018 年 12 月 31 日
		明溪坪埠收费站（分站）	单向	S204316K＋550	
		明溪王桥收费站（分站）	单向	S204320K＋900	
	59	尤溪收费站	双向	S304253K＋450	2018 年 12 月 31 日
	60	将乐洋布收费站	单向	S204246K＋200	2018 年 12 月 31 日
		将乐新路口收费站（分站）	单向	S304443K＋340	
		将乐下村收费站（分站）	单向	S304430K＋431	
	61	泰宁三里亭收费站	双向	S205306K＋600	2018 年 12 月 31 日
	62	建宁长吉收费站	单向	S205373K＋640	2018 年 12 月 31 日
		建宁黄舟坊收费站（分站）	单向	S205366K＋890	
		建宁溪口收费站（分站）	单向	S306484K＋39	
	63	宁化收费站	双向	S204381K＋056	2018 年 12 月 31 日
				S205474K＋609	
	64	清流收费站	双向	S204359K＋260	2018 年 12 月 31 日
	65	大田厝坑收费站	单向	S306204K＋616	2018 年 12 月 31 日
		大田城关收费站（分站）	单向	X72219K＋490	
		大田石坑收费站（分站）	单向	S306196K＋781	
南平市	66	南平樟湖收费站	双向	G316116K＋930	2018 年 12 月 31 日
	67	南平五显岭隧道收费站	双向	G2051894K＋0	2018 年 12 月 31 日
	68	南平陈坑收费站	双向	G316155K＋400	2018 年 12 月 31 日
		南平安丰收费站（分站）	双向	G2052120K＋300	
		南平沙溪口收费站（分站）	双向	G2052147K	
	69	建瓯七里街收费站	双向	G2052071K＋600	2018 年 12 月 31 日
		建瓯钟山收费站（分站）	双向	S204103K＋600	
	70	建阳回遥收费站	双向	S303265K＋500	2018 年 12 月 31 日
		建阳西瓯浦收费站（分站）	双向	G2051998K＋850	

续表 7 - 32

收费站所在区域	序号	收费站名称	收费方式	站址路线与桩号	收费期限
南平市	71	邵武猴头山收费站	双向	G316326K+600	2018 年 12 月 31 日
		邵武故县收费站（分站）	双向	S205232K+900	
	72	顺昌上凤收费站	双向	G316235K+900	2018 年 12 月 31 日
		顺昌城西收费站（分站）	双向	G316244K+100	
		顺昌贵岭收费站（分站）	双向	S204216K+600	
	73	武夷山四角井收费站	双向	S303310K+850	2018 年 12 月 31 日
		武夷山三渡收费站（分站）	双向	S303340K+700	
	74	光泽西关收费站	双向	G316369K+000	2018 年 12 月 31 日
		光泽东关收费站（分站）	双向	G316352K+500	
	75	松溪下畲收费站	双向	S302181K+150	2018 年 12 月 31 日
		松溪塔下收费站（分站）	双向	S302183K+430	
	76	政和收费站	双向	S20428K+540	2018 年 12 月 31 日
	77	浦城樟元山隧道收费站	双向	G2051943K+850	2018 年 12 月 31 日
	78	浦城富岭收费站	双向	S20529K+100	2018 年 12 月 31 日
		浦城连墩收费站（分站）	双向	S302248K+500	
宁德市	79	福鼎收费站	双向	G1042014K+100	2018 年 12 月 31 日
	80	柘荣收费站	双向	G1042067K+769	2018 年 12 月 31 日
	81	福安白塔收费站	双向	G1042114K+100	2018 年 12 月 31 日
	82	宁德八都收费站	双向	G1042182K+63	2018 年 12 月 31 日
	83	古田大桥收费站	双向	S30499K+738	2018 年 12 月 31 日
		古田水口大桥收费站（分站）	双向	G31683K+900	
	84	屏南收费站	双向	S202194K+990	2018 年 12 月 31 日
	85	周宁收费站	双向	S30278K+510	2018 年 12 月 31 日
	86	寿宁双湖收费站	双向	S301111K+600	2018 年 12 月 31 日
	87	福安桂林收费站	双向	S30242K+800	2018 年 12 月 31 日
	88	福安赛岐大桥收费站	双向	G1042148K+600	2007 年 8 月 31 日
		福安后太收费站（分站）	双向	X9536K+700	

2. 收费标准与征免范围

收费公路车辆通行费征收标准。1997 年 4 月 1 日之前的车辆通行费征收标准：按车辆的核定载重量（包括拖带车的载重量），1 吨以下每辆次 2 元；1 吨以上至 2 吨每辆次 4 元；2 吨以上至 3 吨每辆次 6 元；3 吨以上至 4 吨每辆次 8 元；4 吨以上至 5 吨每辆次 10 元；5 吨以上至 6 吨每辆次 12 元；6 吨以上至 7 吨每辆次 14 元；7 吨以上至 8

吨每辆次 16 元；8 吨以上至 15 吨每辆次 20 元；超过 15 吨每辆次 30 元。

表 7 – 33　　　　　　　　　　　　　车辆通行费车型分类

类　型	《收费公路管理条例》规定车型及规格		福建省执行的车型及规格	
	客车（座）	货车（吨）	客车（座）	货车（吨）
第一类	≤7	≤2	≤12	≤1.5
第二类	8～19	2～5（含 5 吨）	12～24（含 24 座）	1.5～3（含 3 吨）
第三类	20～39	5～10（含 10 吨）	＞24	3～7（含 7 吨）
第四类	≥40	10～15（含 15 吨）20 英尺集装箱车	—	7～15（含 15 吨）
第五类	—	＞1540 英尺集装箱车	—	＞15 吨各种集装箱车（含牵引车）

表 7 – 34　　　　　　　　　1997 年 4 月 1 日至 2005 年通行费征收标准

类　型	计费单位	国道征收标准（元）	省道征收标准（元）
两轮摩托	每辆次	2	2
第一类	每辆次	6	4
第二类	每辆次	15	10
第三类	每辆次	25	15
第四类	每辆次	40	25
第五类	每辆次	55	35

表 7 – 35　　　　　　　　　　厦门市车辆通行费年费标准表

类　型	客　车		货　车	
第一类	≤7 座	本市私家车和出租车 396 元/辆年，其他类车辆 660 元/吨/年	≤2 吨	660～1320 元/吨/年
第二类	8～19 座	660～1320 元/吨/年	2～5 吨（含 5 吨）	1650～3300 元/吨/年
第三类	20～39 座	1320～2640 元/吨/年	5～10 吨（含 10 吨）	3630～6600 元/吨/年
第四类	≥40 座	2640 元/吨/年	10～15 吨（含 15 吨）	6930～8250 元/吨/年
第五类	—	—	15～40 吨（含 40 吨）	8580～13200 元/吨/年

　　收费公路车辆通行费征免范围。军队车辆、武警部队车辆，公安机关在辖区内收费公路上处理交通事故、执行正常巡逻任务和处置突发事件的统一标志的制式警车，

以及经国务院交通主管部门或者省政府批准执行抢险救灾任务的车辆，免交车辆通行费。进行跨区作业的联合收割机、运输联合收割机（包括插秧机）的车辆，免交车辆通行费。

1994 年和 2000 年省政府两次批准运载农副产品的车辆免征公路（含桥、隧）通行费。

农副产品免征种类：粮食（稻谷、大米、小麦、玉米、大豆）；食用油；蔬菜（指新鲜蔬菜）；禽蛋（禽，指鸡、鸭；蛋，指鸡、鸭蛋；属鲜活含冰冻）；生猪（肉含冰冻）；牛羊（肉含冰冻）；水产品（指鲜活或冰冻）；鲜牛奶。以上规定的农副产品必须是整车运输，方可享受免征公路车辆通行费（不含运输以上农副产品的出省车辆）；省政府办公厅批准从 2004 年 7 月 24 日起，在全省范围内对整车运输福建省地产新鲜水果的车辆免予征收道路（包括高速公路、桥梁、隧道）车辆通行费。

表 7 - 36　　　　　1990—2005 年福建省普通公路通行费收入情况表

单位：万元

年　份	收　入	年　份	收　入
1990	1863.59	1998	173786.70
1991	4687.24	1999	179293.03
1992	11385.30	2000	165414.69
1993	17631.39	2001	171214.28
1994	17780.96	2002	181311.65
1995	25723.02	2003	161664.23
1996	116134	2004	149696.31
1997	166478.43	2005	134149.46

3. 管　理

收费票据种类。通行费征收票证分为免征票、次票和月票。经核准购买月票的车辆，其票价按各类车型核定征费吨位收费标准每月 60 趟次计征。

收费模式。1996 年以前为手工收费，1996 年起逐步推广应用计算机收费。

管理体制。省交通厅是全省公路通行费征收工作的行政主管部门，省公路管理局负责具体组织实施普通公路通行费征收行业管理工作。各公路通行费收费站（所）具体负责本收费站车辆通行费征收管理工作。普通公路通行费征收机构按管理体制的不同，分为四种类型：第一类是由省公路管理局、稽征局直管和委托代管的收费站（所），如直管所有水口收费所、樟湖收费所、江口收费所和濑榜收费所，委托各设区市公路局代管的征管所有上街收费所、五显岭收费所、盘陀岭收费所和坂寮岭收费所。第二类是由各设区市交通局或公路局负责管理的收费站（所），此类收费站占较大比重。第三类是转让经营权的收费站（所），如赛岐大桥收费站。第四类是经营性收费站，如泉州的刺桐大桥收费站、南安的梅花岭隧道收费站。

创建"文明窗口"。为了开展创建通行费征管所"文明窗口"单位活动，省公路管理局1997年制定《福建省公路通行费征收站"文明窗口"评比标准》，省交通厅于2004年下发《关于印发〈福建省普通公路通行费征管所"文明窗口"评比办法〉的通知》。文件对评比"文明窗口"的目的、评比内容、评比标准及要求做了相应的规定。这是福建省为规范普通公路通行费征收管理、创建文明行业、实现"五好"（任务完成好、廉政建设好、征费管理好、文明服务好、征费环境好）、"四化"（征费文明化、廉政制度化、工作规范化、管理科学化）征管目标而开展的一项活动。通过开展创建"文明窗口"活动，先后有赛岐大桥通行费征管所、樟湖通行费征管所、水口大桥通行费征管所获得了团中央授予的"全国青年文明号"荣誉称号。

专项监察。1997年起，一些收费站由于在管理上存在薄弱环节和漏洞，发生了贪污票款、收钱不给票、收钱少给票、废弃票重卖等违规违纪行为。为此，省交通厅、监察厅、财政厅、物价局、审计厅联合成立了福建省公路通行费专项监察领导小组，各设区市也相应成立了公路通行费专项监察领导小组。同时出台了几项规章制度，主要有省交通厅、监察厅、财政厅、物价局、审计厅《关于开展全省公路通行费征管工作专项监察的实施意见》、《福建省公路通行管理监督若干规定》、《福建省公路通行费征管人员廉洁勤政暂行规定》、《福建省公路通行费征管人员违纪违章处罚暂行规定》等，明确要求全省各通行费征管所（站）实施"六统一"、做到"四公开"，即"统一由省政府审批设站、统一悬挂标牌、统一悬挂收费许可证、统一悬挂告示牌、统一收费工作证、统一票证"和"公开审批文件、公开收费用途、公开收费标准、公开收费单位"。公路通行费专项监察的重点是征管人员违章违纪行为和管理的规范化工作。

三、高速公路通行费

（一）费率

1997年12月20日，福建省第一条高速公路泉厦高速公路开通。至2005年12月31日，全省开征通行费征管所71个，共征收高速公路车辆通行费1131485万元。车辆通行费车型分类及收费费率经历了5次调整。

表7-37 **1997年12月20日至1998年12月31日车辆通行费车型分类及收费费率表**

车类	车型	车型吨座位界定		收费系数	收费费率（元/车公里）
		货车	客车		
1	小型车（A）	2.5吨以下（含2.5吨）	6座以下	1	0.35
2	中型车（B）	2.5吨以上至7吨（含7吨）	7~19座	2	0.70
3	大型车（C）	7吨以上至15吨（含15吨）	20~45座	3	1.05
4	特大型车（D）	15吨以上至20吨（含20吨）	45座以上	4	1.40
5	重型车（E）	20吨以上	—	6	2.10

表7-38 **1999年1月1日至2001年2月28日车辆通行费车型分类及收费费率表**

车类	车型	车型吨座位界定		收费系数	收费费率（元/车公里）
		货车	客车		
1	小型车（A）	2.5吨以下（含2.5吨）	6座以下	1	0.45
2	中型车（B）	2.5吨以上至7吨（含7吨）	7~19座	2	0.90
3	大型车（C）	7吨以上至15吨（含15吨）	20~45座	3	1.35
4	特大型车（D）	15吨以上至20吨（含20吨）各类集装箱	45座以上	4	1.80
5	重型车（E）	20吨以上	—	6	2.70

表7-39 **2001年3月1日至2002年12月29日车辆通行费车型分类及收费费率表**

车类	车型	车型吨座位界定		收费系数	收费费率（元/车公里）
		货车	客车		
1	小型车（A）	2.5吨以下（含2.5吨）	6座以下	1	0.50
2	中型车（B）	2.5吨以上至7吨（含7吨）	7~19座	2	1.00
3	大型车（C）	7吨以上至15吨（含15吨）	20~45座	3	1.50
4	特大型车（D）	15吨以上至20吨（含20吨）及各类集装箱	45座以上	4	2.00
5	重型车（E）	20吨以上		5.4	2.70

表7-40 **2002年12月29日至2005年3月31日车辆通行费车型分类及收费费率表**

车型	车型吨座位界定		收费系数	收费费率（元/车公里）		
	货车	客车		福厦漳、罗长、三福	福宁、罗长、漳龙	漳诏
一类车	2.5吨以下（含2.5吨）	9座以下（含9座）	1	0.55	0.60	0.50

续表 7 - 40

车型	车型吨座位界定		收费系数	收费费率（元/车公里）		
	货车	客车		福厦漳、罗长、三福	福宁、罗长、漳龙	漳诏
二类车	2.5 吨以上至 7 吨（含 7 吨）及集装箱牵引车	10~19 座	2	1.10	1.20	1.00
三类车	7 吨以上至 15 吨（含 15 吨）及 20 英尺集装箱运输车	20~49 座	3	1.65	1.80	1.50
四类车	15 吨以上至 20 吨（含 20 吨）及 40 英尺（含同时运输 2 个 20 英尺）集装箱运输车	50 座以上（含 50 座）	3.5	1.925	2.10	1.75
五类车	20 吨以上	—	4.5	2.475	2.70	2.25

表 7 - 41　**2005 年 4 月 1 日起车辆通行费车型分类及收费费率表**

车型	车型吨座位界定		收费系数	收费费率（元/车公里）		
	货车	客车		福厦漳、罗长、三福	福宁、罗长、漳龙	漳诏
一类车	2 吨以下（含 2 吨）	7 座以下（含 7 座）	1	0.55	0.60	0.50
二类车	2 吨至 5 吨（含 5 吨）	8~19 座	2	1.10	1.20	1.00
三类车	5 吨至 10 吨（含 10 吨）	20~39 座	2.8	1.54	1.68	1.40
四类车	10 吨至 15 吨（含 15 吨）及 20 英尺集装箱运输车	40 座以上（含 40 座）	3	1.65	1.80	1.50
五类车	15 吨以上及 40 英尺（含同时运输 2 个 20 英尺）集装箱运输车	—	3.5	1.925	2.10	1.75

（二）征　收

福建省建成通车投入运营的高速公路执行交通部规定的车型分类，按不同路段的收费系数、收费费率确定各类车辆的区间收费标准，并报经省人民政府同意后，由省交通厅、省物价局、省财政厅联合行文批复各征收单位执行。

1997 年 12 月 20 日，泉厦和厦门厦漳高速公路厦门段投入运营，泉州、晋江、水头、马巷、同安、厦门、杏林、林后 8 个收费站开征车辆通行费。

1998 年 1 月 1 日，厦漳高速公路漳州段投入运营，漳州、龙海收费站开征车辆通行费。

1999 年 7 月 1 日，福泉高速公路泉州段投入运营，惠安、驿坂、泉港收费站；莆田段 8 月 1 日投入运营，仙游、莆田、涵江收费站开征；9 月 26 日福州段投入运营，渔溪、宏路、兰圃、营前（2002 年 12 月 28 日移交罗长高速）、福州收费站分别开征车辆通行费。

2000 年 1 月 31 日，漳龙高速公路龙岩段投入运营，龙门、龙岩、适中收费站开征车辆通行费。2月3日罗宁高速公路投入运营，上楼（2002年12月28日撤销）、水古、罗源、宁德、飞鸾（2004年3月28日开通）收费站开征车辆通行费。

2002年11月1日，漳诏高速公路诏安段投入运营，诏安南收费站开征车辆通行费；12月18日漳州港段投入运营，漳州港收费站开征车辆通行费；其余路段12月29日投入运营，闽粤、诏安东、东山岛、常山、云霄、杜浔、漳浦、赵家堡等8个收费站开征车辆通行费。12月29日罗长高速公路投入运营，丹阳、连江、琯头、马尾收费站开征车辆通行费。2002年8月1日福宁高速公路漳湾段投入运营，漳湾收费站开征车辆通行费；其余路段2003年6月29日投入运营，下白石、盐田、霞浦、三沙、牙城、太姥山、八尺门、福鼎、闽浙、湾坞（2004年3月28日开通）收费站开征车辆通行费；福安连接线2005年6月26日投入运营，福安、赛岐收费站投入运营。2002年1月20日，漳龙高速公路和溪段投入运营，和溪收费站开征车辆通行费；龙文段2003年7月20日投入运营，漳州北收费站开征车辆通行费；其余路段2004年12月29日投入运营，金山、南靖、漳州西收费站开征车辆通行费。12月起，全省高速公路不同路段按不同费率核定收费标准，福宁、罗宁、漳龙高速公路收费标准为小型车每车公里0.60元，漳诏高速公路收费标准为小型车每车公里0.50元，福厦漳、罗长、京福高速公路收费标准为小型车每车公里0.55元。

2004年10月1日，福银高速公路三明至青州段投入运营，三明北、沙县、青州收费站开征车辆通行费；11月3日，福州兰圃至沙县青州段投入运营，南平、南平北、龙溪、洋中、金沙、闽清、闽侯、福州西开征车辆通行费。

（三）管　理

根据《中华人民共和国公路法》"统一收费、按比例分成"的规定和交通部对高速公路实行"联网收费、统一管理"的要求，福建省已建成的高速公路统一实行"入口取卡、出口交卡缴费"全封闭收费制式，高速公路主线上不设收费站。收费站建设按照"六公开"（审批机关公开、主管部门公开、收费标准公开、收费单位公开、收费期限公开、收费用途公开）、"六统一"（统一审批收费站、统一标志牌、统一收费许可证、统一告示牌、统一收费票证、统一收费工作证）和"三种"（种草、种树、种花）、"三化"（净化、绿化、美化）的要求进行规范。内部机构按"四室"（所长室、财务室、总务室、监控室）、"五班"（四个征费班、一个稽查班）设置，实行四班三运转工作模式，收费人员统一着装，执行统一作息时间，实行半军事化管理，上岗前统一组织培训，考试合格后发给上岗证。

1997年12月至2000年7月，全省高速公路使用纸质通行卡，采用人工识别车型、人工收取现金，计算机管理、计费，感应线圈统计车次并辅以视频监控、24小时录像的半自动收费方式。1999年，成立福建省高速公路通行费收费结算管理委员会，成员由省交通厅、财政厅、高速公路职能部门人员，以及参与路网统一结算单位的代表组成。2000 年 8 月 1 日起启用 IC 通行卡，采用全省统一的高速公路收费软件和非接触式 IC 通行卡收费，实现了"一卡通"联网收费。

1998 年 3 月至 1999 年 9 月，车辆通行费收入按《泉厦漳高速公路通行费分配暂行办法》"统一收费、统一清算分配"进行分配。1999 年 10 月至 2002 年 12 月，根据修订的《福厦漳高速公路通行费分配暂行办法》，车辆通行费收入按照路段里程、路段投资和路段交通量 3 项因素进行分配。2002 年，设立福建省高速公路车辆通行费稽查总队，作为省交通厅派出机构，挂靠省高速公路建设指挥部，负责全省高速公路通行费稽查的日常管理，对全省高速公路通行费稽查站实施稽查业务指导，规范稽查行为，监督各稽查站行政处罚的正确实施。同时，在全省各高速公路车辆通行费征收站（所）加挂"福建省高速公路车辆通行费××稽查站"的牌子，隶属于高速公路车辆通行费稽查总队管理。稽查站负责对执法区域内的各种违章逃费行为实施稽查和行政处罚，并负责所在收费站的内部稽查工作。高速公路车辆通行费稽查人员依法在高速公路征费区、匝道、服务区、停车区等场所执行公务，重点打击假军车、假免费车、假吨位车及换卡车、冲关车等违章逃费行为，对强行通过收费站不缴费、换卡逃费或拒缴通行费、使用伪造通行卡的违章当事人，依照法定程序进行处罚，使用统一、规范的交通行政处罚文书，并实行罚缴分离办法，确保通行费"应征不漏"，最大限度减少费源流失。稽查站稽查在做好对外行政执法的同时，负责对收费人员履行岗位职责、遵守劳动纪律、依法征费、文明服务、廉洁勤政，以及落实各项管理制度、搞好内务卫生等情况实施监察。同时，负责录像审片、查处违章违纪行为。2003 年 1 月至 2005 年 5 月 16 日，根据《福建省联网高速公路通行费结算分配暂行办法》，车辆通行费收入按照路段里程、交通量、投资、费率 4 项因素进行分配。部分路段公司征管所，采用大所带小所，收费监控采取集中监控与独立监控两种管理模式。

2005 年 5 月 20 日 16 时起，根据新制定的《福建省联网高速公路通行费结算分配

图 7-16　马尾收费站

暂行办法》，车辆通行费收入按照路段里程、投资、费率3项因素，采用"一车一拆"方式进行实时分配。通行费收入资金实行收支两条线管理。10月，进一步完善福建省高速公路通行费收费结算管理委员会职能，更名为福建省高速公路资金结算管理委员会，下设通行费收入清算中心和资金结算中心。通行费收入清算中心设在省高速公路有限责任公司收费结算处，负责研究拟定"高速公路通行费收费结算分配办法"和收费结算管理制度，对全省高速公路通行费收入结算分配工作进行监督、检查，协调解决收费结算工作中的有关问题。资金结算中心设在省高速公路有限责任公司财务处，负责研究制定高速公路资金管理政策，协调、指导高速公路资金管理的重大问题。

四、水上规费

1990—2005年，福建省水上规费收费项目基本上延续1989年以前的收费项目，主要有港口建设费、港口建设基金、内河航道养护费、福建省航道建设基金、货物港务费和船舶港务费等。其中，除港口建设费代交通部征收外，其他费种分别由地方港口管理部门、地方港口企业、地方港航管理部门征收。

（一）港口建设费（代交通部征收）

1986年1月1日起，根据《港口建设费征收办法》，在全国范围内对进出大连等26个港口的货物征收港口建设费，福建省福州港和厦门港也在其中。1993年7月1日起，征收范围扩大到直辖的各港区。

福州港、厦门港及东山港自20世纪90年代开始代交通部征收港口建设费。除福州港、厦门港代征的款项直接上缴交通部外，福建省其他港口代征的款项通过省级港口管理部门上缴交通部。

表7-42　　　　　　**1993年后港口建设费征收标准及依据**

类　别	货类（箱类）	计费单位	费率（元）		依　据
			进　口	出　口	
散杂货	国外进出口货物	每重量吨	7	7	交通部、财政部交财发〔1993〕541号
	国内出口货物	每重量吨	—	5	
集装箱	国际20英尺箱	每箱	80	80	
	国际40英尺箱	每箱	120	120	
	国内标准箱	载重每吨	5	5	

表7-43　　　　**福建省部分港口建设费征管单位及征管范围表**

代征单位	代收单位及范围
漳州港口管理局	管辖的各港区及东山港
泉州港口管理局	管辖的各港区及中石化泉州石油分公司
莆田港务局	管辖的各港区
宁德港务局	管辖的各港区

（二）港口交通建设基金

从1986年6月1日起，对进出泉州、后渚、山腰、东石、肖厝、秀屿、涵江、东峤、枫亭、赛岐、下白石、三都、漳湾、姚家屿、福鼎、沙埕、霞浦、秦屿、三沙、石码、下寨、宫口、旧镇、东山、同安、浦口、五里亭、琯头、竹屿口、海口和洋屿等34个港口的货物征收港口交通建设基金，用于水运交通建设和维护。由发货人或收货人负责缴交，港口交通建设基金征收标准按照《福建省港口征收交通建设基金费率表》执行（见表7-44）。征收管理工作由省交通厅负责，具体工作由省交通厅指定福建省港航管理局负责办理。上述各港口的港务（港航）局（处）为征收单位，其下属单位及水上装卸单位为港口交通建设基金的代办点。

2001年6月1日，依据省政府《关于取消部分省级及省级以下人民政府及所属部门设立的政府性基金项目的通知》，停止征收港口建设基金。

表7-44 **1990年至2001年5月福建省港口交通建设基金费率表**

货 类	费率(元/吨)		备 注
	出口	进口	
石油（包括原油）	3.00	4.00	国内进口免征
煤炭（包括焦炭）、钢铁（包括生铁）、金属矿石、非金属矿石、水泥、木材、化肥	1.50	2.50	—
矿建材料、其他	1.50	2.50	国内进出口免征
粮食、盐	0.50	1.00	国内进出口免征
按体积吨（立方米）计费的货物	0.50	1.00	按以上货类划分免征范围
国际集装箱货物（元/箱）	20尺箱 12.50	25.00	
	40尺箱 25.00	50.00	

注：1.货物的计量单位及重量换算，按交通部颁发的港口费收规则办理。2.国外进、出口的其他集装箱按其80%的箱内容积和进口1.00元/立方米、出口0.50元/立方米的费率计征港口交通建设基金。3.企业专用码头运输本企业生产所需要的原材料及其产品的减半征收。4.港口交通建设基金的起码收费额为0.10元。

表7-45 **1990—2001年福建省港口交通建设基金征收情况表**

单位：万元

年 份	收 入	年 份	收 入	年 份	收 入
1990	121.03	1994	47.56	1998	89.37
1991	115.54	1995	182.69	1999	107.34
1992	220.13	1996	103.75	2000	146.17
1993	299.81	1997	68.46	2001	178.63

（三）内河航道养护费

1990—1991 年，执行省交通厅颁发的《福建省港口和内河航道养护费征收规则》，规定内河航道养护费费率为：专业运输单位、个体、联户、专业户经营运输的各类船舶，以及非专业运输单位或仅为本单位运输的船舶临时参加营业运输的，均按月运输收入 3% 征收。人工流放和拖带的竹、木排筏，按每立方米（吨）公里征收 0.003 元。企事业单位为本单位服务，不发生各种方式运费结算的非营业性运输船舶，机动船按每月每载重吨（拖船按每马力）0.60 元征收，非机动船按每月每载重吨 0.40 元征收。专业运输单位分给个人承包经营的船舶和个体联户（专业户的船舶）无法取得准确营业收入数据的，按其船舶的载重吨（或马力）计征，每月机动船每载重吨 1.20 元，非机动船 0.80 元。

1992 年起，执行交通部、财政部、国家物价局联合颁布的《内河航道养护费征收和使用办法》，规定营运性运输船舶应按其运费收入的 8% 计征航道养护费。1997 年，国家计委将该标准调整为 6%。2001 年，交通部颁布《关于进一步做好航养费征收工作的通知》，明确规定各地不得以任何理由免征或减征义务缴费人的内河航道养护费。

2002 年 4 月 1 日起，开始征收航道养护费（含内河航道养护费），停止征收航道建设基金。航道养护费征收范围：凡是在由福建省负责管理的内河航道、内河入海口和沿海航道上航行、作业的各种船舶、竹筏和浮运物体，均应缴纳航养费。征收标准：第一，固定在本省航道上从事运输、作业的各类船舶按营运收入的 6% 计征或按载重吨（按船舶证书核定）、客位或功率择大计征航养费。第二，进出省内航道的各类船舶，按其营业收入的 6% 或按船舶载重吨位（箱、总排水量）择大计征航养费。

2002 年 4 月 1 日至 2004 年 12 月 31 日，内河航道养护费由省航道局征收、管理、使用。2005 年 1 月 1 日起，内河航道养护费由各地交通局（港务局）征收、使用，省级航道管理机构（福建省航道管理局）负责航道养护费的内部审计监督。

（四）省航道建设基金

根据 1989 年省交通厅颁布的《福建省航道建设基金征收暂行办法》，从当年 2 月 1 日起，各地港航单位代征养护费，省交通厅统收统支，用于全省航道整治、养护和设备购置。征收对象和范围：凡在本省境内沿海进港航道上运输的货物和旅客，均应缴纳航道建设基金。进出本省各港口的旅客，按进出港人次分别征收，其中国内航线旅客每人次 2 元，国际航线旅客每人次 4 元，进出本省的水路运输货物征收一次航道建设基金（向旅客征收因各种原因未执行）。

2002 年 4 月 1 日起，全省开征沿海航道养护费，同时停征航道建设基金。

表7-46　　1990年至2002年3月年进出口货物航道建设基金费率表

货物	编号	货类	每计费吨费率（元）			
			出口		进口	
			外贸	内贸	外贸	内贸
	1	家用电器、复印机、大轿车、小汽车、罐头、松香、鞋帽、纺织品、工艺美术品	6.00	4.00	7.00	4.00
	2	石油、煤炭、钢铁、金属矿石、水泥、木材、化肥、农药、机械设备、电信设备、机动和非机动运输工具，以及本表列名外的货物	4.00	3.00	5.00	3.00
	3	非金属矿石、矿物性建筑材料、粮食、盐	2.50	2.00	3.00	2.00
	备注	1. 货物的计量单位及重量换算，按交通部颁发的港口费收规则办理　2. 集装箱按其所装载货物的计费吨计征　3. 河砂暂定免征　4. 航道建设基金的起码收费额为1.00元				
旅客	1	国内航线的旅客每人次2.00元				
	2	国际航线的旅客每人次4.00元				

表7-47　　1990—2001年福建省航道建设基金征收情况表

单位：万元

年份	收入	年份	收入	年份	收入
1990	1401.66	1994	2177.74	1998	6052.96
1991	1757.17	1995	2517.29	1999	5310.04
1992	2011.43	1996	4438.70	2000	5665.51
1993	2068.21	1997	5780.60	2001	6981.63

（五）货物港务费

自1988年10月1日起，福建省货物港务费执行标准：凡在省内范围内运输的货物按运费总额4%计征，由福建省水运直达省外或省外水运直达福建省的货物运输，按运费总额3%计征。

货物港务费主要用于海港和内河港口进港的航道、泊位、港池、锚地的测量、维护性挖泥、护岸和导流堤的维修等。该费由各港港口管理部门征收。

表 7－48
外贸进出口货物港务费率表

货　类	计费单位	每计费吨(箱)费率(元)		依　据
		进　口	出　口	
煤炭、矿石、矿砂、磷灰土、水泥、纯碱、粮食、盐、沙土、石料、砖瓦、生铁、钢材(不包括废钢)、钢管、钢坯、钢锭、有色金属块锭、焦炭、半焦、块煤、化肥、轻泡货物	重量吨	1.40	0.70	中华人民共和国交通部令2001 年第 11号
	体积吨	0.90	0.45	
列名外货物	重量吨	3.30	1.65	
	体积吨	2.20	1.10	
一级危险货物、冷藏货物、古画、古玩、金器、银器、珠宝、玉器、翡翠、珊瑚、玛瑙、水晶、钻石、象牙(包括制品)、玉刻、木刻、各种雕塑制品、贝雕制品、漆制器皿、古瓷、景泰蓝、地毯、壁毯、刺绣	重量吨	6.60	3.30	
	体积吨	4.40	2.20	
装载一般货物的集装箱、商品箱	20 英尺	40.00	20.00	
	40 英尺	80.00	40.00	
装载一级危险货物的集装箱、冷藏箱(重箱)	20 英尺	80.00	40.00	
	40 英尺	160.00	80.00	

注：散杂货、集装箱为左侧货类分组标注。

表 7－49
内贸货物港务费率表

货　类	港　口	计费单位	费率(元)	依　据
以重量(W)计费的货物	沿海港口	每计费吨	0.50	中华人民共和国交通部令 2005 年第 8 号

表 7－50
内贸集装箱货物港务费率表

箱　类	费率(元)		依　据
	20 英尺	40 英尺	
装载一般货物的集装箱、商品箱	8.00	16.00	交通部、国家计委文件交水发〔2000〕156 号
装载一级危险货物的集装箱、冷藏箱(重箱)	16.00	32.00	

（六）船舶港务费

1988 年开始，港口管理机构开始征收船舶港务费。主要用于海港和内河港口港内航标的修理、增添必要的附属设备、航标管理、测绘的业务费等。船舶每进港或出港一次，分别向船方征收船舶港务费，每次每净吨（马力）0.25 元；企事业单位自备或租用的机动船在港区内拖带作业、运输，按月征收船舶港务费，每净吨（马力）每月 0.60 元；机动渡船按月征收船舶港务费，每净吨每月 0.60 元；进出货主码头的船舶亦应按规定缴交船舶港务费。进港船舶没有卸货、下客行为的，免征进港船舶港务费；

出港船舶没有装货、上客行为的，免征出港船舶港务费。对进港未装卸、换单后原船又驶往其他港口的船舶，应分别计征进口和出口船舶港务费，进港的旅游船舶应征收船舶港务费。1994年起，该费由国家海事部门征收。

第八节　交通统计

一、统　计

（一）统计制度

1991年后，根据交通部和省统计局下发的统计报表制度，省交通厅每年根据全省交通统计的实际和业务需要制定本年度年报和下年度的定期统计。报表制度主要有：福建省交通运输综合统计报表制度、福建省港口综合统计报表制度、福建省交通固定资产统计报表制度、福建省公路交通情况调查统计报表制度，同时，转发交通部环境保护、质量监督、安全生产、劳动工资等统计报表制度，并开会或者发文布置落实、执行。

福建省交通运输综合统计报表制度主要内容有：公路水路交通基础设施情况（调查范围为全省公路水路交通基础设施，主要指标有公路里程数、桥梁数、隧道数、公路密度、内河航道里程数）、公路水路运输装备情况（主要指标有营运客、货车拥有量、水路运输工具拥有量）、公路水路运输生产情况（主要指标有公路、水路客货运输量、集装箱运输量、营业性汽车运输效率和燃料消耗、营业性运输船舶燃料消耗）。统计指标依据交通部颁布的《公路主要统计指标及计算方法》和《水路主要统计指标及计算方法》，以及《公路工程技术标准》的规定计算。调查方法：运输量采取的是抽样调查、典型调查和全面调查相结合的办法进行统计，其余均采用全面调查。报告期：运输量统计为月度报表，其余均为年度报表。

1990—1991年，运输量统计仍是对交通部门数据进行统计，采取的调查方式是全面报表。1992年，交通部、国家统计局联合下发《公路、水路运输全行业统计工作规定》，运输量统计的范围扩大到全行业，统计调查方式增加抽样调查方法。1998年，新《公路工程技术标准》颁布实施，公路技术等级重新划分，公路里程报表格式相应改变。1999年，公路水路运输量和运输装备统计取消单独对交通部门的运输情况进行统计，统计范围扩大到全行业，运输量和运输工具数报表均进行变革。2000年厦门市开展公路运输量月度抽样调查。2001年新增高速公路明细表。

福建省港口综合统计报表制度主要反映全省港口的基本情况，调查范围是全省港口，调查的方法是全面调查。主要内容有：港口生产情况（主要指标有货物吞吐量、集装箱吞吐量、旅客吞吐量)、港口设施、装备情况(泊位长度、泊位个数、仓库面积、仓库容量、堆场面积、堆场容量、港务船舶、机车运力、装卸机械台数等)。统计标准是交通部颁布的《港口主要统计指标及计算方法》。报告期:货物吞吐量统计为月度报表,其余均为年度报表。1999年开始增加4张港口综合报表,主要内容有港口泊位情况(主要指标有泊位主要用途、靠泊能力、泊位长度、泊位个数、泊位设计通过能力)、港口吞吐量(按港口分,按货物形态、包装及货类分)等。

福建省交通固定资产统计报表制度主要反映全省交通固定资产投资完成情况。调查范围:全社会公路、水路交通固定资产投资,包括水上运输业、公路运输业、其他交通部门三部分内容。主要内容有交通固定资产投资完成情况、建设规模及新增生产能力、投资资金来源、沿海水运(公路)项目工程形象进度等。报告期:3张月报表、1张不定期报表、3张年度报表、5张年报表。主要指标有完成投资额、新增公路里程数、港口吞吐能力等。

福建省公路交通情况调查统计报表制度主要反映公路网内交通流的运行特征以及公路网的适应程度,调查范围包括国家高速公路、一般国道、省道、县道、乡道和专用公路。调查的主要方法是定点观测。主要内容包括交通量调查、车速调查和国道(含国家高速公路和一般国道)、省道、县道、乡道四类公路交通量比重调查等。报告期:《路段平均日交通量统计报表》和《小时交通量记录及日交通量统计报表》为季度报表,其余为年度报表。2005年对各类车型折算系数进行重新调整,摩托车开始单列,不再计入小型客车,对货车的分类进行调整,增加新车型特大型货车,集装箱从拖挂车中单列统计。

(二)统计管理

2003年起建立交通统计考核评比制度,在管理办法中制定奖励和处罚条例,定期对在统计工作中做出显著成绩的单位和个人进行奖励,2003年和2006年分别对2000—2002年度、2003—2005年度交通统计先进个人100名进行表彰。执行统计调查项目管理制度、统计资料审核和报送制度、保密制度、公布制度、档案管理制度。统计人员均持证上岗,独立行使统计调查、统计报告、统计监督的职权。统计人员依法统计,做到数据准确、及时、全面,不弄虚作假。

根据交通部和省统计局有关统计报表制度规定,省交通厅定期进行交通经济运行分析,在长期开展半年度分析的基础上,1998年开始开展季度交通经济运行分析工作,2005年底交通经济运行分析过渡到月度制,并每月上厅务会研究,为厅领导提供全省交通工作进展情况,并对交通经济中的热点、难点、疑点进行分析,为领导决策提供依据。

2004年7月,根据交通部《关于开展全国交通统计培训工作的通知》的要求和福建省的实际情况,省交通厅在全省范围内开展全面的交通统计业务培训工作,培训工作的重点放在提高基层统计人员的综合业务素质上，特别注意加强对县及中型以上交通企业等基层交通统计人员的依法统计、熟练掌握业务知识和计算机操作技能等方面的培训。

二、普 查

(一) 港口普查

1997年，根据交通部和国家统计局的统一部署，福建省开展第二次全国港口普查工作，省交通厅成立省级普查领导小组，下设办公室，挂靠省航道管理局。全省6个港务局、闽江水系流域的三明市交通局和南平市交通委都相应成立第二次全省港口普查办公室，并制定福建省第二次全国港口普查实施方案，在全省范围内开展港口普查，调查工作投入经费28万元，历时9个月顺利完成。省普查办被交通部授予"第二次港口普查先进集体"称号，2人被交通部授予"第二次港口普查先进个人"称号。

普查的标准时间定为1996年12月31日。普查范围为位于福建省境内的内江、河、湖、海及人工运河、水库沿岸的全部港口以及专用码头。普查的对象为在福建省内注册的港口企业、从事港口生产活动的所有单位（包括厂矿企业、物资部门专用码头、合资经营的港口生产单位）。渔港、船厂、水厂、地方轮渡、海洋工业供应基地等码头原则上未列入本次港口普查范围内，但兼营商港业务的部分均纳入普查。主要内容为码头泊位、吞吐量、堆场、仓库、装卸机械、港务船舶的基本情况。为使港口普查资料服务于港口管理工作，省港口普查办公室及时对港口普查资料进行指标归纳、分类汇总和文字说明，形成资料汇编。

普查主要成果：

其一，全省拥有生产性泊位407个，其中，沿海313个，内河94个；综合通过能力达货5064.3万吨、客1495.82万人次，其中万吨级泊位31个（通过能力货3089万吨、客33万人次）、千吨级泊位77个。

其二，全省港口（码头）单位88个，拥有港口装卸机械1020台，其中，起重机械270台，输送机械83台，装卸搬运机械518台，专用机械121台。全省港口仓库面积25.83万平方米，堆场面积173.05万平方米，堆场容积93.96万立方米。拥有港务工程船舶138艘、总吨位2.89万吨。

其三，全省完成港口吞吐量3539.64万吨，其中，内河77.8万吨，沿海3461.84万吨，外贸货物吞吐量1466.28万吨，集装箱货物吞吐量59.95万标箱。旅客吞吐量531.07万人次，其中内河174.68万人次，沿海356.39万人次（见表7-51）。

(二) 公路普查

2001年，根据交通部和国家统计局部署，福建省开展第二次全国公路普查。普查的标准时间为2000年12月31日。普查方法采用实地测量方式。普查的范围为全省所有国道（含国道主干线）、省道、县道、乡道和专用公路。同时，为全面了解和掌握农村道路的现状及通达情况，还要求对国、省、县、乡和专用公路以外的村道进行调查。凡是人工修建、路基宽度达到 4.5 米及以上的等外路全部计入普查范围。主要内容有公路里程和构造物情况、公路通达情况、县级以上公路路况情况，并在此基础上建立公路数据库及绘制公路网图集。成立普查领导小组，下设办公室，挂靠省公路局，并制定下发《福建省第二次全国公路普查工作方案》手册，全省共投入公路普查资金 2007 万元，购置普查设备 126 台、计算机 207 台、GPS5 台，举办 5 次公路普查技术培训，投入普查工作人员 1562 人、调查工作量约 12 万工日，历时 9 个多月按时完成普查工作。福建省公路普查办公室、莆田市交通局公路普查办公室、厦门市公路局公路普查办公室获得交通部"先进集体"称号，6 人获得交通部"先进个人"称号。

根据交通部要求，普查办组织编写《福建省第二次公路普查资料汇编》（对外公开），还对普查明细数据资料进行整理，编制《福建省第二次公路普查内部资料》（共 10 卷，省级和九地市各一卷）。

普查主要成果：

全省公路总里程 53506.368 公里、桥梁 10307 座、隧道 83 座。其中按行政等级分：国道 2443.43 公里、省道 5451.571 公里、县道 12526.466 公里、乡道 27101.197 公里、专用公路 5983.704 公里。按技术等级分：高速公路 350.793 公里、一级公路 345.907 公里、二级公路 5444.412 公里、三级公路 3508.010 公里、四级公路 30952.873 公里、等外公路 12904.373 公里。按路面等级分：高级路面 12426.491 公里、次高级路面 10404.221 公里、中级路面 17017.086 公里、低级路面 8793.075 公里、无路面 4865.495 公里。

（三）内河航道普查

2002 年 8 月，交通部部署开展第二次全国内河航道普查工作。11 月，省交通厅成立普查领导小组，下设普查办公室，挂靠省航道管理局，负责普查具体工作。全省除厦门外，福州、莆田、泉州、漳州、龙岩、三明、南平、宁德 8 个设区市交通局也相应成立普查领导小组和办公室，并确定 2002 年 10 月在福州市开展试点工作。11 月 25 日，省交通厅下发《关于开展第二次全省内河航道普查工作的通知》，对全省调查工作进行布置。

普查的标准时间定为 2002 年 12 月 31 日。内河航道普查对象：一是所有已进行航道定级的内河航道（含专用航道）；二是尚未定级但近年内进行航道建设或有航道开发价值的内河航道；对于已定级，但因碍航建筑物等因素暂时断航的内河航道和由于其他因素不通航的内河航道均进行普查。主要指标：航道里程、枢纽数量、通航建筑物数量、过河建筑物、航标等。为使普查成果能够为今后全省航道的规划、建设、管理、维护、统计等各项工作服务，实现数字化管理。普查办组织编写《福建省第二次全国内河航道普查资料汇编》。

表7—51

1996年福建省普查港口情况一览表

港口名称	泊位数（个）								年综合通过能力			吞吐量				仓库面积（万平方米）	堆场面积（万平方米）	堆场容量		装卸机械总台数	港务船舶 艘数/载重量/功率（艘/吨位/千瓦）
	小计	生产性	万吨以上	生产性	千吨	生产性	百吨	生产性	货运小计（万吨）	其中:集装箱（万标箱）	客运（万人次）	货运小计（万吨）	其中外贸（万吨）	集装箱（万标箱）	客运（万人次）			普通（万吨）	集装箱（万标箱）		
合计	419	407	31	31	77	74	217	208	5064.30	67.30	1495.82	3539.64	1466.28	59.95	531.07	25.83	173.05	301.61	6.69	1020	138/28985/27830
其中：交通	285	275	22	22	40	39	176	167	2699.20	66.00	1349.82	2459.91	1196.37	58.56	487.39	20.76	134.78	186.11	6.50	974	138/28985/27830
福州市	131	125	12	12	35	33	73	69	1417.20	14.30	737.02	1146.44	379.98	17.72	63.97	9.93	57.01	91.11	1.81	342	79/14863/11314
其中：交通	93	88	7	7	13	12	62	58	782.30	13.00	737.02	728.71	307.64	16.32	63.97	6.27	29.16	38.78	1.63	322	79/14863/11314
厦门市	75	70	15	15	20	19	25	20	1947.20	53.00	247.00	1166.47	847.15	40.12	143.80	6.04	70.01	120.42	3.69	264	22/3986/10232
其中：交通	60	55	12	12	15	15	24	19	1118.70	53.00	247.00	1034.78	829.91	40.12	143.80	6.04	64.16	73.72	3.69	264	22/3986/10232
泉州市	29	28	2	2	10	10	16	16	860.90	—	5.00	775.13	213.24	1.42	1.52	3.56	11.60	22.97	0.03	146	8/0/2383
其中：交通	22	22	1	1	5	5	16	16	183.50	—	5.00	346.75	40.20	1.42	1.52	3.04	11.60	22.97	0.03	143	8/0/2383
漳州市	20	20	1	1	3	3	14	14	206.00	—	33.00	134.34	9.29	0.19	104.00	3.00	10.68	21.97	0.14	84	0
其中：交通	15	15	1	1	1	1	13	13	161.00	—	33.00	67.64	3.20	0.19	104.00	2.86	10.12	21.27	0.14	83	0
莆田市	11	11	3	3	3	3	7	7	106.00	—	25.00	85.77	10.53	0.51	0.00	1.12	9.37	4.82	1.00	66	22/9737/2755
其中：交通	11	11	3	3	3	3	7	7	106.00	—	25.00	85.77	10.53	0.51	0.00	1.12	9.37	4.82	1.00	66	22/9737/2755
宁德地区	59	59	—	—	6	6	39	39	186.50	—	137.80	153.69	6.10	0.00	43.10	1.43	7.07	13.32	0.02	109	7/399/1146
其中：交通	45	45	—	—	3	3	32	32	138.90	—	137.80	138.25	4.90	0.00	43.10	1.20	6.12	12.15	0.02	93	7/399/1146
南平市	22	22	—	—	—	—	15	15	101.50	—	110.00	55.50	0.00	0.00	115.00	0.12	2.30	1.19	0.00	0	0
其中：交通	22	22	—	—	—	—	15	15	101.50	—	110.00	55.50	0.00	0.00	115.00	0.12	2.30	1.19	0.00	0	0
三明市	72	72	—	—	—	—	28	28	239.00	—	201.00	22.30	0.00	0.00	59.68	0.64	5.00	25.80	0.00	8	0
其中：交通	17	17	—	—	—	—	7	7	107.30	—	55.00	2.50	0.00	0.00	16.00	0.12	1.94	11.20	0.00	3	0

注：泊位万吨以上含万吨位，千吨含1000吨位，百吨含100吨位。

普查结果，全省共有 29 个水系，663 条河流，河流总长 13569 公里。全省 151 条内河航道拥有航道总里程 3955.39 公里（其中 20 公里为界河航道），占河流总长的 29.2%。其中闽江流域拥有航道里程 2148 公里，占航道总里程的 54.3%，九龙江流域拥有航道里程 515 公里，占航道总里程的 13.0%。内河通航总里程 3245.28 公里，占航道总里程的 82.0%。其中，一至四级航道里程 328 公里，均可通航，占通航总里程 10.1%。一级航道 107.84 公里，分布在闽江 50 公里、九龙江 9 公里、洛阳江以及水北溪，这些航道均为河流的入海口，可乘潮通航较大吨位的海轮，如闽江口通海航道可乘潮通航 2 万吨级海轮，九龙江河口小猫屿——比疆航道可乘潮通航 5000 吨级海轮。二级航道 20.25 公里，分布在闽江 13.9 公里以及鹿溪等。三级航道 52.05 公里，分布在九龙江 4.95 公里以及交溪、水北溪等。四级航道 148.06 公里，分布在闽江 126.41公里和晋江、洛阳江等地。五至七级航道有 947.25 公里，其中通航里程 940.45 公里，占通航总里程的 29.0%。等外航道 2679.94 公里，其中通航里程 1976.63 公里，占通航总里程的 60.9%。航标 802 座，枢纽 141 处，水上过河建筑物 1450 座，主要临河设施 189 座。通过普查，全面掌握全省内河航道现状等级、通航情况和跨河、过河、临河建筑物等基本情况。将尚未进行定级但近年内进行航道建设或有航道开发价值的内河航道纳入普查范围，新增普查航道共 332.64 公里。其中旅游航道 95.52 公里，如南平武夷山九曲溪航道。延伸已定级航道 116.06 公里，如三江口航道，以及内河入海口航道 83.18 公里，如后渚、沙埕航道等。

三、交通运输业增加值核算试点

2003 年 8 月，福建省作为 5 个试点省份之一参与交通部和国家统计局联合开展的公路水路交通运输业增加值核算试点工作。公路水路交通运输业增加值核算包括公路运输业、水路运输业、港口业、公路水路运输辅助业、装卸搬运及其他运输服务业五大块内容，牵涉到福建省的运输管理局、地方海事局、公路局、航道局及各港务管理局、各设区市交通局（委）等单位，涉及系统内外的企业 200 多家。核算目的：科学规范地核算公路水路运输行业增加值，定量描述公路水路运输业的经济运行状况，客观评价其对国民经济的贡献。调查内容：被选取为样本的公路运输、水路运输、港口生产、装卸搬运及其他运输服务企业的相关财务指标和生产指标；从事公路水路运输辅助活动的行政事业单位的相关财务指标和生产指标。主要指标：主营业务收入、营业利润、费用、客货运输换算周转量等。调查方法：抽样调查和全面报表相结合。

2003 年，交通运输仓储和邮政业增加值 478.84 亿元，占第三产业的比重为 24.6%。

表 7－52

2000 年福建省普查公路技术等级汇总表

行政等级	公路里程总计（公里）	合计	高速				一级			二级			三级			四级			等外公路	车道里程合计（公里）	不纳入总里程的重复里程（公里）	不纳入总里程的断头路里程（公里）
			小计	四车道	六车道	八车道	小计	四车道	六车道	小计	双车道	四车道	小计	双车道	四车道	小计	单车道	双车道				
乙	1	2	3	4	5	6	7	8	9	10	11	12	13	14	15	16	17	18	19	20	21	22
总计	53506.368	40601.995	350.793	339.526	11.27	—	345.907	204.903	141.004	5444.412	3531.235	1913.177	3508.010	3375.289	132.721	30952.873	24957.38	5995.493	12904.373	74940.727	1232.101	2764.162
国道	2443.43	2443.43	308.882	308.882	—	—	84.594	31.373	53.221	1967.826	1365.141	602.685	57.154	57.154	—	24.974	—	24.974	—	6985.624	82.991	—
省道	5451.571	5066.93	—	—	—	—	169.388	106.579	62.809	1977.018	1427.381	549.637	1259.333	1239.884	19.449	1661.191	545.062	1116.129	384.641	11576.005	696.529	974.161
县道	12526.466	11096.262	41.911	30.641	11.27	—	76.201	51.227	24.974	1143.512	534.053	609.459	1441.766	1374.61	67.156	8392.872	5751.879	2640.993	1430.204	19532.791	300.877	794.859
乡道	27101.197	18155.942	—	—	—	—	15.724	15.724	—	354.578	203.182	151.396	733.028	686.912	46.116	17052.612	14861.365	2191.247	8945.255	30822.246	136.209	820.022
专用公路	5983.704	3839.431	—	—	—	—	—	—	—	1.478	1.478	—	16.729	16.729	—	3821.224	3799.074	22.15	2144.273	6024.061	15.495	175.12

表 7－53

2000 年福建省普查公路路面等级汇总表

路线名称	合计	按路面等级分					养护里程	交通部门养护里程（公里）	晴雨通车里程（公里）	已绿化里程（公里）	隧道										渡口	
		高级	次高级	中级	低级	无路面公路					合计		特长隧道		长隧道		中隧道		短隧道		处	其中:机动渡口（处）
											处	米	处	米	处	米	处	米	处	米		
乙	23	24	26	27	28	29	30	31	32	33	34	35	36	37	38	39	40	41	42	43	44	45
总计	53506.368	12426.491	10404.221	17017.086	8793.075	4865.495	52603.874	39173.696	49242.381	27919.816	77	47306.3	2	6335	11	14993	37	22193.6	27	3784.7	6	3
国道	2443.43	2406.817	36.613	—	—	—	2443.43	2114.154	2388.35	2123.987	38	27419.3	2	6335	7	9058	18	10222.3	11	1804	1	1
省道	5451.571	2238.698	2724.795	426.457	38.205	23.416	5443.293	5327.775	5423.25	3789.272	14	8924.5	—	—	3	4865	7	3363.5	4	696	2	2
县道	12526.466	2713.077	5532.709	3251.787	657.269	371.624	12488.396	11436.063	12276.591	7372.764	14	8656	—	—	1	1070	9	6961.8	4	624.2	—	—
乡道	27101.197	5000.68	2049.789	9176.311	6462.297	4412.12	26268.057	20295.704	23664.996	11728.924	11	2306.5	—	—	—	—	3	1646	8	660.5	3	—
专用公路	5983.704	67.219	60.315	4162.531	1635.304	58.335	5960.698	—	5489.194	2904.869	—	—	—	—	—	—	—	—	—	—	—	—

表7－54　2000年福建省普查公路桥梁汇总表

路线名称	合计		危桥		桥梁 按跨径分								按使用年限分						涵洞
					特大桥		大桥		中桥		小桥		永久性		半永久性		临时性		
	座	延米	座	延米	座	延米	座	延米	座	延米	座	延米	座	延米	座	延米	座	延米	处
乙	46	47	48	49	50	51	52	53	54	55	56	57	58	59	60	61	62	63	64
总计	10307	369058.1	234	8825.2	47	41190.3	429	76391.1	1854	110104.9	7977	141381.8	10275	368569.4	29	435.2	3	53.5	142677
国道	1104	73736.9	10	428.2	26	24811.1	86	18478.3	284	16345.2	708	14102.3	1104	73736.9	—	—	—	—	7145
其中:国道主干线	406	33331.9	—	—	11	13684.5	34	7288.3	138	7825.4	223	4533.7	406	33331.9	—	—	—	—	1174
省道	1522	62662.9	32	1492.8	11	9459.4	88	15075.5	298	16925.7	1125	21202.3	1522	62662.9	—	—	—	—	17397
县道	2889	93280.0	81	3867.0	7	6349.8	108	18753.5	499	27977.9	2275	40198.8	2885	93214.0	4	66.0	—	—	36311
乡道	4271	126732.1	106	4025.2	3	570.0	132	22466.2	708	45484.7	3428	58221.2	4245	126321.3	23	357.3	3	53.5	64626
专用公路	521	12646.2	5	112.0	—	—	15	1617.6	65	3371.4	441	7657.2	519	12634.3	2	11.9	—	—	17198

表 7－55　　2002 年福建省普查内河航道各地市按技术等级分布表

单位：公里

序号	水系	分布地市	航道里程	其中通航里程	等级航道 合计	一级	二级	三级	四级	五级	六级	七级	等外航道
	合计		3955.39	3245.28	1275.45	107.84	20.25	52.05	148.06	320.17	46.18	580.90	2679.94
1	闽江	福州市、泉州市、宁德市、南平市、三明市、龙岩市	2147.94	1956.80	903.80	50.00	13.90	—	126.41	250.11	12.60	450.78	1244.14
2	鳌江	福州市	23.00	23.00	3.00	—	—	—	—	—	3.00	—	20.00
3	龙江	福州市	16.00	16.00	0.00	—	—	—	—	—	—	—	16.00
4	木兰溪	莆田市	262.35	176.90	17.40	—	—	—	—	17.40	—	—	244.95
5	晋江	泉州市	250.64	111.34	32.55	—	—	—	14.41	18.14	—	—	218.09
6	洛阳江	泉州市	28.61	28.61	28.61	17.24	—	—	7.24	—	4.13	—	—
7	九龙江	厦门市、漳州市、龙岩市	514.79	454.43	143.54	9.00	—	4.95	—	26.91	26.45	76.23	371.25
8	鹿溪	漳州市	32.90	32.90	21.98	—	6.35	—	—	3.61	—	12.02	10.92
9	漳江	漳州市	24.36	24.36	13.17	—	—	—	—	—	—	13.17	11.19
10	诏安梅溪	漳州市	8.50	8.50	0.00	—	—	—	—	—	—	—	8.50
11	汀江	龙岩市	381.16	215.30	0.00	—	—	—	—	—	—	—	381.16
12	交溪（赛江）	宁德市	114.90	52.80	32.00	—	—	32.00	—	—	—	—	82.90
13	霍童溪	宁德市	53.30	53.30	30.60	—	—	—	—	4.00	—	26.60	22.70
14	七都溪	宁德市	25.20	25.20	0.00	—	—	—	—	—	—	—	25.20
15	水北溪	宁德市	54.70	48.80	48.80	31.60	—	15.10	—	—	—	2.10	5.90
16	东溪	宁德市	17.04	17.04	0.00	—	—	—	—	—	—	—	17.04

表7-56

2002年福建省普查内河航道分技术等级航道里程、枢纽及建筑物数量汇总表

序号	技术等级	航道总里程（公里）	其中:通航里程（公里）	枢纽数量（座）	其中:具有通航功能的枢纽	通航建筑物数量（座）船闸	升船机	其中:正常使用通航建筑物 船闸	升船机	水上过河建筑物数量（座）桥梁	过河渡槽	架空电线	管道	其中:未达标水上过河建筑物 桥梁	过河渡槽	架空电线	管道	水下过河建筑物数量（座）管道	电缆	隧道	其他	其中:未达标水下过河建筑物 管道	电缆	隧道	其他
1	合计	3955.39	3245.28	141	29	20	1	11	1	931	5	483	31	478	4	8	14	13	13	2	2	1	—	—	—
2	一级	107.84	107.84	—	—	—	—	—	—	1	—	4	—	—	—	—	—	—	—	—	1	—	—	—	—
3	二级	20.25	20.25	—	—	—	—	—	—	1	—	1	—	1	—	—	—	—	—	—	—	—	—	—	—
4	三级	52.05	52.05	—	—	—	—	—	—	—	—	1	—	—	—	—	—	—	—	—	—	—	—	—	—
5	四级	148.06	148.06	—	—	—	—	—	—	12	—	13	—	—	—	—	—	—	2	—	—	—	—	—	—
6	五级	320.17	320.17	6	6	7	1	5	1	41	—	77	2	16	—	5	1	3	2	2	—	—	—	—	—
7	六级	46.18	46.18	1	1	1	—	1	—	13	—	4	2	5	—	—	—	2	4	—	—	—	—	—	—
8	七级	580.90	574.10	20	14	5	—	3	—	109	—	80	2	49	—	1	1	1	2	—	—	—	—	—	—
9	等外航运	2679.94	1976.63	114	8	7	—	2	—	754	5	303	25	407	4	2	12	7	3	—	1	1	—	—	—

表 7－57

2002 年福建省各设区市内河航道分技术等级航道里程、枢纽及建筑物数量汇总表

序号	各设区市	航道总里程(公里)	其中通航里程(公里)	枢纽数量(座)	其中具有通航功能的枢纽	通航建筑物数量(座) 船闸	升船机	其中正常使用通航建筑物 船闸	升船机	水上过河建筑物数量(座) 桥梁	过河渡槽	架空电线	管道	其中未达标水上过河建筑物 桥梁	过河渡槽	架空电线	管道	水下过河建筑物数量(座) 管道	电缆	隧道	其他	其中未达标水下过河建筑物 管道	电缆	隧道	其他
	合计	3955.39	3245.28	141	29	20	1	11	1	931	5	483	31	478	4	8	14	13	13	—	2	1	—	—	—
1	福州市	514.74	468.04	19	16	9	1	5	1	161	1	30	5	119	1	—	2	1	2	—	2	—	—	—	—
2	莆田市	262.35	176.90	3	—	—	—	—	—	315	2	35	17	274	2	—	11	1	—	—	—	—	—	—	—
3	泉州市	295.84	156.54	2	2	1	—	—	—	41	—	11	—	3	—	1	—	—	4	—	—	1	—	—	—
4	漳州市	399.12	384.26	8	3	3	—	3	—	46	1	33	2	10	—	—	1	3	5	—	—	—	—	—	—
5	厦门市	3.47	3.47	—	—	—	—	—	—	—	—	—	—	—	—	—	—	—	—	—	—	—	—	—	—
6	龙岩市	588.16	376.80	44	2	1	—	1	—	138	—	—	—	55	—	—	—	—	—	—	—	—	—	—	—
7	三明市	874.51	730.07	33	4	5	—	2	—	134	1	336	7	13	1	7	—	8	2	—	—	—	—	—	—
8	南平市	724.60	724.60	31	2	—	—	1	—	76	—	28	—	3	—	—	—	—	—	—	—	—	—	—	—
9	宁德市	292.60	224.60	1	—	—	—	—	—	20	—	10	—	1	—	—	—	—	—	—	—	—	—	—	—

附　　录

一，大事年表

1990 年

1 月 4 日　省长王兆国主持省政府常务会议，专题研究福厦漳高速公路建设事宜，厅长张金华出席会议。会议议定：通过国家计委争取世行贷款；成立高速公路建设领导小组办公室；加快前期工作；做好集资工作；动员社会各方力量支持高速公路建设；搞好前期工作费用安排等事项。

1 月 4—7 日　全省公路、水路运输市场整治会议召开。会议确定了市场整治的中心、重点、目标和步骤。

2 月 16 日　省政府向国家计委、交通部上报《福建省人民政府关于利用世界银行贷款兴建福厦高速公路泉州至厦门段的报告》。2 月 25 日，世界银行福厦高速公路咨询团来福州对福厦高速公路项目进行筛选评估，评估结果建议全线规划，先进行泉州至厦门段四车道高速公路前期工作，报国家计委立项，先期建设。

2 月 17—20 日　日本海外运输咨询协会港口考察团一行 4 人对福建省港口现状、建设、规划进行考察。

4 月 12 日　省政府成立福建省福厦漳高速公路建设领导小组。组长为副省长游德馨。

5 月 1 日　省交通厅运输管理局成立，为交通厅内设局，非独立法人。9 个地（市）设交通运输管理处，同时挂“机动车船维修管理处”牌子。县（市）设交通运输管理所及机动车船维修管理所。乡镇（区）设交通运输管理站。

5 月 14 日　省福厦漳高速公路领导小组第一次会议召开，会议议定泉厦路建设方案，要求进一步落实高速公路筹资方案，落实高速办人员编制及前期工作等具体问题。

8 月 23 日　福州港开辟福州途经香港再转台湾的集装箱运输航线，每月两个航次。

8 月 30 日　“亚运之光”圣火抵达厦门，在“集美”号客轮举行交接仪式。

8 月　省轮船公司开通福建至印度尼西亚海运航线。

9 月 1 日　福建省轮船总公司“太武山”号轮船首航福州—日本长崎直达货运班船航线。

9月　宁德港下白石 3000 吨级码头动工兴建，2001 年 6 月完工。

10月　沙溪河高砂坝上至三明航道工程开工建设。2005 年主体工程完工。

11月　富屯溪航道整治工程开工。1993 年 12 月基本完工，1994 年 3 月 30 日通过竣工验收。

12月 19 日　召开全省交通系统科技、教育工作会议。

是年　拉开福建省陆岛交通码头建设的序幕。

1991 年

1 月 17 日　316 国道福州洪塘大桥建成通车，大桥全长 1849 米、宽 12 米，48 孔，最大跨径 120 米，桥面行车道宽 9 米，两侧行人道宽各 1.5 米，建设总投资 3000 多万元。

1 月 21 日开始　省交通厅在全省范围内开展交通运输管理所、站整顿建设工作，到 11 月完成整建验收工作。

1 月　福建省"八五"期间重点工程福州港通海航道二期整治工程开工。1998 年 4 月竣工。

2 月 14—18 日　联合国"海上丝绸之路"考察船抵泉州港考察。

3 月　福建省交通通信总站成立。

5 月 27 日　福建省福厦漳公路车辆通行费乌龙江征收管理所、濑溪征收管理所、同安征收管理所、漳州江东征收管理所、泉州征收管理所（在原泉州大桥征费站整顿的基础上组建）和福安赛岐大桥管理所成立。

6 月 1 日　福建省《公路通行费收费人员管理暂行办法》实施。

7 月　福州市政府批准设立松下、筹东投资区。松下投资区位于长乐、福清、平潭 3 县（市）交汇处，松下港水深达 25 米以下，深水岸线 16 公里，可建造 5 万~20 万吨级的深水泊位码头 60 个以上。筹东投资区地处长乐县西北部，闽江南岸、水路临闽江深水航道，可直接靠泊万吨轮。已建成万吨级重件码头、万吨级煤码头、1000 吨级民用码头及 3000 吨级集装箱码头各 1 座。

8 月 29 日　省重点项目建设领导小组第一次会议召开，会议决定将福厦高速公路泉州至厦门段列为福建省"八五"重点建设项目。

11 月 6 日　省政府批准省高速公路建设总指挥部为福厦高速公路泉州至厦门段项目建设单位。11 月 13 日，国家计委批准福厦高速公路泉厦段立项。

12 月 19 日　中国第一座跨海大桥——厦门大桥正式通车。中共中央总书记、国家主席江泽民亲笔题写"厦门大桥"四个大字，并亲自为大桥通车剪彩。厦门大桥全长 6695 米，由跨海主桥、高崎引道和集美立交桥组成，主桥长 2070 米，桥面宽 23.5 米，总造价 15561.91 万元，1987 年 10 月 1 日开工建设。

12 月 20 日　福州直通香港客运班车通车。

12 月　全国扶贫基金会委托南京水利科学研究院、黄河水利委员会、河海大学选派 10 多位专家，组成汀江流域综合考察团，深入汀江流域 5 县和龙岩新罗区考察。

1992 年

3 月 26—29 日　世界银行专家组"中国港口、航道"调查组来福州考察。

3 月 30 日至 4 月 1 日　中国工程咨询总公司在北京组织召开泉厦高速公路工程可行性研究报告评价会。会议审定泉厦高速公路建设规模为 81.898 公里（自泉州西福至厦门官林头），投资 16.7 亿元。

4 月 1 日　福州汽车北站正式向社会开放，标志福建省国有运输企业自有车站向社会车辆提供服务。

6 月 15—18 日　交通部部长黄镇东来闽视察福州新港区、316 国道闽侯段、洪塘大桥等建设情况。

6 月　龙岩地区行署、地区计委编制《汀江流域综合开发整治规划草案》纲要。

6 月　福州长途汽车站在全省首家使用微机售票。

8 月 8 日　省轮船总公司"金湖"号轮船装载 1.3 万吨白糖由福州港直航独联体，这是福建省首开欧洲的海运航线，全长 7000 多海里。

8 月 12 日　省委、省政府在福州马江召开会议，提出"公路干线上等级，四千公里要先行"，决定采取措施，以"统一规划，定额补助，逐级分段，承包建设"的方式，用 8 年时间集中力量改造福建"两纵三横"国、省道 4000 公里，并命名为"先行工程"。

9 月　三明市内河沙溪河沙县至沙溪口航段的航运工程列入交通部"八五"内河基本建设计划。该计划项目由交通部水运规划设计院设计，并通过省建委审查。

9 月　邵武、三明东、前场、郭坑、富岭 5 个铁路接卸油库（站）划归省公路局物资供应总站管辖，分别更名为福建省公路局物资供应总站邵武储运处、三明储运处、前场储运处、郭坑储运处、富岭储运处，同时成立杜坞储运处、肖厝储运处。

10 月 17 日　省政府调整省福厦漳高速公路建设领导小组成员，组长为副省长施性谋。

10 月 23 日　省长贾庆林主持省政府常务会议，专题研究"先行工程"建设问题。

10 月 26 日　省政府同意成立福建省福厦漳高速公路建设总指挥部，副省长施性谋任总指挥。内部机构设四部一室，即工程技术部、计划财务部、招标合同部、材料机电部、办公室。

10 月 26 日　省政府批准省公路局各地公路分局和除福州外 8 个汽车运输公司下放当地政府领导。

10月　三明市内河第一段二等航标在沙溪河涌溪至沙溪口布设完毕，并通过验收。

10月　申学光任省交通厅党组书记、厅长，张莘民、卓超任省交通厅党组成员、副厅长。

11月26日　泉厦高速公路（晋江）2.7公里软基试验路开工。国家计委副主任芮杏文、福建省省长贾庆林、省人大常委会副主任张明俊、副省长施性谋等领导出席开工仪式。

11月　高砂电站坝下至福州航运工程开工，2004年8月竣工。

12月28日　交通部部长黄镇东、福建省省长贾庆林主持招商局中银集团漳州经济开发区（漳州龙海港尾镇）开工奠基典礼，启动厦门湾南岸的港口建设。

是年　福建公路通车总里程突破4万公里，达41882公里，其中一、二级公路里程达414.8公里，全年征收各种公路规费总额6.83亿元。

1993年

1月14日　福建省开始统一规范全省交通运输行政执法文书。

1月29日　厦门轮船总公司成建制从省轮船总公司分建出来，更名为福建省厦门轮船总公司，为交通厅直属单位。

1月30日　省交通厅下发《进一步搞活福建省道路水路交通运输暂行办法》，提出简政放权、放宽搞活的10条措施，对运输业的发展采取多调少控、多引导少干预的做法。

1月　省属公路管理体制进行改革。省公路局将9个地市的公路分局下放给所在地市政府领导，归口交通局管理。省公路局改名为省公路管理局，同时设立省公路稽征局，与省公路管理局实行一套人马、两块牌子。开征车辆通行费、山区公路建设还贷基金、公路客运交通建设基金、土地开发公路建设配套费和基础建设附加费5项交通建设规费。各公路分局与各公路段的稽征机构划出，隶属省公路稽征局。各公路公安派出所随公路分局下放，行政隶属关系不变，公安业务仍实行省交通公安局和当地公安机关双重领导。汽车养路费实行包干分成，福州、厦门两市按省市4：6分成，其余地（市）按省地（市）2：8分成。

1月　省属汽车运输体制改革。省汽车运输总公司所属的莆田、泉州、漳州、厦门、龙岩、永安、建阳、福安8个汽车运输公司和在建阳麻沙的省汽车改装厂成建制下放给所在地（市）政府领导，归口交通局管理。各车站派出所随企业下放，行政隶属关系不变，公安业务仍实行省交通公安局与当地公安机关双重领导。新组建的汽车运输总公司及各地（市）汽车运输公司运管费统一向所在的地（市）交通运管部门缴交。

2月6日　漳州港务局成立，隶属于漳州市交通局。1995年3月1日，更名为漳州港口管理局，主要管理漳州开发区的港口建设。

3 月 28—31 日　交通部副部长李居昌来闽检查工作，视察福建公路、港口建设情况。

5 月　三明市水口库区尤溪河西滨 300 吨级货运码头竣工交付使用，尤溪口 500 吨级码头同时完工。同年库区内尤溪河由林业、石油、煤炭等部门共建成货运码头 9 个，年吞吐能力 85 万吨。

6 月　省公路工程咨询监理部成立。1994 年 4 月，更名为福建省交通建设工程监理站，负责全省公路、港航工程的监理管理。

7 月 15 日　世界银行代表团来闽对泉厦高速公路项目进行正式评估，并与福建省签订《福建省公路项目评估代表团备忘录》。

9 月 2 日　福州新港区 2、3 号集装箱泊位和 7000 吨级客运码头竣工验收。

9 月　三明市高砂船闸工程正式动工建设。1997 年 6 月，工程基本完工。

11 月 16 日　祝君强任省交通厅党组成员、纪检组组长。

11 月　漳州开发区 3.5 万吨级多用途码头 3 号泊位动工兴建，拉开大规模建设漳州港基础设施的序幕。1994 年 11 月完工。

12 月 10 日　交通部安监局李育平副局长率交通部水上行风、治理"三乱"检查小组来福建检查交通系统纠正行风、治理"三乱"情况。

是年　福清湾 3 万吨级航道工程开工，1994 年 8 月竣工。

1994 年

1 月 3 日　省政府颁布并施行《福建省道路运输站管理办法》，共二十七条。自颁布之日起施行。

1 月 25 日　卓湘任省交通厅党组成员。

1 月　历时 3 年的国道 316 线福州至闽清段改建工程竣工投入使用，福州至闽清路段缩短为 58 公里。

1 月　省交通厅成立福建交通人才智力开发服务公司和省利众交通职业介绍所。

3 月　宁德地区三沙 3000 吨级对台客货码头动工兴建。1996 年 1 月完工。

3 月　经省体制改革委员会批准，厦门轮船总公司成为福建省首家进行股份制试点的交通企业。

4 月　成立福建省航道局，与福建省港航管理局实行两块牌子、一套班子。

4 月 25 日　世界银行与省高速公路公司签订泉厦高速公路项目协定和贷款协定，同意为项目提供相当于 1 亿 4000 万美元的贷款，贷款期限截至 2000 年 6 月 30 日，按 0.75% 的年利率向世行交付承诺费。

5 月　省交通质检站与省公路咨询监理部合并成立福建省交通基本建设工程质量监

督检测站。

6月26日　中共中央总书记、国家主席江泽民视察马尾新港区。

6月　省委、省政府决定对国道324线福厦漳路段实施拓宽改造，1995年1月21日全线建成通车，拓宽工程总里程为375.83公里，路基宽23米，主车道宽15米，总投资16.37亿元。

6月　省政府办公厅下达《关于编制福建省沿海主要港口总体布局规划的通知》（闽政办〔1994〕117号），省计委、省交通厅据此编制《福建省沿海主要港口总体布局规划》。

8月　福州市政府批准成立琯头投资区，投资区地处闽江口北岸。

8月10日　福州港福清湾3万吨级元洪码头建成，交付使用。这是福建省第一家由外商独资建造的3万吨级深水码头，设计年吞吐能力50万吨，码头长度230米，码头主体结构采用直径1200毫米预应钢筋混凝土大管桩结构，此技术在福建省首次应用。

9月28日　三明市沙县航电开发官蟹航运枢纽工程开工，该工程是福建省内河航道建设最大项目之一。工程由300吨级船闸、泄水闸、上下游引航道、导航设施组成，总投资5500万元。

9月29日　福建省首家中外合资兴办的"中电"项目三明市斑竹水电站工程开工。该电站是沙溪干流永安至沙溪口河段航电综合梯级开发的第四级。

9月29日　国家计委下达通知，批准泉厦高速公路开工建设（计投资〔1994〕1340号文）。该项目建设81公里，总投资27.86亿元。

9月　唐汉清任省交通厅党组副书记、副厅长。

9月　开展全省内河航道定级工作。到1999年底，全省航道定级成果全部得到批准，全面完成全省航道定级工作。

9月　三明市尤溪河西滨至尤溪口15.3公里航道二等航标工程竣工交付使用。

10月14日　省交通厅党组决定开展"转机制、抓管理、练内功、增效益"活动，并初步确定省轮船总公司、厦门轮船总公司、南平地区汽车运输总公司、三明市汽车运输总公司、福建客车厂等8家企业作为活动的示范点。

10月10—25日　省运输管理局组织5个检查组对全省各地运管执法工作进行检查，10月底全部结束，并召开总结表彰会议。

11月　交通部扶贫工程、省"先行工程"重点项目国道319线长汀松毛岭隧道开工，该隧道全长1364米，宽10.5米，造价7335万元。

12月3日　厦门轮船总公司开辟厦门至日本集装箱海上运输航线。

12月7—9日　交通部副部长李居昌来厦门参加厦门港东渡二期工程竣工验收会议。

12 月 9 日　"福建"号客轮首航香港，副省长张家坤、省交通厅厅长申学光等为通航典礼剪彩。

12 月 20 日　水口水电站库区—煤炭转运码头建成，并开始投入营运。该码头是全省内河第一座转运煤炭码头，可供两艘 500 吨位的驳船同时装卸，年吞吐量 20 万吨。

12 月 30 日　省轮船总公司在 1994 年中国 500 家最大服务业交通邮电业中排第 58位，在中国最大服务业远洋运输业中排第 13 位。

12 月 31 日　厦门港货物吞吐量突破 1000 万吨，集装箱吞吐量突破 20 万标箱，企业利润突破 1 亿元，跻身全国效益最佳港口行列。

1995 年

1 月 20 日　省政府批准成立福建省高速公路有限责任公司。

4 月　成立省公路路政管理局，挂靠省公路管理局。

6 月 25 日　省政府批准省交通厅成立福建交通建设投资公司，主要承担全省交通项目及配套设施的开发建设、经营管理，可以进行与交通相关的各类行业的投资经营和土地综合开发经营，有条件时可以开展相关的进出口经营业务，公司不属于金融性机构，可根据业务发展需要，进行多种形式的合资、合作和参股经营。

8 月 14 日　交通部下达《关于厦门至漳州高速公路开工的批复》，批准厦漳高速公路开工，工期 3 年。

8 月 23 日　省政府决定福建省福厦漳高速公路建设领导小组更名为福建省高速公路建设领导小组，组长为副省长施性谋，常务副组长为副省长黄小晶。福建省福厦漳高速公路建设总指挥部更名为福建省高速公路建设总指挥部，总指挥为省交通厅厅长申学光。

9 月 15 日　全省第一条高速公路——泉厦高速公路工程全面应用"菲迪克"条款进行管理，在福建公路建设史上首次实现与国际惯例接轨。

9 月 22 日　省交通厅和省物价委联合颁发《福建省道路运输场（站）服务费收规则》。

9 月 27 日　省交通厅布置开展全省清理整顿水路、货物运输市场活动，10 月 15 日至 11 月 15 日为广泛宣传及调查、清理登记阶段，11 月 16 日至 12 月 31 日为申报补办手续阶段。

11 月 15 日　省交通厅部署在全省范围内开展福建省创建文明客运站活动，对 1994—1995 年在道路客运站务管理工作中涌现出来的 9 个先进客运站和 21 名先进个人予以表彰。

12 月　三明市沙县上院码头正式动工建设，该工程建设 4 个 300 吨级泊位的货运码头。

是年　厦门港、福州港集装箱吞吐量分别达 30.97 万标箱、15.07 万标箱，双双跻身全国港口国际集装箱吞吐量十强行列，其中，厦门港位列全国第五。

1996 年

1 月 8 日　福州港货物吞吐量突破 1000 万吨。

1 月 18 日　国道 316 线南平至水口段通车，国道 205 线武午线、省道 306 线武至域关段通车。

5 月 24 日　根据福建省级党政机构改革方案，省交通厅内设 13 个职能处室（办公室、政策法规处、计划处、财务处、人事处、劳动工资处、基本建设处、科学技术处、教育处、安全监督处、运输管理局、公路路政管理处、审计处），以及厅直机关党委、监察室、工会等部门。厅机关行政编制 134 名，事业编制 16 名。

5 月　全省开展整顿道路客运市场秩序工作，同时开展"旅客信得过客车"竞赛活动。

7 月 1 日　厦门至漳州高速公路开工建设，全长 39.45 公里，投资 15.67 亿元，1998 年 9 月建成通车，其中坂头至碑头 2001 年 1 月开通。

7 月　省交通厅出台全省统一的水运管理费定额征收标准。

8 月　漳州至龙岩高速公路龙岩新祠至龙门段工程开工建设，全长 42.44 公里，投资 22.45 亿元。

8 月 20 日　交通部颁布《台湾海峡两岸间航运管理办法》，决定先开放福州、厦门港区为两岸船舶直航的试点口岸，并指定上述港口的中国外轮代理公司和中国船务公司代理两岸直航的船舶业务，两岸直航试点口岸开放。

9 月 3 日　福建省统一规范使用营运客车行车路单和进站证。

11 月 12 日　省政府任命卓超为福建省高速公路有限公司总经理。

11 月 18 日　泉州刺桐大桥竣工，12 月 18 日正式通车。大桥全长 1530 米，宽 27 米，6 个车道，是全省第一个以少量国有资产引导大量民营资金，采用 BOT（建设—经营—移交）模式的民营经济投资基础设施建设的项目，由泉州名流实业股份有限公司（民营）为主（66% 股份），依法设立泉州刺桐大桥投资有限公司负责建设和经营，经营期限 30 年，期满后无偿交还政府。

12 月　公路"先行工程"8 年任务 4 年基本完成。省委、省政府在福州举行公路"先行工程"建设总结表彰大会，国家交通部副部长李居昌到会讲话，省"四套班子"领导出席。会议表彰了一批先进单位、先进个人。该工程累计完成投资 132.47 亿元，完成二级以上（含二级）公路路基 4018 公里，路面 3768 公里。全省 5 条国道全面改造为二级以上公路，名列全国前茅，高等级水泥路面公路比例由全国倒数第 3 名，跃居全国前列。

12月　樟湖车辆通行费征收站、水口车辆通行费征收站、南港车辆通行费征收分站、濑榜车辆通行费征收分站成立。

12月　唐建辉任省交通厅党组成员、省高速公路建设总指挥部副总指挥、省高速公路公司副总经理。

12月　漳州港口管理局、漳州市计委委托福建省工程咨询总公司编制《漳州港总体布局规划》，对漳州港各港区进行第一次规划安排。

12月　宁德—罗源高速公路全线开工，2000年2月竣工通车。起于宁德市城关，途经桥头厝、飞鸾岭隧道、蒋店、起步镇、罗源凤山镇，止于福州市罗源县白塔接上罗长高速公路。工程建设总概算12亿元。

1997年

1月15日　省委、省政府召开"全省重点工程工作会议"，确定高速公路项目为全省"重中之重"的一号工程。省长贺国强指示，1997年是高速公路建设的决战年，要举全省之力，建设好高速公路，结束福建没有高速公路的历史。

1月20—30日　新华社、人民日报、中央电视台等10余家中央新闻单位的记者联合来闽采访福建"先行工程"建设情况。

3月25日　新一届交通厅党组组成，唐汉清任党组书记，江德顺、卓超任党组副书记。同月，唐汉清任省交通厅厅长。

4月16日　省政府调整省高速公路建设总指挥部组成人员，总指挥为副省长黄小晶，第一副总指挥为省交通厅厅长唐汉清。

4月19日　福建省厦门轮船总公司"盛达"轮与福建外货中心船务公司"华荣"轮分别由厦门港和福州港运载集装箱驶向台湾高雄港，实现封闭半个世纪后海峡两岸首次海上直航。海峡两岸各有6家船运公司计12艘船舶陆续投入试运营。

4月　交通部批准漳州市所属各港区统称"漳州港"。后石电厂10万吨级煤码头动工兴建，2000年12月竣工。

5月26—27日　省长贺国强率省直有关部门领导，到泉厦、厦漳高速公路施工现场调研。

5月31日至6月4日　交通部部长黄镇东视察泉厦漳高速公路、厦门海沧大桥、漳州中银开发区及海峡两岸试点直航情况。

6月9日　104国道宁德飞鸾岭隧道顺利贯通，隧道长3.188公里，宽9米。7月中旬，国务院总理李鹏为隧道题名。10月8日试通车。2000年3月3日，隧道全线贯通。

6月23日　省政府函复同意省高速公路有限责任公司为国有独资有限公司，注册资本金以省高速公路建设总指挥部经评估核实后的国有资产量注入。

6月28日　厦门港务监督海沧监督站、东渡监督站挂牌成立。海沧监督站是第一家进驻海沧的口岸联检单位。

6月29日　省政府调整福建省高速公路建设领导小组成员，组长为副省长黄小晶，副组长为副秘书长张志清、省交通厅厅长唐汉清。

7月1日　东山港务局成建制移交东山县政府管理。

7月1—31日　开展全省水路运管系统统一稽查活动，共检查船舶1380艘，其中违章船舶564艘，补办证照80艘，补缴运管费18.25万元，罚款金额1.28万元。

7月3日　全省公路通行费管理工作会议在福州召开，副省长黄小晶到会讲话。

7月　沙溪河高砂坝上至三明航运工程获省计委立项，该工程投资10200万元，计划建设沙县城关及斑竹2座船闸、沙县城关至三明航道航标工程。

8月13—15日　副省长、省高指总指挥黄小晶率省直有关部门负责人赴福厦漳高速公路施工现场调研。

8月28日　省重点项目、位于长汀县城关至临岭之间全长1069米的319国道长汀牛岭隧道建成通车。牛岭隧道是福建省八大进出口通道之一，也是闽南、闽西、闽西南通往江西等内陆省份的必经路段，1996年1月1日开工建设，全线贯通时间比设计工期提前18个月。

8月　省交通厅颁发《福建省道路直达快速客运管理暂行规定》和《福建省道路直达快速客运服务规范》。

9月23日　国家计委批准福泉高速公路正式开工，批准概算投资为46.7亿元。

9月25日　泉州市在全省率先实现行政村村村通公路。

9月30日　总投资1.5亿元的泉州市后渚集装箱码头建成并投入使用，并举行首航仪式，正式开通了泉州至日本集装箱线路。

9月　全省交通系统开展治理水上"三乱"工作，对涉及的问题，责成各部门提出修改意见。

9月　全省交通行业首届汽车驾驶员技能竞赛在福州举行。

9月19—30日　省交通运输协会副会长唐汉清应台湾中华海峡两岸经济发展协会邀请率考察团一行13人赴台湾高雄、台中、基隆三港实地考察。

10月1日　全省首座由乡镇自筹资金兴建的琅岐大桥正式通车，桥长973米，该桥于1995年9月22日动工，投资6000万元，由琅岐吴庄旅美华侨林长庚独资捐建。

10月　省政府批准省高指与省高速公路有限公司合署办公，"两块牌子，一套人马"，统一负责全省高速公路的规划、设计、标准、建设、质量、运营和管理工作。

10月28日　省公路管理局与香港华汇实业有限公司正式签订104国道宁德赛岐大桥经营权转让协议。转让期限10年，金额9500万元。这是福建省首例公路经营权有偿转让。

11月3—12日 世行公路项目代表团来闽对世行贷款公路Ⅱ项目进行检查、评估和鉴别，并与省交通厅和省高指签署了《备忘录》。

11月11—12日 福建省沿海港口发展研讨会在福州举行，省长贺国强到会讲话。会议提出争取到2000年全省港口深水泊位数达到50个，港口总吞吐能力达到6853万吨。

12月1日 福建省"公路法宣传月"活动启动仪式在福州五一广场举行。

12月14—15日 交通部副部长李居昌视察厦门海沧大桥工地。

12月15日 福建省第一条高速公路——泉（州）厦（门）高速公路建成通车，起点泉州西站立交，终点厦门官村头，全长81.4公里，是国家"八五"重点工程建设项目，工程总概算27.8亿元，部分利用世界银行贷款，设计时速120公里，路基宽26米，四车道分向行驶。省委书记陈明义、交通部副部长李居昌分别在通车庆典会上讲话。厦漳（厦门至漳州）高速公路厦门至漳州长洲段同时通车。

12月 吴大元任省交通厅党组成员、省高速公路建设总指挥部副总指挥、省高速公路有限责任公司副总经理。

是年 在全省（主要是福州、厦门、泉州地区）开展对境外航运企业常驻福建省代表处、办事处的清理整顿工作。

是年 全省贯彻国家新颁布的《汽车维修业开业条件》，全面开展维修企业整改工作，对1077家达不到条件的维修业户给予取缔。

是年下半年 全面开展第二次全省港口普查工作，1999年5月汇编成《福建港口一九九六年第二次全省港口普查资料汇编》。

1998 年

2月 成立福建省交通职工培训中心。

5月12日 省交通厅同意福建省高速公路经营开发公司成立，为自主经营、自负盈亏的经济实体，隶属于省高速公路有限责任公司。

7月1日 "集运"号货轮从厦门海沧国际货物码头起航，开往台湾高雄港，航线由福州到海沧再到高雄，每周一班，由4家船运公司经营。

7月3日 福宁（福鼎至宁德）高速公路工程开工建设，全长141.16公里，总投资73.99亿元。2003年6月建成通车。

8月 国家计委同意漳诏（漳州至诏安）高速公路开工。

9月10日 福建省高速公路养护总公司成立，为福建省高速公路有限责任公司所属的全资子公司，属于独立法人经济实体。

12月8日 福建省高速公路有限责任公司发行12000万元"福建省泉厦高速公路建设债券"，债券期限3年，年利率6.93%。

12 月　省交通厅、物价局联合颁发《福建省道路运输站收费实施细则》。

是年　交通部和省政府联合批复的《厦门港总体布局规划》将厦门港划分为 10 个港区，分别是东渡、高崎、杏林、排头、大屿、嵩屿、客运、海沧、五通和刘五店港区。

是年　全省开展道路客运"三清理"工作。共清理 63 家经营松、散、乱的客运企业，注销其经营许可证，清理线路 70 条、82 辆客车。

是年　泉州港务管理局设立肖厝、围头港务分局和沙格、上西、山腰、辋川、崇武、内港、后渚、石湖、梅林、祥芝、安海、水头、东石、石井、深沪、围头 16 个港务站，加强港口行政管理和事业规费的征收。

是年　漳州港东山港区冬古作业区 3000 吨级散杂货码头建成。

1999 年

3 月 15 日　漳州港后石电厂 10 万吨级航道开工。2000 年 6 月 11 日竣工验收，工程总投资 4154 万元。

4 月　福建省出台《福建省客运车辆日趟检实施暂行办法》，全省所有客运车辆开始实施短途客车日检、长途客车趟检制度。

5 月 22 日　中远集装箱公司"东河"轮从厦门海沧港起航，直驶美国西海岸的长滩港和奥克兰港，这是厦门直达美国的首条班轮航线，填补了中国东南地区直达美国西部航线的空白。

5 月 24 日　省交通厅批准漳龙（漳州至龙岩）高速公路龙岩段三期工程（石崆山至新祠段）开工。

5 月　三都澳白马港区进港航道工程开工，9 月竣工。

6 月 25 日　省政府同意设立福建发展高速公路股份有限公司，总股本为 48500 万元。

7 月 19 日　省政府批复泉厦高速公路经营权划归福建发展高速公路股份公司和划拨 324 国道 5 个省属收费所归省高速公路有限公司经营。

7 月　324 国道福建段 5 个省属收费站（乌龙江大桥、濑溪大桥、涂岭、同安、江东大桥）的收费权划归省高速公路有限公司经营，期限 10 年（1999—2009 年）。10 月 15 日，省高速公路公司与省公路局签署 324 线福建段 5 个省属征管所移交协议书。

8 月　宁德三都澳城澳万吨级码头动工兴建，2004 年 12 月完工。三都澳城澳口岸 1993 年 10 月批准对外开放，2005 年 7 月正式验收对外开放。

9 月 17 日　福建省"重中之重"工程——福泉高速公路福州段二期工程交工验收，福州段全长 77.9 公里。9 月 25 日，福州至泉州高速公路全线通车试运营。全长 165.91 公里，总投资 46.49 亿元，该工程于 1996 年动工建设。

10月1日　经批准的高速客运班车，全部使用高速公路客运线路标志牌。

10月28日　交通部要求各地开展汽车快件货运试点工作，福州、泉州、厦门、漳州、宁德等6地市先后成立了快速货运有限责任公司，陆续开通了一些快速货运专线。

11月　福州海上安全监督局、厦门海上安全监督局成建制划转交通部管理，分别改称福建海事局、厦门海事局。

12月30日　国家重点项目——厦门海沧大桥建成通车。厦门海沧大桥是世界第二、亚洲第一特大型三跨全漂浮钢箱梁悬索桥，也是厦门市历史上投资最大的交通工程项目，工程全长5926.53米，主跨648米，设计通行能力为5万辆/日，行车时速为80公里，工程总投资28.7亿元。1996年12月18日动工建设，总工期3年，创同类桥梁建设速度之最，中共中央总书记江泽民题写桥名。

12月　国家教育部批准福建交通学校、福建船政学校、福建交通干部学校、福建公路技工学校四校合并，成立福建交通职业技术学院，仍属省交通厅管理。

2000年

1月29日　省高速公路有限责任公司与福州市交通建设发展总公司合资组建福州罗长高速公路有限责任公司。该公司对罗长高速公路罗源上楼至长乐营前路段（不含青州大桥）的筹资、建设、经营、管理及还贷实行全过程负责，注册资本6000万元。

3月　洪长平任省交通厅党组书记、厅长。

3月　根据交通部要求全省开展"道路运输市场管理年"活动。

4月　许莹、悦胜利任省交通厅党组成员、副厅长，吴庭锵任省交通厅党组成员、纪检组长。

4月　交通部批复罗长（罗源至长乐）高速公路工程开工建设。

5月20日　交通部部长黄镇东视察泉厦高速公路、漳诏高速公路施工现场。

1月21日至7月15日　全省各地开展客运出租汽车清理整顿工作。

8月1日　福厦漳高速公路全线各通行费征收站启用IC卡收费系统。

8月5日　省委办公厅印发《福建省交通厅职能配置、内设机构和人员编制规定》，省交通厅设10个职能处室：办公室、政策法规处、计划处、建设处、财务处、科技教育处、运输管理安全监督处、公路路政管理处、审计处、人事处，以及厅直机关党委、监察室、工会等部门，厅机关行政编制68名，事业编制10名，另核定治理"三乱"工作事业编制7名。组建福建省运输管理局（加挂"福建省内河港航监督局"牌子），为省交通厅直属具有行政管理职能的正处级机构，事业编制55名。

8月11日　国家计委批复三明至福州高速公路工程开工建设。

9月2日　省政府调整省高速公路建设领导小组组成人员：组长为副省长黄小晶，副组长为省政府副秘书长卢增荣、省交通厅厅长洪长平。

9月　省交通厅印发《假日道路旅客运输暂行管理办法》。

10月22日　全省运管系统民主评议行风工作再动员、再部署大会在泉州召开。

12月20日　省交通厅与福州市政府正式签署《福州市人民政府与福建省交通厅关于港口体制改革的协议》，福州港政企分开，行政事业部分组建福州市港务局，连同省航道局闽江分局、福州分局下放福州市政府管理；企业部分组建福州港务集团公司，仍由省交通厅管理。

是年　福州港江阴港区起步工程动工建设，福州港从此由河口港走向深水海港，河口港和深水海港并存。

是年　厦门港集装箱吞吐量达到129.32万标箱，首次进入世界集装箱港口50强行列。

2001 年

1月1日　全省启用新版"福建省道路运输违章待理证"。

1月2日上午11时　台湾马祖500余名香客乘"台马"轮抵达福州港马尾客运站，开辟50年来"两马"的首航；上午11时10分，金门县"金厦通航参访团"乘坐金门县"太武"号、"浯江"号渡轮首次直航厦门港和平码头，拉开厦金客运直航的序幕。

1月5日　福建发展高速公路股份公司以上网定价方式发行普通股20000万股，共募集资金129633.6万元。

1月12日　第六代超巴拿马型集装箱巨轮"马士基·诺德"号安全靠泊海沧国际货柜码头，为当时厦门港最大型到港集装箱船舶。该船长318米、宽42米，载重能力达9万多吨。

1月20日　厦漳（厦门至漳州）高速公路漳州坂头至碑头段顺利通过交工验收，工程质量评为优良。

1月22日　省交通厅成立清理整顿道路客货运输秩序工作领导小组，全面开展全省性的清理整顿道路客货运输秩序活动。

1月　省交通通信总站更名为省交通通信中心。

2月6日　厦门轮船总公司"鼓浪屿"客轮直航金门料罗港，运送94名在闽金门同胞赴金门探亲，成为50年来首次直航金门的大陆船舶。

2月16日　交通部副部长张春贤视察江阴港区、罗源湾港区。

2月25日　漳龙（漳州至龙岩）高速公路漳州长洲至朝阳段工程开工建设。

3月1日　福宁（福鼎至宁德）高速公路福安连接线工程开工建设。

3月20日　省高速公路有限公司与漳州市交通开发有限公司合资组建漳州市漳龙高速公路有限责任公司，该公司对漳龙高速公路漳州段（含连接线）的筹资、建设、经营、管理、还贷实行全过程负责，注册资本5000万元。

4月11日　省政府任命唐建辉为福建省高速公路有限公司董事长（法人代表），吴大元为福建省高速公路有限公司总经理。

4月16日　三明京福高速公路有限责任公司举行挂牌成立仪式。该公司对京福国道主干线三明段的筹资、建设、经营、管理、还贷实行全过程负责，注册资本6000万元。

4月18日　南平京福高速公路有限责任公司举行挂牌成立仪式。该公司对京福国道主干线南平段的筹资、建设、经营、管理、还贷实行全过程负责，注册资本6000万元。

5月1日　福建省开始实施放开水运客货运输价格实行市场调节政策。

5月14日　全省运管系统被省政府、省纪委纠风领导小组办公室评选为福建省2000年度民主评议行风工作第一名。

5月30日　福建福泉高速公路有限责任公司成立，负责福泉高速公路运营管理工作，注册资本68000万元。

6月　福建省道路化学危险货物运输专项整治工作正式启动。

1月—6月　全面实施第二次全国公路普查登记工作，8月底报送汇总材料。

7月11日　福州京福高速公路有限责任公司挂牌成立。公司对京福国道主干线福州市境闽清美菰林至闽侯青口路段的筹资、建设、经营、管理及还贷实行全过程负责。注册资金6000万元。

8月2日　闽江航运总公司"曙光"号客轮从马尾首次直航马祖。

8月5日　福建省运输管理局与福建省公安交警总队联合下发通知，取缔山区农村支线柴三机、农用车载客。

8月21日　福建省运输管理局与福建省闽台交流协会、省社会科学院、厦门大学台湾研究所和泉州海外交通史博物馆联合在泉州举办海峡两岸海上交通史学术研讨会。

8月27日　惠安县长安航运有限公司"长安109"号货轮运载展览商品由泉州后渚港首次直航金门料罗湾，这是大陆货轮首次正式通关进入台湾金门地区。

9月1日　省交通厅、财政厅、物价局联合颁布《福建省内河航道养护费征收管理和使用规定》。

9月6日　交通部同意将福州至泉州高速公路收费权转让给福建发展高速公路股份公司，经营期限为30年。

9月17日　国家财政部部长项怀诚视察漳龙高速公路龙岩段三期工程。

9月　省重点工程厦门湾10万吨级航道一期工程东渡航道增深工程竣工并投入使用，航道总长15.8公里，水深增至－10.5米。

9月　三明市交通局与沙县城关水电有限公司签订建设闽江高砂坝上至三明航运工程的协议书，该工程于1999年10月正式开工，五级航道，投资概算7700万元，全长46.7公里。

10月　省高速公路公司将所持有的福泉高速公路51%的收费经营权转让给福建发展高速公路股份有限公司，转让资金13.57亿元。

11月19日　福建省1家一级、9家二级道路客运企业通过交通部评审。

11月　省交通厅所属省轮船总公司、省汽车运输总公司、福州港务集团公司、厦门轮船总公司、省交通投资公司和福通对外经济合作公司等6家企业合并成立省交通运输（控股）有限公司。为省级国有资产管理单位，暂由省交通厅代管。2002年1月划归国资委。

12月1日　省委编办下达《关于省市县区运输管理、内河港监机构和人员编制的批复》，确定了全省运管、内河港监的体制、机构名称及统一的编制。

2002 年

2月8日　漳龙高速公路龙岩至和溪段（龙岩境内主线38.6公里，漳州境内4.6公里）建成通车。

2月27日　厦门轮船总公司"中州"号货轮满载1830吨砂石等建材从厦门同益码头直航金门，实现了中华人民共和国成立后海峡两岸首次贸易货运直航。

2月28日至3月2日　交通部部长黄镇东、副部长张春贤一行视察三福、漳龙高速公路施工现场。

2月　吴庭锵任省交通厅党组成员、副厅长。

3月13日　省高速公路有限责任公司、省交通建设投资公司签订《福建罗宁高速公路股份有限公司股权划转协议》，将省公路局持有的福建罗宁高速公路股份有限公司69.62%的股权和省交通建设投资公司持有的6.54%的股权划转给省高速公路有限公司。4月2日，福建罗宁高速公路股份有限公司人员移交省高速公路有限责任公司管理。

3月29日　福州港罗源湾港区总体布局规划通过审查。

4月1日　福建省航道建设基金停止征收。

5月28日　省政府办公厅转发省高速公路建设总指挥部等部门《关于加强高速公路建设和运营管理若干暂行规定的通知》。

6月3日　"长安109"号货轮满载"金博会"参展货物，从马尾青州5号泊位下碇，标志福州金门两地件杂货物船首次实现直航。

6月4日　省运输管理局编制的福建省地方标准《汽车维护工艺规范》经省技术监督局和省交通厅联合组织审定，由省质量技术监督局正式颁布。

6月17日　省交通厅确认18家单位为福建省首批承担营运驾驶员职业培训单位。6月29日，全省营业性道路运输驾驶员职业培训工作全面铺开。

7月11日　省编委同意设立福建省高速公路车辆通行费稽查总队，作为省交通厅的派出机构，挂靠省高速公路建设指挥部。

7月22日　历时一年半的全省道路客货运输秩序清理整顿工作取得初步成效，省运输管理局在《福建日报》发布通告，取消长期未进站或擅自停止3个月以上的省内跨区客运班线共计837面客运线路牌。

8月22日　由交通部、省政府组织的《福州港总体规划》审查会结束，同意福州港调整为闽江口内、松下、江阴和罗源湾4个港区，原则同意该规划对福州港的性质、功能定位。

8月26日　漳龙（漳州至龙岩）高速公路漳州朝阳至和溪段工程开工建设。

8月　福建省开始第二次全国内河航道普查，至2005年1月完成《福建省第二次全国内河航道普查资料汇编》。

9月1日　福州市福马隧道收费站撤销。

9月　省交通厅驻沪办事处（原省政府驻沪办交通处）成建制划归省交通运输（控股）公司管理。

9月　福州港江阴港区5万吨级进港航道工程开工，11月竣工。

9月25日　厦门市委、市政府将厦门市港务管理局确定为市政府主管全市港口行政工作的职能部门。

10月24日　福建省运输管理局发布通告，对宁德至泉州等6条新增道路客运线路进行经营权服务质量招标。

10月28日　"明德壹号"货轮运载1000吨河砂从马尾直航马祖，实现了中华人民共和国成立后"两马"货物直接通关入境。

10月28日　福州马尾华荣海运有限公司所属"明德壹号"、"闽榕111号"承运马尾与金门、马祖货物，标志"两马"贸易货物首次实现直航。此次货运直航，双方实现大陆与台湾岛内的商业银行间直接结账。

10月　中共中央政治局委员、国务院副总理钱其琛视察福州港客运站对台工作，听取港口关于"两马"客运直航开展情况介绍。

11月11日　邵三（邵武至三明）高速公路工程开工建设，全长130.80公里，投资57.93亿元。

11月14日　6万吨级巨轮"振华"2号运载两台巨型桥吊和5台集装箱场吊停靠江阴港区国际集装箱码头，这是福州港历史上靠泊的最大吨位船舶。

11月18日　泉州至金门货运直航航线开通。

11月22日　厦门市重点建设项目猴屿西航道工程开工建设。

11月27日　全国人大常委会副委员长姜春云视察福州港青州港区和福州客运站。

12月6日　福建省高速公路路政管理总队设立，作为省交通厅的直属事业单位，挂靠福建省高速公路建设总指挥部。

12 月 15 日　省运输管理局对全省已核定站级的 85 个二级以上道路客运站换发站级牌匾，对 31 个先进道路客运站颁发荣誉牌匾。

12 月 18 日　全省高速公路收费系统统一软件开始推广使用，并实施联网运营。

12 月 18 日　福州港江阴港区 1 号泊位 3 万吨级（兼靠 5 万吨级集装箱船舶）多用途码头顺利投产。

12 月 28 日　罗源至长乐高速公路建成通车，全长 58.09 公里，投资 32.47 亿元。漳州至诏安高速公路建成通车，全长 140.55 公里，投资 51.7 亿元。

12 月　梁晋阳任省交通厅党组成员、纪检组长。

2003 年

1 月 1 日　省重点工程项目京福主干线福州连接线建成试通车。福州连接线全长 5.09 公里，总投资 4.27 亿元，2000 年 12 月 28 日开工。

1 月 7 日　泉州市委办、市府办于 2003 年联合发出通知，明确泉州港务管理局为主管全市港口、港务、港政工作的市政府直属事业单位。

1 月 23 日　京福高速公路福建段二期工程开工仪式在将乐县举行，省领导卢展工、黄小晶、陈芸、苍震华等出席并讲话。

1 月　泉州港引进马尾轮船公司在泉州（后渚）开通“泉州—厦门—高雄（基隆）”两岸三地航线，引进韩国凡洋商船株式会社在泉州（后渚）开通“泉州—韩国（釜山）”航线，中远、中海、长航等多家航商分别在泉州经营班轮航线。

1 月　省交通厅日常工作暂由副厅长祝君强主持，洪长平不再任省交通厅厅长职务。

2 月 12 日　龙岩长汀高速公路通过有关部门的勘察设计招标资格预审及招标文件审查，成为福建省高速公路建设项目采用工程勘察设计招标方式的首例。

2 月 18 日　省运输管理局出台《福建省道路、水路运政稽查及地方海事执法装备配备标准（试行）》，统一全省运政和地方海事执法装备配置列装标准。

3 月 15 日　世界首座 2×260 米连续刚构跨海大桥——福宁高速公路下白石特大桥顺利合龙，同三线福建段高速公路全线贯通。

3 月 19 日　国务院正式批复，同意江阴港区自 3 月 12 日起对外国籍船舶开放。

3 月 19 日　受“非典”（非典型性肺炎）疫情影响，福建沿海与台湾金门、马祖海上通航停航。7 月 16 日，福建沿海与台湾金门、马祖的客货直航正式恢复通航。

4 月 15 日　省运输管理局加挂“福建省船舶检验处”牌子，各设区市运输管理机构加挂“福建省××市船舶检验所”牌子。

5 月 9 日　总投资 1.7 亿元的厦门湾 10 万吨级航道二期工程开工建设。该工程可满足第 6 代集装箱船舶全天候通航、10 万吨级油轮乘潮通航。

5月10日　省交通厅成立防非典紧急物资运输领导小组，办公室挂设在省运输管理局。

6月10日　省高速公路有限责任公司与龙岩交通国有资产投资经营有限公司合资组建龙岩漳龙高速公路有限公司，该公司对漳龙高速公路龙岩段的筹资、建设、管理、运营及还贷实行全过程负责，注册资本31000万元。

6月28日　沈海线福鼎—宁德高速公路建成通车，全长142公里，标志着沈（阳）海（南）国道主干线福建段高速公路全线通车。福建段自北向南途经宁德、福州、莆田、泉州、厦门、漳州6个设区市，全长650公里，总投资259亿元，把福建主要海港与空港连接在一起。

6月29日　福建高速公路发展股份公司收购泉厦高速公路机电工程系统，收购价款6268.87万元。

6月29日　省高速公路公司将所持有的福州福泉高速公路有限公司、莆田福泉高速公路有限公司、泉州福泉高速公路有限公司合计12.06%的股权转让给福建高速公路发展股份公司，转让价38800万元。

6月　龙岩龙长高速公路有限公司成立，负责龙岩至长汀（闽赣界）高速公路筹资、建设工作。12月18日，龙长高速公路正式开工建设。2007年12月，龙长高速公路建成通车，营运工作归省高速公路总公司管理。

7月15日　省物价局、财政厅公布《交通水上安全监督收费项目及标准》。

7月16日　福建沿海与台湾金门、马祖的客货正式通航。

7月22日　福州长乐国际机场高速公路一期工程初步设计通过审查，该工程起于同三国道主干线罗长高速公路马宅顶互通，经长乐霞洲、星仁、鹤上、云路、漳港，终于福州长乐国际机场，全线采用6车道高速公路标准建设，计算行车速度100公里/时，路基宽度为41.5米。

7月25日　省物价局、财政厅复函省交通厅，规定内河船舶港务费收费标准，并从2003年10月1日起试行一年。

7月28日　中国海事局同意福建省船舶检验处代表中国海事局具体负责福建省内河船舶的船检登记号的授予工作。

8月1日　徐钢任省交通厅党组书记、厅长。

8月25日　《福建省道路运输企业违章记分考核管理办法（试行）》颁布，自2004年1月1日起试行。

8月26日　福宁高速公路股权转让签约仪式在宁德举行。福宁高速公路地方持有的6亿元股权（其中国债投资4亿元）转让给福建省高速公路有限责任公司。

8月　漳州市计委委托中交第三航务工程勘察设计院进行《福建省漳州港总体布局规划》修编工作。

9月2日　世界最大型的集装箱货轮"索文伦·马士基"靠泊海沧国际货柜码头。该船是马士基集团运营中国—欧洲航线上投入的第9艘第6代集装箱船舶，中国大陆沿海仅挂靠上海、宁波、厦门3个港口。

9月4日　国家"十五"期间重点建设项目——京福高速公路美菰林隧道贯通，全长5574米，是中国大陆已通车的最长的高速公路隧道。

9月8日　厦门国际旅游客运码头开工建设。该旅游码头设计年吞吐能力150万人次，兼顾停靠3万吨以下内贸集装箱船舶，年集装箱吞吐能力为5万标箱。

9月14日起　省运输管理局组织开展外挂车辆普查，普查结果表明，全省共有营运货车外挂车辆14059辆，总吨位100650吨。

10月7日　江阴港区1号集装箱码头首开至西非集装箱干线班轮。

10月31日　厦门首开至亚德里亚海沿岸的航线。

11月1日　水口水电站2×500吨级垂直升船机工程通过省政府组织的正式验收，闽江中上游快速过坝通道贯通。

11月12日　省运输管理局出台《关于推进福建省道路运输行政审批改革的实施意见》，制定了操作性较强的道路客运企业设立、道路客运班车线路、客运出租汽车经营权、中外合资道路运输企业、合作道路运输企业、道路运输证发放、道路运输路单，以及车辆维修管理、驾驶培训管理等的审批改革和业务便民措施。

11月17日　福州港江阴港区通过省口岸开放验收组的验收。

12月15日　厦金航线出境联检通道在厦门港和平码头开通试运行。从当日开始，和平码头的出境和入境联检通道分开设立，厦金航线出入境旅客的手续可同时办理，口岸的客运吞吐能力可增强3倍以上。每年能够保证100万人次以上方便安全地进出。

12月24日　福建省与厦门市重点建设项目厦门港东渡港区三期工程通过交通部组织的验收，工程质量等级总评为优良。

12月下旬　省政府决定，自2004年1月1日起，撤并福州新店等12个公路通行费征收站；2004年7月1日起，撤销泉州大桥等3个收费站；2005年1月1日起，撤销福州南港收费站。

12月30日　福州市闽江尤溪洲大桥通车，全长1240米，双向6车道快速公路，投资1.56亿元；福州长乐机场高速公路一期工程开工建设，全长20.89公里，投资13.69亿元。

12月30日　同三线温州平阳苍南段竣工通车，至此闽浙沿海高速公路实现全线对接。

12月31日　省交通厅副厅长吴庭锵、省运输管理局局长马继列在北京钓鱼台大酒店参加国务院台湾事务办公室关于福建沿海与台湾地区金、马、澎海上直接通航基本情况及2004年春节期间对金、马春运工作新闻发布会，代表福建省交通航运管理部门通报福建沿海与金、马、澎通航情况并答记者问。

12月　厦门市重点建设项目厦门港嵩屿港区一期工程正式开工。

12月　省政府召开全省农村公路建设工作会议，正式将农村公路建设命名为"年万里农村路网工程"，投资140亿元，建设惠及8000个建制村的4万里农村公路路面硬化工程。

2003年　全省普通公路"改善工程"完成总投资2.16亿元，修复水泥砼路面165万平方米，加固改造危桥53座，整治事故多发路段22处。

2004年

1月1日　全省省内道路客运班车启用新版班车进站证。

1月3日上午　船长300多米、吃水深7米的挪威籍5万吨级巨轮"洛玛"号（空载）安全驶进闽江口内，是当时进入闽江口内港区最大的货轮。

1月7日　中央电视台等新闻媒体高度关注报道闽浙两省公安交警、交通运管部门在两省交界路段设置的闽浙两省联合春运服务站和开展的交通安全联勤联防工作，并在国际频道、新闻频道多个时段作了专门报道。

1月7日　福建省公路稽征系统荣获"全国交通系统文明行业"称号。

1月16日　厦门市重点建设项目——厦门港嵩屿港区一期工程正式开工。

1月　全省航道管理体制调整。省航道局更名为省航道管理局，与省港航管理局合署办公。原设在地市的航道管理机构下放所在地市管理。

1月　福建省"两纵两横"高速公路规划列入国家高速公路规划网，"两纵"是国道主干线黑龙江同江至海南三亚公路福建段、国家重要干线天津至汕尾公路福建段；"四横"是指国道主干线北京至福州公路福建段、厦门至昆明公路福建段、泉州至贵州毕节公路福建段、宁德沿海辐射南平山区的高速公路。

2月　将省航道局所属的厦门分局、福州管理处、泉州处、漳州处、湄洲湾办事处、南平办事处、黄田航道站下放所在地市管理。福建省航道局更名为福建省航道管理局，与福建省港航管理局合署办公，"两块牌子，一套人马"，核定事业编制70名。

3月21日　以马尾马限山为界至闽江口的通海航道航标由上海海事局福州航标站管理维护。

4月4日下午4时　受集中暴雨影响，同三国道主干线福州罗长高速公路左幅K215+130—+200处路基滑移，交通中断。

4月29日　厦门港与德国杜伊斯堡港正式结为友好港口。

4月30日　省高速公路有限责任公司、福建发展高速公路股份有限公司、南平市高速公路有限责任公司共同组建南平浦南高速公路有限责任公司，注册资本6000万元。

5 月　马继列任省交通厅党组成员、副厅长。

6 月 3—4 日　由交通部、海关总署、国家质检总局、公安部出入境管理局、边防局等单位组成的国家口岸开放验收组对福州港江阴港区生产配套设施、港口航道通航安全、口岸监管条件等进行考察，并通过验收。

6 月 15 日　载重量 4.4837 万吨的希腊籍集装箱船舶"亨春"号从福州港江阴港区开往美国西海岸，标志福州港美西集装箱班轮航线正式开通，这也是福州港第二条国际远洋航线。

6 月 15 日　厦门湾 10 万吨级航道二期工程竣工。航道设计通航水深满足全天候通航第五、第六代集装箱和乘潮通航 10 万吨级油轮，被誉为"海上高速公路"。

6 月 19 日　福州、泉州、龙岩、三明开展道路运输保障应急演练。

6 月 21 日　东山八尺门跨海战备大桥钢便桥顺利架通。

6 月 26 日　福州港 24 个港口设施通过交通部的港口设施保安评估，取得交通部颁发的"港口设施保安条例证书"。

6 月 26 日　福宁高速公路福安连接线建成通车，全长 32.7 公里，投资 7.14 亿元。

7 月 1 日　福州港闽江口内港区台江作业区停止外贸货物装卸作业。

7 月 1 日　根据公安部、交通部、农业部《关于印发机动车驾驶员队伍整顿工作实施方案的通知》和福建省公安厅交警总队、福建省运输管理局《福建省机动车驾驶员培训、考试衔接工作协调会议纪要》，福建省运输管理局履行全省机动车教练员管理职能，对全省新增加和有效期满的教练员统一组织培训并发证。

7 月 11 日　全球最大的集装箱船"中海亚洲"轮首航厦门港，成为截至当时到港的最大的集装箱船。"中海亚洲"号是当时全球集装箱量最大的超级集装箱船，可装载 8468 个标准集装箱。

7 月 14 日　《福建省沿海港口布局规划》通过论证，确定了海峡西岸港口群的发展蓝图：福建将加速沿海深水岸线开发，形成以厦门湾港口、福州港为主枢纽港，湄洲湾港口、泉州港为地区性重要港口，漳州港、宁德港和莆田港等为地方中小港口的总体布局。

7 月 24 日起　全省交通部门执行省政府决定，对运载福建省地产鲜果车辆实行免征公路通行费。

8 月 3 日　厦门、南昌两市政府在南昌市正式签署《南昌与厦门开展水铁联运合作意向书》，达成水铁联运合作框架协议。

8 月 9 日　厦门市政府、漳州市政府、招商局集团在漳州开发区召开第一次厦门湾港口经济合作联席会议，并确立了厦门湾港口经济合作联席会议制度。

8 月 23 日　连江县东苔线 55 公里 +180 米发生客车坠落的特大道路交通事故，死亡 16 人、受伤 11 人。

10 月 5 日　《福州港总体规划》通过交通部、省政府联合审批。

10 月 27 日　省政府同意先对浦南高速公路项目实行代建制试点，由省交通厅牵头会同省高速公路公司、福建高速股份公司与南平市政府进行研究协商，达成共识，提出实施意见。

11 月 1 日　江阴港区首开至地中海集装箱干线班轮。

11 月初　交通部公布全国 25 个沿海主要港口名单，厦门港被列入全国主要港口。

11 月 18 日上午　全国人大常委会副委员长蒋正华视察福州港江阴港区。

12 月 13 日　厦门港"危险货物港口作业认可网上审批系统"通过验收，该系统实现了危险货物管理港口部门与海事部门的相互通报、相互沟通。

12 月 25 日　运载 1600 吨毛角石货轮从宁德城澳港出发首次直航马祖，至此，全省沿海主要港口全部实现与金门、马祖的货运直航。

12 月 28 日　福建省三明至福州（全长 259.24 公里，投资 115.56 亿元）、漳州至龙岩（全长 121.48 公里，投资 55.06 亿元）高速公路通车庆典在省政府主会场及福州、南平、三明、漳州 4 个分会场同时举行，省委书记卢展工，省委副书记、代省长黄小晶，副省长汪毅夫等省领导出席庆典活动。这两条高速公路建成通车后，省会福州至 9 个设区市高速公路形成"四小时交通经济圈"。

12 月　《漳州市港口总体规划》通过省发改委和省交通厅的审查。

2005 年

1 月 16 日　交通部授予厦门市港务管理局"港口设施保安履约工作先进单位"。

1 月 25 日　省发改委同意福泉高速公路莆田至秀屿支线项目采取竞争性招标方式选择投资、建设、经营主体，同时作为试点项目采取邀请招标方式，招标事项由莆田市政府负责，可委托或指定有资质的招标人组织。

1 月 26 口　厦门港与乌克兰伊利乔夫斯克港结成友好港。

1 月 26 日至 27 日上午　全省交通工作会议在福州举行，会议表彰了"年万里农村路网工程"中表现突出的 10 名"路县长"。

1 月　漳州市漳浦古雷港区一德液体化工码头 5 万吨级兼靠 10 万吨码头开工建设。

2 月 10—11 日　中共中央政治局常委、国务院副总理黄菊，交通部部长张春贤等领导先后视察福州港、厦门港。

2 月 18 日　福建省委书记卢展工、省长黄小晶在北京福建大厦与交通部部长张春贤等领导座谈，交通部明确表示"率先支持海峡西岸经济区建设，支持福建交通发展"。3 月 16 日签署了部省会谈纪要。

3 月 7 日　中远集运投资数亿元打造的第 5 代现代化集装箱船舶——"中远厦门"轮，在海沧国际货柜码头举行命名仪式。

3月上旬　厦门港入选"中国十佳港口"。

3月25日　宁德三都澳城大型集装箱码头项目正式签约，这是当时国内设计、可靠泊能力最大的集装箱码头项目。该项目签约投资总额20亿~30亿元，拟建设第六代集装箱码头泊位3个，初步规划年吞吐能力100万标箱。

3月28日　省高速公路有限责任公司与三明市高速公路有限责任公司合资组建三明泉三高速公路有限责任公司，公司对泉三高速公路的筹资、建设、经营、管理、还贷实行全过程负责，注册资本6000万元。

3月29日　省高速公路有限责任公司与泉州市泉三高速公路投资有限责任公司合资组建泉州泉三高速公路有限责任公司，公司对泉三高速公路泉州段的筹资、建设、经营、管理、还贷实行全过程负责，注册资本1亿元。

3月31日　省政府调整省高速公路建设总指挥部组成人员，总指挥由省交通厅厅长徐钢担任。

3月　王兆飞任省交通厅党组成员、副厅长。

4月15日　省交通厅、省高速公路建设总指挥部对城南高速公路项目实行代建制提出了具体实施意见，该项目采用业主加顾问公司的项目管理模式，并采用国内公开招标方式选择施工总承包单位。

4月　"泉州港与海上丝绸之路研讨会"及"纪念郑和下西洋600周年研讨会"在泉州举行，编辑出版《泉州港与海上丝绸之路（第三辑）暨纪念郑和下西洋600周年研讨会论文集》。

4月　大唐宁德电厂码头5万吨级进港航道工程开工。

5月14日　装载3个集装箱计33吨共60个品种台湾水果的"吉祥山"货轮停靠福州港青州集装箱码头，福州港首次接卸台湾水果。

5月25日　福州港台泥洋屿码头2万吨级专用码头通过验收，正式对外轮开放。

5月30日　厦门港与马来西亚槟城港结成友好港口。

5月31日　在荷兰阿姆斯特丹市政府工商会议厅举办厦门港港口与物流推介会，厦门港与荷兰阿姆斯特丹港结为友好港口。

5月　福建省启动低质量船舶专项治理工作，通过改善低质量船舶安全技术条件，将不合格船舶清除出航运市场或停止其渔业生产，打击非法造船，制止违规造船，堵住低质量船舶生产源头。

6月1日　厦门港与比利时泽布吕赫港正式结为友好港口。

6月2日　运载1个集装箱6324千克各色台湾水果的马耳他籍"齐春轮"顺利靠泊厦门港象屿码头，这是台湾水果首次以集装箱的形式运抵厦门。

6月10日　省高速公路有限责任公司公开发行20亿元企业债券，债券期限10年，年利率5.05%。该债券募集资金主要用于邵（武）、三（明）和龙（岩）、长（汀）

高速公路的投资建设。

6月10日　南昌至厦门国际集装箱海铁联运正式开通。

6月21—23日　交通部副部长翁孟勇率领交通部综合规划司、公路司、水运司领导到福建厦门、龙岩、福州等地调研，落实部省会谈纪要精神。

7月5—8日　由福州市政府组织市港务局、口岸办、外经局、港务集团等在南平、三明召开福州港口业务推介会，宣传鼓励货物经由福州港进出的优惠政策与措施。

7月25日　厦金航道10座航标全部抛设成功，同日，台湾金门港也完成金门段全部10座航标的抛设。这标志着海峡两岸携手建设的厦金航道航标工程全面竣工，厦金"有航线无航道"的历史宣告结束。

8月1日　闽江通海航道增深工程开工。航道拓宽到150米，外沙航段设计通航水深为7.6米，内沙航段设计通航水深7.2米，备淤水深均为0.4米，设计断面工程量外沙航段为137.82万立方米，内沙航段为159.71万立方米；整治建筑物筑坝总工程量为15.38万立方米，其中新抛筑NW2导堤坝抛筑工程量7.28万立方米，N7丁坝抛筑工程量5.75万立方米。

8月26日　省交通厅、福州市政府与上海海事局正式签署协议，将福州港江阴港区、松下港区、海坛海峡、兴化湾水域32座海标移交上海海事局管理维护。

8月　省高速公路有限责任公司与三明市高速公路有限责任公司合资组建三明永武高速公路有限责任公司。公司对永武高速公路的筹资、建设、经营、管理、还贷实行全过程负责，注册资本3000万元。

9月8日　厦金航线直航客轮"马可波罗"号靠泊和平码头，该航线出入境旅客由此突破100万人次。

9月8日　厦门国际旅游客运码头客运联检大楼正式开工建设。

9月23日　厦门港象屿新创建码头装卸集装箱的单船作业效率创下全港最高纪录，达每小时186.6标箱。

9月24—30日　福州市政府、市港务局有关人员，深入江西南昌、上饶、抚州、鹰潭等地揽货，与地方政府和外经部门举办港口业务推介会。

10月1日　泉三（泉州至三明）高速公路工程开工建设。泉三高速公路全长284.5公里，概算投资162.7亿元。

10月6日　欧洲地中海航线95786吨"美莉落"轮成功靠泊江阴港区1号泊位，为福州港截至当时靠泊的最大集装箱船。

10月21日　厦门港首开至马尼拉直达航线。

10月　福州港闽江口航道增深工程开工。

10月　因受台风"龙王"侵袭，全省出现大范围的强降雨天气，专养公路水毁损失6.2亿元。

11月6日　载4.6万吨矿石的5万吨级"布克"轮靠泊罗源狮岐码头，为福州港截至当时靠泊的最大散货轮。

11月19日　谢兰捷任省交通厅党组书记、厅长。

11月22日　省高速公路建设总指挥部组建邵三（邵武至三明）高速公路路段公司。

11月25日　省政府第44次常务会议研究通过厦门湾港口一体化改革方案，将漳州招银、后石、石码3个港区与厦门东渡、海沧、嵩屿、刘五店、客运5个港区整合成一个全新的厦门港，深水岸线增加14公里，总长达40公里，可容纳万吨级以上深水泊位114个。11月28日，省政府新闻办举行厦门港管理体制改革发布会。12月31日，厦门港口管理局举行揭牌仪式。

11月28日　厦门国际货柜码头集装箱年吞吐量突破百万标箱，累计达102.37万标箱。这是厦门港继海天集装箱码头后第二个年集装箱吞吐量突破100万标箱的码头。

12月1日　浦南（浦城至南平）高速公路工程全线开工建设。浦南高速公路全长244.5公里。

12月8日　福州港江阴港区福州新港国际集装箱有限公司所属码头新增一条由中海公司营运的东南亚航线，挂靠港口依次为上海港、宁波港、福州江阴新港、赤湾港、胡志明港、香港。

12月13日　福建省汽车故障救援网开通。

12月26日　福建省地方海事局（福建省船舶检验处）的机构及其职能从福建省运输管理局分离出来，与福建省港航管理局（福建省航道管理局）合署办公。

12月　宋海滨任省交通厅党组成员、副厅长。

12月　省委书记卢展工听取省交通厅工作汇报时，明确提出将"一通百通海西八方纵横"作为福建交通精神。

二、获省部级以上表彰的劳动模范（先进工作者）名单

全国劳动模范（14名）

1995年（4名）

傅亚坚　福建省轮船总公司船长

罗庆年　龙岩地区汽车运输总公司上杭分公司驾驶员

陈元栋　南平市公路局光泽分局桥亭公路站站长

刘标标　宁德地区公路局工人

2000年（5名）

郭福生　福州市公路局板桥公路站站长

赖桂香（女）龙岩市汽车运输总公司站务员

王邬金　南平市公路浦城分局下洋尾公路站站长

喻方兴　宁德市汽车运输总公司福鼎汽车站站长

黄全和　漳州市公路局漳浦分局工人

2005年（5名）

林康福　龙岩市交通局局长

甘振温　宁德市汽车运输集团公司总经理

孙建林　福建省高速公路有限责任公司总工程师

黄东南　漳州市路通公路工程公司工程队长

洪养养（女）三明市公路局泰宁分局新桥公路站站长

全国五一劳动奖章获得者（20名）

1990年（1名）

黄济镇　福建省公路局泉州公路段工会主席

1991年（1名）

罗庆年　龙岩地区汽车运输总公司上杭车队驾驶员

1992年（1名）

陈元栋　福建省公路局光泽公路段班长

1993年（3名）

王炳章　厦门轮渡公司经理

戴连贵　三明市公路局泰宁分局站长

陈亚坑　漳州市公路局龙海分局班长

1996 年（1 名）

林满堂　福州市公路局郊区分局下院公路维修处副站长

1997 年（1 名）

刘嘉喜　莆田汽车运输总公司驾驶员

1998 年（2 名）

黄全和　漳州市公路局漳浦分局队长

赖桂香（女）龙岩汽车运输总公司客运站站务员

1999 年（2 名）

张顺英（女）三明市公路局清流分局城郊站站长

罗碧珍（女）厦门市公交总公司驾驶员

2001 年（4 名）

周忠诚　南平市公路武夷山分局巨口道班班长

王　斌　莆田市涵江区运输管理所副所长

洪养养（女）三明市公路局泰宁分局岭下道班班长

马文生　福建省公路通行费八都征管所所长

2002 年（2 名）

黄建华　南平市汽车运输总公司邵武公司经理

甘英兰（女）厦门市公路局站长

2003 年（1 名）

邱永远　漳州市公路局漳浦分局杜浔公路站站长

2004 年（1 名）

黄东南　漳州路通公路工程有限公司队长

交通部劳动模范（先进工作者）（37 名）

1991 年（6 名）

林增雄　福建省公路局福清公路段甘厝公路站站长

陈泉俤　福州市汽车运输公司驾驶员

傅亚坚　福建省轮船总公司船长

陈素生　福建省汽车运输总公司福安公司驾驶员

黄细明　莆田市涵江区交通运输管理站党支部书记

郑新民　福建省交通规划设计院助理工程师

1994 年（8 名）

陈潮海　福建省港航管理局轮机长

陈碧女　福州市汽车运输总公司第三分公司经理

陈兆伟　福州港务局台江港务公司装卸班长

张新加　福建省汽车运输总公司货运公司驾驶员

黄　俊　厦门三联船务企业有限公司船长

徐先盛　福建省公路稽征局南平处副处长

杨建宋　福建省交通规划设计院一队队长、助理工程师

吕文哥　厦门市公路局同安分局道班长

1998 年（6 名）

黄一芬　福建省汽车运输总公司

赖桂香（女）龙岩汽车运输总公司客运站

宋金萍（女）南平市公路局政和分局

沈钦忠　福建省高速公路有限公司

陈晓钜　福建省交通规划设计院

邱少波　漳州市长运集团有限公司

2001 年（7 名）

官　雄　捷安船务公司

黄大新　福州外轮理货公司

林康福　龙岩市交通局

吴宗明　福建省公路稽征局三明处沙县所

林志良　福建省交通规划设计院五室

叶汉宁　漳诏高速公路有限公司

甘英兰（女）厦门市公路局

2005 年（10 名）

陈基旺　福建省高速公路养护工程有限公司

翁必生　福建省公路稽征局龙岩稽征处

连文前　福建省交通规划设计院交通工程咨询中心

张治强　福建省交通建设工程监理咨询公司

余杨兴　福建省南平市顺昌县公路通行费征管所

陈伯新　福建省莆田荔城区交通局

蔡　雄　福建省漳州市航道管理处

蔡蒙军　福州市公路局福清分局步覆岭拌和场

刘巨伟　京福高速公路三明有限公司

郑珠桂（女）泉州市公路局德化分局雷锋公路站

福建省劳动模范（121 名）

1990 年（1 名）

黄济镇　福建省公路局泉州公路段工会主席

1991 年（28 名）

王孝清　福州市汽车运输公司第一车队队长

王金德　福建省闽江航运公司海运分公司船长

胡建中　福建省汽车运输总公司福州公司驾驶员

郭英兴　福州港马尾港务公司第三装卸队班长

郑杏官　福州市鼓楼运输公司货运分公司负责人

吴瑞明　永泰公路段四楼道班班长

吴正峰　平潭县汽车修配厂厂长

张尧钦　闽侯公路段光明站站长

唐忠耀　福建省轮船总公司厦门公司经理

林进财　厦门市汽车运输公司驾驶员

齐振武　永安市运输公司工人

郭　鹰　永安市乡镇运输服务公司驾驶员

陈国英　福建省汽车运输总公司永安公司驾驶员

林忠典　沙县汽车运输公司驾驶员

杨建堂　建宁公路段班长

刘鸿潮　福建省公路局龙海公路段港尾公路站站长

林树木　福建省公路局华安公路段大地公路站站长

吴漳源　福建省汽车运输总公司漳州公司驾驶员

艾良法　福建省公路局泉州分局工程队站长

曾景川　福建省第一公路工程公司班长

陈文识　仙游公路段教导员

吕亚龙　福建省公路局建阳公路段长春桥公路站站长

甘欲钦　福建省汽车运输总公司建阳公司松溪车队驾驶员

洪　斌　福建省汽车运输总公司福安公司福鼎车队驾驶员

何发亨　福建省公路局寿宁段竹管垅道班班长

陈祥熙　福建省公路局漳平公路段上板公路站站长

罗庆年　福建省汽车运输总公司龙岩公司上杭车队驾驶员

吴文化　漳平市国营闽西城口林业采育场党支部书记兼场长

1992 年（1 名）

陈元栋　福建省公路局光泽公路段班长

1993 年（2 名）

戴连贵　三明市公路局泰宁分局站长

陈亚坑　漳州市公路局龙海分局班长

1994 年（24 名）

李高低　福州市公路局福清分局闻读公路站站长

郭福生　福州市公路局郊区分局洪山班班长

庄铭铁　福建省第二公路工程公司工程试验室负责人

刘则诚　福建省轮船总公司集装箱海运分公司副经理

薛宝成　福州市城西运输公司装卸班班长

陈思书　长汀县交通局局长

陈水荣（女）龙岩地区公路局长汀分局河田公路站站长

王邬金　南平市公路局浦城分局下洋尾公路站站长

吴美君（女）宁德地区公路局福鼎分局百胜道班养护工

江启舜　宁德地区公路局古田分局局长

陈宁群　宁德地区公路局屏南分局局长

洪　彪　宁德地区公路局霞浦分局牙城道班班长

陈珍树　莆田市汽车运输总公司驾驶员

刘国华　三明公路局泰宁分局石钢公路站站长

黄金堆　三明市汽车运输总公司永安货运公司驾驶员

陈序驯　福建省公路稽征局宁德稽征处副处长

林财龙　福建省官头海运总公司总经理

梁住财　厦门市集美区交通局局长

梁华南　漳州市公路局工会主席

高福祥　漳州市公路局龙海分局工人

张长和　漳州市轮船公司经理

吴元添　厦门市公路局安兜公路站道班班长

郑丽珍（女）厦门市公交总公司乘务员

张顺英（女）三明市公路局清流分局工人

1996 年（1 名）

林满堂　福州市公路局郊区分局下院公路维修处副站长

1997 年（23 名）

陈泉俤　福州市汽车运输总公司驾驶员

李恩光　福建省轮船总公司船长

潘世建　厦门市路桥建设投资总公司总经理

陈来进　厦门市集美区交通局副局长

杨秀治　厦门市轮渡公司经理

洪瑞勇　龙海市角美搬运公司工人

陈永辉　漳州市公路局漳浦分局站长

陈自力　漳州市公路局平和分局道班长

张以平　泉州市汽车运输总公司总经理

邱聪明　泉州市后诸港务公司经理

王志恭　泉州市公路局南安分局局长

谢方玄　安溪县交通局测量员

黄进兴　泉州市公路局安溪分局道班长

郑怡中　福建省公路稽征局泉州处永春所副所长

彭新生　三明市公路局局长

刘嘉喜　莆田汽车运输总公司驾驶员

梁柏松　南平汽车运输总公司邵武公司驾驶员

张春鸿　龙岩地区公路局漳平分局站长

俞石桂　漳平市赤洋林业采育场场长

郑金兴　宁德地区公路局

吴延录　宁德地区公路局周宁分局

郑乃善　宁德地区公路局柘荣分局

温世妹（女）宁德地区公路局福鼎分局

1998 年（2 名）

赖桂香（女）龙岩市汽车运输总公司客运站站务员

黄全和　漳州市公路局漳浦分局工人

2000 年（20 名）

俞德国　福州市港务局救捞工程处潜水长

林化梗　福州市公路局长乐分局后安道班班长

林　凤　福州市公路局平潭分局芦洋公路站站长

腾忠华　福州市连江县交通局局长

林孔祥　福州市汽车运输总公司第二分公司经理

吴伯超　厦门航务管理站科长

施和平　厦门航务管理站航空处处长

陈文生　龙岩市公路局上杭分局白沙公路站站长

宋金萍（女）南平市公路局政和分局松溪公路站站长

蔡梓生　南平市汽车运输总公司南平车站站长

陈宝桐　宁德市古田县交通工程管理站技术员

张文土　泉州市公路局南安分局城关公路站站长

洪养养（女）三明市公路局泰宁分局岭下道班班长

梁金焰　福建省航道局勘测设计试验中心副主任、总工

孙建林　福建省交通厅助理调研员

黄衍宝　福建省公路稽征局泉州稽征处党委书记、处长

刘忠孝　福建省公路稽征局三明稽征处党委书记、处长

杨尚海　福建省交通规划设计院院长

黄宝珠（女）漳州市长运集团有限公司客运站站务员

陈金庆　漳州市公路局平和分局双溪公路站站长

2003 年（18 名）

卓潘斌　福州市公路局福清分局甘厝公路站站长

邱永远　漳州市公路局漳浦分局杜浔公路站站长

廖元基　龙岩市公路局永定分局金砂公路站站长

丁福兰（女）龙岩市汽车运输总公司上杭车站站务员

陈元水　南平市公路局建瓯分局局长

周忠诚　南平市公路武夷山分局巨口公路站站长

黄建华　南平市汽车运输总公司邵武公司经理

甘振温　宁德市汽车运输总公司总经理

朱国辉　莆田市公路局仙游公路分局钟山公路站站长

王　斌　莆田市涵江区运输管理所副所长

林天成　泉州市公路局总工程师

孙建林　福建省高速公路有限公司总工程师

王子明　福建省公路稽征局福州处处长

周瑞武　福建省公路通行费五显岭隧道征收管理所所长

马文生　漳诏高速公路有限公司漳浦征管所所长

叶顺金　厦门特区运输总公司经理

李少林　漳州市公路局诏安分局大埔公路站站长

甘英兰（女）厦门市公路局洪山柄公路站站长

三、享受国务院政府特殊津贴人员名单

1992 年（3 名）

朱元康　　省交通科研所

黄文机　　省交通规划设计院

黄士梁　　省港航局

1993 年（1 名）

连镇干　　省交通科研所

1994 年（1 名）

沈斐敏　　福建交通职业技术学院

1995 年（1 名）

夏国庆　　省交通科研所

1996 年（1 名）

马继列　　省交通厅

1998 年（1 名）

谢小犁　　省港航局

2000 年（2 名）

柯文荣　　省交通规划设计院

林希鹤　　省交通规划设计院

2003 年（1 名）

陈培健　　省交通厅

2004 年（1 名）

孙建林　　省高速公路公司

四、重要文献辑录

（一）关于印发《福建省航道建设基金征收暂行办法实施细则》的通知

（闽交财〔1990〕113 号）

省港航管理局，福州、厦门、泉州港务（管理）局，湄洲湾港务局筹备处，厦门海上安全监督局，闽东、漳州港航管理处：

现将《福建省航道建设基金征收暂行办法实施细则》印发给你们，请与省人民政府闽政〔1989〕综 8 号批转的《福建省航道建设基金征收暂行办法》一并贯彻执行。

附件：福建省航道建设基金征收暂行办法实施细则

福建省交通厅

一九九〇年七月二日

福建省航道建设基金征收暂行办法实施细则

第一条　根据福建省人民政府批转的《福建省航道建设基金征收暂行办法》（以下简称《征收办法》）第十八条的规定，特制定本实施细则。

第二条　《征收办法》第二条规定的"凡在我省境内沿海进港航道上运输的货物和旅客，均应缴纳航道建设基金"，是指本实施细则附件一中所列港口航道上进出的货物和旅客。

未列名的我省其他港口，但属列名港口的港务（管理）局或港航管理处管辖的港口，在其航道上运输的货物和旅客，同样应缴纳航道建设基金。

第三条　计征航道建设基金的河与海分界，按以下规定办理：

1. 闽江：以北港的解放大桥和南港的乌龙江大桥为界；

2. 福安溪：以赛岐为界；

3. 霍童溪：以八都为界；

4. 七都溪：以乌梅为界；

5. 鳌江：以连江为界；

6. 龙江：以龙江桥为界；

7. 木兰溪：以三江口为界；

8. 晋江：以泉州新大桥为界；

9. 九龙江：以石码为界；

10. 南溪：以白水为界；

11. 鹿溪：以旧镇为界；

12. 漳江：以南江堤为界；

13. 东溪：以宫口为界。

第四条　征收航道建设基金的货物，按以下规定办理：

一、国外进出口货物

1. 国外进出口货物（含国内转港的外贸进出口货物），按《征收办法》所附《进出口货物征收航道建设基金费率表》（以下简称《费率表》）中的外贸费率及本实施细则第五条规定计征。

2. 省内与国外直达运输的外贸出口货物，由出口的港口按每张装货单的货物向发货人或其代理人计征；国外与省内直达运输的外贸进口货物，由进口的港口按每张提单的货物向收货人或其代理人计征。

3. 经我省港口转运国外的国内转港外贸出口货物，在省外起运的，由我省转运出口的港口按每张货单的货物向发货人或其代理人计征；在省内起运的，由我省起运的港口不再征收。但起运的港口未征或少征的，我省转运出口的港口应向发货人或其代理人补征。

经省外港口转国外的国内转港外贸出口货物，在省内起运的，由我省起运的港口按每张装货单的货物向发货人或其代理人计征。

国内转港的外贸出口货物，运抵转运出口的港口后，因故不向国外出口时，起运的港口或转运出口的港口，根据发货人或其代理人出具的有关证明，可以改按《征收办法》所附《费率表》中的内贸费率计征。

4. 国内转港的外贸进口货物，目的港在省内的，由我省到达的港口按每张提单的货物向收货人或其代理人计征；目的港在省外的，由我省转运进口的港口按每张提单的货物向收货人或其代理人计征。

二、国内进出口货物

1. 国内进出口货物，按《征收办法》所附《费率表》中的内贸费率计征。

2. 省内各港之间运输（含直达、联运、中转）的内贸进出口货物，均由起运的港口按每张运单的货物向发货人或其代理人计征，到达的港口不再征收。但起运的港口未征的，到达的港口应向收货人或其代理人补征。

3. 省外直达省内的内贸进口货物，由到达的港口按每张运单的货物向收货人或其代理人计征。省内直达省外的内贸出口货物，由起运的港口按每张运单的货物向发货人或其代理人计征。

4. 省外与省内联运、中转的内贸进口货物，目的港在省内的，由我省到达的港口按每张运单的货物向收货人或其代理人计征；目的港在省外的，由我省转运进口的港口按每张运单的货物向收货人或其代理人计征。

5. 省内与省外联运、中转的内贸出口货物，由我省起运的港口按每张运单的货物向发货人或其代理人计征，我省转运出口的港口不再征收。但起运的港口未征的，我省转运出口的港口应向发货人或其代理人补征。

第五条 国内计费单位为"w/m"择大计算的货物，在国外进出口（含国内转港的外贸进出口）时，由于计费方法不同，应按相应货类的外贸费率加收200%。

第六条 《征收办法》所附《费率表》中的货类，其明细品名按本实施细则附件二办理。

第七条 凡已计征航道建设基金的货物，有下列运输行为的，不再重复计征航道建设基金：

1. 到港未卸，按单后原船又运往其他港口；

2. 到港卸下，但未提离港口库场又直接办理装船运往其他港口；

3. 船过船作业。

凡计征航道建设基金的货物，到港上岸后，并已提离港口库场，重新办理托运手续时，均应再次计征航道建设基金。

第八条 《征收办法》第五条第1款第（7）项是指跨内河与沿海之间运输、沿海内短途运输的货物，其水路运输全过程中，沿海运输运价里程在30浬（含30浬）的。

第九条 用于港口码头和航道建设的货物，购进或售出的船舶（不含废钢船），以及国家统配化肥，免征航道建设基金。

第十条 《征收办法》所附《费率表》中的"河砂暂定免征"，是指产于内河的河砂，不指产于沿海的海砂。

第十一条 货主专用码头进出本企业生产所需要的原材料及其产品，军用码头进出非军用物资（包括军贸物资），均应征收航道建设基金。

第十二条 对进出港务（管理）局或港航管理处管理的码头、锚地等的货物，各征收港口均应出商务部门在向缴费人核收运杂费时，一并核收航道建设基金。

对进出货主专用码头、自然驳岸等的货物，各征收港口均应由港监部门办理船舶签证核实货主的货运资料后，向缴费人核收航道建设基金。船方有义务如实提供货主的货运有关资料，不得拒绝。

第十三条 征收航道建设基金的旅客，是指随客轮、客货班轮以及旅游船进出港的旅客，并按以下规定办理：

一、客轮、客货班轮的旅客

1. 省内航线

出港计征，进港不征，由出口港的客运输站计征。

2. 省外和国外航线

（1）我省出港的旅客，由出口港的客运站计征；

（2）省外和国外进港的旅客，由我省征收港口委托省外和国外的客运站计征。

3．以上均由客运站在售给旅客船票时向旅客本人核收航道建设基金。

二、旅游船的旅客

1．省内航线的，出港计征，进港不征。

2．省外和国外航线的，进出港合并一次计征。

3．随旅游船进出港的旅客，均由我省出口港的港监部门在办理船舶签证时，委托船方或旅游公司向旅客本人核收航道建设基金。

第十四条　《征收办法》第五条第2款第2项是指跨内河与沿海之间运输、沿海内短途运输的旅客，其航线客票最低等级票价在航道建设基金费款两倍以下（含两倍）的。

第十五条　国外航线的旅客，缴纳航道建设基金的费款，一律按当日的人民币外汇牌价折算收取外币或外汇兑换券，最低为一元。

第十六条　货物计征航道建设基金的凭证，使用非定额缴费凭证。非定额缴费凭证分港口现行的水路货物运单（以下简称货票）和缴款单（其格式详见本实施细则附件三）。

第十七条　旅客计征航道建设基金的凭证，使用定额缴费凭证。定额缴费凭证分贰元面额和肆元面额，其格式详见本实施细则附件四。定额缴费凭证使用后，应加盖日期，以示计收。

第十八条　各港、航站点（指港务管理、港航管理、海安局、轮船公司所属）的县站（或中心站、作业区、客运站等）为航道建设基金的代征单位，县站以下的站点为代收单位。

对进出我省的货物或旅客，在无法由省内港、航站点进行计征时，可委托省内其他单位或省外港、航单位征收，其受托单位亦称代收单位。

第十九条　航道建设基金实行专户管理，采取"专户存储、逐级划转，存款计息，汇款收费"的办法。

代征、代收单位都要在所在地中国工商银行开设"航道建设基金专户"。此专户只能存入、划转和办理退款，不能动支。

代征单位征收的费款应于当日存入专业户，费款及其利息于次月三日内全额划转省港航管理局在省工商银行信托投资公司（古办）开立的"13331003－041"专户。

各港、航县级站点以下的代收单位，应于每月二十五日将征收费款解交代征单位。省内其他单位或省外港、航代收单位，应于每月二十五日将征收费款直解省港航管理局专户。

第二十条　代征、代收单位收取国外航线旅客的外币或外汇兑换券，实行代收代付，并按航次通过当地中国银行直解省港航管理局在中国银行福州分行开立的

"824143778" 账户。

第二十一条　征收的航道建设基金发生错收需向缴费人退款时，应由代征、代收单位填写《航道建设基金退款通知书》（以下简称《退款书》），并上报省港航管理局。省港航管理局在收妥《退款书》十日内，应予核实，并签注意见，退回《退款书》的通知联和收款单位联，代征、代收单位及当地开户行方可据此办理退款。《退款书》的格式详见本实施细则附件五。

第二十二条　缴费人同代征、代收单位在缴付航道建设基金问题上发生争议时，必须先按照代征、代收单位的决定缴费。然后，在十五日内，由缴费人填写《航道建设基金复议申请书》（以下简称《申请书》），交代征、代收单位签注意见后上报省港航管理局复议。省港航管理局在收妥《申请书》十五日内，应作出复议结论，并退回《申请书》的通知联和申报单位联，代征、代收单位及缴费人均应按复议结论执行。复议结论中，需向缴费人退款的，代征、代收单位及当地开户行可以据此办理，不再填办《退款书》。《申请书》的格式详见本实施细则附件六。

第二十三条　计征航道建设基金的凭证均为有价单证，受权省港航管理局统一印刷发放，并应建立一套收发、使用、保管、销号等管理制度。代征、代收单位均应妥善保管缴费凭证，并严格按照规定使用和销号。

第二十四条　航道建设基金的代征、代收单位均应设置"应交航道建设基金"等科目，核算征收和解交航道建设基金等会计事项，并应于次月五日内向省港航管理局报送"航道建设基金征收月报表"（其格式详见本实施细则附件七）和"货物和旅客缴纳航道建设基金情况表"（其格式详见本实施细则附件八）

省港航管理局应设置"航道建设基金收入"、"应收入航道建设基金"等科目，核算航道建设基金征收等会计事项，实行专账管理，并应于次月十五日内将代征、代收单位的报表审核、汇总后报送省交通厅。

第二十五条　航道建设基金的使用，必须严格按照《征收办法》第十二条的规定办理，实行单独核算、专款专用，并要厉行节约，切实防止滥用、挪用和浪费；受权省港航管理局负责管理，并建立一套使用航道建设基金的会计核算和财务管理制度。

第二十六条　按照《征收办法》第十六条收取的罚款，应与航道建设基金的费款一并存入专户、解交和使用。

第二十七条　征收航道建设基金的手续费，均由省港航管理局逐月统一提取，分级使用。除省港航管理局留用0.5%用于印刷、会议、差旅等开支外，其余2.5%应主要用于各征收站的邮费和劳务酬金等开支。

第二十八条　省港航管理局及各征收港口的港航单位应加强对航道建设基金的管理，充实财务、商务人员，指定专人负责征收工作，并应建立评比表彰制度。对弄虚作假、营私舞弊、贪污盗窃等违法乱纪的征收人员，以及阻挠征收者，要查明情况，严肃处理；对坚持原则、按章征收、成绩显著的征收人员，以及对缴费人、征收人等违法乱纪行为进行检举揭发者，应给予奖励。

第二十九条　本实施细则与《征收办法》同时施行；解释权属省交通厅。

附件一：港口目录表。

附件二：货物明细品名说明。

附件三：非定额缴款单。

附件四：定额缴款单。

附件五：退款通知书。

附件六：复议申请书。

附件七：航道建设基金征收月报表。

附件八：旅客缴纳航道建设基金情况表。

附录：航道建设基金费率表。

附件一

福建省沿海港口目录表

1. 福州市（含市辖县，下同）：马尾、台江、亭江、琯头、连江、黄岐、浦口、定海、东岱、潭头、营前、海口、桥尾、松下、竹屿口、下笼、火烧港、罗源。

2. 宁德地区：宁德、三都、漳湾、八都、洋头、礁头、赛岐、下白石、霞浦、三沙、上钓岐、沙江、牙城、下浒、溪南、福鼎、沙埕、姚家屿、秦屿。

3. 莆田市：三江口、秀屿、涵江、东桥、枫亭。

4. 泉州市：山腰、崇武、钢川、肖厝、泉州、后渚、安海、东石、蚶江、金井、祥芝、永宁、莲河、石井、水头。

5. 厦门市：东渡、和平、高崎、杏林、东园。

6. 漳州市：石码、海澄、浮宫、白水、旧镇、下寨、东山、宫口。

附件二

货物明细品名说明

1. 石油是指：原油、汽油、甲苯、石油脑、煤油（航空煤油）、柴油、燃料油、润滑油、重油（渣油）、煤焦油以及其他石油制品。

2. 煤炭是指：原煤、块煤、粉煤、混煤、末煤、石油焦、焦炭、半焦、腐植酸。

3. 钢铁是指：钢铁的型材（如工字钢、槽钢、元钢、方钢、扁钢、卷钢、带钢、炭结钢、弹簧钢、合结钢、合工钢、滚珠钢、高工钢、不锈钢、模子钢、盘元等）和钢铁的板皮（如中厚板、薄板的普通板、普通冷轧板、镇静板、低合金板、造船板、锅炉板、炭结板、炭二板、合结板、合工板、弹簧板、滚珠板、高工板、不锈板、电工板、耐压板、防弹板、镀锌板、搪瓷板、油桶板、纯铁板、镀锡板、90 板、低磁板、复合板、矽钢片、白铁皮、黑铁皮、镀锌铁皮、瓦楞铁、马口铁、打包铁皮等）；生铁、土铁、铸铁、高硫铁以及不合规格的生铁和铸铁；钢轨（包括鱼尾板、垫板、道钉等零配件）；火车轮箍；钢管（包括石油套管、钻管和铸铁管）；金属块、锭、板、棒（包括电解的金属）；钢坯（包括不合格的钢坯）；钢锭（包括不合格的钢锭）。

4. 金属矿石是指：铁矿石、硫铁矿、硫金砂、镁砂、钨砂、钼砂、镍砂、锑砂、铜砂、铝砂、铋砂。

5. 非金属矿石是指：蛭砂、硅砂、石灰石、石英石、石英砂（玻璃粉）。焦宝石、水铝石、重晶石（硫酸钡）、方解石、滑石（滑石粉）、矾石、萤石、氟石（氟化钙）、白云石、蜡石、燧石、蛇纹石、硅石、蛭石、矾石、磷灰土、石墨、石膏等。

6. 木材是指：原木、方木、枕木、坑木、板木、桩木、板条、杂木棍、杆、原木电杆。

7. 矿建材料是指：建筑用的砂、土、砖、瓦等。

8. 粮食是指：米（如大米、糯米、灿米等）、稻谷、麦子、各种杂粮（如豆类、高粱、玉米）、面粉、米粉、杂粮粉等。但不包括蔬菜的豆类、地瓜干、地瓜条、木薯干。

附件三

福建省交通厅
航道建设基金缴款单

NO XXXXXXX
闽航建（甲）字

制单日期：　　　年　　月　　日

第 × 联　× ×

缴款人	全　称		运单号码	
	结算方式		起运港	
	开户银行		换装港	
	账　号		到达港	

货名	计费吨		费率	金　额							
	重量吨	体积吨		十	万	千	百	十	元	角	分
✕											
✕											
✕											
✕											
✕											
✕											

合计（大写）　　　　　　　　拾　万　千　百　拾　元　角　分

收款单位（盖章）

复核人：　　　收款人：　　　制单人：

说明：

1. 缴款单一式四联，左侧印有控制号码，右侧印有固定号码，并在第二联上套印"福建省交通厅航道建设基金票印章"。

第一联：×存根（黑色字）。代征、代收单位留存。

第二联：收据（红色字）。交缴费人。

第三联：入账（绿色字）。代征、代收单位据此入账。

第四联：报核（蓝色字）。代征、代收单位据此编报票证使用情况表，并进行销号。

上述四联名称，分别印制在缴款单右侧。

2. 缴款单规格：长18.5厘米、宽13厘米。

3. 无代征、代收单位盖章的缴款单元效，并应顺号使用。

附件四

福建省交通厅 航道建设基金缴款单

金 额 贰 元 正

闽航建（乙）字 No ×××××××

当班有效　过期作废

福建省交通厅 航道建设基金缴款单

金 额 肆 元 正

闽航建（丙）字 No ×××××××

当班有效　过期作废

附件四说明

1. 缴款单上套印"福建省交通厅航道建设基金票印章"，并印有固定号码。

2. 缴款单规格：长7.5厘米，宽3厘米。

3. 贰元面额的缴款单为国内航线使用；肆元面额的缴款单为国际航线使用，并背面印有英文版及外汇兑换券的金额。缴款单应顺号使用，月终编报票证使用情况表，并据此入账及销号。

附件五

航道建设基金退款通知书

填报日期：　　　年　月　日

缴费人全称		原缴款方式		
原缴款单号码		原缴款时间		
原缴款金额（大写）	拾　万　千　百　拾　元　角　分			
申报退款事由				第×联
申报退款金额（大写）	拾　万　千　百　拾　元　角　分			××
主管单位意见				
实退金额（大写）	拾　万　千　百　拾　元　角　分			
退款时间		收款人签章		

财务负责人：　　　　　　　复核人：　　　　　　　经手人：

说明：

1. 退款通知书一式三联。

第一联：报查（黑色字）。交通港航管理局备查。

第二联：通知（蓝色字）。报省港航管理局核实，并签注意见后，退给代征、代收单位据此冲账和退款。

第三联：收款单位（绿色字）。由省港航管理局签注意见后，退代征、代收单位交结合实际收取退款的单位入账。

上述三联名称，分别印制在退款通知书右侧。无省港航管理局签注意见及盖章的退款通知书无效。

2. 退款通知书上报时，应加盖填报单位章；退款时，收款人应签章。

3. 规格：长26厘米，宽18.5厘米。

附件六

航道建设基金复议申请书

填报日期：　　　年　月　日

要求复议人姓名或单位名称			
缴费金额（大写）		缴款时间	
事项要求复议			第×联
代征代收单位意见		年　　月　　日	×××
主管单位复议结论		年　　月　　日	
应退金额（大写）		收款人签章	

财务负责人：　　　　　复核人：　　　　　经手人：

说明：

1. 复议申请书一式三联。

第一联：报查（黑色字）。交省港航管理局备查。

第二联：通知（蓝色字）。报省港航管理局复议后退给代征代收单位，复议结论中有退款的，据此冲账和退款。

第三联：申报单位（绿色字）。由省港航管理局复议后退代征、代收单位交给要求复议人或单位。

上述三联名称：分别印制在复议申请书右侧。

2. 规格：长 26 厘米，宽 18.5 厘米。

3. 主管单位复议结论及代征、代收单位意见应盖公章。

4. 复议结论中有退款的，收款人应签章。

附件七

航道建设基金征收月报表

填报单位：　　　　　　　　　　　　年　月　日　　　　　　　　　　　单位：元

项　目	期初欠交数	本期征收数	本期退款数	本期应交数	本期已交数	期末欠交数	备　　注		
							专户存款余额	应收账款余额	累计应交数
合　计									
1. 货物									
（1）港务码头									
（2）货主码头									
（3）自然驳岸									
2. 旅客									
3. 罚款									
4. 利息收入									

补充资料	1. 期初欠交外币或外币兑换券：	2. 本期征收外币或外汇兑换券：
	3. 本期退回外币或外汇兑换券：	4. 本期应交外币或外汇兑换券：
	5. 本期已交外币或外汇兑换券：	6. 期末欠交外币或外汇兑换券：
	7. 累计应交外币或外汇兑换券：	

财务负责人：　　　　　　　　审核：　　　　　　　　制表：

说明：

1. 代征、代收单位均应按费款缴交渠道报送。在向省港航管理局报送时，应加报一份给各自的主管单位。

2. 货物缴纳的航道建设基金，分"港务码头"、"货主码头"和"自然驳岸"填列。"港务码头"是指在港务管理局或港航管理处管理的码头（含浮筒、锚地）上计征的费款；"货主码头"是指在货主专用码头（含货主的浮筒、锚地）上计征的费款；"自然驳岸"是指在港务管理局或者港航管理处管辖范围内的自然驳岸上计征的费款。

3. 除国外航线旅客缴纳的外币或外汇兑换券在"补充资料"栏内按原币填列外，其他旅客缴纳的航道建设基金均应按人民币在"项目"栏下的"旅客"项填列。

4. 本表"期初欠交数" ＋ "本期征收费" － "本期退款数" － "本期已交数" ＝ "期末欠交数"。"本期应交数" ＝ "本期征收数" － "本期退款数"。"期末欠交数" ＝ "专户存款余额" ＋ "应收账款余额"。

5. 本表除"本期征收数"、"本期退款数"、"本期应交款"和"累计应交数"要按"货物"、"旅客"、"罚款"、"利息收入"分别填列细项外，其余各栏（如"期初欠交数"、"本期已交数"、"期末欠交数"、"应收账款余额"和"专户存款余额"等）均仅填列合计数。

6. 本表按月填报，以月份的日数为一核算期。

附件八

（　　）月份旅客缴纳航道建设基金情况表

填报单位：

航线	进出港（人次）						征收额（元）					
	合　计		进　港		出　港		合　计		进　港		出　港	
	本期	累计	本期	累计	本期	累计	本期	累计	本期	累计	本期	累计
合　计												

说明：1. 本表按月填报。2. 本表"合计"栏下按航线分别填列。

附录

航道建设基金费率表

	编号	货　类	每计费吨费率（元）			
			出　口		进　口	
			外　贸	内　贸	外　贸	内　贸
货物	1	家用电器、复印机、大轿车、小汽车、罐头、松香、鞋帽、纺织品、工艺美术品	6.00	4.00	7.00	4.00
	2	石油、煤炭、钢铁、金属矿石、水泥、木材、化肥、农药、机械设备、电信设备、机动和非机动运输工具以及本表列名外的货物	4.00	3.00	5.00	3.00
	3	非金属矿石、矿物性建筑材料、粮食、盐	2.00	2.00	3.00	2.00
	备注	1. 货物的计量单位及重量换算，按交通部颁发的港口费收规则办理。　2. 集装箱按其所装载货物的计费吨计征。　3. 河砂暂定免征。　4. 航道建设基金的起码收费额为 1.00 元。				
旅客	1	国内航线的旅客每人次 2.00 元。				
	2	国际航线的旅客每人次 4.00 元。				

（二）福建省人民政府关于改革我省公路汽车运输管理体制的批复

（闽政〔1992〕综 334 号）

省交通厅：

闽交办〔1992〕97 号请示悉，为进一步改革开放，切实做到转变职能、理顺关系、精兵简政、提高效率，加快我省交通建设发展步伐，经研究，对你厅关于改革我省公路、汽车运输管理体制的请示作如下批复：

一、同意将省公路局在九个地市的公路分局下放给地市政府领导和管理。省公路局改名为省公路管理局，负责在路网规划、设计审查、审核公路建设和养路计划；组织工程质量监理；对公路法规、专业人才培养、统配物资供应、财务管理和审计监督等方面的行业管理和业务指导；局内成立工程质量监理部，地（市）公路局成立工程质量监理站，实行省、地（市）局双重领导，设立省公路交通稽征局，负责规费的征收工作，与省公路管理局实行一套人马、两块牌子，并在地、市、县设立相应的稽征机构，由省公路交通稽征局直接领导，实行"统一收费，比例分成，分段养护"的体制。

为全省公路部门服务的职工疗养院（所）、技工学校、筑路机械厂、沥青油库及物资供应站等单位，仍由省公路管理局直接管理。

二、同意将福州汽车运输公司除外的八个地市汽车运输公司和设在建阳麻沙的省汽车改装厂，成建制地下放给所在地（市）政府直接领导和管理。

省汽车运输总公司重新组建，负责经营福州地区及跨省、跨地市的客货汽车运输业务，直接领导管理福州汽车运输公司、技工学校、在福州地区的客车厂、汽车修理厂以及原总公司驻省外、境外的经营机构。原总公司的债权债务，可按合理的原则进行分解承担，由省交通厅主持商定。

今后省汽车运输总公司和各地汽车运输公司都要切实转换经营机制，注重加强内部管理，完善各项管理办法，深化劳动人事、用工、分配等制度的改革，努力发展多种经营，兴办第三产业，提高经济效益。

三、有关下放的具体事宜，如企业承包基数、公路管养任务及在建工程等，请你厅会同省有关部门和地（市）政府办理。

福建省人民政府

一九九二年十月二十六日

（三）福建省人民政府关于实施"先行工程"加快公路干线建设的决定

（闽政〔1992〕综 338 号）

公路交通是国民经济的重要基础设施，我省现有公路等级标准低，路网功能不完善，已严重制约全省对外开放和国民经济的发展，为迅速改变公路落后状况，省政府决定采取重大措施和政策，加快高速公路、省内国道、主要省道以及交通繁忙路段的新建、扩建和改建，并将这些重要路段的建设改造定名为"先行工程"。

一、"先行工程"的建设目标。以建设高等级公路、高级和次高级路面为重点，建成福厦漳诏高速公路400公里，新建、改建汽车专用路430公里（104线330公里，漳州至龙岩100公里），二级公路3200公里，新铺高级、次高级路面4000公里，增强路网通车能力，改善交通条件。到本世纪末，全省公路主干线应实现：福厦漳诏高速公路建成通车；国道104线福州至福鼎分永关330公里大部分路段改建为汽车专用路；国道324线福州至诏安分水关466公里、国道205线浦城经三明至武平（岩前）646公里、国道316线福州至光泽（花山界）421公里、国道319线厦门经漳州至长汀（隘岭）365公里、省道212线三明至仙游郊尾301公里，以及省道其他干线上交通繁忙路段约1400公里，全部达到二级以上公路标准，通往邻省的七个主要通道口全部改建达到与邻省接线公路相同等级标准。

二、建立"先行工程"新的建设管理体制。改革现行国道、省道由省"统一管理、统一筹资、统一建设、统一养护"的体制，建立有利于调动各级政府各级性的"统一规划、定额补助、逐级分段、承包建设"的新建设体制和"统一收费、比例分成、分段养护"的新管理体制。

1. "先行工程"路网由省统一规划，由省按核定的标准安排定额补助，前期工作由各地（市）政府负责，在此基础上，按照"先行工程"整体规划安排，省、地（市）各级政府层层签订责任书，明确各级的责任和义务，由各级政府各司其职、各负其责，承包建设和改造境内路段。

2. 省公路局在各地（市）的公路分局下放到各地（市），直属地（市）政府教导和管理，负责境内路段的管理和养护。

3. 各地（市）公路分局下放后，省公路局改为省公路管理局，主要负责制定路网规划、设计审查；审核公路建设和养路计划；组织工程质量监理；对公路法规、专业人才培养、统配物资供应、财务管理和审计监督等方面工作，实行行业管理和业务指导。

4. 将公路交通规费征收工作划出，成立省公路交通稽征局，地（市）相应成立稽征机构，属省公路交通稽征局领导管理，与省公路管理局实行一套人马两块牌子，负责全省公路交通规费的征收和稽查工作。

5. 汽车养路费实行分成包干。汽车养路费收入由省按国家规定统一缴交能交基金和预算调节基金后，福州、厦门两市按省市 4：6 分成，其余地（市）按省、地（市）2：8 分成。公路养路费主要用于公路养护与维修，以确保公路畅通和路况的改善提高。

6. 福厦、漳诏高速公路的建设，由省统一组织实施，沿途各市、县承包施工路段的征地、拆迁和民事工作。具体办法另行下达。

三、多渠道筹集"先行工程"建设资金。1. 提高公路客运交通建设基金征收标准，从一九九三年一月一日起，按人公里 0.02 亿元计征公路客运交通建设基金，征收的交通建设基金除"八五"期间计划已作安排和按比例返回代征单位用于站房、车场建设的外，原则上全部用于公路建设定额补助。

2. 开征土地开发公路建设配套费，凡在高速公路、汽车专用公路出入口、互交处半径 3000 米范围内和在二级公路以及国道、省道沿线两侧 500 米以内取得土地使用者，按取得土地使用权支出费用总额的 15% 至 20% 收取公路建设配套费。在上述范围内的交通、电力、供水、通信等基础设施项目用地，免征公路建设配套费。

3. 高速公路出入口和互交处附近征收的公路建设配套费，由省集中 70%，用于高速公路还贷，市县留成 30%；其余征收的公路建设配套费，省集中 20%，用于公路建设定额补助，地市县留成 80%。

4. 征收公路通行费可对符合设点收费规定建设的公路、独立大桥和隧道征收车辆通行费。公路收费点由省交通厅统一规划布点，经省政府批准后下达。各公路收费点的收费办法以省交通厅为主，会同省物委、财政厅制定下达。经省政府批准设置的公路收费点，按照"谁贷款修路，谁设点收费，谁还本付息"的原则实行分级管理。各公路收费点必须使用省财政厅统一规定的票证，所征资金全部用于还本付息和公路建设改造。

5. 开征基础设施建设附加费。从一九九三年一月一日起，凡缴纳产品税、增值税、营业税和工商统一税的单位和个人，一律按实际缴纳税额的 5% 征收基础设施建设附加费，并分别与产品税、增值税、营业税和工商统一税同时缴纳。企业缴纳的基础设施建设附加费在销售收入（或营业收入）中支付。基础设施建设附加费由税务部门和海关代征代缴，实行省与地（市）2：8 分成，即省集中 20%，地（市）留成 80%。从一九九三年开始五年内，征收的基础设施建设附加费专项用于"先行工程"网建设；五年后的基础设施建设附加费的投向由省政府确定。

6. 争取国内金融机构贷款。省级财政每年安排 5000 万元作为省级公路建设贷款的贴息资金。地方公路建设贷款由同级政府安排贴息资金。

四、有关政策。1. 定额补助（含交通部定额补助）。在"先行工程"划线路之内，新建二级汽车专用公路每公里补助 200 元；改建成二级公路（铺水泥混凝土路面）每公里补助 60 万元，如属新建公路增加 20%；改建成二级公路（铺沥青混凝土路面）每公里补助 40 万元，新建公路增加 20% 。"先行工程"规划线路外的省道干线上铺设水泥混凝土路面连续 5 公里以上的，按技术公路等级标准，每平方米补助 20 元；铺设沥青混凝土路面连续 5 公里以上的，每平方米补助 10 元。

2. 积极利用外资，多渠道筹措建设资金，鼓励利用国际金融组织、外国政府优惠贷款和港、台、侨资建设公路。对独资或合资建设的公路，允许投资者在公路沿线开发土地，经营第三产业，对捐赠公路建设资金者，给予树碑颂扬。

3. 各级政府对多渠道筹集的"先行工程"建设资金实行基金管理。按"分级管理、专款专用"的原则，属地（市）管理的基金，由地（市）政府按"先行工程"的建设目标安排；属省管理的基金，由省财政厅专户存储，省交通厅负责收支管理，统筹安排用于经省计委批准的"先行工程"年度计划的定额补助。允许运用基金对水泥、钢材等建材企业进行投资，分得产品用于公路建设，建设资金的使用应接受财政、审计部门的监督。

4. 打破常规，简化审批手续。"先行工程"路网规划（含路线规划方案）和高等级公路（高速公路和汽车专用路）前期工作由省计委审批；其他公路前期工作和设计（含"工可"）文件以交通部门为主，会同计委、建委等有关部门按分级管理权限审批。在逐级分段签订责任书后，由各级政府自行安排所承包路段的开工建设，并报上级有关部门备案。

5. 各级政府要采取有力措施，在征地拆迁、物资供应、建设环境等方面确保"先行工程"顺利实施。要积极实行民工建勤、车辆建勤、民办公助等多种形式，发动广大群众投工、投劳修建和养护公路。

五、本决定的具体实施细则由省交通厅会同有关部门尽快制定下达。

六、各级政府、各有关部门必须全力支持"先行工程"，抓紧做好"先行工程"的规划、设计、筹资等各项准备工作，确保一九九三年一月一日起全面实施。

福建省人民政府

一九九二年十月二十七日

（四）福建省人民政府关于加快高速公路建设若干问题的通知

（闽政〔1996〕10 号）

各地区行政公署，各市、县（区）人民政府，省直各单位：

为调动各级政府和全省广大人民群众建设高速公路的积极性，加快我省高速公路建设，特作通知如下：

一、高速公路建设采取统一规划、分级负责、分段实施、同步建设的办法，沿线各地（市）分别为各路段的业主单位，承担业主责任。

二、高速公路征地拆迁仍按照省政府闽政〔1992〕综 277 号《福建省人民政府关于福厦漳高速公路泉厦段建设征地拆迁若干问题的通知》的文件精神执行。

高速公路建设和料场使用国有荒山、荒地、滩涂等，一律实行划拨，不补偿。

在高速公路征地范围内以及因高速公路建设影响动迁的电力、供水、通信、广播电视、地下电缆等线路，各单位应自行负责迁移，并在工程开工前迁移完毕。各地（市）可根据工程开工需要，制定具体时间，限期迁移，确保工程建设需要。

工程用地在办理放样、清点、签认后，由各地（市）高速公路业主向当地土地局申报后转报省政府办理预批手续。

三、为降低高速公路工程造价，确保地材供应，各地（市）必须根据工程需要，对所需砂石土料场统一征用，组织开采，保质保量，确保需要。同时，应加强对地材市场的管理，规定合理价格，制定最高限价，严禁任何单位及个人垄断市场、哄抬料价。

四、高速公路建设征地拆迁和开采砂石土材料所缴纳的各种地方性税费、基金，以及参加高速公路建设的施工单位所缴纳的营业税按收入级次由各级财政全部返回给高速公路建设的业主单位。若不予返回的，由省财政统一扣返。

五、从 1996 年 3 月 1 日起，调整省政府批准的乌龙江大桥、濑溪大桥、泉州大桥、同安、江东大桥五个收费点的收费标准，调整后的平均收费标准为每吨次 5 元。具体标准另行公布。调价增加的收入，省、市各按 50％分配，专项用于高速公路建设。

六、高速公路每座互通立交附近，应划出 2 平方公里的控制区，由高速公路业主单位为主综合开发，其收益用于高速公路建设及还本付息。具体经营办法由省高速公路建设总指挥部会同省土地局制定。

七、鼓励企业筹资投入高速公路建设，对于筹资投入高速公路建设的企业申请发行股票、债券，将给予优先考虑。

八、为保证工程质量与工程进度，各地（市）高速公路招标工作要严格按省政府1994 年第 16 号省长令执行，坚持公开、公平、公正的招标原则和编制标底进行项目建设的招评标工作。

九、建立高速公路建设的激励机制，各地（市）要组织参加高速公路建设的有关单位开展社会主义劳动竞赛，对于在高速公路建设中优化设计、提出合理化建议、降低工程造价等表现突出的单位和个人给予奖励表彰。

十、省政府及各地市县区对公路先行工程的各项优惠政策均适用于高速公路建设。

各级政府要加强对高速公路建设的领导，主要领导要亲自抓，分管领导要具体抓，层层落实责任制，把高速公路建设作为基础设施建设"重中之重"的任务来抓，采取有效措施，克服建设中的一切困难，为我省高速公路早日建成作出贡献。

福建省人民政府

一九九六年二月十五日

（五）福建省公路规费征收管理条例

（1997年12月18日福建省第八届人民代表大会常务委员会第三十六次会议通过）

《福建省公路规费征收管理条例》已经福建省第八届人民代表大会常务委员会第三十六次会议于1997年12月18日通过，现予公布，自1998年1月1日起施行。

第一章　总则

第一条　为规范公路规费征收管理，保障公路规费足额征收，促进公路建设事业发展，保护公路规费缴费人的合法权益，根据《中华人民共和国公路法》及其他有关法律、法规，结合本省实际，制定本条例。

第二条　本省行政区域内公路规费的征收管理适用本条例。

本条例所称公路规费是指公路养路费、车辆通行费、车辆购置附加费和省人民政府根据法律、国务院有关规定决定征收，用于公路建设的公路客运交通建设基金、山区公路建设还贷基金（以下简称"两金"）。

第三条　拥有机动车辆的单位和个人（以下简称缴费人），必须依照本条例缴纳公路规费。

减征、免征公路规费的机动车辆，必须符合国家规定的条件，并严格按规定程序办理，领取公路规费收讫标志和公路规费减免凭证。

第四条　公路规费应当依法征收、归口管理、专款用于公路建设、养护和管理，严禁任何单位和个人平调、截留、挤占、贪污和挪用。

任何单位和个人不得违反法律、法规和省人民政府依法作出的规定，擅自开征、停征或者减免公路规费。

第五条　未经省人民政府依法批准，禁止任何单位和个人在公路上设卡、收费。

第六条　省人民政府交通主管部门主管全省公路规费征收管理工作。县级以上人民政府交通主管部门和省交通主管部门设置的各级公路稽征机构（以下统称公路稽征机关），按照省交通主管部门确定的管理职责，具体负责本行政区域内的公路规费征收管理工作。

公安、财政、物价、审计等部门应当在各自职责范围内，支持、配合和监督公路稽征机关做好公路规费征收管理工作。

第二章　公路规费征收

第七条　公路稽征机关依照法律、法规和省人民政府的规定，推行技术先进、方便缴费的手段，文明征收公路规费。

第八条　新增机动车辆，缴费人应当在投入使用前到当地县（市）交通主管部门缴纳车辆购置附加费，领取车辆购置附加费缴费凭证后，向公安机关申请车辆注册。

新车申请注册时，公安机关应当审核新车申请注册人的车辆购置附加费缴费凭证，发现漏缴车辆购置附加费的，应告知申请人到当地的交通主管部门缴纳后，方可予以注册，核发车辆牌照。公安机关应将新注册车辆的清单按月抄送当地公路稽征机关。

第九条　车辆注册后，缴费人应按照规定缴纳公路养路费及"两金"；公路稽征机关应发给公路规费收讫标志和相应的缴费凭证。

第十条　公路养路费及"两金"的缴纳实行年度检审制度，缴费人应当在规定的期限内到车籍所在地公路稽征机关办理年检手续。

第十一条　车辆因故需暂停行驶公路的，缴费人应当向车籍所在地公路稽征机关申请停驶；符合条件的，公路稽征机关应即时予以办理。

经核准停驶的车辆，公路稽征机关应收回规费收讫标志，停征车辆停驶期间的公路养路费及"两金"。经核准停驶的车辆，应严格按申报地点停放，不得上路行驶。启用停驶车辆的，应在办理启用手续后，方能上路行驶。

第十二条　车辆转籍、过户、改装、报废、调驻省外或者变更使用性质、使用范围的，缴费人应在变动当月持国家规定的车辆有关证件和公路规费收讫标志到车籍所在地公路稽征机关办理公路养路费及"两金"缴费变更或终止手续。

未办理变更或终止手续的，缴费人应继续履行缴费义务；缴费人无法查找的，由车辆实际使用者承担缴费义务。

第十三条　缴费人应将公路规费收讫标志放置在汽车（含农用运输车）挡风玻璃的内侧右下角，没有公路规费收讫标志的车辆不得在公路上行驶。严禁涂改、伪造、套用或使用涂改、伪造的公路规费缴费凭证和公路规费收讫标志。

第十四条　通行费收费单位应在车辆通行费收费站的明显位置公布收费标准、收费期限和监督电话，悬挂省物价主管部门颁发的收费许可证。

向过往车辆收取车辆通行费时，应当确保收费车道安全畅通，并出具省财政部门规定的收费票据。

依法转让公路收费权的公路或者由国内外经济组织投资建设的公路，由受让方或者投资者依法成立的开发、经营公路的企业按批准收费的标准、期限收取车辆通行费。

第十五条　车辆通过车辆通行费收费站时，应主动缴纳车辆通行费或者出示有效凭证，禁止强行通过。

第三章　公路规费稽查

第十六条　公路稽征机关依法对有关公路规费征收的法律法规执行情况进行监督检查。

第十七条　公路规费稽征人员依法在公路、车辆停放场所、车辆所属单位等进行稽查时，公路缴费人和其他有关单位、个人，应当提供方便，不得阻挠。

公路规费稽征人员执行公务，应当着装整齐，佩戴标志，持证上岗。

第十八条　公路规费稽征人员应熟悉国家有关法律、法规和规定，公正廉洁，热情服务，秉公执行；公路稽征机关对公路规费稽征人员的稽查行为应当加强监督检查，对其违法行为应当及时纠正，依法处理。

第十九条　用于公路监督检查的专用车辆，应当设置统一的标志和警灯。

第二十条　公路稽征机关对拖欠公路规费的车辆可以暂扣公路规费收讫标志，责令其限期缴纳；对逃缴、拒缴、抗缴公路规费的车辆，公路稽征机关可以收回公路规费收讫标志；无有效公路规费收讫标志的，公路稽征机关可以暂扣车辆。

第二十一条　公路规费稽征人员采取暂扣公路规费收讫标志或者车辆的行政强制措施时，应开具省交通主管部门统一制发的暂扣凭证。缴费人缴清规费的，应即时发还收讫标志，放行车辆；缴费人无正当理由超过 3 个月不接受处理的，公路稽征机关可以申请人民法院对其被暂扣的车辆依法实施拍卖或变卖，拍卖或变卖所得冲抵应缴纳的费、款，余额应返还缴费人。

第四章　法律责任

第二十二条　违反本条例规定，有下列行为之一的，由其上级主管机关责令改正，对负有直接责任的主管人员和其他直接责任人员，给予行政处分；构成犯罪的，由司法机关依法追究刑事责任：

（一）擅自开征、停征或减免公路规费的；

（二）平调、截留、挤占、贪污和挪用公路规费的。

第二十三条　违反本条例规定，擅自在公路上设卡、收费的，由交通主管部门责令停止违法行为，没收违法所得，可以处违法所得三倍以下罚款；没有违法所得的，可以处二万元以下的罚款；对负有直接责任的主管人员和其他直接责任人员，依法给予行政处分。

第二十四条　违反本条例规定不缴纳公路规费的，由公路稽征机关责令限期缴纳，从欠缴之日起，按日加收滞纳金；逾期仍不缴纳的，处欠缴规费三倍以下的罚款。但车辆未缴费强行通过收费站的，由公路稽征机关责令其补缴，并处以应缴车辆通行费三倍的罚款。

车辆经申报停驶或批准报废，仍上路行驶的，由公路稽征机关责令其补缴，按日加收滞纳金，并处以应缴规费三倍以下罚款。

第二十五条　违反本条例第十三条第二款规定的，由公路稽征机关予以没收销毁，处以所使用票据（含缴费凭证）票面价值十倍以下罚款；没有票面价值的，处以 1000 元罚款。

第二十六条　违反本条例规定，未按照规定的位置放置公路规费收讫标志的，由公路稽征机关责令限期改正，并予以警告；逾期未改正的，处 50 元以下的罚款。

第二十七条　缴费人对公路稽征机关作出的具体行政行为不服的，可以依法申请行政复议或者提起行政诉讼；逾期不申请复议也不起诉，又不履行处理决定的，由作出处理决定的公路稽征机关申请人民法院强制执行。

第二十八条　违反本条例规定，阻碍公路规费稽征人员依法征收管理，应给予治安处罚的，依法给予治安处罚；构成犯罪的，依法追究刑事责任；造成公路规费稽征人员人身伤害或者征管设施财产损害的，应当依法承担法律责任。

第二十九条　公路稽征机关的工作人员玩忽职守、徇私舞弊、滥用职权，构成犯罪的，依法追究刑事责任；尚不构成犯罪的，依法给予行政处分。

第五章　附　　则

第三十条　本条例自 1998 年 1 月 1 日起施行。

（六）福建省人民政府关于福建交通职业技术学院办学事宜的通知

（闽政〔1999〕文 229 号）

省教委、省交通厅：

根据教育部《关于同意建立福建交通职业技术学院的通知》（教发〔1999〕929 号）精神，福建交通学校、福建船政学校、福建省交通干部学校、福建省公路工程技工学校等四校合并建立福建交通职业技术学院；为做好学院办学的工作，现将福建交通职业技术学院办学若干意见通知如下：

一、办学与管理体制

福建交通职业技术学院为省属高等职业学校，面向全省招生，以培养专科层次交通类建设、运输、管理实用型高级专门人才为主要目标，全自制专科在校生规模暂定为 3000 人。学院隶属省交通厅，教育教学业务由省教委负责指导和管理。

从 2000 年起，原福建交通学校、福建船政学校、福建省公路工程技工学校全日制普通中专部分停止招生。在校的普通中专学生仍按原培养目标和教学计划，由福建交通职业技术学院负责培养。为做好在校普通中专学生的教学管理和毕业证书发放等工作，这三所学校的校牌和学校公章可保留至 1999 级学生毕业为止。

二、人员编制

根据教育部关于高等院校建制的有关规定，撤销福建交通学校、福建船政学校、福建省交通干部学校、福建省公路工程技工学校的建制。上述四所学校现有人员编制并入福建交通职业技术学院。新学院成立后按办学需要重新调整人员结构，核定编制，具体事宜商请省机构编制委员会办公室等部门办理。

福建交通职业技术学院领导干部配备事宜，按省属高校干部管理程序办理。

三、办学经费

福建交通职业技术学院办学经费以事业收费为主，政府扶持，多渠道筹措办学经费。

省财政核拨补助的省级教育事业费先按 1998 年福建交通学校、福建船政学校和福建省交通干部学校等三所学校教育事业费合计数核拨。新学院成立后，按同类高校标准核拨。

福建省公路局按原下达福建省公路工程技术学校的资金渠道和数额拨款支持福建交通职业技术学院办学。

福建交通职业技术学院的基建经费、专项经费仍按原渠道执行。

经费核拨的具体事宜，请商省计委、省财政厅办理。

四、专业设置

根据我省交通各项事业发展的需要，学院的专业设置以公路、水运基础设施的建设、运输生产与管理需求为主。近期设置公路与桥梁、高等级公路管理、交通运输管理、汽车运用工程、船舶修理与制造、海船驾驶、轮机管理等专业。

省直有关部门要关心支持福建交通职业技术学院办学。希望福建交通职业技术学院认真按照高等职业技术教育的特点，抓紧教材、师资队伍和实践训练基地建设，组织好教学，为我省交通事业培养更多、更好的实用型、技术型专门人才。

福建省人民政府

一九九九年十二月三日

（七）福建省物价局、福建省交通厅转发国家计委、交通部关于全面放开水运价格有关问题的通知

（闽价〔2001〕服字 130 号）

各设区物委（物价局）、交通局（委），福建省运输管理局，省属水运企业：

现将国家计委、交通部《关于全面放开水运价格有关问题的通知》（计价格〔2001〕315 号）转发给你们，请认真贯彻执行。并将有关事项通知如下：

一、2001 年 5 月 1 日开始放开水运客货运输价格。具体水运企业根据经营成本和市场供求情况自行确定后，省属水运企业的客货运输价格报省物价局、运输管理局备案；其他水运企业的客货运输价格报相关地市物委（物价局）、交通局（委）备案，由各地市交通局（委）将本地市所属水运企业的客货运输价格汇总后报省运输管理局，省运输管理局要在每季度第一个月的 10 日前将上季度全省水运企业的客货运输价格情况报省物价局、省交通厅备案。

二、省运输管理局及各地市物委（物价局）、交通局（委）要加强对水运市场价

格变化情况的跟踪和监测，发现异常情况要及时报告省物价局、交通厅。

附件：《国家计委、交通部关于全面放开水运价格有关问题的通知》

二○○一年四月十六日

国家计委、交通部关于全面放开水运价格有关问题的通知

各省、自治区、直辖市计委、物价局、交通厅（局、委办），中国海运（集团）总公司，中国长江航运（集团）总公司：为适应社会主义市场经济体制要求，充分发挥价格杠杆水运市场资源的配置作用，促进水运业发展，经国务院批准，放开水运客货运输价格，现将有关事项通知如下：

一、2001 年 5 月 1 日开始，放开水运客货运输价格（不包括军费开支和财政直接支出的军事、抢险救灾运输价格），实行市场调节价。具体价格由水运企业根据经营成本及布场供求情况确定，中央直属水运企业的客货运输价格由企业报国家计委、交通部备案，其他水运企业的运输价格报相关省（区）价格、交通主管部门备案。

二、由军费开支和财政直接支出的军事、抢险救灾继续实行政府定价，具体价格由国家计委会汇交通部制定。

三、水运价格放开后，各水运企业应严格执行国家价的有关规定。除合同运价外，水运企业调整水路客、货运输价格，应提前 30 天向社会公布。各级地方政府价格主管部门要加强对水运市场价格变化情况的跟踪和监测，发现异常情况要及时报告国家计委和交通部。要认真受理用户投诉，对于调价幅度明显不合理引起社会各方面强烈反映的，要依据《价格法》有关规定进行必要的干预。

国家计委　交通部
二○○一年三月六日

（八）福建省人民政府令第 85 号

《福建省高速公路通行费征收管理规定》已经 2002 年 10 月 28 日省人民政府第 46 次常务会议通过，现予以公布，自 2003 年 1 月 1 日起施行。

代省长　卢展工
二○○二年十月三十一日

福建省高速公路通行费征收管理规定

第一条 为加强高速公路车辆通行费征收管理，保障高速公路车辆通行费足额征收，根据《福建省公路规费征收管理条例》等有关法规，结合本省实际，制定本规定。

第二条 本省行政区域内高速公路车辆通行费征收管理适用本规定。

第三条 省人民政府交通主管部门主管全省高速公路车辆通行费征收管理工作。省人民政府交通主管部门所属的高速公路稽查机构，具体负责高速公路车辆通行费征收的监督管理工作。

第四条 依法设置的高速公路车辆通行费收费单位，实行全省统一规范的名称和收费管理模式，按照省人民政府物价、交通、财政主管部门核定的收费标准收取车辆通行费。

高速公路车辆通行费的收费期限按照国家对收费公路的有关规定执行。

第五条 高速公路车辆通行费收费单位应当在收费广场明显位置悬挂站名牌、收费许可证、收费价目牌（表）、收费告示牌、服务承诺和监督电话，并张挂当班收费员工号、照片。

第六条 高速公路车辆通行费收费单位应当保持收费车道的良好秩序。

高速公路稽查机构、高速公路路政管理机构、公安交通管理部门应当按照各自的职责，保障高速公路安全畅通。

第七条 驶入高速公路的车辆必须按照收费车型、行驶里程、费率缴纳车辆通行费，不得拒缴、抗缴、逃缴。

通行费收费单位对行驶高速公路车辆的收费车型，根据国家公路汽车征费标准计量规定和省人民政府物价、交通、财政主管部门核定的有关标准界定。

第八条 行驶高速公路的车辆必须凭通行卡出入高速公路收费车道，不得损坏、丢失通行卡，禁止无卡、强行通过，禁止从其他通道出入高速公路。

第九条 对损坏、丢失通行卡的，按照省人民政府物价、财政行政主管部门核定的标准赔偿。

第十条 下列情形之一的车辆，由高速公路收费单位按照规定的车型、费率全程计费：

（一）无通行卡的；

（二）持无效通行卡的；

（三）反向行驶的；

（四）U型行驶的；

（五）使用伪造通行卡的；

（六）使用假冒免费牌证的；

（七）出入口车牌号、车辆不一致的；

（八）从收费车道以外的通道驶离高速公路的；

（九）其他无法认定行驶里程的。

第十一条 下列车辆免征高速公路通行费：

（一）军事车辆；

（二）高速公路运营管理和执行紧急救护、救火、防汛等抢险任务的车辆；

（三）执行高速公路交通事故处理和巡逻任务的高速公路交通警察车辆；

（四）省人民政府规定的其他车辆。

第十二条 高速公路车辆通行费缴费人对收费数额有异议的，必须先行缴纳通行费，驶离收费车道，方可就异议事项向所在地高速公路稽查机构申请复核。高速公路稽查机构应当自收到申请之时起1小时内作出复核决定。

第十三条 高速公路车辆通行费收费单位收费时应当使用规定的专用收费票据，高速公路通行费收入按省人民政府的有关规定实行收支两条线、专户存储和分级核算管理。

第十四条 高速公路车辆通行费稽查人员依法在高速公路征费区、服务区、停车区等场所进行稽查时，高速公路车辆通行费缴费人应当接受检查、主动配合，不得阻挠。

高速公路车辆通行费稽查人员执行公务，应当着装整齐，佩戴标志，持证上岗。

第十五条 高速公路车辆通行费稽查人员对强行通过收费站不缴费、换卡逃费或拒缴通行费、使用伪造通行卡的违章车辆，应当责令其驶离车道接受处理；对阻碍收费车道正常通行的车辆可以强制拖移；对拒不缴清费额，又不接受处理的，可依法暂扣其车辆。

第十六条 对入口取卡、出口不缴费强行通过收费站的车辆，由高速公路稽查机构责令其补缴，并处以应缴费额3倍的罚款。

第十七条 违反本规定，有下列行为之一的，由高速公路稽查机构责令其按照全程计费金额补缴通行费，并处以全程计费金额2－3倍的罚款：

（一）强行通过收费站不缴费的无卡车辆；

（二）换卡逃费的车辆；

（三）假冒免费牌证的车辆；

（四）从收费车道以外的通道驶离高速公路的车辆。

第十八条 违反本规定，使用伪造通行卡的，由高速公路稽查机构责令改正，依法没收其伪造的通行卡，处以全程计费金额3倍的罚款。

第十九条 违反本规定，有下列行为之一的，由其上级主管机关责令改正，对负有直接责任的主管人员和其他直接责任人员，依法给予行政处分；构成犯罪的，由司法机关依法追究刑事责任：

（一）擅自开征、停征、提高或降低收费标准、减免通行费的；

（二）擅自在收费车道设障阻碍车辆通行的；

（三）平调、截留、挤占、贪污和挪用车辆通行费的。

第二十条　高速公路稽查机构工作人员玩忽职守、徇私舞弊、滥用职权的，依法给予行政处分；构成犯罪的，依法追究刑事责任。

第二十一条　本规定中全程计费指距出口收费站最远的收费站路段里程计收车辆通行费；无效通行卡指读写入口信息后，在出口读写时超过流通时限无法计费的通行卡；反向行驶指通行卡所记载的入口站名与该车行驶高速公路的方向相反；U 型行驶指从某一收费站入口后又从同一收费站出口。

第二十二条　本办法自 2003 年 1 月 1 日起施行。

（九）福建省人民政府关于改革全省航道管理体制的通知

（闽政文〔2004〕1 号）

各设区市人民政府，省计委、经贸委、交通厅、财政厅、编办、人事厅、物价局、改革开放办：

为进一步加强全省航道维护、建设和管理工作，加快我省交通基础设施建设步伐，着力构建三条战略通道，促进我省国民经济持续、快速增长，经研究，决定改革全省航道管理体制。现将有关事项通知如下：

一、全省沿海与内河航道（含由我省负责的航标，下同）的维护、建设、管理职责下放所在的各设区市。省港航管理局（省航道局）设在相关设区市的机构的人、财、物成建制下放各所在设区市管理。

二、航道体制改革后，各设区市人民政府应设立市属航道管理机构。本着精简、效能的原则，沿海设区市的航道管理机构（兼管内河）应与同级港务管理机构合署办公，其他内河航道管理机构隶属于设区市交通主管部门。各设区市航道管理机构要在当地政府领导下，切实履行辖区内航道维护、建设、管理工作职责，确保航道的畅通与安全。其航道的养护、建设、管理经费依照港口法等法律法规，由同级人民政府负责。

三、省交通厅要对省港航管理局（省航道局）现有职能、编制和内设机构进行调整，提出省港航管理部门及其下属事业单位改革的建议方案，报省编委审批。改革后的省港航管理局（省航道局）仍作为省交通厅直属的具有对全省港口、航道实施行政管理职能的机构，负责全省港口、航道的行业管理，主要承担规划、监督、协调等工作，所需事业费和工作人员工资经省编委研究决定后由省财政负责安排。

四、为了保证机构改革工作的顺利进行，省港航管理局（省航道局）在其所属管理机构交接前暂停人事调动，严肃财经纪律，严禁滥发钱物，并保持工作的连续性。

五、有关全省航道机构下放的具体事宜，由省交通厅会同省直有关部门与相关设区市人民政府办理。各设区市人民政府、省直有关部门应加强协调，密切配合，认真做好航道体制改革及其相关机构的交接工作。

新的全省航道管理体制从 2004 年 1 月 1 日起施行。

福建省人民政府

二〇〇四年一月二日

编　后　记

根据省政府部署，2004年2月，省交通厅成立福建省交通史志编纂委员会，由厅长徐钢任编委会主任委员，委员由厅直各单位、厅机关各处室领导担任，厅史志办由郑仲苹任主任，林月恩、朱国钦任副主任，启动《福建省志·交通志（1990—2005）》编纂工作，当年即举办编纂人员培训班。在各单位领导重视支持和撰稿人员共同努力下，2008年1月完成交通志初审稿，2009年3月12日进行总撰稿评审。

2010年2月14日，因编委会部分委员人事变动，省交通厅调整编纂委员会组成人员，由李德金厅长担任主任委员。3月12日，进行一审稿评审。在省方志委吕秋心、刘祖陛、林春花等同志悉心指导和专家评审基础上，8月22日召开二审稿评议会。会后编者根据审稿意见提炼文字、去芜取精、核实史实、精心修改，12月完成验收稿。

本志编写过程中，编纂委员会各委员，厅综规处林伟雯，人事处林建新，档案室朱叶吉，规划办张善金，世行办王坚，省交通规划设计院王炳南，省港航局杨武、李静月，省公路局马忠乾及其他撰稿人员精心审校，并提出宝贵修改意见，在此表示衷心的感谢。

《福建省志·交通志（1990—2005）》编辑室

2010年12月